《人民文库》编委会

人·民·文·库
人 文 科 学 · 撰 著

中国思想通史

【第四卷·下册】

侯外庐 主编

侯外庐 赵纪彬 杜国庠 邱汉生
白寿彝 杨荣国 杨向奎 诸 青 执笔

人民出版社

下 册 目 录

第 十 三 章

朱熹的思辨哲学及其反动的正宗性质

第一节　朱熹的思辨结构与客观唯心主义世界观

朱熹字元晦,后改仲晦,婺源人,生于宋高宗建炎四年(公元 1130年),卒于宁宗庆元六年(公元 1200 年),出身于"婺源著姓"。他的著作很多,最重要的有《晦庵先生文集》、《朱子语类》、《四书章句集注》、《周易本义》、《易学启蒙》、《诗集传》等。

从学术渊源上看,朱熹一方面是佛教(特别是禅宗、华严)和道教的精神继承者,另一方面是二程洛学的集大成者。从南北朝以来以至唐、宋的所谓三教合一论,在朱熹身上才成为定型了的现实。朱熹和佛、道的关系已见有关各章的分析,这里仅就他和二程的学术宗绪略述一下。他以李侗为师,李侗之师是罗从彦,罗从彦之师则是二程的弟子杨时。胡安国《龟山先生墓志铭》说:

　　"宋嘉祐中,有河南二程先生得孟子不传之道于遗经,以倡天下,而升堂睹奥,号称高弟者,在南方则广平游定夫(酢)、上蔡谢

显道(良佐)与公(杨时)三人是也。"(《伊洛渊源录》卷一〇)
游、谢均卒于北宋,所以杨时是南宋初洛学在南方最有声望的代表。

南宋时代,这些洛党的遗裔仍然是政治上的保守集团。道学家们空谈性命,媚上希宠,抗拒和反对有利国计民生的改革措施。在抗金问题上,他们一般虽不露骨地提倡投降,但实际上是采取苟安妥协的态度,至多是消极的抗战派,这一点在陈亮和朱熹的论战中可以看得很清楚(参看本卷第十五章)。

由于统治集团内部的宗派倾轧,道学在南宋有时受到重视,有时也遭到禁止。高宗时,赵鼎为相,援用二程徒裔为羽翼,据《吹剑录》记:

> "赵忠简为相,尹和靖(焞)以布衣入讲,士大夫多称托伊川门人进用。……时号'伊川三魂':鼎为'尊魂',(王)居正为'强魂',杨时为'还魂',言时死而道犹行也。"(参看《建炎以来朝野杂记》甲集卷八《赵元镇用伊川门人》)

不久秦桧当政,道学便被斥为"狂言怪语,淫说鄙论",而道学家们也纷纷落职。

孝宗朝,投降主义者史浩曾先后荐举一批道学家,包括朱熹、陆九渊、吕祖谦、张栻(见《四朝闻见录》卷九《史文惠荐士》、《建炎以来朝野杂记》乙集卷八《史文惠荐十五士》),道学家依附了史浩以及赵汝愚一派,于是到宁宗初年便受到韩侂胄一派的严重打击,这就是著名的"庆元党禁"。韩侂胄以外戚执政,为了巩固自己的地位,提出北伐恢复的口号,用以博取人民的支持。他的主战政策客观上符合人民的希望,也曾得到辛弃疾、陆游和后来的叶适等爱国主义者的一定赞助,但由于他没有彻底改革腐朽政治的真正意图,这就决定了他所率尔发动的"开边"战役必然以失败告终。结果投降派史弥远(史浩子)狙杀了韩侂胄,向金人乞和。史弥远掌握政权后,秦桧复了王爵,朱熹也得了赠谥,这时不但士大夫们纷纷自称为道学家,而且皇帝也大谈道学了。叶绍翁记:

> "偶出于一时之游从,或未尝为公(朱熹)之所知,其迹相望于

朝。俗谓当路'卖药绵',临安售绵率非真,每用药屑以重之,故云。"(《四朝闻见录》丁集《庆元党》)

总之,南宋的党争和学禁与北宋的新旧党争是有本质上的不同的。南宋屡次禁断道学,不过是为了把道学家集团从政权中驱逐出去,道学的反对者并未提出与道学相对立的思想体系。因此,朱熹的学术在庆元时悬为厉禁,也仅仅和佛、道有时被禁一样,决不意味其思想中有任何不利于封建主义的因素。相反地,正由于朱熹的思想服务于封建统治的久远利益,所以到了封建政权趋于安定的时期,朱熹就被抬进孔庙。朱熹得祠后,在武夷山宣讲"正心诚意",曾赋诗述志说:

"……上书乞得聊自屏,清坐日对铜炉烟。功名驰骛往莫悔,铅椠职业今当专。要当报答陛下圣,矫首北阙还潸然。……阴凝有戒竦皇鉴,阳剥欲尽生玄泉,明年定对白虎殿,更诵大学中庸篇。"(《晦庵先生文集》卷四《读通鉴纪事本末》)

把自己的学术比为汉代的白虎观神学,刚好说穿了他的思想的本质。

朱熹的学术思想,作为钦定的经院哲学,居统治地位近五百年之久,这是人们所熟知的。因此,"道学"这一个正宗的名称,便和汉代以来的"儒林"从历史中区别开来。元人修《宋史》,首开《道学列传》的体例,对于"道学"的地位是这样讲的:

"道学之名,古无是也。……孔子没,曾子独得其传,传之子思以及孟子,孟子没而无传。两汉而下,儒者之论大道,察焉而弗精,语焉而弗详,异端邪说起而乘之,几至大坏。千有余载,至宋中叶,周敦颐……乃得圣贤不传之学,……程颢及弟颐,……上自帝王传心之奥,下至初学入德之门,融会贯通,无复余蕴。迄宋南渡,新安朱熹得程氏正传,其学加亲切焉。……道学盛于宋,宋弗究于用,甚至有厉禁焉!后之时君世主,欲复天德王道之治,必来此取法矣!"(《宋史》卷四二七)

回顾南宋以来的历史,不难看出,每当统治者企图巩固其反动统治的时候,朱熹的名字便一再得到鼓吹和表彰。"时君世主",从元初到清康熙,从曾国藩到蒋介石,都曾"来此取法",以朱熹的僧侣主义作为涂饰圣光的油漆。

特别应该指出的是,近代一些保守主义者以至复古主义者,不断地进行复活早已僵死的朱熹哲学的工作。较早的如叶德辉的《翼教丛编》,经过张君劢、张东荪的"中国理性哲学",以至冯友兰、贺麟的"新理学"或"新儒家哲学",都通过不同方式为朱熹涂抹装扮。甚至在解放后,还有人想诡辩,把朱熹理学和马克思主义混同在一起。至于外国资本主义的"有学问的管事"们,在最近的哲学会议中,更胡说什么现代哲学应该是欧美资产阶级哲学和中国封建的道学传统的汇流。

因此,在考察朱熹思想的时候,浮在我们眼前的,不仅是12世纪的朱熹本身,而且是现代一些人所塑造的亚里士多德化的朱熹、黑格尔化的朱熹、甚至修正马克思主义的朱熹。由此可见,历史主义地分析和批判朱熹的思想是十分必要的。

朱熹的哲学是客观唯心主义,这是多数学者所承认的,但有些人似乎有一种错觉,好像客观唯心主义比主观唯心主义要光彩些。是的,列宁曾论断说,黑格尔在某些方面"转弯抹角地(而且还翻筋斗式地)紧密地接近了唯物主义,甚至部分地变成了唯物主义"(《哲学笔记》,页283)。虽然有这样的一方面的特点,但黑格尔的整个体系仍然是醉醺醺的,被清醒的哲学攻击得大吐大泻。黑格尔的客观唯心主义哲学是特定的革命时期的德国产物,不能和别的特定时代的客观唯心主义相提并论。具有上述错觉的人,贩卖着现代腐朽的客观唯心主义货色,是不能以黑格尔为避难所的。

现在让我们从现代的醉醺醺的哲学,回到朱熹的醉醺醺的哲学。

朱熹的哲学号为"理学",所以应先对他所谓"理"这一范畴加以分析。

朱熹关于"理"的理论沿袭了华严宗的"理事"说,采取着佛学的思辨形式,但他的思辨结构和黑格尔的思辨结构有所不同。马克思、恩格斯指出:"第一,黑格尔善于用巧妙的诡辩把哲学家利用感性直观和表象从一实物推移到另一实物时所经历的过程,说成想象的理智本质本身即绝对主体本身所完成的过程。第二,黑格尔常常在思辨的叙述中作出把握住事物本身的、真实的叙述。这种思辨发展之中的现实的发展会使读者把思辨的发展当做现实的发展,而把现实的发展当做思辨的发展。"(《马克思恩格斯全集》第二卷,页 75—76)但在朱熹这里,就第一点而言,他并不是巧妙地,而是拙劣地进行着那样的诡辩;就第二点而言,在他的思辨的叙述中并未包含多少事物本身的真实的内核。他在历史观方面的"三代以上以天理行,三代以下以人欲行"说,实际上即陈亮指出的"三代以下天地亦架漏过时,人心亦牵补度日"的反发展观点;他在自然哲学方面的叙述,虽然吸取了当时的一些科学命题,但总的观点是自然"品类存在"说。在这一方面,朱熹倒类似施里加的思辨的高峰,"起初他从现实世界造出'秘密'这一范畴,而现在又从这一范畴造出现实世界"(同上)。因为黑格尔的叙述方法中包括着一些对事物的研究方法,而在施里加则丝毫未进行研究,即材料的生命还未得到观念的反映时,就居然把"呈现在我们面前的就好像是一个先验式造成的结构"(参看《资本论》第一卷,德文第二版跋文)肿胀为一个真正的先验式造成的结构,朱熹也是这样。

朱熹体系中的"秘密"即他所制造的绝对主体"理",或作为"理"之大全的"太极"。我们且从朱熹的古怪的"扇子"讲起吧,他这样说:

> "且如这个扇子,此物也,便是个扇子底道理。扇子是如此做,合当如此用,此便是形而上之理。……形而下之器中便各自有这个道理,此便是形而上之道。(《朱子语类》卷六二)

> "譬如扇子只是一个扇子,动摇便是用;放下便是体;才放下时便只是这一个道理。"(《朱子语类》卷九四)

一柄扇子,在普通人看来,是物质存在及与之相连的物质属性。人们拿起扇子取凉,并不是拿起"扇子底道理"来取凉,这是尽人皆知的常识。然而到朱熹这里就不同了,具体的扇子不算什么实在,而放下它也好,动摇它也好,都是一般的"扇子底道理"或"只是一个道理"在那里显法。按照朱熹的见解,普通的千差万别的扇子,不管是团扇、蒲扇、鹅翎扇还是檀香扇,都是作为统一体的"扇子底道理"的体现,而形而上的抽象的"扇子"在形而下的具体的扇子之先。这样,不是像常人所说,团扇是扇子,羽扇是扇子,而相反地是"扇子底道理"这个实体决定了团扇的暂存,决定了羽扇的暂存,换句话说,"扇子"才是团扇,"扇子"才是羽扇。

不仅如此,据朱熹说,扇子不但是"扇子底道理"的体现,它还是宇宙的总的道理"太极"的直接体现。在这一点上,朱熹受了华严宗的影响,就与欧洲的"观念"说有所不同。按"观念"说,扇子有扇子的观念,椅子有椅子的观念,但扇子的观念不等于也不包摄椅子的观念,椅子的观念也不等于或包摄扇子的观念;而在朱熹这里,扇子之理的极至或椅子之理的极至都直接等同于宇宙的理的总和"太极",如他说:

> "一个一般道理,只是一个道理,恰如天上下雨,大窝窟便有大窝窟水,小窝窟便有小窝窟水,木上便有木上水,草上便有草上水,随处各别,只是一般水。(《朱子语类》卷一八)

> "本只是一太极,而万物各有禀受,又各自全具一太极尔。如月在天,只一而已,及散在江湖,则随处而见,不可谓月已分也。"(《朱子语类》卷九四)

我们这里暂不批评月和江湖中月的关系并不是如朱熹所说的从"月"的"一"散而为"江湖"中月的"万",这里只指出,所谓"人人有一太极,物物有一太极"(同上),正是华严宗一多相摄的理论,故朱熹说:

> "释氏云:'一月普现一切水,一切水月一月摄',这是那释氏也窥见得这些道理。"(《朱子语类》卷一八)

从这里我们就可以拆穿朱熹的思辨的秘密了,他是从现实的"器"中制造出超自然的"道"——"理"或"太极",然后又搁置了抽象,重新回到现实的"器"的世界。在此,朱熹似乎是在肯定"器"(如扇子)的存在,但实质上他是完成了一次创造,即自绝对的主体"理"中"创造"出自然的扇子,因而通常的扇子的意义就不在于其物质属性,而在于使它们在"理"或"太极"的呈现系列中取得一定地位的思辨属性。这里，我们有必要温习经典著作中下面一段论证思辨哲学的精辟名言：

"思辨哲学家最感兴趣的就是把现实的、普通的果实的存在制造出来，然后故弄玄虚地说：苹果、梨、扁桃、葡萄存在着。但是我们在思辨的世界里重新得到的这些苹果、梨、扁桃和葡萄却最多不过是虚幻的苹果、梨、扁桃和葡萄，因为它们是'一般果实'的生命的各个环节，是理智所创造的抽象本质的生命的各个环节，因而本身就是理智的抽象产物。我们在思辨中感到高兴的，就是重新获得了各种现实的果实，但这些果实已经是具有更高的神秘意义的果实，它们不是从物质的土地中，而是从我们脑子的以太中生长出来的，它们是'一般果实'的化身，是绝对主体的化身。因此，我们从抽象，从'一般的果实'这一超自然的理智的本质回复到现实的天然果实，却反而使这些天然的果实具有了一种超自然的意义，把它们变成了纯粹的抽象。"（《马克思恩格斯全集》第二卷，页74）

朱熹的"一般扇子"和"一般果实"相类似，就是这样的一种超自然的、神秘的扇子。在朱熹的思辨结构中，万物都是"总天地万物之理"的"太极"的化身，因而也就只能是纯粹的抽象。一切现实的存在都不过是从脑子里创造出来的绝对主体的呈现系列的各个环节。

我们不能停留在"扇子"的思辨中，在下面应深入朱熹理学的深宫宝殿，对他的客观唯心主义世界观作一全面的分析。

仔细考察朱熹的"理"，可以知道它含有下列四种意义：

第一，"理"是精神性的。这个"无人身的理性"赋予人身即为人心中的"性"，而"性"与"理"是同一的东西。朱熹说：

"性只是理，以其在人所禀，故谓之性。"（《晦庵先生文集》卷五九《答陈卫道》）

"性即理也，天以阴阳五行化生万物，气以成形而理亦赋焉，犹命令也。于是人物之生因各得其所赋之理，以为健顺五常之德，

— 7 —

所谓性也。"(《中庸章句》)

因此,万物即为"理"的体现,也可以说是"无人身的理性"忽然由"天"的命令使人物各得其所应赋者,因而"理"便成了有体躯的精神(性)了。它无所不在:

> "天下无性外之物,有此物即有此性,无此物则无此性。……性即太极之全体。"(《周子全书》卷一集说)

> "浑然太极之全体,无不具于一物之中,而性之无所不在,又可见矣。"(《太极图说章句》)

"性"既然是"太极",故朱熹又说:"性者,万物之原。"(《朱子语类辑略》卷一)由此可知,"理"与"性"的分别即在于:"性"是人化了的"理",而"理"则是"无人身的理性"。二者的转化,正如马克思所指出的,在思辨哲学中是不可解答的问题,因而这里不能不借助于"天"或上帝作为媒介。

对于个人的主观意识,朱熹称之为"心",关于"心"与绝对的主体"理"的关系,留待下节详述。为了暴露朱熹哲学的唯心主义本质,在这里只引他的几首诗便够了。他仿陈子昂《感寓》诗,作《斋居感兴》二十首,下面是其中的三首:

> "吾观阴阳化,升降八纮中,前瞻既无始,后际那有终?至理谅斯存,万世与今同。谁言混沌死?幻语惊盲聋。"

> "人心妙不测,出入乘气机,凝冰亦焦火,渊沦复天飞。……"

> "静观灵台妙,万化此从出,云胡自芜秽,反受众形役?厚味纷朵颐,妍姿坐倾国,崩奔不自悟,驰骛靡终毕。君看穆天子,万里穷辙迹,不有《祈招》诗,徐方御宸极。"(《晦庵先生文集》卷四)

在这里,很明显的,人的精神是万物的本原。

第二,"理"是最高的毫无具体内涵的抽象,也可以说是"数量的逻辑范畴"。朱熹说:

> "事事物物皆有个极,是道理之极至。……总天地万物之理,便是太极。"(《朱子语类》卷九四)

> "极是道理之极至,总天地万物之理,便是太极。太极只是一个实理,一以贯之。"(《周子全书》卷一集说)

"太极"或唯一的"理"是散在事物的"理"的总称(即例外权的最高例外),是秘密的保险箱的一把大锁。这是抽象的最后阶段,已经筛去了一切内容,甚至连名字都不许有,所谓"太极本无此名,只是个表德"(《朱子语类》卷九四)。

"太极"既包括了一切,却又什么都没有包括。朱熹借用《太极图说》的话,称此为"无极而太极"。他说:

> "'无极而太极',只是说无形而有理。……以理言之,则不可谓之有;以物言之,则不可谓之无。"(同上)

这样的抽空了的"太极",朱熹形容之为"净洁空阔底世界"(《朱子语类》卷一)。"新理学"者怪我们不从逻辑的范畴方面理解朱熹,然而这种方法是什么呢?如经典著作所指出:

> "在抽象的最后阶段(因为这里谈的是抽象,而不是分析),一切事物都成为逻辑范畴,……用这种方法把每一个物体的一切所谓偶性(有生命的或无生命的,人类的或物类的)抽去,我们就有理由说,在抽象的最后阶段,作为实体的将是一些逻辑范畴。所以形而上学者认为进行抽象就是进行分析,越远离物体就是日益接近物体和深入事物。这些形而上学者说,我们世界上的事物只不过是逻辑范畴这种底布上的花彩。……既然如此,那末一切存在物,一切生活在地上和水中的东西经过抽象都可以归结为逻辑范畴,因而整个现实世界都淹没在抽象世界之中,即淹没在逻辑范畴的世界之中,这又有什么奇怪呢?"(《马克思恩格斯全集》第四卷,页140—141)

朱熹的"净洁空阔"的理世界正是这样远离事物的抽象世界,而真实的事物界不过是这样逻辑范畴的底布上的花彩,例如"扇子"或"扇子底道理"是一个逻辑范畴,而团扇、羽扇、纸扇是借"扇子"这一底布的生命而暂存的花彩。

第三,"理"是先于物质存在的实体,是产生万物的神秘的根源。朱熹曾反复地说"太极"是"造化之枢纽,品汇之根柢",例如:

> "原'极'之所以得名,盖取枢纽之义,圣人谓之'太极'者,所以指夫天地万物之根也。"(《朱子语类》卷九四)

朱熹也经常谈"气",但判断中国哲学家的哲学的倾向,问题不在于他是否高谈"气"这一范畴,而在于他如何解释"气"和如何定位"气"。朱熹也说:

> "阴阳虽是两个字,然却是一气之消息,一进一退,一消一长。进处便是阳,退处便是阴;长处便是阳,消处便是阴。只是这一气之消长,做出古今天地间无限事来。"(《朱子语类》卷七四)

> "天只是一气流行,万物自生自长,自形自色,岂是逐一装点得如此?"(《朱子语类》卷四五)

这里好像在讲现实的普通的存在,这里的"气"确可解释为物质,但朱熹的"理"与"气"不是并列的,"理"是第一性的,而"气"是派生的。

按照朱熹的讲法,太极生阴阳,阴阳生五行,这是由道到器、由理到气质的过程,按太极是理,"阴阳是气,五行是质"(《朱子语类》九四)来讲,可以绘成下列表式:

太极	阴阳	五行
理	气	质
道	器	

→

因此,朱熹说:

> "太极生阴阳,理生气也;阴阳既生,则太极在其中,理复在气之内也。"(《周子全书》卷一集说)

这里明白地规定出"理生气"的唯心主义命题,堵塞了一切作二元论误解的道路。

"理"与"气"的关系,是"形而上"与"形而下"的关系,换言之,即本体与现象的关系。本体固然不离开现象,"天下未有无理之气,亦未有无气之理"(《朱子语类》卷一),但现象终是虚幻的,本体终是根本的实体,如朱熹所说:

"既有理,便有气;既有气,则理又在乎气之中。周子谓:五殊二实,二本则一,一实万分,万一各正,小大有定,自下推而上去,五行只是二气,二气又只是一理;自上推而下来,只是此一个理,万物分之以为体,万物中又各具一理,所谓'乾道变化,各正性命',然总又只是一个理。此理处处皆浑沦,如一粒粟生为苗,苗便生花,花便结实,实又成粟,还复本形。一穗有百粒,百粒个个完全;又将这百粒去种,又各成百粒,生生只管不已,初间只是这一粒分去。物物各有理,总只是一个理。"(《朱子语类》卷九四)

这即是说,天地万物都是以一神秘的实体作为本原,由此本原派生而成。如果说基督教只知道"逻各斯"的化身,那么理学家则通过思辨的魔术,从"无人身的理性"创造出无数的化身。

"气"(物质)既然是由"理"产生的,所以是"理在气先",即"理是本"。《朱子语类》中记有下列问答:

"问:先有理,抑先有气?

"曰:理未尝离乎气,然理形而上者,气形而下者,自形而上下言,岂无先后?"(《朱子语类》卷一)

"问:有是理便有是气,似不可分先后。

"曰:要之也先有理,只不可说是今日有是理,明日却有是气,也须有先后。且如万一山河大地都陷了,毕竟理却只在这里。"(同上)

"理"是永恒的本体,它不随"山河大地"即物质世界的变化而变化,它永恒地在那里独存。朱熹所谓"理在气先",正表明"理"是先验的、第一性的。

第四,"理"是在万物之上的主权者,主宰着万物,而且有能力自由

— 11 —

自在地为世界构造各式各样的法规。"理"是宇宙如此存在以及如此变化的神秘的最初原因。

朱熹曾解释"太极"为"所以动而阳、静而阴之本体也",并说:"太极,理也;阴阳,气也。气之所以能动静者,理为之宰也。"(《太极图说章句》)"理"是"气"的决定者,故他老实宣布说:"理为气之主"(《朱子语类》卷九四),这即是说绝对精神为物质之主。

"气"的一切动静不但均以"理"为其背后的动因,而且朱熹把"理"之于"气"比之为人跨马的关系,他说:

> "理不可见,因阴阳而后知。理搭在阴阳上,如人跨马相似,才生五行,便被气质拘定,而太极无不在也。"(《朱子语类》卷九四)

"气"与"理"是相对立的,"气"对"理"的表现有一定的限制作用,因而统一的"理"在扇子之"气"上表现为扇子之"理",在椅子之"气"上表现为椅子之"理",呈现为多种多样的差别性,但这仍不过是由于统一的"理"本身是"活生生的、自相区别的、能动的本质"。骑士驾驭着马,马只能听从骑士的指挥,这就是朱熹所说:"太极者,本然之妙也;动静者,所乘之机也。"(《太极图说章句》)

"理"是世界的主宰,它不受任何约束,有着作威作福、降吉降凶的特权或例外权,故朱熹又说"理"就是"天地之心":

> "问:天地之心,天地之理,理是道理,心是主宰底意否?
>
> "曰:心固是主宰底意,然所谓主宰者即是理也,不是心外别有个理,理外别有个心。
>
> "又问:此心字与帝字相似否?
>
> "曰:人字似天字,心字似帝字。"(《朱子语类》卷一)

这样说来,"理"便是宇宙的精神,也就是上帝,如他说:"帝是理为主"(《朱子语类》卷一);而心又似帝,那么具有"天地之心"的圣人们就成为上帝的代言人了!

朱熹从宇宙的秩序性来论证这一"天地之心"的存在,这和基督教神学是相似的：

> "若果无(天地之)心，则须牛生出马，桃树上发李花，他却又
> 自定。……心便是他个主宰处，所以谓天地以生物为心。"(《朱子
> 语类》卷一)

在朱熹看来，宇宙的秩序不能不由"天地之心"来自由安排，因而一切
存在才具备着完善的目的性。

然而"理"有没有规律性的意义呢？有人总想在朱熹的"理"上找
出规律性来，作为"合理的因素"；但我们的答案是否定的。因为这个
"理"是特权者，它可以颐指气使，利用权威来自由自在地生天生地，动
阳静阴，呼风唤雨，作威作福，它在天为帝，在地为君，所谓"至矣极
矣"、"皇哉堂哉"，和一般所说的规律性的理，即和从现实中所分析出
的"不同的发展形态，并探寻出这各种形态的内部联系"(《资本论》第
一卷，页17，第二版"跋")不同；相反地，这个"理"却任意创造规律。
因此，不管是什么超乎物质规律的奇迹和鬼怪，朱熹都肯定说"有此
理"，例如他说：

> "若论正理，则似树上忽生出花叶，此便是造化之迹，又如空
> 中忽然有雷霆风雨，皆是也，但人所常见，故不之怪；忽闻鬼啸、鬼
> 火之属，则便以为怪，不知此亦造化之迹，但不是正理，故为怪
> 异，……皆是气之杂糅乖戾所生，亦非理之所无也。"(《朱子语类》
> 卷三)

"理"或"帝"是最高的君父式的造化者，它可以随意制造任何一种奇
迹，这就为一切鬼神怪物颁发了合理的护符，而朱熹的哲学也尽了它作
为神学奴婢的作用。

这就再明显不过了，这种天书的语言是常人所不能了解的，因为这
里已经完全脱离开物质世界。道学家的这件神秘的紫袍，就是我们说
的客观唯心主义的世界观。应该指出，每个原理都有其出现的世纪，客
观唯心主义也各有其出现的世纪，因而有朱熹思想出现的世纪，也有黑
格尔思想出现的世纪，不能混同。"与权威原理相应的是十一世纪，与

个人主义原理相应的是十八世纪"(《马克思恩格斯全集》第四卷,页148),朱熹的客观唯心主义正是中国封建主义时代的权威原理的代数学。

朱熹的哲学是彻头彻尾的唯心主义,不是理气二元论,更不是"企图调和当时的唯心论和唯物论"。令人奇怪的是,有人居然说,朱熹在接受唯心主义传统时,还继承了唯物主义的传统,"并且加以发展"。按照这种"抽象继承法",哲学不是一定时代的产物,而是有一个称为"道学运动"的精灵变戏法似的时而附在某些哲学家的身上,时而又附在另一些哲学家的身上,循环来复,心传不绝! 这样,也就不再有唯物主义对唯心主义的斗争了。对于这种荒谬的唯心主义论点,我们应当予以批判。

第二节　朱熹的自然观、社会秩序论及其品类存在说

"天人合一"的神学原理是中国中世纪唯心主义哲学的一个核心,这在朱熹也不例外。朱熹哲学的目的即在于把封建主义的品级结构归结于神所决定的自然法则,因而在他的理论中,自然和社会是由同一的"理"来主宰支配的,如他所说:

> "动静无端,阴阳无始,天道也;始于阳,成于阴,本于静,流于动,人道也;然阳复本于阴,静复根于动,其动静亦无端,其阴阳亦无始,则人盖未始离乎天,而天亦未始离乎人也。"(《周子全书》卷一集说)

"天道"和"人道"不但是同一的范畴,而且有对称的节奏,朱熹曾这样综括他的伦理化了的自然哲学:

> "某许多说话,是《太极〔图〕》中说已尽。太极便是性,动静阴阳是心,金木水火土是仁义礼智信,化生万物是万事。"(《朱子语类》卷九四)

这就明白揭示了"天道"与"人道"之间的对应的和合一的关系。从形式上看,好像他把自然的秩序摹拟于人类活动的规范,而在实质上他是把自然拟人化。宗教的世界观是贫困世界的反映,朱熹的颠倒意识也是这样的。

因此,进一步分析朱熹的哲学,必须追随着"理"这一神秘的骑士,从地面飞上天空,再由神界降回人世。下面就分别考察一下朱熹对自然秩序与社会秩序的论述,看他怎样凭着手中的"理",在自然界中捏造一套封建主义反射出的神的秩序,然后再颠倒过来,以这种虚构的自然秩序作为现实的社会秩序的基础。

这里,应首先论到朱熹与自然科学的关系问题。有些资产阶级学者,曾把朱熹抬举为中国中世纪伟大的自然科学家和自然哲学家;同时那些竭力想把朱熹装点为唯物主义者的人们,也强调朱熹建构了"一个详细的宇宙发生论,他并且引用了许多当时科学方面的发现,以充实他的系统",以此作为朱熹继承并且发展了唯物主义的证明。我们认为,问题不仅在于朱熹究竟有多少自然科学的知识,而更重要的是他如何从哲学的角度看待这些知识,这些自然科学知识对他的思想倾向起着怎样的作用。

朱熹补《大学》"格物致知"章传,解"格物"为"即物而穷其理",说:"天下之物莫不有理,惟于理有未穷,故其知有不尽也。"为这段话所迷惑的一些人曾误以为这段话是具有"科学精神"的"科学方法"。关于朱熹所谓"格物致知"的真实含义,留待本章第四节详述,在此只需指出,朱熹的"即物穷理"决不是要探讨事物的规律,而是借"物"为踏脚石,以求"一旦豁然贯通"的一种从渐修到顿悟的手段。然而,朱熹既然提倡"即物",在他的思辨的论述上也就不能不或多或少地涉及了"物",因而他不得不假借一些当代的自然科学知识,作为他的唯心主义体系上的诱人的装饰,或上节所指出的"底布的花彩"。一般说来,"物"不过是朱熹所舞弄的工具,例如他提到扇子,只是为了说明"扇子底道理"的先验存在,仅仅在少数情况下,他才在"物"这一阶段上有所稽留,然而稽留也不是为了深入实际,而是为了远离实际。问题很显明,他认为大学之道有"始教",也有"极"教。人们对待事物的初步态度必须借助事物(他比于浊水)以洗涤"人心之灵",但到了高级阶段就不需借助于事物,即他说的,把浊水去了,自己的心灵宝珠自然通明。

朱熹不是像秦九韶、沈括那样的自然科学家,他的自然科学知识主要是来自张载和沈括的著作,也有一部分是得自道教的炼丹术。朱熹提到自然科学的地方,有关于宇宙的生成和结构的一些问题,他也提出了一些假说,但是朱熹的假说在当时不是进步的,它既不是由他自己的科学实践中导出,也不是对既有的科学成果加以提高或综合,而不过是掇拾当时的公认的论点,加入神秘的内容,凑成一幅与他的僧侣主义哲学最能对合的宇宙图画。用他的话讲,即从"太极"发动而使五行阴阳七者"滚合"起来,造成物质世界。

朱熹的宇宙结构说基本上是沿袭着张载。朱熹赞同浑天说,并曾批评盖天说道:

"浑仪可取,盖天不可用。试令主盖天者做一样子,如何做?只似个雨伞,不知如何与地相附着?"(《朱子语类》卷二)

在回答《天问》所提出的问题时,朱熹这样描写宇宙的结构:

"天之形圆如弹丸,朝夜运转。其南北两端后高前下,乃其枢轴不动之处;其运转者亦无形质,但如劲风之旋,当昼则自左旋而向右,向夕则自前降而归后;当夜则自右转而复左,将旦则自后升而趋前。旋转无穷,升降不息,是为天体,而实非有体也。

"地则气上查滓,聚成形质者,但以其束于劲风旋转之中,故得以兀然浮空,甚久而不坠耳。……

"其曰'九重',则自地之外,气之旋转,益远益大,益清益刚,究阳之数而至于九,则极清极刚而无复有涯矣。"(《楚辞集注》卷三《天问》)

上面这一段描述包括了以下的各个论点:

第一，地是宇宙的中心，天体是没有形质的气，天与地都环绕着一条轴线旋转。日月诸星则附在天幕上，随着天的旋转而绕地同行。由于地四周的天迅速旋转，就把地维持在中央，不致陷落，如朱熹在《朱子语类》中所说：

> "天以气而依地之形，地以形而附天之气。天包乎地，地特天中之一物尔。天以气而运乎外，故地摧在中间，隤然不动；使天之运有一息停，则地须陷下。"(《朱子语类》卷一)

朱熹的这一论点系来自张载的《正蒙》以及浑天说的公认的原则，但浑天说一般认为天左旋而地右旋，张载则认为天地都是左旋而有迟速的不同，他们的说法都在一定程度上能解释七曜的运转现象；而朱熹却胡说天在白昼自左旋而向右，夜间又转而复左，这种提法就距离当时的科学更远了。

第二，天有九重，其气愈外则愈清愈刚，如他说：

> "《离骚》有九天之说，注家妄解云有九天，据某观之，只是九重，盖天运行有许多重数(以手画图晕，自内绕出至外，其数九)。里面重数较软，至外面则渐硬，想到第九重，只成硬壳相似，那里转得又愈紧矣。"(《朱子语类》卷二)

由此可知，朱熹的九重天是指气的"软"、"硬"的层次，乃是一种没有根据的臆想，和托勒密式的宇宙结构假说中依日月行星绕地轨道而划分天的层数是不同的。

第三，朱熹认为宇宙中只有地是"物"是"形"，而天与日月列星都是没有形质的。地是气中浊的渣滓的凝聚，日月列星则是气的最清的精英，有如"灯花"。关于地的形成，朱熹说：

> "天地初间只是阴阳之气，这一个气运行，磨来磨去，磨得急了，便拶许多查滓，里面无处出，便结成个地在中央。气之清者便为天，为日月，为星辰，只在外常周环运转。"(《朱子语类》卷一)

> "天地始初，混沌未分时，想只有水、火二者，水之滓脚便成地。今登高而望群山，皆为波浪之状，便是水泛如此，只不知因甚

么时凝了,初间极软,后来方凝得硬。

"问:想得如潮水涌起沙相似。

"曰:然,水之极浊,便成地;火之极清,便成风霆雷电日星之属。"(《朱子语类》卷一)

以地为气凝结而成,无疑是得自张载的学说。但是在这里需要指出,朱熹"想"出的这一理论只是传统的"清气成天,浊气成地"一说的继续,它和恩格斯肯定为形而上学的自然观的第一个缺口的康德——拉勃拉斯星云假说毫无共同之点。无论是康德在《自然通史与天体理论》(公元 1755 年)或拉勃拉斯在《月亮的系统叙说》(公元 1796 年)中所提出的星云说,都是基于 18 世纪欧洲自然科学的一系列成果,特别是牛顿的万有引力学说,而企图说明太阳系的形成。朱熹"想"的自然观中的"天",既不规定其形质的存在,也不具备这些条件。

此外,朱熹虽认为地在宇宙中央,"天文有半边在上面,须有半边在下面"(《朱子语类》卷二),但他并未达到地是球形的推论,他说:

"地却是有空阙处,天却四方上下都周匝,无空阙,逼塞满皆是天。地之四向,底下却靠着那天。"(同上)

这样,地是一个扁平体,人即居于其向上的一面,故朱熹说"地有绝处",又有"角尖"。

朱熹对待自然科学的态度,大抵不外两种。在少数的例子中,他只简单地复述了已为众所公认的一些知识,例如他以日、月、地三者的相对位置来说明月的盈亏:

"月之望,正是日在地中、月在天中,所以日光到月,四伴(畔)更无亏欠,唯中心少有黡黡处,是地有影蔽者尔;及日月各在东西,则日光到月者止及其半,故为上弦;又减其半,则为下弦。"(《朱子语类》卷二)

"日月相会时,日在月上,不是无光,光却载在(月)上面一边,故地上无光;到得日月渐渐相远时,渐擦挫,月光渐渐见于下;到得望时,月光浑在下面一边;望后,又渐渐光向上去。"(同上)

这一理论是得自沈括的,见《梦溪笔谈》卷七,朱熹在《楚辞集注》卷三曾直接引述了沈括的这一学说。这些科学知识与他的哲学思想没有直接的、有机的关联。

另一方面,在更多例子中,朱熹则对自然科学知识加以神秘的解释,羼入了唯心主义的说教,从而严重地歪曲了自然科学。在这里,他不是以客观规律作为探求真理的准绳,而是根据作为绝对主宰的"理"的化身来剪裁一切个体。

例如《朱子语类》有下列记载:

> "常见高山有螺蚌壳,或生石中,此石即旧日之土,螺蚌即水中之物。下者却变而为高,柔者变而为刚。此事思之至深,有可验者。"(《朱子语类》卷九四)

在高山上发现水生物的化石,这本来是可以导出世界不断变迁发展的结论的,但朱熹拐了一个弯,却以此证明邵雍的宇宙循环论,说什么"康节以十二万九千六百年为一元,则是十二万九千六百年之前又是一个大开阖,更以上亦复如此。……小者大之影,只昼夜便可见"(同上),为循环的、退化的自然史观与历史观增加论据(关于朱熹的复古主义的历史观,参见本卷第十五章)。

同样的,朱熹虽然在对宇宙结构的描述上大量撷取了张载的学说,但一涉及"形而上"方面,就与张载大不相同了。张载认为气是不生不灭的,气的"两端"矛盾是宇宙的动因,"动非自外也";朱熹则认为气是如二程所说,不断地由"理"产生,不断地归于消灭又再产生:

> "问气之伸屈,曰:譬如将水放锅里煮,水既乾,那泉水依前又来,不到得将已乾之水去做它?"(《朱子语类》卷一)

他认为这即老子所谓"天地之间其犹橐籥乎",物质只是随时被创造出来的一种暂存的现象。

同时,朱熹认为"理"是宇宙背后的动因,这就用神学代替了张载二元论中积极一面的辩证法因素。气的动静不过是"理""所乘之机",宇宙处于"理"的驾驭之下,而"理"就是上帝,于是宇宙的自然史便转

变为上帝的创世记了。因此,朱熹说:

> "动静无端,阴阳无始,虽是合下静,静而复动;若细推时,未静时须先动来,所谓如环无端,互为其根。……便如浑沦未判之前,亦须曾明盛一番来,只是这道理层层流转,不可穷诘。"(《朱子语类》卷九四)

这就是说,整个宇宙的发展归根结底是绝对实体的"理"的神妙的"流转"过程。因此,他答复屈原《天问》时,在反对柳宗元的义理之说以后,便请出了"太极"这一实体来说明宇宙的形成及其结构的所以然。

朱熹对于"事物"这一块踏脚石,不少作为比喻的例子,如"月映万川"的水所以为水之类。在他的事物概念之中,事物或个体是"分殊"之性,所谓"分得愈见不同,愈见得理大"(《朱子语类》卷六)。例如他讲到无机物和有机物时这样说:"如一所屋,只是一个道理,有厅,有堂;如草木,只是一个道理,有桃,有李。……'理一分殊',亦是如此。"(同上)因此,一切事物都各只是一个道理或"太极","房屋"和"植物"都是"太极"的化身,而这个化身也存在于人们的心灵之中。那么自然是什么呢? 一句话,是一种"品类的存在",愈见得高下品别不同,就愈见得"天理"安置得妥当。如果要证明自然这种"渣滓"粗而不精,就应该从"渣滓"的外面来呼唤出所以成为"分殊"的最初原因,这样,"分殊"虽然不齐、不平、不和、不同,但不妨以"太极"加以统一,因而就"豁然贯通"了!

与上述"理"的呈现过程相对应的是"理"呈现为以封建纲常为绝对法则的社会的过程。资产阶级学者论述朱熹的理学,大多撇开"理"的道德意义,实际上这种意义反倒占其学说中的主导地位。朱熹自己说:

> "宇宙之间,一理而已。天得之而为天,地得之而为地,而凡生于天地之间者,又各得之以为性,其张之为三纲,其纪之为五常,盖皆此理之流行,无所适而不在。"(《晦庵先生文集》卷七《读大纪》)

唯一的"理"如何流行显现为"三纲五常",这是朱熹的哲学为封建主义说教的关键之一,因而在他的体系中占据了重要的位置。

首先,"太极"本身即是具有道德性的,朱熹说:

> "太极只是个极好至善底道理。……周子所谓太极,是天地人物万善至好底表德。"(《朱子语类》卷九四)

这一"万善至好底表德"即最高的道德范畴,它是一切道德范畴的总集或最初原因,如朱熹答郑仲履等所说:

> "仲履云:太极便是人心之至理。
>
> "曰:事事物物皆有个极,是道理之极至。
>
> "蒋元进曰:如君之仁、臣之敬,便是极?
>
> "曰:此是一事一物之极,总天地万物之理便是太极。太极本无此名,只是个表德。"(同上)

由此可知,所谓"一事一物之极"也具有伦理的意义。

前面已经提到过,朱熹认为仁、义、礼、智、信这五个道德范畴与金、木、水、火、土五行是对当的,如他说:

> "在天只是阴阳五行,在人得之只是刚柔五常之德。"(《朱子语类》卷六)
>
> "问:如何谓之性?
>
> "曰:'天命之谓性'。
>
> "问:天之所命者果何物也?
>
> "曰:仁义礼智信。
>
> "又问:周先生作《太极图》,何为列五者于阴阳之下?
>
> "曰:五常是理,阴阳是气,有理而无气则理无所立,有气而后理方有所立,故五行次阴阳。"(《周子全书》卷四《语类附见》)

在这里,五行与五常被完全等同为一。

朱熹认为五常是统一的"太极"的显现,所以说:

> "问:既是一理,又谓五常,何也?
>
> "曰:谓之一理亦可,五理亦可。以一包之则一,分之则五。

> "问:分为五之序。
>
> "曰:浑然不可分。"(《朱子语类》卷六)

不仅如此,由五常再可以划分为更多更细密的道德,而这些道德仍只是一"理"的显现:

> "问:先生以为一分为二,二分为四,四分为八,又细分将去;程子说性中只有仁义礼智四者而已,只分到四便住,何也?
>
> "曰:周先生亦止分到五行住。若要细分,则如《易》样分。"
>
> (同上)

关于这一点,他作了这样的譬喻:

> "专言仁义礼智,而以手画扇中心,曰:只是一个道理,分为两个;又横画一画,曰:两个分为四个;又以手指逐一指所分为四个处,曰:一个是仁,一个是义,一个是礼,一个是智。这四个便是个种子,恻隐、羞恶、恭敬、是非便是种子所生的苗。"(同上)

这样,"太极"或"理"就把一切道德范畴统摄起来,而又分化为一切道德范畴。

把道德范畴纳入《太极图》的间架(这是继承着《洪范》以至纬学的传统),不但对这些封建道德赋予了哲学的根据,而且使朱熹取得依照臆造的象数学原则任意解说这些道德范畴的自由。在朱熹的著作中,关于各种道德范畴的无理比附是极多的,其繁琐更胜于纬学。我们在这里只需举两个例子,就可以概括其余。

据朱熹说,在仁、义、礼、智、信五常之中,仁较之其他四常是更根本的,他这样讲:

> "得此生意以为生,然后有礼智义信。以先后言之,则仁为先;以大小言之,则仁为大。"(《朱子语类》卷六)

此即所谓"仁统五常"。为什么是如此呢?朱熹就从象数学来解答:

> "天只是一元之气,春生时全见是生,到夏长时也只是这底,到秋来成遂也只是这底,到冬天藏敛也只是这底。仁义礼智,割做四段,一个便是一个;浑沦看,只是一个。"(同上)

"味道(叶贺孙)问:仁包义、礼、智,恻隐包羞恶、辞逊、是非,
元包亨、利、贞,春包夏、秋、冬;以五行言之,不知木如何包得火、
金、水?

"曰:木是生气,有生气,然后物可得而生;若无生气,则火、
金、水皆无自而能生矣,故木能包此三者。"(《朱子语类》卷六)

木居然能包火、金、水,这是多么荒谬的妙论!然而这不过是朱熹所谓
"天道"不离"人道"的无理比附的例证之一。

又如在朱熹的五常说中,信与其他四常也不是平列的,这是为了比
附五行中的土的特性,他说:

"信是诚,实此四者,实有是仁,实有是义,礼、智皆然,如五行
之有土,非土不足以载四者;又如土于四时各寄王十八日。"(同
上)

从这里可以看出,虽同在五常之中也有不平等的品类存在,大小、先后、
尊卑、上下,各有其当然的位置。但上面所说的由一"理"分为种种道
德,还只是在概念上兜圈子,尚未与具体的社会中的品类存在结合起
来,而后者才是朱熹学说的中心。

《朱子语类》记有下列问答:

"问:万物粲然,还同不同?

"曰:理只是这一个道理,则同;其分不同,君臣有君臣之理,
父子有父子之理。"(《朱子语类》卷六)

"问:仁与道如何分别?

"曰:道是统言,仁是一事,如道路之道,千枝百派,皆有一路
去,故《中庸》分道、德,曰:父子君臣以下为天下之达道,智仁勇为
天下之达德。君有君之道,臣有臣之道;德便是个行道底,故为君
主于仁,为臣主于敬。"(同上)

按照这一说法,不同身份的人有不同的"理",也有不同的"道"和
"德"。统治阶级不但有统治人民之"理",他们应"遵守"统治者的道
德;而且在他们中间还有品级结构,依其尊卑上下而各具一"理"。被

统治阶级就另有被统治之"理",必须遵守被统治者的"道德"。用朱熹的话说,统治者应充分运用他的统治权力,以完成其作为统治者的"极至";被统治者则必须俯首帖耳、忍辱受苦,以完成其作为被统治者的"极至"。在统治者与被统治者都完成其"极至"时,每一个别的"极"就都合乎全体的"太极"。这里,仅说明了每一"极"是等级性的形式,然而朱熹却说这两者是相同地达到了最高的道德。

这种反动的阶级调和论,朱熹沿用洛学的传统名词,称之为"理一分殊"。所谓"理一分殊",其本义是指如华严宗所说"一多相摄"的关系,但理学中专用以指上述的等级制的社会法则。在朱熹这里,"理一分殊"更表现成为封建品级结构的代名词,他说:

> "理是有条理、有文路子。文路子当从那里去,自家也从那里去;文路子不从那里去,自家也不从那里去。须寻文路子在何处,只挨理了行。"(《朱子语类》卷六)

> "理如一把线相似,有条理,如这竹篮子相似,指其上行篾,曰:一条子怎地去;又别指一条,曰:一条怎地去;又如竹木之文理相似,直是一般理,横是一般理。"(同上)

可见"理"本身就包含了差别性,有的"文路子"是直的,有的"文路子"是横的,同是"理",却有着极大的区别。这正反映了封建制度下,有少数人是统治者,遵循一种"理";有大多数人是被统治者,另遵循其他的"理",而在朱熹看来,其分虽殊,其理则一,凑拢来恰好合成封建制度这一"永恒"的"理"。

朱熹说:"礼是体",又说:"合当底是体"(《朱子语类》卷六),这和司马光绘理想的封建品级结构为《体图》(见第十章第二节)是相似的,朱熹又拿出扇子来设喻说:

> "人只是合当做底便是体,人做处便是用,譬如此扇子,有骨有柄用纸糊,此则体也,人摇之,则用也;如尺与秤相似,上有分寸星铢,则体也,将去秤量物事,则用也。"(同上)

人的"体"有如扇子的形制或尺秤的分寸星铢,这无异是说天在创造每一个人时即已预定了一定的目的,如朱熹所说,是人禀受了天的命令,所以每个人生来就有其"合当做底"职事,统治者生来"合当做"统治者,被统治者"合当做"被统治者。统治者与被统治者的差别,不是同样的"体"做了不同样"用",而是不同的"体""合当做"不同样"用"。朱熹与其弟子有这样的问答:

"问:去岁闻先生曰:'只是一个道理,其分不同',所谓分者,莫只是理一而其用不同,如君之仁、臣之敬、子之孝、父之慈、与国人交之信之类是也?

"曰:其体已略不同,君臣、父子、国人是体,仁、敬、慈、孝与信是用。

"问:体用皆异。

"曰:如这片板,只是一个道理,这一路子恁地去,那一路子恁地去;如一所屋,只是一个道理,有厅,有堂;如草木,只是一个道理,有桃,有李;如这众人,只是一个道理,有张三,有李四,李四不可为张三,张三不可为李四。如《西铭》言理一分殊,亦是如此。

"又曰:分得愈见不同,愈见得理大。"(《朱子语类》卷六)

这一段话最明白地暴露了"理一分殊"说的封建的本质。"房子"只是一个抽象的实体,而其化身则为厅,为堂;"植物"只是一个抽象的实体,而其化身则为桃,为李;"众人"只是一个抽象的实体,而其化身则为张三,为李四。前三个例子是关于自然的品类存在说,后一例是关于社会人类的品类存在说。如照"众人"这"一个道理"而言,个体是不平等的或极不相同的品类存在,这在历史文献中叫做"各色人等"或"各色人户",其"体"依劳动力的编制而有区别,其"用"便成了"色役"或"色目"或"色类",为统治阶级贡纳不同的课役。然而"众人"只作一理看,就没有区别了,只是"一个道理",这就是叫做"理一分殊"的怪论。

朱熹对《西铭》的解释正是如此,他曾反复说明《西铭》一篇始末皆是理一分殊",如说:

"《西铭》大纲是理一而分自尔殊,然有二说。自天地言之,其中固自有分别,自万殊观之,其中亦自有分别,不可认是一理了,只滚做一看。这里各自有等级差别,且如人之一家,自有等级之别。"(《朱子语类》卷九八)

这样的"等级差别",就是"理"骑在社会这匹马上,为人类所安置的封建的不平等的社会秩序。朱熹又说:

"或问理一分殊,曰:圣人未尝言理一多,只言分殊。盖能于分殊中事事物物、头头项项理会得其当然,然后方知理本一贯。不知万殊各有一理,而徒言理一,不知理一去何处? 圣人千言万语教人,学者修身从事,只是理会这个,要得事事物物、头头件件各知其所当然,而得其所当然,只此便是理一矣"(《朱子语类》卷二七)。

在封建制社会,每个人的等级地位高下不同,不能从一般的"理"上看齐,只能从不同的等级地位的"理"来"一"。换言之,只要每个人各安其分,得其所当然,即各得其"理"。这一在已的"理"是被理之大全(道体)所制约着的,理之大全的体现就在于人人能各守其分,所以说:"君臣便有义,父子便有仁,此都是述天地之事,只是这个道理。"(《朱子语类》卷一一六)统治者只有统治之理,而无被统治之理;被统治者只有被统治之理,而无统治之理。因此,"理"也叫做"天秩天命",是神圣不可违犯的。

"理一分殊"的原理如果能够实现,就达到一种"非运动"的状态,叫做"和",朱熹说:

"物物有个分别,如君君、臣臣、父父、子子。至君得其所以为君,臣得其所以为臣,父得其所以为父,子得其所以为子,各得其利,便是和。若臣处君位,君处臣位,安得和乎?

"男正位乎外,女正位乎内,直是有内外之辨。君尊于上,臣恭于下,尊卑大小,截然不犯,似若不和之甚,然使之各得其宜,则其和也。"(《朱子语类》卷六八)

历史已经提出了"等贵贱、均贫富"的口号,连朱熹也看出了"尊卑大小,……似若不和之甚",这已经答复了朱熹的"理"的胡诌。然而正因为这样,那就更需要僧侣主义的"只是一个道理"的抽象的齐一说,原来"一个道理"的"一",在偷换概念的手法之下,变成了调和阶级斗争的"和"。"理"搭在"气"上,就是表现为这样的封建等级制度的永恒性以及阶级调和的合理性。因为"理"是永恒不变的,所以封建纲常也是永恒不变的:

> "君臣父子,定位不易,事之常也。君令臣行,父传子继,道之经也。"(《晦庵先生文集》卷一四《甲寅行宫便殿奏札一》)

> "三纲五常,礼之大体,三代相继,皆因之而不能变。"(《论语章句·为政第二》)

> "纲常万年,磨灭不得。"

> "所谓损益者,亦是要挟持三纲五常而已。……三纲五常终变不得,君臣依旧是君臣,父子仍旧是父子。"(《朱子语类》卷二四)

封建纲常不但是永恒不变的,而且是早已被"理"所规定的伦理原则,谁也不能逃避,即所谓"三纲之要,五常之本,人伦天理之至,无所逃于天地之间"(《晦庵先生文集》卷一三《癸未垂拱奏札二》)。所以"理一分殊"之说完全是为封建的品级结构和等级制度所树立的理论,他警惕人们在这上面,"若不仔细分别,直是与墨氏一般"(《朱子语类》卷九八),那就有平等原理出现的危险了。

封建等级性是贯彻在朱熹哲学中的一条黑线,不管是他的自然观还是社会观,道德论还是人性论,其最后归宿都是要证明这种"等级差别",在他的整个体系的每一部分上都满打着封建统治阶级的烙印。朱熹的反动的哲学和政治理论之为"后之时君世主""来此取法"不是偶然的,为近代保守主义或复古主义者所美化也不是偶然的。

第三节　朱熹的人性论

上面两节对朱熹关于作为绝对实体的"理"这一唯心主义理论作

了一些分析,也对其社会秩序论和自然哲学作了一些批判,但朱熹的哲学,作为封建统治阶级的意识形态,归根结底是要为这一阶级的利益服务。因此,应该进一步考察这被赋予封建伦理性质的"理"如何应用于现实的封建社会,即朱熹怎样从哲学上支持和维护当时的品级秩序。

按照朱熹的思辨结构,封建秩序的合理性是以伦理学的法则来说明的,而他的伦理学说奠基于人性论之上,最后又把人性论归结于自我意识的思辨哲学。这一体系自然是颠倒的,我们应依照唯物主义的原则,对它进行剖析和批判。

如前所述,朱熹称个人的主观的自我意识为"心"。在《朱子语类》中,朱熹曾反复说明"心"的神秘的特征即在于它的"主宰性",例如:

> "履之(刘砥)问未发之前心、性之别,曰:心有体用,未发之前是心之体,已发之际乃心之用,如何指定说得?盖主宰运用底便是心,性便是会恁地做底理。性则一定在这里,到主宰运用却在心;情只是几个路子,随这路子恁地做去底却又是心。"(《朱子语类》卷五)

由此可见,"心"这一自我意识是人的主体,人的一切动作行为都受这一主体的役使。

在形神问题上,朱熹也认为精神的"心"主宰着物质的形体,他说:

> "心是身之主宰。"(《晦庵先生文集》卷五二《答姜叔权》)

> "人之一身,知觉运用,莫非心之所为,则心者固所以主于身,而无动静语默之间者也。"(《晦庵先生文集》卷三二《答钦夫仁说》)

> "问:形体之动与心相关否? 曰:岂不相关? 自是心使他动。"(《朱子语类》卷五)

"心"就是主观的精神,它是"灵",是"知觉"。朱熹常讲:"灵处只是心"、"心是知觉",即指精神的这种性质。他形容"心"为"神明不测",见于《朱子语类》的下列记载:

> "问:人心形而上下如何? 曰:如肺肝五脏之心,却是实有一

物;若今学者所论操舍存亡之心,则自是神明不测。故五脏之心受
病,则可用药补之;这个心则非菖蒲、茯苓所可补也。"(同上)

按当时生理知识认为思维知觉是心脏的功能,这种看法固有错误,但从
哲学上看则是一个唯物主义的观点。朱熹则从他的唯心主义观点出
发,把精神的心与形体的心分离开来,然后导出"心是身之主宰"这一
命题。朱熹不能抹杀人的形体如受到一定的损害,则精神会被影响的
事实,对此,他给予诡辩的解释说:

"此(心脏)非心也,乃心之神明升降之舍。人有病心者,乃其
舍不宁也,凡五脏皆然,心岂无? 运用须常在躯壳之内,譬如此建
阳知县,须常在衙里,始管得这一县也。"(《朱子语类》卷五)

在这里,心脏和整个肉体被看作精神所居藏的房舍或所运用的工具。
这个当作统治者县太爷的"心",对于"身"有着役使的权力。

关于个体的精神"心"与绝对的精神"理"之间的联结,即怎样把
"无人身的理性"人化,怎样在人心中使主体和客体发生关系,是朱熹
哲学的中心问题。

朱熹把"心"划分为两个成分,其一称为"道心"或"天命之性"(又
简称为"性");另一称为"人心"或"气质之性"。"道心"与"人心"是
"心"的两个方面,他说:

"'人心惟危,道心惟微',论来只是一个心,那得有两样? 只
就他所主而言,那个唤作人心,那个唤作道心。"(《朱子语类》卷六
一)

所谓"道心"、"人心"区别于所主不同,朱熹在《中庸章句》中有更详细
的论述:

"心之虚灵知觉,一而已矣,而以为有人心、道心之异者,则以
其或生于形气之私,或原于性命之正,而所以为知觉者不同,是以
或危殆而不安,或微妙而难见耳。然人莫不有是形,故虽上智不能
无人心;亦莫不有是性,故虽下愚不能无道心。二者杂于方寸之
间,而不知所以治之,则危者愈危,微者愈微,而天理之公卒无以胜

夫人欲之私矣。"(《中庸章句·序》)

由此可知,"道心"和"人心"之所以表现为"所以为知觉者不同",是由于它们的来源有别。"道心"的根源是性命,"人心"的根源是形体,这可以绘成图式如下:

$$性命之正\longrightarrow道心 \brace 形气之私\longrightarrow人心} 心$$

按照朱熹的"理"、"气"相合而生人的原则,人不能不具备性,也不能不具备气,所以每一"心"都兼有"道心"和"人心"两个成分。当作主体的"道心"和当作客体的"人心"之相互对置,是上下的从属关系,是主体驾驭客体的。因此,在朱熹看来,问题不在于消灭"人心",因为它不能被完全消灭,而是在于使"人心"服从"道心"的统治,他说:

"必使道心常为一身之主,而人心每听命焉,则危者安,微者著,而动静云为自无过不及之差矣。"(《中庸章句·序》)

这是朱熹对"十六字心传"的新解释。

朱熹在更多的地方是用"天命之性"、"气质之性"等名词来代替"道心"和"人心",这些地方有容易混淆之处,须注意辨别。例如他说:

"如有天命之性,便有气质;若以天命之性为根于心,则气质之性又安顿在何处?谓如'人心惟危,道心惟微'都是心;不成只道心是心,人心不是心?"(《朱子语类》卷四)

这里可以明显地看出,"道心"即"天命之性","人心"即"气质之性"。

从"心"之为精神主体来看,它和"理"是一致的,所以朱熹也说"惟心无对"(《朱子语类》卷五);但就"心"容纳了由"气"产生的"气质之性"而言,它与"理"并不完全相当。朱熹认为只有"性"才是"理"。他一再引用程颐所说"性即理也",例如:

"论性要须先识得性是个甚么样物事。性毕竟无形影,只是心中所有底道理是也。程子'性即理也',此说最好。今且以理言之,毕竟却无形影,只是这一个道理。在人,仁义礼智,性也,然四

者有何形状？亦只是有如此道理。"(《朱子语类》卷五)

　　"性即理也,当然之理,无有不善者,故孟子之言性,指性之本而言。"(同上)

　　"问:性固是理,然性之得名是就人生禀得言之否？曰:继之者善,成之者性,这个理在天地间时,只是善,无有不善者,生物得来,方始名曰性。只是这理,在天则曰命,在人则曰性。"(同上)

这样说来,"性"是"理"之在人者,是人化了的"理"。因此,"理"的神秘属性被移用于"性",如朱熹说"性者,万物之原"(同上卷四),无人身的"理"化为"性",是通过在天之命来媒介的,于是"性"和"理"一样,成为绝对者了,这正是马克思所说的"形而上学的神学漫画"。

　　"性"虽然是"理"的内在化身,但除了"圣人"以外,"性"要受"气质"的制约。如上节所述,"理"为"气"的根本,但"气"一经产生,便成为"理"的对立物。朱熹的"性"与"气质"的关系,就是"理"与"气"的关系的引申。

　　朱熹认为不但人有"性",人以外的物也有"性",人物的"性"都是绝对主体"理"的现实存在。他说:

　　"天下无无性之物,盖有此物,即有此性;无此物,则无此性。"
(同上)

人物之所以不同,只是由于"气禀"的不齐,朱熹这样说:

　　"人物之生,其赋形偏正固自合下不同,然随其偏正之中,又自有清浊昏明之异。"(同上)

由此可知,"气"的不齐有两方面,其一是有正有偏,其二是有清有浊。这里已经在"性"和"气"的概念中偷偷地运进了命定论的说教。

　　《朱子语类》中辅广记朱熹与其弟子有下列问答:

　　"问:人物皆禀天地之理以为性,皆受天地之气以为形,若人品之不同,固是气有昏明厚薄之异;若在物言之,不知是所禀之理便有不全耶？亦是缘气禀之昏蔽如此耶？

　　"曰:惟其所受之气只有许多,故其理亦只有许多。如犬马,他这形气如此,故只会得如此事。

"又问:物物具一太极,则是理无不全也。

"曰:谓之全亦可,谓之偏亦可。以理言之,则无不全;以气言之,则不能无偏。"(《朱子语类》卷五)

按照这一说法,天所赋予人之"理",从"只是一个道理"上,即从抽象的范畴上而言,本来无所不全,所以说"物物具一太极","太极"即"理"之全;但人物所受之"气"则又不能没有参差。值得注意的是:朱熹在这里已经把"人品"的高下贵贱与物种的差别等同起来,这个分类法的背后已经隐藏着阶级关系论的前提。

《朱子语类》中余大雅又记有人问朱熹:"人物之性一源,何以有异?"朱熹回答说:

"人之性论明暗,物之性只是偏塞。暗者可使之明,已偏塞者不可使之通。"(同上)

凡物之性和人之性,都因了受"气"的各有其限制而有不同,朱熹又设喻说:

"如日月之光,若在露地,则尽见之;若在蔀屋之下,有所蔽塞,有见有不见。昏浊者,是气昏浊了,故自蔽塞,如在蔀屋之下。然在人则蔽塞有可通之理,至于禽兽,亦是此性,只被他形体所拘,生得蔽隔之甚,无可通处。至于虎狼之仁、豺獭之祭、蜂蚁之义,却只通这些子,譬如一隙之光。至于猕猴,形状类人,便最灵于他物,只不会说话而已。"(《朱子语类》卷五)

以上所说的"物"系指人以外的动物而言,这里的受"气"的"品类存在"说,已经排除了进化论的可能性。至于草木或没有生命的物,朱熹也认为它们有"性",这即所谓"无情有性",如:

"问:理是人物同得于天者,如物之无情者亦有理否?曰:固是有理,如舟只可行之于水,车只可行之于陆。"(同上)

"草木之气又别,他都无知了。"(同上)

于是物理的性质、生物的性质和人性被混淆为一。从这里也可以看出,朱熹的"理"并不指规律性,而是对事物之性做一种发号施令的预先安排。据此,朱熹把人物划分为三种品类:无情无知者为无生物与植物,气蔽塞不可通者为动物,气蔽塞可通者为人。

关于"气"对"性"的制约,朱熹认为"理"本来包含了"气",所以"性只是理,气质之性亦只是这里出"(同上)。天对各人所赋予的"理"固然均一,但由于各人"气"不同,所能承受的量也有所差异,就好像两个大小不一的容器,所盛的水的质虽相同,量却不同,朱熹说:

> "人物之生,天赋之以此理,未尝不同,但人物之禀受自有异耳。如一江水,你将杓去取,只得一杓;将碗去取,只得一碗;至于一桶一缸,各自随器量不同,故理亦随以异。"(《朱子语类》卷五)

据此,朱熹虽然说人受"气"偏塞,犹可以通向光明的"理",但说来说去还是前引辅广所记:"惟其所受之气只有许多,故其理亦只有许多"。这样,"气"就起了命定性的作用,朱熹在一封书信中曾说:

> "论万物之一原,则理同而气异;观万物之异体,则气犹相近,而理绝不同也。气之异者,粹驳之不齐;理之异者,偏全之或异。"
> (《晦庵先生文集》卷四六《答黄商伯之四》)

据《朱子语类》沈僴所记,这一段话的含义是:

> "'理同而气异',此一句是说:方付与万物之初,以其天命流行只是一般,故理同;以其二五之气有清浊纯驳,故气异。下句是就万物已得之后说:以其虽有清浊之不同,而同此二五之气,故气相近;以其昏明开塞之甚远,故理绝不同。"(《朱子语类》卷四)

就抽象的人而言,在逻辑范畴上当然不问贵族或农奴,都是一般的人,因而形式的"理"也相同;然而真理是具体的,在个别的人外,没有一般的人,因此一旦从"气"的受禀不同来讲,马上就否定了"理相同"的命题,而变成了"理绝不同"的命题。这样,如果我们撇去其虚构的概念,就具体的人而论,"理"和"气"都有不平等的品类存在,犹之乎海水和江水都是"水",而后者并不能因其为水而通为海水。

朱熹的人性论正立足于这种"气"的品类存在的理论之上。他曾批评古代各种人性论的派别说：

> "孟子说性善,他只见得大本处,未说得气质之性细碎处。程子谓:'论性不论气不备,论气不论性不明,二之则不是',孟子只论性,不论气,便不全备。……荀、杨、韩诸人虽是论性,其实只说得气。荀子只见得不好人底性,便说做恶;杨子见半善半恶底人,便说善恶混;韩子见天下有许多般人,所以立为三品之说。就三子中,韩子说又较近。他以仁义礼智为性,以喜怒哀乐为情,只是中间过接处少个'气'字。"(《朱子语类》卷四)

朱熹的人性论正继承着韩愈的"性三品"说或李翱的"四品"说。在本卷第六章已经提到,李翱、韩愈在《论语笔解》中,以情之发的不齐论证人类的不平等,但他们难于说明为什么在齐一的性上发出了不齐的情,而朱熹的"气禀"恰在这一点上作了狡猾的弥补,即他自己所说的"中间过接处"。

谈到人性的善恶问题,朱熹认为就"天命之性"而言,仍是"性善",所谓"性则纯是善底"(《朱子语类》卷五),因为"天命之性"本来是"理"的人化,"理"是至善,"性"自然也是至善;但"气质之性"则有善有不善,因而"心"也就有了善恶之别,如他所说:

> "心有善恶,性无不善;若论气质之性,亦有不善。"(同上)

所谓"气质之性"("人心")有善有不善,即是说其中包含了恶的成分或恶的可能性,并不等于说"人心"即是恶:

> "人心不全是不好,若人心是全不好底,不应只下一个'危'字。盖为人心易得走从恶处去,所以下个'危'字。若全不好,则是都倒了,何止于危?"(《朱子语类》卷七八)

如前所述,关键在于"人心"是否听命于"道心",换句话说,"气"接受"理"的主宰时表现为善,不接受"理"的主宰时表现为恶。

"天命之性"与"气质之性"间体现了"理"、"气"间的依附关系,这在朱熹下面的话中表述得最为明白:

> "人之所以生,理与气合而已。天理固浩浩不穷,然非是气,

则虽有是理而无所凑泊，故必二气交感，凝结生聚，然后是理有所附著。凡人之所能言语动作、思虑营为，皆气也，而理存焉；故发而为孝弟忠信、仁义礼智，皆理也。然而二气五行交感万变，故人物之生有精粗之不同。自一气而言之，则人物皆受是气而生；自精粗而言，则人得其气之正且通者，物得其气之偏且塞者。惟人得其正，故是理通而无所塞；物得其偏，故是理塞而无所知。"(《朱子语类》卷七八)

这其实也就等于说：精神必须有一个肉体，所以他又说：

"所谓天命之与气质，亦相衮同，才有天命，便有气质，不能相离。若阙一，便生物不得。既有天命，须是有此气，方能承当得此理。若无此气，则此理如何顿放？"(《朱子语类》卷四)

吴必大录此条则说："有气质之性，无天命之性，亦做人不得；有天命之性，无气质之性，亦做人不得。"

这样看来，"气质之性"也可以分为两个成分，其一是合于天理的，是善的；另一是由于"气"本身之偏而来，不但不合于天理，而且阻碍了天理的呈现，因而是恶的。后者，朱熹专称之为"人欲"，他说：

"只是一人之心，合道理底是天理，狥情欲的是人欲，正当于平分界处理会。"(《朱子语类》卷七八)

"心一也，方寸之间人欲交杂，则谓之人心；纯然天理，则谓之道心。"(《朱子语类》卷一一八)

"有个天理，便有个人欲，盖缘这个天理须有个安顿处。"(《朱子语类》卷一三)

"或问人心、道心之别，曰：只是这一个心，知觉从耳目之欲上去，便是人心；知觉从义理上去，便是道心。"(《朱子语类》卷七八)

因此，所谓以"道心"主宰"人心"，便是以天理克服人欲、以精神控制肉体的僧侣主义命题。朱熹说：

"人之一心，天理存，则人欲亡；人欲胜，则天理灭。"(《朱子语类》卷一三)

> "人只有个天理、人欲,此胜则彼退,彼胜则此退,无中立不进退之理。"(《朱子语类》卷一三)

在这里,朱熹把一切罪恶的起源归咎于肉体,即物质,而要求修炼精神,以摆脱物质的束缚,这正如列宁摘引费尔巴哈的话:"(有神论者)把自然界中的罪恶……归咎于物质,或归之于自然界的不可避免的必然性。"(《哲学笔记》,页48)

然而,朱熹当然不会直接就论证出人类的先天的不平等性,他虽然提出了"气禀",但他还必须进一步解释"气禀"何以不齐。对此,朱熹回答道:

> "造化之运如磨,上面常转而不止,万物之生似磨中撒出,有粗有细,自是不齐。"(《朱子语类》卷一)

> "二气五行何尝不正?只衮来衮去,便有不正。"(同上卷四)

这里兜了一个大圈子,又回到自然哲学的"品类存在"说。朱熹这一理论是曲解了张载的学说,如《朱子语类》记:

> "问:'游气纷扰,合而成质者,生人物之万殊;其阴阳两端,循环不已者,立天地之大义',旧闻履之(刘砥)记先生语云:'游气纷扰当横看,阴阳两端当直看,方见得',是否?

> "曰:也似如此,只是昼夜运而无息者便是阴阳之两端,其四边散出纷扰者便是游气,以生人物之万殊。某常言,正如面磨相似,其四边只管层层撒出,正如天地之气运转无已,只管层层生出人物,其中有粗有细,故人物有偏有正,有精有粗。"(《朱子语类》卷九八)

张载是以气的两端交感和聚散来论证宇宙事物的变化,朱熹就把这一本来是唯物主义性质的命题篡夺过来,作为不齐的人性论的根据,并阉割了原有的辩证法的因素。朱熹的"理"本身是绝对的"一",而就其呈现为万物则又是"多",现实的万物是"理"的有层次的实现。纯然至善的"理"或"无人身的理性",在自身之外,既没有可以安置自己的地盘,也没有可与自己对置的客体,没有自己可与之结合的主休,所以它只得把自己颠来倒去(参看《马克思恩格斯全集》第4卷,页140)。因此,在"理"的渐次实现中,便产生了自己的对立物"气",也产生了自己的对立观念"恶"。但从逻辑上来考察,朱熹的这种思辨哲学其实什么也没有论证,在方程式的这一端是"不平等",那一端仍旧是"不平等",不过是把残酷的现实涂抹为神秘的抽象而已。

所谓"衮来衮去"又导致一个新问题:既然人的"粗细"(品级)是"磨中撒出",那么一个人为"粗"为"细"是不是偶然的? 如果是偶然决定的,封建社会的品级结构岂不成为不稳的了么? 这一问题,按照道学的烦琐主义,曾被转化为这样的经院式的诘辩:

> "问:临漳士友录先生语,论气之清浊处甚详。曰:粗说是如此,然天地之气有多少般。问:尧舜生丹均、瞽瞍生舜事,恐不全在人,亦是天地之气。曰:此类不可晓,人气便是天地之气,然就人身上透过,如鱼在水,水入口出腮,但天地公共之气,人不得擅而有之。"(《朱子语类》卷四)

按照朱熹的这一见解,下愚的瞽瞍(《汉书·古今人表》下中等)生出上智的舜,圣人的尧舜生出不肖的丹朱商均(《汉书·古今人表》下中等),只能说是"不可晓"的,不是偶然的,这虽不能用人的"气"来说明,却可以用"天地公共之气",即"气运"来说明。这里,便导入了天命论的陈旧命题。

因此,朱熹不能不乞灵于天命。在朱熹的哲学中,各人"气禀"的不同即是"命",例如:

> "问:性分、命分何以别? 曰:性分是以理言之,命分是兼气言之。命分有多寡厚薄之不同,若性分则又都一般,此理圣愚贤否皆同。"(《朱子语类》卷四)

此处所说的"命",和"天命之谓性"的"命"略有差别,朱熹解释说:

> "'死生有命'之'命'是带气言之,气便有禀得多少厚薄之不同。'天命谓性'之'命'是纯乎理言之,然天之所命毕竟皆不离乎气,但《中庸》此句乃是以理言之;《孟子》谓'性也,有命焉',此性

> 是兼气禀食色言之,'命也,有性焉',此命是带气言之,'性善'又是超出气说。"(《朱子语类》卷四)

据此,所谓"命"有两种含义,一方面是指天理在个体上的化身,一方面是指个体所禀之气,而这两者又是不可分离的。前者是虚构的,后者是具体的。这样,品类存在说和命定论联结在一起。

朱熹又把"命"分为两种,一种是"贫富、贵贱、死生、寿夭",一种是"清浊、偏正、智愚、贤不肖",两者都是由"气"的不齐来决定的,但前者不能改变,后者可以改变。《朱子语类》说:

> "问:……如贵贱、死生、寿夭之命有不同,如何?曰:都是天所命。禀得精英之气,便为圣为贤,便是得理之全、得理之正;禀得清明者,便英爽;禀得敦厚者,便温和;禀得清高者,便贵;禀得丰厚者,便富;禀得久长者,便寿;禀得衰颓薄浊者,便为愚不肖,为贫,为贱,为夭。天有那气,生一个人出来,便有许多物随他来。"(《朱子语类》卷四)

这即是朱熹所肯定的"人之禀气,富贵贫贱长短,皆有定数",而且"皆其生时所禀气数如此定了",一切不能用理性解决的困难便被虚构的定命或气数一下子"解决"了。

人的"命"、"性"、"气禀"和"心",朱熹比喻如下:

> "尝谓命譬如朝廷诰敕,心譬如官人一般,差去作官,性譬如职事一般,郡守便有郡守职事,县令便有县令职事,职事只一般,天生教人许多道理,便是付人许多职事(别本云:道理只一般)。气禀譬如俸给,贵如高官者,贱如官卑者;富如俸厚者,贫如俸薄者;寿如三两年一任又再任者,夭者如不得终任者。朝廷差人作官,便有许多物一齐趁。"(同上)

抽象的思辨不能不转为具体的比喻,在这样的天真的比喻中,我们就知道思辨的秘密了。朱熹把天命比喻为皇帝,把"心"比喻作皇帝所差遣的各种品级官位,把"性"比喻作各种职事,把"气禀"比喻作等级制度的不平等存在,这正说穿了这一哲学体系的封建主义的本质。

　　和其他道学家一样,所谓人类的"粗细"品级,既指德性学行的品级,也指封建的品级结构。"圣人"是有例外权的最高的品级,其特点是他的"气"生来就是透明的,所以能够完全体现了"性"即"理"。朱熹说:

　　　　"上知(智)生知之资,是气清明纯粹而无一毫昏浊,所以生知安行,不待学而能,如尧、舜是也。"(《朱子语类》卷四)

　　朱熹直接宣布现实的"圣人"就是"理"的本身,"圣人"乃是宇宙的枢纽,只要"吾"之心正,"吾"之气顺,那么天地就随之而正而顺:

　　　　"盖天地万物本吾一体,吾之心正则天地之心亦正矣,吾之气顺则天地之气亦顺矣,故其效验至于如此。此学问之极功,圣人之能事,初非有待于外。"(《中庸章句》第一章)

以"圣人"为宇宙的枢纽,乃是封建专制主义的理论的中国版,朱熹在《大学章句》中老实说出了这一秘密:

　　　　"盖自天降生民,则莫不与之以仁义礼智之性矣,然其气质之禀或不能齐,是以不能皆有以知其性之所有而全之也。一有聪明睿智、能尽其性者出于其间,则天必命之以为亿兆之君师,使之治而教之,以复其性,此伏羲、神农、黄帝、尧、舜所以继天立极。"(《大学章句·序》)

戏剧完了,圣洁的"圣人"终于下降为现实的皇帝,"净洁空阔"的"理"终于下降为现实的皇极。

　　上面所论述的是朱熹为封建制度所作理论辩护的又一方面。在这里,"圣人"是至善的"理"的体现者,而群众则经常处于作为罪恶根源的"气"的控制之下,因而"圣人"便从上帝那里接受了"治而教之"的使命。"圣人"与凡庸的群众的对立,被神秘地转化为善与恶的对立或"理"与"气"的对立。因此,按照唯心主义的颠倒意识,封建君主对人民的残暴压迫,不仅是道德的,因为它代表了善对恶的征讨;而且是合理的,因为它体现了精神驾驭物质这一僧侣主义的最高法则。

第四节　朱熹的唯心主义的"格物致知"说

朱熹思辨哲学中的"理",如前节所指出的,是一种"无人身的理性",按照"物物各有一太极"的原则,它可以变现为各种各样的化身,而这些化身都不是通过普通的方式所能认识和思考的。马克思指出,"无人身的理性"一涉及主体和客体时,只能自己颠来倒去,"安置自己,把自己跟自己对置起来,自己跟自己结合——安置、对置、结合。"(《马克思恩格斯全集》第四卷,页140)因而,"理"在朱熹的魔术杖下,"在自身中把自己和自身区分开来",于是"理"的一个化身"性"被规定为主体,另一些化身"物"被规定为客体。"性"与"物"表面上似乎是主体与客体的对立,而实质上不过是"理"自己的"安置、对置、结合"。了解了这一"颠来倒去"的思辨哲学的秘密,我们才能研究朱熹的认识论,即"格物致知"说。

大家都知道,"格物致知"一语出于《大学》,朱熹的"格物致知"说即集中地见于他所纂补的《大学》"格物致知"传。按:二程都曾篡易《大学》文字(见《程氏经说》卷五),而朱熹更变本加厉,杜撰了整段的经文。在理学的传统中,《大学》被推为"四书"之首,为最基本的经典,朱熹曾设喻说,读《大学》譬如买田契,从而地租便基本上有了保证,这就等于说读了《大学》可以深悟理学的玄奥。

朱熹在所改的《大学》中插入如下一段话:

"所谓致'知'在格'物'者,言欲致吾之'知'在即'物'而穷其'理'也。盖人心之灵莫不有'知',而天下之'物'莫不有'理',惟于'理'有未穷,故其'知'有不尽也。是以大学始教,必使学者即凡天下之'物',莫不因其已知之'理'而益穷之,以求至乎其'极'。至于用力之久,而一旦豁然贯通焉,则众物之表里精粗无不到,而吾心之全体大用无不明矣。此谓'物格',此谓'知之至'也。"(《大学章句》)

这段话由于已经简缩成为经典式的语句，不但包括了许多他所特别使用的术语，这些术语有来自道家的，有来自佛家的，也有儒家所本有的，而且在他的解释中也有些层次之不同，这样就使人们对之各有所理解。因此，这一段我们儿童时期背诵得烂熟的话，必须与朱熹其他有关议论联系起来考察，才能讲得清楚。

首先应该考察朱熹所谓"物"的涵义。在《大学章句》中，朱熹窃取了华严宗的"理事"说，曾注释说："物，犹事也"，但所谓"事"也可以有不同的解释。他反复提到：

"眼前凡所应接底都是物。"（《朱子语类》卷一五）

"天下之事皆谓之物。"（同上）

从前一例而言，"事"、"物"虽然被安置为客体，但眼前所应接的究竟不是第一性的实在，也即他所说的"眼前虽谓无非是物"的物；从后一例而言，"事"、"物"虽然包括了一切自然现象和社会现象，但并没有表明它们对主体来说是怎样的关系。在这样浅显的层次，已经埋伏下逃走的道路，即在承认事物的形式之下，预伏下弃置客体的可能性。因此，朱熹虽然承认客观事物有"理"可格，但他说那是因为事物"有理存"，即早已先验地安置妥当，所以不妨去格一下，他说：

"虽草木，亦有理存焉。一草一木岂不可以格？如麻麦稻粱，甚时种，甚时收，地之肥，地之硗，厚薄不同，此宜植某物，亦皆有理。"（《朱子语类》卷一八）

即便是在这样的怕羞的情况之下，他并没有忘记即刻逃走，所以他认为这些问题都是"没紧要底事"，与"道之精妙处"无关。他不仅不提倡去研究客观事物的规律，反而对从事于客观事物的观察研究者大加斥责，他说：

"格物之论，伊川意虽谓眼前无非是'物'，然其格之也，亦须有缓急先后之序，岂遽以为存心于一草木器用之间而忽然悬悟也哉？！且如今为此学而不穷天理、明人伦、讲圣言、通世故，乃兀然存心于一草木一器用之间，此是何学问？！如此而望有所得，是炊

沙而欲其成饭也！"(《晦庵先生文集》卷三九《答陈齐仲》)
草木器用是"物"，这是朱熹所不否认的，然而"格物"却不在于格草木器用之类自然物或生产物，因为从这些事物得不到学问，不能"悬悟"出"大本大元"的"道之精妙处"。从这里可以知道，作为客体的事物是主体出神时假借的东西，而不是主体所依以反映的东西。

"格"这一个概念，在道学家有不同的规定。朱熹释之为"至"为"尽"，所以"格物"就是完成一事之极至，如为君完成为君之极至，为臣完成为臣之极至。朱熹设喻说：

> "格谓至也，所谓实行到那地头，如南剑人往建宁，须到得郡厅上方是，若只要到建阳境上，即不谓之至也。"（同上）

如第二节所述，一事之极至即该事本然之"理"，格物即在于印证一个极至，因此，"格"不是研究的意思，而是尽悟的意思。

朱熹所谓"格物"的真义，其主要内容是"穷天理、明人伦、讲圣言、通世故"，朱熹说："所谓格物云者，或读书，讲明义理，或尚论古人，别其是非，或应接事物而处其当否，皆格物事也。"(《晦庵先生文集》卷六四《答赵民表》)这里并没有涉及对客观事物的认识。检阅朱熹的著作，凡他谈到"格物致知"的时候，主要是指封建伦理的践行，故他一再强调《大学》论"格物"不过是"为人君止于仁，为人臣止于敬"之类。《朱子语类》记：

> "或问格物，问得太烦，曰：若只此联缠说，济得自家甚事？某最怕人如此。人心是个神明不测物事，今合是如何理会？这耳目鼻口手足，合是如何安顿？如父子君臣夫妇朋友，合是如何区处？……徒欲泛然观万物之理，恐如大军之游骑，出太远而无所归。"(《朱子语类》卷一八)

据此，"格物"是向内的"理会"，而不是向外的"观万物之理"，是通过某类事物穷至主体已具有的全体大用，而对草木器用之类事物的理会，不过是一种达于至极的桥梁罢了。

从"格物"的目的方面考察，也可以达到同样的结论。朱熹说：

"格物是穷得这事当如此、那事当如彼,如为人君便当止于
仁,为人臣便当止于敬。"(《朱子语类》卷一五)

"格物二字最好,物谓事物也,须穷极事物之理,到尽处便有
一个是、一个非,是底便行,非底便不行。"(同上)

由此可知,"格物"的目的不是求得对客观事物及其规律的认识,而是
根据封建纲常的法则,衡量"区处"事物的道德上的是非,即所谓"当"。
例如"为人君"是"事","止于仁"便是"当";"为人臣"是"事","止于
敬"便是"当"。作统治者的知道如何巩固和加强统治,作被统治者的
知道如何忍辱和服从,这都是"格物"的效果。用朱熹的话来说,这叫
作"自家知得这个道理,处之而各得其当"(《朱子语类》卷一五)。

朱熹的"格物"说也就是"穷理"说,朱熹自己解释说:"格物不说穷
理,却言格物,盖言理则无可捉摸,物有时而离;言物则理自在,自是离
不得。"(《朱子语类》卷一五)因此,"即物而格"是引诱初学的说法,而
"穷理"则须直探形而上了,但所谓"穷"也即是"格",都是"究元"或
"求至于其极"之义。正因为目的在于达到那最高的神秘的"理",所以
他说"格物只是穷理,物格即是理明"(《晦庵先生文集》卷三〇《答汪
尚书》),但"理"是上帝的化名,是唯一不二的绝对,不仅作为客体的所
格之"物"的"物理即道理,天下初无二理"(《朱子语类》卷一五),而且
作为主体的格物的"心"或"性"也是"理"的化身,这一"安置、对置、结
合"的关系在朱熹下列答语中表明得极为清楚:

"问:《或问》云:'心虽主乎一身,而其体之虚灵足以管乎天下
之理;理虽散在万物,而其用之微妙实不外乎一人之心',不知
'用'是心之用否?

"曰:理必有用,何必又说是心之用? 夫心之体具乎是理,而
理则无所不该而无一物不在,然其用实不外乎人心,盖理虽在物而
用实在心也。……此是以身为主,以物为客,故如此说,要之,理在
物与在吾身,只一般。"(《朱子语类》卷一八)

为"主"的"身"或"心"与为"客"的"物","只一般",都是"理"的"颠来

倒去"的显现而已。谁能相信这种诡辩有唯物主义的因素呢?

其次,主体与客体的对置还可以转换为主体的自我省察,这就钻进唯心主义认识论的深处,他说的"致知"或"致吾之知"的道理也就更清楚了。朱熹说:

> "大凡道理皆是我自有之物,非从外得,所谓'知'者便只是知得我底道理,非是以我之'知'去知彼道理也。"(《朱子语类》卷一七)

这里就赤裸地表现为唯我主义的直观说,所以在有人怀疑朱熹的"格物致知"说为不符合唯心主义原则,有"从外去讨得来"的嫌疑时,朱熹首先厉声呵斥:"仁义礼智非由外铄我也,我固有之也,弗思耳矣!"然后又加以讪笑:"某常说,人有两个儿子,一个在家,一个在外去干家事,其父却说道在家底是自家儿子,在外底不是。"朱熹的"心"与"物"便是"理"的两个儿子,"心"(或"性")是"理"在家里的儿子,"物"虽在外,也不能说不是"理"的儿子。

"理"本是"我底道理",这也可以说是"万物皆备于我"(《朱子语类》卷一一)。如上节论述,"理"在人为"性",此"性"朱熹又以《大学》成语称之为"明德",在这里,朱熹就完全不管在外的儿子,只亲昵在家的儿子了。他说:

> "问明德、明命,曰:便是天之所命谓性者,人皆有此明德,但为物欲之所昏蔽,故暗塞尔。"(《朱子语类》卷一六)

> "自人受之,唤做明德;自天言之,唤做明命。……人之明德即天之明命。虽则是形骸间隔,然人之所以能视听言动,非天而何?"(同上)

这就为"穷理尽性以至于命"的天人合一之说预立了前提。"理"分化为仁义礼智,"明德"也同样包含着伦理道德的内容:

> "明德谓得之于己,至明而不昧者也,如父子则有亲,君臣则有义,夫妇则有别,长幼则有序,朋友则有信,初未尝差也;苟或差焉,则其所得者昏而非固有之明矣。"(《朱子语类》卷一四)

据朱熹说，"明德"本来具有仁义礼智，但在凡人，这种"明德"为外物所汨没。《大学》所说"大学之道在明明德"就是要"知觉此明德，常自存得，便去刮剔，不为物欲所蔽"，能如此，则"推而事父孝、事君忠，推而齐家、治国、平天下，皆只此理"（《朱子语类》卷一四），原来他把"知之至"又偷换成照明体的真宰了。

所谓"格物致知"的过程也同时是"明明德"的过程，《大学》中格物、致知、诚意、正心、修身五者，朱熹都解释为"明明德事"，即恢复天命之性的途径。朱熹沿用了禅宗北宗的"身是菩提树，心是明镜台，时时勤拂拭，勿使染尘埃"的比喻，形容"致知"说：

> "致知乃本心之知，如一面镜子，本全体通明，只被昏翳了，而今逐旋磨去，使四边皆照见，其明无所不照。"（《朱子语类》卷一五）

朱熹曾一再说"人心如一个镜"，这面能照的镜子便是"明德"。镜子虽然有时被昏翳，需要磨而后明，而人的"明德"则未尝不明，"其善端之发终不可绝"，只要能接续其善端，格物致知，"至乎其极"，就可以达到"吾心之全体大用无不明"的境界，也就对于"众物的表里精粗无不到"了。

既然"格物致知"是为了明"吾心之全体大用"，不假外求，"所谓明明德者，非有所作于性分之外也"（《晦庵先生文集》卷一五，《经筵讲义·大学》），那么为什么不像禅学一样"直指本心"呢？陆学所以批评朱熹的哲学为"支离"即在于此。

我们说，朱、陆在认识论上的分别在一定程度上有似于禅宗的顿、渐的分别。在朱熹的眼中，陆九渊的心学忽略了顿悟以前所不可少的渐修阶段，如他说：

> "穷理之学诚不可以顿进，然必穷之以渐，俟其积累之多而廓然贯通，乃为识大体耳。今以穷理不可顿进而欲先识夫大体，则未知所谓大体者果何物耶？"（《晦庵先生文集》卷四九《答王子合》）

因此，朱熹批评陆学的"易简"为"苟简容易"：

"陆子静(九渊)说良知良能、四端根心,只是他弄这物事,其他有合理会者,渠理会不得,却禁人理会。鹅湖之会,渠作诗云:'易简功夫终久大',彼所谓'易简'者,苟简容易尔,全看得不仔细。"(《朱子语类》卷一六)

当然,朱熹所谓"即物穷理"决不是要深入探讨各个事物的本质。按照他的"理一分殊"之说,每一事物上均全禀"太极"即理之大全,因此朱熹要人们一物一物地"格",实际上是反对人们去发现事物差别的内在规律,而诱导人们一次再一次地接触那同一的"理","穷得这个道理到底了,却又穷那个道理",积之既久,便可一旦了悟"万物之理皆不出此"(《朱子语类》卷一一)。所谓悟得这个同一的"理",没有任何内容,至多是说唯心主义者可以成为神人罢了。朱熹说这好像婴儿学走路,今天走一走,明天又走一走,积习久了,自然会走;又好像用斧斫树,必须先一斧一斧地斫,最后一斧便使大树倒下,即通过渐修而得顿悟,如朱熹说:

"格物穷理,有一物,便有一理;穷得到后,遇事触物,皆撞著这道理。事君便遇忠,事亲便遇孝,居处便恭,执事便敬,与人便忠,以至参前倚衡,无往而不见这个道理。"(《朱子语类》卷一五)

由此可见,朱熹所以提倡"格物"、"即物",不过是达到"一旦豁然贯通"这一目的的手段,所谓"大学之始教";而其中的"物",不管是自然物(如草木)、生产物(如舟车)等等,不过是通向作为绝对实体的同一的"理"的踏脚石或"样子"。《朱子语类》中记:

"陶安国问:'千蹊万径皆可适国'(《或问》语),'国'恐是譬理之一源处,不知从一事上便可穷到一源处否?

"曰:也未解便如此,只要以类而推。理固是一理,然其间曲折甚多,须是把这个做样子,却从这里推去,始得。"(《朱子语类》卷一八)

"理"譬如城市,"格物"便是通向这一城市的千万条道路,但这些道路也不需要真正地"走",而不过是"做样子"而已。朱熹是站在事物头上指手画脚,给事物分类,由低级分到高级,证明品类存在是绝对合理的现象;更进一步"推"起来,从低级到高级都是"类"或"样子",既然"类"都是同一的,那就可以证明"理"是同一的,车子等于房子,草木等于器用,无非是一个品类存在罢了,这就是"以类而推"的致知说。朱熹所经常列举的种种例证,都仅仅是为那作为一源的"理""做样子"。

达到了"理",已经"豁然贯通",那么"心"这面镜子就大放光明,能具万理而应万事,妙众理而宰万物,这时再也用不着"格物"、"即物",而"物"便可踢到一边了。朱熹说:

> "圣人不令人悬空穷理,须要格物者,是要人就那上见得道理破,便实。只如《大学》一书,有正经,有注解,有《或问》,看来看去,不用《或问》,只看注解便了;久之,又只看正经便了;又久之,自有一部《大学》在我胸中,而正经亦不用矣。"(《朱子语类》卷一四)

这个比喻非常清楚地说穿了"格物致知"的秘密,原来"物"是"理"的注脚,朱熹的哲学反复以各种草木器用以及一些自然科学知识设喻,原来正是作这种注释的工作,而学者一旦"顿悟",即如得鱼而忘筌,见月而去指,这些"物"不妨全部不要。

最后,我们应该探讨一下,这种"格物致知"就要导向什么实际的目的。

如前面所已揭示的,"物格知至"的结果即表现为"为人君止于仁,为人臣止于敬",即朱熹称之为"和"的阶级调和的安定状态。用《大学》的成语来说,"格物致知"即使人"知止"而"止于至善"。朱熹说"自君臣父子,推之于万事,无不各有其止",又解释道:

> "君止于仁,臣止于敬,各止其所,而行其所止之道,知此而能定。……子曰:'君使臣以礼,臣事君以忠',君与臣是所止之处,礼与忠是其所止之善。"(《朱子语类》卷一四)

这和他的"理一分殊"说是相连贯的。君有君之"理",臣有臣之"理"。"穷"为君之"事"之"理",即完成为君的极至;"穷"为臣之"事"之

"理",即完成为臣的极至,而"穷理"即"格物"。能够"物格知至",即能知止于"至善","至善"也就是"理"。朱熹说明所谓"止"说:

> "所以谓之止,其所止所当止,如人君止于仁,人臣止于敬,全是天理,更无人欲,则内不见己,外不见人,只见有理。"(《朱子语类》卷九四)

用现代的语言来讲,"止"即是各按品类存在而不变,朱熹称"止于至善"为"守",即"守"那按等级品类预定的天命,如此则"全是天理,更无人欲",故朱熹也释"格物"为验天理人欲(《朱子语类》卷一五)。

因此,朱熹注《大学》"知止而后有定,定而后能静,静而后能安,安而后能虑,虑而后能得"说:"止者,所当止之地,即至善之所在也,知之则志有定向;静者,谓心不妄动;安,谓所处而安;虑,谓处事精详;得,谓得其所止。"用我们的语言来复述一下,就是这样:每个人,特别是被统治压迫的人民,必须知道安分守己,安分守己就不会有反抗的要求,没有反抗的要求就能逆来顺受、随遇而安,知道如何顺从统治者的一切役使命令。这一套农奴制的人生哲学都是由"格物致知"即封建主义的"定理"导出的结论。

总之,朱熹所谓"格物致知"是"无人身的理性"本身的复归,"物"既非客观事物,"知"也不是对客观事物的认识,其体系是一种狡猾的僧侣哲学,但居然有人说它"是有唯物论精神的",这就不仅是令人失笑而已,我们必须警惕这种说法的意图。

第 十 四 章

陆象山的唯心主义"心学"

第一节　陆氏宗法家族和陆象山的身世

陆象山是宋明两代主观唯心主义一般所谓"心学"的开山祖。这种"心学",有其所从产生的社会根源,也有其理论上的一定承传关系。《宋元学案》论陆象山的学术渊源,有如下一些记载:

"象山之学,先立乎其大者,本乎孟子。……程门自谢上蔡(良佐)以后,王信伯(苹)、林竹轩(季仲)、张无垢至于林艾轩(光朝),皆其前茅,及象山而大成,而其宗传亦最广。"(《宋元学案》卷五八《象山学案》全祖望语)

"三陆子之学,梭山启之,复斋昌之,象山成之。……复斋却尝从襄陵许(忻)氏入手,喜为讨论之学。《宋史》但言复斋与象山和而不同,考之包恢之言,则梭山亦然。"(同上卷五七《梭山复斋学案》全祖望语)

"刘静春曰:陆子寿兄弟之学,颇宗无垢。"(同上)

"黄东发(震)曰:复斋之学,大抵与象山相上下。象山以自己之精神为主宰,复斋就天赋之形色为躬行,皆以讲不传之学为己任,皆谓当今之世,舍我其谁,掀动一时,听者多靡。……(复斋)遂与象山号二陆。"(《宋元学案》卷五七《梭山复斋学案》全祖望语)

"梓材案:黄氏(宗羲)本以梭山为《金溪学案》之一,复斋为《金溪学案》之二,谢山则并称之曰《梭山复斋学案》。""黄氏本以是卷为《金溪学案》之三,谢山则称为《象山学案》。"(《宋元学案》卷五七、五八)

"宗羲案:(象山)先生之学,以'尊德性'为宗,……同时紫阳之学,则以'道问学'为主。……宗朱者诋陆为狂禅,宗陆者以朱为俗学。两家之学,各成门户,几如冰炭矣。"(《宋元学案》卷五八《象山学案》)

从上述材料,我们可以得到三点认识:(一)同时与朱学并成为学术宗派的象山之学,是一个以陆氏家族为其核心的独立的学派;(二)这个学派的先驱是程门的上蔡、无垢等接受禅宗思想较深的一些唯心主义者,其远源则为孟子,也就是说,从师承上看,这一主观唯心主义的流派有其渊源;(三)三陆子之学(或二陆之学),有其共同之处,所谓"和而不同",所谓"启之"、"昌之"、"成之",所谓"皆以讲不传之学为己任",所谓"兄弟之学,颇宗无垢"者是。黄宗羲原拟并称之为"金溪"学派,列为《金溪学案》,不是没有缘由的。因此,研究陆象山的思想,必须联系到他的兄弟梭山和复斋。如果说程朱之学更多地接受华严宗的影响,那么陆氏家学则更多地接受禅宗的影响。

陆象山名九渊,字子静,江西抚州金溪人,生于宋高宗绍兴九年(公元1139年),卒于光宗绍熙三年(公元1192年)。

陆象山的八世祖陆希声曾相唐昭宗。五代末,陆希声的孙子德迁避地金溪,"解囊中装,买田治生,赀高闾里"(《象山先生全集》,以下简称《全集》,卷二七《全州教授陆(九龄)先生行状》),这是金溪陆氏之

祖。可见陆家原是品级性地主,但是到陆象山的时候,陆家迁金溪已及二百年,经济情况早已有了变化。象山叙述其家的经济情况说:

"陆氏徙金溪,年余二百。……先君子居约时,门户艰难之事,(九皋)公所当。每以条理精密,济登平易。吾家素无田,蔬圃不盈十亩,而食指以千数,仰药疗以生。伯兄总家务,仲兄治药疗,公授徒家塾,以束修之馈,补其不足。……杜子美《北征诗》谓:'海图折波涛,旧绣移曲折,天吴及紫凤,颠倒在短褐。'公妻子无海图可折,无天吴紫凤可依。然'旧绣移曲折',颠倒在短褐,则有之矣。"[《全集》卷二八《陆(九皋)修职墓表》]

"家素贫,无田业,自先世为药肆以养生。……一家之衣食百用尽出于此。子弟仆役,分役其间者甚众。……后虽稍有田亩,至今计所收,仅能供数月之粮。食指日众,其仰给药肆者日益重。……当穷约时,公之子女,衣服敝败特甚。"[《全集》卷二八《宋故陆公(九叙)墓志》]

这个食指数以千计的大家族虽然走向没落,但仍保持着宗法世家的遗风;虽然到了宋代没有列入"官户",但在乡里的权力甚大。

陆象山兄弟六人,情况如下:

陆九思,字子强,与乡举,封从政郎,有《家问》,训饬其子孙,总家务。

陆九叙,字子仪,处士,总药肆事。

陆九皋,字子昭,与乡举,授徒家塾,又教授番阳许氏书院。居家"时时杖策徜徉畦陇阡陌间,检校种刈"。晚为乡官,办理金溪赈恤,终修职郎。学者称庸斋先生。

陆九韶,字子美,不事场屋,兄弟共讲古学。与朱元晦友善,首言《太极图说》非正。奏立社仓之制行于乡。号梭山居士。有《梭山日记》。

陆九龄,字子寿,尝与乡举,补入太学,登进士第,后授全州教授。曾主家乡保伍,领导地主武装,备御"湖之南"之"寇","郡县倚以为重"。学者称复斋先生。

陆九渊,……最后守荆门军。

以上情况说明,陆象山的一家,以宰相后裔迁居金溪以后,当初还是豪族地主的家庭。但是二百年来,经济情况发生了变化,到陆象山的时候,占有的田地不太多,兼营其他产业,如先世经营的药肆。同时,从《全州教授陆先生行状》所叙述的家世情况来看,陆家自象山的高祖以下,都没有登仕牒的。可见,这个地主的家庭,经过五代和北宋的改朝换代,经济和政治的地位是下降了。但是,陆家在乡里还是有势力的,虽居穷约,在宋室南渡之顷,"建炎虏寇之至",陆象山的族子陆谔曾起义兵,后来就掌握"保聚捍御"的地主武装,对付农民起义。陆谔死后,由象山之兄陆九龄继续掌握这部分武装。象山之兄或为教授与乡官,或奏立社仓,仍然在乡里保持着宗法世家的权力。为了保护这样的一种聚族而居、食指以千数的大家族的利益,他们荒年则主赈恤,金人南侵则起义结保伍,对农民起义则又进行镇压。从陆氏家族的封建性质看来,陆氏兄弟在乡里依然占据着家族长的特殊统治地位,在经济上虽然没落,但在乡里的势力依然保持着豪族的传统精神。作为家族长的陆氏兄弟利用乡里的特殊权力,对生产事业的管理颇为精明,为了缓和阶级矛盾,对乡里赈恤颇为"关心",同时对农民起义则又利用家族组织,以坚决的镇压者自任。请看他们的自述:

陆九叙"独总药肆事,……子弟仆役,分役其间者甚众。公未尝屑屑于稽检伺察,而人莫有欺之者。商旅往来,咸得其欢心。不任权谲计数,而人各献其便利,以相裨益。故能以此足其家而无匮乏。"(《全集》卷二八《故宋陆公墓志》)

象山先生言:"吾家治田,每用长大镬头,两次锄至二尺许,深一尺半许外,方容秧一头。久旱时,田肉深,独得不旱。以他处禾穗数之,每穗谷多不过八、九十粒,少者三、五十粒而已。以此中禾穗数之,每穗少者尚百二十粒,多者至二百余粒。每一亩所收,比他处一亩不啻数倍,盖深耕易耨之法如此。"(《全集》卷三四《语

录》)

可见陆氏家族组织的严密,在陆氏兄弟的家族长"独总"之下,能使"子弟仆役,分役其间",表面上虽温情脉脉,但剥削关系是掩盖不住的。

"淳熙丁未,江西岁旱,抚为甚;抚五邑,金溪为甚。……(陆九皋)公为乡官,于是乡之所得多忠信之士,而吏不得制其权以牟利。明年赈粜行,出粟、受粟,举无异时之弊。里间熙熙,不知为歉岁,而俗更以善。"(《全集》卷二八《陆修职墓表》)

"莫若兼置平粜一仓,丰时籴之,使无价贱伤农之患;缺时粜之,以摧富民闭廪腾价之计。析所籴为二,每存其一,以备歉岁,代社仓之匮,卖为长积。……儌得二千缗,可得粟二千硕,乡斗于官为一千硕。来岁粜一千硕,存一千硕,为后年之备。逐年更籴之,可与社仓俱广,为无穷之利。"(《全集》卷八《与陈教授一及二》)

"前岁梭山所掌社仓,……向来社仓,赵丈欲行之,……或告之以此事全在得人,……社仓……诚得如陆梭山者为之,乃可久耳。……其后,梭山兄因得以平粜之法,条具五利。"(同上)

可见陆氏兄弟掌握乡里的权力是连官吏都不敢制约的。当然这种赈恤族员乡里的方式是一切带有农村公社性质的乡村的共同特征。

"湖之南,有寇侵轶,将及郡境。……旧部伍愿(陆九龄)先生主之。……先生将许之,或者不悦。……先生曰:吾居乡讲授,……老母年且八十,家累过百人,……借令可去,扶八九十老者,从以千余指,去将焉之?……甘家之祸,忍乡之毒,缩手于所可得为之事,此奚啻嫂溺不援者哉?……先生于是……许之。已而调度有方,备御有实,寇虽不至,而郡县倚以为重。"(《全集》卷二七《全州教授陆先生行状》)

"暇则与乡之子弟习射,曰:是固男子之事也。岁恶,有剽劫者过其门,必相戒曰:是家射多命中,无自取死。"(《宋史》卷四三四《陆九龄传》)

可见陆氏兄弟所以能掌握地主武装,镇压农民起义,是因为依靠封建的宗法家族的坚固的细胞。

从以上诸端,我们可以理解陆氏家族在当时社会具有着一种典型性。作为家族长的陆象山这样的地主,在当时是不少的。如葛赓一家,便是一个较完整的典型。陆象山叙述葛赓的家族情况说:

"公讳赓,葛其姓,德载其字。其先五代间自番阳徙抚之金溪。曾祖祈、祖丰、父思审,皆不仕,世以力田殖其家。……遭时多故,县官倚办于民者几倍常赋,公调度有方,从容赡给。建炎间,盗贼蜂起,所在为保伍以自卫。郡每被寇,必檄以捍御。临川为寇冲,虏骑侵轶,亦尝及城下,皆赖乡社以免。公善用长戈,慷慨徇义,人所乐亲,所部皆勇敢,以是见推为前锋,摧坚陷阵,未尝有所避。……绍兴乙卯岁旱,明年民难籴,米斗逾十钱。富民方闭廪。时公先下价散其米,徒手来者辄贷与之。公限粟不多,而里中赖之宏矣。"(《全集》卷二八《葛致政志》)

这种地主阶级有一套利用家族组织的经略。他们是失去了"官户"地位的品级性地主。请看陆氏家族的一套乡绅的族法和单行的制度:

"先考居士君贺……究心典籍,见于躬行。酌先儒冠昏丧祭之礼,行之家,家道之整,著闻州里……(陆九龄)从父兄读书讲古。……居士君欲悉传家政,平日纪纲仪节,更加檃栝,使后可久,先生多与裁评。"(《全集》卷二七《全州教授陆先生行状》)

"吾家合族而食,每轮差子弟掌库三年。某适当其职,所学大进。这方是'执事敬'。"(《全集》卷三四《语录》)

"其家累世义居。一人最长者为家长,一家之事听命焉。岁迁子弟,分任家事。凡田畴、租税、出纳、庖爨、宾客之事,各有主者。九韶以训戒之辞为韵语。晨兴,家长率众子弟谒先祠毕,击鼓诵其辞,使列听之。子弟有过,家长会众子弟责而训之;不改则挞之;终不改,度不可容,则言之官府,屏之远方焉。"(《宋史》卷四三四《陆九韶传》)

这样的宗法的统治权是封建主义的绳索之一,陆氏兄弟即是这一家族的家长。家族法规就总结为《梭山日记》的《居家正本》和《居家制用》两篇地主的治家哲学。在《居家正本》里，陆梭山提出子弟十五岁以后，"各因其材而归之四民，秀异者入学而为士，教之德行"的主张，对生产劳动者与非生产劳动者分途培养，在家族之中已经包含着封建等级制的细胞。教育的内容规定为"孝弟忠信"等道德教条，以六经、《论语》、《孟子》和封建史学家的历史著作作为教科书，训练统治阶级的治术，并宣扬等级的命定论，来麻痹劳动人民的反抗意识。

"古者民生八岁入小学，至十五岁，各因其材而归之四民，秀异者入学，学而为士，教之德行。愚谓人之爱子，但当教之以孝弟忠信。所读须六经、《论》、《孟》，明父子、君臣、夫妇、昆弟、朋友之节，知正心、修身、齐家、治国、平天下之道，以事父母，以和兄弟，以睦族党，以交朋友。次读史，知历代兴衰治平措置之方。

"富贵贫贱，自有定分。富贵未必得，则将陨穫而无以自处矣。斯言或有信之者，其为益不细。相信者稍众，则贤才自此而盛，又非小补矣。"（《宋元学案》卷五七引《梭山日记·居家正本》）

在《居家制用》里，陆梭山提出了管理家族的一套完整的制度，把家族看作是封建国家的缩影。按照这个制度，好像为封建国家户部制订法规，也好像通过这个试验场准备恢复古制。

这个制度的最高原则是使地主的财富"子孙可守"，"家可长久"。请看陆氏的家规：

"古之为国者，冢宰制国用，必于岁之杪，五谷皆入，然后制国用。量地大小，视年之丰耗。三年耕，必有一年之食；九年耕，必有三年之食。以三十年之通制国用，虽有凶旱水溢，民无菜色。国既若是，家亦宜然。故凡家有田畴，足以赡给者，亦当量入以为出。然后用度有准，丰俭得中，怨詈不生，子孙可守。

"今以田畴所收，除租税（按：尚未能取得免税特权）及种、盖、粪、治（按：仍然自己经营一部农业生产）之外，所有若干，以十分

— 55 —

均之。留三分为水旱不测之备，一分为祭祀之用，六分为十二月之用。取一月合用之数，约为三十分，日用其一，可余而不可尽。用至七分为得中，不及五分为啬。其所余者，别置簿收管，以为伏腊褰葛、修葺墙屋、医药宾客、吊丧问疾、时节馈送；又有余，则以周给邻族之贫弱者、贤士之困穷者、佃人之饥寒者(按：佃户)、过往之无聊者，毋以妄施僧道。

"其田畴不多，日用不能有余，则一味节啬。褰葛取诸蚕绩，墙屋取诸蓄养，杂种蔬果，皆以助用(按：即靠家庭手工业和副业收入作补助)。不可侵过次日之物。一日侵过，无时可补，则便有破家之渐，当谨戒之。

"其有田少而用广者，但当清心俭素，经营足食之路(按：即另搞一些收入，如搞商业或手工业如药肆、陶业之类)。

"前所言存留十之三者，为丰余之多者制也。苟所余不能三分，则有二分亦可；又不能二分，则存一分亦可；又不能一分，则宜撙节用度，以存赢余，然后家可长久；不然，一旦有意外之事，必遂破家矣。

"前所言以其六分为十二月之用，以一月合用之数约为三十分者，非谓必于其日用尽，但约见每月每日之大概。其间用度，自为赢缩，惟是不可先次侵过，恐难追补，宜先余而后用，以无贻鄙啬之讥。

"……愚今考古经国之制，为居家之法，随赀产之多寡，制用度之丰俭，是取中可久之制也。"(《宋元学案》卷五七引《梭山日记·居家制用》)

从这里的法规看来，陆氏家族是南宋时期农村封建组织的一个典型家族，可以看出其在乡村中的特权势力，家族成员都严格地约束于这样制度之中，财政、司法、教育以及军事的权力都操纵于家族长手中，因而陆氏父子兄弟是无冕的品级性地主。陆象山就出身于这样一个典型的非凡的地主家庭，并且是从这个家族的土"太学"所培养出的士人。

　　非凡的陆象山,幼年时候就有一些神话性的故事。据说,他四岁时候,一日忽问其父"天地何所穷际?""遂深思至忘寝食。""十余岁,读古书至宇宙二字,解者曰:四方上下曰宇,往古来今曰宙,忽大省曰:元来无穷,人与天地万物皆在无穷之中者也。"后来"启悟学者,多及宇宙二字"。这种神话性的故事,无非吹嘘他的异于常儿。

　　陆象山 34 岁,试南宫,中选,赐同进士出身。在行都,诸贤从游,朝夕应酬。杨简从学。归金溪故里,学者"远近风闻来亲炙",辟槐堂讲学。

　　陆象山 37 岁,吕祖谦约他和复斋会朱熹于信州鹅湖寺。请看复斋所赋的不可一世的诗句:

　　　"孩提知爱长知钦,古圣相传只此心。大抵有基方筑室,未闻无址忽成岑。留情传注翻榛塞,着意精微转陆沉。珍重友朋相切琢,须知至乐在于今。"

再看陆象山赋诗的口气:

　　　"墟墓兴衰宗庙钦,斯人千古不磨心。涓流滴到沧溟水,拳石崇成泰华岑。易简工夫终久大,支离事业竟浮沉。欲知自下升高处,真伪先须辨只今。"(《全集》卷三四《语录》)

三年后,朱熹始和前诗:

　　　"德业流风夙所钦,别离三载更关心。偶携藜杖出寒谷,又枉篮舆度远岑。旧学商量加邃密,新知培养转深沉。只愁说到无言处,不信人间有古今。"(《全集》卷三六《年谱》)

鹅湖之会,显露了朱学与陆学的分歧。所谓易简工夫与支离事业,标示了两派世界观以至方法论的不同。但是,这次聚会只是两派争夺正宗地位的开始,主要的争论是关于"太极"、"无极"的问题。

　　陆象山 43 岁,访朱熹于南康,登白鹿洞书院讲学,讲"君子喻于义,小人喻于利"一章,作了讲义。

　　陆象山 44、45 岁,除国子正,赴国学,讲《春秋》,有讲义。45 岁冬,迁敕令所删定官,至 48 岁。其间,陆象山主张用四物汤(或称四君子汤)医国,就是:任贤、使能、赏功、罚罪。

陆象山48岁冬,主管台州崇道观,归故乡讲学。次年,开始登贵溪应天山讲学,建精舍,四方学者,多来结庐问学,"聚粮相迎"。改应天山为象山。大抵每年二月登山,九月末始归。"居山五年,阅其簿,来见者逾数千人"。讲学的书院和佛寺相似;他的讲学的神情和高僧说法相似:

"先生常居方丈。每旦,精舍鸣鼓,则乘山篮至。会揖,升讲座,容色粹然,精神炯然。学者又以一小牌,书姓名年甲,以序揭之,观此以坐,少亦不下数十百,齐肃无哗。首诲以收敛精神,涵养德性,虚心听讲,诸生皆俛首拱听。非徒讲经,每启发人之本心也,间举经语为证。……平居或观书、或抚琴,佳天气则徐步观瀑。至高,诵经训,歌《楚辞》及古诗文,雍容自适。虽盛暑,衣冠必整肃,望之如神。"(《全集》卷三六《年谱》)

居山五年期间,与朱熹书疏辩论太极、无极问题。陆象山否定无极这一范畴。

陆象山51岁,宋光宗即位,诏知荆门军,未即赴。至53岁秋始赴荆门。54岁冬,卒于荆门任所。在荆门的一年多时间里,陆象山的"政绩"是:筑荆门城,修郡学、贡院,客馆、官舍,众役并兴;联合邻郡,搜捕地方"逃卒";修整地主武装,组织烟火队,镇压饥饿的农民;朔望及暇日,诣学讲诲诸生。有一次,在公堂会吏民六百多人,讲《洪范》五《皇极》一章,以代替上元设醮。在讲义的后边,画了神秘的八卦和《洛书》。这一事件,充满了宗教的神权和专制主义皇权相统一的意味。关于捕逃卒和组织烟火队的事,陆象山自己招供说:

"荆门逃卒,视州郡为逆旅,周流自如,莫知禁戢。……地方稍修其籍,革顶名之弊。图致请于大府,丐与邻郡为约,以绝逃逸之患。适得公移,甚惬下意,即已行下巡尉、义勇等,严其迹捕。近有襄阳逃卒,投募在此,捕者寻至,即令擒去矣。敝邑自某入境,逃卒亦不少。有未获者,恐在府下,径差人迹捕。或恐此辈群党,欲丐移文兵官、巡尉、义勇等,为之应援。倘蒙捕获,亦可惩后也。"
(《全集》卷一六《与章德茂》书之一)

"境内'盗贼'绝少,有则立获。……始至,即修烟火保伍,'贼盗'之少,多赖其力。近忽有'劫盗'九人,'劫'南境村中软堰寺长生库(按:长生库即当铺,用高利贷盘剥农民)。迟明,为烟火队所捕。"(《全集》卷一七《与邓文范书》)

史载襄阳一带逃户流民是历代的特别是宋、明之际的严重问题,这里曾经组织过较大的农民起义,陆象山的"政绩"的性质是很显明的。

陆象山的遗集,宁宗开禧元年(公元 1205 年)由其子持之编为二十八卷,外集六卷。杨简序。开禧三年,刊于抚州郡庠。嘉定五年(1212 年),持之又裒而益之,袁燮为之序,刊于江西仓司。其后,裔孙陆邦瑞又刊之于家塾"槐堂书斋"。《四部丛刊·象山先生全集》,乃影印明嘉靖四十年江西刊本,有袁燮、杨简二序,当为嘉定本的复刻。其书合三十二卷,三十三卷以后,盖为附录,包括《谥议》、《行状》、《语录》、《年谱》,正与袁燮序文所言符合。《四部备要·象山全集》则为清李穆堂评点本的重排,基本与《四部丛刊》本同,附录年谱略为加详。

陆象山的学生,最著名的是杨简、袁燮、舒璘、傅子云等,其中杨简,进一步发挥了其主观唯心主义的世界观。象山学派流传不广,至明代陈献章、王守仁起,始重新得到提倡。在近代有一部分复古主义者还曾经根据陆王唯心主义的教义,企图反对过马克思主义在中国的传播。

第二节　陆象山的社会思想及其社会根源

陆象山生活于宋室南渡之后偏安的时代。当时宋金之间的斗争,并没有因和议派当权而和缓下来。另一方面,中国封建制社会后期的经济发展,阶级关系的再编制,产生了若干新的矛盾,这些矛盾正在酝酿发展。

陆象山的社会思想是在绝对"皇权"(神学用语叫做"皇极")原则

之下的阶级调和论。他一方面提出"检吏奸而宽民力"的办法；另一方面，又提出"取予两得"的弥缝补救政策，以解决"取予不两得"的矛盾，幻想从"上下皆不足"的虚假现象下求得"上下皆足"。

陆象山以疑惧的口吻婉转地说出南宋的经济政治矛盾有三个方面。他从唐朝的均田、府兵、官制的破坏谈到宋朝的当前情况，说道：

"至推之于今日，则又有难言者。

"唐租调之法，固可以为复井田什一之渐矣，然连阡陌者，难于行削夺之法，厌糟糠者，无以为播种之资。削夺之法不行，则田亩孰给？播种之资既乏，则租课孰供？况今之取于民者，斗斛之数定而输再倍，和市之名存而值不给。殊名异例，不可殚举。而州县遑遑，有乏须负课之忧；大农汲汲，为支柱权宜之计。于此而议复租调之法，谁曰为通世务者？

"唐府兵之法，固可为复军旅卒伍之渐矣，然授田之制不行，则府卫之制不可复论。……列营而居、负米而爨者（按：指宋的佣兵），或者犹惧拊循之未至，居处之未安，习勤之未集，而遽欲望披坚蹴劲于田亩舍锄释耒之人，亦已难矣。于此而言府卫之制，盖索商舶于北溟之涯者也。

"唐虞官百，夏商官倍，周官三百六十。而唐承隋后，官不胜众，骤而约之，七百有奇。则复古建官，亦莫近于唐矣。今之内而府寺场局，外而参幕佐贰，可以罢而省之者，盖不为少，天下莫不知之。而朝廷之惮为此者，则惧夫衣裳之流离而无以生也。今虽不省，而受任者或数千里，需次者或八九年。夺园夫红女之利，不复可以责士大夫。为省官之说，则又不可无以处此。

"故曰：论古之是非得失者易，言今之施设措置者难。然则三代之法，其终不可复矣乎？曰：大夏之暑，大冬之推也，合抱之木，毫末之进也。况夫修己以安百姓，笃恭而天下平，仲尼谓期月而可，三年有成。有包荒之量，有冯河之勇，有不遐遗之明，有朋亡之公，于复三代乎何有？"（《全集》卷三一《问唐取民、制兵、建官》）

陆象山认为,均田制和租调制破坏之后,绝对的皇权"削夺之法"已经不可复行,田连阡陌的大地主土地占有发展起来。农民缺少可耕之地,没有播种之资,赋税的供应落在庶族地主和下户自有田者的身上。这是矛盾之一。均田制既破坏,府兵制也不可复行。要农民放下锄头去披坚甲蹠劲弩,也不可能。而佣兵虽多,拊循未易。这是矛盾之二。出于官制冗滥,冗官浮吏,有的候差八九年,有的远宦数千里,他们剥夺园夫红女之利,是庞大的寄生阶层。但是要减省吏员,则对这些人又无所安置。这是矛盾之三。陆象山认为这些矛盾都难于解决。实际,他的确无法解决。虽然他说:"复三代之法,期月而可,三年有成",但这只是一种主观的夸诞。

陆象山对抚州、金溪等本乡的经济社会情况,作了些叙述。陆象山首先叙述了土地掌握在国家官庄屯田和"官户"的寄庄手里,而以人民"困于官租"的官庄的问题最严重:

"敝里社仓所及,不过二都(按:两个都保,即一千户),然在一邑中,独无富民大家处。所谓农民者,非'佃客庄',则'佃官庄'。其为下户自有田者,亦无几。所谓客庄,亦多侨寄'官户',平时不能赡恤其农者也。当春夏缺米时,皆四出告籴于他乡之富民,极可怜也。此乃金溪之穷乡。"(《全集》卷八《与陈教授书》之一)

"临江之新淦、隆兴之奉新、抚之崇仁,三县之间,有请佃没官绝户田者,租课甚重,罄所入不足以输官。佃者因为奸计,不复输纳,徒贿吏胥,以图苟免,春夏则群来耕穫,秋冬则弃去逃藏。……若其善良者,则困于官租,遂以流离死亡,田复荒弃。……省额屯田者,则与前项事体迥然不同,其租课比之税田虽为加重,然佃之者皆是良农,老幼男女,皆能力作。又谙晓耕种培灌之利便,终岁竭力其间,所收往往多于税田。故输官之余,可以自给。……此等'官田',皆有庄名。如某所居之里,则有所谓'大岭庄'有所谓'精步庄',询之他处,莫不各有庄名。……元祐间,……以在官之田,区分为庄,以赡贫民,籍其名数,计其顷亩,定其租课,使为永业。……岁月浸久，民又相与贸易，谓之资陪，厥价与税田相若，著令亦许其承佃，明有资陪之文，使之立契字，输牙税，盖无异于税田。其名数之著于州县簿籍者，目曰省庄。计其租入，则上而计省，下而郡县，皆总之曰苗屯米若干。……某虽不能周知一邑之版籍，以所闻见计之，此邑之民耕屯田者，当不下三千石（按："石"当为"户"之误），以中农夫食七人为率，则三七二十一，当二万一千人。（金溪）抚万家之邑，而其良农三千户，老稚二万一千。……"（《全集》卷八《与苏宰书》之二）

"金溪陶户，大抵皆农民于农隙时为之，事体与番阳镇（按：指景德镇）中甚相悬绝。今时农民，率多穷困，农业利薄，其来久矣。当其隙时，借他业以相补助者，殆不止此。"（《全集》卷十《与张元鼎书》）

从陆象山提供的材料看来，当时抚州一带的土地所有权和占有权的情况和封建社会后期阶级再编制的情况是：（一）在陆象山的故里（按：指金溪延福乡金田第）没有本乡本土的富民大家，这是这个里的独特情况。但是有侨寄官户的客庄，控制一部分佃农。（二）官庄控制为数较大的一部分佃农。佃省庄的农户，抚州金溪一邑有三千户，约二万一千人，占一邑总人户数的百分之三十。这种省庄的佃户，可用资陪的名义出让土地，其所佃之田，虽为官田，实同税田。他们虽为国家的客户，但已经有些上升为主户的情势，他们所佃的省庄实质上类似于税田。（三）下户自有田者，无几。（四）另外，有一部分没官绝户田的佃户，也要向政府交租税。他们的租税负担特别重。（五）由于农业生产收入有限，一部分所谓"农民"于农隙兼营陶业或其他生业如茶园、药肆等。这部分"农民"可能即某些地主和中上户自耕农民。（六）情况最严重的是逃户问题，已经显示出对抗性矛盾的尖锐。

上述分析，暴露了封建制社会后期封建剥削的特殊矛盾：（一）大部分农民（包括自耕农中的下户、中上户、官庄的佃户）要向封建政府交纳甚重的田租赋税；（二）一部分农民要向封建地主交纳地租；（三）

封建地主要向封建政府交纳赋税,但是其中的品级性地主,可以免税,豪猾地主或吏胥可以逃税或减税。因而在封建社会的主要的对抗性的矛盾而外,也还有其他的矛盾存在。封建地主和农民都向封建国家交纳赋税,但是其中却有所差别,过重的赋税都落在农民和一些上中户地主身上,当然,地主向封建政府交纳的赋税,实际上也是从农民身上剥削来的,也是由农民负担的。陆象山又叙述了一种这样的矛盾情况:

"民户秋苗,'斛输斛,斗输斗',此定法也,常理也。抚之输苗,往年惟吏胥之家与官户有势者斛输斛,斗输斗。若众民户,则率二斛而输一斛,又或不啻。民甚苦之。……辛巳、壬午间,……陈鼎为临川知县,……不问官、民户与吏胥之家,一切令三(按:原文为二,依上下文文义校改)斛输二斛,谓之加五。令官斗子上米,民户自持斛粜,见请粜量,不得更有斛面(按:斛面是当时为了支应地方需用而浮收的一种租税附加)。百姓皆大欢呼,大为民户之利。"(《全集》卷八《与张春卿书》)

"猾吏豪家,相为表里,根盘节错,为民蟊贼。质之淳黠,势之强弱,相去悬绝,本非对偶。

"吏胥居府廷,司文案,宿留于邦君之侧,以闲剧劳逸尝吾之喜愠,以日月淹速尝吾之忘忆,为之先后缓急、开阖损益以蔽吾聪明,乱吾是非,而行其计。

"豪家拥高资,厚党与,附会左右之人。创端绪于事外,以乱本旨,结左证于党中,以实伪事,工为节目以与吏符合而成其说。

"吾(按:指郡守)以异乡之人,一旦而听之,非素谙其俗,而府中深崇,闾里之事不接于吾之目,涂巷之言不闻于吾之耳。被害者又淳厚柔弱,类不能自明自达。听断之际,欲必得其情而不为所欺,此甚明者之所难也。"(《全集》卷九《与杨守书》之三)

"县邑之间,贪饕矫虔之吏,方且用吾君禁非惩恶之具,以逞私济欲,置民于图圄、械系、鞭箠之间,残其支体,竭其膏血,头会箕敛,槌骨沥髓,与奸胥猾徒,餍饫咆哮其上。巧为文书,转移出没,以欺上府。操其奇赢，与上府之左右缔交合党，以蔽上府之耳目。田亩之民，劫于刑威，小吏下片纸，因累累如驱羊，劫于庭庑械系之威，心悸股栗，箠楚之惨，号呼吁天，隳家破产，质妻鬻子，仅以自免，而曾不得执一字之符以赴诉于上。"（《全集》卷五《与辛幼安书》）

"敝邑三虎，已空巢穴，不胜庆快。得乡人书与家书，备报田亩间巷欢呼鼓舞之状。此数人虽下邑贱胥，然为蠹日久，凡邑之苛征横敛，类以供其贿谢囊橐，与上府之胥吏缔交合党，为不可拔之势。官寺囚械之具，所以禁戢奸恶，彼反持之以劫胁齐民，抑绝赴诉之路，肆然以济奸饱欲。是岂可纵而弗呵乎！……二三贱胥，至能役士大夫护之，如手足之捍头目，岂不悖戾甚矣。……今日为民之蠹者，吏也。民之困穷甚矣，而吏日以横。议论主民者，心将检吏奸而宽民力。"（《全集》卷七《与陈倅书》之二）

"官人者，异乡之人，吏人者，本乡之人。官人年满者三考，成资者两考。吏人则长子孙于其间。官人视事，则左右前后皆吏人也，故官人为吏所欺，为吏所卖，亦其势然也。吏人自食而办公事，且乐为之，争为之者，利在焉故也。"（《全集》卷八《与赵推书》）

根据陆象山所提供的材料，我们可以进一步分析其中的矛盾。（一）首先是封建地主中的有势力官户与吏胥勾结起来，成为地方上盘根错节的恶势力，他们可以按照规定"斛输斛，斗输斗"，而把赋税附加全加在"民户"或"田亩之民"身上；或者"巧为文书，转移出没"，连正税也转移给"民户"或"田亩之民"。吏胥土生土长，世代做吏胥，虽然吃自己的饭，却乐意做，争着做，因为其中有利可图。他们是地头蛇。（二）其次"民户"或"田亩之民"承担加倍的租税，他们常常要用二斛交纳一斛的额定租税，甚至还要交附加税；在交斛斗时，还要被官斗子欺负，不能自持斛槩，因而从槩量中也受到损失。在苛重的赋税和浮收、舞弊等重重欺压下，"民户"或"田亩之民"常常"隳家破产，质妻鬻子"。（三）郡县守令，任期很短，三年两年就要调动。他们被吏胥和豪猾地主所包围,不明情况,不了解下情,赋税倚办于吏胥。"民户"或"田亩之民""曾不得执一字之符以赴诉于上"。

陆象山虽然对吏胥和豪猾地主的勾结情况有所揭露,但是他没有触动品级性地主的免税特权,特别对于矛盾表现出难于解决的恐慌态度。陆象山提出的意见是一种缓和阶级矛盾的调和论,他极力主张"民户"或"田亩之民"在超经济的剥削制度之下享受一些被剥削的"公平待遇",他十分拥护交纳秋苗时,由"民户"自行檠量。他要求"民户"能与官户、吏胥在某些方面平均负担赋役,同样的"加五"输纳。陆象山既没有对封建国家的苛重租赋提出怀疑,更没有揭露地主阶级剥削佃农的不合理性。他回避了封建制社会后期的基本阶级矛盾的原因,而把"吏胥"和"民户"的矛盾提到矛盾的首要地位,显然是企图转移阶级斗争的目标,以麻痹封建制社会最下层真正的贫苦农民。陆象山的政治思想的阶级调和论是很明显的。

陆象山幻想把陆氏家族法规的精神应用于社会政治,一方面主张通过社仓、平籴,在荒年进行赈恤,以缓和地主和农民间的阶级矛盾;另一方面,又极力赞扬其兄复斋领导地主武装镇压农民的功劳。在荆门时,他所组织的烟火队,残杀"抢劫长生库"的饥饿农民。可见陆象山一心为封建国家、为封建地主阶级效劳,对农民进行镇压、欺骗的政治思想已经由他自身的实践得到了证明。

为了弥缝补救封建国家与赋税负担者之间的矛盾,陆象山在《刘晏知取予论》里提出"取予两得"的政策,妄想使"上下皆足"。这是一种涂饰封建国家赋税剥削制度本质的妙论。他在这篇文章的开头说:

"天下之事不两得,知其说者斯两得之矣。取予之说,事之不两得焉者也。民有余而取,国有余而予,此夫人而能知之者也。至于国之匮,方有待乎吾之取而济;民之困,方有待乎吾之予而苏。当是时,顾国之匮而取之乎,必不恤民焉而后可也;顾民之困而予之乎,必不恤国焉而后可也。事之不两得,孰有甚于此哉?……

"取而伤民,非知取者也;予而伤国,非知予者也。操开阖敛

> 散之权,总多寡盈缩之数,振弊举废,挹盈注虚,索之于人之所不
> 见,图之于人之所不虑,取焉而不伤民,予焉而不伤国,岂夫人而能
> 知之者哉。"(《全集》卷三〇)

在第一章我们曾分析过唐代刘晏的政治集团,这里陆象山之承接刘晏
的理论是值得注意的一种历史传统。但最重要的是所谓剥削制度的
"公平"论在理论上的进一步阐发,这即是所谓"取予两得论",或贡纳
无伤论。陆象山既运用排中律指出"天下之事不两得","顾国之匮而
取之,必不恤民","顾民之困而予之,必不恤国。"但是他又破坏这个排
中律,说"知其说者斯两得之",说"取焉而不伤民,予焉而不伤国"。排
中律的目的在于反对无原则性,反对混合同一问题的相互排斥的观点。
而陆象山则恰把同一问题的相互排斥的观点在他的主观上混合起来
了。陆象山接着又说:

> "夫取予之难者,非一不足之难,而皆不足之难也。下有余而
> 取之,可也;彼方不足也,而何以取之? 上有余而予之,可也;此方
> 不足也,而何以予之?"(《全集》卷三〇)

这里,陆象山又运用了排中律。上下皆不足,取予有困难;而一不足,取
予不一定有困难。下有余,可以取;下不足,何以取之? 上有余,可以
予;上不足,何以予之? 但是,陆象山在"皆不足"的贫困世界抬出了什
么"皆足"之理。他接着又说:

> "天下有皆不足之病矣,而有皆不足之理乎? 闻之曰:川竭而
> 谷盈,丘夷而渊实,天下盖未始皆不足也。方其上之不足也,不必
> 求之下也,其可以足之者,固有存乎其上焉者矣。下之不足也,不
> 必求之上也,其可以足之者,固有存乎其下焉者矣。"(同上)

这里,陆象山又破坏了排中律。把"皆不足之病"与"皆不足之理"并列
起来,同时,以"天下未始皆不足"否定"天下皆不足"。"川竭而谷盈,
丘夷而渊实"的自然现象,这个譬喻,并不表示二者择一,因此,并不适
用于排中律。陆象山的"上不足可以足之者存乎上","下不足可以足
之者存乎下"的判断是错误的,因为两个"上"的含义和两个"下"的含

义,都是不相同的。"上不足"的"上",指国,指政府,而"可以足之者存乎上"的"上",指从"上"开辟一些其他的办法,这些办法也可能就是加倍地剥削"下"。"下不足"的"下",指民,指被统治阶级,而"可以足之者存乎下"的"下",指从"下"开辟一些其他的办法,或从富商、地主身上打些主意。这种判断也并不表现二者择一,所以它破坏了排中律。陆象山接着用破坏排中律的方法述说他的错误论证。他说:

> "将输之利害不明,则费广于舟车之徭。储藏之利害不悉,则公困于腐蠹之弊。物苦道远,则寻(按:八尺)以输尺,斛以输斗。吏污法弊,则私良公害,私盈公虚。此所谓不必求之下焉者也。
>
> "富贾乘急而腾息,豪民困弱而兼并,贪胥旁公而侵渔。绳瓮不立,而连阡陌者犹未已也;糟糠不厌,而余刍豢者犹争侈也。此所谓不必求之上焉者也。"(《全集》卷三〇)

他又说:

> "国不足而取,民不足而予,夫人而能知之也。至于取不伤民,予不伤国,知之者,惟(刘)晏而已。
>
> "利病具于元载之书,而转漕之说详;鼓吹出于东渭之桥,而转漕之功著。补辟之选,精也,干请者宁奉以廪入,故趋督倚办而功成;教令之出,严也,数千里无异于目前,至嚬呻谐戏不敢隐。盐法密于第五琦,而地无遗刺;鼓铸兴于淮、楚间,而货有余缗。彼其所以取之者,岂尽出乎下哉? 是以取之而民不伤。
>
> "驶足募,而商贾不得制物价之低昂;赈救行,而豪植不得乘细民之困溺。检核出纳,一委之士,而吏无所窜巧;督漕主驿,一出之官,而民得以息肩。无名之敛虽罢,而盐榷实行;米粟之赈虽出,而杂货则入。彼其所以予之者,岂尽出乎上哉? 是以予之而国不乏。"(《全集》卷三〇)

这里,陆象山对于封建制社会矛盾,是异常恐惧的,因此他避开了封建国家与农民间的基本矛盾,避开了地主阶级与农民间的基本矛盾,用次要的一些矛盾偷换基本矛盾,从而极力在理论上制造可以"两得"的调和论,从排中律的设置之中取消了排中律二者择一的规律,把同一问题的互相排斥的观点混合起来,造成了错误的逻辑论证。这样错误的逻辑论证,恰好与其弥缝补救的妥协政策观点相对应。

按照陆象山为封建专制主义("上")服务的政治观点:"上"不足的时候,可以不必取之于下。只要加铸货币,改善转漕,整顿盐税,就可以解决问题。但是加铸货币、整顿盐税的结果,最后仍然加重农民的负担。他又认为:"下"不足的时候,可以不必予之尽出乎上。只要转漕主驿得人,赈恤之法行,吏胥不舞弊,就可以解决问题。他说:荒年饥岁,富民的困廪盈虚,谷粟有无,不可得知。即使知之,他们也闭籴如故。因此,他说,只要今之县令,有倪宽爱民之心,感动乎其下,则富民之粟出,而迩臣散给之策,可得而施。(见《全集》卷三一《对问赈济》)这是一种典型的封建专制主义的哲学。这种消弭阶级斗争而把阶级矛盾隐讳起来的主观愿望和阶级偏见,是他的唯心主义世界观的社会根源。

第三节　陆象山的唯心主义世界观

陆象山的主观唯心主义"心学",把"心"作为客观世界的根源,认为客观世界是从主观意识或"心"派生出来的。从禅宗"性中万法皆见,一切法自在性"(法海集记《六祖施法坛经》)而来的"宇宙便是吾心,吾心即是宇宙"的命题,是陆象山哲学思想的出发点。陆象山把禅宗思想跟儒家思孟学派的主观唯心主义结合起来,硬凑成所谓"心学"的思想体系。陆象山武断地说:

"四方上下曰宇,往古来今曰宙。宇宙便是吾心,吾心即是宇宙。"(《全集》卷二二《杂说》)

"万物森然于方寸之间。满心而发,充塞宇宙,无非此理"(《全集》卷三四《语录》)。

"孟子曰:'所不虑而知者,其良知也;所不学而能者,其良能也。此天之所与我者,我固有之,非由外铄我也。'故曰:'万物皆备于我矣。反身而诚,乐莫大焉。'此吾之本心也。"(《全集》卷一《与曾宅之书》)

"皇极之建,彝伦之叙,反是则非,终古不易。是极是彝,根乎人心,而塞乎天地。居其室,出其言、善、则千里之外应之。出其言,不善、则千里之外违之。是非之致,其可诬哉。"(《全集》卷二二《杂说》)

"道,未有外乎其心者。自'可欲之善',至于'大而化之之圣,圣而不可知之神',皆吾心也。心之所为,犹之能生之物,得黄钟大吕之气,能养之至于必达。使瓦石有所不能压,重屋有所不能蔽,则自有诸己。"(《全集》卷一九《敬斋记》)

按照陆象山的说法,心总摄了一切。上下四方,往古来今,从时间、空间来看,或从封建制社会的最高例外权(皇极)以及由此而派生的封建秩序(彝伦)来看,是无"穷际"的。这个无穷际的宇宙都是"心"的显现。

陆象山所说的"宇宙便是吾心,吾心即是宇宙",是否在宇宙和吾心之间,即在客观世界和主观世界之间画上等号呢?所谓"便是","即是",是否意味着同一呢?陆象山在"宇宙便是吾心,吾心即是宇宙"下面,接着说:"东海有圣人出焉,此心同也,此理同也;西海有圣人出焉,此心同也,此理同也;南海、北海有圣人出焉,此心同也,此理同也。千百世之上,至千百世之下,有圣人出焉,此心此理,亦莫不同也。"(《年谱》)可见其命意所在,乃是以"此心"为本;提到宇宙,只是为了烘托"此心"的实体。因此,问题的提法,重点在"此心",即他所说的"万物森然于方寸之间"的"方寸"。方寸(心)是根本的,而万物则为方寸所派生,万物不过是森然于方寸之间的"我固有之"的东西。陆象山就是以这种说法来注解孟子的"万物皆备于我"的说教。所以又说:"是彝是极,根乎人心,而塞乎天地"。《语录》有一个故事,对这一问题,作了更为露骨的唯心解释:

"徐仲诚请教。(象山)使思《孟子》'万物皆备于我矣,反身而诚,乐莫大焉'一章。

　　"仲诚处槐堂一月。一日问之云,'仲诚思得《孟子》如何?'仲诚答曰:'如镜中观花'。答云:'见得。仲诚也是如此。'顾左右曰:'仲诚真善自述者。'因说与云:'此事不在他求,只在仲诚身上。'既又微笑而言曰:'已是分明说了也。'少间,仲诚因问:'《中庸》以何为要语?'答曰:'我与汝说内,汝只管说外'。"(《全集》卷三四)

为了体验"万物皆备于我"的说教,徐仲诚经过槐堂一个月的冥"思"的工夫。"思"的结果是:"如镜中观花",即一切万物皆幻然不实地浮在我心之中,如花的影子之幻存于明镜之中。万物是假象的镜中花,吾心是包罗一切的实体(明镜)。《六祖坛经》有"身是菩提树,心如明镜台"的话头,徐仲诚显然套用这个话头。明镜观"花",实际此"花"只是花的映象,非花本身。但是陆象山以此解释"万物皆备于我",则把映象跟花本身等同起来了,进而在下文说:"此事不在他求,只在仲诚身上",故只要他"说内",不要他"说外",只要他承认主观意识(内),不要他承认客观世界(外)。他对徐仲诚"如镜中观花"的说法,称许为"真善自述",为"分明说了",可见在这一点上,师生十分相契。由于陆象山把映象作为花本身来看,故得出"万物森然于我方寸之间"的结论,把方寸硬说成万物的根源。事实很明显,森然于方寸之间的万物,非万物本身,因为方寸之间容不得万物本身,只能摹写万物。镜中"花"似的万物,犹之贝克莱所说的"观念的集合"。"万物森然于方寸之间"就是"万物存在于主观意识里"的另一种说法而已。陆象山说:"天下之理无穷,若以吾平生所经历者言之,真所谓伐南山之竹,不足以受我辞。然其会归,总在于此。"(《全集》卷三四《语录》)此,就是心,就是主观意识。这一思想,诚如郑湜所概括的:"谓心至灵,可通百圣;谓物虽繁,在我能镜。"(《全集》卷三六《年谱》郑湜《祭文》)客观世界的极为繁多的物,如没有主观意识(我)的能照,就不存在了,因而主观世界的"心"可以通百圣之"道",为所欲为。

陆象山否定客观世界的存在,连同作为一个感觉体的"人"这样的客观存在,也在否定之列。《年谱》记载:

"复斋尝于窗下读《程易》(按:指《伊川易传》),至'艮其背'四句(按:即"艮其背,不获其身;行其庭,不见其人,无咎"),反复诵读不已。(象山)先生偶过其前。复斋问曰:汝看程正叔此段如何? 先生曰:终是不直截明白。'艮其背,不获其身',无我;'行其庭,不见其人',无物。复斋大喜。"

按《伊川易传》四,注"艮其背"四句说:

"人之所以不能安其止者,动于欲也。欲牵于前而求其止,不可得也。故艮之道,当'艮其背'。所见者在前,而背乃背之,是所不见也。止于所不见,则无欲以乱其心,而止乃安。'不获其身',不见其身也,谓忘我也。无我则止矣;不能无我,无可止之道。'行其庭,不见其人'。庭除之间,至近也,在背则虽至近不见,谓不交于物也。外物不接,内欲不萌,如是而'止',乃得'止'之道,于'止'为无咎也。"

《易传》的这几句话并没有什么深义,而程颐却用佛学中的止观说来得出了"忘我"说。程颐认为:无我终无可止之道,所可能做到的,只有"不见其身"的忘我。"忘我"则内欲不萌,达到内外不接的"止"境,所谓"不交于物"以及与"外物不接"的"止"的境界。程颐的忘我与不交于物,我与物两相忘之或两不相接的说法已经走入唯心主义的深坑,但陆象山还认为"终是不直截明白"。因而陆象山直截主张,内则"无我",外则"无物","我"与"物"俱无。无物,是对客观世界存在的简单否定;无我,是对人的感觉体这一客观存在的否定。这样,客观世界与人的感觉体,通统给否定掉了。

陆象山进一层来寻求感觉体之外的心本体,首先反对"无心"之说。他说:

"人非木石,安得'无心'? ……人皆有是心,心皆具是理,心即理也。……心当论邪正,不可'无'也。以为吾无心,此即邪说

矣。"(《全集》卷一一《与李宰书》之二)

陆象山所说的"心",究竟指什么神秘的东西呢？这是必须进一步搞清楚的问题。关于"心"的范畴,陆象山有很多说法：

"人非木石,安得无心？心于五官最尊大。

"《洪范》曰:'思曰睿,睿作圣。'

"《孟子》曰:'心之官则思。思则得之,不思不得也。'

"又曰:'存乎人者,岂无仁义之心哉。'

"又曰:'至于心,独无所同然乎。'

"又曰:'君子之所以异于人者,以其存心也。'

"又曰:'非独贤者有是心也,人皆有之,贤者能勿丧耳。'

"又曰:'人之所以异于禽兽者,几希。庶民去之,君子存之。'去之者,去此心也,故曰:'此之谓失其本心。'存之者,存此心也,"故曰:'大人者不失其赤子之心。'

"四端者,即此心也。'天之所以与我者',即此心也。

"人皆有是心,心皆具是理,心即理也。故曰:'理义之悦我心,犹刍豢之悦我口'。……"(《全集》卷一一《与李宰书》之二)

"道,未有外乎其心者。自'可欲之善',至于'大而化之之圣。圣而不可知之神',皆吾心也。心之所为,犹之能生之物,得黄钟大吕之气,能养之至于必达。使瓦石有所不能压,重屋有所不能蔽,则自'有诸己'。"(《全集》卷一九《敬斋记》)

"此天之所以予我者,非由外铄我也,'思则得之',得此者也;'先立乎其大者',立此者也;'积善'者,积此者也;'集义'者,集此者也;'知德'者,知此者也;'进德'者,进此者也。同此,之谓同德;异此,之谓异端。……由萌蘖之生,而至于枝叶扶疏:由源泉混混,而至于放乎四海,岂二物哉。"(《全集》卷一《与邵叔谊书》)

"心,一心也;理,一理也。至当归一,精义无二,此心此理,实不容有二。……仁,即此心也,此理也。'求则得之',得此理也;'先知'者,知此理也;'先觉'者,觉此理也;'爱其亲'者,此理也;

'敬其兄'者,此理也;'见孺子将入井,而有怵惕恻隐之心'者,此理也;可羞之事则羞之,可恶之事则恶之者,此理也;是知其为是,非知其为非,此理也;宜辞而辞,宜逊而逊者,此理也。敬、此理也,义、亦此理也;内、此理也,外、亦此理也。……此吾之本心也。"(《全集》卷一《与曾宅之书》)

"良心正性,人所均有。不失其心,不乖其性,谁非正人? 思而复之,何远之有?"(《全集》卷一三《与郭邦瑞》)

"《书》云:'人心惟危,道心惟微。'解者多指人心为人欲,道心为天理,此说非是。心,一心也,人安有二心? 自人而言,则曰'惟危';自道而言,则曰'惟微'。'罔念作狂,克念作圣',非危乎。'无声无臭,无形无体',非微乎。"(《全集》卷三四《语录》)

按照陆象山的这些说明,所谓"心",有三种不同的含义:(一)"心"是一种独具神秘意义的思维的器官,所谓"心之官则思",其位置最尊大,相当于主观意识。(二)心即理,即所谓"良心本性"。凡是四端(恻隐、羞恶、是非、辞让)、爱亲敬兄(孝弟)、仁义等一切封建道德教条,都是心之所固有,天之所以予我者,非由外铄。"心即理"之心,相当于世界的主谋者。(三)"心"是无声无臭、无形无体的绝对实体。大而化之之圣,圣而不可知之神,都是"心"的作用,相当于创造者"神"的化身。陆象山的先验的神秘的"心"是一根魔术杖,对于这样的神出鬼没的"心",他的学生杨简,从"神"的意义作了如下的叙述:

"人心自善,人心自灵,人心自明。人心即神,人心即道。……人皆有恻隐之心,皆有羞恶之心,皆有慕敬之心,皆有是非之心。恻隐,仁;羞恶,义;慕敬,礼;是非,智:愚夫愚妇咸有之,……人人皆与尧、舜、禹、汤、文、武、周公、孔子同,人人皆与天地同。又何以证其然? 人心非血气,非形体,广大无际,变通无方;倏焉而视,又倏焉而听;倏焉而言,又倏焉而动;倏焉而至千里之外,又倏焉而穷九霄之上。'不疾而速,不行而至',非神乎,不'与天地同'乎? 学者当知举天下万古之心皆如此也。孔子之心如此,七十子之心如此,子思、孟子之心如此;复斋之心如此,象山之心如此,金溪王令君之心如此,举金溪一邑之心如此。"(《慈湖先生遗书》卷二《二陆先生祠记》)

陆象山和杨简对"心"的神秘叙述,从"心之官则思"这一侧面,即从人类思维活动的侧面,一层一层地夸大、肿胀,最后达到了主观唯心主义者手里的"非血气、非形体"的"与天地同"的神秘的主宰。

陆象山把"理"看作超出天地并指挥万物的实体,但这实体是本诸神秘的"吾心"。"理",陆象山有时又把它说成"道"。这也是从禅宗来的。《大乘开心显性顿悟真宗论》有下列一节,可以作证:"问曰:云何是道? 云何是理? 云何是心? 答曰:心是道,心是理。则是心外无理,理外无心。"陆象山说:

"塞宇宙,一理耳。……此理之大,岂有限量? 程明道所谓'有憾于天地',则大于天地者矣,谓此理也。三极皆同此理,而天为尊,故曰,'惟天为大,惟尧则之。'五典乃天叙,五礼乃天秩,五服所彰乃天命,五刑所用乃天讨。"(《全集》卷一二《与赵咏道书》之四)

"此道充塞宇宙。天地顺此而动,故日月不过,而四时不忒。圣人顺此而动,故刑罚清而民服。"(《全集》卷一○《与黄康年书》)

"此理充塞宇宙,天地鬼神且不能违异,况于人乎?"(《全集》卷一一《与吴子嗣书》之八)

"天命有德,五服五章哉;天讨有罪,五刑五用哉。其赏罚皆天理所以纳斯民于大中,跻斯世于大和者也。"(《全集》卷 一一《与吴子嗣书》之六)

"此理在宇宙间,未尝有所隐遁。天地之所以为天地者,顺此理而无私焉耳。人与天地并立而为三极,安得自私而不顺此理哉?"(《全集》卷一一《与朱济道书》之一)

"道塞宇宙,非有所隐遁,在天曰阴阳,在地曰柔刚,在人曰仁

义。故仁义者,人之本心也。"(《全集》卷一《与赵监书》之一)

"此心此理,我固有之,所谓'万物皆备于我'。昔之圣贤,先得我心之所同然者耳。"(《全集》卷一《与侄孙濬书》)

"居象山,多告学者云:汝耳自聪,目自明,事父自能孝,事兄自能弟,本无欠阙,不必他求。"(《全集》卷三四《语录》)

"太极者,实有是理,圣人从而发明之耳。……其为万化根本,固自素定。……太极何尝同于一物,而不足为万化根本耶?……《易》之《大传》曰:'形而上者谓之道'。又曰:'一阴一阳之谓道'。一阴一阳,已是形而上者,况太极乎?"(《全集》卷二《与朱元晦书》之一)

"太极、皇极,乃是实字,所指之实,岂容有二?充塞宇宙,无非此理。……《易》之为道,一阴一阳而已,先后始终,动静晦明,上下进退,往来阖辟,盈虚消长,尊卑贵贱,表里隐显,向背顺逆,存亡得丧,出入行藏,何适而非一阴一阳哉。奇偶相寻,变化无穷,故曰,其为道也屡迁。变动不居,周流六虚,上下无常,刚柔相易,不可为典要,唯变所适。《说卦》曰:观变于阴阳而立卦,发挥于刚柔而生爻,和顺于道德而理于义,穷理尽性以至于命。又曰:昔者,圣人之作《易》也,将以顺性命之理。是以立天之道,曰阴与阳;立地之道,曰柔与刚;立人之道,曰仁与义。《下繋》亦曰:《易》之为书也,广大悉备,有天道焉,有人道焉,有地道焉。……今(元晦)顾以阴阳为非道,而直谓之形器,其孰为昧于道器之分哉。"(《全集》卷二《与元晦书》之二)

"自形而上者言之,谓之道,自形而下者言之,谓之器。天地亦是器,其生复形载必有理。"(《全集》卷三五《语录》)

"天下有不易之理,是理有不穷之变。诚得其理,则变之不穷者,皆理之不易者也。理之所在,固不外乎人也。……开辟以来,圣神代作,君臣之相与倡和弥缝,前后之相与缉理更续,其规恢缔建之广大深密,咨询计虑之委曲详备,证验之著,有足以析疑;更尝之多,有足以破陋,被之载籍,著为典训。则古制之所以存于后世者,岂徒为故实文具而已哉。以不易之理,御不穷之变,于是乎在矣。"(《全集》卷三二《学古入官议事以制政乃不迷》)

陆象山认为"理"或"道",是天、地、人三极的创设者,它不但能推动物质的运动,而且能制御物质的变化。陆象山对自然规律虽有某些解释,在《杂说》里,他曾引《书疏》,叙述了天体、南北极、二分二至的日行黄道、赤道、月行之道、日月交蚀等道理(见《全集》卷二二),但他把自然现象是认作"道"所派生的。他虽然曾经"终夜不寝,而灼见极枢之不动"(《全集》卷三六《年谱》载包恢撰《三陆先生祠堂记》)。他虽然曾根据一些传说的经验,说明雷的早晚与旱涝的关系,他说:雷在惊蛰以前发声,泉源就动得早。泉水最盛的时间,约六十天。泉动得早,夏天就会浅;动得晚,夏天就较深。泉跟雨水,也有关系,动得早,象征天旱,动得晚,象征丰收(见《全集》卷十《与张季海书》之一)。但是这些科学知识只是被利用着构成他的主观唯心主义的诡辩。这种诡辩,为的是要从某些自然现象的奇迹而抽出一个神秘的主宰。他曾经说:"吾今一日所明之理,凡七十余条";但他又说:"然其(理)会归,总在于此(按:指'心')"(《全集》卷三六《年谱》载包恢撰《三陆先生祠堂记》)。他把自然规律,推本于吾心,说:"会归总在于此。"根据"心即理"的命题,则所谓"塞宇宙"的"此理","大于天地"的此理,也即是此心。自然规律,乃此心之所固有,不能外于此心,所谓"道,未有外乎其心者";所谓"人心至灵,此理至明,人皆有是心,心皆具是理"(《全集》卷二二《杂说》);所谓"宇宙内事是己分内事,己分内事是宇宙内事。"陆象山既然把客观世界作为森然于方寸之间的固有之物,则在真理论方面,也必然把自然规律作为不"外乎其心"的道或理。这种颠倒事实的说法,反映了主观唯心主义反科学的本质。列宁指出:"如果自然界是派生的东西,那么,不用说,它只能是某种比它更伟大、更丰富、更广阔、更强有力的东西派生的东西,某种存在着的东西派生的东西,因为要'派生'自然界,就必须不依赖于自然界而存在的东西。这就是说,有某种东西存在于自然界之外,并且是派生自然界的。用俄国话说,这叫作神。唯心主义的哲学家总是竭力想改变这个名称,把它弄得更抽象些、更模糊些,并且同时(为了看起来更可凭信)更接近于'心理的东西',类如'直接的复合'、无须证明的直接的经验。绝对理念、宇宙精神、世界意志、心理的东西对物理的东西的'普遍的替代',——这些都是在各种不同的表现形式下的同一观念而已。"(《唯物主义与经验批判主义》,人民出版社 1956 年版,页 230—231)陆象山的心、道、理就是神的代名词。这是一。

其次,人与天地并立而为三极,亦顺此理。所谓"皇极之建,彝伦之叙,反是则非,终古不易。是极是彝,根乎人心,而塞乎天地"(《全集》卷二二《杂说》)。"皇极"指封建专制主义的例外权,即最高的主权者;"彝伦"指封建的品级结构和等级制度以及法律虚构和伦理道德。五典乃天叙、五礼乃天秩、五服所彰乃天命、五刑所用乃天讨,总之,封建主义的作威作福的特权都被说成了天理,而天理也是人极。他更把封建的法律虚构直指为上帝的安排,他说,"典礼爵刑,莫非天理。《洪范》九畴,帝实锡之。古所谓宪章、法度、典则者,皆此理也"(《全集》卷一九《荆国王文公祠堂记》)。"道遍满天下,无些小空阙,四端万善,皆天之所予,不劳人妆点"(《全集》卷三五《语录》)。这样,陆象山必然走进宗教的泥坑。他说:"天锡之《洪范》,出于温洛之水,天地之心,于此甚白。而道之大原,吾于此而见之矣。"(《全集》卷二九《天地设位、圣人成能、人谋鬼谋、百姓与能》)《洪范》由上帝所赐,其中包蕴了神秘的"天地之心"、"道之大原"。这样,陆象山就把一切的最终本原归之于上帝,他终于以教主的身份出现,承袭古方士"河出图、洛出书"的神话欺骗,把《洪范》作为圣经,作为"道之大原"、"天地之心"捧了出来。他在荆门军的《上元洪范讲义》里,把宗教的神权和封建专制主义的皇权紧密地联系起来,并把他的教主身份规定为神权和皇权的中介者。他说:

"今圣天子重明于上,代天理物,承天从事,皇建其极,是彝是训,于帝其训,无非敛此五福,以锡尔庶民。郡守县令,承流宣化,即是承宣此福,为圣天子以锡尔庶民也。凡尔庶民,知爱其亲,知敬其兄者,即惟皇上帝所降之衷,今圣天子所锡之福也。若能保有是心,即为保极,宜得其寿,宜得其福,宜得康宁,是谓攸好德,是谓考终命。凡尔庶民,知有君臣,知有上下,知有中国夷狄,知有善恶,知有是非,父知慈,子知孝,兄知友,弟知恭,夫义妇顺,朋友有信,即惟皇上帝所降之衷,今圣天子所锡之福也。身或不寿,此心实寿;家或不富,此心实富;纵有患难,心实康宁;或为国死事,杀身成仁,亦为考终命。实论五福,但当论人一心:此心若正,无不是福,此心若邪,无不是祸。……患难之人,其心若正,其事若善,是不逆天地,不逆鬼神,不悖圣贤之训,不畔君师之教,天地鬼神所当佑,圣贤君师所当与。……虽在贫贱患难中,心自亨通,正人达者观之,即是福德。'作善降之百祥,作不善降之百殃,积善之家,必有余庆'。但自考其心,则知福祥殃咎之至,如影随形,如响应声,必然之理也。……《经》曰:'天乃锡禹《洪范》九畴',圣天子建用皇极,亦是受天所锡,敛时五福,锡尔庶民者,即是以此心敷于教化政事,以发明尔庶民天降之衷,不令陷溺。尔庶民能保全此心,不陷邪恶,即为保极,可以报圣天子教育之恩,长享五福,更不必别求神佛也。"(《全集》卷二三《荆门军上元设厅讲义》)

按照陆象山的僧侣主义的神学说教,圣天子代天理物,承天从事,是上帝在人世的代理人。一个如陆象山这样教主式的郡守县令,承流宣化,也是民之父母。一切封建等级、封建法律、封建伦理,都是惟皇上帝所降之衷,所锡之福,你们庶民,都要乖乖地承受、服从、感恩图报。你们如果不违背天地鬼神,不悖逆圣贤之训、君师之教,即使一生贫贱,挨饿受冻,也是"有福"的。上帝鬼神会保佑你们,圣贤君师会称许你们。你们要保全良心,不陷"邪恶",就可报答圣天子教育之恩,永远享受长寿、幸福、康宁、攸好德、考终命等"五福"。这就是陆象山在上元节假郡守公堂向六百多吏民宣讲的一套僧侣主义哲学——上帝的福音。这是董仲舒以后的新的天人感应说。这是《太上感应篇》似的最恶浊的说教。这是所谓"此心"绝对的实体的现实的运用,因而"此心"刻上了封建统治阶级特权的烙印!这就和他的政治理论的"上下两得"的阶级相安论相合拍了,其目的是为巩固封建统治的秩序,麻痹人民,要他们安于贫贱的痛苦生活,要他们把痛苦当作幸福,"身或不寿,此心实寿;家或不富,此心实富;纵有患难,心实康宁;……",要人民用这种精神上的满足,代替物质上的匮乏;用这种对封建帝王和官吏的服从,代替为争取美好生活而进行的斗争。这就明显地可以看出,在天有"太极"这样的神权,在地有"皇极"这样的皇权,而在陆象山自己还有一个表达"人极"的"此心"来作"太极"(神)和"皇极"(王)二者中间的教主。三座大山一齐压在人民头上。如果再添上陆氏家族在农村的一套宗法家族统治的"父权"或族权,那么中国封建专制主义的"四条绳索"就完全"妙化无穷"了!

第三,陆象山根据"形而上者谓之道,形而下者谓之器"的传统说法,把"太极"跟"道"看成同一的范畴,即在"皇极"的"王道"上披上了神权的紫袍,他认为"太极"是万化的根本,"太极"是抽象的形而上的道,不同于一物。"太极"就是"充塞宇宙"的"此理"。天地万物以及一切运动变化都是从"太极"派生出来的。这样,"太极"也是大于天地的,所谓"有憾于天地"。这个"有憾于天地",是说天地还不够广大、完满、具足,只有这个"理"、这个"道"、这个"太极"、这个"本心",才是最完善的。这就是神。

第四,陆象山把经典的古训,作为"理"的记录来看,所谓"天下有不易之理,是理有不穷之变,……被之载籍,著为典训。"他说:"六经注我,我注六经",六经的教条是我心的注脚,我心的道义也说明了六经的教条。经语,"是圣人先得我心之所同然者"。所以他并不反对读经书。他说:"圣哲之言,布在方册,何所不备?"(《全集》卷七《与颜子坚》)事实很明显,陆象山所说的道、理,在人不可能先天具有,脱离了在我们之外、不依赖于我们而存在着的对象或物体,不可能掌握道、理。

因此,陆象山的先验的良心,不得不乞灵于圣哲的方册。但为了使这良心更自由自在,他又不得不宣示六经作为吾心的注脚。"六经注我,我注六经",只是掩饰其先验的本心来源的诡辩。

主观唯心主义,最后必然表现为唯我论,除了唯一的自我意识而外,什么也没有。陆象山的唯我论的狂妄表现,集中在如下两首诗里:

"仰首攀南斗,翻身倚北辰,举头天外望,无我这般人"(《全集》卷三五《语录》)。

"从来胆大胸膈宽,虎豹亿万虬龙千,从头收拾一口吞。有时此辈未妥帖,哮吼大嚼无毫全。朝饮渤澥水,暮宿昆仑颠,连山以为琴,长河为之弦,万古不传音,吾当为君宣。"(《全集》卷二五《少时作》)

万物森然于方寸之间,犹之"虎豹亿万虬龙千"蟠踞在"胸膈"之内。渤澥、昆仑、连山、长河都由我驱使,为我奔走,万物都是依倚着我这个中心而存在。这样的人,在人世、在天外,都是独一无二的。他说:

"大哉天地,圣人之所以为不可及者乎! 天之高也,日月星辰系焉,阴阳寒暑运焉,万物复焉。地之厚也,载华岳而不重,振河海而不泄,万物载焉。天地之间,何物而非天地之为者。然而复载万物之能,犹有待于圣人。……天地有待于圣人,而复载之功归焉。……呜呼! 此天地圣人之所以为不可及也。"(《全集》卷二九《天地设位》、《圣人成能》、《人谋鬼谋》、《百姓与能》)

这个我,就是膺裁成辅相之任、秉参赞燮理之权的圣人。但是这只是一种"谦逊"的说法,实质是,一切唯心,万法唯心;一切唯我,万法唯我。连山、长河都为我服务,而我,则要对整个宇宙宣扬"万古不传之音"。这是唯我论的另一种狂妄的表现形式。杨简对此,有更荒唐的说明:"其心通者,洞见天地人物尽在我性量之中;而天地人物之变化,皆吾性之变化。"(《慈湖先生遗书》卷一《周易解序》)又说:"孔子继曰,天有四时,春秋冬夏,风雨霜露,无非教也。地载神气,神气风霆,风霆流行,庶物露生,无非教也。"(《慈湖先生遗书》卷一《春秋解序》)①"天地,我之天地;变化,我之变化;非他物也。……苍苍而清明而在上,……名之曰天,……隤然而博厚而在下,……名之曰地。清明者吾之清明,博厚者吾之博厚。……吾性澄然清明而非物,吾性洞然无际而非量,天者,吾性中之象,地者,吾性中之形。"(《慈湖先生遗书》卷七《己易》)只要比一比贝克莱的说教,就可见东西方的神父之流,真是如出一辙。贝克莱说:"天上的雷霆风雨,地下的花木鸟兽,总而言之,构成宇宙的万物离开精神就不能存在。"(贝克莱:《论人类知识的原理》)他们都把客观世界、自然界看作吾心、吾性中的形象,都由吾心所派生。列宁指出:唯物主义承认"自在客体"或心外客体,认为观念和感觉是这些客体的复写或反映。与此相反的学说(唯心主义)认为:客体不存在于"心外";客体是"感觉的组合"(《唯物主义与经验批判主义》"代绪论")。哲学观点的这两条基本路线,是如此清楚、明确地对立着,这是我们衡量陆象山"心学"所属阵营的准绳。

第四节　陆象山的直觉主义的方法论

对应于陆象山的主观唯心主义世界观,在认识论、方法论方面,他提出"存心"、"养心"、"求放心"等诉之于直觉的主张。这种主张,与禅宗所尚的顿悟,"豁然还得本心"(《六祖施法坛经》),并无不同。陆象山说:

> "古先圣贤,未尝艰难其途径,支离其门户。……人孰无心,道不外索,患在戕贼之耳、放失之耳。古人教人,不过存心、养心、求放心。此心之良,人所固有,人惟不知保养,而反戕贼放失之耳。苟知其如此,而防闲其戕贼放失之端,日夕保养灌溉,使之畅茂条达,……则岂有艰难支离之事?"(《全集》卷五《与舒西美书》)

---

① 按:此处引文见《孔子家语问玉解》,文字略有不同。

陆象山认为此心、此理,我所固有,不必外求。因此,认识的途径,就是存心、养心。但是,有一种蒙蔽、陷溺的诱惑力对此心、此理发生影响。这就是"物欲",或是"意见"(按:指邪说)。这种有害于"心"的东西,必须加以"剥落"。他说:

　　"愚不肖者之蔽,在于物欲;贤者智者之蔽,在于意见。高下污洁虽不同,其为蔽理溺心,而不得其正,则一也。"(《全集》卷一《与邓文范书》)

　　"将以保吾心之良,必有以去吾心之害。何则?吾心之良,吾所固有也。吾所固有,而不能以自保者,以其有以害之也。……夫所以害吾心者,何也?欲也。欲之多,则心之存者必寡;欲之寡,则心之存者必多。……欲去,则心自存矣。"(《全集》卷三二《养心莫善于寡欲》)

　　"此理本天所以与我,非由外铄。明得此理,即是主宰。真能为主,则外物不能移,邪说不能惑。……此理不明,内无所主,一向萦绊于浮论虚说,终日只依借外说以为主,天之所与我者,反为客。主客倒置,迷而不反,惑而不解。……乃与世间凡庸恣情纵欲之人,均其陷溺,此岂非以学术杀天下哉!"(《全集》卷一《与曾宅之书》)

　　"此理在宇宙间,何常有所碍?是你自沉埋,自蒙蔽,阴阴地在个陷阱中,更不知所谓高远底。要决裂破陷阱,窥测破个罗网。"(《全集》卷三五《语录》)

　　"激厉奋迅,决破罗网,焚烧荆棘,荡夷污泽。"(同上)

　　"诛锄荡涤,慨然兴发。"(同上)

陆象山的"本心"为物欲和意见所蒙蔽、陷溺,须加荡涤诛锄的说法,来源于禅宗。《六祖坛经》云:"一切法尽在自性。性常清净,日月常明,只为云复盖,上明下暗,不能了见日月星辰。忽遇慧风吹散,卷尽云雾,万象森罗,一时皆现。"这就是说,清净自性如日月常明,但是浮云覆盖,就上明下暗。须有慧风来吹散云雾,使自性中的森罗万象一时皆现。陆象山也把良心与物欲对立起来,主张寡欲、去欲,这是僧侣主义的禁欲老教条,其目的是要人民通过禁欲放弃为改善物质生活而进行的斗争。陆象山把良心与邪说对立起来,主张明此理,从浮论虚辞的萦绊中解脱出来,这也是僧侣主义的老教条,其目的是要人民放弃对真理的追求,去迷信僧侣主义的说教。对物欲和"邪说"(异端)的诛锄、荡涤,犹之慧风吹散云雾一般,这是一种畏惧真理光明而崇赞黑暗深夜的自我欺骗。

把认识的过程,诉之于本心的直觉,这种方法,陆象山称之为易简工夫。他说:

"圣人赞《易》,则曰乾以易知,坤以简能。易则易知,简则易从。易知则有亲,易从则有功。有亲则可久,有功则可大。可久则贤人之德,可大则贤人之业。易简而天下之理得矣。"(《全集》卷三五《语录》)

"《易》赞乾坤之简易,曰'易知易从,有亲有功,可久可大'。然则学无二事,无二道,根本苟立,保养不替,自然日新。所谓可久可大者,不出简易而已。"(《全集》卷五《与高应朝书》)

"易简工夫终久大,支离事业竟浮沉。"(《全集》卷二五《鹅湖和教授兄韵》)

陆象山认为:本心的直觉的简易工夫,就是"切己自反,改过迁善",又叫做"剥落"。

"或问:先生之学,当自何处入?曰:不过切己自反,改过迁善。"(《全集》卷三四《语录》)

"人心有病,须是剥落。剥落得一番,即一番清明。后随起来,又剥落,又清明,须是剥落得净尽,方是。"(《全集》卷三五《语录》)

陆象山和他的学生们宣扬这种"剥落"的简易工夫。据詹阜民的记录,在简易工夫里,有这样的一种神秘的幻觉:

"他日侍坐,无所问。先生谓曰:学者能常闭目亦佳。某因此

无事则安坐瞑目,用力操存,夜以继日。如此者半月。一日下楼,
忽觉此心已复澄莹中立,窃异之。遂见先生。先生目逆而视之曰:
此理已显也。某问:先生何以知之? 曰:占之眸子而已。"(《全集》
卷三五《语录》)

离开了客观事物,离开了生产实践和阶级斗争的实践,而说从安坐瞑目
中忽然得到所谓"此心澄莹中立"的所谓天地境界,那只能是彻头彻尾
的谎言。但是主观唯心主义者就都一次又一次地宣扬这一套神秘论以
自欺欺人。这实际上就是禅宗的直觉的方法论"顿悟",而与方士的神
仙秘传也有一定的关系。然而这种所谓"方法论"还在中国人民解放
以前的一段时期被道学家们视为"知言"之教,用维新的语句重新表演
了一番。

陆象山所反对的支离事业,是指放弃一切实践以及对世界的思维
活动。他说:

"孟子言,献身之道(按:指反身而诚),在于明善。善之未明,
知之未至,而循诵传习,阴储密积,犀身以从事,喻诸登山而陷谷,
愈入而愈深,适越而北辕,愈骛而愈远。"(《全集》卷一《与胡季随
书》)

陆象山主张"先立乎其大者"。他说:一寸一寸地量长短,量满丈,必然
有出入;一铢一铢地称轻重,称满石,必然有出入。只有用丈来量,用石
来称,才更直接而少差谬。他说:

"石称、丈量,径而寡失。铢铢而称,至石必谬;寸寸而度,至
丈必差。"(《全集》卷一〇《与詹子南书》之一)

他居然从不辨咫尺,得出了顿悟一切的结论。这种醉醺醺的话,一句话
讲,就是蒙昧主义。

陆象山有时也谈到所谓"践履",但是这种践履只是限在封建的小
天井里,如起居食息、酬酢接对中的"自家检点"(按:即指道德上的自
省),而和对大自然以及广阔社会进行生产斗争、阶级斗争的实践是毫
不相关的。他说:

"若有事役,未得读书,未得亲师,亦可随处自家用力检点,见善则迁,有过则改,所谓心诚求之,不中不远。若事役有暇,便可亲书册。所读书,亦可随意自择,亦可商量程度,无不有益者。……且本分随自己日用中猛省,自知愧怍,自知下手处矣。既着实作工夫,后来遇师友,却有日用中著实事可商量,不至为此等虚论也。"(《全集》卷三《与曹挺之书》)

"别既经时,兄亦涉历千里而归。婺女宿留,龙窟卧病,与凡航川舆陆者,无往而非进学之地。……起居食息,酬酢接对,辞气容貌颜色之间,当有日明日充之功,如木之日茂,如川之日增,乃为善学。……如《中庸》、《大学》、《论语》诸书,不可不时读之,以听其发扬告教。戕贼陷溺之余,此心之存者,时时发见,若火之始然,泉之始达。苟充养之功不继,而乍明乍灭,乍流乍窒,则渊渊其渊、浩浩其天者,何时而可复耶?"(《全集》卷五《与戴少望》)

陆象山主张为学应该求师访友,他说:"谈学而无师承,与师承之不正者,最是害道"。又说:"此事非得真实朋友不可"。但是,他毕竟认为,归根到底,还靠自性的直觉。他说:"自得、自成、自道,不倚师友载籍。"(《全集》卷三五《语录》)这跟禅宗的说法,也是一致的。《六祖施法坛经》:"心中,众生各于自身、自性、自度。"《六祖法宝坛经》:"三世诸佛十二部经,在人性中本自具有。不能自悟,须求善知识指示方见。若自悟者,不假外求。若一向执谓须他善知识方得解脱者,无有是处。何以故?自心内有知识自悟。若起邪迷妄念颠倒,外善知识虽有教授,救不可得。若起正真般若观照,一刹那间,妄念俱灭。"

陆象山对学者的教学,也模仿禅宗的锻炼手法。这点,周汝登看得很逼真。《圣学宗传》卷十,周汝登引象山锻炼学者的情况,举了几个例,其中较突出的有两个。一个是:"临川一学者初见。问曰:'每日如何观书?'学者曰:'守规矩。'欢然问曰:'如何守规矩?'学者曰:'伊川《易传》、胡氏《春秋》、上蔡《论语》、范氏《唐鉴》。'忽呵之曰:'陋说!'良久,复问曰:'何者为规?'又顷,问曰:'何者为矩?'学者唯唯。次日复来,方对学者诵'乾知太始、坤作成物、乾以易知,坤以简能'一章,毕,乃言曰:'《乾文言》云:大哉乾元,《坤文言》云:至哉坤元。圣人赞《易》,却只是个简易。'道了,遍目学者曰:'又却不是道难知也?'又曰:'道在近而求诸远,事在易而求诸难?'顾学者曰:'这,方唤作规矩。公昨日来,说甚规矩!'……"另一个是:"元吉得老夫锻炼之力。元吉从老夫十五年。前数年,病在逐外;中间数年,换入一意见窠窟去;又数年,换入一安乐窠窟去;这一二年,老夫痛加锻炼,似觉壁立,无由近傍。"周汝登举例之后,加以总结道:"以上皆大炉锤熔铸锻炼人处。"我们只要翻一下《宏智禅师广录》、《佛果园悟禅师碧岩录》等禅宗语录,不难找到陆象山锻炼学者之所从依仿的许多事例。

列宁指出:"我们已经看到,马克思在一八四五年与恩格斯在一八八八年和一八九二年把实践标准作为唯物主义认识论的基础。在实践之外提出'对象的〔即客观的〕真理是否与人的思维相符合'这一问题乃是烦琐哲学,——马克思在他的《费尔巴哈论纲》第二节里说道。对休谟和康德的不可知主义以及其他的哲学怪想的最好的驳斥乃是实践,——恩格斯重复道。"(《唯物主义与经验批判主义》,页130)毛泽东同志在《实践论》里指出:"辩证唯物论的认识论把实践提到第一的地位,认为人的认识一点也不能离开实践,排斥一切否认实践重要性、使认识离开实践的错误理论。"陆象山离开实践而要通过顿悟,想求得所谓此心的忽然澄莹中立,只是反映了他的学说中的"经院哲学"的反动本质。

陆象山与朱熹之间,曾发生过争论。第一次争论,即鹅湖之会。争论的中心问题,主要是关于认识论的问题。朱熹主张"泛观博览,而后归之约。"陆象山与复斋,主张"先发明人之本心,而后使之博览。"朱熹说,"旧学商量加邃密,新知培养转深沉"。陆象山说:"易简工夫终久大,支离事业竟浮沉"。朱以为:陆太简。陆以为:朱太支离。这就是所谓朱陆"道问学"与"尊德性"的门户分歧。

第二次争论,是关于无极、太极的问题。陆梭山和象山认为《太极图说》非周敦颐所作,因与《通书》不类,或者学未成时所作,或者传他人之文。他们认为太极之上,不能再有无极。太极本身是道,是万化的根本,不是器。朱熹认为:太极之上,应有无极。"不言无极,则太极同于一物,而不足为万化根本;不言太极,则无极沦于空寂,而不能为万化根本。"这次争论,除梭山两书已失传外,象山三书,朱熹四书,均得保存,争论情况,比鹅湖之会更激烈一些。这次争论,主要是关于世界观的问题。

朱陆争论,从世界观到方法论,都牵涉到了。这是唯心主义阵营内部的争论,是唯心主义的这一流派与唯心主义的那一流派之间的争论。他们所以津津有味地争论这个所谓"学术异同"问题,其目的与意义,只能从唯心主义阵营内部各派互争正宗地位这一点来衡量理解,而不是其他。黄宗羲父子于此,颇暗示出了其中异同的实质。黄宗羲说:

"(朱、陆)二先生同植纲常,同扶名教,同宗孔孟,即使意见终于不合,亦不过仁者见仁,智者见智,所谓学焉而得其性之所近,原无有背于圣人。"(《宋元学案》卷五八《象山学案》)

宗羲的儿子百家说:

"二先生之立教不同,然如诏入室者,虽东西异户,及至室中,则一也。"(同上)

陆象山自己显然企图建立"心学"的单独的道统,以上接子思、孟子之传自任。他说:

"自曾子传之子思,子思传之孟子,乃得其传者。外此,则不可以言道。"(《全集》卷一《与李省幹》二)

"韩退之言,轲死不得其传,固不敢诬后世无贤者。然直是至伊洛诸公,得千载不传之学。但草创未为光明,到今日若不大段光明,更干当甚事?"(《全集》卷三五《语录》)

"区区之学,自谓孟子之后,至是而始一明也。"(《全集》卷一〇《与路彦彬》)

朱、陆之争,其目的就是这样在道统里争正宗的教主地位。

第 十 五 章

陈亮思想及其反对思辨哲学的战斗性格

第一节　陈亮思想的学派性

陈亮字同甫,原名汝能,学者称为龙川先生,浙江永康人。生于宋高宗绍兴十三年(公元 1143 年),卒于光宗绍熙五年(公元 1194 年)。陈亮出身于普通的庶人之家,所谓"陈氏散落为民,谱不可系"(《龙川文集》卷一六《书家谱石刻后》)。

浙学,按传统的说法,为南宋的三大学派之一。一般以为浙学这一派的代表人物有吕祖谦、陈亮、唐仲友以及叶适等人。但传统所谓的浙学,只是一个地理上的笼统的提法,不足以区别学派的性质,因为陈亮(作为永康学派的代表人物)和吕祖谦、唐仲友以及叶适的思想是不相同的。从陈亮思想的承受渊源而言,过去有各种看法。资产阶级学者曾考证过浙学源出于二程;又根据陈亮称过郑伯熊为"吾郑先生"这样一句话,于是便"考证"出陈亮的思想也源出于二程。这当然完全是在捕风捉影。在另一个地方,陈亮还曾说过这样的话,"乾道间,东莱吕

伯恭(祖谦)、新安朱元晦(熹)及荆州(张栻)鼎立,为一世学者宗师,
亮亦获承教于诸公后,相与上下其论;今新安巍然独存,益缔晚岁之
好。"(《龙川文集》卷二一《与张定叟侍郎书》)是不是也可以据此推断
陈亮的思想源出朱熹呢? 这种牵强附会的形式考证,只证明了资产阶
级形而上学方法论的谬误罢了。陈亮和他的论敌论战时,不但敢于提
出,如二程仍在,也要争辩义理,而且曾明确地指责过:

> "元晦之论,只是与二程主张门户;而尊兄乃名之以正大,且
> 占得地步平正,……。"(《龙川文集》卷二一《与陈君举书》)

显然,陈亮是决不会让自己再跑到二程的门户里去的。要了解陈亮思
想的渊源,最好还是先看一下陈亮的自述:

> "亮自十八九岁(公元一一六一至一一六二年),获从故老乡
> 人游;故老乡人莫余知也。而陈圣嘉、应仲实、徐子才独以为可。
> 圣嘉之与人交,仲实之自处,子才之特立,皆余之所愿学也。晚与
> 一世豪杰上下其论,而三人者每每不能去心。"(《龙川文集》卷一
> 五《送徐子才赴富阳序》)

> "绍兴辛巳、壬午(公元一一六一至一一六二年)之间,余以极
> 论兵事,……复以古文自诡。于时道德性命之学亦渐开矣。又四
> 五年,广汉张栻敬夫、东莱吕祖谦伯恭,相与上下其论,……新安朱
> 元晦讲之武夷,而强立不反,其说遂以行而不可遏止。齿牙所至,
> 嘘枯吹生,天下之学士大夫贤不肖,往往系其意之所向背,虽心诚
> 不乐,而亦阳相应和。若余非不愿附,而第其品级不能高也。"
> (《龙川文集》卷二八《钱叔因墓碣铭》)

> "往时广汉张敬夫、东莱吕伯恭于天下之义理,自谓极其精
> 微,而世亦以是推之,虽前一辈亦心知其莫能先也。余犹及见二人
> 者,听其讲论,亦稍详其精深纤余,……晚,得从新安朱元晦
> 游,……余为之感慨于天地之大义,而抱大不满于秦、汉以来诸君
> 子,思欲解其沉痼,以从新安之志,而未能也。"(《龙川文集》卷一
> 六《跋朱晦庵送写照郭秀才序后》)

这些话对于他自己的学术思想来源是说得很清楚的。陈亮没有一定的师承。少年时,他和陈圣嘉、应仲实、徐子才三个人比较心意相投。他的上司周葵赏识过他,他通过周葵而接触到了当时的学术界。成年后和他论学最多的是张栻、吕祖谦和朱熹三个人,但在"相与上下其论"之间,不但没有师承关系,并且因为观点之不同,不能附和。在这三人中,和他关系最为密切的是吕祖谦:

> "亮平生不曾会与人讲论,独伯恭于空闲时,喜相往复,亮亦感其相知,不知其言语之尽。伯恭既死,此事尽废。"(《龙川文集》卷二〇《丙午复朱元晦秘书书》)

> "伯恭晚岁于亮尤好,盖亦无不尽,箴切诲戒,书尺具存。"(同上又甲辰答书)

朱熹曾一再企图通过吕祖谦去说服陈亮,这也可以反证吕、陈两人关系的密切。尽管如此,陈亮和吕祖谦两人之间学术差异的倾向仍然是显著的。两人的交谊虽好,但研究的路数始终不同。

和陈亮同时的郑伯熊、薛季宣、陈傅良、叶适等人也和他有过交往,在思想上可能受到一些影响,但也并不能因此就在他们中间形成一个学派。

陈亮虽然往来于道学家之间,但他的思想却决不是道学的继续。判断一个人的学派性当然不能根据他形式上所往来的人物,而只能根据他的思想的精神实质。《宋史》把永康列入儒林,而不列入道学,虽然意在贬斥,但客观上却保存了思想史的真实。陈亮的理论,从他的军事学说、事功之学以至某些哲学的理论概括,都自成一家之言,在南宋时代是对道学举起投枪的一个封建的"异端"学派。和陈亮同时代的人就已经提到了这一点。乔行简说:

> "陈亮……皇帝王霸之略,期于开物成务,酌古理今,其说盖近世儒者之所未讲。"(《龙川文集》卷首《奏请谥陈龙川札子》)

叶适也谈到:

> "同甫既修皇帝王霸之学,上下二千余年,考其合散,发其秘

藏,见圣贤之精微,常流行于事物,儒者失其指,故不足以开物成务;其说皆今人所未讲。朱公元晦意有不与而不能夺也。"(《龙川文集·序》)

全祖望和黄百家在《宋元学案》里所论永嘉之学出于二程,虽未必尽合事实,但指出了陈亮是学无师承的:

"永嘉之学,薛(季宣)、郑(伯熊)俱出于程子。是时陈同甫亮又崛兴于永康,无所承接。"(《宋元学案》卷五六《龙川学案》)

"永嘉以经制言事功,皆推源以为得统于程氏。永康(陈亮)则专言事功而无所承。"(同上)

根据陈亮的思想体系来考察,我们认为说陈亮学无师承的这种论断是正确的。

真正和陈亮的见解最为接近的是一位诗人,那就是爱国主义文学家辛弃疾。陈亮和辛弃疾是亲密的朋友,他们有着共同的恢复中原的抱负,他们都鄙弃空谈而崇尚实践,两人风格的豪迈,意气的纵横,更是十分相似的。辛弃疾那首有名的《破阵子》("醉里挑灯看剑")就是"为陈同甫赋壮词以寄之"而作的。辛弃疾的另一首词《贺新郎》("老大那堪说")的结语是"看试手,补天裂",那应该是两个伟大爱国者的共同愿望。所以陈亮回答辛弃疾的词里有"只使君从来与我,话头多合"(《龙川文集》卷一七《贺新郎》"老去凭谁说")的话,这可以说是两人志同道合的战斗友谊的真实写照。

陈亮思想的出现,大大地震撼了当时占统治地位的各派经院哲学:

"当乾道淳熙间,朱(熹)张(栻)吕(祖谦)陆(九渊)皆谈性命而辟功利。学者各守其师说,截然不可犯。陈同甫崛起其旁,独以为不然。"(《宋元学案》卷五六《签判喻芦隐先生偘》)

陈亮的理论充满了"异端"的叛逆性格,它是当时各种唯心主义的对立面,他自己说:

"司马迁有言,贫贱未易居,下流多谤议。……亮之生于斯世也,如木出于嵌岩嵚崎之间,奇塞艰涩,盖未易以常理论,而人力又

从而掩盖磨灭之。"(《龙川文集》卷二〇《又甲辰答书》)
陈亮对朱熹也说过他自己是"口诵墨翟之言,身从杨朱之道,外有子贡之形,内居原宪之实"(同上)。他更论到"异端"之学有"其脱颖独见之地"(《龙川文集》卷一一《子房、贾生、孔明、魏徵何以学异端》),可以学习,可见他自己也是以异端自命的。朱熹曾批评陈亮是"才高气粗"(《朱子语类》卷一二三)、"血气粗豪"(《晦庵先生文集》卷三六《答陈同甫书》),这种批评是被李贽反驳过的,李贽说:

> "异哉,堂堂朱夫子,反以章句绳亮,粗豪目亮,悲夫! 士唯患不粗豪耳,有粗有豪,而后真精细出矣;不然,皆假矣。"(《藏书名臣传》)

第二节　陈亮的军事、政治观点

陈亮在南宋时期的"和"、"战"问题上,是坚决的主战派。他曾数次给孝宗上书,分析当时的局势,要求扭转妥协求和的苟安局面,奋力从事于"中兴"、"复仇"的事业。与此相联系,在学术上,他反对宋儒的"明心见性"的空虚之学,而大力提倡"实事实功"的学问。这一点,从他和朱熹所进行的关于"王霸义利之辩"以及他所写的评论历史人物的著作《酌古论》中均可明显地看到。

陈亮在十八九岁时便写成了一本具有独特风格的著作《酌古论》(按这是后来龚自珍早年四论的先例),在其中他和宣扬古老的僵死教条以及空谈"明心见性"的思辨哲学相反,而是对于一些历史人物与历史事件进行了分析与评价,从而归纳出一些古为今用的教训,以指导实际。他曾这样说明他写作这些论文的目的:

> "文武之道一也,后世始歧而为二。文士专铅椠,武夫事剑楯,彼此相笑,求以相胜。天下无事则文士胜,有事则武夫胜,各有所长,时有所用,岂二者卒不可合耶? 吾以谓文非铅椠也,必有处事之才;武非剑楯也,必有料敌之智。才智所在,一焉而已。凡后

世所谓文武者,特其名也。吾鄙人也,剑楯之事,非其所习,铅椠之业,又非所长,独好伯王大略,兵机利害,颇若有自得于心者,故能于前史间窃窥英雄之所未及,与夫既已及之,而前人未能别白者,乃从而论著之,使得失较然,可以观,可以法,可以戒,大则兴王,小则临敌,皆可以酌乎此也。命之曰酌古论"(《龙川文集》卷五《酌古论·序》)。

陈亮从中世纪一般对文武的看法中解放出来,作出新的规定,文以处世之才为标准,武以料敌之智为标准,才智运用于实际得到了检证,才算真才智,而不能只从名义的形式来判断才智。他就是要把自己锻炼成为"文"和"武"相结合的人才,才饱读了史书和兵书,并从其中总结出前人在军事斗争中的成功经验与失败教训,作为"中兴"、"复仇"事业的借鉴(这即是他所说的"酌"字的含义)。这样一种把历史研究和实际事功相结合的观点,是异常宝贵的,它和中世纪思辨哲学的空谈是对立的。

陈亮在《酌古论》中评论了十九位历史人物,即汉光武帝、刘备、曹操、孙权、苻坚、韩信、薛公、邓禹、马援、诸葛亮、吕蒙、邓艾、羊祜、崔浩、李靖、封常清、马燧、李愬、桑维翰。陈亮并不是对这些人物的各个方面都加以评价,而是只就他们的军事活动来进行分析与总结。

我们不仅应重视《酌古论》中的现实主义精神,而且尤应重视陈亮的与唯物主义相联结的军事理论。下面我们可从四方面来研究他的主要的论点:

(一)陈亮从分析历史人物的军事活动中总结出这样一条战略和战术相结合的原则:

"善图天下者无坚敌,岂敌之皆不足破哉? 得其术而已矣。运奇谋,出奇兵,决机于两阵之间,世之所谓术也。此其为术,犹有所穷,而审敌情,料敌势,观天下之利害,识进取之缓急,彼可以先,此可以后,次第收之,而无一不酬其意,而后可与言术矣。"(《龙川文集》卷五《酌古论·曹公》)

这段话里包含有战术服从于战略的深刻内容。在陈亮看来,有两种"术",一种是单纯的战术思想,另一种是战略与战役相结合的"术",他认为前者"犹有所穷",而主张战役中所使用的战术不能脱离开整个战略计划;同时,战略计划的制订不应出自将领的主观臆测而应当建筑在对于客观形势(包括敌情以及"天下之利害"等等)的完整的认识的基础之上。

这样的原则,是他研究了历史上一些战争的成功经验与失败教训才提出的,例如他说:

"故得其术,则虽事变日异,沛然应之,而天下可指挥而定,汉高帝是也。失其术,则虽纷纷战争,进退无据,卒不免于败亡之祸者,项籍是也。至于得术之一、二,而遗其三、四,则得此失彼,虽能雄强于一时,卒不能混天下于一统,此虽曹公(操)之所为,而有志之士所深惜也。"(《龙川文集》卷五《酌古论·曹公》)

"得其术"的"术"包含有两层意思:第一,指的是在具体的战役中,"运奇谋,出奇兵,决机于两阵之间";第二,指的是对于天下大势、敌我力量的对比、何处应急取、何处应缓取等问题的正确估计。将这两方面结合起来,他称之为"得其术"。如果仅是获得了这两方面中任何一面的一些认识,他称之为"得术之一二",以这种片面的认识去指导战争,其结果必然会遭到失败的。

陈亮在反复地研究了曹操的军事活动以后,指出曹操之所以未能完成统一中国的事业,那是由于他仅"得术之一二","而不能尽知天下之大计"。他说:

"曹公未平徐州,而先平兖州;未击袁绍,而先击刘备;破张(绣)、吕(布)而后图二袁(袁绍、袁术),盖亦得术之一二。然公巧于战斗,而不能尽知天下之大计,故至此而失,亦卒无有以告之者,悲夫!"(同上)

那么在三国时期,怎样才是"尽知天下之大计"呢?陈亮在分析了这个时期的局势以后,指出曹操应按照下列步骤来进行军事活动,即第一步巩固魏国的后方,首先使关西地区得到稳定,而其关键在于招致并重用马超,"超既就,则关西诸将,举无足道"。既已无后顾之忧,再一步便应夺取张鲁所据守的汉中以及刘璋所据守的巴蜀。当时他们的力量是很弱的,因而取得他们的根据地,是并不困难的。这样,就可以壮大曹操的力量,而孤立刘备。第三步才是攻取荆州:曹操应亲自还邺,整兵向荆,使许洛之兵冲其膺,蜀、汉之兵捣其脊,绝吴之粮援,则荆州破。这时,刘备的力量就不足道了。最后再从几路分兵进取东吴。在这样的局势之下,孙权除投降外,再无别路可走。陈亮认为这样的军事计划才是建立在"尽知天下之大计"的基础之上的。在别的地方,他把这种战略思想叫做"略",他说:"有一定之略,然后有一定之功,略者不可以仓卒制,而功者不可以侥幸成也。"(《龙川文集》卷五《酌古论·光武》)

陈亮研究曹操未能统一天下的原因,相对地说来,是从实际出发的。他所规定的军事方案,也是经过全面分析的。既然古人的失足是在于"不能尽知天下之大计",那么,为了不致重犯古人的错误,陈亮强调指出应当全面地考察南宋的时局,并据此提出一套不靠天命而决于"人谋"的"中兴"、"复仇"的计划(后面有论述,此处从略)。

(二)陈亮又从历史人物的军事活动中总结出这样一条具有科学预见性的原则:

"古之所谓英雄之士者,必有过人之智。两军对垒,临机料之,曲折备之,此未足为智也。天下有奇智者,运筹于掌握之间,制胜于千里之外,其始若甚茫然,而其终无一不如其言者,此其谙历者甚熟,而所见者甚远也。故始而定计也,人咸以为诞,已而成功也,人咸以为神。徐而究之,则非诞非神,而悉出于人情,顾人弗之察耳。"(《龙川文集》卷八《酌古论·崔浩》)

陈亮在论述战略原则的规定时,提出了"岂曰天命,抑人谋也"的命题。在这里,他在肯定了指挥作战的军事将领必须要有科学的预见性之后,又反对了有神论的荒唐的迷信,而提出"善料"的命题,这种

"善料"是和对客观情况的冷静分析与正确判断结合在一起的。他又把这样的预见性称之为"深谋远虑",这样说:"英雄之士""其平居暇日,规模术略,定于胸中者久矣。一旦遇事而发之,如坐千仞而转圆石,其勇决之势,殆有不可御者,故其用力也易,而其收功也大"(《龙川文集》卷七《酌古论·邓艾》)。这就是说,"英雄之士"平时就在不断地思考、分析客观的形势,熟悉敌我双方的情况,在此基础上,做到胸有成竹。陈亮又认为,这种与"深谋远虑"相结合的预见性和"径行无谋"以及"侥幸以求胜"是毫无共同之处的。后者是莽撞,或是碰运气,其结果,"幸而成,则为福;不幸而不成,则为祸,祸福之间,相去不能以寸"(同上),因而真正的军事家是既不能"径行无谋",也不能"侥幸以求胜"。

陈亮在评论崔浩的军事活动时,对上述论点曾这样地发挥:"崔浩之佐魏,料敌制胜,变化无穷,此其智之不可敌。"(《龙川文集》卷八《酌古论·崔浩》)他预测柔然的军事行动尤其准确。当魏太武帝正计划着出征柔然时,"众皆难之,浩肆辩诘之,力遂其行,且告人曰:'必克。但恐诸将琐琐,前后顾虑,致不能尽举耳。'已而果然"(同上)。陈亮对这一史实加以分析说,崔浩的预测之所以正确,乃是因为他事先充分估计了敌我情况,当时柔然的情况是"去魏数千里,恃其绝远,守备必懈,吾卒然以兵临之,所谓迅雷不及掩耳,震电不及瞑目,彼将望风失措矣。"陈亮以为崔浩的预测正是据此而作出的。

(三)陈亮又从历史人物的军事活动中总结出这样一些战术的原则:

"智者之所以保其国者无他,善量彼己之势而已。"(《龙川文集》卷六《酌古论·符坚》)

"轻敌者,用兵之大患也。古之善用兵者,士卒虽精,兵革虽锐,其势虽足以扼敌人之喉而蹈敌人之膺而未尝敢轻也。设奇以破之,伺隙而取之,曲折谋虑,常若有不可当者,而后可以全胜于天下。使夫士卒未练,兵革未利,震荡而势不足以当敌,则彼固不敢

轻矣。轻之而败,非敌败之,自败之也。用兵而先之以自败,可谓善用乎?"(《龙川文集》卷八《酌古论·封常清》)

"善攻者,攻敌之所不守,动于九天之上,人莫得而御也;善守者,守敌之所不攻,藏于九地之下,人莫得而窥也,故以攻则克,以守则固。"(《龙川文集》卷七《酌古论·羊祜》)

"夫善用兵者,常避敌之所轻,而出敌之所忌,是以进而不可御。"(《龙川文集》卷五《酌古论·先主》)

以上的原则均在于说明:指挥作战的将领应"善量彼己之势",这即《孙子兵法》中所说"知彼知己,百战不殆"。在陈亮看来,"轻敌者"正是以自己的主观臆测代替了对于敌我形势的正确分析,以此指挥作战,必然失败。他以为唐封常清指挥作战之失败,其原因正在于此。陈亮这样分析说:

"昔者开元之盛,民不知兵,士不知战者二十余年,一旦羯胡窃发,乘其间而执其机,盖逆兵一举,而河北诸郡,悉为贼有矣。当此之时,虽韩白复出,岂能当其锋哉! 而封常清欲挑马箠渡河,以取贼首,志则锐矣,不几于大言从轻敌乎? 及下令募兵,所得者皆市井佣保,可聚而不可用,常清率之进守河阳,断桥以抗贼,贼军一至,举兵挫之。已而大至,力不能拒,屡战屡北,遂失河、陕,此则常清有以取之也。"(《龙川文集》卷八《酌古论·封常清》)

他又指出,善于用兵的将领,在研究了敌我双方的种种情况之后,所选择的进攻点,正是"敌之所不守";所选择的坚守点,正是"敌之所不攻",因而在"攻"和"守"的战斗中均能获得胜利。

陈亮的军事理论,还有关于阵地战和运动战相结合的原则。他这样解释古代兵法中的"正"和"奇"的术语:

"兵有正有奇,善审敌者,然后识正奇之用。……夫计里而行,克日而战,正也;非吾之所谓正。依险而伏,乘间而起,奇也;非吾之所谓奇。奇正之说,存乎兵制而已矣。正兵,节制之兵也;奇兵,简捷之兵也。节制之兵,其法繁,其行密,隔落钩连,曲折相对,进无速奔,退无遽走,前者斗,后者息力,后者进,前者更休,一以当十,十以当百,诈者不能袭,勇者不能突,当之则破,触之则摧。此所谓'正兵',而以挫坚敌也。简捷之兵,其法略,其行疏,号令简一,表里洞贯,进如飙风,退如疾雷,……以一击百,以百击万,间者不及知,能者不及拒。望之则恐,遇之则溃。此所谓奇兵,而以掩脆敌也。然而奇兵以简捷寓节制,非废节制也;正兵以节制存简捷,非弃简捷也。"(《龙川文集》卷八《酌古论·李靖》)

这里简捷中寓节制,而节制中存简捷的规律,包含着朴素的辩证法思想。

(四)陈亮还从历史实际的研究中总结出这样一条政治决定战争胜负的原则:

"英雄之士,能为智者之所不能为,则其未及为者,盖不可以常理论矣。……且谲诈无方,术略横出,智者之所能也。去诡诈而示之以大义,置术略而临之以正兵,此英雄之事,而智者之所不能为矣。……以智攻智,以勇击勇,而胜负之数未可判,孰若以正而攻智,以义而击勇?"(《龙川文集》卷七《酌古论·诸葛孔明》)

陈亮在这里所举的历史实例,限于正统的观念,虽未必完全适合,但他是洞察到正义战的政治原则的。这一点,当然和道学家以为读《孝经》可以退敌的迂腐之论有着严格的区别。

上述陈亮的军事理论,有的是对前人兵法知识的发挥,有的是他自己的创见,都包含着真理的因素。如果把这样的理论提高到理论的高度来分析,它也包含着唯物主义的思想。例如,不信天命而强调人谋,不信鬼神而强调谋略,即属于世界观的问题,特别是他提出的主观思想、军事计划与战争的客观实际相符合的理论,在认识论上是值得注意的,虽然陈亮并不能把他提出的军事原则自觉地提高到这样哲学理论的高度给予总结。

毛泽东同志在《中国革命战争的战略问题》一文中曾这样说:

"军事的规律,和其他事物的规律一样,是客观实际对于我们头脑的反映,除了我们的头脑以外,一切都是客观实际的东西。因此,学习和认识的对象,包括敌我两方面,这两方面都应该看成研究的对象,只有我们的头脑(思想)才是研究的主体。有一种人,明于知己,暗于知彼,又有一种人,明于知彼,暗于知己,他们都是不能解决战争规律的学习和使用的问题的。中国古代大军事学家孙武子书上'知彼知己,百战不殆'这句话,是包括学习和使用两个阶段而说的,包括从认识客观实际中的发展规律,并按照这些规律去决定自己行动克服当前敌人而说的;我们不要看轻这句话。"

(《毛泽东选集》第一卷,第 2 版,页 175)

陈亮所说"善量彼己之势"正是孙武子的"知彼知己,百战不殆"的进一步发挥,也是包括学习和使用两个阶段而说的,我们也应该给予足够的重视。

我们再来看看陈亮对于南宋局势的分析及其所提出的"中兴""复仇"的方案。

陈亮于乾道五年(公元 1169 年)受试于礼部,未被录取。于是他采取了"伏阙上疏"的办法,向孝宗申说他自己对于当前局势的看法,并希望孝宗能够接受他的意见。这次他的上疏总名为《中兴五论》,观其篇名,即可窥知其内容是议论有关国家大计的。在《中兴五论》写成十年以后,陈亮翻阅这部旧稿时,回忆起他写作《中兴五论》时的心情,不禁感慨地说:

"此(即指《中兴五论》)己丑岁余所上之论也。距今能几时,发故箧读之,已如隔世。追思十八九岁时,慨然有经略四方之志,酒酣语及陈元龙、周公瑾事,则抵掌叫呼以为乐。间关世途,毁誉率过其实,虽或悔恨,而胸中耿耿者,终未下脐也。一日,读《杨龟山语录》,谓人住得,然后可以有为。才智之士,非有学力,却住不得,不觉怳然自失。然犹上此论,无所遇,而杜门之计始决,于是首尾盖十年矣;虚气之不易平也如此。"(《龙川文集》卷二)

这就说明了陈亮所怀抱的志向是十分坚定的,在少年时便满腔热血,饱读兵书,希望驰驱战场,赶走女真,恢复中原。但在南宋的现实政治生活中,他所遭到的,却只是讥讽、排挤和打击。他虽然有时不免感到一些悔恨,然而远大的抱负却一直在鼓动着他,激励着他。后来受了《杨龟山语录》中一些话的影响,他便更加奋发地在实学方面用功。及至发现《中兴五论》也不可能达到孝宗的眼前,"伏阙上疏"的道路已被截断以后,他就想闭门不出。当他寻找不到实现这一愿望的道路的时候,便只好叹息在自己心中"虚气之不易平"了。这就深刻地反映出一位进步思想家在南宋王朝偏安局面下的苦闷心情及其悲剧。

《中兴五论》中所贯穿的一条红线,便是坚决主张打破南宋王朝苟安的局面。在他看来,拯救人民,洗刷国耻,收复失地,是当时最重大的事,这些都要依靠抗战的国策才能实现。他说:

> "臣窃惟海内涂炭四十余载矣。赤子嗷嗷无告,不可以不拯,国家凭陵之耻,不可以不雪,陵寝不可以不还,舆地不可以不复,此三尺童子之所共知。"(《龙川文集》卷二)

然而当时的现实是怎样的呢? 他敢于直斥皇帝的一切"独断":

> "臣窃惟陛下自践祚以来,……发一政,用一人,无非出于独断。下至朝廷之小臣,郡县之琐政,一切上劳圣虑。"(同上)

他还敢于指出群僚和众臣的懦弱无能:

> "天下懦庸委琐之人,得以自容而无嫌,而狂斐妄诞之流,得以肆言而无忌。中实无能,而外为欺罔,位实非称,而意辄不满。平居则何官不可为,缓急则何人不退缩?"(同上)

陈亮所提出的政治与军事的"中兴"方案,其内容是:

> "今宜清中书之务,以立大计;重六卿之权,以总大纲;任贤使能,以清官曹;尊老慈幼,以厚风俗;减进士以列选能之科,革任子以崇荐举之实;多置台谏,以肃朝纲;精择监司,以清郡邑;简法重令,以澄其源;崇礼立制,以齐其习。立纲目以节浮费,示先务以斥虚文,严政条以核名实,惩奸吏以明赏罚。时简外郡之卒,以充禁旅之数,调度总司之赢,以佐军旅之储,择守令以滋户口,户口繁则

财自阜,拣将佐以立军政,军政明而兵自强。置大帅以总边陲,委之专而边陲之利自兴;任文武以分边郡,付之久而边郡之守自固。右武事以振国家之势,来敢言以作天子之气,精间谍以得虏人之情,据形势以动中原之心。"(《龙川文集》卷二《中兴论》)

上面讲的陈亮的政治、经济以及军事的建议是针对当时的情况而提出的一种开明专制论,其中对于"据形势以动中原之心"是陈亮所特别关切的。他对此又提出了具体的计划,他强调指出应以荆襄为中心,派遣有能力的大臣去经营,"辑和军民,开布大信,不争小利,谨择守宰,省刑薄敛,进城要险,大建屯田。荆楚奇才剑客,自昔称雄,徐行召募,以实军籍,民俗剽悍,听于农隙时讲武艺。"(《龙川文集》卷二《中兴论》)他以为实行这样的计划,对于保卫江淮,具有重大的战略意义;同时,又可以荆襄作为进取京洛的前头堡垒。当女真知道了宋朝的目的在于京、洛,必然会以重兵屯守京、洛、陈、许、汝、郑等地。这样,宋朝偏安江南一隅的局面便会打破,而造成"东"(即宋)与"西"(即女真)的对峙与均势的局面。宋朝可以利用这样的形势来进取齐(山东)秦(陕西)。取得齐、秦以后,京、洛已成必得之势。那时,"中兴"、"复仇"、收复中原的目的就可以达到。

在他的军事计划中,他非常重视这样的两点:第一,在军事上掌握主动权,赶快扭转处处挨打的被动局面;第二,多方面地牵制敌人,使敌人处于被动的应战与防御的地位。这一计划,在当时不仅未被采纳,而且也未能得到孝宗"御目"的"审察"。

在写成《中兴五论》整十年的时候,陈亮于淳熙五年(公元 1178年)又到了临安,再度给孝宗上书,陈述他对于时局的意见。这就是著名的《上孝宗皇帝第一书》。

据《宋史》卷四三六《陈亮传》中所载,《上孝宗皇帝第一书》终于送达到孝宗的"御前","孝宗赫然震动,欲榜朝堂,以励群臣,用种放故事,召令上殿,将擢用之,左右大臣,莫知所为。……大臣尤恶其直言无讳,交阻之,乃有都堂审察之命,宰相临以上旨,问所欲言,皆落落不少

贬,又不合。待命十日,再诣阙上书。"这里所说的"再诣阙上书"的
"书"就是所谓《上孝宗皇帝第二书》了。接着陈亮又写了《上孝宗皇帝
第三书》,在其中叙述了他为都堂审察时所讲的三点意见。

孝宗"赫然震动",当然并不是真的接受了陈亮的意见而决心有所
作为,只不过是想给陈亮一官半职,装装门面而已。从这里,更加深刻
地暴露出时代的悲剧性。对此,陈亮的回答是:"吾欲为社稷开数百年
之基,宁用以博一官乎?"(《宋史》卷四三六《陈亮传》)于是他又回到
家乡,聚徒讲学。

陈亮在上孝宗第一、二、三书中究竟提出了怎样的政治与军事的主
张呢?

这几次上疏中陈亮所使用的辞句,比之《中兴五论》要激昂得多,
他的主战态度也更加坚决,对于品级性地主的主和派的批判斗争也更
加尖锐有力。

在上疏中陈亮一面大声疾呼时局的危殆,一面尖锐地指出主和派
给国家带来了严重的危害,他这样说:

"使其君臣上下,苟一朝之安,而息心于一隅,凡其志虑之经
营,一切置中国于度外,如元气偏注一肢,其他肢体往往萎枯而不
自觉矣,则其所谓一肢者又何恃而能久存哉?"(《龙川文集》卷一
《上孝宗皇帝第一书》)

"一日之苟安,数百年之大患也。"(同上)

"方南渡之初,君臣上下,痛心疾首,誓不与虏俱生,卒能以奔
败之余,而胜百战之虏。及秦桧倡邪议以阻之,忠臣义士斥死南
方,而天下之气惰矣!"(同上)

"秦桧专权二十余年,东南赖以无事,而天下之儿童妇女,不
谋同辞,皆以为国家之贼,彼其忘君父之仇,而置中国于度外者,其
违天人之心亦甚矣。"(《龙川文集》卷一《上孝宗皇帝第二书》)

陈亮预感到,这样的苟且偷安的局面是不能长久维持下去的。如果宋
王朝只知道苟安于这样的局面,那么,可以断言,一定会有其他的力量

打破这种局面,这已暗示出将有代宋而兴起的力量。至于这种力量究竟是什么,那就不是他所能知道的了。他只是敏锐地揭发了"天命人心"不会"安坐而久系",也就是说,形势不会允许这样的死局。例如他说:

> "河洛腥膻,而天地之正气抑郁而不得泄,岂以堂堂中国,而五十年之间无一豪杰之能自奋哉!其势必有时而发泄矣。苟国家不能起而承之,必将有承之者矣,不可恃衣冠礼乐之旧,祖宗积累之深,以为'天命'(按指形势)人心可以安坐而久系也。"(《龙川文集》卷一《上孝宗皇帝第一书》)

陈亮认为,挽救大局的出路,首先在于孝宗从政略上决策,扫清通和的投降主义,坚定抗战必胜的政策。他为了阐明这一政策,将"和"与"战"的两种结果加以比较之后,从而认识以实践为基础的道理,他这样申说:

> "臣以为通和者,所以成上下之苟安,而为妄庸两售之地,宜其为人情之所甚便也。自和好之成,十有余年,凡今日之指画方略者,他日将用之以坐筹也;今日之击毬射雕者,他日将用之以决胜也;府库充满,无非财也;甲胄鲜明,无非兵也。使兵端一开,则其迹败矣。何者,人才以用而见其能否,安坐而能者,不足恃也;兵食以用而见其盈虚,安坐而盈者,不足恃也。……臣故曰:通和者所以成天下之苟安,而为妄庸两售之地也。……南北角立之时,而废兵以惰人心,使之安于忘君父之大仇,而置中国于度外,徒以便妄庸之人,则执事者之失策亦甚矣。陛下何不明大义而慨然与虏绝也?贬损乘舆,却御正殿,痛自克责,誓必复仇,以励群臣,以振天下之气,以动中原之心,虽未出兵,而人心不敢惰矣;东西驰骋,而人才出矣;盈虚相补,而兵食见矣。狂妄之辞,不攻而自息,懦庸之夫,不却而自退缩矣。当有度外之士起,而惟陛下之所欲用矣。是云合响应之势,而非可安坐致也。"(《龙川文集》卷一《上孝宗皇帝第一书》)

显然,在"和"与"战"所导致的不同结果的对比中,陈亮提出了一个很重要的原则,即"用"(实践和使用)才是衡量一切的标准,也才是推陈出新的武器。他指出"和"、"战"的两种路线的背后,有两种不同的认识,一方面是"人才以用而见其能否","兵食以用而见其盈虚";而与"用"相对立的便是"安坐"(静止、苟安),所谓"安坐而能者不足恃也"。这里他虽然谈的是政治主张,也没有能够自觉地将这一主张提高到唯物主义认识论的高度予以说明,但从其对政治主张的论证中检查,可以看出它是紧紧地接近于唯物主义认识论的原则的。

陈亮又提出两种人物的两种观点,他自己代表一种人物的观点,即他说的穷究自然和历史的变化,以服务于现实:

> "辛卯、壬辰之间,始退而穷天地造化之初,考古今沿革之变,以推极皇帝王伯之道,而得汉、魏、晋、唐长短之由。天人之际,昭昭然可察而知也。"(《龙川文集》卷一《上孝宗皇帝第一书》)

和这种观点相对立的,是另一种人物的观点,即腐儒庸人的观点:

> "始悟今之儒士,自以为得正心诚意之学者,皆风痹不知痛痒之人也。举一世安于君父之仇,而方低头拱手,以谈性命,不知何者谓之性命乎?陛下接之而不任以事,臣于是服陛下之'仁'!又悟今世之才臣,自以为得富国强兵之术者,皆狂惑以肆叫呼之人也。不以暇时讲究立国之本末,而方扬眉伸气,以论富强,不知何者谓之富强乎?陛下察之而不敢尽用,臣于是服陛下之'明'!"(同上)

陈亮上面的话,实际上大胆地讽刺了(他用的佩"服"的字眼)孝宗是一个假仁假义的虚伪皇帝!所谓"今乃驱委庸人,笼络小儒,以迁延大有为之岁月,臣不胜愤悱!"(同上)同时,他把一些空讲性命的道学先生痛斥为不知羞耻的懦夫小儒,把一些奔走幸进的官僚们痛斥为误国祸民的庸俗败类,这样的批判,在当时是具有强烈的战斗性格的。

在这几封疏中所提的军事计划和《中兴五论》中所提的相同,即主张大力经营荆、襄,利用该地的形势,作为进取中原的基地。

距离第二次上疏又隔了整整十年,陈亮于淳熙十五年(公元1188年)初夏再作第三次上疏,这就是《戊申再上孝宗皇帝书》。在这篇上疏的末尾他这样说:

> "臣今者非以其言之小验,而再冒万死以自陈,实以宗庙社稷之大计,不得不决于斯时也。陛下用其喜怒哀乐爱恶之权,以鼓动天下,使如臣者,得借方寸之地,以终前书之所言,而附寸名于竹帛之间,不使邓禹笑人寂寂,而陛下得以发其雄心英略,以与四海才臣智士共之。"(《龙川文集》卷一)

从这里就可看出,随着时光的流逝,陈亮感到了"中兴"、"复仇"的大业逐渐变得渺茫了,于是他只好再一次向皇帝上疏,请求孝宗接受他所提出的计划。在当时,在他看来,除去走"冒死""伏阙上疏"这条路之外,是没有别的道路可走了。

在写这封"上疏"之前,陈亮亲自到建业(南京)观察了形势,提出了利用天然之险做军事设防的计划,并以此驳斥当时书生、儒士们的"江南不易保"的谬论。

陈亮在这次上疏中一再强调指出"大臣之弄权",使得"非常之人"不能担当起"中兴"、"复仇"的大业。他甚至用婉转的口吻批判了封建制度的束缚之后,指骂皇帝的一套"仁义礼智"是腐坏统治者的蒙昧主义的传统。他这样说:

> "陛下见天下之士皆不足以望清光,而书生拘文执法之说往往有验,而圣意亦少衰矣。故大事必集议,除授必资格,才者以跅弛而弃,不才者以平稳而用,正言以迂阔而废,巽言以软美而入,奇论指为横议,庸论谓有典则。陛下以'雄心英略',委曲上下于其间,机会在前,而不敢为翻然之喜;隐忍事仇,而不敢奋赫斯之怒;朝得一才士,而暮以当路不便而逐;心知为庸人,而外以人言不至而留。泯其喜怒哀乐,杂其是非好恶,而用依违以为'仁',戒喻以为'义',牢笼以为'礼',关防以为'智'。陛下聪明自天,英武盖世,而何事出此哉?天下非有豪猾不可制之奸,虏人非有方兴未艾

之势,而何必用此哉?……岂欲如老庄所谓槁木死灰,与天下为婴儿,而后为至治之极哉?!"(《龙川文集》卷一《戊申再上孝宗皇帝书》)

"至于艰难变故之际,书生之智,知议论之当正,而不知事功之为何物;知节义之当守,而不知形势之为何用;宛转于文法之中,而无一人能自拔者;陛下虽欲得非常之人以共斯世,而天下其谁肯信乎?"(同上)

这封上疏中的意见当然不可能被统治者所接受。既然上疏的路不可能走通,于是陈亮又于绍熙四年(公元1193年)参加礼部的进士试,企图在中试以后,获得了政治地位,再来实现自己的抱负。他这次考中了状元。他当时的心情,凝结于这样的诗句之中:

"'复仇'自是平生志,勿谓儒臣鬓发苍。"(《谢恩和御赐诗韵》)

但他的"复仇"的"平生志"并未能实现,在绍熙五年就逝世了。

第三节　陈亮哲学思想的根本倾向

陈亮没有写过专门的哲学论著,他自己对于哲学问题也没有做过系统的研究,这就增加了人们在这个问题的研究上的一些困难。但我们只要经过全面分析,就会发觉陈亮的社会政治观点、军事思想、人道主义及其"功利"之学,都是和他的哲学思想相联结的。

我们在进行这方面分析的时候,可以把陈亮的主要著作分成三类。一类是他给宋孝宗的几篇上疏,在这些文章中,他所反复阐述的,是他对南宋时局的一些看法及其主战的具体建议。从这些上疏来看,虽然其中大胆的言论值得注意,但究竟这是对皇帝讲理的,其本身就有很大的束缚,而难以发抒出哲学的思想。他的另一类著作即他早年的著作,以《酌古论》为代表,在其中,他着重地分析了前人在军事斗争中的经验和教训。这一类著作,已经明显地表现出陈亮的学术风格,即敢于打破旧的传统,敢于把历史的研究和当时的现实政治结合起来,力图从历史的研究中发掘出有助于改革现实的理论。在这类著作里虽未提出一整套的哲学体系,但其中的精神,如在第二节所详述的,是吻合于唯物主义的原则的。例如,他提出了这样一条军事原则:"成天下之大功者,有天下之深谋者也"(《龙川文集》卷七《酌古论》),陈亮对此解释说,"深谋"并不是出自主观的臆测,而是建筑在"审敌情、料敌势、观天下之利害、识进取之缓急"的基础之上。这就是说,军事的计划(主观)应正确地反映客观情况。这无疑是唯物主义的基本原则在军事上的运用。

《酌古论》中有一点是很出色的,那就是从古人的军事活动的成功经验与失败教训中总结出一些军事原则。但依此再进一步,把军事原则提到世界观的高度予以全面的总结,就不是陈亮所能做到的了,因而就使得《酌古论》具有经验论的色彩。然而这是一种好的经验论,以实践为出发点的经验论,注重经世致用而改造现实的经验论,这种经验论"紧密地接近于唯物主义",和那种把"经验"看成"内省经验"的坏的(唯心主义的)经验论有着原则的区别。

所谓"好的经验论紧密地接近于唯物主义"这一提法,包含有这样的意义:它重视客观实际与人的实践活动,并以此反对思辨哲学的虚构;它不完整地在世界观、认识论和逻辑学上提出了许多唯物主义的命题,但它又未能把客观事实以及人类活动的经验全面地提到应有的唯物主义的理论高度予以系统的总结,因而有时对某些现实的或历史的问题强作解释和说明的时候,便在传统的束缚之下,停步不前,甚至接受古人的错误命题,以至陷入唯心主义方面。

陈亮的再一类的主要著作就是他在"王霸义利之辩"的题目之下和朱熹论争的信件以及评论古代经典的一些论文。从这些著作里,更可以清楚地看出陈亮哲学思想的总倾向。

陈亮曾经提出"舍天地则无以为道"的命题、"天地常运,人道不息"的命题。陈亮在《经书发题》的《书经》一文中更这样说:

> "夫盈宇宙者,无非物,日用之间无非事。古之帝王,独明于
> 事物之故,发言立政,顺民之心,因时之宜,处其常而不惰,遇其变
> 而天下安之,今载之书者皆是也。"(《龙川文集》卷十)

显然,陈亮利用了古代经典,提出"盈宇宙者,无非物,日用之间无非
事"的唯物主义世界观的原则。由此出发,他否认道学家假托古代经
典所虚构的唯心主义世界观,而断言《书经》是古代帝王研究了事物的
规律而写成的关于政治与法律的书籍。

在陈亮看来,"道"不但和事物是不可分离的,而是在事物之中。
他这样说:

> "夫道非出于形气之表,而常行于事物之间者也。人主以一
> 身而据崇高之势,其于声色货利,必用吾力焉,而不敢安也;其于一
> 日万几,必尽吾心焉,而不敢忽也;惟理之徇,惟是之从,以求尽天
> 下贤者之心,遂一世人物之生,其功非不大,而不假于外求,天下固
> 无道外之事也。不特吾天资之高,而勉强于其所当行而已。……
> 夫道岂有他物哉? 喜怒哀乐爱恶得其正而已;行道岂有他事哉?
> 审喜怒哀乐爱恶之端而已。不敢以一息而不用吾力,不尽吾心,则
> 强勉之实也。贤者在位,能者在职,而无一民之不安,无一物之不
> 养,则大有功之验也。"(《龙川文集》卷九《勉强行道大有功》)

> "道之在天下,平施于日用之间,得其性情之正者,彼固有以
> 知之矣。……圣人之于《诗》,固将使天下复性情之正,而得其平
> 施于日用之间者。乃区区于章句训诂之末,岂圣人之心也哉?"
> (《龙川文集》卷十《经书发题·诗经》)

这两段话有一共同的精神,即说明"道"并非精神性的本体,而是和民
生日用等实事实物不可分离的。这里所说的"道",指的是陈亮理想中
的政治与法律的设施。因而他向皇帝献议说:"天下固无道外之事",
就是要皇帝采取一种使"贤者在位,能者在职,而无一民之不安,无一
物之不养"的政治法律措施。他更断言,诸如"贤者在位……"等等的
具体事实(或谓之"有功")才是皇帝行"道"的一种效验。

　　陈亮所说的"道"，还隐含有客观规律的意义，这从他给朱熹的书信中可以见出（详见第四节）。例如他说：

　　　"天地之间，何物非道？赫日当空，处处光明，闭眼之人，开眼即是，岂举世皆盲便不可与此光明乎？眼盲者摸索得着，故谓之暗合，不应二千年之间有眼皆盲也。亮以为后世英雄豪杰之尤者，眼光如黑漆，有时闭眼胡做，遂为圣门之罪人；及其开眼运用，无往而非赫日之光明。"（《龙川文集》卷二〇《又乙巳与朱元晦秘书》）

这段话是针对朱熹的"汉、唐并无些子本领，只是头出头没，偶有暗合处，便得功业成就，其实则是利欲场中走"而发的。陈亮反对朱熹把三代与汉、唐以下分成两橛的复古主义，而认为在三代与汉、唐的历史过程中都有"道"。"何物非道"的正面意义是：有"物"（不仅是具体事物，而且是总的历史进程）就有"道"，"物"和"道"不可分。陈亮强调地指出，只要学者"学为成人"（这是朱熹所说"醇儒"的反对命题），亦即从实事实功中学，就可以认识并掌握"道"。陈亮又说：

　　　"故亮尝以为得不传之绝学者，皆耳目不洪，见闻不惯之辞也。人只是这个人，气只是这个气，才只是这个才，譬之金银铜铁，只是金银铜铁。炼有多少，则器有精粗，岂其于本质之外换出一般以为绝世之美器哉？故浩然之气，百炼之血气也，使世人争骛高远以求之，东扶西倒，而卒不着实而适用，则诸儒之所以引之者亦过矣。"（《龙川文集》卷二〇《与朱元晦书》）

这是对于宋儒"得不传之绝学"的神秘主义的批判。陈亮所说的正是朴素的唯物主义命题，其意思是：应按照事物本身固有的性质去认识事物，不要在事物之上或之外，换出或杜撰"美器"并附加以神秘主义的天理。陈亮尚未能将他的这一认识提高到哲学理论的高度给予概括，仅是通过一些日常事物的举例来表述他的根本思想。陈亮还强调了"炼"的作用，"炼"就是事物本身的锻炼与提高。陈亮的这些思想是贯串着唯物主义认识论的原则的。陈亮特别提出"用而见其能否"、"用而见其虚实"的认识依靠实践的命题，而反对凭空立说。陈亮对此

表述得比较清楚的话,是下面的一段:

> "世之学者,玩心于无形之表,以为卓然而有见,事物虽众,此其得之浅者,不过如枯木死灰而止耳。得之深者,纵横妙用,肆而不约,安知所谓文理密察之道,泛乎中流,无所底止,犹自谓其有得,岂不可哀也哉! 故格物致知之学,圣人所以惓惓于天下后世,言之而无隐也。夫道之在天下,何物非道,千涂万辙,因事作则,苟能潜心玩省,于所已发处体认,则知夫子之道,忠恕而已,非设辞也。"(《龙川文集》卷一九《与章德茂侍郎书》)

陈亮在这里对比了两种对立的认识论,一种是道学家的"玩心于无形之表"的唯心主义路线,另一种则是他所主张的依据事物及其规律的唯物主义路线。

陈亮既承认客观规律的实在,在认识论方面,便肯定了事物的可知性。他提出"天人之际,可昭昭而察知"和"道之存亡,人可干预"的原则,更在评论扬雄时,这样说:

> "雄之书,非拟圣而作也。《玄》之似《易》也,《法言》之似《论语》也,是其迹之病,而非其用心之木然也。不病其迹,而推其用心,则《玄》之有功于《易》者也,非《易》之赘也。有太极而后有阴阳,故《易》以阴阳而明理,有阴阳而后有五行,故《洪范》以五行而明治道,阴阳五行之变,可穷而不可尽也,而学者犹有遗思焉。则雄之因数明理也,是其时之不可已,而事之不得不然者也。起于冬至,而环一岁,以应事物之方来而未已,是其时之可见者也。始于一而终于八十一,以错综无穷之算,是其数之可知者也。从三方之算而九之,并昼于夜,为二百四十有三日,三分其方而以一为三州,三分其州而以一为三部,三分其部而以一为三家,以该括天地之变,是其事之可究者也。其时之可见者如此,其数之可知者如此,其事之可究者又如此。"(《龙川文集》卷九《扬雄度越诸子》)

> "寸极于九,以为黄钟之管,三微成著,以别度之分,上三下二,以示量之状,寸为十八,以极权之数,是皆数也,而有理焉。数

可演而理亦可阐也。……扬子云独因其数而阐其理。颜师古之释，释其数耳，不明其理而释其数，庸讵知其数之果不悖乎？学者当于《太玄》而求之。"(《龙川文集》卷一一《量度权衡》)

陈亮对扬雄哲学思想的评价虽然过高了些，但是很明显的，这是通过对扬雄的评价，而发抒他自己的哲学思想。陈亮肯定了"数"是用来"明理"的，"数"是表达事物的必然性的("事之不得不然者")。同时，用"数"可以计算出"天地之变"，那就足资证明事物的必然性是能够被人探究出来，被人认识的。

依据上面的分析可以看出，陈亮不但在对于古籍评论和对于历史人物评价的著作中，贯串着唯物主义的原则，而且在和朱熹的辩论中，更表现出唯物主义对唯心主义两条路线斗争的性格。他的思想在当时具有反对占统治地位的思辨哲学的进步作用。应该指出，陈亮的唯物主义的哲学思想不但和他的功利说相联系着，而且也和他的义利双行说的"义"的强调相联系着。这样的思想，一方面是在历史局限之下他所能利用的反对道学的武器；另一方面也是一般旧唯物主义的共同缺陷，正如恩格斯所说："旧唯物论对于历史的见解，本质上是实用的：它是按照行动的动机来判断一切事物。"(参看恩格斯：《费尔巴哈与德国古典哲学的终结》，人民出版社1955年版，页56)

我们在前面已经说过，陈亮的哲学思想具有一种好的经验论的因素，紧密地接近于唯物主义。这种经验论是有局限的，突出地表现于对某些理论问题不能解释时，便依据传统说法，停步不前，甚至陷入唯心主义。这从陈亮的三类主要著作中都是可以看到的。

他在给孝宗的上疏中，是谈他对于拯救时局的具体主张，所涉及的都是一些现实性的问题。但在某些地方他也谈到"天命"，例如在《上孝宗皇帝第一书》中开宗明义就说："臣窃惟中国，天地之正气也，天命之所钟也，人心之所会也，衣冠礼乐之所萃也，百代帝王之所以相承也"。他又说："天地之正气，郁遏于腥膻，而久不得骋，必将有所发泄，而天命人心，固非偏方之所可久系也。"这里的"天命"概念虽然有些和形势或命定相似的含义,而和朱熹的概念不同,但陈亮在理论方面确实保留着旧的束缚和影响。然而,从其整个思想体系来考察,这些旧的影响终究不占有主要地位,因而我们不能据之以断言陈亮的世界观是唯心主义的。

陈亮的《酌古论》受旧传统影响最少,是一本极富于独创性的著作。在其中他也曾提到"天命"。然而这仅是保留着"天命"的虚名,而并未承认"天命"的威力。例如在谈到汉光武帝的军事活动时,陈亮所反复阐述的,乃是光武帝的"人谋",亦即"有一定之略,然后有一定之功"。但陈亮并不敢正面地反对"天命",而这样说:"光武发高帝之所未能为,而中兴之功,远过古人者,虽天命,抑人谋也!"这实质上已经把"天命"放在聊备一格的虚位上去了。陈亮评论诸葛亮的所以失败时也提到"天"的概念,这里和形势一语就没有多大区别了。

陈亮对古代经典的解释,有时也未能摆脱掉传统的束缚,例如他这样解释《春秋》:

> "圣人之于天下也,未尝作也,而有述焉。近世儒者有言,述之者天也,作之者人也。《诗》、《书》、《礼》、《乐》,吾夫子之所以述也。……夫赏、天命,罚、天讨也,天子奉天而行者也。赏罚而一毫不得其当,是慢天也;慢而至于颠倒错乱,则天道灭矣。灭天道则为自绝于天。夫子、周之民也,伤周之自绝于天,而不忍文、武之业堕于地也,取鲁史之旧文,因天子诸侯之行事而一正之。……然则《春秋》者,周天子之书也,而夫子何与焉?……《春秋》所书,无往而非天,学者以人而视《春秋》,而谓有得于圣人之意者,非也。……"(《龙川文集》卷一〇《经书发题·春秋》)

陈亮力辩《春秋》不是孔子所自作,而所列举的理由,竟把"天"看成好像是有意志的东西,同时也承认所谓"天命"的存在,这就明显地倒退到唯心主义方面去了。

旧唯物主义者最后总不免在某些点上陷于唯心主义的泥沼,在陈亮这里,也是一样的。

第四节 陈亮与朱熹之间理论斗争的
实质及历史意义

我们在考察了陈亮的生平、哲学思想及其军事的、政治的观点以后,进而再考察在学术思想上他对于以朱熹为代表的道学家所进行的理论斗争。

(一)论争中有关基本的理论根据的对立

在上两章中,我们已经谈到过朱学与陆学的争论是属于唯心主义阵营内部的派别斗争,而从左的方面来对朱熹论战的则是陈亮和叶适。陈、叶对朱的斗争无疑地具有唯物主义与唯心主义两条路线斗争的性质。陈亮猛烈地抨击了以朱熹为代表的道学,陈亮所依以批判的理论根据是以实事实功为出发点的"功利"之学。

陈亮深刻地谴责了当时道学家们的迂腐与无能以及对于重大政治社会问题的漠不关心,他说:

"自道德性命之说一兴,而寻常烂熟无所能解之人,自托于其间,以端悫静深为体,以徐行缓语为用,务为不可穷测,以盖其所无;一艺一能,皆以为不足自通于圣人之道也。于是天下之士,始丧其所有,而不知适从矣。为士者耻言文章行义,而曰'尽心知性',居官者耻言政事书判,而曰'学道爱人'。相蒙相欺,以尽废天下之'实',则亦终于百事不理而已。"(《龙川文集》卷一五《送吴允成运干序》)

"文章行义"与"尽心知性","政事书判"与"学道爱人",是两种不同的对待现实的态度,以及两条对立的学术路线。"文章行义"、"政事书判"正是陈亮所主张的"实事实功"之学,这种学问是关系于国计民生的;"尽心知性"、"学道爱人"正是迂儒们的空虚玄妙的学问,不仅无补于国计民生,而且导致"尽废天下之实"、"百事不理"的恶果。这些,在当时是对于道学非常大胆的批判。

陈亮一反当时道学家空谈心性的学风,他自己特别以实学为学旨,他的著作绝大部分都是研究古今军事和政治的得失的,他的愿望是:

"夫以天下之大而存乎吾之志,则除天下之患,安天下之民,皆吾之责也,其深谋远虑必使天下定于一而后已,虽未一之,而其志顾岂一日忘之哉?"(《龙川文集》卷七《酌古论·吕蒙》)

陈亮的理想人物不是所谓"醇儒",而是他经常标举的"英雄"。在题名为《送章德茂大卿使虏》的一篇词里,他感叹他的理想英雄迟迟不能出世:"尧之都,舜之壤,禹之封,于中应有一个半个耻臣戎。万里腥膻如许,千古英灵安在?"(《龙川文集》卷一七《水调歌头》)他又叹息:"至于艰难变故之际,书生之智,知议论之当正,而不知事功之为何物;知节义之当守,而不知形势之为何用;宛转于文法之中,而无一人能自拔者。"(《龙川文集》卷一《戊申再上孝宗皇帝书》)这就是陈亮所以要极力主张事功的原因。

1185 年陈亮访问过朱熹。此后的三年中两人间曾往返有过许多次的通信,展开了一场大争论。这就是有名的关于"王霸义利之辩"。陈亮"王霸并用,义利双行"的功利之学的思想体系,通过这种反复的论争,显示出更明确的含义。

朱熹强调天理人欲的不可两立,并按照这种观点,把人类就划分为圣凡两品,把历史就割裂为三代以上与三代以下两截。陈亮不能同意这种划分办法。陈亮认为世界与历史的客观性质,古今都是一样存在的,作为认识并掌握这种客观性质的人,古今也是一样活动的,并不存在着绝对的圣凡之别或古今之异。他以为,由于有人认识得比较完备,有人认识得不够完备,才有差别;人们只要能够认识得完备,就可以实现理想的政治。陈亮据此,得出了有名的"心无常泯、法无常废"的命题。

从这里可以明显地看出,掩盖于抽象的哲学语言之中的,是两种不同的对待历史与现实的态度。朱熹以"圣"、"凡"之分来论证封建品级结构的神圣性,复把这一品级结构颠而倒之,涂抹在历史的品类存在之上,宣称三代以上是"圣"境,以此为思辨哲学的复古主义制造理论根据。陈亮的"心无常泯、法无常废"的理论,打落了朱熹所说的品级或品类存在的神圣性,把认识历史的责任从"圣"者的思辨天堂拉回到现实的人间,而宣称社会政治的决定者是人,不是像朱熹那样,把政治社会的根源说成是在先验的道德观念里找到的。陈亮是用他所能了解的自然和经验("势"和"术")去理解社会和历史,而不是像朱熹那样从形而上学的观念(天理和人欲)去理解社会和历史。

朱熹给陈亮写了一连串的信,维护他自己的天理人欲论,而反对陈亮的见解:

"来书'心无常泯、法无常废'一段,乃一书之关键;鄙意所同,未有多于此段者也,而其所异,亦未有甚于此段者也。盖有是人则有是心,有是心则有是法,固无常泯常废之理。但谓之'无常泯'即是有时而泯矣;谓之'无常废'即是有时而废矣。盖天理人欲之并行,其或断或续,固宜如此。至若论其本然之妙,则惟有天理而无人欲,是以圣人之教,必欲其尽去人欲,而复全天理也。若心,则欲其常不泯,而不恃其不常泯也;法,则欲其常不废,而不恃其不常废也。所谓'人心惟危,道心惟微,惟精惟一,允执厥中'者,尧、舜、禹相传之密旨也。夫人自有生而梏于形体之私,则固不能无人心矣;然而必有得于天地之正,则又不能无道心矣。"(《晦庵先生文集》卷三六《答陈同甫书》)

陈亮之所以提出"心无常泯、法无常废"的命题,在于说明历史不能截然从"心"上或从"法"上划出一个时代是不泯、不废的,而另一个时代是泯的、废的。然而朱熹的逻辑却采取了诡辩的手法,从"无常泯"和"无常废",推论出"有时泯"和"有时废",复从偏称的"有时",居然得出绝对断续的教义或"密旨",可以在一个时代"常不泯"和"常不废",而在另一个时代就"常泯"并"常废"了。其所以能这样,乃是由于又回到一个不可知的"密旨"的道统心传上面去了。这里便涉及人心或人欲是罪恶的、必须加以克服的问题。陈亮也承认人有私欲,但他却从现实和历史出发,而肯定了私欲的普遍性。按朱熹说,只有三代以上才是实现了天理克服人欲的理想状态的世界,陈亮反驳道:

> "秘书(朱熹)以为三代以前,都无利欲,都无要富贵底人。……亮以为才有人心,便有许多不净洁。革道止于革面,亦有不尽概圣人之心者。……秘书亦何忍见二千年间世界涂涂,而光明宝藏独数儒者自得之,更待其'有时'而若合符节乎?"(《龙川文集》卷二〇《又书》〔乙巳〕)

朱、陈二人有着同样的前提:人有私欲。但根据不同的思想体系和推论方式达到了不同的结论。陈亮的人性论是一种普遍的人性论,与朱熹的品类的人性论相对立;陈亮的人性论是一种自然的人性论,与朱熹道德的人性论相对立。这一对立的实质正是自然主义与复古主义、平等论与等级论以及功利检证论与先验观念论的对立。

与他们的人性论相应,陈亮和朱熹在"道"这一范畴上也有同样的分歧。他们都承认"道",但"道"在陈亮这里是与事物不可分的。朱熹的"道"则是形而上的"理",它在一切自然现象和社会现象之上,这个虚构的"道"是一种"密旨",所以圣凡之间就有能否接传"密旨"之不同,汉、唐与三代也就先验地成为不同的两种世界。按陈亮关于三代与汉、唐的比较,说到三代做得尽,汉、唐做得不尽的话,其提法在于承认有人事上努力的量的差别,而不承认有先验的品类区分。这一提法的毛病是受儒家传统思想的束缚的,显然把三代看得有些怪了。但朱熹却加以一番形而上学的膨胀,转化为天理人欲的问题:

> "亘古亘今只是一体,顺之者成,逆之者败,固非古之圣贤所能独然,而后世之所谓英雄豪杰者,亦未有能舍此理而得有所建立成就者也。但古之圣贤从本根上便有'惟精惟一'工夫,所以能执其中,彻头彻尾无不尽善。后来所谓英雄则未尝有此工夫,但在利欲场中头出头没,其资美者乃能有所暗合,而随其分数之多少以有所立,然其或中或否,不能尽善则一而已。来喻所谓三代做得尽,

汉、唐做不尽者,正谓此也。然但论其尽与不尽,而不论其所以尽
与不尽,却将圣人事业去就利欲场中比并较量,见有仿佛相似,便
谓圣人样子不过如此,则所谓毫厘之差、千里之谬者,其在此矣!"
(《晦庵先生文集》卷三六《答陈同甫书》)

王霸之辩(三代与汉、唐之辩)已经涉及世界观的问题。陈亮不承
认在事物之上附加任何主观虚构的道德观念。朱熹则在客观世界之上
另有一个虚构的道德本体,因此一切客观存在都必须向先验的观念中
去寻求其根据。从这里可以看出,陈亮与朱熹的辩论实质上是唯物主
义与唯心主义两种世界观的斗争。陈亮敢于提出自己的"英雄"理想
来和道学的"圣人"偶像相对抗,正标志着他的学术思想具有着"异端"
式的战斗性格。

陈亮大胆地以功利的"英雄"否定了道学的"圣人",这使得朱熹为
他所维护的道统大为担忧:"陈同甫学已行到江西,浙人信向已多,家
家谈王霸,……可畏,可畏!"(《朱子语类》卷一二三)因而朱熹企图诱
说陈亮放弃实事实功的英雄理想,而改奉朱熹的经院哲学的圣人偶像:

"观老兄平日自处于法度之外,不乐闻儒生礼法之论。……
愿以愚言思之,绌去义利双行、王霸并用之说,而从事于惩忿窒欲、
迁善改过之事,粹然以醇儒之道自律。"(《晦庵先生文集》卷三六
《答陈同甫书》)

"鄙意更欲贤者百尺竿头进取一步,将来不作三代以下人
物。"(同上)

英雄与醇儒是两种不同的理想,当然应归结到两种出发点的不同、两种
方法论的不同。朱熹的出发点是唯心主义,即从内心先验的道德律令
(天理)出发;与此相反,陈亮的出发点是唯物主义,即从实事实物出发
的。这一本质的分歧,朱熹似乎也感觉到了,所以他质问陈亮为什么不
首先自省内心,而要向外界去追求事功:

"今自家一个身心不知安顿去处,而谈王说霸,别作一个伎俩
商量请求,不亦误乎?"(《晦庵先生文集》卷四七《答吕子约书》)

> "最后只问他,三代因甚做得尽,汉唐因甚做不尽?现顿着圣
> 贤在面前,因甚不学,而必论汉唐,觅他好处?"(《晦庵先生文集》
> 卷四七《答吕子约书》)

三代因甚做得尽,汉、唐因甚做不尽?朱熹对这个问题的答案并没有任
何新鲜的东西,仍然不外是天理人欲的一套僧侣主义的说教:天理则
王,人欲则霸;天理则义,人欲则利。但天理人欲的这条分界线是陈亮
始终不承认的。陈亮强调义理就在于功利中,王和霸也并没有本质的
区别。与此相应,他们的方法论也是不同的。朱熹的方法是内省的方
法,是冥索自己内心的先天道德律令。所以朱熹同时也劝陈亮放弃自
己的方法而接受他的僧侣主义的内省方法:"但愿老兄勿出于先圣规
矩准绳之外,而用力于四端之微。"(《晦庵先生文集》卷三六《答陈同甫
书》)下列的引文可以表明朱熹的观点和他的方法之间的一致:

> "汉、唐……虽极其盛,而人心不服,终不能无愧于三代之盛
> 时也。夫人只是这个人,道只是这个道,岂有三代汉唐之别?但以
> 儒者之学不传,而尧、舜、禹、汤、文、武以来转相授受之心不明于天
> 下,故汉、唐之君虽或不能无暗合之时,而其全体却只在利欲上。
> 此其所以尧、舜三代自尧、舜三代,汉祖唐宗自汉祖唐宗,终不能合
> 而为一也。今若必欲撤去限隔,无古无今,则莫若深考尧、舜相传
> 之心法,汤、武反之之功夫,以为准则,而求诸身。"(《晦庵先生文
> 集》卷三六《答陈同甫书》)

陈亮的理论重点是要论证天下事是大有可为的,他主张人们吸取
历史的教训,掌握事物的客观性质,并努力实践;朱熹的理论重点则是
以一套烦琐的经院哲学禁锢人们的认识,限制人们的实践。陈亮"以
为古今异宜,圣贤之事不可尽以为法,但有救时之志,除乱之功,则其所
为虽不尽合义理,亦不自妨为一世英雄。"(《晦庵先生文集》卷三六《答
陈同甫书》)朱熹则提出相反的论点,否定了客观存在而只返之吾心:
"天理人欲二字,不必求之于古今王伯之迹,但返之吾心义利邪正之
间,察之愈密,则其见之愈明;持之愈最,则其发之愈勇。"(同上)这显

然是对立的。

陈亮不但不讳言功利,而且公开以功利作为他的理论依据:"禹无功,何以成六府? 乾无利,何以具四德?"(《宋元学案》卷五六《龙川学案》)在他看来,义就在于最大限度地满足利,王就在于最高程度地实现霸。朱熹则是以抽象的道德来反对功利的。朱熹的论战武器是他那一套所谓"千圣相传正法眼藏"的道统心传。但事实上,纯粹抽象的道德是从来没有的,道德从来就是功利的,道德的内容从来是要计较其对于某一个阶级是有利还是有害的。毛泽东同志指出:"世界上没有什么超功利主义,在阶级社会里,不是这一阶级的功利主义,就是那一阶级的功利主义。"(《毛泽东选集》第三卷,第2版,页866)朱熹当然也不能不是功利主义的,问题只在他那一套仁义道德究竟是那一个阶级的功利主义? 朱熹天理人欲的僧侣主义说教是为了维护封建的等级秩序,他不过是口头上伪善地反对功利主义罢了。陈亮在这一点上是天真的,他的功利主义是旧唯物主义者一般所用的武器,当运用它到政治生活中,它是以改造现实和抗敌中兴为目的的功利主义,是符合当时国家社会的进步要求的功利主义,所以他就敢于正面地举起功利主义的旗帜来:

> "研穷义理之精微,辨析古今之同异,原心于秒忽,较礼于分寸,以积累为功,以涵养为正,睟面盎背,则亮于诸儒诚有愧焉! 至于堂堂之阵,正正之旗,风雨云雷,交发而并至,龙蛇虎豹,变见而出没,推倒一世之智勇,开拓万古之心胸,自谓差有一日之长。"(《龙川文集》卷二〇《又甲辰答书》)

(二)论争中有关历史观点和人道观念的分歧

王霸义利之辩中所涉及的问题之一是复古主义与历史批判论之间的斗争,是退化论与进化论之间的斗争。按照朱熹的说法,历史是倒退的,即从三代以上的天理统治的世界堕落为三代以下的人欲统治的世界,或从有道统的历史到孟子而后便告失传的无道统的历史(虽然他又宣扬到了二程和他自己的手里,道统又被恢复起来)。于是,三代以下二千年的历史就被朱熹说成是漆黑一团的黑暗时代，即使在汉唐盛世，也被说成是有些现象偶然地、部分地暗合于天理。这种退化的历史观与复古主义为陈亮所坚决反对。陈亮认为人们能够认识历史的变化，而在认识了这一点以后，就可以实现理想的政治。汉唐盛世是多少做到了这一点的，为什么当时偏安的小朝廷就不可能做到呢？这里决没有任何的奥秘，没有什么不可能做到的理由，问题只在于人是不是肯努力去认识它、去实践它。陈亮的理论实质上是主张进步、反对退化的，所以他批评朱熹的复古主义说：

> "天地之间，何物非道？赫日当空，处处光明，闭眼之人开眼即是；岂举世皆盲，便不可与共此光明乎？……今不欲天地清明，赫日长在；只是这些子殄灭不得者，便以为古今秘宝，因吾眼之偶开，便以为得不传之绝学。三三两两，附耳而语，有同告密，画界而立，一似结坛，尽绝一世之人于门外，而谓二千年之君子皆盲眼，不可点洗，二千年之天地日月，若有若无，世界皆是利欲，斯道之不绝者仅如缕耳。此英雄豪杰所以自绝于门外，以为立功建业，别是法门，这些好说话，且与留着妆景足矣！"（《龙川文集》卷二〇《又书》〔乙巳〕）

这是对于伪善的道学极其有力的抨击，它拆穿了道统神话的虚伪性与欺骗性。所谓道统心传也者不过是道学家的狭隘小宗派故神其说用以标榜罢了。真实的世界决不是道学所胡诌的那种惟精惟微的内省经验；真实的历史也决不是道学家所涂抹的那样一种暗淡的退化景象。朱熹认为有一个绝对的"道"，真实的世界与历史是可以脱离这个"道"的，例如三代以下的历史就是长时期脱离了这个"道"的。陈亮不承认有这样一种可以脱离客观存在的道体。他指出"盈宇宙者无非物，日用之间无非事"（《龙川文集》卷十《书经》），这是唯物主义的基本观点。有时候他说"天下固无道外之事"（《龙川文集》卷九《勉强行道大有功》）以及"道之在天下，何物非道"（《龙川文集》卷一九《与应仲实书》），这些命题是不正确的，但如果以三代以下无"道"的命题而论，则知陈亮的这些命题是着重在事物和规律并提,在于反对把道和事物分为两种世界的提法。因此,他在"何物非道"之后,即说"千涂万辙,因事作则"。他批判道学家所谈的道,是与事物之则相违背的,他说:

> "世之学者玩心于无形之表,以为卓然而有见。事物虽众,此其得之浅者,不过如枯木死灰而止耳;得之深者,纵横妙用,肆而不约,安知所谓'文理密察'之道? 泛乎中流,无所底止,犹自谓其有德,岂不可哀也哉!"(《龙川文集》卷一九《与应仲实书》)

所以他才反过来质问朱熹说:"秘书亦何忍见二千年世界涂涴,而光明室藏独数儒者自得之,更待有其时而若合符节乎?"

陈亮坚持客观真理,不论三代与汉、唐都是普遍存在的,是一切人都可以认识到的,决不是少数道学家们所可得而私之的家传秘宝。朱熹的厚古薄今和他的等级制度论是一脉相通的,而陈亮的厚今薄古也是和他的人类平等论一脉相通着的。

朱熹的复古主义,其主要论点与逻辑是这样的:天理和人欲是对立的,道心和人心是对立的;三代以上的圣人道心和天理相符合,没有一丝人欲,那时候道心得以统治世界;三代以下人心违背天理,人欲就统治了世界;所以历史便长期地陷入了黑暗状态,走上了倒退之路。唯一补救的方法就是要首先内省自克,以期合于先验的道德律令,恢复天理,最后复古于三代。朱熹在给陈亮的许多封冗长的信里,反复论证的,就是这样在大前提小前提都错之下而得出的谬误结论。他说:

> "然而孟子没后,而世不复知有此学(指道统心传)。一时英雄豪杰之士,或以资质之美,计虑之精,一言一行偶合于道者盖亦有之;而其所以为之田地根本者,则固未免乎利欲之私也。……指其须臾之间偶未泯灭的道理,以为只此便可以与尧舜三代比隆,而不察其所以为之田地根本者之无有是处也。"(《晦庵先生文集》卷三六《答陈同甫书》)

> "老兄视汉高帝、唐太宗之所为,而察其心果出于义耶? 出于利耶? 邪耶正耶? ……吾恐其无一念之不出于人欲也。直以其能

假仁借义以行其私,而当时与之争者,才能智术既出其下,又不知有仁义之可借,是以彼善于此,而得以成其功耳。若以其能建立国家,传世久远,便谓其得天理之正,此正是以成败论是非,但取其获禽之多,而不羞其诡遇之不出于正也。千五百年之间正坐如此,所以只是架漏牵补,过了时日。其间虽或不无小康,而尧、舜三王周公、孔子所传之道,未尝一日得行于天地之间也。"(《晦庵先生文集》卷三六《答陈同甫书》)

在历史实际检证之下,哲学的道理更能显出其是否真确。近人好谈唯心主义者的合理因素,也爱发现唯物主义者局限性之下的唯心因素,这种客观主义的形而上学方法论,必然会泯灭哲学上的两条路线的斗争。因此,我们必须指出,陈亮和朱熹的理论斗争的性质是两条路线的斗争。陈亮根本反对上面所述的朱熹的观点及其逻辑;他根本不承认天理人欲有绝对鸿沟的这种僧侣主义的历史观。在客观而真实的世界与历史之外与之上,决不应附加以任何形而上学的虚构。他反驳朱熹说:

"本朝伊、洛诸公……谓三代以道治天下,汉、唐以智力把持天下,其说固已不能使人心服,而近世诸儒遂谓三代专以天理行,汉、唐专以人欲行,其间有与天理暗合者,是以亦能长久。信斯言也,千五百年之间,天地亦是架漏过时,而人心亦是牵补度日(按这里指出唯心论者否定了客观存在),万物何以阜蕃,而道何以常存乎? 故亮以为汉、唐之君,本领非不洪大开廓,故能以其国与天地并立,而人物赖以生息。"(《龙川文集》卷二〇《又甲辰答书》)

"秘书必谓其假仁借义以行之,心有时而泯,可也;而谓千五百年常泯,可乎? 法有时而废,可也;而谓千五百年常废,可乎? (按:这里从逻辑上论证上层建筑一类的范畴不能常不存在)……一生辛勤于尧舜相传之心法,不能点铁成金,而不免以银为铁,使千五百年之间成一大空阙;人道泯息而不害天地之常运,而我(指道学家)独卓然而有见,无乃甚高而孤乎!(按:这里指斥唯心主义者的意识可以离开客观世界而孤立存在）宜亮之不能心服也。"
（《龙川文集》卷二〇《又书》）

上面陈亮对朱熹的观点和逻辑反驳的话，是政治理论，也是哲学理论。陈亮的笔力劲健的唯物主义的战斗性格是显明的，他的带有盲目性的、不自觉的世界观和方法论之为唯物主义也是显明的。陈亮反问朱熹："谓汉、唐不愧于三代之盛时，便以为欺罔者，不知千五百年之间以何为真心乎？"（同上）这里他们在表面上都承认有"道"、"法"、"心"，但他们对于这些范畴的规定却是相反的。例如朱熹的"道"指的是危微精一的道统心传，而陈亮则指的是事内之道。所以朱熹认为道（道统心传）可以长时间地泯灭，而陈亮则认为"道"存在于客观世界，是不能常泯灭的。

朱熹强调了行为的动机而否认行为的效果。他以为尽管汉、唐有偶然媲美三代的功业，但是其动机出于利欲，那就只能算作是暗合。这是朱熹目的论的世界观的当然结论。然而，纯粹抽象的动机，像唯心主义者认为可以绝对无条件地称之为"善"或"善意"的东西，也正如纯粹抽象的道德一样，是不存在的。所谓动机好就包括着或意味着要求好的效果。陈亮也如其他旧唯物主义者一样，是从功利观点出发的；这是朱熹的唯动机论的反对命题。关于这个问题，陈亮的提法虽然是很粗糙的，甚至在行文中对于某些枝节性的命题作了让步或规避，但他的唯物主义的倾向性，却始终是一贯的，他对于醉态醺醺的思辨哲学虚构的批判，却是首尾一致的。他慨叹："一法立而一弊生，程度愈谨，而豪杰之气渐以拘；禁防益密，而旷达之人遭其辱。"（《龙川文集》卷一七《谢杨解元启》）这是针对当时封建小朝廷的政治迫害而言的；他又一再申言当时道学气氛逼人，好像贫人不能欣赏风景，虽咳嗽一声，也要遭到道学的指责，认为不合道德规律（参看《龙川文集》卷二〇《又书》），这显然是批判了以朱熹为首的反动道学的思想迫害。

陈亮极重视历史学习，从他的《酌古论》就可以看出这种研究态度；反之，朱熹则大不赞成学习历史，他说："看史只如看人相打，相打有甚好看处？陈同甫一生被史坏了"(《朱子语类》卷一二三)。这样论争的背后就深藏着僧侣主义和人文主义的斗争。朱熹理想中的特权政治必须对例外权的"天理""道心"负责,而陈亮理想中的开明政治则必须"顺民之心,因时之宜"(《龙川文集》卷一〇《书经》)。朱熹的复古主义是他僧侣主义理论的构成部分,并为他的僧侣主义而服务。反之,陈亮明确地说,他之所以对三代与汉、唐争辩,当然不是为了三代与汉、唐,而是有现实意义的。他之崇汉、唐,乃是为了向朱熹所虚构的三代争夺现实的人的权利地位,对朱熹抹杀人欲或权利观念的僧侣主义而争夺人身权的合法地位。朱熹认为有一个绝对的精神本体,即道,人道必须服从这个本体：

> "若论道之常存,却又初非人所能预,只是此个自是亘古亘今常在不灭之物,虽千五百年被人作坏,终殄灭他不得耳。汉、唐所谓贤君何尝有一分气力扶助得他耶?"(《晦庵先生文集》卷三六《答陈同甫书》)

> "天地无心而人有欲,是以天地之运行无穷,而在人者有时而不相似;盖义理之心顷刻不存,则人道息,人道息则天地之用虽未尝已,而其在我者则固即此而不行矣。"(同上)

朱熹的意思是说,天理是永恒不变的,人只有对它屈服,而不可妄想改变它。有"道心"才能符合于道体,否则就算"人道息"了。这完全是僧侣主义的形而上学的虚构。对这一点,陈亮提出他的人道主义来对抗朱熹的所谓"人道",他对朱熹的答复是：

> "夏、商、周之制度,定为三家,虽相因而不尽同也。……夫'心'之用有不尽、而无常泯,'法'之文有不备、而无常废。人之所以与天地并立而为三者,非天地常独运,而人为有息也。人不立则天地不能以独运(按:此句有问题,其意指天地与人不能分立,下文多言此意),舍天地则无以为道矣。夫不为尧存、不为桀亡者,非谓其舍人而为道也。若谓道之存亡非人所能与,则舍人可以为道,而释氏之言不诬矣。使人人可以为尧,万世皆尧,则道岂不光

明盛大于天下？使人人无异于桀，则人纪不可修，天地不可立，而道之废亦已久矣。（若谓）天地而可架漏过时，则块然一物也；人心而可牵补度日，则半死半活之虫也。道于何处而常不息哉？……盖天地赖以常运而不息，人纪赖以接续而不坠；而谓道之存亡，非人之所能预，则过矣。汉、唐之贤君，果无一毫气力，则所谓卓然不泯灭者果何物邪？……（亮）正欲搅金银铜铁，镕作一器，要以适用为主耳，亦非专为汉、唐分疏也；正欲明天地常运而人为常不息，要不可以架漏牵补度时日耳。"（《龙川文集》卷二〇《与朱元晦秘书》）

陈亮运用了"天地常运而人道不息"的这条原则，一方面究明人们可以经过努力实现理想的政治，而且人就是世界的改造者；另一方面对朱熹的永存于万物之外的"道"、人所不能干预的"道"以及人道有息灭的"道心"，展开了光辉的人文主义反僧侣主义的挑战。

陈亮又提出"天下之事，孰有大于人心之与民命者乎？"（《龙川文集》卷一一《廷对》）这句话如果在朱熹，就一定要说成天下之事莫大于天理与纲常。不难看出，在朱熹，人心必须屈服于道心，人欲必须屈服于天理；这其实是一种比较隐蔽的有神论；在陈亮看来，人和自然是对立的，但人可以掌握并驾驭自然。他说的"天地"就是不附加任何观念的自然。可以说，陈亮的理论是当时历史条件之下的战斗的无神论，尽管他有时从一些论证中呈现出规避其锋芒的说法。我们尚论古人，切不可遗落其基本的倾向性，而断章摘句。

朱熹为学的目的在于从天地之外空接心传的天理，陈亮为学的目的却在于做一个改造现实的英雄。明了了陈亮的人文主义的根本倾向，我们就可以知道，他是以他的"做人"来和朱熹的"穷理"相对抗的，正如他以他的"事功"来和朱熹的"心性"相对抗一样：

"亮之不肖，于今世儒者无能为役，其不足论甚矣；然亦自要做个人，非专徇管（仲）、萧（何）以下规摹也。正欲搅金银铜铁镕作一器，要以适用为主耳，亦非专为汉、唐分疏也。……"（《龙川

文集》卷二〇《与朱元晦秘书》)

　　"亮以为学者学为成人。……秘书不教以成人之道,而教以
醇儒自律,……亮犹有遗恨也。"(《龙川文集》卷二〇《又甲辰答
书》)

这里,陈亮的论点着重在把做人和做儒看成是两种态度,这就表明了陈
亮清楚地意识到了他自己和道学家之间的鸿沟。他否定了朱熹的气禀
说,而主张人性既是平等的,又是可以有条件地掌握自己命运的。与朱
熹的圣人政治论之把政治归结为帝王圣贤的特权与专利相反,陈亮认
为人(人道)是社会历史发展中起决定作用的因素。外在世界具有同
一的客观性质,而人类则具有普遍的同样的认识能力。客观真理就像
太阳一样,人人都可以看得见;真理决不是少数道学家的私房秘宝。陈
亮就从自然的同一性和普遍的人性论、平等论里推论出,真理并不是
(像朱熹所说的)在主观的内心世界里摸索,而是存在于客观的物质世
界之中,人只要能从僧侣主义的奴役与束缚之下解放出来,就如大家都
有眼睛一样,大家都可能认识到共同的真理:

　　"亮与朱元晦(熹)所论本非为三代、汉、唐设。且欲明此道在
天地间,如明星皎月,闭眼之人,开眼即是,安得有所谓暗合者
乎?"(《龙川文集》卷二一《与陈君举书》)

　　"天地之间,何物非道? 赫日当空,处处光明,闭眼之人,开眼
即是。岂举世皆盲便不可与共此光明乎? 眼盲者摸索得着便谓之
暗合,不应两千年之间有眼皆盲也! ……有时闭眼胡做,遂为望门
之罪人,及其开眼运用,无往而非赫日之光明。……天下之盲者能
几? 赫日光明,未尝不与有眼者共之!"(《龙川文集》卷二〇《又
书》〔乙巳〕)

陈亮就是要和举世之人共此光明的。所以他一方面肯定有客观的必
然,另一方面又对人的努力、人的主观能动性给予了高度的估价。但人
类的主观能动性并不是一种外于事物本质而换取"一般"的绝世美德,
而是基于"着实而适用",认识真理必须通过实践。这和朱熹之一味强

调消极冥索的"寂然"以求天理的观心术,是根本对立的。陈亮对于实践的重要性说:

> "天下大物也。须是自家力气可以干得动,挟得转,则天下之智力无非吾之智力,形同趋而势同利,虽异类可使不约而从也。若只欲安坐而感动之,向来诸君子固已失之偏矣。"(《龙川文集》卷二〇《壬寅答朱元晦秘书》)

> "风不动则不入,蛇不动则不行,龙不动则不能变化;今之君子欲以安坐感动者,是真腐儒之谈也。"(《龙川文集》卷二〇《又癸卯通书》)

这里,陈亮强调了人的实践作用,并以实践的观点驳斥了道学家的"安坐"的态度。据王应麟《困学记闻》中记载,陈亮曾提出过"天下大势之所趋,天地鬼神不能易,而易之者人也"的命题。这句话很能表现出陈亮的认识论的战斗性格。他的军事思想,例如"胜败在人不在险"(《龙川文集》卷六《马援》)的命题,和他的人文主义是不可分的;他的政治社会观点以及他的"盖尝欲整两汉而下,庶几及见三代之英"(《龙川文集》卷二四《祭吕东莱文》)的改革现实的态度,也和他的人文主义是不可分的。

(三)论争中有关政治理论的分歧

按朱熹的僧侣主义的说教,政治可以完全离开实际情况而取决于内心中的天理对人欲的克服,取决于人心的正与不正。这和陈亮之以实践与事功为政治的出发点与归宿,显然是背道而驰的。朱熹攻击陈亮说:

> "盖圣人之目固大心固平,然于本根亲切之地,天理人欲之分,则有毫厘必计、丝发不差者,此在后之贤所以密传谨守以待后来,惟恐其一旦舍吾道义之正,以徇彼利欲之私也。今不讲此,而遽欲大其目、平其心,以断千古之是非,宜其指铁为金,认贼为子,而不自知其非也!"(《晦庵先生文集》卷三六《答陈同甫书》)

> "如陈同甫议论却乖乃不知正。曹丕既篡,乃曰:'舜、禹之事,吾知之矣。'此乃以己而窥圣人,谓禹、舜亦只是篡,而文之以揖逊尔。同甫亦是于汉唐事迹上,寻讨个仁义出来,便以为此即王者事,何异于此?"(《朱子语类》卷一二三)

显然,朱熹这样恶毒的攻击是从他的思辨虚构的"天理"来歪曲陈亮的,但这不过显示出朱熹自己的阶级偏见罢了。足以有力地反驳了这一点的,是陈亮曾指出的一个具体的问题,即肉刑问题。陈亮质问道:

> "法家者流,以仁恕为本;惟学道之君子始惓惓于肉刑焉,何其用心之相反也!"(《龙川文集》卷四《问答》八)

> "圣人之恐一事之不详而一目之不精者,今既尽废而不可复举矣。独惓惓于圣人之恐其或用者(指肉刑)。纵使可用,无乃颠倒其序乎! 使民有耻,则今法足矣;民不赖生,虽日用肉刑,犹为无法也。"(同上)

这里陈亮是从他的普遍人性论出发而质问道学家的。普遍人性论是他思想中最富有进步性的东西,尽管这些观点是形式的提法,而且是朦胧的形式的提法。道学家们口口声声讲仁义道德,却要靠着残酷的肉刑来维持封建的统治,这难道不证明道学家的"天理"是为特权阶级作了理论的维护吗?

陈亮依据古今历史都存在着同一的、普遍的客观性,来论证王霸的道理,从而涉及国家论。他朦胧地猜测到社会发展是决定于客观的情势,但他发现这样客观规律时,却为时代的条件所局限,他说:

> "方天地设位之初,类聚群分,以戴其尤能者为之长君,奉其能者为之辅相。彼所谓后王君公,皆天下之人推而出之,而非其自相尊异据乎人民之上也。及法度既成,而君臣有定位"(《龙川文集》卷三《问答》六)。

> "昔者,生民之初,类聚群分,各相君长,其尤能者,则相率而听命焉;曰皇曰帝,盖其才能德义,足以为一代之君师。"(《龙川文集》《问答》一)

这里所讲的国家起源论是不科学的,没有揭示出国家起源的真实,但它已经打落了皇帝的神权性。反之,朱熹的国家论则以先天的道德为基础,国家不是历史的产物,而是先天道德律令的体现。朱熹的国家理论是神权的,陈亮的国家理论是自然权利的。在朱熹,国家是天命的安排,国家的统治权和统治者是神圣不可更易的。在陈亮,统治者是由人民的意志推定的,国家的秩序是可以改变的。陈亮虽有时也讲天命,把它作为一种命定论来处理,但他强调人谋,以为谁能掌握客观的现实,谁就能统治,三代的统治和汉、唐的统治都是依据同一的规律:"使汉、唐之义,不足以接三代之统绪,而谓三四百年之基业可以智力而扶持者,皆后世儒者之论也。"(《龙川文集》卷三《问答》一)在陈亮,既然以汉、唐可以媲美三代,为什么今天或明天就不能媲美汉、唐呢? 陈亮的理论在中世纪僧侣主义精神弥漫的时代,是具有战斗性的。

陈亮这样的观点颇近于古代法家的传统,他对法家也很同情。特别值得注意的是,他也是把他的政治观点建筑在普遍人性论的基础之上的:

"耳之于声也,目之于色也,鼻之于臭也,口之于味也,四肢之于安佚也,性也;有命焉,出于性,则人之所同欲也。委于命,则必有制之者而不可违也。富贵尊荣,则耳目口鼻之与肢体皆得其欲,危亡困辱则反是。故天下不得自徇其欲也,一切惟君长之为听;君长非能自制其柄也,因其欲恶而为之节而已。叙五典、秩五礼以与天下共之;其能行之者则富贵尊荣之所集也,其违者则危亡困辱之所并也。君制其权,谓之赏罚,人受其报,谓之劝惩;使为善者得其所同欲,岂以利而诱之哉? 为恶者受其所同恶,岂以威而惧之哉? 得其性而有以自勉,失其性而有以自戒,此典礼刑赏所以同出于'天',而车服刀锯非人君之所自为也。天下以其欲恶而听之人君,人君乃以其喜怒之私而制天下,则是以赏罚为吾所自有,纵横颠倒而天下皆莫吾违。善恶易位而人失其性,犹欲执区区之名位以自尊,而不知天下非名位之所可制也。……故私喜怒者,亡国之

赏罚也;公欲恶者,王者之赏罚也。外赏罚以求君道者迂腐之论
也;执赏罚以驱天下者霸者之术也。"(《龙川文集》卷四《问答》
七)

这段话集中地表现了中国中世纪功利主义者的观点。翻译成近代的词
句,它包含着下列的论点:追求幸福是一切人的天然愿望,人的天性是
相同的,所以检查政治好坏的尺度就要看它对于人的幸福所产生的效
果。凡能满足最大多数人的最大幸福的,就是好的政治,此外没有任何
其他的政治准则。陈亮以此尖锐地批判了把天下视为君主私人财产的
正统论,同样也尖锐地批判了把政治视为圣人心传的道统论。他以为
只有把人的幸福的满足看作政治的最高原则的统治者才符合理想的
君道。

陈亮对朱熹的理论斗争,长期以来遭受歪曲。从陈傅良到黄宗羲
大致都以为朱、陈之争不过在于:"功到成处便是有德,事到济处便是
有理,此同甫(陈亮)之说也。……功有适成,何必有德,事有偶济,何
必有理,此晦庵(朱熹)之说也。"(《宋元学案》卷六五《龙川学案》)这
种表面的分别并没有能理解到两种思想体系的不同,也没有能对陈亮
思想的历史意义给予应有的评价。我们只从朱熹对他的论敌予以性质
上的区别来看,就可以知道陈亮思想对封建制社会的危险作用:

"江西之学只是禅,浙学却专是功利。禅学,后来学者摸索,
一旦无可摸索,自会转去;若功利,学者习之便可见效,此意甚可
忧!"(《朱子语类》卷一二三)

可见朱熹以为朱、陆之间的是非还是可以相通的,而朱、陈之间的矛盾
就具有不可调和的性质了。这就是何以朱熹对陆学的根本宗旨并无非
难,而对陈亮的根本宗旨则以"可忧"的危害性而大加攻击的原因。因
此,朱、陆之争只是属于某些范畴方面的思辨哲学内部的枝节的争论,
而朱、陈之间则是两条路线的理论斗争。

第 十 六 章

叶适的唯物主义思想及其
对哲学遗产的批判

第一节　永嘉学派从道学反对派到
异端的转化和叶适的地位

清儒全祖望(公元 1706—1756 年)的《水心学案序录》中说:

"乾淳诸老既殁,学术之会,总为朱、陆二派;而水心断断其间,遂称鼎足。"(《宋元学案》卷五四)

这是清初学人的比较客观的叙述。这里至少已经透露出,在十二三世纪的中国思想史上,崛起于南宋经济中心的浙东永嘉学派,是和理学、心学鼎足而立的一个独立学派。

但是,如果从这派的"学统"上加以考察,它和永康学派有些不同,具有着自己的发展过程。

从北宋神宗元丰(公元 1078—1085 年)年间,在太学里面,就有周行己、许景衡、刘安节、刘安上、戴述、赵霄、张辉、沈躬行、蒋元中等

人,号称"永嘉九先生"。同时,还有鲍若雨、潘闶和陈经正兄弟等
七人。

关于这些人的思想流派,全祖望在他的《周许诸儒学案·序录》中
曾扼要地指出:

"考所谓九先生者,其六人及程门,其三人则私淑也;而周浮沚、沈
彬老又尝从蓝田吕氏游。……鲍敬亭辈七人,其五人及程门。"(《宋元
学案》卷三二)

按照这一说法,在元丰年间游太学的所谓"九先生"等永嘉人,还
没有自己的独立体系,而只是把"洛学"、"关学"引入浙东的思想传播
者。但周等九人的学术,更重要的是他们在一个"僻远下州"的经济发
达区域,作了一般文化教育传播的先驱,所以叶适对于"九先生"等的
"洛学"、"关学"思想移殖活动异常珍视。他在《题二刘文集后》中
曾说:

"余观自古尧、舜旧都,鲁、卫故国,莫不因前代师友之教,流
风相接,使其后生有所考信。今永嘉徒以僻远下州,见闻最晚;而
九人者,乃能违志开道,蔚为之前,岂非俊豪先觉之士也哉?然百
余年间,绪言遗论稍已坠失,而吾侪浅陋,不及识知者多矣。幸其
犹有存者,岂可不为之勤重玩绎之欤?"(《水心文集》卷二九)

在"洛学"、"关学"以及一般文化的移植活动上,周行己的酵母作
用较大。关于这问题,陈振孙曾说:

"周行己……十七入太学,有盛名,师事程伊川,元祐六年(公
元一〇九一年)进士,为太学博士(聚珍版本作"为博士太学",兹
据《文献通考》卷二三七校改),以亲老归,教授其乡,……永嘉学
问所从出也。"(《直斋书录解题》卷一七)

陈振孙的祖母是周行己的第三个女儿,所以陈自称对于周的学行
"知其本末"。但是他把周行己的活动看成为"永嘉学问所从出",却未
免估计过高。因为周行己本人在学术上并没有新的创见,后起的永嘉
诸子所以尊重他(例如绍兴末年将他和二刘合祠,称为"三先生"),只

是因为他开风气之先;至于郑景望由于私淑周行己而发展了张载等人学说中的积极部分,却不应看作周行己本人的思想。认真讲来,永嘉学派和程颐思想发生原则性的分歧,而具有反道学正统的异端倾向,应该说是从薛季宣开始的。关于这个问题,全祖望在《艮斋学案·序录》中曾说:

> "永嘉之学统远矣。其以程门袁氏之传为别派者,自艮斋薛文宪公始。艮斋之父学于武夷,而艮斋又自成一家,亦人门之盛也。"(《宋元学案》卷五二)

黄百家在《艮斋学案》案语中也说:

> "汝阴袁道洁溉,问学于二程(按:指程颐)……季宣既得道洁之传,加以考订千载,凡夫礼乐兵农,莫不该通委曲,真可施之实用。又得陈傅良继之,其徒益盛,此亦一时灿然学问之区也。然为考亭之徒所不喜,目为功利之学。"(同上)

根据史料分析,永嘉学派的形成,有两个来源:其一是从周行己到郑景望,其二是从薛季宣到陈傅良。就师承关系来看,这两个来源都属于程颐、张载系统,而就思想内容来看,却各从不同方面向反对派发展,好像古代墨学之出于儒而反儒的情况。正如叶适在《温州新修学记》中所说:

> "昔周恭叔,首闻程吕氏微言,始放新经,黜旧疏,絜其俦伦,退而自求,视千载之已绝,俨然如醉忽醒、梦方觉也。颇益衰歇,而郑景望出,明见天理,神畅气怡,笃信固守,言与行应;而后知今人之心可即于古人之心矣。故永嘉之学,必兢省以御物欲者,周作于前,而郑承于后也。

> "薛士隆愤发昭旷,独究体统,兴王远大之制,叔末寡陋之术,不随毁誉,必摭故实,如有用我,疗复之方安在?至陈君举,尤号精密,民病某政,国厌某法,铢称镒数,各到根穴;而后知古人之治可措于今人之治矣。故永嘉之学,必弥纶以通世变者,薛经其始,而陈纬其终也。

"四人,邦之哲民也,诸生得无景行哉!"(《水心文集》卷一
〇)

根据叶适的叙述,至少可以看出如下几点:

第一,元丰年间太学中的"永嘉九先生",活动在新旧党争的剧烈
时期,而周行己则决然"首闻程吕氏微言,始放新经,黜旧疏",可见他
是王安石的反对派。《四库全书总目提要》(卷一五五)作者,因他"于
苏轼亦极倾倒",遂断定"行己之学,虽出程氏,而绝不立洛、蜀门户之
见",显然掩盖了周行己的政治态度。和政治态度相照应,"周作于前,
而郑承于后"的中心思想,也就只能是"必兢省以御物欲"的道学糟粕。

第二,薛季宣的伯父薛弼是多次镇压农民起义的反动武装组织者,
并曾协助岳飞镇压杨么;薛季宣六岁丧父,随薛弼宦游各地,自然要受
此影响。这正是他得以入《宋史儒林传》的封建条件。但与此同时,在
宦游中,使他"及见渡江诸老,闻中兴经理大略;喜从老校退卒语,得
岳、韩诸将兵间事甚悉"(《宋史》卷四三四《儒林》四);又师事袁溉,而
袁溉"自六经百氏,下至博弈小数,方术兵书,无所不通,诵习其言,略
皆上口,于《易》《礼》说尤邃",曾在建炎初年,"集乡民为保聚,与金
人及群劫抗,屡克其众",终至"卒以穷死"(《浪语集》卷三二《袁先生
传》)。因此,薛季宣在学术途径中已具有违背程门的倾向。这样,他
的思想也就有了积极因素,"薛经其始,而陈纬其终"的永嘉之学,其
"必弥纶以通世变"的经世致用的精华,也就具有一定的条件。

第三,叶适把周、郑与薛、陈四人等量齐观,不加区别地视为"邦之
哲民",列为"诸生景行"的榜样,这就规定了叶适思想体系的局限性。
他在政论上,始终把王安石的新法作为反面教材,在哲学上,一贯保留
了折衷主义的调和态度,无疑是接受了周行己的道学糟粕所致。在这
一点上来说,刘克庄肯定"叶适犹是同中之异"(《后村先生大全集》卷
九四《赵虚斋注庄子内篇序》),可以同意。因为在集永嘉学派大成的
叶适思想体系中,"以经制言学"并不只是形式问题,而是表明了它是
道学内部的异端,仅仅在态度上和某些论点上还保留着对道学的重镇

如朱熹不敢公然开火的痕迹,这一点稍与陈亮不同些。

第四,永嘉学派的异端实质,虽然在它对于道学糟粕的保留方面具有不彻底性,但在根本倾向方面它却依"经制"而持异议,坚持对于"经制"的唯物主义解释来反驳正统道学的唯心主义思想。这种异端性格,在"永嘉九先生"时期还没有出现,从薛季宣才开始有所转变,这个特点由陈傅良所继承,到了叶适遂发展到登峰造极的地步。由南宋至清末,所有的道学正统派著作,异口同声地斥之为"喜为新奇","而义理未得为纯明正大"。把"新奇"和"正大"对立起来,恰巧说明了永嘉学派的异端实质。

总结上述四点,可见在永嘉学派的形成过程中,它真正获得独立的思想体系"而自为门庭",成为一个异端学派而与理学、心学两派"称鼎足",实由薛季宣(绍兴四年至乾道九年,公元1134—1173年)作为转变的中介,陈傅良(绍兴七年至嘉泰三年,公元1137—1203年)进一步发展,而由叶适(绍兴十二年至嘉定十六年,公元1150—1223年)完成,并集其大成。同时,由于"永嘉诸子,皆在艮斋师友之间"(《宋元学案》卷五三全祖望《止斋学案序录》),所以薛、陈和叶适的政论与哲学,其具体的主张和用语虽然也有异同,但我们仍应该以薛、陈和叶适为代表来考察永嘉学派的思想实质,而把薛、陈、叶适三人的思想合并起来给予统一的分析。

更从薛、陈、叶的系年来看:薛季宣生于南宋高宗绍兴四年(公元1134年);后三年,即绍兴七年(公元1137年),陈傅良生。当绍兴二十年(公元1150年),薛季宣17岁,已经在其岳父荆南安抚孙汝翼处,尽读"孙氏藏书",并已师事袁溉,得其所学,开始其政治和学术上的活动;这年陈傅良14岁,而叶适则方才诞生于温州瑞安的一个"贫匮三世"的庶族地主家庭。孝宗隆兴元年(公元1164年),薛30岁,陈27岁,叶14岁。这年陈傅良在瑞安林家应聘授徒,"一州文士毕集",叶适也因与林家子弟同学而与陈傅良相见,陈、叶交游自此开始;而陈傅良这时虽已以文章而名擅当时,但他"独崇敬郑景望、薛士龙,师友视之"(《水心文集》卷一六《宝谟阁待制陈公墓志铭》),而自乾道二年(公元1166)以后的七八年间,薛、陈二人经常往还(见《浪语集》卷三五《薛公行状》),乾道五年(公元1169年),薛36岁,任婺州司理参军。叶适20岁。自乾道二年,浙东温、台二州大水成灾,"飘没数百里",叶家原已"贫匮三世",被灾以后"室庐什器皆尽,自是连困厄,无常居;随僦辄迁,凡迁二十一所,所至或出门无行路,或栋宇不完"。叶适的父亲以授徒自给,其母虽"无生事可知,然犹营理其微细者,至乃拾滞麻遗纻缉之,仅成端匹"(《水心文集》卷二五《母杜氏墓志铭》),但仍勉励叶适出外从名师游学,叶适也因为"有亲之奉,日虞甘旨之弗给",访薛季宣于婺州。乾道九年(公元1173年),薛季宣以40岁短命贫病郁愤而死(参看《浪语集·九奋》等文)。这年叶适才24岁,因家贫无以为养,被迫受母命,赴京师,开始其政治生活(翌年即上书西府,自称"少曾读书,颇涉治乱",并且"独有忧世之心",论述现实政治并提出其改弱就强的方案)。宁宗嘉泰三年(公元1203年),陈傅良死;叶适54岁,从泉州调回临安。开禧二年(公元1206年),韩侂胄方谋伐金,叶适上书建议"必先审知强弱之势而定其论,论定然后修实政,行实德",实际上他是主张"修边而不急于开边,整兵而不急于用兵,而其要尤在节用减赋,以宽民力"(《宋元学案》卷五四)。不久,被任为知建康府。开禧三年,兼江淮制置使,专一措置屯田。叶适便提出了在两淮险要地方建立堡坞,以安集流民,固守两淮,并亲自建成定山等三个堡坞;但韩侂胄被杀以后,却被中丞雷孝友弹劾附和韩侂胄用兵误国(按:雷孝友弹劾叶适,是以附和韩侂胄为借口,实际上则是因为叶适"论学有所异同于朱子"的门户之见,所以"当时无以为然者";而且叶适虽然一向积极主张恢复,但是如上所述,他并没有附和韩侂胄,至于雷孝友,原来实是韩侂胄一党。关于这个问题,全祖望在《宋元学案》中辨析得很明白,可以参看),因而夺职。叶适从金陵回到永嘉原籍以后,即开始通过《习学记言》(全书五十卷)的哲学史批判形式,来总结他58岁以前的政治斗争经验和学术研究心得,并进而建成永嘉学派的异端思想体

系。关于这部著作,叶适的门人孙之宏曾说:

"初,先生辑录经史百家条目,名《习学记言》,未有论述;自金陵归,间研玩群书,更十六寒暑(据陈耆卿《筼窗集》卷五《上水心先生书》云:"闻所著作有曰《习学记言》者,天下学子争师诵之。"查陈书上于宁宗嘉定十年,公元 1217 年,叶适 68 岁,是此书在十年后已基本写成),乃成序目五十卷。"(《习学记言·嘉定十六年序》)

由此可见,从薛季宣到叶适这五十年(公元 1173—1223 年)中,正是永嘉学派结合政治活动和历史批判,创造自己的哲学体系的重要时期。《名宦传》所说:"时水心叶适倡导永嘉,以斯文为己任",正指此事。

根据上述薛季宣、陈傅良和叶适三人的系年来看,叶适出身于"贫匮三世"的庶族地主家庭,生于南宋社会矛盾错综复杂,而统治阶级只知剥削人民以奉事强族的"积弱不振"时代;他自幼年便习于"永嘉之学","颇涉治乱",并且承接了薛季宣、陈傅良的成就,在他们的直接影响下开始了自己的政治和学术活动。他要求于自己的是:"读书不知接统绪,虽多无益也;为文不能关世教,虽工无益也;笃行而不合于大义,虽高无益也;立志不存于忧世,虽仁无益也。"(《水心文集》卷二九《赠薛子长》)可知他的生平做人,无时不以行合于义、心存忧世为准则。统观叶适一生活动,如以开禧三年被劾归里为界限,显然可分为前后两个不同的阶段。如果说他在前一个阶段(自乾道十年上书西府到开禧三年被劾,公元 1174—1207 年)的 34 年里,是以直接从事政治活动为主而偏重于事功,那么,在后一阶段(自开禧三年归里到嘉定十六年逝世,公元 1207—1223 年)的 16 年里,便是以学术研究为主而着重于著述。但是,由于他持着"事功"与"义理"相统一的观点,因而其前期的政治活动是以其对现实社会及社会历史的研究为基础,其后期的著述活动也始终紧密结合着当时社会政治的现实生活。特别在后一个阶段里,由于他的活动,使永嘉学派不仅成为有政治纲领的、捍卫浙东庶族地主及个体农民和工商业者利益的地方性学派,而且更进一步,使它具有了自己的唯物主义世界观,从而把人道的"当然"和天道的"本然"统一起来,使它获得了理论斗争的威力。这样,叶适就完成了薛季宣、陈傅良所未及完成的事业。

叶适曾经一再强调地指出:

> "自孟子为论世尚友之说,始轻视一乡之善。……按《周官》乡即国也;……然则,一乡之所谓君子者,固无往而不为君子矣。夫疑天下之善不足于一乡,而又以一乡之善不足于天下者,惑矣!"(《水心文集》卷一九《草庐先生墓志铭》)

> "余既沉痼且老,不胜先人之丧,惧即殒灭;而此书(按:指《外稿》)虽与一世之论绝异,然其上考前世兴坏之变,接乎今日利害之实,未尝特立意见,创为新说也。"(《水心别集·自跋》)

如果把这些在当时看来是一种"新说"的言论翻译成为方法论语言,它是这样警告人们:不要把地方性的利害及是非和全民性的利害关系及是非对立起来,二者在实质上是统一的。就一方面说,抹煞了地方性,就没有全民性,这近似于唯名论者解决"个体与普遍"关系的传统命题;但就另一方面说,只有把地方性的利害及是非提高到全民性的高度来考察,使它和全民性的普遍利害关系及是非标准联系起来,它才有存在和发展的意义及可能;所以叶适又说:

> "不徒善其身者,以人治身而不以身治人;必并淑于乡者,以天下准其乡而不以乡准天下。"(《水心文集》卷一二《送林子柄序》)

叶适这里所说"以天下准其乡而不以乡准天下",正是把"事功"和"义理"结合起来,使永嘉的"功利之学"向前发展一步,向上提高一步,进而充实唯物主义的世界观,开展"左袒非朱,右袒非陆"的两条战线斗争,而和"王霸并用,义利双行"的陈亮学说相辅而行,结为理论斗争的盟友。全祖望竟说:"永嘉功利之说,至水心始一洗之。"(《宋元学案》卷五四《水心学案·序录》)这显然是一种失言。

在这个问题上,最令人注意的是黄震的说法:

> "乾淳间正国家一昌明之会,诸儒彬彬辈出,而说各不同。晦翁本《大学》致知格物,以极于治国平天下,工夫细密;而象山斥其支离,直谓'心即是道';陈同甫修皇帝王霸之学,欲前承后续,力柱乾坤,成事业,而不问纯驳;至陈傅良则又精史学,欲专修汉唐制度吏治之功;其余亦各纷纷,而大要不出此四者,不归朱则归陆,不陆则又二陈之归;虽精粗高下,难一律齐,而皆能自白其说,皆足以使人易知。独水心混然于四者之间,总言统绪,病学者之言心而不及性,似不满于陆;又以功利之说为卑,则似不满于二陈;至于朱,则忘言焉。水心岂欲集诸儒之大成者乎?……

> "公于义理,独不满于陆而不及朱,……然朱之学正主程,而程之学专主敬,乃反以程子之言敬为非,又何耶?"(《慈溪黄氏日钞分类》卷六八《读水心文集》)

黄震这段言论,除了把叶适和二陈的异同夸大化,把对于"功利之学"的发展或提高歪曲成为"不满"以外,却说出了一条真理:叶适有自己的"统绪",对朱对陆都"不满",而欲以永嘉学派的唯物主义体系,"集诸儒之大成"。

由叶适集其大成的永嘉学派,在政治思想和哲学主张上,都和陈亮所代表的永康学派互为同调,而对程、朱理学及陆象山心学两派,又都持反对态度;所谓"左袒非朱,右袒非陆",实乃永嘉和永康两派共同的斗争方向。这一斗争,实质上是唯物主义和唯心主义两条根本路线的对立,意义极为深刻。关于这一点,朱熹已有所觉察,所以他虽和陆象山之间有些鼠牙雀角的异同之争,而对永嘉、永康两派,则独多不满。例如他说:

> "陆氏之学虽是偏,尚是要去做个人;若永嘉、永康之说,大不成学问! 不知何故如此?"(《朱子语类》卷一二二)

朱熹这寥寥32字,提出了思想史上一大公案:他对于陆象山的心学一派,还是有所肯定;而对于"永嘉、永康之说",则是全盘抹杀。所谓"大不成学问！不知何故如此?"云云,已经把道学家的偏见和对唯物主义的敌视态度活跃在纸上。

关于永康学派,本书已另有专章阐述,现在所要解答的只是永嘉学派究竟"何故如此"的问题。关于这个问题,黄宗羲在《艮斋学案》案语中曾说:

> "永嘉之学,教人就事上理会,步步着实,言之必使可行,足以开物成务。盖亦鉴一种闭眉合眼、蒙瞳精神、自附道学者,于古今事物之变,不知为何等也。
>
> "夫岂不自然而驯致其道,以计较亿度之私,蔽其大中至正之则,进利害而退是非,与刑名之学,殊途而同归矣。此在心术轻重,不过一铢,茫乎其难辨也。"(《宋元学案》卷五二)

黄宗羲这段说明,应该分别看待:前半段是早期启蒙思想家实事求是的科学论断,而后半段则是"留连枝叶"的道学唯心主义残余。这种真谬共处的章法,正是历史矛盾在思想家头脑中"理欲交战"的反映。如果"弃其封建性的糟粕",就会启示人们:朱、陆关于"无极而太极"的争辩,只是烦琐哲学的内部异同问题,由于理学和心学都主张脱离实际来醉态朦胧地思辨义理,同属唯心主义阵营,总有和平共处的道路可走。反之,永嘉学派则就事功来剖析义理,这是旧唯物主义者的普遍的见解,它越是处处托言"经制",就越富于用偷梁换柱的办法从内部来炸裂道学的危险,这和西方中世纪哲学史上唯名论者威廉·奥卡姆(William of Occam,约1300—1350年)等人在经院哲学内部对于实在论的斗争,不论在性质上或形式上,都相近似。因而,道学各派为了继续维护它的正统道学地位,就只能对永嘉学派采取全盘抹杀的态度。在朱、陆异同之际"而水心断断其间",自必"为考亭之徒所不喜"。这里的亲疏爱憎,黄宗羲有亲切的体会,例如他在《象山学案》案语中曾说:

> "昔先子尝与一友人书:子自负能助朱子排陆子与? 亦未曾知朱子之学何如,陆子之学何如也。假令当日鹅湖之会,朱、陆诘难之时,忽有苍头仆子历阶升堂,捽陆子而殴之曰:我以助朱子也,

将谓朱子喜乎？不喜乎？定知朱子必将挞而逐之矣。子之助朱子也，得无类是？"（《宋元学案》卷五八）

东林名士黄尊素的这个比喻，以封建统治的尊卑亲疏之分说明正统道学的内部争吵不容异端"断断其间"，虽其意在调和朱、陆，却是朱熹斥永嘉、永康"大不成学问，不知何故如此"云云的最好注脚。

第二节　叶适的开明的社会思想及其局限性

上节已经说过，就事功来剖析义理是永嘉学派的特点。它所以要坚持这种见解，从理论战线来看，固然如黄宗羲所分析的那样，是"鉴于一种闭眉合眼，蒙瞳精神，自附道学者，于古今事物之变，不知为何等"，因而一反其道，"教人就事上理会，步步着实，言之必使可行，足以开物成务"。但是，认识来源于实践，所以更进一步分析，就应该说这种见解的特点，和对于现实政治斗争所坚持的人民性的立场以及所追求的前进方向是相联系着的。

这样人民性的立场和前进的方向，循着固有的逻辑，使永嘉学派更富有理论的战斗性，并使它以实践为基础、以方法为武器，从程、吕的移植者转化成为朱、陆的批判者，亦即从道学的忠实信徒转化成为道学的贰心"异端"。全祖望把这一转化的原因，归之于"水心天姿高，放言砭古人多过情"（《水心学案·序录》），全无是处；唯一的转化真因，乃是南宋的经济与政治的发展推动着道学的内部分裂，促使永嘉学派向"异端"道路发展。

上节所说的永嘉学派先驱者的一些师承关系，只是表明它所以出发的"先行思想资料"（恩格斯语）。这些"资料"在一定的历史条件之下，只能提供论题而不能规定论点，只能赋予表现形式而不能决定发展方向。如果仅仅着眼于"资料"的形式，而不重视在思想发展史上的"改造"，那就会陷于历史唯心主义的"道统心传"或所谓"抽象继承法"的泥沼。

为了剔抉永嘉学派发展的动力或真因,就应该进而对于集其大成的叶适的政治立场或前进方向,给予全面的分析。

在叶适从事政治和学术活动的五十年中,他的政治立场或前进方向,用他的话来讲,就是所谓"欲明大义"、"图大事",就必须"务实而不务虚",以期"求公心"和"立定论":

> "臣闻欲明大义,当求公心;欲图大事,当立定论。自献者追怨,自安者忘雠,非公心也;勇者惟欲进,怯者惟欲止,非定论也。善为国者,务实而不务虚,择福而不择祸,条目先定,而始末不差,斯所谓公心矣;措己于安,而制敌之危,斯所谓定论矣。"(《水心文集补遗·奏札》)

这个依据"务实而不务虚"的实践态度或前进方向而定立的方案,便是公心,也是定论,这无疑是对"自附道学者"的当头棒喝,更确切地说来,是从政治实践上揭穿道学家欺骗或诡辩的实质:

> "方建炎、绍兴十余年间,天下能愤忾视虏如仇敌,秦桧既坚持之,自此不惟以和亲为性命义理之实,而言复仇雪耻者更为元恶大憝,灭天常,绝人理,其事极大,未知此论何时当回也!?"(《习学记言》卷四三)

这种"以和亲为性命义理之实"的"自附道学者",正是叶适的政治敌人。他敢于充分暴露头巾气十足的正统派道学家,由于其心不公,其论非定,竟把"功利"和"义理"对立起来,谬以为"义理"可能离开"功利"而存在,以致空言"复仇",无补实际,因而叶适也认他们是理论上的论敌。例如朱熹,不但把董仲舒"正其义不谋其利,明其道不计其功"二语当作"白鹿书院学规",揭示门人(《晦庵先生朱文公文集》卷七四),并且直斥永嘉之说"大不成学问",叶适针对朱熹此点,就从理论上加以驳斥:

> "仁人正谊不谋利,明道不计功。此语初看极好,细看全疏阔。古人以利与人,而不自居其功,故道义光明。后世儒者,行仲舒之论,既无功利,则道义者,乃无用之虚语尔。然举者不能胜,行

者不能至,而反以为诟于天下矣!"(《习学记言》卷二三)
这仍是就事功来阐发义理的典型论证。这种论证的逻辑,要求叶适对于"薛经其始,而陈纬其终"的"必弥纶以通世变"的永嘉学派的精华,作出进一步的新发展,因而就形成为在南宋有进步性和人民性的政治思想体系。这个体系,包含着政治形势的分析和历史经验的概括、弊制谬论的批判和改革现状的方案,有政策也有纲领,是事功也是义理,提出了规划也拟定了措施,并且也设计了庶族地主的封建乌托邦。其内容颇为丰富而系统,兹择要给予简约的分析。

第一,当时国家政治生活中的根本问题就是对金战和的问题。对于这个问题,叶适一贯主张积极图谋报仇雪耻和恢复失地,而坚决反对妥协投降派的无耻谬论。他在淳熙十四年《上孝宗皇帝札子》中,开宗明义即以此为国家唯一大事。他说:

> "臣窃以今日人臣之义所当为陛下建明者,一大事而已:二陵之仇未报,故疆之半未复,——此一大事者,天下之公愤,臣子之深责也。"(《水心文集》卷一)

这就明确地划清了在这个根本问题上的是非界限。在南宋的历史条件下面,"报二陵之仇"、"复故疆之半",固然是庶族地主阶层的"公心"和"定论",但同时也充分地反映了人民群众的最高利益和根本要求。依此,叶适坚决主张收复石敬塘割弃的燕云十六州,以"尽天下之势":

> "夫燕、蓟,中国之郛郭也;河北、河东,中国之阃阃也。……今虽使张王师,返都邑,款陵庙,尽复祖宗已失之地,而燕、蓟之不复,犹处国家之弱势,未削石氏之复辙,威必不振,国必不立。何也? 有天下者,以天下取,以天下守,故尽天下之势。非可以畏缩苟安,立私说而妨正论也。"(《水心别集》卷十《取燕三》)

由此可见他所说"究利害之所极,以定国家之论,亦必曰取燕"(同上),是他在宋、金关系问题上主张坚决抗战和积极进取的必然结论。

但是,宋自南渡以后,由于妥协投降派得势,"不思夷夏之分,不辨逆顺之理,不立仇耻之义"(《水心别集》卷十),只知剥削人民,割地奉赂以事金人,来换取江南的苟且偷安。孝宗初即位时,主战派曾经一时抬头,于是就有张浚出兵北伐的大举,但是,"方其未战也,天下交口而议其后;及其一战而不胜也,遂复与虏和"(《水心别集》卷九),这就是说,在妥协投降派阻挠破坏之下,终于又毫无成就。从此以后,就连所谓"锐志恢复"的孝宗皇帝,也公然以"待时而动"为借口,而走向妥协投降的可耻道路(参看《续通鉴》卷一三八)。所以在这个根本问题上,是非早已颠倒,也即所谓私说妨正论。叶适在他《上孝宗皇帝札子》中所批评的"国是之难",就是指的这种情况。而他所以从最初上书西府起,连篇累牍地屡次要求朝廷首先"定国是于天下",也正是为此而发。从这里,便可看出叶适政论的战斗性和进步性。

叶适坚持抗战和力谋进取的论点建筑在他对当时政治形势的分析上面:

> "立国之势,有未当论治乱安危而当先论存亡者,……至如今日事势,亦只当先论存亡。今日存亡之势,在外而不在内;而今日堤防之策,乃在内而不在外。一朝陵突,举国拱手,堤防者尽坏而相随以亡,哀哉!"(《习学记言》卷四三)

由此可见,他是把当时宋代政治的对外妥协而形成的矛盾看作关乎国家存亡的根本问题。这显然是对当时实际状况的深刻分析和正确认识。

叶适一方面认识到宋代国家在存亡关头国势微弱,岌岌可危;另一方面在他看来,也有有利的条件。从国内情况说,"壤地半天下",仍据"财利之渊","地大财富,足以自为"(《水心别集》卷十);就敌方情况说,"且虏知其不可以羁制中原久矣。粘罕之立伪楚、伪齐,挞懒之还五路、河南,今酋之初,又议割白沟以南而定盟好,盖其本谋未尝欲于河东、河北之外越而有之也。颜亮虽威胁天下,而北方起事以归命者,固已系踵;我之偏师虽浪战无律,亦能捣陕虢,摇关辅,得其要郡而守矣。"(《水心文集》卷一)他又从历史上说,"治乱无常势,成败无定谋,……弱可强也,怯可勇也。穰苴之胜,战已败之师;勾践之霸,奋垂亡之国"(《水心文集》卷二七),更有许多变弱为强,转败为胜的例证。因此,他的方案的原则是"用今之民,求今之治",即从增强国力做起,而反对听从什么"待时"、"乘机"等缓岁月而误大事的失败主义。叶适认为,真正的"待时"必须有目的、有计划地奋力自为,像越人那样在二十年内,"日夜之所为者,皆报吴之具也"。打着"待时"、"乘机"的幌子,实际却毫无作为,自甘于被动,那就不过是姑为待时之说以贻误国家大事而自为宽解。他说:

> "臣请决今日之论。时自我为之,则不可以有所待也;机自我发之,则不可以有所乘也。不为,则无时矣,何待? 不发,则无机矣,何乘?"(《水心别集》卷十《待时》)

这样,叶适循着"今日存亡之势在外而不在内,而今日堤防之策乃在内而不在外"的逻辑,认为要想变弱为强,转败为胜,报仇雪耻,恢复故疆,就归结为切切实实地改革内政。

第二,叶适从改革内政出发,全面而系统地揭发了南宋社会政治经济的腐败状况,指出了财竭、兵弱、民困、势衰的颓堕景象,要求限制皇帝及贵族地主的封建特权,"修实政,行实德",以缓和社会矛盾,增强国家力量,从而为外图恢复创造条件。这也就是他所谓的"今日之实谋"。

(1)关于财的问题,叶适指出,南宋政府从正规的夏秋二税和其他名目繁多、横征暴敛的杂税中,每年敛取八千万缗的收入,实是历史上前所未有的庞大数字,但是由于"天下有百万之兵,不耕不战,而仰食于官;北有强大之虏,以未复之仇,而岁取吾重赂;官吏之数日益而不损,而贵臣之员多不省事而坐食厚禄"(《水心别集》卷二),支用无度,入不敷出,以至朝廷上下,汲汲皇皇,百计衰取,诛求无厌,甚至连征之于民的雇役钱也起发上供,使雇役有名无实。这简直和破败之家一样,"不至于大贫竭尽、索然无聊而不止"。这就造成"财以多为累而至于竭"的矛盾现象。但是,这样繁重的赋税,人民实已无力负担,特别是经总制钱、和买、折帛等不合理的杂税,更是病民害国。由于贵族地主等衣冠势力和兼并之家不纳赋税,而破产农民则无法纳税。于是全部负担都落到占人口三分之一的"得以役与税自通于官"的庶族地主和个体农民身上,而加速了中间阶层的贫困破产。所以他说:

> "今之所谓富人者,皆其智足以兼并,与县官抗衡,及衣冠势力之家在耳。若夫齐民中产,衣食仅足,昔可以耕织自营者,今皆转徙为盗贼冻饿矣。若经总制钱不除,州县破坏,生民之困未有已也。"(《水心别集》卷一一《经总制钱二》)

为了改变这种社会矛盾的局面,叶适要求朝廷首先裁节横费,实行改革,减少十之五六的开支,以定国家用度;其次,罢去经总制钱之半及和买、折帛等不正之敛;原来起供上用的雇役钱也归还州县,使州县用来雇役;至于因为罢去经总制钱、和买、折帛等杂税而造成的入不敷出,则由皇帝"尽斥内帑封桩以补助之"(《水心别集》卷一五)。由此可见,他在财政问题上的主张,显然是以皇帝和品级性的贵族地主为反对目标,而捍卫庶族地主、个体农民和工商业者的经济利益的。

(2)关于兵的问题,叶适认为,财之所以虽多而竭,主要由于养兵太多。所以兵和财是相为因果而不可分的问题。他指出,由于南宋实行募兵制度,不得不竭尽人民的财力来养百万大军,仅仅三十万屯驻在四镇的御前大军,每年就耗钱六千余万缗、米数百万斛。但是将领只知剥削士兵的廪赐,士兵则因穷饿而不满,以致兵虽多而没有战斗力,"进不可战,退不可守,百人跳梁,则一方震动,而夷敌之侵侮无时而可禁",军事不过成为"庸将腐阉卖鬻富贵之地"(《水心别集》卷一二)。这就是他所说的"兵以多为累而至于弱"的矛盾。为了解决这个问题,他认为必须定兵制,减兵额,然后厉兵厉将,才能达到少而后强。关于兵制问题,叶适曾经总结了历史上的经验,提出了"由募还农"的主张。他说:

> "每观后世之论,皆谓当寓兵于农,故共称府兵,以为得先王之遗意。然历考战国、秦汉之后,至未立府兵之前,兵农未尝相离,何待寓也? ……兵农已分,法久而坏。齐民云布,孰可征发? 以畏

动之意,求愿从之民,虽至百万,无不用募,……若以天下奉一君,
而人人不免为兵,不复任养兵之责,则圣人固所不为;若以天下奉
一君,而养兵至于百万,供任其责而不能供,则庸人知其不可。今
自守其州县者,兵须地著,给田力耕;千里之内,番上宿卫,已有诸
御前兵,不可轻改,因其地分,募乐耕者以渐归本;边关捍御,尽须
耕作,人自为战。三说并用,由募还农,大费既省,守可以固,战可
以克,不必慨慕府兵,追羡屯田,误离为合,徇空谈而忘实用矣。"
(《习学记言》卷三九)

这可以看作他在整军问题上的晚年定论。按照他这一主张,他不仅要
求省去养兵费用以减轻人民负担,而且要达到能战能守以确保人民的
安全,这也显然代表了当时广大人民的迫切要求,而不利的只是那些以
军队为"卖鬻富贵之地"的庸将腐阉等特权阶级。

(3)叶适在他的政论中还深刻地揭露了广大农民贫困破产的凄惨
景象及其社会根源。他沉痛地指出,由于农民的大量破产,"天下之不
为中民者十六",而"得以税与役自通于官者不能三一之一",广大人民即
使在丰年乐岁、物价平稳的情况下,仍然"常患夫斗升之求而无从给"。
农民是赋税和兵役的负担者,农民多则垦田者多,从而税也就会增;农
民多则服役者众,从而兵也就会强。然而由于农民的大量破产,国家户
口虽然昌盛繁衍,却反而既贫且弱。在叶适看来,这种现象,主要由于
赋税繁重,役法太坏,特别是"衣冠贵人"等豪族世家尽集江南所造成
的。关于赋税的繁重,已见上述。至于役法,叶适经过十分留意地考察
之后,认为役法所以大坏,就因为朝廷滥肆剥削,把原来征自人民的募
役钱发上供,以致募役不能实行。许多农民由于负担差役而倾家荡产。
他说:

"余尝问为保正者曰:费必数百千? 保长者曰:必百余千;不
幸遇意外事,费辄兼倍,少不破家荡产。……余欲以其言为妄,然
余行江淮、闽浙、洞庭之南北,盖无不为此言者矣。"(《水心文集》
卷二九《跋义役》)

宋代的役法,以田产为服役标准,但官户却享有免役特权,于是就出现了以田产投靠世家豪族的"诡产"现象,从而差役负担便全部落在庶族地主和个体农民的身上。其结果则是加速了他们的贫困和破产。

更严重的是"衣冠贵人"尽集江南所造成的影响。叶适说:

"大抵得以税与役自通于官者不能三之一。有田者不自垦,而能垦者非其田。……呜呼,亦其势之有不得不然者矣。夫吴、越之地,自钱氏时独不被兵,又以四十年都邑之盛,四方流徙,尽集于千里之内,而衣冠贵人不知其几族!故以十五州之众,当今天下之半,计其地不足以居其半,而米粟布帛之值三倍于旧,鸡豚菜茹樵薪之鬻五倍于旧,田宅之价十倍于旧,其便利上腴争取而不置者数十百倍于旧。"(《水心别集》卷二《民事中》)

这里生动地说明了:由于贵族势家尽集江南,一方面造成了自生活日用以至土地房产等物价的高涨,这就必然使广大人民的生活状况日益恶化;同时急遽地加速了土地占有的集中,而使农民乃至庶族地主陷于破产。这深刻地揭示了南宋社会贵族势家和广大人民(包括庶族地主在内)在经济利益上的尖锐矛盾。

但是,在这个问题的解决上,叶适的主张却带有明显的妥协性和不彻底性。对于土地问题,他正确地指出道学家们所谓恢复井田的议论是根本不切实际的空谈,即使全部土地都成官田,文、武、周公复世而治天下,也不必为井田。另一方面,他又不赞成"俗吏""抑夺兼并之家以宽细民"的意见,而倡所谓"富人"为国富之说,他说:

"……县官不幸而失养民之权,转归于富人,其积非一世也。小民之无田者,假于富人;得田而无以为耕,借资于富人;岁时有急,求于富人。其甚者,庸作奴婢,归于富人;游手末作、俳优技艺,传食于富人。而又上当官输,杂出无数,吏常有非时之责,无以应上命,常取具于富人。然则富人者,州县之本,上下之所赖也。富人为天下养小民,又供上用,虽厚取赢以自封殖,计其勤劳,亦略相当矣。乃其豪暴过甚,兼取无已者,吏当教戒之;不可教戒,随时而

治之,使之自改则止矣,不宜预置疾恶于其心。"(《水心别集》卷二
《民事下》)

从这样的富人立场出发,他只能提出一些改良意见,即一方面"分闽、
浙以实荆、楚,去狭而就宽",同时"因时施智,观世立法",好像只要实
现这样的制度,那么十年以后就可以没有太富太贫的人。

对于解决差役问题,也同样有这种妥协性的表现。如他认为对免
役的官户的仇视,或对逃役的诡产的追究,是"浅夫庸人之论"。他说
诡产的流弊遍于天下,根本不能根绝,而只要把雇役钱归还州县,除去
差役之害,那么官户也就可以应役而不必加以督责(见《水心别集》卷
一三)。

由此可见,他虽然深刻地揭示了贵族世家和广大人民在经济利益
上的尖锐矛盾,但是他的解决办法,却只是限制一下贵族豪强的封建特
权。这种社会思想的时代局限性,同时也刻着他所代表的庶族地主的
阶级烙印。

(4)叶适认为,宋王朝在对外关系上所以积弱不振,还有其政治上
的深刻原因,这就是他所谓"纪纲"和"法度"的问题。他说这二者实是
一个问题,其区别只是在于所关涉的方面有大小的不同。实际上他所
指的就是统治阶级在政治上处理中央和地方以及各阶级、阶层间的关
系的根本原则和相应的制度。叶适认为,宋自立国之初,由于专务矫正
唐末五代藩镇割据的局面,对于军、民、财政统统实行了高度集权的政
策,"尽收权变,一总事机,视天下之大如一家之细"。但其结果,中央
的军事力量并没有真正增强,地方却已丧失必要的自卫能力,到了靖康
年间,遂演变成"远夷作难而中国拱手,小臣伏死而州郡迎降,边关奠
御而汴都摧破"的惨祸。究其原因,他认为皇帝只知"私其臣之无一事
不禀承我者为国利,而忘其仇之无一事不禁切我者为国害",使国家的
纪纲法度"能专而不能分,能密而不能疏,知控制而不知纵舍"(《水心
文集》卷一)。根据秦汉以来各个王朝,特别是宋王朝自身二百年的历
史经验,叶适认为,为了变弱为强,外图恢复,必须给地方上一定的管理

军、民、财政的权力,使各地都能做到民有人治,兵有人用,地有人守。这也是他主张的政治改革的重要条目之一。

第三,叶适不仅全面地批判了南宋的弊政,提出了相应的改革方案,并且曾经成功地组织了对金兵的抗击和制订了一套切实可行的边防计划,这是他生平事业的重要组成部分,其中也贯彻了他的基本政治思想。

宁宗开禧二年,韩侂胄为了树立声威,巩固权位,在毫无准备的情况下,贸然发动伐金战争。当时叶适很不赞成这种冒险侥幸的做法,因而曾经向韩侂胄建议守边,以蓄实力,但韩侂胄全不理会。叶适又向宁宗连上三札,要求深谋熟虑,"备成而后动,守定而后战"(《水心文集》卷一),也没有得到任何回响。可是战争一开,几路军队非败即溃,金兵侵入两淮,江南为之震动,于是朝廷乃命叶适任建康府兼沿江制置使,负责安集两淮流民(第二年,又改为兼江淮制置使,专门经营屯田事宜),替冒险家们收拾残局。原来南宋政府在妥协投降派操纵下,只怕建设边防会引起金国的不满,以致千里边疆毫无守备。每当金兵入侵,南宋政府只望扼守长江,根本不顾江北淮南广大地区千百万人民的死活,江淮人民就只好"奔迸流徙",多年生息保聚的成果也随着连年灾难而"荡尽无余"。但问题是两淮一有动荡,江南也立即震动。叶适初到建康时,就亲身经历了这幕悲剧的重演。有一天,忽然有两个骑兵"伪效金装,跃马上岸",江北的人争先恐后地抢船渡江,许多人竟至落水淹死;江南的人也惶恐万状,甚至官吏们拿着文书到官府时,竟然吓得两手发颤,张口结舌地说不出话来。叶适看到这种自行瓦解的危险局面,便采纳了属下滕戍的建议,用重赏募集勇士渡江,斫营劫塞,抗击金兵,结果前后十数次,"所向克捷",生俘的敌众和斩得的首级不断传往江南,才使得士气稍振,人心稍安,金兵不久也被迫从淮南撤退。这是此次宋、金交兵中南宋仅有的胜利(参看《水心文集》卷二、《宋元学案》卷五四及《宋史》卷四三四《叶适传》)。接着,他又安集了两淮民户十余万家,占该地区人民的三分之一。

经过这次战争的考验,叶适看清了南宋政府"以江南守江"而丢弃江北人民的政策的破产,深为江淮人民的苦难命运感到痛心,于是一面在定山(今江苏省江阴县东25里)、瓜步(今江苏省六合县东南)及石跋(今安徽省和县东北30里)建立堡坞三处,以聚集当地人民自卫并捍蔽江面。另一方面,又总结了历史上三国孙吴和六朝以江北守江及汉唐以来划地守边的成功经验,适应着人民群众守土自卫的切身要求,制订了切实可行的以建立堡坞和团结山水寨为中心的边防计划。他说:

> "某昨于国家营度规恢之初,以为未须便做;且当于边淮先募弓弩手,耕极边三十里之地,西至襄、汉,东尽楚、泗,约可十万家,列屋而居,使边面牢实,虏人不得逾越,所以安其外也。盖汉唐守边郡而安中州,未有不如此者也(按:此即开禧二年向韩侂胄的建议和上宁宗札子中提出的方案)。今事已无及,长淮之险与虏共之,惟有因民之欲,令其依山阻水,自相保聚,用其豪杰,借其声势,縻以小职,济其急难,春夏散耕,秋冬入保。大将凭城郭,诸使总号令。虏虽大入,而吾之民安堵如故,扣城则不下,攻壁则不入。然后设伏以诱其进,纵兵以扰其归。使此谋果定,行之有成,又何汲汲于畏虏乎? ……使淮人不遁,则虏又安敢萌窥江之谋乎? 故堡坞之作,山水寨之聚,守以精志,行以强力,少而必精,小而必坚。勿徇空言而妨实利,则今日之所行,与汉、唐之屯田,六朝、三国、春秋之垒壁,……不相谋而相得故也。"(《水心文集》卷二《安集两淮申省状》)

但是,南宋政府不但没有采行他的建议,对于他抗击金兵的战绩也毫无封赏,反而根据雷孝友的一纸弹劾,将叶适落职,真是黑白颠倒,是非错乱! 从此以后,叶适便退出了政治舞台,归还原籍,在落落寡合中消度了他的晚年,而妥协投降的南宋政权也终于毫不振作,一步步地走向败亡。至于叶适在开禧年间所作所为的是非功过,人民自有公平的判断,自然不是南宋政府所能颠倒的了。如明代进步思想家李贽曾说:"此儒者乃无半点头巾气,胜李纲、范纯仁远矣,真用得,真用得!"(《藏书》卷一四)这可以看作千古的定论。

第四,叶适在他的晚年,曾经根据他丰富的实际阅历和对历史经验的总结,针对宋代的弊政,拟定了一个买官田以赡军的原则,并以温州为例,制订了一个细致的计划(见《水心别集》卷一六),作为改革内政、改善民生的途径。他说:

> "……本朝制兵,……龠米寸帛,皆仰给于官,先军后民。养卒不满三千,阖郡为之困弊,……亦不思以田养之而以税养之故也。今欲傅城三十里内,以爵及僧牒买田,今岁买之,则来岁之获可永减民税十之三。官以其全赋给一郡之用,犹余十之五(原注:此据温州所余言之,他州或过或不及)。"(《水心别集》卷一六《后总》)

根据他的计划,如在温州绕城四周 30 里内,由官府买其田之一半,计谷98125 担,和私家地主一样地租佃给农民,则每年的收入便可养一州所有的厢禁军、弓手、士兵共 2722 人,他以为这就可以革除苛敛民财以养兵的弊政。在他的计划里,并且规定了监官吏卒、乡官保甲等的人数、待遇和职务,以及严密地防范他们刻剥人民的办法,企图从而铲除其对人民的苛扰(如收租税时多收斛面,向农民勒索糜费和催租税时乘机敲诈等等)。从生产关系上看,在他的由官买田计划中,农民的租佃官田和租佃私田没有多大的区别,仍是处在封建的剥削之下,因此这种计划显然是对封建土地国有制的修订政策,没有什么新义。他的主观想法,好像以为这样就可以使人民减轻赋税负担和免除官吏敲剥,然而他这个建筑在封建专制主义基础上的理想图案,要想依靠那些以剥削人民为职志的封建官吏来实行,无异是一个根本不可能实现的幻梦。因此,他的买田计划充其量不过是庶族地主阶级的一个乌托邦。

综上所述,叶适对当时有关国家存亡的对外关系问题,在妥协投降派当权的形势下,坚决地划定是非界限,积极地坚持抗战路线;对南宋政治的各项积弊作了尖锐的揭发和批判,并根据抗战的要求,提出改革的办法；当战争既开，又成功地作出了一些建树，切实地安集了流民，并制定出防守边疆的具体计划，集中地体现了他的一贯主张，从而表现出永嘉学派"有体有用"的独特学风。凡此都可说明，他不愧为一个有理论、有纲领、有事功、有理想的封建时代的政治家和思想家。在十二三世纪的中国社会里，叶适不仅以其坚定、进步的政治立场和投降派处于对立的地位，而且也以其合事功与义理为一的进步理论和那些高谈义理、空言性命的正统派道学先生们展开斗争。

因此，妥协投降派是叶适在政治战线上的敌人，正统派道学家则是叶适在理论战线上的对立面。

第三节　叶适哲学的唯物主义实质及其对哲学遗产批判的意义

永嘉学派的特点，诚如黄宗羲所说，在于"教人就事上理会，步步着实"，叶适自己也说："欲申大义"、"图大事"，就必须"务实而不务虚"。但是，"考亭之徒"却把它"目为功利之学"，或斥为"大不成学问"，这全然是歪曲事实的门户偏见，甚至是出于敌意的毁谤。

永嘉学派，特别是在集其大成的叶适阶段，的确树起了旗帜，坚决反对脱离"事功"而空谈"义理"的思辨哲学路线，而坚持根据"事功"来剖析"义理"的路线。这和"进利害而退是非"或只讲"事功"而抹杀"义理"的"功利之学"，并没有任何共同之点。

义理的"义"和"理"，在道学传统中是重要的哲学范畴，这在前几章已经详细说明。叶适一反道学家对义理的规定，从道学家的脱离个体的纯粹的方式，而纳入可以思考对象的个体。他以为义理如当做"规律"，它只能存在于事物之中；如当做"概念"，它只能从"事功"的进程中反映出来。对于"义理"的这个看法，是叶适的哲学思想的核心。这种唯物思想，从下列几个方面可以很清楚地看出来：

第一，在哲学的根本问题上，心学派认为："宇宙即是吾心，吾心即是宇宙"，"万物皆备于我"，属于主观唯心主义范畴；理学派认为："理先气后"，"气有不在，而理却常存"，属于客观唯心主义范畴。和心学、理学两派相反，叶适则说：

> "夫形于天地之间者，物也；皆一而有不同者，物之情也；因其不同而听之，不失其所以一者，物之理也；坚凝纷错，逃遁谲伏；无不释然而解、油然而遇者，由其理之不可乱也。"（《水心别集》卷五《进卷·诗》）

这就是说，宇宙是一元的、物质的，它由具体的事物构成；事物的关系，在"一而不同"的矛盾里面显示出来；事物的规律或"物之理"，就存在于"一"与"不同"的相反相成的所以然之中；事物的千差万别，千变万化，运动发展，分合无阻，完全由于客观规律的支配，其本身是可知的。

叶适由此更进一步指出，人类本身就是物质的一种，它同样在和其他事物"一而不同"的矛盾关系中显示其特质，因而人们的主观世界、思想意识、言行态度，也就不得不受宇宙的客观物质规律所支配。他说：

> "夫〔人〕内有肺腑肝胆，外有耳目手足，此独非物耶？……此孰主之也？是其人欤？是其性欤？是未可知也。人之所甚患者，以其自为物而远于物。夫物之与我，几若是之相去也，是故古之君子，以物用而不以己用；喜为物喜，怒为物怒，哀为物哀，乐为物乐；其未发为中，其既发为和，一息而物不至，则喜怒哀乐几若是而不自用也。自用则伤物，伤物则己病矣。是谓之'格物'。《中庸》曰：'诚者物之终始，不诚无物。'是故君子不可以须臾离物也。夫其若是，则知之至者，皆物格之验也；有一不知，是吾不与物皆至也；物之至我，其缓急不相应者，吾格之不诚也。古之圣人，其致知之道，有至于高远而不可测者，而世遂以为神矣；而不知其格之者至，则物之所以赴之者速且果，是固当然也。"（《水心别集》卷七《进卷·大学》）

这里所讲的道理，显然是针对了程、朱格物致知之说而立论的。叶适反对什么未发和已发的区别,认为人们的喜怒哀乐,不论未发既发,都应该"以物用而不以己用",都不能"以须臾离物"。这里他把《中庸》的命题改造成为唯物主义的存在和思维的关系,主张认识的真确在于格物之验,反对那种离物而空想的唯心主义,"自用则伤物,伤物则己病矣"。他所说的"人之所甚患者,以其自为物而远于物",正是对道学家违背常识的妄想的批判。他更反对有神论者以高远不测的东西当做上帝,揭示出人们只要把握客观规律,那么自然物质的运动就和人们的主观世界的认识相适应了。

叶适把人和物的关系这样肯定下来,自然是针对道学正统派所谓"其心收敛不容一物"的唯心主义"绝物"论点而发。

人所以不能"须臾离物",叶适认为是由于人们不能不以物为自己的生活资料。他曾以"水"为例,进一步阐发了人和物的关系:

"人实求水,水非求人。故邑可改以就井,井不可改以就人也。汲有丧得,井无丧得,汔至未绠井,人之无功,而非水之无功也。……盖水不求人,人求水而用之,其勤劳至此。夫岂惟水?天下之物,未有人不极其勤而可以致其用者也。目之色、耳之声、口之味、四肢之安佚,皆非一日之勤所能为也,智者知之。积一粒之萌芽、一缕之滋长以教天下,天下由之而不自知也,皆劳民劝相之道也。"(《习学记言》卷三)

这就是说:人们要想利用物来满足自己的生活需求,就只有顺从物的规律来从事生产劳动。他指出这才是真正的大道。因此,叶适既反对"以己灭天"的主观主义蛮干,也反对"人不能自为而听于天"的懒汉思想,而强调提倡"为而后成,求而后得"的积极劳动态度(《习学记言》卷四四)。永嘉学派在现实政治斗争中所持的"事功"观念,叶适叫做"奉天以立治",就是以这种人和物的关系的唯物主义理解为理论根据的。如前所说,他把"事功"和"义理"结合起来,使"功利之学"向前发展一步,向上提高一步,就是实例之一。

第二,在普遍和个体的关系问题上,永嘉学派的唯物主义理论表现

得更为鲜明。这一对范畴,在中国哲学史上也涉及"器"和"道"的关系。对于这个问题,薛季宣在《答陈同甫书》中曾说:

> "上形下形,曰道曰器。道无形埒,舍器将安适哉?且道非器可名,然不远物,则常存乎形器之内。味者离器于道,以为非道,遗之;非但不能知器,亦不知道矣。上学下达,……决非学异端遗形器者之求之见。……如曰未然,则凡平日上论古人,下观当世,举而措之于事者,无非小知谀闻之累,未可认以为实。弟于事物之上,习于心无适莫,则将天理自见。持之以久,会当知之。"(《浪语集》卷二三)

这里所说的道理,和在上面哲学的根本问题上所持的论点紧相衔接。因为前面既已肯定事物在普遍方面是"一",而在个体方面则又"不同",在这里则进一步肯定了普遍存在于个体里面,离开了个体就没有普遍;舍弃了个体而不给予研究,其结果就不但不能了解个体,连普遍也成了一个纯粹的数量,一切都空而无有了,道学的思辨哲学就是这样。"如果我们抽掉构成某座房屋特性的一切,抽掉建筑这座房屋所用的材料和构成这座房屋特点的形式,结果只剩下一个一般的物体。"(《马克思恩格斯全集》第四卷,页 140)关于这个问题,叶适说:

> "上古圣人之治天下,至矣。其道在于器数;其通变在于事物;……无验于事者,其言不合;无考于器者,其道不化;论高而实违,是又不可也。"(《水心别集》卷五《进卷·总义》)

在叶适看来,所谓普遍即存在于个体之中,必从事具体事物的剖析,才能掌握抽象的原则。他说由个性以概括共性本是古儒的真正传统,而所有离器言道的观点都是佛老脱离实际的错误。他说:

> "周官言道则兼艺。……自尧、舜、……孔子,……终不的言道是何物。岂古人所谓道者,上下皆知之,但患所行不至耶?老聃……其书尽遗万事,而特言道。凡此形貌朕兆,眇忽微妙,无不悉具。余尝疑其非聃所著,或隐者之词也。而易传及子思孟子亦争言道,皆定为某物,故后世之道始有异说;而益以庄、列、西方之

学,愈乖离矣。"(《习学记言》卷七)

　　"按《诗》称礼、乐,未尝不兼玉帛、钟鼓。……礼非玉帛所云,而终不可以离玉帛;乐非钟鼓所云,而终不可以舍钟鼓也(按:此句是解释《论语》讲的礼和玉帛、乐和钟鼓的关系)。《仲尼燕居》……则离玉帛而言礼矣,……舍钟鼓而言乐矣。按孔子……言与行如形影不可相违也,离言以为礼,离行以为乐,言与行不相待,而寄之以礼乐之虚名,不惟礼乐无所据,而言行先失其统。"(《习学记言》卷八)

　　道既不能离开器物而独存,其"尽遗万事"、"而特言道"的思辨哲学,既为佛老脱离实际的错误论点,则托始于儒而自称其宗的"道学",自然也不为叶适所同意。所以他又说:

　　"学修而后道积也,……学明而后德显也,皆以学致道,而不以道致学。'道学'之名,起于近世儒者。其意曰:举天下之学皆不足以致其道,独我能致之,故云尔。其本少差,其末大弊矣!"(《水心文集》卷二七《答吴明辅书》)

　　道学的"大弊",和所谓"章句"、"度数"、"谶纬"之学同样,都在"今世今学"中有其共同的唯心主义的致误根源。叶适进而指出:

　　"夫其或出于章句,或出于度数,或出于谶纬,或甘心于夷狄之学,岂不皆以为道哉? 观其一代之议论,士之生于其间,自为豪杰者,亦何独以远过? 然则缘其名以考其实,即其事以达其义,岂非无一之当哉? ……

　　"是故今世之学,以心起之,推而至于穷事物之理,反而至于复性命之际,然后因孔氏之经以求唐虞三代之道,无不得其所同然者,而皇极(按:指《尚书》)、《中庸》、《大学》之义,如可以复见而无疑。……

　　"今之为道者,务出内以治外也。然而,于君臣、父子、兄弟、朋友、夫妇,常患其不合也。守其心以自信,或不合焉,则道何以成? 于是三者,或不能知其所当施之意,而徒饰其说以自好,则何以为行道之功?

"故夫昔以不知道为患,而今以能明道为忧也。"(《水心别集》卷七《进卷·总述》)

这里所谓"以心起之"、"务出内以治外"、"守其心以自信"云云,正是"尽遗万事而特言道"的唯心主义实质,这也就是"道学大弊"的理论根源所在。

依据离器无道的原理,叶适更进一步考察了所谓"极"(即所谓"皇极"、"太极")这个被正统道学家神秘化了的范畴:

"古之圣贤,其析言于事物甚辨而详;至于道德之本、众理之会,则特指其名而辄阙其'义',微开其端而不究其'极'。……'极'之于天下无不有也:耳目聪明,血气和平,饮食嗜好,能壮能老,一身之极也;孝慈友弟,不相疾怨,养老字孤,不饥不寒,一家之极也;刑罚衰止,盗贼不作,时和岁丰,财用不匮,一国之极也;越不瘠秦,夷不谋夏,兵革寝伏,大教不爽,天下之极也,此其大凡也。至于士农工贾,族姓殊异,亦各自以为极而不能相通,其间爱恶相攻,偏党相害,而失其所以为极,是故圣人作焉,执大道以冒之,使之有以为异而无以害异,是之谓'皇极'。天地之内,六合之外,何不在焉?……

"夫极非有物,而所以建是极者则有物也。君子必将即其所以建者而言之,自有适无,而后'皇极'乃可得而论也。

"室人之为室也,栋宇几筵,旁障周设,然后以庙以寝,以库以厩,而游居寝饭于其下,泰然无外事之忧;车人之为车也,轮盖舆轸,辐毂辀辕,然后以载以驾,以式以顾,南首梁、楚,北历燕、晋,肆焉无重趼之劳。夫其所以为是车与室也,无不备也;有一不备,是不极也,不极则不居矣。……

"苟为不然,得其中而忘其四隅,不知为有而欲用之以无,是以无适无也;将使人君何从而建之?箕子之言何从而信于后世哉?"(《水心别集》卷七《进卷·皇极》)

我们知道,"皇极"出于《尚书》,"太极"出于《易传》,它们是道学家所渲染的封建特权或例外权的理论范畴,在本卷前几章已反复说明。这里叶适的确捉住了道学家的"极"义,并把这些古代的经义改造成为物理的范畴。特别值得注意的是,上述叶适关于"皇极"的考察中,所举"室人为室"和"车人为车"二例,最富于理论价值,这理论表现出和老子、朱熹根本对立的两种世界观。兹列表对照如下:

老子论点	朱熹论点	叶适论点
三十辐共一毂,当其无,有车之用。 凿户牖以为室,当其无,有室之用。	如一所屋,只是一个道理,有厅,有堂;如草木,只是一个道理,有桃,有李。……"理一分殊",亦是如此。	车人之为车也,轮盖舆轸,辐毂辀辕,然后以载以驾,以式以顾,南首梁、楚,北历燕、晋,肆焉无重趼之劳。 室人之为室也,栋宇几筵,旁障周设,然后以庙以寝,以库以厕,而游居寝饭于其下,泰然无外事之忧。

叶适对于朱熹的批判和墨子对儒者的"室以为室"的批判相似。十分清楚,和老子以及朱熹的理论相反,叶适认为,车之所以为车,室之所以为室,就是由于它们有了各种具体的零件和部分;反之,如果不具有或不齐备这些零件或部分,它们就不能成其为车或室。因而人们如果离开构成车或室的零件或部分,离开了有情有状的形而下的感性范畴,也就不能获得车或室的概念。叶适所以坚持"自有适无"而反对"以无适无",道理就在这里。

关于一事一物之"极",一身一家之"极",国家天下之"极",既然都是"极非有物",都不能离开个体而超然独存,如朱熹讲的那样,那么作为"天地未分之前"的"太极",当然也不能是真实的实际存在,因而把"皇极"看成是一种特权或例外权固然是错误的虚构,把"太极"看成

世界万物的根源,也是没有根据的主观臆造。所以叶适又说:

"《易》有太极,近世学者以为宗旨秘义。按卦所象惟八物,……又因《象》以明之,……独无所谓'太极'者。不知传何以称之也?

"自老聃为虚无之祖,然犹不敢放言,曰'无名天地之始,有名万物之母'而已。至庄、列始妄为名字,不胜其多,故有'太始'、'太素'……茫昧广远之说。

"传《易》者,将以本原圣人,扶世立教,而亦为'太极'以骇异后学,鼓而从之,失其会归,而道日以离矣。又言'太极生两仪,两仪生四象',则文浅而义陋矣!"(《习学记言》卷四)

上述叶适关于"皇极"、"太极"的解释,不仅从根本上否定了朱、陆的"无极而太极"之辩,而且从学统上揭露了《太极图说》和《皇极经世书》的唯心主义的实质。

第三,在世界的运动发展问题上,叶适已经洞察到对立面相互统一的矛盾原理。如前所述,叶适认为,事物是存在于"一而不同"的矛盾关系中。这种关系,就是"一"与"两"的对立统一关系。例如他根据古义"理者兼两"之说,进而发挥:

"道原于一而成于'两',古文言道者必以'两'。凡物之形,阴阳、刚柔、逆顺、向背、奇偶、离合、经纬、纪纲,皆'两'也。夫岂惟此,凡天下之可言者,皆'两'也,非一也。一物无不然,而况万物?万物皆然,而况其相禅之无穷者乎?

"交错纷纭,若见若闻,是谓人文。虽然,天下不知其为'两'也久矣,而各执其一以自遂。奇诡秘怪,塞陋而不宏者,皆生于'两'之不明。

"是以,施于君者,失其父之所愿;援乎上者,非其下之所欲。乖迕反逆,则天道穷而人文乱也。"(《水心别集》卷七《进卷·中庸》)

叶适这一段话中包含着辩证法的因素,是很名贵的方法论,他的凡物之形皆两的命题的确是光辉的。但他接着上文又说：

> "及其为'两'也，则又形具而机不运，迹滞而神不化。然则是终不可邪？彼其所以通行于万物之间，无所不可而无以累之，传于万世而不可易，何欤？
>
> "呜呼！是其所谓中庸者邪？
>
> "然则，中庸者，所以济物之'两'而明道之一者也；为'两'之所能依而非'两'之所能在者也。水至于平而止，道至于中庸而止矣。"

这样，当叶适进入了历史理论时，就离开了真理。中庸的核心既在于调和君父上下的对立（"两"）而阐发其实质上的统一（"一"），使士农工贾"有以异而无以害异"，则"其间爱恶相攻，偏党相害"，自然就是违反了"水至于平而止"的"极"道。因此，国家就成了阶级调和的工具。所以他说：

> "且夫君子之于小人也，岂欲近而与之斗哉？惟欲远而与之遁尔。词令之交，卑而不亲；笑貌之接，顺而不同；权势之争，逊而不厉；言论之辩，和而不党；所谓不恶而严也，皆遁也。"（《习学记言》卷二）

根据"道至于中庸而止"的矛盾调和原理，决不允许彻底的阶级斗争，因而议政的权力也只能限于"公卿"，至于"闾巷小人"则千万不能赋予批判现实政治的权力。所以他引黄度的话说：

> "孔子称'天下有道，则庶人不议'。夫不言公卿不议而言庶人不议，何也？人主有过，公卿大夫谏而改，则过不彰，庶人奚议焉？谏而不改，失不可盖，使闾巷小人皆得妄议，纷然乱生，故广胜黄巢之流议于下，国皆随以亡。"（《水心文集》卷二〇《故礼部尚书龙图阁学士黄公墓志铭》）

强调事物的对立面，是南宋阶级斗争激化的反映；只强调对立面的统一，而否认对立面的斗争，则是庶族地主的阶级局限性。永嘉学派在传统上，一贯对于农民起义，例如对于杨幺、对于方腊、对于蒋圈十借粮、对于各地的变兵和所谓"盗贼"等,都坚持剿平的方针,根源就在这里。

到了这里,叶适也就在逻辑上陷于自相矛盾:当他面对正统派开展斗争的场合,还能够保持辩证法的观点;例如:

"'人生而静,天之性也;感于物而动,性之欲也'。但不生耳,生即动,何有于静? 以性为静,以物为欲,尊性而贱欲,相去几何?"(《习学记言》卷八)

"君子之当自损者,莫如惩忿而窒欲;当自益者,莫如改过而迁善。……若使内为纯刚,而忿不待惩,欲不待窒,刚道自足,而无善可迁,无过可改,则尧、舜、禹、汤之所以修己者废矣。然后知近世之论学,谓动以天为无妄,而以天理人欲为圣狂之分者,其择义未精也。"(《习学记言》卷二)

但是,当他一旦面对农民起义威胁着封建土地所有制及其政治统治的场合,就又破坏了辩证法,自陷于形而上学;例如:

"时常运而无息,万物与人亦皆动前不止。……惟《艮》以息为象,时虽运而必息;人以止为本,道必止而后行。……是其义以止明行,而非以行明行;从静柅动,而非以动柅动也。……盖时且行之而吾固止之,物方动之而吾卒静之也。故能不失其时,而其道光明。"(《水心文集》卷九《时斋记》)

像这样,辩证法和形而上学"各自为极而不能相通",正是南宋庶族地主"止而后行"的矛盾态度的反映。但是,叶适思想中的唯心主义形而上学,乃是并世的道学正统派和自古传来的儒家老观点,与此相反的唯物主义思想和辩证法的萌芽,则是叶适的创造性的理论。

第四,在认识论的领域中,叶适从唯物主义观点出发,也有不少的光辉的创见。例如:

(1)由于肯定了道在器中,所以认为:

"夫欲折衷天下之义理,必尽考详天下之事物而后不谬。"(《水心文集》卷二九《题姚令威西溪集》)

叶适所谓"天下之事物",当然是"今日利害之实";但其中一个重要的方面,则是"前世兴坏之变",从历史的概括中把二者统一起来,以达到古为今用的目的。所以他又说:

> "论者曰:……古今异时,言古则不通于今。是摈古于今,绝今于古。……欲自为其国者,……苟为不因已行,不袭旧例,不听已然,而加之以振救之术,则如之何而可?必将以意行之,以心运之,忽出于一人之智虑,而不合于天下之心,则其谋愈谬而政愈疏矣。……

> "夫观古人之所以为国,非必遽效之也。故观众器者为良匠,观众方者为良医;尽观而后自为之,故无泥古之失,而有合道之功。且古之为国,具在方册而已,其观之非难也。"(《水心文集》卷三《法度总论一》)

既要"尽考详天下之事物",而后"折中天下之义理",也要研究历史经验,而求"有合道之功",这种"尽考"和"尽观"的方法和主观的心意臆度是对立的。他依此对唯心主义展开了批判。他说:

> "昔孔子称愤启悱发,举一而反三;而孟子亦言充其四端,至于能保四海;往往近于今之所谓悟者。然仁必有方,道必有等,未有一造而尽获也。一造而尽获,庄佛氏之妄也。"(《水心文集》卷一七《陈叔向墓志铭》)

> "古人多识前言往行,谓之畜德;近世以心通性达为学,而见闻几废,为其不能畜德也。然可以畜而犹废之,狭而不充,为德之病矣,当更熟论。"(《水心文集》卷二九《题周子实所录》)

(2)由于"无验于事者其言不合",那么,为了使思想符合于客观实际,所以在认识方法上,叶适主张"有的放矢":

> "论立于此,若射之有的也,或百步之外,或五十步之外,的必先立,然后挟弓注矢以从之。故弓矢从的,而的非从弓矢也。"(《水心文集》卷五《终论七》)

从"弓矢从的"的原则出发,叶适认为,凡不合客观实际的思想或

方案,在逻辑上就是错误的,在实践上也一定失败。他运用这个认识论的原则,对南宋"议和"派的投降政论作了批判:

"先视其时之所当尚,而择其术之所当出,不可错施而杂用也。……视今之时,……岂以为微弱而当思强大,分裂而当思混并,仇耻而当思报复,弊坏而当思振起欤? 抑以为中国全盛而当思维持保守,夷狄宾服而当思兼爱休息也? 无乃当微弱、分裂、仇耻、弊坏之时,而但处之以中国全盛、夷狄宾服之势,用维持保守、兼爱休息之术,而欲庶几乎强大混并、报复振起之功欤?! ……窃论今日之事,恐其羼前之时而处以后之势,用后之术而欲求前之功,补泻杂医,不能起疾,禾莠参种,迄靡丰年。"(《水心文集》卷一《上光宗皇帝札子》)

(3)所谓"补泻杂医,不能起疾,禾莠参种,迄靡丰年"云云,和《韩非子·显学篇》"杂反之学不两立而治"同为矛盾律的应用。在叶适的理论批判中,应用矛盾律之处颇多,例如:

"孟子曰:'无辞让之心,非人也。'非人者,形具而人非者之谓也。又曰:"好名之人能让千乘之国,苟非其人,箪食豆羹见于色。'嗟夫! 孟子信以不让为非人,而又以为非其人不能让乎? 何前后异指也?! 由后而言,非其人不能让,能之者,泰伯至季子五人而已,是绝天下也;由前而言,人皆能让,天下皆季子也。"(《水心文集》卷一一《季子庙记》)

"夫浮屠以身为旅泊,而严其宫室不已;以言为赘疣,而传于文字愈多,固余所不解,尝以问(继)昶,昶亦不能言也。"(同上卷一二《法明寺教藏序》)

第五,在哲学史批判上,叶适不但涉及了广泛的范围,而且也抓住了关键性问题,他通过这些批判,从根本上动摇了道学正统派的理论基础。这是他"为考亭之徒所不喜"的根本原因,也是永嘉学派哲学思想的精华所在。

关于对哲学遗产的批判范围,就《习学记言》一书来看,陈振孙说:

"自孔子之外,古今百家,随其浅深,咸有遗论,无得免者。"(《直斋书录解题》卷一〇)黄震说:"水心纯力排老、庄,正矣;乃并讥程伊川,则异论也。"(《慈溪黄氏日钞分类》卷六八)《四库全书总目提要》更具体指出:

> "其书(《习学记言》)乃辑录经史百氏,各为论述。……所论喜为新奇,不屑撅拾陈语。故陈振孙……谓其……义理未得为纯明正大。刘克庄……亦称其讲学析理,多异先儒。今观其书,如谓'太极生两仪'等语为文浅义陋,谓《檀弓》肤率于义理而蹇缩于文词,谓孟子、子产不知为政,仲尼'不为已甚'语皆未当,此类诚不免于骇俗。然如……言《国语》非左氏所作,以及考子思生卒年月,斥汉人言《洪范》五行灾异之非,皆能确有所见,足与其雄辩之才相副。至于论唐史诸条,往往为宋事而发,……其识尤未易及。特当宋之末世,方恪守洛、闽之言,而适独不免于同异,故振孙等不满之耳。"(《子部·杂家类》)

以上的评述,各不免门户之见。《四库全书总目提要》作者折衷众说,虽已道出叶适反道学正统派的异端地位,但永嘉学派对哲学史批判的中心思想何在,却完全没有说中要害。

实际上叶适所批判的古今人物和学派虽甚广泛,而要以思孟学派为重点;总计《文心·文集》、《文心·别集》和《习学记言》,批判曾子、子思和孟子者不下数十处。兹摘录两条如下:

> "'曾子有疾,孟敬子问之'。近世以曾子为亲传孔子之道,死复传之于人,在此一章。按曾子没后,语不及正于孔子,以为曾子自传其所得之道则可,以为得孔子之道而传之,不可也。
>
> "自尧、舜、禹、汤、文、武、周公、孔子,所传皆一道。孔子以教其徒,而所受各不同。以为虽不同而皆受之于孔子则可;以为尧、舜、禹、汤、文、武、周公、孔子之所以一者,而曾子独受而传之,又大不可也。
>
> "孔子尝告曾子:'吾道一以贯之',曾子既'唯'之,而自以为

'忠恕'。

"按孔子告颜子:'一日克己复礼,天下归仁焉'。盖己不必是,人不必非,克己以尽物可也。若'动容貌'而'远暴慢','正颜色'而'近信','出辞气'而'远鄙倍',则专以己为是,以人为非,而克与未克,归与未归皆不可知,但以己形物而已。

"且其言谓'君子所贵乎道者三',而'笾豆之事,则有司存',尊其所贵,忽其所贱,又与一贯之指不合。故曰非得孔子之道而传之也。

"夫尧、舜、禹、汤、文、武、周公、孔子之所以一者,非特以身传也,存之于书,所以考其德;得之于言,所以知其心。故孔子称'天之未丧斯文'为己之责;独颜渊'博我以文,约我以礼,欲罢不能,既竭吾才',余无见焉。

"夫'托孤寄命',虽曰必全其节,'任重道远',可惜止于其身,然则,继周之损益为难知,六艺之统纪为难识。故曰非得尧、舜、禹、汤、文、武、周公、孔子所以一者,受而传之也。

"传之有无,道之大事也。世以为曾子能传,而余以为不能,余岂与曾子辨哉?不本诸古人之源流,而以浅心狭志自为窥测,学者之患也!"(《习学记言》卷一三)

叶适认为,颜渊和曾参在孔门是别为一派,它的特点在于"欲求之于心"(《习学记言》卷八),即"以己形物",而"通于天理,达于性命","颜、曾始传之,子思、孟子述焉"(《习学记言》卷六)。孟子曾说:"耳目之官,不思而蔽于物,物交物则引之而已;心之官则思,思则得之,不思则不得也;此天之所以与我者。先立乎其大者,则小者弗能夺也。此为大人而已矣。"(《孟子·告子上》)叶适认为这是思、孟派的要点,并对此展开了批判:

"按《洪范》:耳目之官不思,而为聪明自外入以成其内也;思曰睿,自内出以成其外也。故聪入作哲,明入作谋,睿出作圣,貌言亦自内出而成于外。古人未有不内外交相成而至于圣贤。故尧、舜皆备诸德，而以聪明为首。孔子告颜渊'非礼勿视，非礼勿听'，学者事也，然也不言思，故曰：'学而不思则罔，思而不学则殆'，又曰：'吾尝终日不食以思，无益，不如学也'；季文子三思而后行，子闻之曰'再思可矣'。又，物之是非邪正，终未可定。《诗》云'有物有则'，子思称'不诚无物'，而孟子亦自言'万物皆备于我'。

"夫古人之耳目，安得不官而蔽于物？而思有是非邪正，心有人道危微，后人安能常官而得之？舍四从一，是谓不知天之所与，而非天之与此而禁彼也。

"盖以心为官，出孔子之后；以性为善，自孟子始。然后学者，尽废古人入德之条目，而专以心性为宗主，虚意多，实力少，测知广，凝聚狭，而尧、舜以来内外交相成之道废矣。"（《习学记言》卷一四）

叶适在指出思、孟学派"以心为官"、"以性为善"、"以己形物"的唯心主义实质以后，进一步又指出"韩愈、李翱，文人也。愈本曾参，翱尊子思矣。"（《水心文集》卷一〇《同安县学朱先生祠堂记》）

上述叶适自先秦至唐的哲学史批判，实质上是用"溯源而后循流"的方法，从学术"统绪"上来揭发道学家对哲学史的捏造，进而否定其自封的正宗的地位。所以叶适的门人孙之宏曾说：

"汉唐诸儒，推宗孟轲氏，谓其能嗣孔子。至本朝关、洛骤兴，始称子思得之曾子，孟轲本之子思，是为孔门之要传。近世张、吕、朱二三钜公益加探讨，名人秀士鲜不从风而靡。先生后出，异识超旷，不假梯级，……（以）曾子不在四科之目，曰'参也鲁'；……舍孔子而宗孟轲，则于本统离矣！"（《习学记言·嘉定十六年序》）

从哲学史上推翻了正统派的"道统之传"以后，叶适就对周、程、张、朱所代表的"近世之学"开展了尖锐的斗争。例如，在《敬亭后记》（《水心文集》卷一〇）中，他说"程氏诲学者必以敬为始"，"非孔氏本旨"；在《栎斋藏书记》（《习学记言》卷一一）中，他说程、张氏的解经"未几于性"，"节目最大，余所甚疑"；在《阴阳精义序》（《习学记言》卷一二)中,他批评朱熹"听蔡季通预卜藏穴"为"通人大儒之常患";在《胡崇礼墓志铭》(《习学记言》卷一七)中,对朱、吕、陆三家进行讥刺等等。

叶适认为,两宋的道学正统派,实质上是思孟、老庄和禅宗三个唯心主义体系相融合的产物。所以他的批判的总结是:

> "《易》不知何人所作,……习《易》者会为一书,……而《十翼》讲诵独多。魏、晋而后,遂与老、庄并行,号为孔、老。佛学后出,其变为禅,喜其说者,以为与孔子不异,亦挽《十翼》以自况,故又为儒释。

> 本朝承平时,禅说尤炽,儒释共驾,异端合同。其间豪杰之士,有欲修吾说以胜之者,而周、张、二程出焉,自谓出入于佛老甚久,已而曰:吾道固有之矣。故无极太极,动静男女,太和参两,形气聚散,絪缊感通,有直内,无方外,不足以入尧、舜之道,皆本于《十翼》。以为此吾所有之道,非彼之道也;及其启教后学,于子思、孟子之新说奇论,皆特发明之。大抵欲抑浮屠之锐锋,而示吾所有之道若此。"(《习学记言》卷四九)

总计叶适对哲学遗产的批判,完全是针对着道学正统派而发的。他对于正统派所说"子思得之曾子,孟轲本之子思"的"道统"传授,并不否认;但明确指出曾子之学"以身为本"、"以己形物",在孔门是自为别派,不合"孔氏一贯之旨"。这样就打断了正统派遥接孔子的师承渊源。在经学传统的形式具有高度支配作用的宋代,孔子就是真理,因而是否遥接孔子,在经学家的逻辑中就成为是否掌握真理的问题。在这个问题上,叶适也不例外:"学必待习而成,因所习而记焉,稽合乎孔氏之本统者也"(孙之宏语),《习学记言》一书的题名,就表明他同样以遥接孔子自命。这正是中国中世纪的特点及其时代局限性的烙印,不论唯物主义或唯心主义都利用这样的传统的思想材料为自己的理论装点,然而叶适和道学正统派却有根本的区别,他们所"取舍"于孔子者有根本性的分歧。

　　叶适指出：正统派所特加尊崇的思、孟学派，其"以心为官"的唯理主义及"以性为善"的先验主义，上而尽废"尧、舜以来，内外交相成之道"，下而开后世"专以心性为主"的正统派道学唯心主义的源流，只能是不合"孔氏本统"的一种"新说奇论"；对于"本曾参"的韩愈和"尊子思"的李翱(他们是公认的道学正统派先行者)，叶适只谧之为"文人"！

　　所有这些，叶适在形式上是批判哲学遗产，实质上则是批判道学正统派的"学统"来源。所以当接触到周、张、二程等正统派等人时，叶适就指出他们"自谓出入于佛老甚久"，"及其启教后学，于子思、孟子之新说奇论，皆特发明之"。

　　有人认为，叶适在哲学史问题上是大胆的批判者，这仅涉及表面的问题，更重要的是他对哲学史的批判，处处从反对道学正统派的斗争任务出发，处处以唯物主义为取舍是非的标准。因此，哲学史批判不仅是叶适唯物主义思想体系有机的一环，并且也是他反对道学正统派思想斗争的主要方面。

第 十 七 章

封建社会后期道教的传统及其僧侣主义

在一定的时代,特别是在中世纪,宗教是统治阶级的思想,同时也是当时的统治思想。在中国,中世纪的宗教没有形成如欧洲那样一神教或所谓"世界的宗教"的统治形式,各代王朝都在寻求适合于统治的宗教,也寻求一种混合形式的宗教,例如三教混一之类。"三教"一名起源很早,在北朝已经出现了由皇帝亲临主持三教会讲的仪式。这是汉代以来皇帝亲临裁决统治思想的传统的继承。北周武帝天和四年(公元568年),"集百僚、道士、沙门等,讨论释老义";建德二年(公元573年),又"集群臣及沙门、道士等,帝升高座,辨释三教先后"(《北周书·武帝纪》);唐代更经常举行三教讲论。

儒在春秋以前本来是一种宗教的职业,但从孔、墨显学以后,发生了变化;到了汉代,谶纬之学大盛,儒学即附带了儒教的职能。佛教是外来的,南北朝时期有些皇帝曾把它宣布为国教。道教本来就是一种混合的宗教,既有贵族虚构的教义,也有由民间凑成的教义,因而在思想上是相当庞杂的。现存《道藏》及藏外道书固然汗牛充栋,但这些道书,除了一部分民间道教另有传统外,或者只是符箓丹术,没有思辨性的内容；或者剿袭了佛学、道学，呈现为简单、赤裸的主观唯心主义。本章只对封建后期道教的传流作一简略的勾画，以为了解三教融合的过程提供一些线索。

在本书第三卷第七章，曾论及汉末、魏、晋、南北朝时代的道教和金丹道教与民间的符水道教的对立。唐以至北宋的道教基本上是高贵的金丹道教的延续。直到南宋，在禅宗与道学的影响下，才出现了新的道教南宗、北宗。本章的叙述即以道教的南北两宗为主，以显示它们和统治阶级思想或道教正宗的关联，对前于它们的道教则只作扼要的描述，以说明其和封建政治的关系。

第一节　隋唐五代的道教及其与封建政治的关系

正如恩格斯所指出的，在中世纪，随着封建制度的发展，基督教形成为与封建制度相适应的宗教（见《费尔巴哈与德国古典哲学的终结》）。道教也是如此，在南北朝以后，适应着封建制社会的发展和品级结构再编制，在神仙的品阶中也得到反映，所谓"三清九宫，并有僚属，例左胜于右，其高总称曰道君，次真人、真公、真卿。其中有御史、玉郎诸小号，官位至多也。女真则称之君、夫人，其名仙夫人之秩，比仙公也。夫人亦随仙之大小男女，皆取所治处，以为著号，并有左右。凡称太上者皆一宫之所尊。又有太清右仙公、蓬莱左仙公、太极仙侯、真伯、仙监、仙郎、仙宾"（《太平御览·道部》引《登真隐诀》）。东晋、宋、齐时代士大夫多信道教，是大家熟习的事实。钟嵘《诗品》谓谢灵运长于杜治，所谓"治"即天师道的设置，分布于各地者。梁、陈时代，此风未衰。北魏太武帝时，寇谦之为道教中的天师，排斥佛教，建立道场，比于寺院。隋统一后，文帝杨坚信奉此教，不逊于前朝，他的年号开皇也是取自道教的经典。炀帝大业间，道士还多以术求进。

唐初更因为政治上的原因推崇道教。李姓的皇室自认为老子之后。高宗乾封年间，追号老子为"太上玄元皇帝"。玄宗时代道教徒更加显赫,开元二十五年(公元 737 年)正式诏令"道士女冠隶宗正寺"。唐代的宗正寺是负责管理宗庙陵寝和宗姓亲族的机构,这是唐代的皇帝把道士和女冠当作自己的本家了。开元二十九年(公元 741 年)又在全国各地建立了玄元皇帝庙,并普遍地成立了崇玄学,"置生徒,令习《老子》、《庄子》、《列子》、《文子》,每年准明经例考试"(《旧唐书·玄宗本纪》)。天宝年间置崇玄馆,改崇玄学为通道学,博士为道德博士;以宰相为大学士,总领天下道院,促成一种崇奉道教的风气。当时许多公主妃嫔便有作女冠的,杨贵妃就曾经被度为女道士。朝臣如有名的贺知章就曾经弃官入道,尹愔曾以道服视事;道士则多有封官袭爵者,在宗教互争教权的情况之下,武宗时代更发生"会昌灭佛"的事件。

唐代著名的道士很多,大多是所谓山林清修,也就是企图以处士虚声震动朝廷的人物。他们虽然也搞符箓方术,但也致力于宗教的理论,从传统上说,多数是继承了陆修静、陶弘景一派的法统。到唐末五代时候,闾丘方远和杜光庭等人出,更把这种法统宣扬起来。在名道士中,其思想相对可以成为一种体系的,有王玄览、李筌、施肩吾、杜光庭、谭峭、彭晓等人。

王玄览是武周时代的人,《道藏》中有他的《玄珠录》一书。他的思想渊源于道家而杂有佛家的色彩。他说:

> "明知道中有众生,众生中有道,所以众生非是道,能修而得道;所以道非是众生,能应众生修。是故即道是众生,即众生是道,起即一时起,忘即一时忘。其法真实性,非起亦非忘,亦非非起忘。……道与众生互相因,若有众生即有道,众生既无道亦无,生与道而同彼,众生与道而俱顺。"(《玄珠录》卷上)

此处"道"与"众生"是一是二的讨论,即出于佛学中"佛"与"众生"非一非二的命题。如无"众生"何处有"道"? 如"道"是"众生","众生"何故而修道? 这些命题的脱胎处是显而易见的。

王玄览认为"道"是先"众生"而存在的绝对实体,他说:

> "众生虽生道不生,众生虽灭道不灭;……众生生时道始生,

众生灭时道亦灭。若许无私者,元始得道我亦得;若使有私者,元始得道我不得。……众生未生,已先有道,有道非我道,犹是于古道。我今所得道,会得古道体。此乃古道即今道,今道即我道。何者?历劫已来,唯止一道。众生而得者,即是众生之私道。"(《玄珠录》卷上)

众生已死,道仍长存,所以说"古道即今道"。道不因众生的生灭而生灭,而是绝对的本体。众生所得者为"私道",不生不灭者才为"常道":

"常道本不可,可道则无常。不可生天地,可道生万物,有生则有死,是故可道称无常。无常生其形,常法生其实。常有无常形,常有有常实。此道有可是滥道,此神是可是滥神,自是滥神滥道是无常,非是道实神实是无常。"(《玄珠录》卷下)

他区别道为"可道"和"常道",这当然是因袭老子"道、可道非常道"的议论而来。老子以为可道之道并非常道,王玄览遂因之分道为"可道"、"常道"。"常道"生天地,"可道"生万物。万物有生有死,而天地可以不老,所以"可道"无常,而"常道"是实。众生只是有形而无实的,修道而修"可道"是"滥道",有神而可神也是"滥神"。

"常道"从何修得呢? 他说:

"一切众生欲求道,当灭知见,知见灭尽,乃得道矣。虽众生死灭后,知见自然灭,何假苦劝修,强令灭知见? ……知见随生起,所以身被缚,不得道矣。若使身在未灭时,自由灭知见,当至身灭时,知见先已无,至以后生时,自然不爱生。无生无知见,是故得解脱。"(《玄珠录》卷上)

通过对客观世界的认识即"知见"求得之道只是"可道","知见"灭乃得"常道"。知见灭等于众生死灭,那么他强调修行,岂非强调死灭?所谓无生亦无知见,无知无见乃得解脱,正是王玄览所虚构的一个无生无灭、漆黑一团的世界。

在他看来,"无常"的现实世界的现象虽然可以被人描绘言说,其实是虚妄,所以他说:"十方诸法,并可言得,所言诸法,并是虚妄。"十方诸法为什么俱属虚妄？因为全无"自性"，全不能自己作主，正如庄子所云，蝴蝶化为庄周，庄周化为蝴蝶，彼此全无自性。他说：

> "诸法无自性，随离合变为相为性，观性相中，无主，无我，无受生死者。虽无主我，而常为相性。将金以作钏，将金以作铃，金无自性故。……作花复作像，花像无自性。不作复还金，虽言还不还，所在不离金，何曾得有还？钏铃相异故，所以有生死；所在不离金，故得为真常。"（《玄珠录》卷下）

诸法有离有合，所以变化为有性有相，如金变为钏便有钏的性相，变为铃便有铃的性相；实在的钏铃不常，随时毁灭，而全无性相可言。金是不毁灭的，所以金为常；实际上金也是要毁灭的，常与不常是一也是二。他曾经指出："法既妄，不言亦妄；此等既并是妄，何处是真？即妄等之法，并悉是真。"一切皆真皆妄，亦妄亦真。所以他又说道有"四是"：

> "是有是无，是有无，疑非有无。"（《玄珠录》卷上"四是"注）

又有"二非"：

> "非有非无，非舍有无。"（同上"二非"注）

可以清楚地看出，王玄览的思想是承借庄子，而更多的是从佛学剽袭而来的烦琐的思辩。

睿宗时司马承祯也是比较有名的一个道士。睿宗在景云二年（公元711年）曾经召见他，玄宗时他曾经以三体写《老子》石经，并刊正文字（《历代真仙体道通鉴》本传）。他是陆修静法统的道士，主要著作有《坐忘论》一书。在论"道"的问题上，他把"道"理解为宗教中的"神异之物"，人能得道，"与道同身而无体"，则可以长存。在《坐忘论》中，他认为修道有七个阶段：第一是"敬信"，对于修道要存有敬仰尊重的心理。第二是"断缘"，断去一切尘缘。第三是"收心"，这是最重要的一个关口，他认为心是一身之主，静则生慧，动则生昏，所以学道开始要收心；收心而后净除心垢，使心与道合；这种工夫也称作"静定"，此后：

> "静定日久，病消命复，复而又续，自得知常。知则无所不明，常则无所变灭，生离生死，实由于此。是故法道安心，贵无所著。"

第四是"简事"，修道的人应当安分守己，不要节外生枝。第五是"真观"，不要被外物所迷惑。所谓美色，人见之喜悦，而"鱼见深入"，"鸟见高飞"，可见这种喜悦还是个人偏见，不是"真观"，"是仙人观之为秽浊"的。第六是"泰定"，这已经是最末一个关口了，这是"出俗之基地，致道之初基，习静之成功，持安之本事"，达到的境界是：

> "形如槁木，心若死灰，寂泊之至，于心无定而无所不定，故日'泰定'。"

"形如槁木，心若死灰"，已经接近得道的地步了。下一步第七就是"得道"，他引《西升经》说：

> "身与道同，则无时而不存；心与道同，则无法而不通；耳与道同，则无声而不闻；眼与道同，则无色而不见。"

这样也就完成了修道人的应有过程。这一套思想其实也只是"禅观"的翻版。后来的《云笈七签》有《三洞经教部》，其中有些谈到修炼方法的地方，大体不出《坐忘论》的范围。

李筌著有《阴符经》和《太白阴经》。据《进太白阴经表》署尾："乾元二年（公元759年）四月二十八日，正议大夫、持节幽州军州事、幽州刺史并本州防御使、上柱国"，《太白阴经》自序署尾："唐永泰四年（按：永泰仅一年）秋，河东节度使、都虞侯"，可知他是肃宗、代宗时人。

《阴符经》系李筌所伪托自注，前人考辨已详。书中说：

> "天有五贼，见之者昌。五贼在心，施行于天。宇宙在乎手，万物生乎身。"

"五贼"即五行，他自己疏解说：

> "所言'贼'者，害也，逆之不顺则与人生害，故日'贼'也。此言阴阳之中包括五气，……在道为五德，不善用之则为贼。又'贼'者，五行更相制伏，递为生杀，昼夜不停，亦能盗窃人之生死、万物成败，故言'贼'也。'见之者昌'何也？人但能明此五行制服之道，……则而行之，此为'见'也。……如人审五贼，善能明之，则为福德之昌盛也。"

因此,李筌所谓"五贼在心,施行于天",是说主观精神为天地的枢纽,是唯心主义的命题。我们认为在《阴符经》中虽然把"天"描写得是"贼"样的东西,但"见之者昌",可以使宇宙在于人之手中,却是一种变灾为祥的说教。

按《阴符经》里的阴阳说,其立论的根据,取自《老子》"天地不仁,以万物为刍狗"之说,这一点在《太白阴经》里更显著些。李筌引《老子》此句,即按称:"阴阳之于万物,有何情哉?夫火之性自炎,不为焦灼万物而生其炎;水之性自濡,不为漂荡万物而生其濡。"(《太白阴经》卷一)从这样自然之义,就引导出了他的人文主义思想。

李筌的这两本书,《阴符经》据说是他在嵩山虎口岩石壁中得到的,称为《黄帝阴符经》,《太白阴经》又据说是骊山老姥指授他以秘要而撰述的,称为《神机制敌太白阴经》,这些都是道教的神话。李筌的《太白阴经》,主要是讲军事的书,其思想体系是一种杂家之学,每篇开首都有"经曰"的引文,但所谓"经",除《老子》外,各家上自《书》、《易》,中至法家、兵家之说,下及纬书,应有尽有。在这部书中的篇章,如《鉴人篇》讲骨相之学,如从卷七以下《祭文》、《杂占》、《杂式》各卷,都是一些荒唐的呓语,但其中卷一、卷二的《人谋》和卷三以下的有关军事学的部分,却具有人文主义的思想,且多清醒的观点。

在《人谋》上末,《政有诛强篇》是李筌拥护封建专制主义的政治结论,他说:

> "夫诛豪者益其威,戮强者增其威。威权生于豪强之身,而不在于士卒之庸。豪强有兼才者,则驾而御之,教而导之,如畜鸷鸟,如养猛虎,必节其饥渴,剪其爪牙,绊其足,狭其舌,呼之而随,嗾之而走,牢笼其心,使驯吾(指皇帝)之左右。强豪无兼才者,则长其恶,积其凶,纵其心,横其志,祸盈于三军,怒结于万人,然后诛之,以壮吾气。"

李筌这样露骨地进呈一种对付豪族的策略,显然比一些混沌的道士们更现实些,这种策略思想在其书中是主要的论题。

我们在下面分两点来概述一下李筌思想的特点。

（一）李筌是一个道教徒，当然有他的神学的说教。他的神学的特点是一种儒、佛、道的综合形式，这在《太白阴经》卷七《祭文总序》中就表现得非常明白。但这部书既然以兵学为主，所以太白这位神，也就成了主要的神。李筌的总神是儒家的昊天上帝，他说："经曰：五星者，昊天上帝之使也，禀受帝命，各司其职。"（《太白阴经》卷八）但太白神最为重要，他说：

> "太白一名长庚，西方金德，白虎之精，招摇之使，其性刚，其义断，其事收，其时秋，其日庚辛，其辰申酉，其帝少皞，其神蓐收。太白主兵马，为大将军，为威势，为割断，为杀伐，敌用占之，是以重述其德，异于常星也。"（《太白阴经》卷八）

关于这些神学的杂质，在这书中的例子是很多的，我们在这里不再列举，只说明其特点就够了。

（二）李筌的人文主义思想还有一种特点，即不但强调人事决定成败、智慧决定胜负的道理，而且有些论点涉及人定胜天的理论。他在《天无阴阳篇》，首先说阴阳是自生自发的，没有意志支配人类：

> "阴阳者一其性，而万物遇之自有荣枯。若水火有情，能浮石、沉木、坚金、流土，则知阴阳不能胜败、存亡、吉凶、善恶，明矣。夫春风东来，草木甲坼，而积廪之粟不萌；秋天肃霜，百卉俱腓，而蒙蔽之草不伤。阴阳寒暑为人谋所变，人谋成败岂阴阳所变之哉？"

从这样自然不能干涉人事的前提出发，李筌得出了不可过分信仰天道鬼神的结论，他说：

> "桓谭《新论》曰：至愚之人解避恶时，不解避恶事，则阴阳之于人有何情哉？太公曰：任贤使能，不时日而事利；明法审令，不卜筮而事吉；贵功赏劳，不禳祀而得福。无厚德而占月之数，不识敌之强弱而幸于天时，无智无虑而候于风云，小勇小力而望于天福，怯不能击而恃龟筮，士卒不勇而恃鬼神，设伏不巧而任向背；凡

> 天道鬼神,视之不见,听之不闻,索之不得;指虚无之状,不可以决
> 胜负,不可以制生死,故明将弗法,而众将不能已也。孙武曰:明王
> 圣主,贤臣良将,所以动而胜人,成功出于众者,先知也。先知不可
> 取于鬼神,不可求象于事,不可验之于度,必求于人人。……夫如
> 是,天道于兵有何阴阳哉?"(《太白阴经》卷一《政有诛强篇》)

李筌在这里的人文主义特点是道教派别里最有思想性的,其所以有这
样和他的神学相悖的推论,是和他的主题在论军事学有关的;这也犹如
道教的炼丹术之所以有些合理的因素,是和其主题接近化学有关的。

李筌在经济和法律方面都有些清醒的论点。在人性论上,他还提
到人性可变的命题。他首先从历史事例中举出了勇怯和地理环境有
关,例如:"秦人劲,晋人刚,吴人怯,蜀人懦,楚人轻,齐人多诈,越人浇
薄,海、岱之人壮,崆峒之人武,燕、赵之人锐,凉、陇之人勇,韩、魏之人
厚。地势所生,人气所禀,勇怯然也。"(《太白阴经》卷一《人无勇怯
篇》)但他又从历史事例中,举出了许多相反的情况,恰推翻了上面所
说的人性勇怯的禀赋说,而得出了这样人性可变的结论:

> "所以勇怯在乎法,成败在乎智。怯人使之以刑则勇,勇人使
> 之以赏则死。能移人之性、变人之心者,在刑赏之间;勇之与怯,于
> 人何有哉?"(同上)

这里,刑赏对于人性的变化,并不具有必然的关系。李筌的论断是错误
的,但他肯定人性可移、人心可变的观点却是有价值的。

李筌这一本军事著作,被杜佑列入主要的兵学类,其中有好多论点
值得论述一下,这里从略,留待专著讨论。

晚唐李筌以后的道教思想家当推施肩吾。肩吾字希圣,唐宪宗、穆
宗时人。《全唐文》卷七三九的《施肩吾小传》说他是元和十年(公元
815年)的进士,大概及第后不久就隐居于山中而为道士。

施肩吾有《西山群仙会真记》一书,文字不多,而言论比较集中。
他大谈性命之学,如说:

> "从道受生谓之性,自一禀形谓之命,所以托物谓之心,心有

所忆谓之意,意有所思谓之志,事无不周谓之智,智周万物谓之
虑,……气来入身谓之生,气去于形谓之死,所以通生谓之道。道
者有而无形,无而有精。……道不可见,因心以明之;心不可常,用
道以守之。"(《西山群仙会真记》卷二)

如果此书为施肩吾所自作,则"从道受生谓之性,自一禀形谓之命",已
开后来道学家的先声,而"道"、"气"的提法也为后来道学家的张本。
他也谈"道"、"器"的问题说:"形而上者谓之道,形而下者谓之器;上以
下为基,道以器为用。"这种说法在后来道学家的语录中更不可胜数。
关于道器、体用的问题,他虽然没有详细发挥,但已建立下命题的雏形。

杜光庭字圣宾,自号东瀛子,唐僖宗时曾为内供奉,后来随从入蜀,
前蜀王建赐号广成先生(杜光庭家世参考《全五代诗》卷四十六及《全
唐文》卷九二九附传)。他是三洞法师的大宗,著述极多,除史传忏仪
外,涉及思想部分者有《道德真经广圣义》及《太上老君说常清静经注》
等。他是一个生时显赫、死后有名的人物,但在思想体系上没有值得注
意的地方。

他对"道"和"物"的区别以无形有形为标准,无形是道,有形是物,
他说:

"道本无形,莫之能名。无形之形,是谓真形;无象之象,是谓
真象。先天地而不为长,后天地而不为老,无形而自彰,无象而自
立,无为而自化,故曰大道。"(《太上老君说常清静经注》第二)

"五行造化谓之物,又云:块然有凝谓之形,凡有形质者俱谓
之物也。"(《太上老君说常清静经注》第一一)

这仍然是"有生于无"的神秘主义命题的抄袭。

杜光庭认为人禀天地之气,但因为所禀不同,而有贤愚贵贱的区
别,他说:"得清明冲朗之气,为圣为贤;得浊滞烦昧之气,为愚为贱。"
(《太上老君说常清静经注》第二)这和宋代道学家理论也是非常相似
的,其本质是封建等级制的理论虚构。

五代时期,值得提到的道教著作有谭峭的《化书》和彭晓的《参同

契分章通真义》。后者所附《明镜图》为周敦颐《太极图》所本,已见本卷第 10 章,在此不再赘述。

谭峭字景升,他所著《化书》一时曾享盛誉。传说他曾携此书见南唐大臣宋齐丘,求序,宋齐丘把他杀死,"窃其书,自名之"(见俞琰《席上腐谈》卷下),故此书又名《齐丘子》,而《黄氏日抄》称"宋齐丘《化书》"。

在《化书》中,谭峭透露了一些暴露封建压迫剥削的思想,例如:

> "一日不食则惫,二日不食则病,三日不食则死。民事之急无甚于食,而王者夺其一,卿士夺其一,兵吏夺其一,战伐夺其一,工艺夺其一,商贾夺其一,道释之族夺其一;稔亦夺其一,俭亦夺其一,所以蚕告终而缲葛苧之衣,稼方毕而饭橡栎之实。王者之刑理不平,斯不平之甚也;大人之道救不义,斯不义之甚也,而行切切之仁,用戚戚之礼,其何以谢之哉?"(《化书·七夺》)

农民"三日不食则死",但他们劳动所得的衣食之资,则被王侯贵族、僧道集团之战乱征伐所夺取。如果说王者理不平,大人救不义,那么天下没有再比这更不平和不义的事了,人们为什么不来过问这种不平呢?不此之急而行"切切之仁"、"戚戚之礼",有什么用处?他又说:

> "王取其丝,吏取其纶;王取其纶,吏取其绰。取之不已,至于欺罔;欺罔不已,至于鞭挞;鞭挞不已,至于盗窃;盗窃不已,至于杀害;杀害不已,至于刑戮。"(《化书·丝纶》)

但是,谭峭虽看到这一矛盾,却企图用阶级调和的方法加以消释。他劝说上下大家一齐节俭,以缓和被压迫者的反抗情绪。所谓"俭"的概念本来含有不抵抗主义的意味,其精神本自老子。谭峭从伦理上"议欲救之",却得出了一个错误的结论,即"俭者均食之道"。显然,俭而和不但不能"均食",而且正和农民以斗争方式提出的"均贫富、等贵贱"的口号形成对立。他说:

> "礼失于奢,乐失于淫,奢淫若水,去不复返。议欲救之,莫过乎'俭','俭'者均食之道也。食均则仁义生,仁义生则礼乐序,礼

乐序则不怨,民不怨则不怒,'太平'之业也。"(《化书·太平》)
这里在结论上所得出人民"不怒"的"太平",就和太平道的理想有区别了。

《化书》的内容主要是摹仿《庄子·齐物论》,宣传泯没一切差别的相对主义思想。谭峭把一切客观存在的差别性归结于主观的幻觉,如他说:

> "有言臭腐之状,则辄有所哕;闻珍羞之名,则妄有所咽。臭腐了然虚,珍羞必然无,而哕不能止,咽不能已。有惧菽酱若蜘蛸者,有爱鲍鱼若凤膏者。知此理者,可以齐奢俭,外荣辱,黜是非,忘祸福。"(《化书·哕咽》)

谭峭主张万物之本源是"虚","虚"化为"神","神"化为"气",于是产生万物,万物又复归于"虚"。谭峭所谓"化"不是合乎自然规律的变化,而是奇迹的转化。他认为一切事物都能够自由地任意转化,例如:

> "蛇化为龟,雀化为蛤。彼忽然忘其屈曲之状,而得蹒跚之质;此倏然失其飞鸣之态,而得介甲之体。斲削不能加其功,绳尺不能定其象,何化之速也?且夫当空团块,见块而不见空;粉块求空,见空而不见块。形无妨而人自妨之,物无滞而人自滞之,悲哉!"(《化书·蛇雀》)

这种"化"的基础乃是由于它们不过是同一"虚"或"神"的变现,故他说:

> "老枫化为羽人,朽麦化为蝴蝶,自无情而之有情也;贤女化为贞石,山蚯化为百合,自有情而之无情也,是故土、木、金、石皆有性情、魂魄。虚无所不至,神无所不通,气无所不同,形无所不类。孰为此?孰为彼?孰为有识?孰为无识?万物一物也,万神一神也,斯道之至矣。"(《化书·老枫》)

谭峭的"化"的相对主义,可以说是庄子的《齐物论》与惠施"合同异"诡辩的继续。这种诡辩完全漠视了一切客观规律,它只能说是一种毫无价值的概念游戏。相对主义的诡辩是和辩证法对立的,在本卷第三章已有论证,这里从略。

第二节 宋元时代的道教及其与道学的关系

经过晚唐、五代的动乱,道教在北宋重新取得了恢复和发展。为了给封建专制主义的统治制造神学的根据,宋真宗曾利用道教,亲自导演了一系列见神见鬼的喜剧,而以天书下降为这一喜剧的顶峰。

真宗即位之第十一年正月,他向辅臣说:

"朕去年十一月二十七日夜将半,方就寝,忽室中光曜,见神人星冠绛衣,告曰:'本月三日,宜于正殿建黄箓道场一月,将降天书《大中祥符》三篇。'朕竦然起对,已复无见,命笔识之。自十二月朔,即斋戒,于朝元殿建道场,以佇神贶。适皇城司奏左承天门屋南角有黄帛曳鸱尾上,帛长二丈许,缄物如书卷,缠以青缕三道,封处有字隐隐,盖神人所谓天降之书也。"(《宋史》卷一〇四《礼志》)

于是群臣再拜称贺,真宗步行至承天门,瞻望再拜,命内臣取下"天书",再拜受之。"天书"的黄帛上有谶文:"赵受命,兴于宋,付于眘,居其器,守于正,世七百,九九定",而《大中祥符》的内容"词类《书·洪范》、老子《道德经》";乃于三日后大赦,改元大中祥符。四月辛卯朔,又有天书降于内中功德阁。六月上旬,又有天书降于泰山。这一切符谶天命的把戏,都是以道教形式上演的。

大中祥符八年(公元1015年),诏赐信州道士张正随为虚静先生,王钦若为之奏立授箓院和上清观,免田租,这就是后来江西张天师的开端。同时,在京师建立玉清昭应宫、会灵观,领以宰相职。各路也遍置宫观,以侍从诸臣退职者领之,号为"祠禄"。

徽宗时代,道教更大为兴盛,崇奉的名色更多。徽宗自称为"教主道君皇帝"。政和四年(公元1114年),设立教级制度,置道阶二十六级,后又置教官二十六等,有诸殿侍宸、校籍授经等职。宣和元年(公元 1119 年),曾令改佛号为"大觉金仙",其余为仙人、大士,改寺为宫。

北宋初年,对于在五代兵火中散佚的道教经典,由政府主持,作了一番整理。太宗曾集合道书七千余卷,命徐铉、王禹偁董理(谢守灏《混元圣纪》卷九)。真宗始命王钦若领校道经;大中祥符五年(公元 1012 年),除张君房为著作佐郎,专修《道藏》。到了天禧三年(公元 1019 年),编成《大宋天宫宝藏》七藏。张君房根据七藏,撮要提凡,撰成《云笈七签》一书。这一部书不过是类书一流的作品,看不出某一个道士的思想体系来,但不失为一部综合性的著作。对于道教典籍的保存,张君房是有功劳的。

关于北宋的道教思想,可以张伯端为代表。

张伯端一名用成,字平叔,天台人。据翁葆光《悟真直指详说三乘秘要》,张伯端卒于神宗元丰五年(公元 1082 年),享年 96 岁,则当生于太宗雍熙四年(公元 987 年),但这一年寿恐不可靠。他的思想见于他在神宗时撰作的《悟真篇》,此书后来在道教中取得与《参同契》相仿的地位。此外,题名为张伯端的还有《玉清金笥青华秘文》、《金丹四百字》和《金华秘诀》的序,均系伪托。《玉清金笥青华秘文》是南宋自称为王邦叔徒裔的道士所伪作,《金丹四百字》则是白玉蟾所追拟(见下)。

南宋以下的道教南宗假借张伯端为宗祖,因而就和禅宗的菩提达摩一样,张伯端的事迹也被附会了许多神话传说,对此需要作一简单的考辨。

关于张伯端的生平,最翔实的记载当推孝宗乾道五年(公元 1169 年)陆彦孚(思诚)所撰的《悟真篇记》。翁葆光《悟真篇注》序文说:

"惟龙图陆公(诜)之孙思诚所藏家本为真,此乃仙翁(张伯端)亲授之本也,思诚亦自序其所得之详于卷末矣。余因游洞庭,得斯真本,改而正之。"(载起宗《悟真篇注疏》)

陆彦孚的这篇文章,旧均以为佚失了,现在我们发现张士弘《悟真篇三

注》中所谓薛式序原来就是陆彦孚《悟真篇记》的原文,不过把署名剜改了。记文说:

"张平叔先生者,天台人,少业进士,坐累谪岭南兵籍。治平中,先大夫龙图公诜帅桂林,取置帐下,典机事。公移他镇,皆以自随。最后,公薨于成都,平叔转徙秦陇;久之,事扶风马默处厚于河东。处厚被召,临行,平叔以此书授之,曰:'生平所学尽在是矣,愿公流布,当有因书而会意者。'默为司农少卿,南阳张公履坦夫为寺主簿,坦夫曰:'吾龙图公之子婿也。'默意坦夫能知其术,遂以书传之坦夫,坦夫复以传先考宝文公(陆师闵)。"

《悟真篇》定本的流传在这里说明得很清楚。根据上文,可知张伯端本不是道士,而是一个嗜好道术的儒者。在《悟真篇》序中,张伯端自叙:

"仆幼亲善道,涉猎三教经书,以至刑法、书算、医卜、战阵、天文、地理、吉凶死生之术,靡不留心详究。"

而据翁葆光说,他在神宗元丰时与刘奉真之徒"广宣佛法",并于死时留偈说:"一灵妙用,法界圆通"云云,由奉真之徒焚其遗蜕。

《悟真篇》一书至少在张伯端死后不久即开始流传,其第一部注释是高宗绍兴三年(公元1133年)叶士表(文叔)的注。叶注的全本现已不存,所能看到的是道教南宗的丛书《修真十书》第二十六至三十三卷所录宁宗嘉泰二年(公元1202年)袁公辅的选批本。第二部注本是孝宗乾道九年(公元1173年)翁葆光(渊明,无名子)的注和其友陈达灵的传。

张伯端的《悟真篇》是宋代道教接受佛教禅宗思想影响的最早的例证。在序中,张伯端表示出当时较流行的"三教合一"的思想,他说:

"老释以性命学开方便门,教人修积以逃生死。释氏以空寂为宗,若顿悟圆通,则直超彼岸;如有习漏未尽,则尚徇于有生。老氏以炼养为真,若得其枢要,则立跻圣位;如其未明本性,则犹滞于幻形。其次,《周易》有穷理尽性至命之解,《鲁语》有毋意、必、固、我之说,此又仲尼极臻乎性命之奥也。"(《悟真篇·序》)

这是以道教修炼性命之说来撮合三教,故他又说:

> "教虽分三,道乃归一,奈何后世黄缁之流各自专门,互相非是,致使三家宗要迷没邪歧,不能混一而同归矣。"(《悟真篇·序》)

张伯端又认为金丹道术还不能深究"本源真觉之性",他在《悟真篇》所附《禅宗歌颂诗曲杂言》前这样写道:

> "此恐学道之人不通性理,独修金丹,如此既性命之道未修,则运心不普,物我难齐,又焉能究竟圆通,迥超三界? ……故此《悟真篇》者,先以神仙命脉诱其修炼,次以诸佛妙用广其神通,终以真如觉性遣其妄幻,而归于究竟空寂之本源矣。"

从《悟真篇》的内容也可以明显地看出吸取禅宗思想的迹象。这部书中有些唯心主义语句,无不出于禅宗,例如:

> "三界唯心妙理,万物非此非彼。无一物非我心,无一物是我己。"(《悟真篇·拾遗·三界唯心》)

> "欲体夫至道,莫若明夫本心,故心者道之体也,道者心之用也。人能察心观性,则圆明之体自现,无为之用自成,不假施功,顿超彼岸。"(《悟真篇·后序》)

按照张伯端自己的话,他"得闻达摩、六祖最上一乘之妙旨"(同上),因此,《悟真篇》的思想不过是俯拾禅宗的牙慧。

神宗熙宁时代,另一个著名的道教人物是陈景元。陈景元字太初,号碧虚子,建昌人,卒于哲宗绍圣元年(公元 1094 年),年七旬。据理宗时北方道士薛致玄《道德真经藏室纂微开题科文疏》,陈景元于仁宗庆历二年以韩知止为师;后在天台遇张无梦,"得老、庄微旨"。礼部侍郎王琪荐之于王珪。熙宁五年,陈景元进所注《道德真经藏室纂微》,诏充右街都监,同签书教门公事,"羽服中,一时之荣,鲜有其比"。他的著作有《老子》、《庄子》(附《公孙龙子》二篇)、《西升经》、《度人上品妙经》的注释,大多保留在《道藏》中。这些书都没有提出新的见解。

南北宋之际,曾公亮之孙曾慥撰集了《道枢》,它是一部糅合主要是北宋的许多道教著作的书,但不能构成体系。

到了南宋,儒释道三教已经进一步交糅融合。作为道学家代表的朱熹,和道教便有着密切的渊源。

朱熹与道教接近当受蔡元定的一定影响。蔡元定是一个象数学者,同时又是方技术士。朱熹对他非常重视:

> "〔蔡元定〕闻朱文公名,往师之。文公叩其学,大惊,曰:'此吾老友也,不当在弟子列。'四方来学者,必俾先从先生(蔡)质正焉。"(《宋元学案·西山学案》)

朱熹曾与蔡元定共究《参同契》,又曾对蔡元定说:

> "阴君丹诀,见濂溪有诗及之,当是此书。行此而寿考者,乃吃猪肉而饱者。吾人所知,盖不止此,乃不免于衰病,岂坐谈龙肉而未得尝之比耶?"(俞琰《席上腐谈》卷下,按:"猪肉"、"龙肉"之喻系引自苏轼,见《东坡集》卷三〇《答毕仲举书》)

及至蔡元定编管道州,朱熹与他诀别时,还论订《参同契》,以至终夕不寐。

朱熹假托"崆峒道士邹䜣"之名,作了《参同契》和《阴符经》的注,按"邹"即"邾"字的假借,"䜣"则据《乐记》也是"熹"字的假借(参看陈叔方《颖川语小》卷上)。朱熹的弟子间丘次孟曾赞扬《阴符经》中一节说:"此数语,虽六经之语无以加",朱熹便同意说:"如他间丘此等见处尽得。"(《朱子语类》卷一二五)凡此俱可证明朱熹对道教的崇信。

南宋时代,在金人统治的北方,出现了号为"全真"、"大道"、"太一"的三种新的道教派别。其中全真教最为隆盛,后世称为道教北宗。

全真教的创始人是王喆。王喆本名中孚,咸阳人,生于宋徽宗政和二年(阴历 12 月尾,公元 1113 年),卒于金世宗大定十年(公元 1170年)。他的弟子有马钰等六人,合称"七真"。

必须指出,全真教仍然是一种统治阶级的高贵宗教,它既不是民间的宗教,也不具有抗金的性质。但是由于宋统治者抛弃了北方人民,人民在兵火中遭受了无限的苦难,使他们更多地投向了宗教,依附宗教;

有时不能不利用统治阶级的思想武器,改头换面,以期用来摆脱一些贫困和苦难。全真道士,例如王志谨在关中开涝水灌田,也吸引了一些农民群众。在这样的条件下,形成了全真教"势如风火"的盛况。

全真教的领袖们都不是普通人民。王喆本人"家世咸阳,最为右族",而且"以财雄乡里"。伪齐阜昌时,他曾应礼部试未第。金熙宗天眷(相当宋高宗绍兴)时,金兵入陕西,王喆又应武举,中甲科。由此可见,王喆并非抗节不仕的志士。

王喆的六个弟子,马钰家世业儒,有"千金之产";谭处端"孝义传家,甚为乡里所重";刘处玄祖、父世为武官,曾一次舍良田八十余亩于龙兴巨刹;邱处机"家世栖霞,最为名族";郝璘(大通)也"历代游宦","家故富饶,为州首户"(以上均据秦志安《金莲正宗记》、李道谦《甘水仙源录》)。马、谭、王、郝是宁海人,邱是登州栖霞人,刘是东莱人,都是当地豪族的代表。由这些人所组织的教派,无疑并不是什么民间宗教。

王喆创立全真教是他晚年的事迹。金世宗大定元年(公元1161年),他在终南县掘一坟墓,坐居其中,号为"活死人",用以惊世骇俗。大定七年(公元1167年),王喆东行到山东宁海州,次第收录了六个弟子。次年立七宝会,后又结金莲社、玉花社,这便是全真教的肇端。

金至元初道教北宗传授表

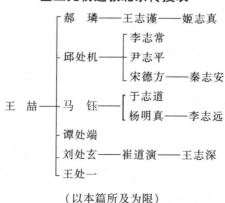

(以本篇所及为限)

全真教以"柔弱谦下"为第一教义,以"制心"无为为修持方法,例如马钰说:

"夫道以无心为体,忘言为用,以柔弱为本,以清净为基。若施于人,必节饮食,绝思虑。"(《丹阳真人语录》)

不仅如此,全真教还提倡忍辱,如徐琰《郝宗师道行碑》说:

"重阳真君(王喆)……创立一家之教曰全真,其修持大略以识心见性、除情去欲、忍耻含垢、苦己利人为之宗。"(《甘水仙源录》卷二)

在金、元相继南侵的情况下,全真教所宣传的这种忍辱的不抵抗主义和绝欲主义,是对于金、元的统治者有利的工具,而和当时起义农民在北方山中所组织的"忠义巡社"是对立的。

全真教成立不过十几年,金统治者就给予极大的重视。金世宗大定二十七年(公元1187年),诏王处一至燕京;次年诏邱处机入京,主万春节醮,还时赐钱十万。自此,全真教便进一步为金统治者服务了。

如上所述,全真教到了民间,可能发生和统治者相反的作用,因而在提倡教义的同时,统治者必须防止民间的组织活动。金章宗明昌元年(公元1190年),曾下诏以"惑众乱民"为名,禁止全真教。这一命令主要是针对全真教的下层组织,如元好问所描写,当时:

"南际淮,北至朔漠,西向秦,东向海,山林城市,庐舍相望,什百为偶,甲乙授受,牢不可破。上之人亦尝惧其有张角斗米之变,著命以止绝之。"(《遗山先生文集》卷三五《紫微观记》)

同时,全真教大师依然为统治者所重视,例如就在明昌二年,邱处机东归栖霞,大建道观,敕赐额为太虚,为东方道林之冠。

不但如此,全真教的上层领袖还直接参加了对农民起义的镇压,下面仅举两例,以概其余。

邱处机在金宣宗时,亲自出面,瓦解山东杨安儿领导的起义:

"师既居海上,达官贵人敬奉者日益多。定海军节度使刘公师鲁、邹公应中二老,当代名臣,皆相与友。贞祐甲戌之秋,山东乱,驸马都尉仆散公(安贞)将兵讨之。时登及宁海未服,公请师抚谕,所至皆投戈拜命,二州遂定。"(《甘水仙源录》卷一陈时可《长春真人本行碑》)

金哀宗末年,汴京大饥,人相食。这时,人民利用了全真教的组织活动起来,如王恽所记:

> "时全真教大行,所在翕然从风,虽虎苟狼戾,性于嗜杀之徒,率授法号,名会首者皆是也。"(《秋涧先生大全文集》卷五十三《卫州胙城县灵虚观碑》)

这种"会首"领导的组织,显然与正统的全真教不同,而带有反抗的性质。于是李志远便用正统的全真教来消弭这种民间的宗教组织:

> "师(李志远)时在卫,目其事,愀然叹曰:'人发杀机(按:此《阴符经》语),一至于此耶?吾挐舟而来,正为此耳!……'遂驾河上,起观,距城之北墉,曰:'将以此道场为设教张本之自。'于是仁风一扇,比屋回心,贪残狼戾,化为柔良。"(《秋涧先生大全文集》卷五十三《卫州胙城县灵虚观碑》)

从这一夸大了的例子,可以充分看出全真教对民间道教的仇视及其"柔弱"教义腐涣人心的作用。

全真教道士自"七真"以下的诗集语录多保存在《道藏》内,但其主要内容是丹诀,没有多少理论可供分析。经过仔细抉剔,可知全真教的神学理论不外以下几点。

性命之说是全真教思想的核心。王喆说:"性者是元神,命者是元气"(《二十四诀》),"元神"或"性"是宇宙的本源,也是人的根本,如他说:

> "夫真道者,空中有实,实中有空,经云'大道无形,生育天地;大道无名,长养万物',从真性所生为人者,亦复如是。"(《金关玉锁诀》)

全真教认为"道"或"性"兼有虚实。就"道"之体而言,"道"是虚;就"道"的常存不朽而言,"道"是实,如刘处玄说:

> "虚者道之体也。阴阳明其虚,则万物生也;至性明其虚,则
> 恍惚生也。万物生成,则济于世也;恍惚生成,则出于世也。……
> 虚者,道之实也。……实者,道也,道生在于天地之先,至今常存不
> 朽者,谓之实也。实者,性也,性生在于万物之外,至今常存不朽
> 者,谓之实也。"(《至真语录》)

这即是说,"道"和"性"是神的同义语,是常存不朽的绝对者。当然,这
并不是老子的原义,但不能不说是和老子的唯心主义有关联的。

全真教更直接了当说"性"即是神。王喆说:"心本是道,道即是
心,心外无道,道外无心。"(《二十四诀》)和"心"相关系的是"性",他
们认为性是永存的,人的死亡只是形死,而不是性死,因为"性"就是
神。刘处玄论这一问题说:

> "死者物之形也。万物至其深秋则形死,其根不死也;万形至
> 其百年则身死,其性不死也。……根者性也,性者根也;神者性也,
> 性者神也。"(《至真语录》)

这是一种神不灭论。按照这种灵魂不灭的僧侣主义观点,全真教称人
的肉体为"俗",精神为"真":

> "俗者,人之俗躯也;真者,至神也。谓之有,物也。有之外,
> 道乃天地之先也;物之表,性乃阴阳之外也。有而明,则如石中见
> 其玉也;物而明,则似蚌中见其珠也。有者,人之形也;物者,真之
> 性也。形终,则性常在也;物尽,则气常存也。"(同上)

刘处玄形容灵魂拘于肉体为"似鱼在网",而人如果"出其物壳",则如
真在道,如鱼在水。全真教的修炼便是要使灵魂脱离"物壳"。

在较晚的全真教道士的著作里,可以明显地看到由禅学、理学吸取
来的因素。例如王志谨认为"金丹"即是"本来真性",修炼即在恢复故
有的"混成之性"。和程颢一样,王志谨称这种修持为"定性",他说:

> "心上有情,性上有尘,情尘般弄,生死不停。欲求解脱,随遇
> 即遣,遣之又遣,以致丝毫不存,本源清净,不逐声,不逐色,随处自
> 在,虚静潇洒,天长地久,自明真宰。"(《盘山语录》)

这仍然是禅学的陈套,他又说:

> "汝向二六时中,理会自己心地,看念虑未生时是个什么念
> 虑;既生时,看是邪是正。"(《盘山语录》)

所谓"看念虑未生",则是理学所谓"看未发之中"的同义语。在尹志平
的《北游语录》中,所说的如人性去道不远、天赋性命、性中之天等命
题,也都不难看出道学的痕迹。

道教南宗的建立,较晚于北宗,其创始者是南宋宁宗时代的白
玉蟾。

白玉蟾本名葛长庚,字白叟,闽清人,生于光宗绍熙五年(公元
1194年),卒于理宗绍定二年(公元1229年)。他出身于很高的门第,
十二岁举童子科,故姚鹿卿《庐山集序》说他"以妙龄赴高科,读书种
子,宿世培植"(《海琼玉蟾先生文集》附录)。后因"任侠杀人,亡命之
武夷"(刘坤一《江西通志》卷一八〇),改装为道士,故陈振孙说他"尝
得罪亡命,盖奸妄流也"(《直斋书录解题》卷一二)。在《云游歌》一诗
中,白玉蟾曾描述他流亡漂泊的苦况:

> "茫茫到此赤条条,思欲归乡归不得。争奈旬余守肚饥,埋名
> 隐姓有谁知。"(《修真十书》卷三九《上清集》)

由此诗可知他曾流浪于华南各地。

嘉定十年(公元1217年),白玉蟾收吏部彭演之子彭耜与留元长
为弟子,这时他已经是名道士了。十一年,宁宗降御香,建醮于洪州玉
隆宫,白玉蟾"为国升座",后又在九宫山瑞庆宫主国醮,"神龙见于
天",有旨诏见,不赴而去。次年,他到浙江访豫王。嘉定十年至十五
年是白玉蟾的活动时期,道教南宗即创建于此时。

嘉定十五年(公元1222年)四月,白玉蟾到临安,"伏阙言天下
事",他这一政治活动的目的不明,结果是:

> "沮不得达,因醉执逮京尹,一宿乃释,既而臣像上言先生左道惑
> 众,群常数百人,叔监丞坐是得祠。"(彭耜《海琼玉蟾先生事实》)

此后白玉蟾托死隐居,于绍定时卒于盱江。

关于白玉蟾所领导的教派,文献缺乏详尽记载。所能考知的是,这一教派仿照天师道,设立了称为"靖"的教区组织。彭耜对其弟子林伯谦说:

> "尔祖师(白玉蟾)所治碧芝靖,予今所治鹤林靖,尔今所治紫光靖。……如汉天师二十四靖是矣,古三十六靖庐是矣,许旌阳七靖是矣。(靖,治。律曰:"民家曰靖,师家曰治。")"(《海琼白真人语录》卷二)

白玉蟾与以豪侠闻名的潘牥也有密切的关系,他们似曾酝酿复仇的密谋。

据当时人记载,白玉蟾"博极群书,贯通三氏",且长于书画。他的诗文集,在生前刊行的有《玉隆集》、《上清集》、《武夷集》(今见《修真十书》卷三一至五二)等,后由彭耜纂辑为《海琼玉蟾先生文集》。语录有彭耜所编《海琼白真人语录》和留元长所编《海琼问道集》。

道教南宗所宗奉的经典是《雷霆玉枢宝经》、《雷霆玉枢宝忏》和《宥罪法忏》,均系白玉蟾所伪撰。同时他还根据一些传说,捏造了张伯端—石泰—薛式—陈楠—白玉蟾的道统,伪作了张伯端《金丹四百字》、石泰《还源篇》、薛式《复命篇》、陈楠《翠虚篇》,编入《群仙珠玉集》(参看俞琰《席上腐谈》卷下)。

应该指出,道教南宗和朱熹有一定的关系。白玉蟾对朱熹深为倾倒,曾化塑朱熹遗像,并作赞说:

> "皇极坠地,公归于天,武夷松竹,落日鸣蝉。"(《海琼玉蟾先生文集》卷六《朱文公像赞》)

宋元之际道教南宗传授表

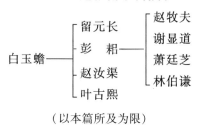

(以本篇所及为限)

而这是在"伪学"被禁的时期。元初袁桷为《易三图》作序,述及朱熹命蔡元定入峡,访得象数学秘传的三图,其后:

> "上饶谢先生(枋得)遁于建安,鄱阳吴生蟾往受《易》焉,后出其图,曰:建安之学为彭翁,彭翁之传为武夷君,而莫知所授,或曰托以隐秘,故谓之武夷君焉。……季通(蔡元定)家武夷,今彭翁所图疑出蔡氏。"(《清容居士集》卷二一《易三图·序》)

这个彭翁可能即彭耜,而武夷君可能即号武夷翁的白玉蟾。

从思想上考察,道教南宗的理论乃是道教、道学、禅宗三者的混合物。

白玉蟾所论述的修炼理论,其中心是"精气神"说,例如他在诗中提到:

> "人生只有三般物,精神与气常保全。……岂知此精此神气,根于父母未生前,三者未尝相反离,结为一块大无边。人之生死空自尔,此物湛寂何伤焉?"(《上清集·心竟恁地歌》)

而在三者之中,神是主:

> "神是主,精气是客。……万神一神也,万气一气也,以一而生万,摄万而归一,皆在我之神也。"(《海琼白真人语录》卷一)

白玉蟾更认为神聚则成魂,而且魂魄都是主观的"一念"的变现,他说:

> "人之一念,聚则成神,散则成气;神聚则谓之魂,气聚则谓之魄。"(同上)

这样说来,人的形体(魄)和灵魂就都是精神性的了。

道教南宗常沿着这一主观唯心主义的路线论述"心"、"法"问题,如留元长与白玉蟾有下列对话:

> "元长问曰:……夫人之心本自圆通,本自灵宝,本自正一,本自混元。以人之一心而流出无穷无尽之法,盖如天之一气生育万物也。……真师曰:法法从心生,心外无别法。"(同上)

同样,白玉蟾在《鹤林传法明心颂》中也说:

> "万法从心生,心心即是法。……法是心之臣,心是法之主。"

（《海琼白真人语录》卷四）

在举行禅宗式的小参时，白玉蟾说：

> "至道在心，即心是道，六根内外，一般风光。……形以心为君，心者神之舍。"（《海琼白真人语录》卷三《东楼小参》）

所谓"六根"之外即客观世界，"六根"之内即主观意识。白玉蟾以精神为本体，所以说"六根"内外是一般风光，都是本体的显现。

道教南宗的修炼方法可以白玉蟾的《无极图说》为代表。这篇图说是仿照着周敦颐的《太极图说》撰写的（白玉蟾的再传弟子萧廷芝的《无极图说》更直接采用了《太极图》，见《修真十书》本《金丹大成集》），他说：

> "夫道也，性与命而已。性无生也，命有生也。无者万物之始也，有者万物之母也。一阴一阳之谓道，生生不穷之谓易，易即道也，○；道生一，◉者，混沌也；一生二，⊖；阳奇阴偶，即已二生三矣。纯乾，☰，性也；两乾而成坤，☷，命也，犹神与形也。……

> "夫心者，⊙，像日也；肾者，☽，像月也。日月合而成易，千变万化而未尝灭焉。然则肾即仙之道乎？寂然不动，盖刚健中正纯粹精者存，乃性之所寄也，为命之根矣；心即佛之道乎？感而遂通，盖喜怒哀乐爱恶欲者存，乃命之所寄也，为性之枢矣。……

> "君子黄中通理，正位居体，美在其中，畅于四肢，于是默而识之，闲邪存诚，终日如愚，专气致柔，故能以坎中天理之阳点破离中人欲之阴，是之谓克己复礼，复还纯阳之天。

> "吁！万物芸芸，各归其根，归根曰静，静曰复命，穷理尽性而至于命，则性命之道毕矣，斯可与造物者游而柄其终始。"（《海琼玉蟾先生文集》卷三）

白玉蟾的这篇图说，虽然糅合了许多老庄术语，但分析其实质，可以视为朱熹的人性论和修养法的道家版。白玉蟾所谓"性"，相当于朱熹的"道心"或"天命之性"，故他说"性由天赋，智愚善恶付之天"（《海琼白真人语录》卷四《陈情表》）；白玉蟾所谓"命"，相当于朱熹的"人心”或“气质之性”（“气”）。白玉蟾说：

> “命者因形而有，性则寓于有形之后。五脏之神为命，七情之所系也，莫不有害乎吾之公道；一受于天为性，公道之所系焉。故性与天同道，命与人同欲。”（《海琼玉蟾先生文集》卷一《性命日月论》）

他有时直接袭用“道心”与“气”等名词，例如说：

> “道心者气之主，气者形之根，形是气之宅，神者形之具。神即性也，气即命也。”（《海琼白真人语录·东楼小参》）

因此，朱熹所论以“天命之性”驾驭“气质之性”，在白玉蟾这里则被改称为“以神驭气”（《海琼玉蟾先生文集》卷三《鹤林问道篇》）。

同时，白玉蟾还把道学的“知止”引入他的道教理论，他说：

> “‘知止而后有定，定而后能静’。静定日久，聪明日全，天光内烛，心纯乎道，与道合真，抑不知孰为道，孰为我，但觉其道即我，我即道，彼此相忘于无忘可忘之中，此所谓至道也。”（《雷霆玉枢宝经集注》卷上）

所谓道我相忘，仍然是理学中由“格物致知”而得到的神秘的境界。

如前所述，道教本来是宋代道学成立的凭借之一，然而通过在道学中与儒家思想、佛教思想的融合，又产生了新的道教宗派，以白玉蟾为代表的道教南宗就是这一交互影响过程的明显例证。

第 十 八 章

宋元之际黄震和邓牧的进步思想

第一节 黄震的思想

黄震字东发,原籍浙江定海,后为慈谿人,学者称他为于越先生。

宋理宗宝祐四年(公元 1256 年),黄震登进士第。在南宋末年的政治生活中,他在某些方面的见解比较同意叶适,称叶所著的《治势》、《民事》以及《财计》等篇为"平实",为"谙练之说"(见《黄氏日钞》卷六八)。但他对于叶适的学术思想与政治见解也有若干保留,他说:

> "水心能力排老、庄,正矣;乃并讥程伊川,则异论也。能力主恢复,正矣;乃反斥张魏公(浚),则大言也。能力诋本朝兵财靡弊天下而至于弱,正矣;乃欲割两淮、江南、荆湖弃诸人以免养兵,独以两浙为守,又欲抑三等户代兵,兹又靡弊削弱之尤者也。"(《黄氏日钞》卷六八)

这就明白表现了黄震在学术上和政治上的动摇态度,一方面在批判当时的兵财靡弊天下上,他同意叶适的主张,但另一方面他又未能摆脱程、朱的影响。他主张在程、朱的思想基础上容纳一些叶适的切救世弊的主张，因而他把叶适的思想分成两部分，即"功利之学"与"义理之学"，对于前者，他没有什么异议，而对于后者，他认为"不容不辩"。他说：

"且功利之学不必问也，义理之学不容不辩也。公于义理，独不满于陆，而不及朱，似于朱无忤者，然朱之学正主程，而程之学专主敬，乃反以程子之言敬为非，又何耶？且敬也者，尧、舜、禹、汤、文、武、周公、孔子以来相传之说，非程子自为之说也。苏子瞻（轼）千古奇材，独以轻薄仇程子，终身思所以破其敬之说，尚终其身不能；而水心欲破之，宜其说之不能自白也。"（《黄氏日钞》卷六八）

黄震的这种动摇的态度，从他的政治活动中也是可以很清晰地看到的。

宝祐六年（公元1258年），黄震任吴县尉，他对当时豪族世家勾结尉卒欺压人民的事，予以抑止。《宋史》本传说：

"吴多豪势家，告私债，则以属尉；民多冻饥窘苦、死尉卒手。震至，不受贵家告。"（卷四三八）

理宗景定元年（公元1260年），黄震调任华亭县令，他除去"大究塞泄之法"以防水灾外，又"罢茶、盐分司"，据《松江府志》说：

"震摄华亭，请罢茶、盐分司；并将买纳场文、武二员省罢一员，仍立定买纳吏卒人数，不许私自增添。又论'后租额在恤亭丁'：一、发盐司之积，以招流亡；二、除出剩之弊，以禁苛取；三、操体统之要，以省烦扰；四、定散本之法，以免减剋；五、择监临之官，以善催煎；六、还产业之旧，以固常心。"

官田法实行以后，黄震被改辟提领官田所。他对当时贾似道所颁行的官田法，持反对态度，认为不利于民。

咸淳六七年间（公元1270—1271年），黄震参加了宁宗、理宗两朝国史实录的修纂工作，在轮对时，他指出当时的时弊是"民日以穷，兵日以弱，财日以匮，士大夫日以无耻"（《黄氏日钞》卷六九）。但他提不出拯救时弊的具体主张,只是要皇帝"真以天下万世为虑而亟救之"(同上)。

咸淳八年(公元 1272 年),黄震在江西抚州任太守,这时抚州正遇到灾荒,他采取了"礼劝富室"抑平粮价的调和办法去救济灾荒。《宋史》本传说:

> "震知其州,单车疾驰,中道,约富人、耆老集城中,毋过某日。至,则大书:'闭粜者籍,强籴者斩',揭于市。坐驿舍署文书,不入州治;不抑米价,价日损。亲煮粥,食饥者;请于朝,给爵赏,旌劳者,而后入视州事。"(卷四三八)

同时,他又把"没官田所入"的米粮代替向人民的征购。《宋史》本传说:

> "转运司下州籴米七万石。震曰:'民生蹙矣!岂宜重困之?'以没官田三庄所入应之。"(同上)

当时宫中正在大兴土木,修建内道场,靡费民财很多,黄震提出罢给僧人、道士度牒,据《宋史》本传说:

> "乞罢给度僧人、道士牒,使其徒老死,即消弭之,收其田入,可以富军国、纾民力。"(同上)

《延祐志》中也说:

> "震入对,言危亡灾异在旦夕,而缙、黄出入宫禁亡节,失朝廷体度。"

度宗并没有采纳这样的主张,反而将黄震降秩罢官,让他去通判广德军。

在广德军任中,黄震首改朱熹社仓法,废止了社仓的纳息制度。《宋史》本传说:

> "初孝宗班朱熹社仓法于天下,而广德则官置此仓,民困于纳息,至以息为本,而息皆横取,民穷至自经。人以为熹之法,不敢议。震曰:'不然,法出于尧、舜三代圣人,犹有变通;安有先儒为法,不思救其弊耶?况熹法:社仓归之于民,而官不得与;官虽不

与，而终有纳息之患。'震为别买田六百亩，以其租代社仓息，约非凶年不贷，而贷者不取息。"（卷四三八）

对于地方上的淫祀、迷信等恶劣风俗，黄震是严厉加以取缔禁止的，《宋史》本传说：

"郡有祠山庙，岁合江、淮之民，祷祈者数十万，其牲皆用牛；郡恶少挟兵刃，舞牲迎神，为常斗争，致犯法。"

"又有自婴桎梏，自拷掠以徼福者。震见，问之，乃兵卒，责自状其罪。卒曰：'本无罪。'震曰：'尔罪多，不敢对人言，特告神以免罪耳！'杖之，示众。"

"又其俗有所谓埋藏会者：为坎于庭，深广皆五尺，以所祭牛及器皿数百纳其中，覆以牛革，封镝一夕；明，发视之，失所在。震以为妖，而杀牛淫祀非法，言之诸司，禁绝之。"

宋亡以后，黄震深隐于宝幢山，不到元朝政府去做官。据《宋元学案》载，他是因重民族气节而饿死的。

黄震没有写过专门探讨学术问题的著作，他所写的几乎全部是读书笔记和摘要，计有《日钞分类》（即《黄氏日钞》）九十卷、《古今纪要》十九卷、《戊辰修史传》一卷、《古今纪要逸编》一卷、《黄氏日钞古今纪要逸编》一卷及《读诗一得》、《读礼记日钞》、《读书一得》、《礼记集解》、《春秋集解》等，其中以《日钞分类》为最重要。这部笔记式的著作保存着不少有价值的论点，我们从中可以看出：（一）他虽然仍以朱熹为正宗，如他自己所说："愚所读先儒诸书，始于濂溪周敦颐，终于文公（朱熹）所传之勉斋（黄榦），以究正学之终始焉"（《黄氏日钞》卷四二），但也并不完全以朱熹的思想束缚自己，此点《慈谿县志》在介绍《黄氏日钞》时也曾谈到："（黄震）虽朱子谓《周礼》可致太平，亦不敢遽信，其他解说经义，或引诸家以翼朱子，或舍朱子而取诸家，亦不坚持门户之见。"我们所要进而指出的是：在他的不严格坚持"门户之见"之中，表现出对程朱道学的一些修正，这种修正，意味着他在唯心主义道学的营垒中不满意道学的过分玄虚之谈，而同情唯物主义的某些观点，甚至有时显出一种向唯物主义靠拢的倾向。他并没有冲出道学的藩篱,时而在唯心主义与唯物主义之间动摇,这是他的哲学思想的基本性格。(二)这一性格在他对前代与当时思想家所持的态度上表现得更为明显。他曾对唯物主义者王充、柳宗元、叶适给予一定的肯定与赞扬,这在当时是难能可贵的。然而也应该指出:在他倾向于唯物主义时,他始终没有敢深入唯物主义,也没有敢于与道学决裂,一触及唯物主义与唯心主义的根本分歧,他就停止不前,认为唯物主义的某些论点"过激"了。由以上相互联结的两点看来,黄震思想无疑是有其合理部分的,这一部分也常为后世进步思想家所称道,顾炎武就曾将《黄氏日钞》中最精粹的若干则抄入他的《日知录》一书中。

在这里,我们不需要论列他追随程、朱的那些道学思想,这种道学思想在他的读书笔记中是随处可见的。我们仅就他对道学的某些不满与修正以及他对唯物主义的同情与靠拢来作一考察。

我们先来看他对道学的修正:

一、他吸取了孔子思想中的经验论的部分,并加以发挥。在《读论语·性与天道》章中,他这样说:

> "子贡明言不可得而闻,诸儒反谓其得闻而叹美,岂本朝专言性与天道,故自主其说如此耶? 要之子贡之言,正今日学者所当退而自省也。"(《黄氏日钞》卷一)

就此节而言,可见他反对连朱熹也在内的宋儒高谈虚远玄妙的"性"与"天道",而主张在"治国平天下"的实事上探讨问题。同时,他对孔子的"不语怪力乱神"也表示赞同。

二、他反对作为最露骨的唯心主义的禅学,反对"用心于内",对陆象山的心学深致不满,并且进而攻击"十六字为传心之要"的神秘论调。他在《读论语·曾子三省》章中说:

> "曾子之学,专用心于内,惜其嘉言善行不尽传。窃意用心于内者,无形动求诸身躬行也,其所指之一虚一实已不同,盖心所以具万理而应万事,正其心者正欲施之治国平天下。孔门未有专用

心于内之说也,用心于内,近世禅学之说耳,后有象山因谓曾子之
学是里面出来,其学不传。"(《黄氏日钞》卷二)

又在《读尚书·人心惟危》一章中说:

"近世喜言心学,舍全章本旨而独论人心、道心;甚者,单摭
'道心'二字,而直谓即心是道,盖陷于禅学而不自知,其去尧、舜、
禹授天下之本旨远矣。……其后,进此书传于朝者,乃因以三圣传
心为说,世之学者遂指此书十六字为传心之要,而禅学者借以为据
依矣。愚按:心不待传也,流行天地间,贯彻古今而无不同者,理
也;理具于吾心而验于事物;心者,所以统宗此理而别白其是非,人
之贤否、事之得失、天下之治乱,皆于此乎判,此圣人所以致察于危
微精一之间,而相传以执中之道,使无一事之不合乎理。……圣贤
之学……人人所同,历千载越宇宙有不期而同,何传之云?……俗
语浸淫,虽贤者或不能不袭用其语。"(《黄氏日钞》卷五)

这两段议论,就其反对禅学与陆象山的心学而言,是程、朱一派的道学
家中所常见的,就其"心"与"理"的论述来说,也以朱熹的理论为张本,
然而值得注意的是:他毕竟反对道学家所最乐道的"传心"之说而有所
立异。

黄震反对禅学的议论颇为顾炎武所采取,《日知录》中曾抄录了黄
震《省斋记》的如下的一段话:

"心者,吾身之主宰,……所以治事,而非治于事;惟随事谨省
则心自存正,不待治之而后齐一也。……至于斋心服形之老庄,一
派而为坐脱立忘之禅学,始瞑目林(疑"株")坐,日夜仇视其心而
禁治之,及治之愈急而心愈乱,则曰:'易伏猛兽,难降寸心。'呜
呼!人之有心,犹家之有主也,家有主,反禁切之,使一不得有为,
其扰者,势也,而讶心之难降欤?故世有竭平生之力以从事于禅,
适足以槁骴其无用之身,他尚何望?"(《黄氏日钞》卷八六)

又进一步加以发挥说,客观的对象和思维的活动是照映的,思维反映对
象而占有对象("得之"),因而必须在"治事"与"当用"上来运用思维

能力,不能"外仁外礼外事以言心"(参看卷一八《心学》条顾炎武引唐伯元语)。

三、黄震不止一次地把"道"解释为"大路",反对道学家的故弄玄虚而否认"超出乎人事之外"的"高深之道",他说:

"夫道即日用常行之理,不谓之理而谓之道者,道者大路之称,即其所易见,形其所难见,使知人之未有不由于理,亦犹人之未有不由于路,故谓理为道,而凡粲然天地间、人之所常行者皆道矣。奈何世衰道微,横议者作,创以恍惚窈冥为道,若以道为别有一物,超出天地之外,使人谢绝生理、离形去智、终其身以求之,而终无得焉。吁,可怪也!"(《黄氏日钞》卷五五《抱朴子》)

又说:

"'子曰:参乎,吾道一以贯之。曾子曰:唯。子出,门人问曰:何谓也? 曾子曰:夫子之道忠恕而已矣。'谨按:圣门之指示要领在此一章,异端之窃证空谈亦在此一章,故学者读此章,最不可不审。夫万事莫不有理,学者当贯通之以理,故夫子谓之一以贯,然必先以学问之功,而后能至于贯通之地。……夫道即理也,粲然于天地间者皆理也;不谓之理而谓之道者,道者大路之名,人之无有不由于理,亦犹人之无有不由于路;谓理为道者,正以人所常行,欲人之晓然易见,而非超出于人事之外他有所谓高深之道也。……且贯者,串物之名也,而绳者所以串物者也,必有物之可贯也,然后得以绳而贯之;必有积学之功、讲明之素也,然后得以理而贯之,故曰一以贯之。'以'云者,用此以贯之之名也。"(《黄氏日钞》卷八二《临汝书堂癸酉岁旦讲义》)

黄震曾不止一次地强调指出:"一以贯之"(归纳、抽象)是建筑于"学"的基础之上,甚至像孔子这样的圣人也是由"学"而来的,他在《读论语十五志学》章中说:

"……诸儒议论叠出,皆因待圣人过高,谓圣人不待学故也,然圣人亦与人同耳。晦庵(朱熹)断以'非心实自圣而姑为是退

讬'，此语尤有味，而学者宜知所勉矣。"(《黄氏日钞》卷二)

与此相联系，他很称道孔子的"性相近，习相远"的话，他说：

"孔子言'性相近，习相远'，此六个字，参之圣人，稽之众庶，求之往古，验之当今，无人不然，无往不合，此平实语也。"(《黄氏日钞》卷八五《回陈总领书》)

"学"的对象就是实事实物，也即黄震所说"君子之学，自本至末，无非其实"(《黄氏日钞》卷二七《读礼记缁衣篇》)。这是因为学问不但求之于实事实物的对象之中，而且还须实践，他在《读礼记缁衣篇》的笔记中举了一个浅显的例子来加以说明："登车而有所礼则式；式，凭式也，有车则有式，无车将何所凭而式之乎？衣之久必敝，无衣则何敝之有乎？言必有声、行必有成，亦犹是也。"(同上)

首先看看他对于王充如何评价？

历来的唯物主义者和唯心主义者对于王充的《论衡》所抱的态度是截然不同的。唯物主义者，如王夫之称王充为"知言"或"得理"，同时在自己的著作中有许多地方采取了王充的《谈天》、《说日》篇的论断。唯心主义者与此相反，对《论衡》不是避而不论，便是肆加诬蔑。

黄震对于《论衡》一书中的唯物主义世界观基本上是赞同的，但他在肯定《论衡》一书的基本论点之前，对王充提出了这样的批评："王充……惜其初心发于怨愤，持论至于过激，失理之平正，与自名《论衡》之意相背耳。"(《黄氏日钞》卷五七《读诸子论衡》)黄震对王充的有些批判是对的，而有些批判却是错的。首先他认为《论衡》一书中"失理之平正"的地方，就是王充的命定论思想，"(王充)谓穷达者皆出于命，达者未必贤，穷者未必不肖，可矣；乃推而衍之，至以治和非尧舜之功，败亡非桀纣之罪，亦归之时命焉，可乎？"(同上)这里黄震指出命定论必然导致废弃实事实功的后果，无疑地是正确的。另一方面，黄震的"敬天"说和王充的"尽废天地之祀"说相矛盾，因而他不同意王充的这一论点，这就错了。

黄震并不是全盘地否定《论衡》一书，而肯定其中有许多论点可以

"辨讹正谬,有裨后学见闻者"。那么,在黄震看来,王充的哪些论点可以"辨讹正谬,有裨后学见闻"呢?

王充说:"鬼神,阴阳之名也。阴气逆物而归,故谓之鬼;阳气遵物而生,故谓之神。神,伸也,伸复无已,终而复始。人未生,在元气之中;既死,复归元气。"(《黄氏日钞》卷五七《读诸子论衡》)这样一种把神鬼的宗教性打落,而以人之生来自"元气"、人之死又复归于"元气"的唯物主义观点,被黄震称为是"辨讹正谬,有裨后学见闻"。

他也赞同王充所说的"天不动,气不施;气不施,物不生。日月星辰之行皆施气"(同上)。

其次,王充又说:"雨自有时,非雩祭可得也。慈父之于子,孝子之于亲,知病之必不可治,终不肯安坐待绝,犹卜筮求祷,召医和药者,恻痛殷勤,冀有验也。雩祭者之用心,慈父孝子之心也。"(同上)这样一种以为雩祭仅只是自己欺骗自己的方式,所谓尽人心,而实际上丝毫不与自然现象的变化相干的唯物主义观点,也被黄震认为是可以"辨讹正谬,有裨后学见闻"。

王充又以阴、阳二气的"交争"来说明雷的起因,也被黄震所称道。

王充的这些论点和黄震所说的自然的"天",和他对于佛教的批判以及和他的唯物主义认识论的见解,是一脉相通的,因而他表示赞同。但又由于他只是停留在一定的程度而不敢向唯物主义理论的高度发展,不敢再向前进一步,加之又受了程、朱的唯心主义的束缚,因而他不但不能对王充的唯物主义哲学思想作进一步的发展与阐释,而且还在某些地方不正确地指摘《论衡》一书,说它"持论至于过激,失理之平正"。

下面我们再看黄震对于柳宗元如何评价。

黄震注意到柳宗元的《贞符》一文,并抄录了其中最精粹的一段,即"惟人之初,总总而生,林林而群,……而君臣什伍之法立",并加上一条简要的解释:"《贞符》谓汉儒以瑞物为命之符者非也。"(《黄氏日钞》卷六〇《读柳文》)可见黄震同意《贞符》一文的基本观点。这一论点说明社会发展史全然是一个自然史的发展过程,通贯此过程,是一条以对自然斗争为红线的"生人之意"的原则,毫无"赏功罚祸"的天意存乎其间。

柳宗元的《天对》一文,黄震也是读过的,他在《黄氏日钞》中仅只记下了一句:"《天对》不可晓。"从这一则简短的批语中可以看出,黄震并不反对《天对》一文中的观点,也没有毫无根据地把它看成是一种游戏的或愤慨的笔墨,而只是说他自己对这篇作品还不能理解。如果按照黄震的全部理论来看这一句话,这正是出自黄震内心的老实话。我们知道,《天对》一文是为答复屈原《天问》所提出的有关宇宙和历史的大问题而作的哲学名著,其中包含着的深刻的唯物主义和朴素的辩证法思想,还不是停留在经验论的局限上的唯物主义者所能了解的。

黄震很欣赏柳宗元的社会讽刺小品。他说:"《捕蛇说》有益于世。"(同上)《捕蛇说》一文揭露了封建统治阶级对于人民残酷的压迫,具有高度的人民性。这在黄震看来,是可以用来针砭南宋末年的现实的。黄震在这一方面之所以作出正面的肯定,正是由于以人道主义表达的唯物主义观点是容易理解的。

黄震不能理解柳宗元的与自然科学结为联盟的唯物主义世界观和辩证法,他只能从切救时弊的人道主义的角度出发而注意到柳宗元的社会讽刺小品,这也说明了黄震思想进步程度的局限性。因此,他又这样责问柳宗元:"《天说》以天地为无知,喻诸果蓏,怨天甚矣,其果何哉?"(《黄氏日钞》卷六《读柳文》)这就明显地暴露了黄震思想上的弱点。他从"敬天"的观点出发,必然又会把唯物主义世界观看成是"怨天",因而对《天说》提出了怀疑。

不仅如此,黄震又还流连于程、朱的道学正宗的教条,在韩愈与柳宗元这两个对立的思想间,他称道韩愈的文章"论事说理,一一明白透彻,无可指择者,所谓贯道之器,非欤?"相反,他虽然赞赏柳宗元的作品"不事谀,不求哀,不关经义"的战斗性,但又这样评论:"柳之达于上听者,皆谀辞;致于公卿大臣者,皆罪谪后羞缩无聊之语;碑碣等作亦老笔与俳语相半,间及经旨义理,则是非多谬于圣人,凡皆不根于道故也。"(同上)这里黄震所谓"道",正是道学正宗的道统。他始终不能摆脱掉正宗道学的影响,因而在他的光辉的哲学命题之间,便夹杂许多错误的论断。

黄震在《黄氏日钞》中还特别表彰了北宋仁宗时代的一位隐逸学者黄晞,他说:

> "《聱隅子》者,本朝仁宗时蜀人黄晞之书也。效《法言》而文则衍,然其识有过于雄者。……凡皆切近于理,虽王通亦杂于异端,不能及也。岂义理至本朝类开明欤?"(卷五五《聱隅子》)

这是对黄晞作了比扬雄、王通更高的评价。

黄晞字景微,建安人。《宋史》说他:

> "少通经,聚书数千卷,学者多从之游,自号聱隅子。……石介在太学,遣诸生以礼聘召,晞走匿邻家不出。枢密使韩琦表荐之,以为太学助教致仕,受命,一夕卒。"(《宋史》卷四五八本传)

其书全名为《聱隅子歔欷琐微论》,共二卷,有《知不足斋丛书》刊本。

在《聱隅子歔欷琐微论》中,黄晞自言:"呜呼!千里之骓不逢善驭,居于驽骀之乘;千金之璧不遇玉人,混于块石之间;材高乎众人,行高乎举世,不逢知己有矣。夫谓我不知而躁者,亦愚之甚矣。"(卷下《大中篇》)他的著作带有着异端的色彩,例如宋真宗行封禅,是封建皇权借以装饰圣光的巨典,而黄晞则论道:

> "封禅之礼无益于今也。皇天汲汲以生吾民,财以阜吾民,今枉其财以奉天,是犹割己之肉以啗其口,不亦痛乎!"(卷上《生学篇》)

黄震对这一议论表示了同意的态度。

黄晞反对"生知"而针锋相对地提出"生学",这正与黄震的论点相合。黄晞说:

> "生而不知学,与不生同;学而不知道,与不学同;知而不能行,与不知同。知而后行者,尚矣。"(同上)

"允克言之，则以蹈之；允克蹈之，则以久之。"（同上）
强调了"学"，更特别着重于"行"，这一点也为黄震所支持。

但黄晞的思想中最精彩的部分是关于人性论的进步论点。黄晞在
《仁者篇》中有下列的话：

"或问：人生而性乎？曰：何性也？人生，形而已矣。若夫百
尺之材，生于毫末之时，则不知其栋梁欤？轮辕欤？及夫百尺，则
匠者至矣，然后器而用之，形而性之之谓矣。夫形变则性，性变则
神，神变则情，情变则癖，癖变则疾，疾变则死矣。混沌倥侗，形也；
道德仁义，性也；诗书礼乐，神也；周章去就，情也；狂很愎佷，癖也；
淫荡贪欲，疾也；鬼神所极，死也。奚人生而性乎？形，天之谓
也。"（卷上）

按照黄晞的这一论点，人并无先天禀赋的"性"，所有的只是自然的形
体，而"道德仁义"都是外加的，这就比告子的"生之谓性"更进了一步。
因此，黄晞把孟子、荀子、扬雄三家均斥为"强为之辞"。

既然不存在先天的"道德仁义"之"性"，所以必须"学"，这也就是
"生学"说的根据。同时，这又可以和他的下列观点联系起来：

"五气杂萃，钧坏铲鞴，物吾钟付，何以事天？用吾以然，则无
不然，君子亶力。……"（卷上《生学篇》）
以人为"五气"陶冶而成，反对事天而强调人"力"，这里散发出唯物主
义的光辉。

对于黄晞思想中的这一部分，黄震就不能接受了，他甚至说："然
其言性，……则其谬戾又自昔言性者之所未有也，惜（其未及于）濂洛
之门。"（《黄氏日钞》卷五五《聱隅子歔欷琐微论》）黄震所受道学正宗
的束缚，在此表现得非常明显。

我们从黄震的政治活动与思想性格中，可以清楚地看出，虽然他的
思想是不彻底的，甚至有些摇摆，但他是在历史的正途上曲折地走着，
而且是极力企图在唯物主义的大道上走着。

第二节　宋元之际邓牧"异端"的社会空想

邓牧字牧心,浙江钱塘人,生于宋理宗淳祐七年,卒于元成宗大德十年(公元 1247—1306 年)。

邓牧是中国中世纪的"异端"思想家,他自称"三教外人",以表明他不列入任何正宗的行列。

关于他的身世,史籍上没有记载,仅在《洞霄图志》中附有一篇《邓文行先生传》,其中说他少年时候,"读《庄》、《列》,悟文法,下笔追古作者。及壮,视名利薄之;遍游方外,历览名山。逢寓止,辄杜门危坐,昼夜唯一食。"他自己在《逆旅壁记》中也说:"余家世相传,不过书一束。"

在他 32 岁的那年,宋亡于元,在那样的情势下,他下定决心不在元王朝做官,而怀着悲愤的心情,到名山大川之间漫游。当时,和他往还的有谢翱、周密等人。谢、周都是"抗节遁迹者"(《四库全书总目提要》卷一六五《伯牙琴提要》),同时他和一些道士们也有着比较密切的关系。

元成宗大德三年(公元 1299 年),邓牧到余杭大涤山中的洞霄宫隐居。

大德九年(公元 1305 年),当时的玄教大师吴全节奉元朝的命令到余杭请邓牧出山去做官,他严词加以拒绝。

邓牧隐居在大涤山的时候,曾和冲霄观道士孟宗宝编辑了《洞霄诗集》和《洞霄图志》两部书。这两部书没有什么思想性,仅仅是关于一些游览、酬答的诗篇和一些道院的记载以及道士的小传。

邓牧的一部具有思想性的代表作,便是《伯牙琴》。这也是宋亡以后他隐居时的作品。这部作品原来包括诗、文六十余篇,在编纂《四库全书》时仅存下二十四篇,"并序跋为二十六篇"。《四库全书总目提要》的编者认为是原集"佚其诗二卷"。现在流传的有清乾隆丙午(公元 1786 年) 鲍廷博《知不足斋丛书》本。其中除去原存的二十四篇外，又补增了文记五篇、诗十三首。

在谈到《伯牙琴》的内容时，《四库全书总目提要》说，其中"《寓屋壁记》、《逆旅壁记》二篇稍露繁华消歇之感，余无一词言及兴亡，而实佗傺幽忧，不能自释，故发而为世外放旷之谈、古初荒远之论，宗旨多涉于二氏"。这种看法并不全面，如果我们透过《伯牙琴》的文学形式，剥去一些道教与庄子语言的云雾，便会发掘到其中的"异端"社会思想的合理部分。要指出的是，邓牧并不是一个忘情于"世事人道"的人，隐居只是他在宋亡以后不得已的情况下所采取的一种消极反抗的手段。他在隐居时所写的作品也并非完全流连"山水之乐"，而在其中包含着对现实政治的批判，贯穿着现实的人道主义的精神。

邓牧在《伯牙琴·自序》中就曾表示过他的隐忧的心情，唯恐没有"知音"能懂得他内心所弹奏的琴曲，他说："伯牙虽善琴者，钟子期死，终身不复鼓，知琴难也！今世无知音，余独鼓而不已，亦愚哉！然伯牙破琴绝弦，以子期死耳；余未尝遇子期，焉知其死不死也？故复存此。"他在《伯牙琴·后序》中又说，《伯牙琴》中的诗文"有若礼法士严毅端重者；有若逸民恬淡闲旷者；有若健将忠壮激烈者；有若仙人绰约靖深者；有若神人变化不可测者。余自知如此，未知或者知我何如也？"但他并不悲观，用"三千年后必有扬子云"的话来说明后代必有知音者。

那么，从那些地方可以看到邓牧的社会批判论及其现实的人道主义精神呢？

首先，邓牧从柳宗元的寓言式的社会讽刺小品中找到了合宜的武器，这明显地表现在他所写的《二戒——学柳河东》的杂文中。这两则杂文并不长，不妨抄在下面：

第一则是《越人遇狗》：

"越人道上遇狗，狗下首摇尾人言曰：'我善猎，与若中分。'越人喜，引而俱归，食以粱肉，待之礼以人。

"狗得盛礼，日益倨；猎得兽，必尽啖乃已。或嗤越人曰：'尔饮食之;得兽,狗辄尽啖,将奚以狗为?'越人悟,因与分肉,多自与;狗怒,啮其首,断领足,走而去之。夫以家人豢狗,而与狗争食,几何不败也!?"

在这一则短短的讽刺小品中,邓牧把元朝统治者暗射为"狗",揭露了它的贪婪残忍的性格。从越人与"狗"妥协所造成的悲惨的后果,他作出这样的结论:"人"不能和"狗"妥协,不能一时一刻放松对"狗"的警惕。在这里,披着故事外衣的轻松的小品却蕴含着对于黑暗现实的极其严肃的批判和揭露。

另一则小品是《楚佞鬼》:

"楚佞鬼,有鬼降于楚曰:'天帝命我治若土,余良威福而人。'众愕然,共命唯谨,祀之庙,旦旦荐血食,跪而进之,将币。市井亡赖附鬼益众,以身若婢妾然;不厌,及其妻若女。鬼气所入,言语动作与鬼无不类,乃益倚气势,骄齐民。凡不附鬼者,必谮使之祸,齐民由是重困。

"天神闻而下之,愍且笑曰:'若妖也,而庙食于此,作威福不已!'为兴疾霆,碎其庙,震亡赖以死,楚祸遂息。彼以鬼气势,可常倚哉?"

这当然不是一则谈神说鬼的迷信文字,这里揭露了"楚鬼"以及依附它的"亡赖"与"齐民"的对立,即暗示现实社会中元朝统治者及其走卒与人民的对立。邓牧大胆地揭露了"亡赖"们的丑象。在这幅蒙上了"神"、"鬼"外衣的民族与阶级矛盾的图景中,邓牧表同情于人民。但是由于时代与阶级的局限,他看不到为人民伸张正义的力量,于是幻想出一个具有很大权威的、主持公道的"神",依靠它击败了反动势力。这里并没有命定主义的说教,邓牧肯定"倚气势,骄齐民"的无赖的好运是不会长久的。

其次,邓牧也写过政论性的文章,在其中他尖锐地抨击了暴君与酷吏。他指出,皇帝是最大的掠夺者和剥削者。他说:

"天生民而立之君,非为君也,奈何以四海之广足一夫之用

邪?"(《伯牙琴·君道篇》)

"所谓君者,非有四目两喙,鳞头而羽臂也,状貌咸与人同,则夫人固可为也。今夺人之所好,聚人之所争,慢藏诲盗,冶容诲淫,欲长治久安得乎?"(同上)

他又这样揭露酷吏对人民的掠夺:

"小大之吏,布于天下,取民愈广,害民愈深。……今一吏,大者至食邑数万,小者虽无禄养,则亦并缘为食,以代其耕,数十农夫,力有不能奉者。使不肖游手,往往入于其间,率虎狼牧羊豕,而望其蕃息,岂可得也?"(《伯牙琴·吏道篇》)

"吏无避忌,白昼肆行,使天下敢怒而不敢言,敢怒而不敢诛。岂上天不仁,崇淫长奸,使与虎豹蛇虺均为民害邪?"(同上)

邓牧指出,在暴君与酷吏的压迫之下,人民无法生活下去,起来进行斗争是必然的、合理的:"夫夺其食,不得不怒,竭其力,不得不怨。人之乱也,由夺其食;人之危也,由竭其力。而号为理民者,竭之而使危,夺之而使乱!"(《伯牙琴·吏道篇》)

邓牧认为,暴君与酷吏的压迫以及人民的斗争,那是后世才有的,古代并不如此。他对古代作了一番空想性的描述,在与当时现实的强烈的对比中,刻画出一个幸福美好的乌托邦。

在邓牧所设想的乌托邦社会里,也有皇帝,但在皇帝和老百姓之间,"'皇帝清问下民',其分未严也"。皇帝不但不能作威作福,相反地,他既然是人民推选出来的,那就必须不辞劳苦地为老百姓办事。因此就产生了这样的现象:大家都推来推去不愿当皇帝,但是有人一旦被选为皇帝,大家便都拥戴他,唯恐他走了以后没有人来接替。他在《君道篇》中说:

"古之有天下者,以为大不得已。……生民之初,固无乐乎为君,不幸为天下所归,不可得拒者,天下有求于我,我无求于天下也。……尧让许由,而许由逃;舜让石户之农,而石户之农入海,终身不反,其位未尊也。夫然,故天下乐戴而不厌,惟恐其一日释位

— 211 —

而莫之肯继也。"

在他所设想的古代社会里,也有官吏,但他们只是被选出来帮助皇帝办事的人,而不是特权阶级。因为那时社会上虽然很太平,但官吏总还是要有的,只是人数可以少一些。这些少数的官吏都是接近人民的人。《吏道篇》中说:

"古者军民间相安无事,固不得无吏,而为员不多,唐、虞建官,厥可稽已,其去民近故也。……故为吏者,常出不得已,而天下阴受其赐。"

在这样的社会里,邓牧认为,既无盗贼,又无战争。人民都有不同的职业,都是自食其力,而不是"不肖游手"之徒。《吏道篇》中说:"天之生斯民也,为业不同,皆所以食力也。"

邓牧还认为,在这个乌托邦社会里,人们都很谦虚,喜欢表扬别人的长处,而不是用欺诈的手段来博取虚名。他在《名说》中说:"古之君子,道高而愈谦,德尊而愈恭;其于人也,遏恶而扬善。'人之有善,若己有之',唯恐其不得闻,而以为己所不逮;不幸闻人之过,则亦含容复护,不忍其不得为君子。"

很显然,邓牧所设计的这个"异端"的乌托邦,正是一个没有压迫和奴役的、人民自食其力的社会。人民和"君"、"吏"也处于融洽的关系中。

如何实现这个空想呢? 邓牧回答说:

"得才且贤者用之;若犹未也,废有司,去县令,听天下自为治乱安危,不犹愈乎?"(《伯牙琴·吏道篇》)

这种主张,一方面表示出对于旧的社会制度没有任何妥协,他并不幻想有一些"才且贤"的官吏出来就可以改善社会面貌,而主张撤除一切统治机构,最为上乘;但另一方面,他的空想的弱点也明显地暴露出来,他不可能找到如何实现他的空想方案的途径,而只能"听天下自为治乱安危"。

所谓"听天下自为治乱安危",只不过是一种飘渺的幻想,凭靠着这种幻想当然并不能解决现实问题。因此,他除去以文字为武器对现实进行揭露与批判外,便"恣睢遥荡于无何有之乡"(《伯牙琴·代问道书》),以一切都要随着时间的流逝而消灭来安慰自己,更断言"六骸耳目,非吾有也,自天地委形,而不得与之遗;及大化之往,如土委地,向之欲高名厚利、强有力者,而今安在?"(《伯牙琴·逆旅壁记》)这就从乌托邦的空想又堕入逃世的幻觉之中了。

第 十 九 章

元代马端临进步的史学思想

第一节　马端临对杜佑、郑樵史学传统的发展

马端临是元初的大历史家。他所著的三百四十八卷的《文献通考》，是中国中世纪仅见的历史巨制。但他在当时并不著名，《元史》没有为他立传，关于他的生平事迹流传下来的很少。

马端临字贵与，饶州乐平人。据顺治《乐平县志》卷八《人物志》，他在 20 岁的时候，"漕试第一"，而同书卷七《选举志》于咸淳九年(公元 1273 年)解试下列有"马端临"。由咸淳九年上推二十年，即宋理宗宝祐二年(公元 1254 年)，当是他的生年。宋帝㬎德祐二年(公元 1276 年)，元军攻陷临安的时候，他 23 岁。大约在 30 岁前后，他开始编写《文献通考》。经过二十多年(见至治二年饶州路抄白)，在元成宗大德十一年(公元 1307 年)成书(见《乐平县志》卷十三李谨恩《通考序》)，时年 54 岁。元英宗至治二年(公元 1322 年)，饶州路以《文献通考》付刊，他还健在，已经是 69 岁了。他另著有《多识录》一百五十三卷、《义

根守墨》三卷及《大学集传》等书(见《乐平县志》卷十),久已失传。

马端临的父亲马廷鸾,《宋史》有传。马廷鸾在宋末任右丞相兼枢密使,因和奸相贾似道不合,辞掉了官。马廷鸾是个博学的人,也曾任过国史院编修官和实录院检讨官。他著有《读史旬编》,以十年为一旬,起帝尧,迄周显德七年,共三十八帙。又著有《六经集传》、《语孟会编》、《楚词补记》、《洙泗裔编》、《读庄笔记》、《皇极观物外篇》、《碧梧玩芳集》等书。这些著作都已散佚。《四库全书馆》自《永乐大典》中辑有马廷鸾的诗文二十三卷、《读史旬编》一卷,编成《碧梧玩芳集》二十四卷,有《豫章丛书》刊本。马端临的史学工作,在资料的搜集和对史事的见解上都受马廷鸾不少的影响。所以《文献通考·自序》中说:"业绍箕裘,家藏坟索。插架之收储,趋庭之问答,其于文献盖庶几焉。"《文献通考》里有不少地方引"先公曰",都是绍述马廷鸾的意见。

在对先行的学者师承的关系上,马端临的史学特别和杜佑、郑樵的业迹有密切的关系。这里有三点是值得注意的。

第一,在对待历史的态度上,反对神秘主义的五行说和反对违反据实纪录的褒贬观点,马端临是和杜佑、郑樵一致的。

杜佑在《通典》里对这两点没有作正面的论述,只是在具体的处理上,干脆去掉了五行志,干脆不管对史事褒贬的这一套。郑樵更以激烈的词句表明了他对这一套的反对的态度。他在《通志·灾祥略》的序中说:

"仲尼既没,先儒驾以妖妄之说而欺后世。后世相承,罔敢失坠者,有两种学。一种妄学,务以欺人;一种妖学,务以欺天。凡说《春秋》者,皆谓孔子寓褒贬于一字之间,以阴中时人,使人不可晓解。三传唱之于前,诸儒从之于后,尽推己意而诬以圣人之意,此之谓欺人之学。说《洪范》者,皆谓箕子本《河图洛书》以明五行之旨。刘向创释其传于前,诸史因之而为志于后,析天下灾祥之变而推之于金、木、水、火、土之域,乃以时事之吉凶而曲为之配,此之谓欺天之学。

"夫《春秋》者,成周之典也;《洪范》者,皇极之书也。臣旧作《春秋传》,专以明王道,削去三家褒贬之说,所以杜其妄。今作《灾祥略》,专以记实迹,削去五行相应之说,所以绝其妖。

"且万物之理不离五行,而五行之理其变无方。离固为火矣,而离中有水;坎固为水矣,而坎中有火。安得直以秋大水为水行之应,成周宣榭火为火行之应乎?况周得木德而有赤乌之祥,汉得火德而有黄龙之瑞,此理又何如耶?岂其晋厉公一视之远,周单公一言之徐,而能关于五行之沴乎?岂其晋申公一衣之偏,郑子臧一冠之异,而能关于五行之沴乎?如是则五行之绳人甚于三尺矣。……

"呜呼!天地之间,灾祥万种;人间祸福,冥不可知。奈何以一虫之妖、一气之戾,而一一质之以为祸福之应?其愚甚矣!况凶吉有不由于灾祥者。宋之五石六鹢,可以为异矣,而内史叔兴以为此阴阳之事,非吉凶所生。魏安平太守王基筮于管辂。辂曰:'君家有三怪:一则生男堕地,走入灶,死;二则大蛇床上衔笔;三则乌来入室与燕斗。儿入灶者,宋无忌之妖;蛇衔笔者,老书佐之妖;乌与燕斗者,老铃下之妖。此三者足以为异,而无凶兆,无所忧也。'王基之家卒以无患。观叔兴之言,则国不可以灾祥论兴衰;观管辂之言,则家不可以变怪论休咎。惟有和气致祥、乖气致异者,可以为通论。"

这是反对神鬼妖异的思想。他在《通志·总序》又对史家任意褒贬的作风批判说:

"曹魏指吴、蜀为寇,北朝指东晋为僭。南谓北为索虏,北谓南为岛夷。齐史称梁军为义军;谋人之国,可以为义乎?《隋书》称唐兵为义兵;伐人之君,可以为义乎?房玄龄董史册,故房彦谦擅美名。虞世南预修书,故虞荔虞寄有佳传。甚者桀犬吠尧,吠非其主。晋史党晋而不有魏,凡忠于魏者目为叛臣,王凌、诸葛诞、毌丘俭之徒抱屈黄壤。齐史党齐而不有宋,凡忠于宋者目为逆党,袁

粲刘秉沈攸之之徒含冤九泉。噫！天日在上，安可如斯？似此之
类，历世有之。伤风败义，莫大乎此！……

"凡秉史笔者，皆准《春秋》，专事褒贬。夫《春秋》以约文见
义，若无传释，则善恶难明。史册以详文该事，善恶已彰，无待美
刺。读萧、曹之行事，岂不知其忠良？见莽、卓之所为，岂不知其凶
逆？夫史者，国之大典也。而当职之人不知留意于宪章，徒相尚于
言语，正犹当家之妇不事饔飧，专鼓唇舌，纵然得胜，岂能肥家？此
臣之所深耻也。"

郑樵所谓"欺天之学"，指的是神权主义的五行说。他承认五行是自然
现象中的物质元素，但这五种元素的本身变化无穷，在事实上既不能和
人事牵强配合，在道理上更不能使这种配合获得证实。他认为灾祥是
有的，但灾祥却无关于国的兴衰和家的休咎。他所谓"欺人之学"，指
的是对于历史的主观主义的褒贬说。在他看来，一些历史记录的寓褒
贬，虽扬言在于别善恶，但实际上是好恶任情，"伤风败义"。郑樵的这
种理性主义倾向和批判精神，是刘知几史学精神的继续，是南宋初年的
进步的史学思想。显然，这和当时自然科学的成就有关联，客观上和道
学立于对立的地位。

马端临在《文献通考》里继承了前人的这种优良传统，对五行说用
比较委婉的态度予以批评。《文献通考·自序》说：

"记曰：'国家将兴，必有祯祥；国家将亡，必有妖孽。'盖天地
之间，有妖必有祥，因其气之所感而证应随之。自伏胜作《五行
传》，班孟坚而下踵其说，附以各代证应，为五行志，始言妖而不能
言祥。然则阴阳五行之气，独能为妖孽而不为祯祥乎？其亦不达
理矣。

"虽然，妖祥之说固未易言也。治世则凤凰见，故有虞之时有
来仪之祥，然汉桓帝元嘉之初、灵帝光和之际，凤凰亦屡见矣，而
桓、灵非治安之时也。诛杀过当，其应为恒寒，故秦始皇时有四月
雨雪之异，然汉文帝之四年，亦以六月雨雪矣，而文帝非淫刑之主

也。斩蛇夜哭,在秦则为妖,在汉则为祥,而概谓之龙蛇之孽可乎?僵树虫文,在汉昭帝则为妖,在宣帝则为祥,而概谓之木不曲直可乎?前史于此不得其说,于是穿凿附会,强求证应,而罙有所不通。”

马端临在这里并没有像郑樵一样使用激烈的词句来反对五行说的目的论,而是叙述了传统的说法,并从历史事实上分析这种说法的矛盾。这实际上是比使用激烈词句更有说服力的。紧接着上文,马端临对于他所指的“物异”作了以下的客观分析,并给“物异”以一种定义:

“窃尝以为物之反常者,异也。其祥则为凤凰、麒麟、甘露、醴泉、庆云、芝草;其妖则山崩、川竭、水涌、地震、豕祸、鱼孽。妖祥不同,然皆反常而罕见者,均谓之异可也。故今取历代五行志所书,并旁搜诸史本纪及传记中所载祥瑞,随其朋类,附入各门,不曰妖,不曰祥,而总名之曰物异。”

他以反常现象来解释“物异”,并以“物异”代替灾祥,把一切所谓灾祥都归之于不常见的自然存在。这里马端临的明朗的态度,比着郑樵虽否认五行的征应但还笼统地承认所谓灾祥,承认所谓“和气致祥,乖气致异”,显然更进步一些。在《文献通考》中,《物异考》共二十卷,它的子目有水灾、水异、火灾、火异、木异、草异、穀异、金异、玉石之异、岁凶、地震、山崩、地生异物、恒雨、甘露、天雨异物、恒旸、恒燠、恒寒、雹、木冰、冰花、恒风、恒阴、夜妖、雷震、物自鸣、物自动、物自坏、人异、毛虫之异、麒麟、马异、牛祸、豕祸、羊祸、犬异、羽虫之异、凤凰、鸡祸、龙蛇之异、鱼异、龟异、虫异、蝗虫、螟、鼠妖等项,编录了有关的记录。尽管在这些材料中,可靠的记录和附会传说相羼杂,但马端临的态度是在保留许多反常现象的资料,这是一种对待自然历史的客观态度,是和五行学家的态度有根本区别的。《物异考》中也有些子目,如赤眚赤祥、青眚青祥、服妖等,都还是五行说体系下的名堂,但这并不损害马端临对待“物异”的健康的态度,这只是在没有找到更合适的命题以前,把它们当作难以解释的物异来保留一些记录罢了。

马端临在处理“物异”的材料时只是整齐旧文,并没有把关于征应的部分删去,反而把它们保留了不少,并且还保留了董仲舒、刘向等的一些说法。这不是马端临观点的自相矛盾,因为他既已在自序中阐述了自己的看法,在《物异考》中也就不妨编次旧闻,请读者自加判别。马端临还有一种比较不彻底的想法,就是尽管五行说不可信,但这对于一无所惧的皇家也未尝不可以有一些约束的作用,把这些旧材料保留下来也还可能在政治上有一点用处。他在《物异考》的开端节录了《汉书·五行志》,又引了苏洵、郑樵反对五行的说法,随加以案语说:

> "按:古今言灾异者,始于《五行传》,而历代史氏所述灾异因之。然必曰某事召某灾,证合某应,如医师之脉诀,占书之繇辞,则其说大牵强而拘泥。老泉(苏洵)之论足以正其牵强之失,夹漈(郑樵)之论足以破其拘泥之见。然郑论一归之妖妄,而以为本无其事应,则矫枉而至于过正矣,是谓天变不足畏也。"

这段话在一开头指出五行说并非古说,接着是揭示它的牵强拘泥,但后面却又希望利用天然灾异为统治集团来神道设教了。这是马端临在政治上的幻想和他的世界观之间的矛盾。不少旧唯物主义者在反对有神论之后,复从情意上肯定宗教的用处,马端临也没有跳出这个圈子。当然,马端临还不会懂得统治者最害怕的不是灾异而是人民群众,而他的政治幻想却也透露了一些宋知识分子在元统治下的一种幻想的情绪。

对于主观主义的褒贬说,马端临没有正面反对。但他对于史家所公认为褒贬说所自出的《春秋》,是表示怀疑的,他说:

> "按:《春秋》古经,虽《汉艺文志》有之,然夫子所修之《春秋》,其本文世所不见,而自汉以来,所编古经,则俱自三传中取出经文,名之曰正经耳。然三传所载经文多有异同,则学者何所折衷?如'公及邾仪父盟于蔑',左氏以为'蔑',公、穀以为'昧',则不知夫子所书者曰'蔑'乎,曰'昧'乎?'筑郿',左氏以为'郿',公穀以为'微',则不知夫子所书,曰'郿'乎,曰'微'乎?'会于厥愁',公穀以为'屈银',则不知夫子所书,曰'厥愁'乎,曰'屈银'乎?若是者殆不可胜数,盖不特亥豕、鲁鱼之偶误其一二而已。然

此特名字之讹耳,其事未尝背驰于大义,尚无所关也。至于'君氏卒'则以为'声子,鲁之夫人也','尹氏卒',则以为'师尹,周之卿士也',然则夫子所书隐三年夏四月辛卯之死者,竟为何人乎?

"不宁惟是,公羊、穀梁于襄公二十一年皆书'孔子生'。按《春秋》惟国君世子生则书之,'子同生'是也。其余,虽世卿擅国政如季氏之徒,其生亦未尝书之于册。夫子万世帝王之师,然其始生乃鄹邑大夫之子耳,鲁史未必书也。鲁史所不书,而谓夫子自纪其生之年于所修之经,决无是理也。而左于哀公十四年获麟之后又复引经,以至十六年四月书'仲尼卒',杜征南亦以为近诬。然则《春秋》本文,其附见于三传者,不特乖异未可尽信,而三子以其意增损者有之矣。盖襄二十一年所书者,公、穀尊其师授而增书之也;哀十六年所书者,左氏痛其师亡而增书之也,俱非《春秋》之本文也。三子者以当时口耳所传授者各自为传,又以其意之所欲增益者搀入之。后世诸儒复据其见于三子之书者互有所左右而发明之,而以为得圣人笔削之意于千载之上,吾未之能信也。"(《文献通考》卷一八二《经籍考》九)

这里,他举出确凿的证据来怀疑《春秋》经文可信赖的程度之很成问题,并从而认为《春秋》笔削之意不易明白,这就显示出褒贬说在儒家经典上的依据站不住脚了。

第二,继承了杜佑传统而有了相当大的发展的,是马端临坚持客观态度的关于封建制社会的素描。

杜佑著《通典》,分为食货、选举、职官、礼、乐、兵刑、州郡和边防等八门。和道学家相反,《通典·自序》说:"所纂《通典》,实采群言,征诸人事,将施有政。夫理道之先在乎行教化,教化之本在乎足衣食。《易》称聚人曰财;《洪范》八政,一曰食、二曰货;管子曰:'仓廪实,知礼节,衣食足,知荣辱';夫子曰:'既富而教',斯之谓矣。夫行教化在乎设职官,设职官在乎审官才,审官才在乎精选举,制礼以端其俗,立乐以和其心,此先哲王致治之大方也。故职官设然后礼乐兴焉,教化隳然后用刑罚焉,列州郡俾分领焉,置边防遏戎狄焉。"尽管这八门在某些纪传体史书里具有类似的内容和标目,但从没有这样地集中在一起,也从没有从"食货"开始,然后到选举、职官,再到礼、乐、兵刑。杜佑的这样处理,显然使《通典》能比别的史书更能表达中国古代中世纪社会的重要内容。

《文献通考·自序》说:"唐杜岐公(佑)始作《通典》,肇自上古,以至唐之天宝,凡历代因革之故,粲然可考。""有如杜公纲领宏大,考订该洽,固无以议为也。然时有古今,述有详略,则夫节目之间未为明备,而去取之际颇欠精审,不无遗憾焉。"在整个结构上,《文献通考》实以《通典》为基础而加以发展。但如果说这种发展只在"节目之间"和"去取之际",也还是马端临自谦的笼统话。首先,马端临是努力客观地勾画中国古代中世纪社会,主要是封建制社会的横剖面的,他提出的问题远比杜佑更完备。其次,杜佑虽以农业和手工业相结合的"食货"开端,而《食货》占全书的七卷,《礼》却占了一百卷,这可见杜佑的兴趣仍着重在礼。他奏进《通典》时所特别提到的,也还是"周氏典礼,秦皇荡灭不尽,纵有繁杂,且用准绳"(《旧唐书》卷二四七《杜佑传》)。马端临书中关于"食货"的共八门,二十七卷,关于礼的共三门,六十卷。相形之下,《文献通考》比着《通典》"食货"的部分大为增加,礼的部分大为减削了。再次,杜佑著《通典》是为的"将施有政",是要"参古今之宜,穷终始之要,始可以度其古,终可以行于今;问而辨之,端如贯珠;举而行之,审如中鹄";是要"每事以类相从,举其始终,历代沿革废置及当时群士论议得失,靡不条载"(李翰:《通典序》)。其兴趣在于类从条贯,以供检阅故事的便利。旧日四部分类法把《通典》归入政书,是有它的道理的。马端临著《文献通考》,在形式上类似《通典》的地方不少,但其目的是在于研究历代制度"变通张弛之故"(《文献通考·自序》),这是和杜佑有很大的区别的。总之,无论在书的结构上,在从内容比重所体现的作者兴趣上以及作者著书的出发点上,马端临都显示了他不同于他的前辈,而在历史重大问题的研究上要求更向前迈进。

现在把《文献通考》的总目分列于下,并略加说明:

1.《田赋考》七卷

2.《钱币考》二卷

3.《户口考》二卷

4.《职役考》二卷

5.《征榷考》六卷

6.《市籴考》二卷

7.《土贡考》一卷

8.《国用考》五卷

以上共八门二十七卷,包括国家对于土地、土地产品、制造品、货币和商业的垄断,对于人身的不完全占有和各种不同形式地租的掠夺,以及国家的消费。这是关于经济制度的,主要是关于封建专制主义国家的经济制度的。

9.《选举考》十二卷

10.《学校考》七卷

11.《职官考》二十一卷

以上共三门四十卷,是关于政权机构,主要是关于封建专制主义国家的政权机构的。《职官考》是关于政权机构本身的制度,《选举考》和《学校考》是关于进身到政治机构的制度。

12.《郊社考》二十三卷

13.《宗庙考》十五卷

14.《王礼考》二十二卷

15.《乐考》二十一卷

以上共四门八十一卷。其中的六十卷是关于表达等级形式的礼制,其中包含有神化皇权的宗教形式的礼制。另外的二十一卷是关于和礼制密切联系的乐制。等级形式是表达封建关系的集中的社会形式和政权形式。

16.《兵考》十三卷

17.《刑考》十二卷

以上共二门二十五卷,是关于国家的镇压武器的。

18.《经籍考》七十六卷

这是关于意识形态的。

19.《帝系考》十卷

20.《封建考》十八卷

以上共二门二十八卷。这是关于历代纪元和国家组织形式的变迁的,马端临称"二者盖历代之统纪,典章系焉",可说是全书中综合性质的部分。

21.《象纬考》十七卷

22.《物异考》二十卷

23.《舆地考》九卷

共三门四十六卷。这是关于天象、各种变异现象和地理的。

24.《四裔考》二十五卷

这是关于汉族以外的民族和国家的。

从以上所列的前十八门,可以看出马端临对于中国古代中世纪社会,主要是对于封建制社会的一个横剖面的看法。这种看法把封建制社会的主要组成方面都列出来了,并且从经济制度说到政权机构、表达等级制度的礼制、镇压武器以至意识形态,这是按照社会现象和事物发展中本末先后的地位列举出来的。但是,这种看法仅仅是接近科学的,因为它还不能说出这一切相互间的内在联系,更不能说出生产和人民群众在历史中的作用。马端临勾画出了封建制社会的素描的图景,还不能揭露出封建制社会的规律。当然,马端临在他那个时代能提出这个图景,已是难能可贵的。我们不能苛求他在十三四世纪之际作到近代的水平。

第三,马端临继郑樵以后,大大发展了会通的观点。《通典》、《通志》和《文献通考》都以"通"字标其宗旨,而其间也有不同的看法。

郑樵著《通志》,在《总序》的发端就开宗明义地提出会通的观点。

他说：

> "百川异趋，必会于海，然后九州无浸淫之患。万国殊途，必通诸夏，然后八荒无壅滞之忧。会通之义大矣哉！
>
> "自书契以来，立言者虽多，惟仲尼以天纵之圣，故总《诗》、《书》礼乐而会于一手，然后能同天下之文；贯二帝三王而通为一家，然后能极天下之变。是以其道光明百世之上，百世之下不能及。仲尼既殁，百家诸子兴焉，各效《论语》，以空言著书，至于历代实迹，无所纪系。
>
> "迨汉建元元封之后，司马氏父子出焉。司马氏世司典籍，工于制作，故能上稽仲尼之意，会《诗》、《书》、《左传》、《国语》、《世本》、《战国策》、《楚汉春秋》之言，通黄帝、尧、舜至于秦、汉之世，勒成一书，分为五体：本纪纪年，世家传代，表以正历，书以类事，传以著人。使百代而下，史官不能易其法，学者不能舍其书。六经之后，惟有此作。……
>
> "自《春秋》之后，惟《史记》擅制作之规模。不幸班固非其人，遂失会通之旨，司马氏之门户自此衰矣。班固者，浮华之士也，全无学术，专事剽窃。……由其断汉为书，是致周、秦不相因，古今成间隔。"

这是以司马迁所倡的通古今之变的"会通"为治史的准则，在评论司马迁和班固的优劣时，就是以能否"会通"作为评判的尺度。马端临同意这种观点。他在《文献通考·自序》说：

> "《诗》、《书》、《春秋》之后，惟太史公号称良史，作为纪传书表。纪传以述理乱兴衰，八书以述典章经制。后之执笔操简牍者，卒不易其体。然自班孟坚而后，断代为史，无'会通'、'因仍'之道，读者病之。"

这里仅是对于郑樵论点的概括。但进一步看，郑樵所谓"通"是指史事记载的时代相续。所以他在《总序》中又说：

> "且善学司马迁者，莫如班彪。彪续迁书，自孝武至于后汉，

欲令后人之续己如己之续迁，既无衍文，又无绝绪，世世相承，如出一手，善乎其继志也。……

孔子曰：'殷因于夏礼，所损益可知也。周因于殷礼，所损益可知也。'此言相因也。自班固以断代为史，无复相因之义。虽有仲尼之圣，亦莫知其损益。会通之道自此失矣。语其同也，则纪而复纪，一帝而有数纪；传而复传，一人而有数传。……语其异也，则前王不列于后王，后事不接于前事。……如此之类，岂胜断缏？"他所说"贯二帝三王而通为一家"，"通黄帝、尧、舜至于秦、汉之世"，都是指历史记载的时代相续说的。

郑樵所谓"会"，是指对史料的综合。他所说"百川异趋，必会于海"，"总《诗》、《书》礼乐而会于一手"，"会《诗》、《书》、《左传》、《国语》、《世本》、《战国策》、《楚汉春秋》之言"，都有这样的意思。

会通的逻辑根据是什么呢？郑樵比较强调地提出一个类字。他在《总序》中推崇司马迁的"书以类事"。他在《校雠略·编次必谨类例论》说：

"学之不专者，为书之不明也。书之不明者，为类例之不分也。有专门之书则有专门之学，有专门之学则有世守之能。人守其学，学守其书，书守其类。人有存没而学不息，世有变故而书不亡。以今之书校古之书，百无一存，其故何哉？士卒之亡者，由部伍之法不明也；书籍之亡者，由类例之法不分也。类例分，则百家九流各有条理，虽亡而不能亡也。巫医之学亦经存没，而学不息；释老之书亦经变故，而书常存。观汉之《易》书甚多，今不传，惟卜筮之《易》传；法家之书亦多，今不传，惟释老之书传。彼异端之学能全其书者，专之谓矣。……

"类书犹持军也，若有条理，虽多而治；若无条例，虽寡而纷。类例不患其多也，患处多之无术耳。……

"类例既分，学术自明，以其先后本末具在，观图谱者可以知图谱之所始，观名数者可以知名数之相承。谶纬之学盛于东都，音韵之书传于江左,传注起于汉、魏,义疏成于隋、唐。睹其书可以知其学之源流。或旧无其书而有其学者,是为新出之学,非古道也。"

他在《图谱略·明用》也说:

"善为学者,如持军治狱,若无部伍之法,何以得书之纪?若无核实之法,何以得书之情?今总天下之书、古今之学术,而条其所以为图谱之用者,十有六。"

郑樵的《氏族略》,分古今氏族为三十二类,另有按四声和复姓的类。《六书略》把古今文字二万四千一百三十五,分为六类,每类中又各分若干子目,每一子目各统若干字。对图书分类更细,按照郑樵在《校雠略》中所列举,是十二类百家四百二十二种。郑樵自称他的《氏族略》是"绳绳秩秩,各归其宗,使千余年湮源断绪之典灿然在目,如云归于山,水归于渊,日月星辰丽乎天,百穀草木丽乎土者也"。自称对于书的分类,"总十二类百家四百二十二种,朱紫分矣。散四百二十二种书,可以穷百家之学;敛百家之学,可以明十二类之所归"。

马端临对于郑樵的会通说是同意的。马端临在《文献通考·自序》中抑班扬马,强调典章经制的相因,就是同意郑樵所主张的历史记载的时代相续。《自序》中指摘《通典》"叙选举则秀孝与铨选不分,经文与传注相汩,叙兵则尽遗赋调之规而姑及成败之迹",这也同于郑樵注重类例的精神,而不满意于《通典》在某些地方的分类方法。马端临著《文献通考》,自远古叙至南宋末叶,总分为二十四考,每考又各另有子目,他不只是在论说上,而且是在实际上继承了郑樵的会通观点的。但马端临的会通也有和郑樵不同的地方,他比郑樵要更前进一步,更深刻一层。

郑樵的会通说,在于使人们从断代史中解放出来,从断代史走到通史,要人们从复杂事例中依类找出头绪来,这是一种基于归纳法而寻找历史规律的初步要求。但他提出来的历史记载的时代相续只是历史编纂学上的史书体裁问题,不能解决历史问题。他提出来的类例,主要是关于文献学的问题,很少是对于历史本身进行研究。马端临不但把郑樵提出来的"会通"运用于历史编纂学、文献学问题的处理上,而且运用于历史问题的研究上。换言之,在"类"的概念之外,还提出了一个"故"的概念。《文献通考·自序》说:

> "爰自秦、汉以至唐、宋,礼乐兵刑之制,赋敛选举之规,以至官名之更张,地理之沿革,虽其终不能以尽同,而其初亦不能以遽异。如汉之朝仪官制,本秦规也。唐之府卫租庸,本周制也。其变通张弛之'故',非融会错综,原始要终而推寻之,固未易言也。"

可见马端临并不满足于历史记载的时代相续的类例,而更注意的是历代典章经制变通张弛的原因("故"),在整齐故事以外,进行融会错综、原始要终的研究。所以他的《自序》又说:

> "凡叙事,则本之经史,而参之以历代会要,以及百家传记之书,信而有证者从之,乖异传疑者不录,所谓'文'也。凡论事,则先取当时臣僚之奏疏,次及近代诸儒之评论,以至名流之燕谈,稗官之记录,凡一语一言可以订典故之得失,证史传之是非者,则采而录之,所谓'献'也。其载诸史传之纪录而可疑,稽诸先儒之论辨而未当者,研精覃思,悠然有得,则窃注己意,附其后焉。"

可见马端临并不满足以类例驾驭文献的方法,他更注意于对文献的甄择,并要从可靠的文献中得出自己认为恰当的结论。如果说郑樵的"会通"只是一种处理史书的方法,而马端临则是在这种方法启发下,发展为研究历史的方法了。

在马端临的会通观点中,有两条值得注意的研究历史的方法。一条,是注意研究历史变革的阶段。《文献通考》二十四门中,如《象纬考》、《物异考》等是不好划分历史阶段的;如《王礼考》、《乐考》等,是不易明确划分历史阶段的。对于这些,马端临当时都没有提出关于历史阶段的看法。对于可能提出阶段性看法的各门,马端临不但特别注意有关经济制度的各门,而且有时还把划分阶段的标志也提出来。如《文献通考·自序》论田赋变革,有这样卓越的见解:"随田之在民者税之,而不复问其多寡,始于商鞅。随民之有田者税之,而不复视其丁中,始于杨炎。"这是以商鞅变法和杨炎变法的实践作为田赋制度变革的历史标志的。如论钱币制度,他说:"九府圜法,自周以来未之有改也","自唐以来,始制为飞券钞引之属,以通商贾之厚赍贸易者。其法盖执券引以取钱,而非以券引为钱也。宋庆历以来,蜀始有交子。建炎以来,东南始有会子。自交会既行,而始直以楮为钱矣"。这是以九府圜法为金属货币(即铸币,这对于古代社会的形成有很大关联)制度的标志,以飞券、交子、会子为纸币制度的标志,而唐的飞券、南宋的交子、南宋的会子又各为纸币制度史中之不同的小的历史阶段的标志。如论职役说:"成周之里宰党长皆有秩禄之命官,两汉之三老啬夫皆有誉望之名士。"又说:"后世乃虐用其民,为乡长里正者不胜诛求之苛,各萌避免之意,而始命之曰户役矣。唐宋而后,下之任户役者其费日重,上之议户役者其制日详。于是曰差、曰雇、曰义,纷纭杂袭,而法出奸生,莫能禁止。"这是和品级结构有关的封建法律虚构的问题,以唐、宋户役为职役制度之阶段性的标志,而差役、雇役和义役又是户役出现后之小的阶段性的标志。马端临在《文献通考》全书中有关历史阶段性的论述尚多,他是在当时可能达到的水平上,通过寻求历史阶段的方式去寻求历史变革的规律的。这就不仅仅和郑樵对史书的处理的观点有区别,而且更和神秘主义的历史观、永恒不变的历史观及循环论的历史观划清界限。道学家的三代论在这里遇到了真正的论敌。《文献通考》成书到现在将近七个世纪了,像马端临所指出的有关田赋、钱币、职役的阶段性的历史标志,在今天看来,还有值得参考的科学价值。这是马端临对于历史规律"心诚求之"的业绩,并不因其时代的局限性而失掉光芒。

马端临的会通观点中可注意的第二点,是他在《自序》中所提到的要推寻"变通张弛之故"。他在论述史事时,有时说到"古今异宜",有时说到"不容不然","不容不如此",均指必然性。《自序》在论田赋时说:

"三代井田之良法坏于鞅,唐租庸调之良法坏于炎。二人之事,君子所羞称也。而后之为国者莫不一遵其法。或变之,则反至于烦扰无稽,而国与民俱受其病,则以古今异宜故也。"

《文献通考·田赋考三》论杨炎两税法说:

"陆宣公又言:'先王制赋入,必以丁夫为本,无求于力分之外,无贷于力分之内。故不以务穑增其税,不以辍稼减其租,则播种多。不以殖产厚其征,不以流寓免其调,则地著固。不以饰励重其役,不以窳惰蠲其庸,则功力勤。如是,故人安其居,尽其力。'此虽名言,然物之不齐,物之情也。均是人也,而才艺有智愚之不同;均营生也,而时运有屯亨之或异;盖有起穷约而能自致千金,其余力且足以及他人者;亦有蒙故业而不能保一簣,一身犹以为累者,虽圣人,不能比而同之也。然则以田定赋,以家之厚薄为科敛之轻重,虽非盛世事,而救时之策,不容不然,未宜遽非也。"

《文献通考·职役考二》论雇役说:

"其所以必行雇役者,盖虽不能使充役之无费,然官自任雇募之责,则其役与民不同,而横费可以省。虽不能使官吏之不贪,然民既出雇募之费,则其身与官无预,而贪毒无所施。此其相与防闲之术虽去古义远甚,然救时之良策,亦不容不如此。"

从这些话看来,马端临所要推寻的"故",是要研究历史发展的客观形势的,是要根据历史发展的客观条件来分析史事的,这是马端临追寻历史规律的又一重要观点。

马端临的史学观点,从其总的精神来看,是具有进步的倾向的。他在不少地方,是以历史发展形势来解说史事,好像把人类社会的历史说成是"不容不然"、"不容不如此"。尽管他也说到人的打算,甚至是在谈论一个政治家的决策,如杨炎两税法等等,但他在这里不是说到一个人的有意识的活动,而往往是把个人和个人的活动作为某一个时代的掌握形势的胜利者来处理的。在这些地方,马端临就显示出他的机械观点。有时,他也模糊地涉及了人民群众的意志对于形势发展的作用,这在他的史论中不算太多,但是最珍贵的人民性倾向,我们还要在下一节里来说到它。另外,马端临还没有能够正确估计所谓"圣人"的英雄人物在历史上的作用,这是由于他的思想究竟不能跳出历史唯心主义的局限。不过在读到马端临提到"圣人"的地方,我们要格外慎重,要善于分辨他所说的"圣人"是他心目中真正的"圣人"或仅仅是借用来的牌位,要善于区别传统的神圣东西在一个思想家的理论体系之中是主要的内容,抑是一个空名词。

马端临和杜佑、郑樵的史学工作都是在历史转变时期从个人所持的角度去总结过去的历史。杜佑是处在唐中叶,从政典的角度上去总结两税制这一法典施行以前的历史。郑樵是处在南宋初年,从人物传记上,特别是从文献学上总结了五代以前的历史。马端临是在宋元之际,从典章经制上,总结了宋末以前的历史。他们所持的角度不同,但都要求"通",这正是历史家要求理解变革的思想反映。杜佑屡绾财赋之区,富甲全国,使他知道食货的重要。而他这个世家大族,对于礼学有很厚的感情,这就使礼占有《通典》全书的一半。郑樵是一个穷儒,他没有充分的条件来研究典章经制,而他的强调类例,可说是宋代科学知识的相当发达在思想上的反映。马端临在学术上的凭借,无论从先行者的学术遗产或家学来说,都相当雄厚。他以南宋宰相的故家子弟处在宋元之际,对历史变化的感受要特别深刻。同时,宋亡之痛也使他和广大汉族人民有密切的情感上的联系。这一些,成为马端临在史学上有更大成就的重要原因,并且也因此而使他的史学思想具有一定的科学因素和一定程度的人民性。

第二节　马端临史论的科学的因素

马端临史论包含有科学的价值或接近于科学的洞察式的抽象说明。这里,我们首先应提到的是他的有关"封建"的论述。他的这些论述可以说就是他的古史变革论。这里先将他的有关的话节录于下:

（一）《文献通考》卷二百六十五《封建考六》：

"封建、郡县皆所以分土治人，未容遽曰此公而彼私也，然必有公天下之心，然后能行封建，否则莫如郡县；无公天下之心，而欲行封建，是授之以作乱之具也。……

"盖家天下自夏始。大封同姓而命之曰藩屏王室，自周始。二者皆圣人随时制变以纲维斯世，未容以私议之也，然上视尧舜，则少褊矣。故封建之敝始于夏而成于周。是以禹一传而启有有扈氏之征，再传而仲康有羲和之征。夫以天子而征诸侯，诸侯弗率，而上干天子之征，禹之前无有也，而始于有扈。……自是而后，天子私其天位而世守之，诸侯亦私其国之土地甲兵而擅用之。幸而遇贤圣之君，德足以怀而威足以制，则犹可慑服；而其中衰之际，人心未离而诸侯先叛之。至于周列五等，邦群后，虽曰亲贤并建，而终不以异姓先诸姬。文昭武穆之封遍于天下，封建之法益详，经制益密，而示人益褊矣。是以夏商有国数百年，苟未至于桀、纣之暴，犹足以制宇内而朝诸侯，而周数传而后即有末大不掉之忧。故景王之责晋曰：文、武、成、康之建母弟以藩屏王室，亦其废坠。是为岂如弁髦，而因以弊之。而李斯之说亦曰：周文、武所封子弟同姓甚众，然后属疏远，相攻击如仇雠，周天子弗能禁也，然则其效可睹矣。

"盖时不唐虞，君不尧舜，终不可复行封建。谓郡县之法出于秦，而必欲易之者，则书生不识变之论也。夫置千人于聚货之区，授之以梃与刃，而欲其不为夺攘矫虔，则为之主者必有伯夷之廉、伊尹之义，使之靡然潜消其不肖之心而后可。苟非其人，则不若藏梃与刃，严其检制而使之不得以逞。此后世封建之所以不可行，而郡县所以为良法也。而王绾、淳于生之徒乃欲以三代不能无敝之法，使始皇行之，是教盗跖假其徒以利器而与之共处也，则亦不终日而刃劓四起矣。

"或曰：禹之传子，周之封同姓，皆圣人之经制也，而子顾妄议其私天下,而以为劣于唐、虞,何哉? 曰:世之不古,久矣。圣人不能违时,不容复以上古之法治之也,而世固不能知圣人之心也。记曰:有虞氏未施信于民而民信之,夏后氏未施敬于民而民敬之,殷人作誓而民始畔,周氏作会而民始疑。然则殷、周岂果劣于虞夏乎? 而或叛或疑起于誓会者,以时人之不皆圣人也。《礼运》载夫子言'大道之行,天下为公,选贤与能,讲信修睦',而继之以'谋闭而不兴,盗窃乱贼而不作',以为大同;'大道既隐,天下为家,各亲其亲,各子其子',而继之以'谋用是作,而兵由此起',禹、汤、文、武、成王、周公由此其选,以为小康。然则官天下与家天下者,其规模之广隘、治效之优劣,虽圣人不能比而同之矣。万章曰:人有言,至于禹而德衰,不传于贤而传于子,而孟子累数百言辨之,以为'皆天也',然则知禹之传子非私者,千载而下一孟子而已,岂可复望之当时诸侯乎?《世本》称有扈氏以尧、舜传贤而禹传启,故启立而不服,遂征之。然则非愚之臆说也。"

(二)《文献通考·自序》论封建说:

"封建莫知其所从始也。禹涂山之会,号称万国。汤受命时,凡三千国。周定五等之封,凡千七百七十三国。至春秋之世,见于经传者仅一百六十五国,而蛮夷戎狄亦在其中。盖古之国至多,后之国日寡。国多则土宜促,国少则地宜旷。而夷考其故,则不然。试以殷周土(之)世言之。殷契至成汤八迁,史以为自商而砥石,自砥石而复居商,又自商而亳。周弃至文王亦屡迁,史以为自邰而豳,自豳而岐,自岐而丰。夫汤,七十里之国也;文王,百里之国也,然以所迁之地考之,盖有出于七十里、百里之外者矣。又如泰伯之为吴,鬻绎之为楚,箕子之为朝鲜,其初不过自屏于荒裔之地,而其后因以有国传世。窃意古之诸侯者,虽曰受封于天子,然亦由其行义德化足以孚信于一方,人心翕然归之,故其子孙因之,遂君其地。或有灾否,则转徙他之,而人心归之,不能释去,故随其所居皆成都邑。盖古之帝王未尝以天下为己私,而古之诸侯亦未尝视封内为己物。上下之际,均一至公,非如后世分疆画土,争城争地,必若是其截然也。秦既灭六国,举宇内而郡县之,尺土一民始皆视为己有。"

(三)《文献通考·自序》论户口说:

"古者户口少而皆才智之人,后世生齿繁而多窳惰之辈。钧是人也,古之人,方其为士则道问学,及其为农则力稼穑,及其为兵则善战阵,投之所向,无不如意。是以千里之邦、万家之聚,皆足以世守其国,而扞城其民。民众则其国强,民寡则其国弱,盖当时国之与立者民也。光岳既分,风气日漓,民生其间,才益乏而智益劣。士拘于文墨,而授之介胄则慊;农安于犁锄,而问之刀笔则废。以至九流百工释老之徒,食土之毛者,日以繁伙,其肩摩袂接,三屏不足以满隅者总总也,于是民之多寡不足为国之盛衰。"

(四)《文献通考》卷四十七《职官考一》:

"按陶唐氏以前之官所治者天事也,虞、夏以后之官所治者民事也。太古法制简略,不可得而详知,然以经传所载考之,则自伏羲以至帝尧,并所命之官大率为治历明时而已。盖太古洪荒,步占之法未立,天道幽远,非有神圣之德者不足以知之。而位天地,育万物,定四时,成岁功,乃君相职业一大事。《月令》:'其帝太皞,其神句芒'。郑氏注以为此苍精之君,木官之臣,自古以来著德立功,是也。盖此数圣人者,生则知四时之事,殁则为四时之神。然太皞、炎帝、少皞、颛顼,所历者四时,而句芒、祝融、蓐收、玄冥、后土,则颛顼之时始有此五人者并世而生,能任此五官之事。至帝尧时,则占中星之法、置闰余之法渐已著明,然其命官犹以羲和为第一义。自是四子之后,世守其法,居其官。至舜摄政之时,虽以'在璇玑玉衡齐七政'为首事,然分命九官,则皆以治民,而未尝及天事,盖累圣相承,其法至尧而备,世官自足以掌之,不必别求贤哲之辅以专其任也。三代官制至周而尤详,然观成王所以命官,若三公三孤,则仅有燮理阴阳、寅亮天地二语为天事,而冢宰以下俱民事也,然尚承袭上古之官名;而所谓六官,则天官掌治、地官掌教、春官掌礼、夏官掌兵、秋官掌刑、冬官掌土(工),略不及天地四时之事。至于冯相氏、保章氏、絜壶氏,则不过三百六十属吏之一,盖至是而治天事之官事悉易,而秩悉卑矣。"

从上面这些话看来,马端临是把中国历史分成了三个大阶段。第一个大阶段是唐、虞以前。第二个大阶段是夏、商、周三代。第三个大阶段是秦灭六国以后。上面所引的话,主要在谈前两大历史阶段的变革,而也涉及第三阶段的变革。

马端临以公和私为重要的标志,详论历史变革。他以为唐虞以前是官天下,也就是"公"天下;夏以后是家天下,也就是"私"天下。但三代只是比唐、虞为私,比后世还是要公些,或可以说是由公到私的过渡。到了秦始皇灭六国,"尺土一民皆视为己有",就"私"得更厉害了。在论述公和私时,马端临还不能摆脱唯心主义观点的深刻影响,故一再提到"有公天下之心"、"无公天下之心",提到"君不尧、舜,终不可复行封建",但他的基本观点还是从历史条件来立论的。他说:"圣人随时制变",这是认为决定变的不是圣人的意志,而是时代的条件。他认为家天下是私,但不承认家天下是禹个人的私,而认为家天下是"天也",是历史发展的自然趋势,并不取决于禹个人的意志。马端临是把公天下看作一定时代的产物,是因社会都要公;把私天下也看作一定时代的产物,是因社会都要私。他说:"圣人不能违时,不容复以上古之法治之也。"他把他的"不容不如此"拿在这里来使用了。

按照我们的看法,公天下和私天下的不同是由于是否有财产私有制来决定的。马端临也接触到这个问题的边缘,但他不可能捉住这个问题。他历举殷契至于汤的八迁、周弃至文王的屡迁、泰伯、鬻绎、箕子的建国,来说明古代土地所有观念的缺乏。他又指出"古之帝王未尝以天下为己私,而古之诸侯亦未尝视封内为己物",以区别于后世之"分疆画土,争城争地"。但他只接触到土地所有形态在公和私的一些表现形式,尚不能把它作为决定公私的物质基础。同时,马端临在论及土地的时候,也曾对国界的缺乏和分疆画土作了些区别。这在历史科学上看来,就是血缘单位和地域单位的区别,然而他只涉及了这个问题,而不可能对这个问题有更进一步的认识。

在公私和疆界之外,马端临还提出另外三个标志来论述历史变革。一个是光岳之分,一个是职官之别,第三个是人们才智之殊。

光是三光,岳是五岳,意思是指天地,也就是社会中的上下之别。马端临还不能有明确的对阶级的看法,但他却相信太古时期曾有一个光岳未分的时期。在光岳未分的时期,第一,是一国的君长"由其行义德化足以孚信于一方,人心翕然归之";第二,是"千里之邦、万家之聚,皆足以世守其国而扞城其民,民众则其国强,民寡则其国弱,盖当时国之与立者,民也"。到了"光岳既分",统治者依靠的是"慑服",是"检制",是"谋用是作而兵由此起",而人民之于国家,是"民之多寡不足为国之盛衰"。马端临在这里,既把上下不分和上下的严格区分作为两个历史时代来看,同时指出后世的国只是统治者的国。

对于不同历史时代的职官之别,马端临认为:"陶唐氏以前之官所治者'天事'也。虞、夏以后之官所治者'民事'也。"自伏羲到帝尧,所设的官大致是为了治历明时。舜时仍以治"天事"的官居首,但治民的官已大为多起来。经夏、商到周,原来治"天事"的官都变成了治"民事"的官,而实际上治"天事"的官已降低到属吏的地位了。依照历史科学的解释,应该说,远古设官治"天事",反映了社会组织是在公共的利害关系之下,共同对自然而斗争;后来设官以治"民事"为主,就反映了超个人的权力的形成,阶级斗争的出现。马端临不可能理解这样的一个历史问题,但他却天才地接触到问题的边缘。

马端临所说的才智之殊,如按照历史科学的解释,就是指体力劳动和脑力劳动的分化。他以为,远古时士农兵不分,人皆才智,样样能干。后来士农分途,文武分途,才智偏枯了,懒惰的人也越来越多了。

总之,马端临所说的唐、虞以前的时代相当于我们所说的原始社会,所说的三代相当于我们所说的奴隶制社会,所说秦始皇以后的社会相当于我们所说的封建制社会。他所说的"封建",相当于我们所说的氏族部落和部落联盟的组织形式。如果我们把马端临所说的不同历史时代的特点概括起来,那便是:

(1)唐、虞以前是公天下,光岳未分,人皆才智之士;疆域观念缺乏。唐以前设官治天事,虞始设官治民事。

(2)夏、商、周三代是家天下(而犹有公的遗意),光岳已分,才乏智劣,封疆画界。原来治天事的官变为治民事的官,而实际治天事的官职位低微。

(3)秦始皇灭六国以后,"尺土一民始皆视为己有",另外又是一个时代。

马端临对于历史变革的这样的理解,除开其对历史实际的误解外,显然接触到历史图景的重大问题。尽管他还不能深入本质地抓住这些问题,但这已是十三四世纪之际的宝贵的史学遗产,是应当受到重视的。

对于秦、汉以后的历史,马端临的论述值得重视的,是关于封建专制主义的逐步强化。第一,他从秦、汉建国的过程来论述封建专制主义的形式。《文献通考·自序》说:

"秦既灭六国,举宇内而郡县之,尺土一民始皆视为己有。再传而后,刘、项与群雄共裂其地而分王之。高祖既诛项氏之后,凡当时诸侯之自立者与为项氏所立者,皆击灭之,然后裂土以封韩、彭、英、卢、张、吴之属,盖自是非汉之功臣不得王矣。

逮数年之后,反者九起,异姓诸侯王多已夷灭,于是悉取其地,以王子弟亲属,如荆、吴、齐、楚、淮南之类,盖自是非汉之同姓不得王矣。

然一再传而后,贾谊、晁错之徒,拳拳有诸侯强大之虑,以为亲者无分地,而疏者逼天子,必为子孙之忧。于是或分其国,或削其地,其负强而动如七国者则六师移之。盖西汉之封建,其初则剿灭异代所封而以畀其功臣,继而剿灭异姓诸侯而以畀其同宗,又继而剿灭疏属刘氏王,而以畀其子孙,盖检制益密而猜防益深矣。……

景、武之后,令诸侯王不得治民补吏,于是诸侯虽有君国子民之名,
不过食其邑入而已,土地甲兵不可得而擅矣。"

秦、汉所消灭了的春秋、战国遗留下来的族姓封侯建国制度的残余,是
很顽强的残余制度。汉因秦制,消灭了这种残余制度,就为中世纪的封
建专制主义铺平了政治的道路。此后,历史上虽还有以所谓"封建"名
义出现的一些东西,在本质上已和西汉时期所谓的"封建"(古代延续
下来的所谓"封建")不同了。马端临特别把西汉消灭所谓"封建"而走
向封建专制主义的过程逐步加以分析,是很有识见的。

第二,马端临又从汉以后选举和官制的变化来论述封建专制主义
的逐步强化。《文献通考·自序》说:

"两汉以来,刺史守相得以专辟召之权。魏、晋而后,九品中
正得以司人物之柄。皆考之里闬之毁誉,而试之以曹掾之职业,
然后俾之入备王官,以阶清显。盖其为法,虽有愧于古人德行之
举,而犹可以得才能之士也。至于隋而州县僚属皆命于铨曹,搢绅
发轫悉由于科目。自以铨曹署官,而所按者资格而已,于是勘籍小
吏得以司升沉之权。自以科目取士,而所试者,词章而已,于是操
觚末技得以阶荣进之路。夫其始进也,试之以操觚末技而专主于
词章,其既仕也付之于勘籍小吏而专校其资格,于是'选贤与能'
之意无复存者矣。"

这是说,因为隋以后取士方法的改变,所得的人才也很不一样,同时也
是在说选举的权力由地方政权和地方世族转到中央政权手里的重大变
化。马端临在这里的微词是值得注意的。他简直是要说:只要"得以
司升沉之权",也就不管"选贤与能之意"了。马端临在《职官考》里详
记中央政务实际负责机构和实际负责官员的转移,很注意中央加强集
权的企图。《文献通考》卷四十九《职官三》说:

"按自后汉时虽置三公,而事归台阁,尚书始为机衡之任。然
当时尚书不过预闻国政,未尝尽夺三公之权也。至魏、晋以来,尚
书之官始真为宰相,而三公遂为具员,其故何也? 盖汉之典事,尚

书中书者号为天子之私人，及叔季之世则奸雄之谋篡夺者亦以其
私人居是官。而所谓三公者，古有其官。虽鼎命将迁之际，大权一
出于私门，然三公未容遽废也，故必择其老病不任事、依违不侵权
者居之。"

这里指出，品秩高者不必有大权，有大权者不必居三公之极品。无论天
子和奸雄都要把实权掌握在自己的近臣手里而不是掌握在大臣手里，
这正是汉以后强化中央集权在官制上的反映。

在经济上，马端临还不能从土地财产关系上来论述封建专制主义。
他在《文献通考·自序》里虽然说"秦既灭六国，举宇内而郡县之，尺土
一民始皆视为己有"，指出有关国家农奴制的形成，但在《自序》中却又
说："三代而上，天下非天子所得私也；秦废封建，而始以天下奉一人
矣。三代以上，田产非庶人所得私也；秦废井田，而始捐田产以予百姓
矣。秦于其当与者取之，所当取者与之。然所袭既久，反古实难。欲复
封建，是自割裂其土宇以启纷争。欲复井田，是强争民之田亩以召怨
讟。"由于时代和阶级的限制，他不会懂得封建国家对人民的封建剥削
关系，因而不会从土地财产关系上说明封建专制主义。但对于征榷和
市籴等一般的财产所有，马端临就有些值得注意的论点。《文献通
考·自序》说：

"征榷之途有二：一曰山泽，盐茶坑冶是也。二曰关市，酒酤
征商是也。羞言利者，则曰：县官当食租衣税而已，而欲与民庶争
货殖之利，非王者之事也。善言利者，则曰：山海天地之藏，而豪强
擅之，关市货物之聚，而商贾擅之。取之于豪强商贾以助国家之经
费，而毋专仰给于百姓之赋税，是崇本抑末之意，乃经国之远图也。
自是说立，而后之加详于征榷者，莫不以借口。征之不已，则并其
利源夺之，官自煮盐、酤酒、采茶、铸铁以至市易之属。……

市者，商贾之事也。古之帝王，其货物取之任土所贡而有余，
未有国家而市物者也。而市之说则昉于周官之泉府。后世因之，
曰均输，曰市易，曰和买，皆以泉府借口者也。籴者，民庶之事。古

之帝王,其米粟取之什一所赋而有余,未有国家而籴粟者也。而籴
之说则昉于齐桓公、魏文侯之平籴,后世因之,曰常平,曰义仓,曰
和籴,皆以平籴借口者也。然泉府与平籴之立法也,皆所以便民。
方其滞于民用也,则官买之籴之;及其适于民用也,则官卖之粜之。
盖懋迁有无,曲为贫民之地,初未尝有一毫征利富国之意,然沿袭
既久,古意浸失,其市物也,亦诡曰榷蓄贾居货待价之谋。及其久
也,则官自效商贾之为,而指为富国之术矣。其籴粟也,亦诡曰救
贫民谷贱钱荒之弊。及其久也,则官未尝有及民之惠,而徒利积粟
之入矣。”

这些话,揭开了冠冕堂皇的外衣,对于封建专制主义如何集中经济权
力,是说得相当透彻的。

对于在封建专制主义下的财政制度有公私之名而无公私之实,马
端临也曾明白地指出来。《文献通考·自序》说:

“然自《周官》六典有太府,又有王府、内府,且有惟王不会之
说,后之为国者因之。两汉财赋曰大农者,国家之帑藏也;曰少府、
曰水衡者,人主之私蓄也。唐既有转运、度支,而复有琼林、大盈。
宋既有户部、三司,而复有封桩、内藏。于是天下之财,其归于上
者,复有公私。恭俭贤主常捐内帑以济军国之用,故民裕而其祚
昌;淫侈辟王至糜外府以供耳目之娱,故财匮而其民怨。”

另外,马端临在《文献通考·自序》中还着重地指出封建政权的内
部矛盾,说:

“秦、汉以来,儒与吏始异趋,政与教始殊途。于是曰郡守、曰
县令,则吏所以治其民。曰博士官、曰文学掾,则师所以教其弟子。
二者漠然不相为谋,所用非所教,所教非所用。士方其从学也,曰
习读。乃进而登仕版,则弃其《诗》、《书》、礼乐之旧习,而从事乎
簿书期会之新规。古人有言曰:吾闻学而后入政,未闻以政学者。
后之为吏者,皆以政学者也。自其以政学,则儒者之学术皆筌蹄
也,国家之学官皆刍狗也,民何由而见先王之治哉? 又况荣途捷

径，旁午杂出，盖未尝由学而升者，滔滔也。于是所谓学者，姑视为粉饰太平之一事，而庸人俗吏直以为无益于兴衰理乱之故矣。……

"古者文以经邦，武以拨乱。其在大臣，则出可以将，入可以相。其在小臣，则簪笔可以待问，荷戈可以前驱。后世人才日衰，不供器使。司文墨者不能知战阵，被介胄者不复识简编。于是官人者制为左右两选，而官之文武始分矣。至于有侍中、给事中之官，而未尝司宫禁之事，是名内而实外也。有太尉司马之官，而未尝司兵戎之事，是名武而实文也。太常有卿佐而未尝审音乐，将作有监贰，而未尝诸营缮，不过为儒臣养望之官，是名浊而实清也。"

这样的矛盾，标志着封建政权腐朽的严重性。马端临于此当不免有感慨于南宋灭亡的原因，但他总是善于微婉其词，不轻易暴露他的这种情感的。

最后，还应该提到马端临对于秦、汉以后的历史，也有他划分阶段的看法。我们在本章第一节里，曾说到他对田赋、钱币、职役的历史都有一个划分阶段的看法。现在再研究他的这些看法，如田赋的变革以杨炎的两税法为标志，钱币的变革以唐宪宗时的飞钱和宋的交子、会子为标志，户役也是以唐、宋为标志，都是以唐、宋为这些制度的转变期的。对于征榷，《自序》说"盐铁始于齐"、"榷酤始于汉，榷茶始于唐"，而《征榷考》着重记述汉武置盐铁官和唐、宋榷盐制度的发展。对于市籴，马端临着重提到的是汉的均输和常平、隋的义仓、宋的市易和买、唐的和籴。对于土贡，马端临特别提到唐德宗时的羡余。对于选举，马端临特别提到汉的文、景，唐的贞观、开元，宋的天圣、景祐。对于兵制，马端临特别提出唐、宋的募兵。对于政治地理沿革，马端临提到"九州则以禹迹所统为准，沿而下之。府州军监，则以宋朝所治为准，泝而上之。"马端临没有一篇文章，集中地论述秦、汉以后历史的发展阶段，只是就各种不同的制度分别加以论述。把这些分别的论点，总起来看，他似是以秦汉、隋唐和两宋为中国封建社会发展的三段有代表性的朝代，而对于唐代的社会变化似乎特别着重,因而也说得特别多些。他的这些看法,也可以说,是和中国历史发展阶段有基本符合之处的。

从马端临史论的观点,回过头来再来看他所讲的"会通之道",我们就知道,他是善于把他的方法论运用到历史实际之中的。

第三节　马端临史论的人民性

马端临在《文献通考》的浩瀚篇幅中,有时通过历史的记载,有时通过自己的议论,表达出一定的人民性的倾向。他经历过南宋政权的复亡,这使他特别看出封建政权的危害人民的腐朽性。他在《文献通考》卷一百五十三《兵考五》记载了元祐元年殿中侍御史吕陶关于保甲法的议论,接着加以评论说:

> "按籍民为兵,古法也,虽唐府兵犹然。今熙宁之保甲,则无益而有害。言其无益者,则曰田亩之民不习战斗,不可以代募兵。言有害者,则曰贪污之吏并缘渔猎,足以困百姓。然民之未谙者,可以教练而能。而吏之为奸者,则虽加之禁戢而不能止。故元祐诸贤议更化理而首欲罢此者,以其厉民也。今观吕陶之言,以为民之贫富不系丁之多少,而教与不教有幸与不幸,遂令人户五等以下、地土不及二十亩者,虽三丁以上并免教。然则岂贫者不堪为兵,独富者堪为兵乎?盖所取必五等以上与田及二十亩者,非取其堪为兵也,特以其稍有资力,堪充污吏之诛求耳。"

这里指出,应该保国御侮的兵制却成了提供贪污的条件。这里埋藏了他的高贵的民族正义感。在《文献通考》卷一百五十四《兵考六》,他更沉痛地论述宋朝养兵,只能祸国殃民而不能对外。他说:

> "宋有天下,艺祖、太宗以兵革削平海内。暨一再传,则兵愈多而国势愈弱。元昊小丑,称兵构逆,王旅所加,动辄败北,卒不免因循苟且,置之度外。洎女真南牧,征召勤王之师,动数十万。然援河北则溃于河北,援京城则溃于京城。于是,中原拱手以授金

人,而王业偏安于江左。建炎绍兴之间,骄兵溃卒布满东南,聚为大盗,攻陷城邑,荼毒生灵,行都数百里外率为寇贼之渊薮。而所谓寇贼者,非民怨而叛也,皆不能北向御敌之兵也。张、韩、刘、岳之徒以辅佐中兴,论功行赏,视前代卫、霍、裴、郭曾无少异。然究其勋庸,亦多是削平内寇,抚定东南耳。一遇女真,非败则遁;纵有小胜,不能补过,而卒不免用屈己讲和之下策,以成宴安江左之计。及其末也,夏贵之于汉口,贾似道之于鲁港,皆以数十万之众不战自溃。于是卖降效用者,非民也,皆宋之将也。先驱倒戈者,亦非民也,皆宋之兵也。夫兵既不出于民,故兵愈多而国愈危,民未叛而国已亡,唐、宋是也。"

两宋兵事的得失要比马端临所说复杂得多,对张、韩、刘、岳诸将的评价也当别论,但兵事的腐朽正是政权腐朽的集中的反映,马端临打中了两宋政权腐朽的要害。

马端临曾历举秦以后统治集团内部的倾轧,而归结为由于没有公心。他说:

"愚尝谓必有公天下之心,而后可以行封建。自是出于公心,则选贤与能,而大小相维之势足以绵千载。自其出于私心,则忌疏畏逼而上下相猜之形不能一朝居矣。景、武之后,令诸侯王不得治民补吏,于是诸侯虽有君国子民之名,不过食其邑入而已,土地甲兵不可得而擅矣。然则汉虽惩秦之弊,复行封建,然为人上者敬慕美名而实无唐、虞三代之公心,为诸侯者既获裂土则遽欲效春秋、战国之余习,故不久而遂废。逮汉之亡,议者以为乏藩屏之助,而成孤立之势。然愚又尝夷考历代之故:魏文帝忌其诸弟,帝子受封,有同幽絷。再传之后,主势稍弱,司马氏父子即攘臂取之,曾无顾惮。晋武封国至多,宗藩强壮,俱自得以领兵卒、置官属,可谓惩魏之弊矣,然八王首难,阻兵安忍,反以召五胡之衅。宋、齐皇子俱童孺当方面,名为藩镇而实受制于典签长史之手。每一易主,则前帝之子孙歼焉,而运祚卒以不永。梁武享国最久,诸子孙皆以盛年

雄材,出为邦伯,专制一方,可谓惩宋、齐之弊矣,然诸王拥兵,捐置
君父,卒不能止侯景之难。然则魏、宋、齐疏忌骨肉,因以取亡,而
晋、梁崇奖宗藩,亦不能救乱。"(《文献通考·自序》)
在一定历史条件下,统治阶级内部斗争,如秦灭六国、西汉逐步消灭封
侯建国制度等等,在客观上也有一定的积极意义,但像魏、晋、南朝的互
相倾轧则反映了封建政权本质上的腐朽。马端临把这种腐朽归结为由
于没有公天下之心,是接触到了统治集团之阶级本能的。

在指出封建政权腐朽性的同时,马端临很注意揭露人民受封建专
制主义剥削的沉重,并指出了政权的存亡乃系于民心的向背。

对于人民的封建负担,马端临再三指出其名色的日多,设词的日
巧,人民的日困。他说:

"古之治民者,有民则税之,有身则役之,未有税其身者也。
汉法,民年十五而算出口赋,至五十六而除。二十而传:给徭役,亦
五十六而除。是且税之且役之也。"(《文献通考》卷十《户口一》)

"按盐之为利,自齐管仲发之。后之为国者,榷利日至。其初
也,夺灶户之私而官自煮之,甚则夺商贩之利而官自卖之。然官卖
未必能周遍,而细民之食盐者不能皆与官交易,则课利反亏于商
税。于是立为蚕盐、食盐等名,分贫富五等之户而俵散抑配之。盖
唐张平叔所献官自卖盐之策,而昌黎公所以驳议之者,其虑已略及
此矣。迨其极弊也,则官复取盐自卖之,别取其钱。而人户所纳盐
钱遂同常赋,无名之横敛永不可除矣。当时江南亦配盐于民而征
米在后,盐不给而征米如故,其弊历三百年而未除。宇县分割,国
自为政(指五代时),而苛敛如出一辙,异哉!"(《文献通考》卷一
五《征榷二》)

"经总制、月桩、板帐等钱,所取最为无名。……昔太史公论
桑弘羊之善理财,以为民不加赋而上用足。而司马温公谓其不过
设法阴夺民利。然弘羊所谓理财,若盐铁则取之山泽也,若酒酤、
均输、舟车之算则取之商贾逐利者也。盖山海、天地之藏,而商贾

坐笼不赀之利,稍夺之以助县官经费,而不致尽倚办于农田之租赋,亦崇本抑末之意。然则弘羊所为,亦理财之良法,未可深訾也。至后世,则若茶盐、若酒酤、若坑冶、若商税,官既各有名额以取之,未尝有遗利在民间矣,而复别立窠名,以为取办州县,所敛不及民,将以谁欺? 此水心所以言'非惟桑弘羊、刘晏所不道,虽蔡京、吴居厚之徒亦羞为之'者是也。……

"今朝廷之所以取之州县者,曰经总制、月桩、板帐钱也。而州县之所藉以办此钱者,曰酒坊、牙契、头子钱也。或所取不能及额,则违法扰民以足之,曰输纳、斛面、富户、词讼、役人、承替、违限科罚之类是也。上下之间,名目各不吻合。州县以酒坊、牙契不办,诉之版曹,则朝廷曰:吾所取者,经总制钱而已,未尝及此。而不知其实取此以办彼也。百姓以斛面罚钱等事诉之朝廷,则州县曰:吾以办经总制钱而已,未尝入己。而不知上取其一,而下取其十也。互相遮复,文不与而实与,百姓如之何而不困?"(《文献通考》卷一九《征榷六》)

"(征榷)利源日广,利额日重,官既不能自办,而豪强商贾之徒又不可复擅。然既以立为课额,则有司者不任其亏减,于是又为均派之法,或计口而课盐钱,或望户而榷酒酤,或于民之有田者,计其顷亩,令于赋税之时带纳以求及额,而征榷遍于天下矣。盖昔之榷利,曰取之豪强商贾之徒以优农民。及其久也,则农民不获豪强商贾之利而代受豪强商贾之权。"(《文献通考·自序》)

"按古人立五均以均市价,立泉府以收滞货,而时其买卖,皆所以便民也。所谓国服为息者,乃以官物赊贷与民则取其息耳。今(王)莽借五均泉府之说,令民采山泽者,畜牧者,纺织者,以至医巫技艺,各自占所为而计其息,十一分之,一(而)以其一为贡,则直攫取之耳,周公何尝有此法乎? 噫! 古人之立法,恶商贾之趋末而欲抑之。后人之立法,妒商贾之获利而欲分之。"(《文献通考》卷二〇《市籴一》)

马端临在《职役考》里，记载了北宋治平年间，"京东有父子二丁，将为衙前。其父告其子云：'吾当求死，使汝曹免冻馁'，自经而死。"记载了北宋英宗时农村间"多种一桑，多置一牛，蓄二年之粮，藏十匹之帛，邻里已目为富室，指抉以为衙前。"记载了约同一时期衙前被差之日，"官吏临门，籍记杯杆箸，皆计资产，定为分数以应须求。至有家资已竭，而逋负未除，子孙既没，而邻保犹逮。是以民间规避重役，土地不敢多耕而避丁等，骨肉不敢义聚而惮人上，无以为生。"（以上见《文献通考》卷一二）这些记载，虽大致以庶族地主及富农为对象，但已见马端临对于宋代社会矛盾的重视，而指出了沉重的户役对于社会生产的破坏。这里有力地打击了道学家贵贱上下之分是"一个道理"的胡说。他又说：

> "礼义消亡，贪饕成俗。为吏者以狐兔视其民，睊睊朵颐，惟
> 恐堕井之不早。为民者以寇戎视其吏，潜形匿影，日虞怀璧之为
> 殃。上下狙伺，巧相计度。"（《文献通考》卷一三《职役二》）

这直接揭露了官民不两立的对抗局势在宋代也久已形成。马端临把这种现象仅仅归罪于吏贪，也还是微婉其辞。《文献通考·自序》在论历代国用时说："秦始皇以千八百国之民自养，力罢不能胜其役，财尽而不能胜其求。一君之身耳，所自养者，驰聘弋猎之娱，天下弗能供也"。这不就是说，官民对抗的形势由来已久，而皇权以天下供一人，正是压迫剥削老百姓的真正头儿吗？

《文献通考》卷一百四十九《兵考一》引山斋易氏所说："原秦之亡，皆起于兵备废弛，而倚办于仓卒。"马端临批判这种看法，说：

> "按班史以销锋镝、弛武备为秦之所以亡，山斋因而发明其
> 说。然愚以为秦之亡，非关于兵弛也。当时尽吞六雄，威震六合，
> 彼胡、越僻在裔夷，岂能为纤芥之害？而发百万之师以戍之。骊山
> 阿房之役，又复数十万健卒壮士虚耗于无用之时，糜烂于不切之
> 役。盖侧目倒戈，相挺而并起者，皆秦兵也。《史记》言：'先是诸
> 侯吏卒，繇使屯戍过秦中者，秦中吏卒遇之多无状。及章邯以秦军

降诸侯,诸侯吏卒乘胜,多奴虏使之,轻折辱秦吏卒。秦吏卒多怨,窃言曰:章将军等诈吾属降诸侯,今能入关破秦,大善;即不能,诸侯虏吾属而东,秦又尽诛吾父母妻子,奈何? 诸将微闻其语,以告项羽,羽乃尽坑秦卒二十余万人'。夫此二十万人者,即十余年前王翦、王贲等将之以横行天下,诛灭六雄者也。国有兴废,而士心之勇怯顿殊,异哉! 然章邯之降也,特以畏赵高之谗、二世之诛,而其兵固非小弱,亦未尝甚败衄也。而此二十万人者,亦复弭耳解甲,而曾无异辞。虽明知必蹈祸机,反幸诸侯之入关以纾祸。所谓寡助之至,亲戚叛之者欤!"

马端临在这里指出官民对立激化的结果,可以导致政权的危亡。他不认为秦亡是由于兵备废弛,而认为乃由于兵将的离心离德。"侧目倒戈,相挺而并起者,皆秦兵也。"秦兵倒是亡秦的主力了。他论秦兵和论宋兵不同。他论宋兵,侧重于南宋军队的祸国殃民,在于指出南宋政权的腐败。他论秦兵,侧重于秦兵之反秦,在于指出人民力量之不可侮。

马端临史学思想的人民性倾向又表现在对进步事物的肯定上。对一般人所反对的人物和历史事件,只要这个事件或这个人所作的事情对于社会生产有利,对于老百姓有利,他每每是吸收正确的看法,或是独排众议,而加以肯定。

商鞅的变法一向为儒者所非议。马端临虽也说商鞅之事为"君子所羞称"(《文献通考·自序》),但他主要是肯定商鞅变法的积极作用。他借用了杜佑的话,承认"鞅以三晋地狭人贫,秦地广人寡,故草不尽垦,地利不尽出。于是诱三晋之人,利其田宅,复三代,无知兵事而务本于内,而使秦人应敌于外。故废井田,制阡陌,任其所耕,不限多少。数年之间,国富兵强,天下无敌"。又引据蔡泽的话,承认商鞅变法的必要性,而说:"蔡泽言商君决裂井田,废坏阡陌,以静百姓之业而一其志。夫曰静曰一,则可见周授田之制,至秦时必是扰乱无章,轻重不均矣。"(以上见《文献通考》卷一《田赋考一》)他更说:"后之为国者,莫不一遵其法,或变之则反至于烦扰无稽,而国与民俱受其病"(《文献通考·自序》)。

杨炎的两税法,也是所谓"君子所羞称"的事情,从唐以后不断地遭受非难。马端临记载了陆贽和齐抗反对两税法的议论,而从历史发展的客观条件和相对减轻人民负担的情况,特别是由于后者,肯定了两税法的优点。他说:

"至唐,始分为租庸调。田则出粟稻为租,身与户则出绢布绫锦诸物为庸调。然口分、世业,每人为田一顷,则亦不殊元魏以来之法。而所谓租庸调者,皆此受田一顷之人所出也。中叶以后,法制隳弛,田亩之在人者不能禁其卖易,官授田之法尽废,则向之所谓输庸调者多无田之人矣。乃欲按籍而征之,令其与豪富兼并者一例出赋可乎?又况遭安史之乱,丁口流离转徙,版籍徒有空文,岂堪按以为额?盖当大乱之后,人口死徙虚耗,岂复承平之旧,其不可转移失陷者独田亩耳。然则视大历十四年垦田之数以定两税之法,虽非经国之远图,乃救弊之良法也。但立法之初,不任土所宜,输其所有,乃计绫帛而输钱,既而物价愈下,所纳愈多,遂至输一者过二,重为民困。此乃掊刻之吏所为,非法之不善也。陆宣公与齐抗所言,固为切当,然必欲复租庸调之法,必先复口分、世业之法,均天下之田,使贫富等而后可。若不能均田,则两税乃不易之法矣。

"又历代口赋,皆视丁中以为厚薄。然人之贫富不齐,由来久矣。今有幼未成丁而承袭世资家累千金者,乃薄赋之。又有年齿已壮而身居穷约,家无置锥者,乃厚赋之。岂不背谬?今两税之法,人无丁中,以贫富为差,尤为的当。宣公所谓'计估算缗,失平长伪,挟轻费转徙者脱徭税,敦本业不迁者困敛求,乃诱之为奸殴之避役',此亦是有司奉行者不明不公之过,非法之弊。盖力田务本与商贾逐末,皆足以致富。虽曰逐末者易于脱免,务本者困于征求,然所困犹富人也,不犹愈于庸调之法不变,不问贫富而一概按

元籍征之乎?"(《文献通考》卷三《田赋考三》)

马端临所论均田制使贫富等和两税法之可以困富人,并不符合于历史的实际情况。但他认为均田和租庸调都已不能继续而两税法为不易之法,并认为两税法可以改变一些过去富人薄赋而穷人厚赋的情况,从而肯定两税法的实际价值,这里面就有注意到广大农民利益的成分在内的。

王安石的新法,是北宋政治上的重大公案,毁誉各半。马端临否定青苗、均输、市易等法,说"青苗钱所以为民害者三,曰征钱也,取息也,抑配也",说均输"张官置利,废利劳人而无所成",说"市易则假《周官》泉府之名,袭王莽五均之迹,而下行黜商豪家贸易称贷之事,其所为又远出桑(弘羊)刘(晏)之下","以县官而下行黜商豪家之事,且贸迁图利,放偿取息,以国力经营之,以国法督课之,至使物价腾踊,商贾怨讟,而孳孳五年之间所得,子本盖未尝相称"(以上见《文献通考》卷二一、卷二十二《市籴考》一、二)。但对于助役法,马端临认为是"可行"的"良法"。《文献通考》卷十二《职役考》一,记宋神宗绍熙四年(公元1071年):

> "上召二府对资政殿。冯京言:'修差役,作保甲,人极劳敝。'上曰:'询访邻近百姓,亦皆以免役为喜。盖虽令出钱,而复其身役,无追呼刑责之虞,人自情愿故也。'文彦博言:'祖宗法制具在,不须更张,以失人心。'上曰:'更张法制,于士大夫诚多不说,然于百姓何所不便?'彦博曰:'为与士大夫治天下,非与百姓治天下也'。"

马端临随即加以评论说:

> "按潞公(文彦博)此论失之。盖介甫之行新法,其意勇于任怨而不为毁誉所动。然役法之行,坊郭品官之家尽令输钱,坊场酒税之入尽归助役。故士夫豪右不能无怨,而实则农民之利。此神宗所以有'于百姓何所不便'之说。而潞公此语与东坡所谓'凋敝太甚,厨传萧然'云者,皆介甫所指以为'流俗干誉不足恤'者,是

岂足以绳其偏而救其弊乎？"

马端临虽也认为助役法在推行时出了毛病，但他以为，这并非因为法之不可行，反而是因为王安石没有好好地为老百姓打算。他说：

> "盖荆公新法大概主于理财，所以内而条例司，外而常平使者，所用皆苛刻小民。虽助役良法，亦不免以聚敛亟疾之意行之，故不能无弊。然遂指其法为不可行则过矣！"

马端临在对待助役法的态度上，恰好和文彦博相对立。

这里还应该举出马端临另外的一条议论。《文献通考》卷一百六十三《刑考二》：

> "按古者，庶人谤，商旅议。夫子曰：'天下有道，则庶人不议。'则诽谤古者有也。周公曰：'小人怨汝詈汝'。又曰：'否则厥口诅咒。'晏子曰：'人民苦病，夫妇皆诅，虽其善咒岂能胜亿万人之诅？'则咒诅亦古所有也。然未尝以此罪人。至秦之立法，则犯此二者，皆坐以大逆而诛夷之。汉高帝入关，约法三章，除秦苛挠，而首及诽谤偶语之酷，则当亟除之矣，而卒不曾除。至高后元年，有诏除其法矣，而又不克除。文帝之时复有此诏。然自景、武而后，则一用秦法。凡张汤、赵禹、江充、息夫躬之徒所为诬害忠鲠，倾陷骨肉，坐以深文，中以危法者，不曰诽谤不道，则曰诅咒上有恶言。盖此二法者，终汉之世未尝除也。"

在中国封建制社会里，对帝王的诽谤和诅咒，一般是要招来滔天大祸，是被认为对帝王的大不敬。但马端临在这里提出了诽谤和诅咒在古代是合法的事情，并没有因此而入人罪。他说，汉三百年间朝廷虽再三表示废除这项禁令而终于没有废除，实际上是说，这在秦以后从来就没有废除过。难道说这种禁令真不应该废除吗？显然这在马端临看来，是应该废除的。这对皇家无限权力的神圣灵光，显然在表示蔑视。这在"没人敢大声儿咳嗽"的元代，也显然是对现实的抗议。

对于正统派史家所深恶痛绝的人物，马端临也不惜用不同形式去肯定他们的长处。朱温代唐，被认为是篡弑。欧阳修作《五代史记》，对朱温大为斥詈,对旧史所记朱温轻赋税一事也毫不提起。司马光修《资治通鉴》,也不记这种事情。马端临却借着洪迈的笔,说朱温:"外严烽候,内辟汙莱,厉以耕桑,薄其租赋,士虽苦战,民则乐输。"徐知诰在淮南,采纳宋齐丘的意见,注意劝农,《资治通鉴》都不加以记载。马端临也借用洪迈的话,肯定吴"不十年间,野无闲田,桑无隙地,自吴变唐,自唐变宋,民到于今受其赐。"(以上见《文献通考》卷三《田赋考三》)《文献通考》卷十七,《征榷考四》记宋孝宗淳熙八年(公元1181年):

> "兵部侍郎芮辉言:潭州自绍兴初,剧盗马友行税酒法,一方便之。于官无费,岁得钱十四五万缗。昨守臣辛弃疾变榷酒,人多移徙。乞依旧法。"

马端临对这事评议说:

> "按榷酒之课额既重,官自酿造则不免高价抑勒人户沽买,欲以课额随民均配而纵其自酿,则又是两税之外别生一税,他日必有税不除而再榷酒之事。惟有于要闹坊场之地,听民酿造,纳税之后,从便酤卖,实为公私两利。但恐各处先立定高大之额,则所收税未必能及额耳。县官惟务榷利,而便民之事乃愧于一'剧盗',何耶?"

这是虽对于所谓"剧盗",对于他所作的便民之事也要无所瞻顾地加以肯定了。

在本章第一节曾提到马端临所处历史条件和他思想上的一定的人民性的关系。其实,和他约略同时的大史学家胡三省在这一点上,也和他有共同之处。胡三省字身之,浙东宁海人,生于宋理宗宝祐二年(公元1254年),卒于元成宗大德六年(公元1302年),比马端临年长二十四岁。他死后六年,马端临的《文献通考》成书。他在元世祖至元二十二年(公元1285年)作成著名的《资治通鉴注》二百九十四卷。他的书一直没有被人了解。陈垣同志旧作《通鉴胡注表微》说:"《鉴注》成书至今六百六十年,前三百六十年沉埋于若无若有之中;后三百年掩埋于擅长地理之名之下"。《通鉴胡注表微》是第一次去表彰他的民族思想。以胡三省的历史条件而言,他的民族思想是可以和当时广大汉族人民的思想情感联系的,所以在他的思想中同时也可发现人民性的倾向。但因为胡三省对于封建伦理的观念远比马端临来得浓厚,他的人民性倾向就不像马端临那样比较显著。如《资治通鉴》卷八十一记晋武帝太康元年,吴主孙皓降晋事,胡三省注:

> "武王伐纣,斩其首悬于太白之旗。如孙皓之凶暴,斩之以谢
> 吴人可也。"

《资治通鉴》卷二百四十,唐宪宗元和四年,"先是吴少阳父子阻兵,禁人偶语于涂,夜不然烛,有以酒食相过从者罪死。裴度既视事,下令惟禁盗贼,余皆不问。蔡人始知有生人之乐。"胡三省注:

> "解人之束缚,使得舒展四体,长欠大伸,岂不快哉!"

这些话都可理解为对元代蒙古贵族封建专制主义的抗议。像这样语意比较明显的地方,虽不算太多,但胡三省思想中的人民性倾向还是同样可贵的。

马端临的进步的史学思想,在当时代表一种思潮,他不是孤立的。

第 二 十 章

王阳明的唯心主义思想

第一节　王阳明的生平及其政治活动

王守仁,字伯安,别号阳明子,浙江余姚人。生于明宪宗成化八年(公元1472年),卒于世宗嘉靖八年(公元1529年)。

王阳明的一生活动,用他自己的话说,在于一方面"破山中贼"与另一方面"破心中贼"。前者的意思很明白,即指镇压农民战争以维护封建专制主义的皇权;后者所指的便抽象得可作不同的解释,但如果我们从他的思想体系来考察,就不难知道"心中贼"是什么,一句话说,从他把阶级意义上的"贼"还原而为抽象的观念来讲,这正是破"人欲"(凡人的追求)的一种僧侣主义说教。

王阳明的政治活动及其措施,是和他的一套主观唯心主义哲学体系相互联系着的。因此,我们必须从王阳明的"事功"与"学术"这两方面来进行分析。

王阳明早年学宋儒之学,据其《年谱》所载,孝宗弘治二年(公元

1489年），他由江西回余姚，路过广信，"谒娄一斋谅，语宋儒格物之学，谓圣人必可学而至，遂深契之"。他21岁时，侍父于京都，"遍求考亭（朱熹）遗书读之。一日，思先儒谓众物必有表里精粗，一草一木皆涵至理，官署中多竹，即取竹格之，沉思不得，遂遇疾。"（《王文成公全书》〔以下简称《全书》〕卷三二《年谱》）在失望之中，"自委圣贤有分"，于是转向了辞章之学。之后，"偶闻道士谈养生，遂有遗世入山之意"（同上）。

弘治十二年，举进士，明年，授刑部云南清吏司主事，后改兵部主事。

弘治十八年（公元1505年），王阳明"专志授徒讲学"，和湛甘泉结交，"共以倡明圣学为事"（同上）。

武宗正德元年（公元1506年），王阳明一度被权宦刘瑾排挤，谪贵州龙场驿驿丞。正德三年，到龙场。据《年谱》所载，"……忽中夜大悟格物致知之旨，寤寐中若有人语之者，不觉呼跃，从者皆惊；始知圣人之道，吾性自足，向之求理于事物者误也。"（同上）这种好像有神仙指点似的"顿悟"之法来自禅宗，也与神仙家的神秘的求道术有关。陆象山和杨慈湖也都曾玩弄过这样的把戏。从此，正德四年（公元1509年），王阳明在贵阳书院讲授"知行合一"与"致良知"的主观唯心主义哲学。

正德五年（公元1510年），王阳明升江西吉安府庐陵县知县，由贵阳去江西的路上，他到处讲学，所讲的还是"致良知"、"知行合一"；同时要人们"静坐"，并声称这和佛学的"坐禅入定"不同，乃是"收放心一段功夫耳"（同上）。

到任以后，他又把主观唯心主义哲学和政治活动结合起来，一面向"乡里人户"进行封建道德的说教，一面"立保甲，以弭盗"（按：他所谓"盗"即起义的农民）。

正德七年（公元1512年），王阳明从吏部考功清吏司郎中升授南京太仆寺少卿。由北京至南京的旅途上，他和他的得意门生徐爱讲授《大学》，讲授的记录就成为他的哲学思想的一个纲要《大学问》。

王阳明在南方讲学,"只教学者存天理,去人欲,为省察克治实功"(《全书》卷三二《年谱》)。

正德十一年(公元 1516 年),江西、福建、广东、湖南一带,此起彼伏地爆发了所谓"山中之贼"的农民起义。重要据点计有谢志珊所在的横水、左溪、桶岗(江西、湖南、广东三省交界处);池仲容所在的浰头(江西、广东、福建三省交界处),陈日龙所在的大庚;詹师富所在的大帽山。

农民起义军得到人民群众积极支持的活生生的事实,使得王阳明深深地感到十分危险,不但所谓"山中贼"的情势十分严重,而且所谓"心中贼"的不满情绪更是严重,他这样自供:"民……知官府之不足恃,亦遂靡然而从贼。……夫平良有冤苦无伸,而盗贼乃无求不遂,为民者困征输之剧,而为盗者获犒赏之勤,则亦何苦而不彼从乎? 是故近贼者为之战守;远贼者为之乡导;处城郭者为之交援;在官府者为之间谍,其始出于避祸,其卒也从而利之。"(《全书》卷九《申明赏罚以厉人心疏》)

就在这一年,王阳明升任都察院左佥都御史,到南赣、汀、漳等地去"巡抚"——镇压农民战争,一直到正德十三年(公元 1518 年)才"班师"。在这两年中王阳明的"事功"的内容究竟是什么呢?

(一)对农民起义军及同情农民起义的群众采取军事镇压的手段。王阳明一到江西以后,便写了一篇《申明赏罚以厉人心疏》,其中向皇帝献策说,"赏罚既明,人心激励,盗贼生发,得以即时扑灭"。他规定了"斩贼"、"擒贼"的赏格,还规定各地方官吏应随时将农民起义军的活动情况迅速向政府报告,"敢有迟延隐匿",便要"罢职充军"(《全书》卷九《申明赏罚以厉人心疏》)等等。同时,他在《攻治盗贼二策疏》中向皇帝请求"假臣等以赏罚重权,使得便宜行事,期于成功,不限以时,则兵众既练,号令既明,人知激励,事无掣肘,可以伸缩自由,相机而动,……使之(即农民起义军)渐尽灰灭"(《全书》卷九)。根据王阳明给武宗的奏疏中所说,在他主持下,正德十二年(公元 1517 年)一月

至三月在长富林等处杀农民 1420 人；同年同月在古村、水重、大重坑等
处杀农民 1258 人；同年十月至十二月在横水、桶岗等地杀农民 3168
人；十三年一月至三月在浰头杀农民 2073 人；又在乐昌等地杀农民
2809 人。这些被旧史详细记载的所谓王阳明的"功勋"，是被封建地主
阶级的代言人所称道不绝的。

(二)建立地方的地主阶级武装力量，即"团练"。王阳明到江西后
便着手建立地主阶级的武装力量，他下令"挑选骁勇绝群、胆力出众之
士，每县多或十余人，少或八九辈，务求魁杰异材，缺则悬赏召募"，还
规定"日逐操演，听候征调，各官常加考校"(《全书》卷一六《选拣民
兵》)。这样，他以为就可以击败农民起义军，并防止农民起义的发生。
王阳明是办"团练"的老祖宗，后来的反动派如曾国藩之流便继承了他
的这一套衣钵。国民党反动派也曾经仿效王阳明办团练的办法。

(三)"行十家牌法"。这是对历代封建统治阶级的户口联保制的
厘订，将保甲法加以严密化、系统化。所谓"十家牌法"，就是说制一
"十家牌式"，其中包括十家居民的姓名、籍贯、房屋等，"此牌就仰同牌
十家轮日收掌，每日酉牌时分持牌到各家，照粉牌查审，某家今夜少某
人，往某处干某事，某日当回；某家今夜多某人，是某姓名，从某处来干
某事，务要审问的确，仍通报各家知会；若事有可疑，即行报官，如或隐
蔽事发，十家同罪。"(《全书》卷一六《十家牌法告谕各府父老子弟》)
这样做的目的，很显然是为了防止农民的结社和联系活动，借以保卫封
建秩序。不仅如此，王阳明还命令设立保长，"专一防御盗贼"，并规划
在城市与乡村的要地"置鼓一面"，"若乡村相去稍远者，仍起高楼，置
鼓其上，遇警即登楼击鼓。一巷击鼓，各巷应之；一村击鼓，各村应之。
但闻鼓声，各甲各执器械，齐出应援，俱听保长调度"(《全书》卷一七
《申谕十家牌法增立保长》)。他以为这样做，好像即使"遇警"或有农
民起义，也可以不至燎原。这就可以证明封建地主阶级的忠实卫士们
用心的所在了。

(四)对农民群众从思想上加以控制或恐吓。在这方面，王阳明也

采取了各种措施,其一便是发布"告谕",他每到一处,总要写不少的"告父老子弟书"之类的东西,其内容千篇一律,不外乎是对于封建道德以及封建法律的神圣说教,"各家务要父慈子孝,兄爱弟敬,夫和妇随,长惠幼顺,小心以奉官法,勤谨以办国课,恭俭以守家业,谦和以处乡里"等等(《全书》卷一六《十家牌法告谕各府父老子弟》)。所谓"小心以奉官法"即恪守封建主义的法律;所谓"勤谨以办国课"即按期向地主阶级政权纳税交粮。

对于当时农民在起义中所提出的"不纳粮,不当差"的革命纲领口号,王阳明表示了极大的愤慨,他的逻辑是:"世岂有不纳粮、不当差,与官府相对背抗而可以长久无事,终免于诛戮者乎!?"他向所谓"顽民"(按:即是在封建特权的统治下无法生活,拒绝向地主阶级政权交粮、当差的革命农民)进行恐吓说:"不免尔租赋,不蠲尔债负,不除尔罪名",必须在一月之内交粮交税,这样,才可以"免尔一死",如不然,就要杀无赦(《全书》卷一七《告谕顽民》)。

王阳明"自大征后,以为民虽格面,未知格心,乃举乡约,告谕父老子弟,使相警戒"(《全书》卷三二《年谱》)。为了"格"人民之"心",他颁布《南赣乡约》,在其中除了宣传"致良知"的哲学外,还有这样的一条:"寄庄人户,多于纳粮当差之时,躲回原籍,往往负累同甲,今后约长等劝令及期完纳应承,如蹈前弊,告官惩治,削去寄庄。"(《全书》卷一七)因此,"乡约"的订立,正在于保证地主阶级和封建专制主义国家的地租和贡赋的收入。

此外,还颁行《社学教条》,他要教书先生们"尽心训导",使学生们"不但勤劳于诗礼章句之间,尤在致力于德行心术之本,务使礼让日新,风俗日美,庶不负有司作兴之意与士民趋向之心"(《全书》卷一七)。他企图通过封建教育控制人民的思想。

从以上所述王阳明在江西所建立的一些"事功",不难看出其本质就是对农民群众采取军事的、政治的以及思想上的高压统治政策。

世宗嘉靖二年(公元1523年)至六年(公元1527年),王阳明在越中的稽山书院及龙泉寺的天中阁讲学,他写作了许多发挥他的哲学思想的书信。

嘉靖三年十月,他的学生南大吉依据薛侃所刻《传习录》三卷,增补二卷,共五卷,在越中出版,这是王阳明的哲学代表作。

嘉靖七年(公元 1528 年),王阳明又树立了一项被封建地主阶级所夸耀的"事功",那就是在广西思(恩)田(州)八寨镇压少数民族——瑶族和僮族的起义。当时广西一带少数民族忍受不住封建地主阶级官吏的严重剥削和压迫所爆发的起义,是农民战争的一个组成部分。少数民族卢苏、王受的起义和农民起义军的汇合,连王阳明也不能不加以承认,他在《赴任谢恩遂陈肤见疏》中说:"山瑶海贼,乘衅摇动,穷迫必死之寇,既从而煽诱之,贫苦流亡之民,又从而逃归之,其可忧危,何啻十百于二酋者之为患!其事已兆,而变已形,顾犹不此之虑,而汲汲于二酋,则当事者之过计矣。"(《全书》卷一四)王阳明对于少数民族起义与农民起义的汇合,感到"忧危"。因而他向皇帝献策说,不要只看到"二酋",而要重视起义范围的广泛性。

关于少数民族起义的原因,王阳明所说的两点,撇开其诽谤之词外,那在表面上倒是比较合乎事实的,他说,少数民族起义"已非一朝一夕之故,且当反思其咎"。当时设有两广军门,为的是统治少数民族和镇压农民起义,"专为诸瑶僮及诸流贼而设","朝廷付之军马钱粮事权,亦已不为不专且重,若使振其军威,自足以制服诸蛮;然而因循怠弛,军政日坏,上无可任之将,下无可用之兵,一有警急,必须倚调土官狼兵,……岁岁调发,奔走道途,不得顾其家室,……及事之平,则又功归于上,而彼无所与,……且怨又怒,……遂至于有今日"(同上)。汉族官吏利用少数民族的某些武装镇压农民起义,同时对少数民族又十分苛虐,其结果酿成了少数民族的起义,并和农民起义合流。其次,王阳明又说:"既设流官之后,官府岁发民兵数千,以防土人之反覆,……思、恩自设流官以来,十八九年之间,反者五六起,前后征剿,曾无休息,不知调集军兵若干,费用粮饷若干,杀伤良民若干"(同上)。少数民族之所以在很短期间内"反者五六起",乃是由于忍受不住流官的残酷压迫和剥削。

王阳明镇压少数民族起义,采取了"可抚则抚,可捕则捕"的镇压手段。他对卢苏与王受之所以采取"行抚"手段以及卢王之被"招抚",是有客观原因的。在此前两年,即嘉靖五年,提督两广等官都御史姚镆带领十万大军镇压广西田州土官岑猛(事件经过参看《广西通志》卷一九二),"各处寄住客户千余,躲避不及,冒犯官军,俱蒙杀剿","惟有陆绥,不曾远遁,当被擒斩,其余韦好、罗河等俱蒙官军陆续搜山杀死。"(《全书》卷一四《奏报田州思恩平复疏》)岑猛被杀,因而卢苏与王受起义反抗的力量已感不足。另外,明政府在广西一带"屯兵十万,日费千金,自始事以来,所费银米,各已数十余万。……若复欲进兵,以近计之,亦须数月,省约其费,亦须银米各十余万计。今梧州仓库所余,银不满五万,米不满一万矣"(同上)。在这样情况下,王阳明亦不得不"罢兵而行抚"了。但"招抚"不成时,他对八寨断藤峡的少数民族则采取了军事剿灭的镇压手段。

综观王阳明的"事功",说明了他对于封建统治阶级是十分忠实的;相反,对于人民的统治和镇压是十分残酷的。

第二节　王阳明的主观唯心主义哲学思想

我们在"二程的唯心主义理学"一节中已指出,二程虚构了一个普照万物的"天理",它是对封建的特权法律的一种精神虚构,自由地支配万物;复次,他们又设定了"心即理"的命题,用以虚构"天德"与"人德"的合一。陆象山对此有进一步的发挥,提出"宇宙便是吾心,吾心即是宇宙"的主观唯心主义的命题。

王阳明对程颢和陆象山倍加赞扬,认为他们才是孔、颜、孟的真传。他又自述,他是以发挥陆象山思想为其职志的:

"象山辩义利之分,立大本,求放心,以示后学笃实为己之道,

其功宁可得而尽诬之？……故仆尝欲冒天下之讥,以为象山一暴
其说,虽以此得罪无恨。"(《全书》卷二一《答徐成之》)

王阳明还深受陆象山"心学"流派陈献章的影响。这一点,虽然他
自己并未提及,但征诸他与陈献章学生湛甘泉交谊的深厚,以及他的某
些重要的哲学命题和陈献章的相同,就可以证明。陈献章在给林光的
书信中就已提出在"良知"、"良能"上用功的话,他说:

> "秉笔欲作一书寄克恭(贺钦)论为学次第,罢之,不耐寻思,
> 竟不能就。缉熙其代余言。大意只令他静坐,寻见端倪,欲说上良
> 知良能一节,使之自信,以去驳杂支离之病,如近日之论可也。千
> 万勿吝。"(林光:《南川冰蘗全集》卷末《附录》)

王阳明的主观唯心主义哲学的中心命题正是发挥"致良知"说。关于
王阳明的学术渊源,王畿曾说:"我朝理学开端,还是白沙(陈献章),至
先师(王阳明)而大明"(《龙溪先生全集》卷十)。黄宗羲在《明儒学
案》中也说:"有明之学,至白沙始入精微,……至阳明而后大。"

从陆象山开山的主观唯心主义"心学"脱胎于佛学禅宗,我们在前
面已有论述。虽然王阳明曾不止一次地申辩他的哲学思想和禅宗不
同,但细按其所不同处只是在细微末节上,而在本质上却处处可以看出
他的思想也是脱胎于禅宗的。

从历史传统的渊源来考察,王阳明近则接踵陆象山、陈献章,远则
继承了曾子——子思——孟子的主观唯心主义传统。第一,即先验主
义的形而上学体系之传统。王阳明说:"知是心之本体,心自然会知,见
父自然知孝,见兄自然知悌,见孺子入井,自然知恻隐。此便是良知,不
假外求。"(《传习录》上)他又说:"良知者孟子所谓'是非之心,人皆有
之'者也。是非之心,不待虑而知,不待学而能,是故谓之'良知'。……
凡意念之发,吾心之良知无有不自知者。其善欤? 惟吾心之良知自知
之;其不善欤? 亦惟吾心之良知自知之。是皆无所与他人者也。"(《全
书》卷二六《大学问》)这和孟子在《公孙丑》上以及《告子》上把"不忍
人之心"(仁、义、礼、智等道德范畴)肯定为先验观念与知识之来源,是

一脉相承的。其次,即无类比附逻辑的传统。王阳明逻辑论证的独断以及根据不同类事物而任意比附的推论,是非常明显的。例如他说"所谓汝心,却是那能视、听、言、动的,这个便是性,便是天理。有这个性,才能生这性之生理,便谓之仁"(《传习录》上)。何以"心"就是"天理"?又何以"性之生理"便是"仁"?这都是由无类比附逻辑而主观臆造出来的命题。这样一种将不同类的事物认为"同类"的谬误,在《孟子》七篇里,更是屡见不鲜的。无类比附逻辑的理论根源就是先验主义的认识论,其结果将"认识"完全归结于所谓自证我心之所固有(参看本书第一卷,第十一章,第七节)。

王阳明的世界观的出发点和基本前提,即他所提出的"心外无物"、"心外无理",一切都是从"心"派生出来的。这是陆象山的"宇宙便是吾心,吾心即是宇宙"、"道无有外于吾心者"的发展,也正是禅宗"心是道,心是理,则是心外无理,理外无心"的再版。《传习录》下有这样一段记载:

"先生(王阳明)游南镇,一友指岩中花树问曰:'天下无心外之物。如此花树,在深山中自开自落,于我心亦何相关?'

"先生曰:'你未看此花时,此花与汝心同归于寂;你来看此花时,则此花颜色一时明白起来:便知此花不在你的心外'。"

这"一友"所说"此花树,在深山中自开自落,于我心亦何相关?"是从常识出发的,认为"花"的自开自落并不依赖于人的意识而独立存在。与此相反,王阳明否认有独立于人的意识之外的客观存在,而认为一切都存在于"心"中,"我"不见"此花"时,它是死灭的,只是当"我"看它时,它才呈现出颜色。

这是背离事实的捏造。我们知道,感觉只是客观存在作用于人的感觉器官的结果,例如"一定长度和一定速度的光波运动,它们作用在眼网膜上,就在人里面引起这种或那种颜色的感觉"(列宁:《唯物主义与经验批判主义》,人民出版社1956年版,页40)。然而王阳明却从感觉出发,把人的主观感觉"片面地、夸大地、过分地发展(膨胀、扩大)为脱离了物质、脱离了自然、神化了的绝对"（列宁：《谈谈辩证法问题》，《哲学笔记》，人民出版社 1957 年版，页 365）。

这样的理论必然要导致唯我主义，正如列宁曾经指出："如果物体……像贝克莱所说的是'感觉的结合'，那末不可避免地会得出这个结论：整个世界不过是我的表象而已。从这个前提出发，除自己以外，就不能有其他的人存在：这是最纯粹的唯我主义。"（列宁：《唯物主义与经验批判主义》，人民出版社 1956 年版，页 26）

这里，我们先来检查一下，王阳明的唯心主义是怎样达到唯我主义的荒谬结论的。请看他说的"我的灵明"论吧！

"问：'人心与物同体，如吾身原是血气流通的，所以谓之同体；若于人便异体了；禽兽草木益远矣：而何谓之同体？'

"先生（王阳明）曰：'你只在感应之几上看，岂但禽、兽、草、木，虽天、地也与我同体的，鬼、神也与我同体的。请问。'

"先生曰：'你看这个天地中间，甚么是天地的心？'

"对曰：'尝闻人是天地的心。'

"曰：'人又甚么教做心？'

"对曰：'只是一个灵明。'

"曰：'可知充天塞地中间，只有这个灵明。人只为形体自间隔了。我的灵明，便是天、地、鬼、神的主宰。天没有我的灵明，谁去仰他高；地没有我的灵明，谁去俯他深？鬼、神没有我的灵明，谁去辩他吉、凶、灾、祥？天、地、鬼、神、万物，离却我的灵明，便没有天、地、鬼、神、万物了；我的灵明，离却天、地、鬼、神、万物，亦没有我的灵明。如此，便是一气流通的，如何与他间隔得？'

"又问：'天、地、鬼、神、万物，千古见在，何没了我的灵明，便俱无了？'

"曰：'今看死的人，他这些精灵游散了，他的天、地、万物尚在何处？'"（《传习录》下）

第一"问"所提出的疑难，正是王阳明的"心外无物"的主观唯心主义的荒谬之处。禽兽草木和"我"是不同质的事物,并无"血气流通"。例如,树有它自己的形体与其生长规律,禽兽也有它自己的形体和生活习惯,这些与"我心"是并不相干的,怎么能说它们与"我"同体呢? 对于这一诘问,王阳明不能也不敢给予直接的回答,他便把问题转到神秘的"感应之几"上去了。据他说,只要从这上面看,就会体验出天、地、鬼、神皆是"与我同体"的。所谓"感应之几",是贫困的中世纪的神学术语,是一种神灵的奇迹,也是一切唯心主义的避难所。既然在"我心"存在着"感应之几",那么,"我心"就不仅是一种主观的感觉,而且是掌握着"感应之几"的"灵明",即神了。王阳明由此引申出"我的灵明,便是天、地、鬼、神的主宰"的结论。这一诡辩式的推论,便暴露出这样的真理:"唯心主义就是僧侣主义"(列宁:《哲学笔记》,页365)。

再看第二"问":"天、地、鬼、神、万物,千古见在,何没了我的灵明,便俱无了?"如果撇开这一"问"中的"鬼、神"二字,那倒是符合事实的。在"天、地……万物,千古见在"与"我的灵明,便是天、地、鬼、神的主宰"之间存在着不可调和的矛盾。对于这一矛盾,王阳明用极其武断的诡辩来掩盖起来了。他说:人死以后,他的天地万物也都不存在了,这是躲避问题,问的是"天地……万物,千古见在",答时却加了"他的"二字,这分明是答非所问了。同时,王阳明的所谓"答"也是不值一驳的,在人类的历史发展的长流中,无数辈人死去了,然而大地山河却依然存在着!

王阳明为了进一步为"心外无物"、"心外无理"的论点辩护,又提出了"意之所在便是物"的命题,并加以直线的夸张说:

> "身之主宰便是心,心之所发便是意,意之本体便是知,意之所在便是物。如意在于事亲,即事亲便是一物;意在于事君,即事君便是一物;意在于仁民、爱物,即仁民、爱物便是一物;意在于视、听、言、动,即视、听、言、动便是一物。所以某说无心外之理,无心外之物。"(《传习录》上)

这一种背离思维规律的诡辩,从逻辑上看,是犯了同义反复的错误,即要证明的东西(即上段引文中的"所以"以下一句)只是"前提"的复述。"意之所在便是物"(前提)和"心外无物"(结论)是同义异词,从前者是推论不出后者的。这一类"同义反复"的逻辑错误,在王阳明的著作中屡见不鲜,在其所作的"前提"与"结论"之间只存在着概念式的魔术游戏。

从哲学的根本问题上看,"意之所在便是物"这一唯心主义的命题颠倒了存在与思维的正确关系,因为"物"并非由"意"虚构而成,而是"意"的基础。例如,有着封建制度的存在,因而才有"事君"、"事亲"的封建道德;有着客观事物的存在,当人的感官与它接触,才产生出视、听、言、动等等的感觉行为。因此,"意"之所不到处,不等于无物。王夫之就曾指出:

"目所不见,非无色也;耳所不闻,非无声也;言所不通,非无义也。"(《思问录·内篇》)

"天下固无有所,而惟吾心之能作者为所;吾心之能作者为所,则吾心未作而天下本无有所。是民嵒之可畏,小民之所依,耳苟未闻,目苟未见,心苟未虑,皆将捐之,谓天下之固无此乎?越有山,而我未至越,不可谓越无山,则不可谓我之至越者为越之山也。"(王夫之:《尚书引义》卷五《召诰无逸》)

这是以唯物主义的正确观点批判了佛学在"能"、"所"关系问题上的颠倒意识。王阳明的"心之所发便是意"和"吾心之能作者为所"是异名而同实的谬论。

这里,便分明地表现出哲学上的两条对立的路线,丝毫没有什么"抽象的继承法",王阳明认为由"心"到"意"到"物"〔按:他所谓"物",并非客观实在,而是"心"的显现,他说"身、心、意、知、物是一件"(《传习录》)〕,与此相反,王夫之则揭示了人的正确认识过程,亦即由物到感觉再到思想的过程。从物到感觉和思想是唯物主义路线,从感觉和思想到物则是唯心主义路线(见《唯物主义与经验批判主义》,页26)。

"我心"这一被王阳明视为宇宙本体的"灵明",又被他加以伦理化,虚构为先天的封建道德律,和"天理"、"性"与"仁"等同起来。他说:

"所谓汝心,却是那能视、听、言、动的,这个便是性,便是天理。有这个性,才能生这性之生理,便谓之仁。这性之生理,发在目,便会视,发在耳,便会听,发在口,便会言,发在四肢,便会动;都只是那天理发生。以其主宰一身,故谓之心。这心之本体,原只是个天理,原无非礼。这个便是汝之真己,这个真己是躯壳的主宰"(《传习录》上)。

"惟乾问:知、如何是心之本体? 先生曰:知、是理之灵处。就其主宰处说,便谓之心。就其秉赋处说,便谓之性。孩提之童,无不知爱其亲,无不知敬其兄,只是这个灵能不为私欲遮隔,充拓得尽便'完'。'完'是他本体,便与天地合德。"(《传习录》上)

在这里,"心"、"天理"、"性"、"知"与"仁",是异名而同实。"性"不是被作为目、耳、口、四肢等等的感官作用去理解的,而被荒唐地渲染为先验的神秘的能"发生"一切的本体,其"生理"的发生又成了"仁"。因此,"仁"也就被说成是先验的东西了,而视、听、言、动等等都是从这一先验的道德律派生出来。

王阳明所谓的"天理"、"性"即是禅宗的先天完满具足的"心"(或称之为"佛性"),所以叫作"完",他说:"完是他本体"。明代王廷相在批判王阳明时,曾指出人的道德情操(他谓之"性")是"人之知觉运动"的结果。因此,"论性也,不可以离气"(《雅述》)。清代颜元也曾指出,"阳明近禅处尤多"(《存人编》卷二)。颜元从"生生之谓性"的古说出发,否认"性"为先验的本体,而指出"性"是感官的作用,依赖于客观事物的刺激,他说:"目彻四方之色,适以大吾目性之用,……耳达四境之声,正以宣吾耳性之用,推之口鼻手足心意咸若是"(《存人编》卷一)。

王阳明所说"这心之本体,原只是个天理,原无非礼",肯定了自满

自足的"天理"是合于"礼"的。这样,封建的道德律便被说成是"天理"的本然之性,是先验的、神圣的。他这样说:

> "仁、义、礼、智也是表德。性,一而已,自其形体也谓之天,主宰也谓之帝,流行也谓之命,赋于人也谓之性,主于身也谓之心。心之发也,遇父便谓之孝,遇君便谓之忠;自此以往,名至于无穷,只一性而已。犹人一而已,对父谓之子,对子谓之父;自此以往,至于无穷,只一人而已。人只要在性上用功,看得一性字分明,即万理灿然。"(《传习录》上)

> "夫礼也者,天理也。天命之性,具于吾心,其浑然全体之中,而条理节目,森然毕具,是故谓之天理。天理之条理谓之礼。是礼也,其发见于外,则有五常、百行、酬酢、变化、语默、动静、升降、周旋、隆杀、厚薄之属,宣之于言而成章,措之于为而成行,书之于册而成训,炳然蔚然,其条理节目之繁,至于不可穷诘,是皆所谓文也。"(《全书》卷七《博约说》)

从以上两段引文,我们可以清晰地看出,王阳明怎样由绝对的"一性"以推想无穷的事物关系的"万理",从而把封建道德律先验化。首先,他赖以推论的大前提是:仁、义、礼、智即"性"(或"礼也者,天理也"),小前提为"性"即"心"(或"天命之性,具于吾心"),其结论为"人只要在性上用功,看得一性字分明,即万理灿然"(或"礼也者……谓之天理")。要指出的是,上述"大前提"与"小前提"都是违背客观事实的主观捏造,在逻辑上叫做"不真";由"不真"的前提所作出的结论也是错误的。王阳明为了"证明"封建道德律的先验性,他只能从背离事实的唯心主义前提出发。不难看出,王阳明的主观唯心主义哲学是最缺乏论证和推理的独断主义。独断主义的特点之一是,其哲学的结论不是经由严格的逻辑推理作出来的,而是一些错误前提的同义反复。在这一点上,他自认为比朱熹更简易了,不支离了。这显然是从陆象山的思想发展而来的。

其次,在王阳明的哲学词汇中,天地间的诸种事物,如"五常"、仪式节目、文章、言行等等通通都是"天理"（或称之为"心"）之流露而已，因此，他所谓"物"并非客观存在，而只是先验道德律的体现。

再次，王阳明把"孝悌"视为封建道德律的根本，由在家唯父母之命是从，推而广之，则可达到唯官吏与君主之命是从的结论；由在家对兄弟友爱，推而广之，则可达到不与任何人争、不与任何人斗的结论（所谓"无对"）。这些结论，归根结底就在于给封建的特权法律和品级结构制造简易的理论根据。

我们还要进一步分析，王阳明如何由先验的道德律引向蒙昧主义。

我们不可以仅从字面上来理解王阳明提出的善、爱、真等语义学，而应从这些语汇的背面去理解他的理论根源和社会根源。这即是说，没有抽象的善、爱、真，而只有具体的善、爱、真。因为历史主义地来讲，各个时代的学者所运用的共同的语汇中往往存在着完全不同的含义。王阳明使用这些语汇，可以和别人相同，但他把它们还原于一种"精灵"或一种排拒任何矛盾的"无对"的理论，却是具有着一定的社会历史作用的，特别是在明代阶级斗争更加变为激烈而复杂的"有对"的时候，他的博爱至善就更具有其社会历史的内容。他说：

"良知是造化的精灵，这些精灵，生天生地，成鬼成帝，皆从此出，真是与物'无对'。人若复得他完完全全，无少亏欠，自不觉手舞足蹈，不知天地间更有何乐可代。"（《传习录》下）

"先生曰'……须有这诚孝的心，然后有这条件发出来；譬之树木，这诚孝的心便是根，许多条件便是枝叶，须先有根，然后有枝叶，不是先寻了枝叶，然后去种根'。"（《传习录》上）

"所幸天理之在人心，终有所不可泯，而良知之明，万古一日，则其闻吾拔本塞源之论，必有恻然而悲，戚然而痛，愤然而起，沛然若决江河，而所有不可御者矣。"（《传习录》中《答顾东桥书》）

这就明显地可以知道，作为"根"的"心"或"精灵"，是排除矛盾的或"与物无对"的绝对统一，只要在统一的心理方面达到至善或天理的境地，于是一切事物的矛盾就不存在了，消解了"心中之贼"，于是"山中之贼"也就解决了。因而，"至善"的世界或一个"无对"的社会，就无往而不存在了。

这些话脱胎于禅宗，和神秀在《观心论》中所说"心者，万法之根本也。一切诸法，唯心所生。若能了心，万行俱备。犹如大树，所有枝条及诸花果，皆悉因根"，如出一辙。

在前面分析佛学禅宗对道学的影响时，我们已指出，禅宗提出"一切众生皆有佛性"的命题，可见它已注意到品级性特权以外的阶层，这一把"俗人变成教士"的做法，在中世纪社会的作用并不是革新的，而是"把现实问题转为神学的问题"的一种更简易的手法。这一分析也适用于王阳明的"致良知"说。他要人们在"良知"（或"这诚孝的心"）上用功，并要人们"复得他完完全全，无少亏欠"，那正是"把宗教变成了人的内在世界"，"给人的心灵套上了锁链"。这就是封建道德的锁链。王阳明"致良知"说的作用就在于，把封建道德律先验化、神灵化，使它穿上神圣的外衣，从而加强它对人们的精神束缚。

我们应进一步分析一下王阳明的与世界观相联结的认识论。

按照王阳明的逻辑来推论，既然"良知"即"人心"，为"人人皆有"，那么，所谓在"良知"上下功夫，必然不是在生产斗争和阶级斗争的过程中获得关于客观事物的知识，因而更不是向客观世界去探求事物及其规律的知识，而是一种放弃任何对自然与社会的斗争的方术，即神秘的、顿悟式的"不假外求"与"向内用力"的安眠剂。他这样说：

"心即道，道即天，知心则知道、知天。"（《传习录》上）

"诸君要实见此道，须从自己心上体认，不假外求，始得。"（《传习录》上）

"圣人只是顺其良知之发用，天地万物俱在我良知的发用流行中，何尝又有一物超于良知之外能作得障碍？"（《传习录》下）

"心，一而已。以其全体恻怛而言谓之仁，以其得宜而言谓之义，以其条理而言谓之理。不可外心以求仁，不可外心以求义，独可外心以求理乎？外心以求理，此知行之所以二也。求理于吾心，

此圣门知行合一之教。吾子又何疑乎?"(《传习录》中《答顾东桥书》)

在王阳明看来,"求理于吾心","认识"只是"良知"的自我认识,在这里,消除了一切对立与矛盾,即没有"良知"以外的任何障碍,因而反对向自然和社会进行斗争,反对个性的解放,主张克己式的内心和谐,即他所说"知心即知道、知天"以及"须从自己心上体认,不假外求始得"。这正如恩格斯所指出的,在唯心主义者看来,"思维能够认识那早已是思想内容的内容。同样很明白的,这里所要证明的命题,已经默默地包含在前提本身中了"(《费尔巴哈与德国古典哲学的终结》)。把"认识"规定为"良知"的自我认识是一种完全错误的直觉主义。人类认识活动即是客观事物在我们头脑中的反映活动,而这种反映活动也正是在人们的实践过程、变革世界的过程中发生的。人们正是通过实践,获得关于事物的感性知识,再进一步通过理性的加工,揭示出事物的规律性。"认识"不能离开"客体"(客观存在)与"主体"(人的思想意识)这两个方面,不能离开人们对自然和社会进行斗争的实践活动。像王阳明那样,既用"良知"吞并了"物"、否认了客观存在,又把"认识"规定为"从自己心上体认"、"不假外求"的自我认识,难道这不正是取消了认识论问题而把人们引向蒙昧主义吗?

这和近代的理性主义并没有相似之点,而是和隋唐佛学的"自我意识循环"脉络相承。我们在前面已指出,在佛学看来,主体和本体的联结,实质上是以此为依据的:主体和本体原来是一体,因此,主体对本体的证悟,并且与本体冥合,乃是主体对于自己的本源的复归。

王阳明的蒙昧主义集中地、突出地表现在他的"致良知"说上。所谓"致良知"即是反对个性解放,"去人欲"(或"去昏蔽"),使得"良知""复他本来体用"。在中世纪贫困的世界,古今中外的神学曾不止一千零一次地重复这个理论,所不同者仅在于名词术语的不同而已。王阳明说:

"性无不善,故知无不良。良知即是未发之中,即是廓然大公、寂然不动之本体,人人之所同具者也。但不能不昏蔽于物欲,故须学以去其昏蔽;然于良知之本体,初不能有加损于毫末也。知无不良,而中、寂、大公未能全者,是昏蔽之未尽去,而存之未纯耳。体即良知之体,用即良知之用,宁复有超然于体、用之外者乎?"(《传习录》中《答陆原静书》)

这段话是陆象山所曾说过的,它也是禅宗理论的再版,禅宗曾说一切活动都是佛性自己的舒卷,为使觉知之用不受外界所染,亦即使佛性不为妄念所遮复,"圣人"在见闻觉知时就能"不起心"、"不分别","凡人"虽具有佛性,但恒常为分别心所染坏了。

对于这种"去欲"的蒙昧主义,早期启蒙思想家颜元曾给予过尖锐的批判。他这样说:

"佛轻视了此身,说被此身累碍,耳受许多声,……心意受许多事物,不得爽利空的去,所以将自己耳目口鼻都看作贼。充其意,直是死灭了方不受这形体累碍,所以言'圆寂'、言'涅槃'。……总之,是要全其一点幻觉之性也。"(《存人编》卷一)

这是有力的批判!"幻觉之性"即是一种与客观事物绝缘的、没有理性活动的神秘的心理状态,佛学所孜孜追求的以及王阳明所再三要人们"(恢)复"的"廓然大公,寂然不动之本体"正是这样的东西!

但王阳明一再申辩,他的"致良知"说与佛学不同,并非"影响恍惚而悬空无实之谓",而是"实有其事"的,因为他也谈"格物"。他这样说:

"然欲致其良知,亦岂影响恍惚而悬空无实之谓乎? 是必实有其事矣,故致知必在于格物。物者,事也,凡意之所发必有其事,意所在之事谓之物。格者,正也,正其不正以归于正之谓也。正其不正者,去恶之谓也;归于正者,为善之谓也。"(《全书》卷二六《大学问》)

"若鄙人所谓'致知格物'者,致吾心之良知于事事物物也。吾心之良知,即所谓'天理'也。致吾心良知之'天理'于事事物物,则事事物物皆得其理矣。致吾心之良知者,致知也。事事物物皆得其理者,格物也。是合心与理而为一者也。"(《传习录》中《答顾东桥书》)

王阳明所谓"实有其事"的"事",乃是"心"内的附属品或"意"之外现的"事",类似于从感觉出发的所谓复合的自我"中心项"。他所谓"格物"的"物",乃是意识的一些障碍,因而"格物"并非通过实践去分析与总结出关于事物的规律,而是"正其不正以归于正","格其非心"的障碍。"不正"与"非心"即指的是"人欲"或物质所障碍于良知的自觉。这里应着重地指出,在中世纪,所谓"人欲"这一概念是具有着阶级意义的,统治阶级眼中的人欲,即人民眼中的天理。人民在封建主义特权的压迫下,连起码的生活权利,如衣、食等等都没有保障,而长期陷入濒于死亡的境地。为了争取生活的权利,农民群众掀起了反地主阶级的武装起义,并提出"不纳粮、不当差"的革命口号。这些在地主阶级的忠实卫士们的眼里是大逆不道的人欲,他们把最基本的生存权利称之为"人欲",向人民进行抽象的哲学说教,要人们"去欲",放弃争取生存权利的斗争,以期达到所谓"无对"。不难看出,王阳明的"正其不正以归于正"、"格其非心"的说教的终极社会目的,就在于要从思想上去消解农民("愚夫、愚妇")群众或"山中之贼"的平均权利的正义斗争("心中之贼")。

对此,我们还需要作进一步分析。首先来看看王阳明在答聂文蔚的书信中所说的一段令人迷惑的话:

"夫人者,天地之心,天地万物本吾一体者也。生民之困苦荼毒,孰非疾痛之切于吾身者乎? 不知吾身之疾痛,无是非之心者也。是非之心,不虑而知,不学而能,所谓'良知'也。良知之在人心,无间于圣愚,天下古今之所同也。世之君子,惟务致其良知,则自能公是非,同好恶,视人犹己,视国犹家,而以天地万物为一体,求天下无治,不可得矣。"(《传习录》中)

我们应从认识论和逻辑学来分析这里讲的义理。所谓"夫人者,天地之心，天地万物本吾一体也"，是王阳明的主观唯心主义哲学的基本命题，以"自我"作为宇宙的中心。从前一句话来看，得不出这样的推论，所谓"生民之困苦荼毒，孰非疾痛之切于吾身者乎？"这完全是冠冕堂皇的漂亮话，对"生民"的困苦，统治阶级并没有切身的阶级同情心，王阳明的反动政治活动就足以说明这一点。因此，从阶级感情上要论证是非之心，那是一种谎话，"不知吾身之疾痛，无是非之心者也。是非之心，不虑而知，不学而能，所谓'良知'也。"我们要问，这是什么样的"是非"？不同的阶级有不同的"是非"。王阳明所说抽象的"是非"标准，即"良知"，实质上是封建的道德律，即统治阶级的"是非"，这和人民的"是非"是恰恰相反的；从而，统治阶级的疾痛困苦和人民的疾痛困苦也是相反的。统治阶级的荒嬉淫乐、剥削压迫，造成人民的疾痛困苦。人民为了从疾痛困苦中求得解放，就拿起武器去做"山中贼"，而这，恰恰成为统治阶级的疾痛与困苦。王阳明的真正用意所在，即所谓"良知之在人心，无间于圣愚，天下古今之所同也。"这一结论，即从心理的"无对"达到社会的"无对"，这样好像就使人民的"是非"同于统治阶级的"是非"，使人民的好恶，同于统治阶级的好恶，也即人民就放弃自己争生存权利的斗争，而屈从于地主阶级的"至善"。最后是他的政治幻想，希望做统治者的"世之君子，惟务致其良知，则自能公是非，同好恶，视人犹己，视国犹家，而以天地万物为一体，求天下无治，不可得矣。"问题在于，"公"谁的"是非"？"同"谁的"好恶"？如果"公"的是地主阶级的"是非"，"同"的是地主阶级的"好恶"，那么，天地万物便不成一体，而"无对"的世界还是只能在主观观念中自我欺骗。然而这种经受不起实践检验的理论却是王阳明"致良知"说在现实政治中的运用。

王阳明一再表明"致良知"说并不排除"学"与"思"，而他所说的"学"与"思"究竟是什么呢？关于"学"，他说：

　　"'好古敏求'者，好古人之学，而敏求此心之理耳。心即理也。学者，学此心也；求者，求此心也。"（《传习录》中《答顾东桥

书》）

　　"学也者，求以尽吾心也。"（《全书》卷二一《答徐成之书》之二）

　　"六经者，吾心之记籍也。而六经之实，则具于吾心。……而世之学者，不知求六经之实于吾心，而徒考索于影响之间，牵制于文义之末，硁硁然以为是六经矣。"（《全书》卷七《稽山书院尊经阁记》）

　　显然，王阳明所谓的"学"并不是通过实践去探求关于客观事物的规律的知识，而是内心的自己冥想，"一悟本体，即是功夫，人己内外，一齐俱透"（《传习录》下）。这本来就是禅宗的"顿悟"之法。他所谓的"学"更不是从历史实际中实事求是地去学习古人的优良传统，而是任意地从自己的心来解释历史传统。这是一种可以不依赖历史实际和社会实际，不依靠理性活动，便能证明先验知识的神秘的直觉主义。但是所谓神秘的直觉，只能是一种欺骗人的把戏。直觉的来源，不可能不是客观世界。离开了实践，当然只能求之于六经古训。但是为了证明所谓顿悟，就不得不把话颠倒过来，说成"六经吾心之记籍"，犹如陆象山说的"六经注我"一样。

　　王阳明所说的思与所思不加区分。他说：

　　"'思曰睿，睿作圣。''心之官则思，思则得之。'思其可少乎？沉空守寂，与安排思索，正是自私用智，其为丧失良知一也。良知是天理之昭明灵觉处，故良知即是天理，思是良知之发用。若是良知发用之思，则所思莫非天理矣。良知发用之思，自然明白简易，良知亦自能知得。若是私意安排之思，自是纷纭劳扰，良知亦自会分别得。盖思之是非邪正，良知无有不自知者。所以认贼作子，正为致知之学不明，不知在良知上体认之耳。"（《传习录》中《答欧阳崇一书》）

从这里讲的来看，王阳明所谓"思"并不是理性的思维活动，而是"在良知上体认"，从"为善去恶"来拂拭自己的昭明灵觉的本体。同时，在他看来,衡量正确与谬误的标准,不是实践,而是"良知"的自明,"天理"的自发。这就是说,合于他的道德律的,才是"是"和"正",而违背其道德律的,便是"非"与"邪"。因此,他所说的"思",是无根之木、无源之水的一种主体的印证。

明白了这一点,我们就不难了解他的"知行合一"说究竟何所指了。他说:

"心虽主乎一身,而实管乎天下之理;理虽散在万事,而实不外乎一人之心。是其一分一合之间,而未免已启学者心、理为二之弊。此后世所以有'专求本心,遂遗物理'之患,正由不知心即理耳。夫外心以求物理,是以有暗而不达之处;此告子义外之说,孟子所以谓之不知义也。心,一而已,以其全体恻怛而言谓之仁,以其得宜而言谓之义,以其条理而言谓之理;不可外心以求仁,不可外心以求义,独可外心以求理乎? 外心以求理,此知、行之所以二也。求理于吾心,此圣门知、行合一之教。"(《传习录》中《答顾东桥书》)

"知之真切笃实处即是行,行之明觉精察处即是知,知行工夫本不可离;只为后世学者分作两截用功,失却知、行本体,故有合一并进之说,真知即所以为行,不行不足谓之知。"(同上)

"知是行的主意,行是知的功夫;知是行之始,行是知之成。"(《传习录》上)

"今人学问,只因知、行分作两件,故有一念发动,虽是不善,然却未曾行,便不去禁止。我今说个知行合一,正要人晓得一念发动处便即是行了。……须要彻根彻底不使那一念不善潜伏在胸中。此是我立言宗旨。"(《传习录》下)

从上面的话来看,主体和客体不是矛盾的统一,而是他所谓心与理不能有二的自同。一旦外于心而求物之理,就要使知、行两立。在王阳明看来,主体是认识的唯一的源泉。他认为只要使心中的"良知"得以发扬,不受物欲所遮蔽,这就是"圣门知、行合一之教"。因此,"知"、

"行"这两个范畴,在王阳明的哲学词汇中只是在观念上的一些层次的区别,而没有对立的因素。知、行都是在于"致良知"。他自己就曾举例说:"见好色属知,好好色属行,只见那好色时已自好了,不是见了后又立个心去好……"(《传习录》上)。前已指出,他认为"色"也者,是存在于"我心"的,因此,"见好色"与"好好色"在"心"的知、行中原来就是统一的。

王阳明说的"行"更同实践的范畴有严格的区别。在他看来,"知"是一个明觉体,"行"是一个动机,都在意识之中。"行"之真切笃实,指念念不杂私欲,因此,他说,"行"在于"不使那一念不善潜伏在胸中"。这里"一念",即指人欲,内心"无一毫人欲之私",也就达到"知之真切笃实处",即是"行"了。这样看来,他虽然翻来覆去地搬弄概念,但归根结蒂仅在于说"行"就有"明善恶"、"去人欲"那样的消防作用,它和认识的实践性是毫无共同之处的。

王夫之对于王阳明的"知行合一"说的唯心主义实质早就给予了精到而深刻的分析与批判,例如:

> "陆子静、杨慈湖、王伯安之为言也。……其所谓知者非知,而行者非行也。知者非知,然而犹有其知也,亦惝然若有所见也。行者非行,则确乎其非行,而以其所知为行也;以知为行,则以不行为行,而人之伦、物之理,若或见之,不以身心尝试焉。"(《尚书引义》卷三《说命中》二)

王夫之正确地指出了陆、杨、王所说的"行"实际上是"不行","以知为行",它和佛学的"知有是事便休"相同,都是"销行以归知","本汲汲于先知以废行"的。

这就说明了一个问题,即我们不能把王阳明所说的"行"和一般的实践的概念混同起来,决不能看到字面上的相同,便用什么"抽象继承法"去"继承"王阳明的"知行合一"说的"抽象意义"。我们所说的"行"(即实践)乃是变革现实的活动。毛泽东同志说:"人类的生产活动是最基本的实践活动,是决定其他一切活动的东西。"他又说:"人的社会实践,不限于生产活动一种形式,还有多种其他的形式,阶级斗争,政治生活,科学和艺术的活动,总之社会实际生活的一切领域都是社会的人所参加的。"(《实践论》,《毛泽东选集》第一卷,页281—282)实践是真理的标准,在斗争中检验人们的认识,才是矛盾统一的过程,而王阳明却在前提中早已否定了认识过程的对立面。

王阳明既然否认了客观事物的存在,用闭门参悟的心理活动来代替实践;既然规定了"行"在于防止矛盾,不使"一念"存于胸中,那么他就不得不进而主张"七情"也不可有了。他说:

> "忿懥几件,人心怎能无得? 只是不可有耳。凡人忿懥着了一分意思,便怒得过当,非廓然大公之体了。故有所忿懥,便不得其正也。如今于凡忿懥等件只是个物来顺应,不要着一分意思,便心体廓然大公,得其本体之正了。且如出外见人相斗,其不是的,我心亦怒。然虽怒,却此心廓然不曾动些子气。如今怒人,亦得如此,方才是正。"(《传习录》下)

"不要着一分意思"原是佛教语,意思是"心"不为外物所动。"心"既然不为外物所动,就好像一面明镜,"物来顺应"了。这样一种"空"与"静"的神秘境界就被王阳明赞颂为"心体廓然大公,得其本体之正了"。在这样的境界里,斩绝了喜、怒、哀、乐等等情感,"心"如死水一般,没有一丝波纹,又如明镜一般,没有一星污痕。据说,这时"心"便合"动"与"静"为一,"无善无恶"了。问题还不在这里,我们知道,在人类阶级社会,有阶级一致的利害关系,即有阶级的同情心,有阶级的对抗性,即有阶级的仇恨心,不能说看见人相斗,就断定为非,也没有那样超阶级的怪人,在"人相斗"的情况中,超然于阶级关系之上而"此心廓然"不动气。这种理论很明显的是取消阶级关系和阶级斗争的反动说教。因此,"大公"的字面本身即含有阶级的内容,而万不能来作"抽象的继承"。

这种企图把人引向死寂心理状态的蒙昧主义,早期启蒙思想家曾从唯物主义和人道主义的观点出发予以猛烈的抨击和批判。颜元所提

出的反对命题是"以实济其空,以动济其静"。他说:

> "有耳目则不能无视听,佛……不能使人无耳目,安在其能空乎? 道……不能使耳目不视听,安在其能静乎? ……即使取其愿而各遂之,佛者之心而果入定矣,空之真而觉之大矣,洞照万象矣,此正如空室悬一明镜,并不施之粉黛妆梳,镜虽明亦奚以为? 曰大觉,曰智慧,曰慈悲,而不施之于子臣弟友,方且照不及君父而以为累,照不及自身之耳目心意而以为贼,天地间亦何用此洞照也! 且人人而得此空寂之洞照也,人道灭矣,天地其空设乎? 道者之心而果死灰矣,嗜欲不作。……正如深山中精怪,并不可以服乘致用,虽长寿亦两间一蠹。曰真人,曰至人,曰太上,而不可推之天下国家,方且盗天地之气以长存。……乾坤中亦何赖有此太上也? 且人人而得此静极之仙果也,人道又绝矣,天地其能容乎? ……"
> (《存人编》卷一)

颜元所说"人道灭"、"人道绝",用现代语来说,就是违反人的基本的社会实践生活与人的有目的活动的理性作用,也就是一种蒙昧主义。

王阳明为了掩盖其极其露骨的蒙昧主义,他声言他所谓"无思无为"并非"槁木死灰之谓也":

> "理无动者也。常知常存、常主于理,即不睹不闻,无思无为之谓也。不睹不闻,无思无为,非槁木死灰之谓也;睹、闻、思、为一于理,而未尝有所睹、闻、思、为,即是动而未尝动也。所谓'动亦定,静亦定',体用一原者也。"(《传习录》中《答陆原静书》)

这样一种"体用一原"的诡辩乃是为了弥补其主观唯心主义哲学体系中的隙缝,因为,从所谓"理无动者也"的谬论前提出发,到动静二者都是"定"的荒唐结论,已经在根本上否定了对立物以及与之相应而产生的运动,因而就从"定"于一的手法,达到了否定一切理性活动,使一切都还原于先天的封建道德律,即王阳明所一再诡辩的所谓"不睹不闻、无思无为"乃是"一于理"。这就是说,人只要一旦自明到他"心"上存有先天的道德律,虽然他"无思无睹,无思无为",也是能够"一于理”的。这样，作为“良知”的“心”既是认识的“主体”，也是被认识的“客体”；既是“动”，也是“静”；既是“体”，也是“用”。总之，“良知”的神通如此其广大，以致在他看来一切活生生的矛盾就消融了。基于他的这样的形而上学的观点，居然可以否定一切客观世界的矛盾律，其结果只能是如王阳明所说的“良知之外，别无知矣。故‘致良知’是学问大头脑，是圣人教人第一义。”（《传习录》中《答欧阳崇一书》）

这和农民的哲学是根本对立的，农民在被压迫、被剥削的现实里，敏锐而深刻地感受到给封建统治阶级“纳粮”、“当差”是和他们的权利处于尖锐的矛盾之中的，他们不是“反求内心”去消解这一矛盾，而是用“人相斗”的起义方式同地主阶级展开了对抗的战争。

为了扑灭农民的革命斗争，王阳明既用残酷的军事镇压手段，又用“攻心战”，大肆宣扬“良知”为“圣愚”所共有，问题只是“惟圣人能致其良知，而愚夫愚妇不能致”，如果“愚夫愚妇”一旦“知这良知诀窍，随他多少邪思枉念，这里一觉，都自消融；真个是灵丹一粒，点铁成金”（《传习录》下）。一句话说，放弃了邪思枉念，不进行阶级斗争，就可以由凡入圣了！

王阳明所作“圣”、“愚”之分，脱胎于佛教的“圣”、“凡”之分。这些术语反映了中世纪封建制社会的品级结构以及等级即阶级的现实。“圣”在政治上是具有身份的特权者；在人性的分类上来讲，其心如明镜，“纤翳自无所容，自不消磨刮”（《全书》卷四《答黄宗贤应原忠》），这就虚构了“圣”之“心”早已光明照耀，不需再去“人欲”了。“愚夫愚妇”（或称为“下品”、“常人”）则不同，他们在政治上是身份微贱的被统治者，在人性的分类上来讲，其心“为斑垢驳蚀之镜，须痛刮磨一番，尽去驳蚀”，这就又虚构了“愚夫愚妇”必须去“人欲”。原来，王阳明的“致良知”之类的说教主要是对“愚夫愚妇”们说的。那些“圣”者既有绫罗绸缎，山珍海馐可以享用，手里又挥舞着特权法律的鞭子，这些，在王阳明的眼睛里却是“一于理”的。“愚夫愚妇”们呻吟于饥饿线上，而企望着过一种能够维持温饱的人的生活，却被说成是“邪思枉念”，诱使他们服下简易式的"致良知"说的"灵丹",把阶级斗争的要求通通去掉！实践是真理的检验,我们一旦从王阳明用抽象的语言来表达的哲学领域,来到他实际运用这样理论时,就再明白不过了。正德十二年(公元 1517 年)他刚到江西万安,就有数百名无衣食的农民向他呼吁"饥荒流民,乞求赈济",王阳明也就不能廓然大公,不能不动气,勃然大怒地这样说:"本院到得南赣,即便差官前来,抚插尔等,尔等各安生理,毋得作歹为非,自取杀戮！"(《年谱》)要求有一口饭吃,竟成了"作歹为非"而"自取杀戮"了！由此我们就可以清楚地看出,王阳明的"圣"、"愚"品类分别的反动的本质,难道这中间还有一点点"平等精神"吗？难道这中间还有什么"个性解放"的成分吗？

和一切道学先生一样,王阳明把他的"致良知",说成是孔孟的"道脉"所在,并宣称如果违背这样的正宗,就是"异端"。他把他的学说视为通天地鬼神的灵符:

> "区区所论致知二字,乃是孔门正法眼藏,于此见得真的,直是建诸天地而不悖,质诸鬼神而无疑,考诸三王而不谬,百世以俟圣人而不惑。知此者方谓之知道,得此者方谓之有德;异此而学,即谓之异端;离此而说,即谓之邪说;迷此而行,即谓之冥行。"(《全书》卷五《与杨仕鸣书》)

他又说:

> "某近来却见得良知两字日益真切简易,朝夕与朋辈讲习,只是发挥此两字不出。缘此两字,人人所自有,故虽'至愚下品',一提便有省觉。若致其极,虽圣人天地不能无憾。"(《全书》卷六《寄邹谦之书》之三)

这里,王阳明简直是以通天教主自命了,"致良知"说便是一种"简易"的教义,他以为变矛盾的俗世入于"无对"的圣境,这样"简易"教旨是有效的丹药,使"至愚下品"忠实地服膺起来,就能够产生融合无间的社会秩序了。从这种神秘的宗教的虚构来讲,可以看出,唯心主义最后必然和神学相通。

总起来说,王阳明所谓的"心"(等于"良知")是具有下列的几种意义的:在世界观上,它被膨胀为宇宙的本体;在伦理范围内它被臆造为先验的自满自足的封建道德原则;在认识论范围内,它被作为一个统一体,既是认识的主体,又是被认识的客体,同时是"正"与"邪"的绝对标准和尺度;它排斥与消解现实生活中活生生的矛盾。综合这几方面构成了一个整齐的体系,实质是彻头彻尾的主观唯心主义的正宗理论。

第三节　关于王阳明思想的评价问题

有人曾力图去发现王阳明哲学思想中的"合理成分",认为"致良知"说具有"平等精神"与"个性解放"的要求。这是一种未作科学分析的武断说法。我们应指出,王阳明所说的"良知",并非中世纪末期启蒙思想家所说的"理性",而是封建地主阶级手中的精神的鞭子——封建主义的道德律。我们应这样地区分,启蒙思想家宣布"理性"为人人皆有,那是具有着反封建特权法律而解放个性的斗争作用的;相反,王阳明要人们在"良知"上用功,以期消解社会矛盾而统一于心灵的"无对",则起着一种反个性斗争的麻痹人们头脑而甘于妥协的奴婢作用。

在明代,朱熹的学说是被视为正宗的教义而崇奉的。王阳明早年曾对朱说发生过怀疑,之后批评它为"支离决裂",而提倡"致良知"。从这一点而论,是否具有反封建正宗而解放思想的作用呢? 有人对这一问题是作肯定的回答的。

我们认为,对这一问题要作历史主义的具体的分析,才能作出切合历史实际的说明。

马克思主义经典著作是我们学习的典范。19 世纪后半叶,哲学家们对于康德哲学的批判,列宁分析其中有两种不同的情况。一种是马赫、阿万那留斯为代表的从右的方面对康德的批判,他们"不是反对康德的不可知主义,而是主张更纯粹的不可知主义"(《唯物主义与经验批判主义》,页 194),他们怪罪康德承认自在之物的存在。另一种是以费尔巴哈和阿尔·布累赫特·劳伊为代表的从左的方面对于康德的批判,他们"责难康德,不是因为他承认自在之物,而是因为他不承认它们的现实性、即客观实在性,……是因为他离开了唯物主义"(同上,页199)。这就是对具体问题作具体分析的光辉范例。

在中世纪封建制社会里,哲学家们对于占统治地位的学说——神学的唯心主义进行批判时,也存在着不同的情况,有的是从唯物主义和无神论出发,对正宗神学思想进行了势不两立的斗争,表现出哲学史上两条基本路线的根本对立;有的则是从更精巧的或更简易的唯心主义出发,想对正宗思想的某些方面或某些命题作出修补,这是属于唯心主义阵营内部的相互争辩的问题。这样的区别之所以产生,归根结底是由于哲学的党性,因为世界上从来也没有所谓"纯哲学",任何一种哲学体系都有其社会基础,和政治思想有着曲折的联系,并各刻有自己的阶级烙印。如果不对这些方面进行分析,而仅从思想资料的形式上看待问题,那就会得出似是而非的结论。例如,农民战争利用宗教形式所宣传的革命思想和封建统治阶级所宣扬的神权思想,就有着本质的区别,不能混为一谈。而后者在表面上看来也有各种不同的时代色彩,但在本质上却具有相似的倾向。

在中世纪有一些居民生活中的普遍存在的思想,例如忠孝节义的道德律和宗教的迷信观念,这些东西,既是统治阶级的思想,也同时是统治的思想。但在一定的时代的同样的一种思想观念的形式,在统治阶级手里装潢着统治阶级的反动内容,而在被统治阶级手里却倒过来变成了进步的内容,尽管残留着这个时代统治的思想的旧的躯壳。因此,从形式上来看,好像在这里是没有阶级的鸿沟的,然而透过形式上的相似,却可以区别出实质上的对立。

王阳明和朱熹的哲学思想并无本质的不同,本来主观唯心主义与客观唯心主义之间就没有绝对的界限。朱熹的一些主观唯心主义命题以及明"天理"、去"人欲"的话是被王阳明视作"晚年定论"而赞扬过的。朱熹所说的"天理"也是封建的道德纲常,他也认为恻隐、羞恶、辞逊、是非"任是世间万事万物皆不出此四者之内"(《朱子语类》卷九)。朱熹最后也讲内心的神秘直觉,"一旦豁然贯通焉,则众物之表里精粗无不到,而吾心之全体大用无不明"(《大学章句》)。朱、王之间的区别是在细微末节上,朱熹认为达到"众物之表里精粗无不到,而吾心之全体大用无不明"的最高境界,要有一段过程,这就是他所说"所谓穷理者,事事物物各自有个事物底道理,穷之须要周尽"(《朱子语类》卷一五)。这里所谓的"事事物物"并非从物质出发的自然界的事物,而是封建的伦理关系,君臣、父子、兄弟、夫妇之间的"理"。他认为先要在这上面省察一番,读些圣贤书,然后才能明吾心的"天理"。王阳明认为这是"支离决裂,错杂纷纭,而莫知有一定之向"(《全书》卷二六《大学问》)。他要人们去反求"良知",不必在"事事物物"上下工夫,据说这样,才是"真切简易","虽至愚下品,一提便省觉"。这种思想的社会根源和理论根源及其党性,前面已有分析,它并不比朱熹有多少进步作用,反而是在阶级斗争趋向激烈的时期对于封建主义的歌颂。因此,王阳明对朱熹哲学思想某些方面的批评,那只是唯心主义内部的争取正宗的问题,从而企图用"至愚下品"所易于接受的简易教条,来代替朱熹的比较暧昧的教条。

在中国现代历史中,有一些人曾经大肆吹捧王阳明的主观唯心主义的僧侣哲学,以此麻痹人民的头脑,并以此抵制马克思列宁主义,梁漱溟就是一个代表。他捏造历史,说中国的中世纪社会没有阶级对立与阶级斗争,而是有"理性"的"清明安和"的世界。"理性"这个概念,他说,浅言之是"清明安和";深言之是"无对"(按:来自王阳明的术语),即超越利用与反抗,混然一体的一种"人情",也即王阳明的"良知"。这里,我们不去分析"理性"就是"神"的代名词,且看为什么这种神秘的"理性"只能在中国中世纪社会的人们中间贯彻下来呢?他说,这是由于孔子继承周公创设礼乐,以涵养理性,以一种宗教化的礼教来"稳定人生",并培养出"新秩序",使"职业分途"代替了阶级对立。要指出的是,梁漱溟的这种神道史不是别的,只是以"理性"为幽灵,以

"礼教"为符咒而绘制成的一幅阶级"调和妥协"史,其传统来自王阳明的同一律。既然中国中世纪社会是这样的极乐世界——"天才的实验场,品行的甄别地",那么,他就有"理由"来诬蔑中国共产党在中国"制造"阶级斗争了。

梁漱溟从中国文化中所撷拾的思想糟粕集中在这一点:孔子——孟子——董仲舒——王阳明的道统。他把中国古代唯物主义的和科学发明的历史传统一笔勾销,硬把中国思想史编排成为"以主观出之"的神秘的心传史;同时宣扬要人们"向内用力"。他又悲叹"不幸生在今日",见不到孔子,见不到孟子,见不到董仲舒,也见不到王阳明及其门弟子,竟连一个师友也找不到(见《朝话》,页65)。他的意思是这样:最好生在春秋时代,其次生在战国、秦汉时代,最下生在明代和王阳明在一起也还不错!原来他对封建制社会的牧歌式的诗情是和王阳明有着心弦上一致的节奏。

在国民党统治时期,蒋介石大肆鼓吹封建法西斯的愚民哲学,自称王阳明的"致良知"奠定了他"求学作事的根本"。他又把"良知"改称为"行"和"仁",胡说这是"人生本然之性";有些人不过因为为"物欲所障蔽",未能加以发挥。他要人们发挥这一"本然之性","死心塌地,任何牺牲,任何痛苦,任何危险都不顾"。这里的中心意思在于:否定理性、科学和知识,要人民俯首帖耳、死心塌地承受四大家族的剥削和统治。这样一种愚民的封建法西斯哲学,当时曾有一些人大加捧场,并加以"阐扬",例如贺麟将新黑格尔主义与王阳明的"致良知"掺合起来,一面赞扬王阳明的学说"于个人自觉民族自觉的新时代,较为契合","凡事自问良知,求内心之所安",一面则鼓吹蒋介石"是王学之发为事功的伟大代表",蒋介石的"力行哲学"居然被说成是"抗战何以必胜,建国何以必成"的理论(见《当代中国哲学》)。

马克思主义的真理唾弃了王阳明的"无对"思想的说教,粉碎了蒋介石封建法西斯愚民哲学的欺骗以及各式各样继承王学正宗的胡说。然而唯心主义的糟粕,却又在"抽象的继承法"的魔术杖指挥之下,一度显现了幽灵。例如解放以后,贺麟在谈到王阳明的时候,这样说:"'良知'是方法,'致良知'是做人、求知的方法;'良知'又是认识的最高真理,是认识论;'良知'从本体论上说来又是最实在的东西。方法论,认识论与本体论在'良知'中得到了统一。"(《关于对哲学史上唯心主义的评价问题》,《中国哲学史问题讨论专辑》,页 198)令人震惊的是,他居然由此作出了这样的结论:"这与列宁所说的辩证法、认识论与逻辑的统一很相似"(同上)。王阳明的"良知"说过去和反动派的力行哲学相互统一,而今又和马克思主义哲学的基本原则"很相似"起来了!

如果我们根本不对不同时代、不同阶级、不同的党派性的哲学思想进行科学分析,而用"抽象继承法"的观点去形式地对待问题,那么,王阳明的哲学既可以和法西斯哲学接种,又可以把他所说的"心、意、知、物只是一件"同马克思主义哲学的世界观、方法论与逻辑的统一相混淆,从而断言它们"很相似",这就要陷于随心所欲的武断。"抽象继承法"就是企图抽空哲学思想的具体阶级内容,而以概念上、字面上的某些"相似"来牵强比附不同哲学思想的"继承性"。这是"新理学方法"的拙劣的再版,其目的是要混淆哲学史上唯物主义和唯心主义的界线,抹杀哲学的党性原则,从而企图以某种形式来保留和抬高中国历史上的唯心主义体系。因此,这种"方法"从根本上说是反动的。

如果我们根据历史唯物主义作些认真的分析,那就不难看出,王阳明从其主观唯心主义的世界观出发,把一切都消融于"我心"中,抹杀了主观与客观的对立,从而根本否定了反映客观世界的认识论;同时,他又依据唯我论的比附的推理,把认识归结为"我心"的顿悟,从而否定了逻辑思维的规律性。因此,王阳明的最后结论只能是除"圣人"的"良知"之外,别无所有。王阳明这样说:"仙家说到虚,圣人岂能虚上加得一毫实?佛氏说到无,圣人岂能无上加得一毫有?但仙家说虚,从养生上来;佛氏说无,从出离生死苦海上来。却于本体上加却这些子意思在,便不是他虚、无的本色了,便于本体有障碍。圣人只是还他良知的本色,更不著些子意在。良知之虚,便是天之太虚,良知之无,便是太虚之无形。日、月、风、雷、山、川、民、物,凡有貌象形色,皆在太虚无形中发用流行,未尝作得天的障碍。圣人只是顺其良知之发用,天地万物俱在我良知的发用流行中,何尝又有一物超于良知之外,能作得障碍?"(《传习录》下)试问这种从唯我主义出发而根本否定认识论、逻辑学的说教怎么能说是和马克思主义哲学的基本原则"很相似"呢?

毛泽东同志在《矛盾论》中说明了两种对立的宇宙观以后,指出"这个辩证法的宇宙观,主要地就是教导人们要善于去观察和分析各种事物的矛盾的运动,并根据这种分析,指出解决矛盾的方法。因此,具体地了解事物矛盾这一个法则,对于我们是非常重要的。"这段话深刻地说明了辩证唯物主义是工人阶级的世界观,也是工人阶级认识与改造世界的方法论。世界的本原是矛盾地运动着的物质,不是意识,这就是辩证唯物主义的世界观。在它的指导下,去认识、分析与解决事物的矛盾,这就是辩证唯物主义的方法论,也就是逻辑。因此,在马克思主义哲学中,方法论和世界观不能分割;世界观、认识论和逻辑是统一的。这和王阳明的哲学有哪一点相似呢?

我们要指出,贺麟的说法,不仅粗暴地歪曲了马克思主义哲学,而且抹杀哲学的党性,从而为唯心主义张目,而其基本路数,和他解放前将新黑格尔主义与王阳明学说相结合,并无不同,所不同者仅在于引用了一些马克思列宁主义的词句作为点缀罢了。这是应当给以严肃的批判的。

第二十一章

王廷相、黄绾、吕坤的反道学思想

第一节　王廷相的唯物主义哲学思想及
其对道学和神学的批判

　　王廷相生于明宪宗成化十年,卒于明世宗嘉靖二十三年(公元1474—1544年),河南仪封人。他在童年时即以能古文诗赋而著名。明孝宗弘治八年(公元1495年)举于乡,这时他22岁。弘治十五年(公元1502年)登进士第,改翰林庶吉士,授兵科给事中。在他的政治生活中,对于人民具有着正义心,曾先后两次遭受宦官的迫害。

　　正德三年(公元1508年),王廷相被宦官刘瑾"中以罪,谪亳州判官"(《明史》卷一九四);不久量移高淳知县,后复召为御史,出按陕西。陕西镇守的宦官廖鹏欺虐人民,王廷相对他加以制裁,招致了廖鹏的忌恨。王廷相视学北畿时,又有两个宦官纳贿,干及学政,王廷相把投书的使者引到大庭广众之间,焚毁其书信,于是廖鹏和这两个宦官合力诬构,把王廷相逮系下狱。正德九年被谪为赣榆县丞。赣榆滨海,王廷相在这里曾著有《近海集》。两年后，即正德十一年，王廷相任宁国知县，其后五六年中，历任松江府同知、四川提学金事、山东提学副使等职。明武宗死后，世宗嘉靖初年，王廷相任湖广按察使、山东右布政使。

王廷相除反对宦官外，对贪贿的宰相严嵩、张瓒等人极表愤恨。嘉靖时，严嵩秉政，贿赂公行，朝廷的官员噤口不敢言，王廷相却挺身而起，单独上疏予以抨击说：

"《记》曰：'大臣法，小臣廉'。今日士风大不类此。在先朝岂无贿者，馈及百两已骇其多矣；今也动称数千，或及万数矣。先朝受贿者暮夜而行，潜灭其迹，犹恐人知；今也纳贿受赂，公行无忌。大臣贪浊而日在高位，则小臣将无不唯利是图。由今之道而不变其俗，则民穷盗起，而国事日非。且士大夫奔竞者进，则恬静者必退，由是以小人引小人，而朝廷之上无君子矣。是奔竞之风炽，世道不祥之机也，岂非时政之大蠹乎！"

他以"圣人"作为立身行事的表率和标准，这个标准即他说的"耳闻目击，不忍民之失所也。故随其所遇，尽心力而为之，舍之则藏，道不合而即去，然亦无固必矣"（《慎言》卷三）。在他看来，为君的，历行节俭，寡取于民，则民可富；为政简易，则"动于民者寡而乐"；"上稽道于圣，则民不惑于异术而趋于正矣"（《慎言》卷七）。他向皇帝献策说，乱天下的是"才智之雄"，为了安天下，作君王的应将普天之下的"才智之雄""尽畜而有之"（同上）。作君的，要听臣下的劝谏；作臣的，要直言无隐，这样，就可行"圣人之政"了。他的这套政治理想并未超出儒家古老的政治思想的窠臼。

王廷相在山东时居母忧，著《丧礼备纂》。嘉靖六年，晋副都御史巡抚四川，在四川时曾著有《华阳稿》。嘉靖九年任南京兵部尚书。从嘉靖六年至十年左右这一段时间里，王廷相编辑并刻成了他的哲学代表著作《慎言》十三篇。他在《慎言·序》中自称：

"予自知道以来，仰观俯察，验幽核明，有会于心，即记于册。三十余年，言及数万。信阳无涯孟君见之曰：'义守中正，不惑非

道,此非慎言其余乎?'遂以《慎言》名之,类分十三篇,附诸集,以
藏于家。"

可见《慎言》是王廷相著作中的主要作品。此外他的重要哲学作品尚
有《雅述》、《性辩》、《横渠理气辩》、《答薛君采论性书》、《答何柏斋造
化论》十四篇等。

王廷相对自然科学及音律学有深刻的研究。在天文方面曾著有
《岁差考》、《玄浑考》;在音律方面曾著《律尺考》,又曾著《律吕论》十
三首;在农业方面,他曾为贾思勰的《齐民要术》作序,加以论列。自然
科学的研究对他的唯物主义思想的形成起着很大作用。

王廷相和黄绾(公元 1477—1551 年)是挚友,在反对王守仁"致良
知"说上,他们的见解是有相近之处的。黄绾本来是王守仁的学生,他
晚年背叛了师说,认为王学的"致良知"说与"知行合一"说必将为害,
不可不辨。《王氏家藏集》中载有《石龙集·序》(卷二二)及《送少宗
伯黄先生考绩·序》(卷二三)两篇,《石龙集》就是黄绾的文集。王廷
相又在《石龙书院学辩》中盛赞黄绾,说"黄子志于圣贤经世之学者。
余来南都,每得闻共议论,接其行事,窃见其心之广大有天地变化、草木
蕃育之象;知之精至,有日月有明、容光必照之体,盖非世儒空寂寡实之
学可以乱其凝定之性者,则夫余之所不以为然者,先生亦不以之诲人
矣"。由此可见,他们之间的友谊是和学术的相近有着密切的关系。

王廷相不但是一位天文学家和博物学家,还是当时著名的文学家。
他的诗、文、歌词都从浅易通俗入手。他虽然和大名鼎鼎的李梦阳、何
景明、徐祯卿、康海、王九思等同列于所谓"前七子"之中,但他并不赞
成"文必秦汉、诗必盛唐"。他曾这样说过:

"夫今之人刻意模古,修辞非不美也;文华而义劣,言繁而蔑
实,道德政事,寡所涉载,将于世奚益?谓不有歉于斯文也哉!"
(《石龙集·序》)

对于封建士大夫们所作的空洞而没有内容、浮华而不涉现实的文
章,他认为是毫无益处的。他在《华阳稿》中所作《巴人竹枝词》十首流

露出和人民共呼吸的感情。

王廷相于嘉靖二十年(公元 1541 年)由于勋臣郭勋事牵连,被斥归,后三年卒,年 71。

王廷相的哲学著作大都带有论战性质,其风格富有战斗性,其中论述的形式,总是先"破","破"他的论敌,然后"立","立"自己的理论。这种风格正是唯物主义者的特色之一。

王廷相论述"元气"之上再无别的范畴的唯物主义世界观,总是和宋儒"天地之先只有此理"的唯心主义世界观对立起来,成为两条对立的路线。他说:

> "老、庄谓道生天地;宋儒谓天地之先只有此理。此乃改易面目立论耳,与老、庄之旨何殊? 愚谓天地未生,只有元气,元气具,则造化人物之道理即此而在,故元气之上无物(按:这"物"字指一种主宰者,看下文便知)、无道、无理。"(《雅述》上篇)

他又说:

> "南宋以来,儒者独以理言太极而恶涉于气。……嗟乎,支离颠倒,岂其然耶? 万理皆出于气,无悬空独立之理。造化自有入无、自无为有,此气常在,未尝澌灭。"(《太极辩》)

从以上两段富有战斗性的笔力劲健的话来看,他提出了这样两个基本论点:一、"元气"是世界的本原,也是常存而不灭的,一元的气,即表达出一元的唯物主义的根本命题;二、"万理皆出于气",又表达出客观规律是与物质不能分离的。这两个论点,王廷相在《慎言》与《雅述》中反复加以阐述。我们再看他对"元气"作怎样的解释以及"元气"如何化生出天地万物。

王廷相在他的著作中曾有不少地方反复提到"天地之先,元气而已矣。元气之上无物(同上注),故元气为道之本"(《雅述》上篇)。他在《答薛君采论性书》中批判程颐的唯心主义世界观时,对"元气"的论点作了较详细的论述:

> "伊川曰:'阴阳者,气也;所以阴阳者,道也。'未尝即以理为

气。嗟乎,此大节之不合者也! 余尝以为元气以上无物,有元气即有元神,有元神即能运行而为阴阳,有阴阳则天地万物之性理备矣。非元气之外,又有物以主宰之也。今曰:'所以阴阳者,道也。'夫道也者,空虚无着之名也,何以能动静而为阴阳? 又曰:'气化终古不忒,必有主宰其间者',不知所谓主宰者是何物事? 有形色耶? 有机轴耶? 抑纬书所云十二神人弄丸耶? 不然,几于谈虚驾空无着之论矣。老子曰:'道生天地',亦同此论,皆过矣! 皆过矣!"

在这里,王廷相坚认"元气"之上并没有任何一个东西(物)在那里作为有意志、有人格的主宰,天地万物皆由"元气"运行而成。"元气"的运行,他称为"元神",这里"元神"并非神怪之神,而仅指实体的妙化运动,所以说运动即包含着对立的阴阳。那么,"元气"怎样化生出万物呢?"元气"有"太虚真阳之气"与"太虚真阴之气",前者"感于后者",即二者相触动,产生出日、月、星辰。"日月之精交相变化",便又产生出水、火。水之浮滓,"得火而结凝者"便是土,接着又产生出金、石、草、木。由此便产生了人类史,如他所能指出的,如牝牡、夫妇、父子、君臣、名教等等(见《答何柏斋造化论》十四首)。

王廷相反对有些人把"气"作了精气或空虚的解释,而从自然科学的常识出发主张"气"是块然"实有之物"。他在和何柏斋的论战中曾这样表述过:

"气虽无形可见,却是实有之物,口可以吸而入,手可以摇而得,非虚寂空冥无所索取者。世儒类以气体为无,厥睹误矣! 愚谓学者必识气本,然后可以论造化,不然,头脑既差,难与辩其余矣!"(《答何柏斋造化论》十四首)

很明显,可感触的物质实体就是人们生活所不可缺少的客观存在,这和虚寂空冥的本体"无"相对立的。世界的本原是物质实体呢,抑或虚寂空冥的本体"无"呢? 这是哲学上的"头脑"问题,也即世界观的出发点的问题。区别唯物主义和唯心主义,当看对这一问题的态度,然后再论其余问题。因此他曾指出"元气"和老子说的"有生于无",截然不同;并指出所谓"有生于无"的"无"实质上是"神"的代名词,而理学家们又称它为"道"。他曾这样驳道:

> "柏斋以愚之论出于横渠,与老氏万物生于有,有生于无不异,不惟不知愚,及老氏亦不知矣。老氏谓万物生于有,谓形气相禅者;有生于无,谓形气之始本无也。愚则以为万有皆具于元气之始,故曰,儒道本实本有,无'无'也,无'空'也。柏斋乃取释氏犹知形神、有无之分,愚以为此柏斋酷嗜仙佛受病之源矣。"(《答何柏斋造化论》十四首)

作为"实有之物"之一般的"元气",王廷相也称之为"太极",但"太极"在他手里作了唯物主义的解释,和周敦颐、朱熹等的"太极"是根本不同的。"太极"本来由《尚书》的"皇极"变化而来,是被当作最初的原因看待的,因而各家可以对"太极"作出各种不同的相反解释。在王廷相看来,"元气之上无物,故曰太极"(《答何柏斋造化论》十四首),这就是说,不能把"太极"看成世界之上的一个原动力,而只能把它看作是存在之外再没有什么可假定的概念。他指出,宋儒把"太极"释为"空"、"无",是无稽的妄说。这类妄说和神不灭论互通声气,亦即认为"神"可以离"形"而单独存在。王廷相曾尖锐地批判这种神不灭论的观点,坚认"神"与"形"都来自于"气",亦即"神必借形气而有",他继承了王充、范缜的传统,说道:

> "是气者形之种,而形者气之化,一虚一实皆气也。神者,形气之妙用,性之不得已者也。三者一贯之道也。今执事(何柏斋)以神为阳,以形为阴,此出自释氏仙佛之论,误矣。夫神必借形气而有者,无形气则神灭矣。纵有之,亦乘夫未散之气而显者,如火光之必附于物而后见,无物则火尚何在乎?"(《答何柏斋造化论》十四首)

实的"形"和虚的"气"都是"气"的不同的表现形态,这是张载所曾提到过的,但张载并没有把这一命题与"神者,形气之妙用"的唯物主义命题联系起来；而王廷相则结合这一原理，主张神灭论，所持的论据和前代无神论者的"形神相即"以及以烛火之喻形神一样。

王廷相依据自然科学知识反复阐述自然现象的变化受着客观规律的制约，并非受着有意志、有人格的神的支配。我们可以从这样几个方面来看：

（一）神学目的论说：草木、禽兽等为人所食是"天"的有意识的安排。王廷相则从"势不得不然"出发驳斥这类说法，他说：

> "天地之生物，势不得不然也，天何心哉？强食弱，大贼小，智残愚，物之势不得不然也，天又何心哉？世儒曰天地生物为人耳，嗟乎，斯其昧也已！"（《慎言》卷十）

这段话是用客观事物的必然性来反驳神学目的论的，这在思想史上，是值得注意的。但也要指出，用"物之势不得不然"来说明社会现象的"强食弱，大贼小，智残愚"，便滑进命定论的圈子了，从王充起，就已有这样的局限性。

（二）王廷相认为植物与动物的生长与变化，其根本原因要到它们本身去找，而不能加以杜撰。他洞察到在研究事物过程中，应透过一些表面现象与外在原因，而探源于事物本身的规律性。他这样说：

> "风雨者，万物生成之助也；寒暖者，万物生杀之候也；物理亦有不然者，不可执一论也。雨在春虽能生物，过多亦能杀物；诸物至秋成实，雨固无益；诸麦、诸菜亦借雨而生，安谓秋雨枯物？风春则展，秋则落，物理自展自落耳；松桧桂柏凌冬苍郁，秋风能落之乎？由是观之，皆由物理，匪风而然。"（《雅述》上篇）

这段话说明：应该因时、因地等具体条件来观察事物，"不可执一论"。了解此，才算做明白"物理"。

他即从"物理之必然者"出发，驳斥"鱼阴类从阳而上，二阳时伏在水底，三阳则鱼上负冰，四阳五阳则浮在水面"一类的神秘邪说：

> "愚谓此物理之必然者，冬月水上冷而下暖，故鱼潜于水底；正月以往，日渐近北，冰面渐暖，故鱼陟水上，冰未解而鱼已

上,……皆性之不得已而然者。"(《雅述》下篇)

这正是他依据自然科学常识所提取的理论。

（三）王廷相认为,远古之事,因历时过久不易被人所知;而未来之事,亦难以逆料,但依据科学的原理,对于远古及未来之事亦可"会通"。这是对于科学和理性知识的赞美。他从自然科学出发,阐明了由今日之地质情况可以推知到过去的地质情况,他说:

> "山石之敧侧,古地之曾倾坠也;山有壑谷,水道之荡而日下也;地有平旷,水土之漫演也;高峻者日以剥,下平者日以益,江河日趋而下,咸势之不得已也夫。"(《慎言》卷二)

这也是他根据了自然科学所引出的正确观点。

依据上述数例可知王廷相将自然科学的一些原理提高到哲学上作了唯物主义的解释,有力地捍卫了唯物主义原则,而反对了形而上学唯心主义和有神论。

如前所述,王廷相的世界观是"气"的唯物主义一元论。他不仅论证了物质性的"元气"之外不能有任何主宰,而且还进而论证了"气"是永恒存在、无始无终的。这就截断了通往神学的任何去路。他依据着自然现象的变化,这样论证"气"的永恒性:

> "气有聚散,无灭息。雨水之始,气化也;得火之炎,复蒸而为气。草木之生,气结也;得火之灼,复化而为烟。以形观之,若有'有''无'之分矣;而气之出入于太虚者,初未尝减也。譬冰之于海矣,寒而为冰,聚也;融澌而为水,散也;其聚其散,冰固有'有''无'也,而海之水无损焉。此气机开阖、有无、生死之说也,三才之实化极矣。"(《慎言》卷一)

这里,王廷相当然还不能以有关温度、气压的科学实验为根据,而仅依据着当时自然科学的所谓聚散的理解,直观地洞察到所谓气"无息灭"的物质守恒的原理。

既然"气"是无始无终的,那就没有离开物质而单独存在的"理"。王廷相据"理根于气"的学说,批驳了朱熹"气根于理"的客观唯心主

义,他说:

> "(朱熹)又曰:'气之已散者,既散而无有矣,其根于理而日生者,则固浩然而无穷。'吁!此言也,窥测造化之不尽者矣。何以言之?气游于虚者也,理生于气者也。气虽有散,仍在两间,不能灭也,故曰'万物不能不散而为太虚',理根于气,不能独存也。"(《横渠理气辩》)

为了进一步论证"理根于气",王廷相又提出这样的论点:世界上存在着多种多样的、不同形质的事物,事物在变化之中,因而,理也不能不在变化的过程中呈现出它的多样性。他的这一节文字和后来王夫之论证器变道亦随之而变的学说有着相似之处:

> "儒者曰:天地间万形皆有敝,惟理独不朽,此殆类痴言也。现无形质,安得而朽?以其情实论之,揖让之后为伐放,伐放之后为篡夺;井田坏而阡陌成,封建罢而郡县设。行于前者不能行于后,宜于古者不能宜于今。理因时致宜,逝者皆刍狗矣,不亦朽敝乎哉?"(《雅述》下篇)

这就肯定了社会历史的进化,在于其进化的不同阶段有着不同的"理",这样光辉的命题和"天不变、道亦不变"的僵死教条是相对立的。王廷相还进而从自然现象的变化方面论证"理"在变化运动过程中的久暂性,并接触到"常"与"不常"的对立和统一的关系。他是这样说的:

> "道莫大于天地之化,日月星辰有薄食彗孛,雷霆风雨有震击飘忽,山川海渎有崩亏竭溢,草木昆虫有荣枯生化,群然变而不常矣,况人事之盛衰得丧,杳无定端,乃谓'道一而不变',得乎?气有常有不常,则道有变有不变,'一而不变'不足以该之也。为此说者,庄、老之绪余也,谓之实体,岂其然乎?"(《雅述》上篇)

何谓"气有常有不常?"王廷相解释说,从事物的总体方面言,千差万别的事物均自"元气"变化而来,这就是"常";然而从各个具体事物方面看,参差不齐,这就是"不常"(见《雅述》上篇)。由此出发,他批判客观唯心主义的错误是在于离开了物质的多样性而把一个空虚之"理"吹胀为世界的本原：

> "天地之间，一气生生，而常而变。万有不齐，故气一则理一，气万则理万。世儒专言理一而遗理万，偏矣。天有天之理，地有地之理，人有人之理，物有物之理，幽有幽之理，明有明之理，各各差别。"（《雅述》上篇）

从"气"的唯物主义一元论出发，王廷相极力反对宋儒把人性分为"气质之性"与"本然之性"，并坚认根本不存在有离开"生"的所谓"本然之性"。他强调人性是人的知觉运动的过程，这在他批驳朱熹"性者理而已矣"时，有着清楚的表述：

> "仁义礼智，儒者之所谓性也。自今论之，如出于心之爱为仁，出于心之宜为义，出于心之敬为礼，出于心之知为智，皆人之知觉运动为之而后成也。苟无人焉，则无心矣，无心则仁义礼智出于何所乎？故有生则有性可言，无生则性灭矣。……精神魂魄，气也，人之生也；仁义礼智，性也，生之理也；知觉运动，灵也，性之才也。三物者，一贯之道也。故论性也不可以离气，论气也不得以遗性，此仲尼相近习远之大旨也。"（《横渠理气辩》）

这段话阐明了"生之谓性"的古说，并指出了人的道德情操不能离开人的生理基础来架空立说。虽然这样仅从生理学的观点而未从历史学的观点出发，并不能真正揭示"人性"的本质（阶级性），但就其把"人性"和人的知觉运动相结合而言，则是进步的命题，比从伦理学的品级观点就高明到万倍了。它和宋儒神秘的人性论来比较，是有区别的。

王廷相把"性"与"气"的关系概括成这样的原则："性与气相资而有不得相离者也"（《答薛君采论性书》）。在"气"与"性"相结合的这方面，他认为"气"为主。"气"的"清浊粹驳"决定了人性中有"善"也有"恶"。他即据此反对孟子的"性善论"与宋儒的"本然之性"。他说：

> "气有清浊粹驳，则性安得无善恶之杂？……或曰，人既为恶

矣,反之而羞愧之心生焉,是人性本善而无恶也。嗟乎! 此圣人
修道立教之功所致也。凡人之性成于习,圣人教以率之,法以治
之,天下古今之风以善为归、以恶为禁,久矣。"(《答薛君采论性
书》)

这就是说,人性之所以臻于"善",其关键在于"习",而并不存在所谓先
天的"至善"。

在人性论上,王廷相强调"习",与此相联结,他在认识论上重视
"见闻"(感性认识),并正确地指出了视、听、思想等等的作用是依赖于
人的器官的,亦即"耳之能听,目之能视,心之能思,皆耳、目、心之固有
者,无耳目无心,则视听与思尚能存乎?"(《雅述》上篇)

他认为知识是"思"与"见闻"的结合,圣人和普通人一样,要得到
知识,也必须将这两方面结合。"心"(这里他沿袭了"心之官则思"的
古说)固具有认识的能力,但必须依赖人的感官与外物接触,认识能力
才能发挥,这即是他说的"心固虚灵,而应者必借视听聪明会于人事,
而后灵能长焉"(《石龙书院辩》)。他认为每一个做学问的人认识了并
服膺了这样的道理,才可以进而言学。他所写的《石龙书院辩》就是阐
发这一论点的。他很重视这篇文章,将它"揭之院壁,以为蒙引,使后
生来学,脱其禅定支离之习,乃自石龙书院始"。在其中他以婴儿为
例,生动地阐述了"接习"的重要性。他说:

"赤子生而幽闭之,不接习于人间,壮而出之,不辨牛马矣,而
况君臣父子夫妇长幼朋友之节度乎?"

王廷相所说的"接习"即是:人依凭感官与外界的事物相接触,而获得
知识。

他自己在研究学问时,很重视"观之"、"验之"的直接经验。他常
常依据着自己"观之"、"验之"的结果,反对背离科学的古人的妄说。
他曾这样自述他如何观察雪花与土蜂:

"冬雪六出,春雪五出,言自小说家。予每遇春雪,以袖承花
观之,并皆六出,不知此说何所凭据?

《小雅》:'螟蛉有子,果蠃负之',《诗笺》云:'土蜂负桑虫入木孔中,七日而化为其子。'予田居时,年年取土蜂之窠验之,每作完一窠,先生一子在底,如蜂蜜一点,却将桑上青虫及草上花蜘蛛衔入窠内填满;数日后,其子即成形而生,即以次食前所蓄青虫、蜘蛛,食尽则成一蛹,数日即蜕而为蜂,啮孔而出。累年观之,无不皆然。……始知古人未尝观物,踵讹立论者多矣。无稽之言勿信,其此类乎?"(《雅述》下篇)

"观之"、"验之"、"接习"、"见闻"等,他又称之为"实历",这和"虚讲而臆度"是两条对立的认识论路线。他认为只有依据前者,才能认识自然的规律并进而掌握规律。在阐明这个论点时,他以"学操舟之术"为例,这和柳宗元阐明唯物主义认识论时的举例有相似之处,他说:

"世有闭户而学操舟之术者,何以柁、何以招、何以橹、何以帆、何以引笮,乃罔不讲而预也,及夫出而试诸山溪之滥,大者风水夺其能,次者滩漩汩其智,其不缘而败者几希! 何也? 风水之险,必熟其机者然后能审而应之;虚讲而臆度,不足以擅其功矣。夫山溪且尔,而况江河之澎汹、洋海之渺茫乎? 彼徒泛讲而无实历者,何以异此?"

王廷相认为"讲"与"行"、"行"与"知"应当结合,他强调通过"行"所总结出的知识是真知,与闭户不出猜度想象出的假知识有着原则性的区别。他用"必亲至越而后知越之故"为例阐明这一论点,以后王夫之也运用这一事例来发挥唯物主义认识论。王廷相的下面一段话概括了唯物主义认识论的观点:

"讲得一事,即行一事;行得一事,即知一事,所谓真知矣。徒讲而不行,遇事终有眩惑。如人知越在南,必亲至越而后知越之故,江山、风土、道路、城域可以指掌而说,与不至越而想像以言越者,大不侔矣。故曰:'知至至之,可与几也;知终终之,可与存义也。'其此之谓乎? 晚宋以来,徒为讲说;近日学者崇好虚静,皆于

道有害。"(《与薛君采二首之二》)

他自己是体验到而且实践了这个原则的。这从他依据自然科学对唯心主义和神学的进攻，就可以看得很清楚。

（一）反对邵雍的唯心主义象数学

王廷相在批判邵雍的唯心主义象数学时，提出了两个概念："迹"与"算"。所谓"迹"即是事物的客观现象；所谓"算"就是"法之谓也"。"算"是依据于"迹"的，例如有"日月合璧，五星连珠会于子辰"（"迹"），才"可以定夜半之冬"（"算"）；有"以喉音为宫，管虚为声"（"迹"），才"可以定九寸之黄钟"（"算"）。因此，他作出这样的结论："迹也者，定也；数之可据也。"（《数辩》）可见他依据对天文现象与音律现象的思考与概括，认识到事物是第一性的；"物"在数量上有着参差不齐，因而"数有奇偶之变"。他进而指出邵雍离开具体事物而把"数"视之为世界本原的谬误：

> "天地造化不齐，故数有奇偶之变，自然之则也。太极也、君也、父也，不可以二者也；天地也、阴阳也、牝牡也、昼夜也，不可以三者也；三才不可以四，四时不可以五，五行不可以六，故曰：物之不齐，物之情也。……邵子于天地人物之道，必以四而分之，胶固矣，异于造化万有不齐之性，戾于圣人物各付物之心，牵合傅会，举一而废百者矣。"（《慎言》卷十）

他不仅指出象数学在理论上的错误，还进而指出了这一理论对后学的危害在于神学的天命论，那就是"弃人为而尚定命，以故后学论数纷纭，废置人事，别为异端"（《雅述》上篇）。

（二）反对神秘的五行灾异之说

王廷相对于"五行分配十二支于四时"、"以五行配五脏六腑"、"以五行名星纬"、"以五行论造化生人物"等的妄说，都进行了批判。

他从自然科学知识出发，驳斥"以五行分配十二支于四时"，首先指出,寒暑的变化与四季的循环,取决于得日光之多少:得日光多则热,得日光少则寒,与"五气之布无与焉"。其次,四季的每一季之中,均有金、木、水、火、土,如果说"春止为木,则水、火、土、金之气孰绝灭之乎?秋止为金,则水、火、土、木之气孰停留之乎?土惟旺于四季,则余月之气孰把持而不使之运乎?"(《五行配四时辩》)他最后的结论是"书以辩物,数以衍历,历以纪时"(同上)。这里,他把"物"看成第一性,而人为的"书"、"数"和"历"不过用来记录"物"的变化,因此不能离开自然变化来杜撰"书"、"数"和"历",而"五行配四时"的妄说就犯了这样的错误。

在王廷相看来,金、木、水、火、土只不过是五种物质元素,纬说以之附会于儒家的经典,是荒唐的。和纬说相对立,他从如何利用这五种物质元素为人类服务,来解释《大禹谟》:

> "《大禹谟》曰:'政在养民,水、火、金、木、土、谷惟修',言六者能修治之,使遂民用,则养生之具备矣。堤防祛害,灌溉通利,水行地中,则水政修矣。出火纳火,钻燧改火,昆虫未蛰,不以火田,则火政修矣。裹蹄泉货,铁冶鼓铸,金政修矣。山林有禁,取木有戒,斧斤时入,木政修矣。画井限田,正疆别涂,高城深池,土政修矣。教民稼穑,播艺百谷,谷政修矣。六政既修,则民用皆足,五者生养万民之功成矣。"(《慎言》卷十)

因此他强调"人定能胜天"的道理,更由此出发猛烈抨击五行灾异的谬说。首先,他阐述自然现象的发生和变化,不受人们意志的支配,根本就不存在着所谓"和气致祥、乖气致异"的必然联系的现象,这从"尧仁如天,洪水降灾;孙皓昏暴,瑞应式多"的事例就可得到证明(见《答顾华玉杂论》五首)。其次他强调只要把握住自然的规律,水旱之灾是可以克服的,这就是明证:"尧尽治水之政,虽九年之波,而民罔鱼鳖;汤修救荒之政,虽七年之亢,而野无饿殍。人定亦能胜天者此也,水旱何为乎哉?"(《慎言》卷十)

对于纬书中的神秘思想和周敦颐的《太极图说》,他也予以批判。

他的看法是"天自是一物,包罗乎地,地是天内结聚者,且浮在水上"(《答孟望之论慎言地是天内凝结之物》),论证是:一、"瓶倒于水而不沉,瓮浮于水而不坠,内虚鼓之也。观此则地所附可知"(《玄浑考》)。二、"观掘一二十丈,其下皆为水泥;又四海环于外方,故知地是水火凝结、物化糟粕而然"(《地是天内凝结之物》)。

这一解释中的合理因素是:王廷相反对了对于天地形成的神秘解释,而从物质本身的变化来加以阐明,但他的解释也包含着局限,亦即重复着一种古老的因袭观念,认为大地"浮于水上"。

王廷相依据当时的地质知识以及他自己的观察所总结出的"地生而后生物"理论和五行家的妄说展开斗争。他说:

> "山是古地结聚,观(注意此"观"字)山上石子结为大石可知,土是新沙流演,观两山之间,但有广平之土,必有大川流于其中可知。因思(按:"思"是在"观"的基础上进行理论的概括)得有天即有水、火,……有水则必下沉,水结而土生焉,有土则木生,有石则金生,有次序之实理如此。"(《天是地内凝结之物》)

(三)反对鬼神、风水等迷信

王廷相虽然自述他以孔子"敬鬼神而远之"为"至论",并声言"天道(按:唯物主义者把"天道"和"天之道"区别开来,且与"人道"对立起来)远而难知",但实际上他已否认了鬼神的存在,而强调人世间的一切祸福都是人为的,并没有什么鬼神在冥冥中发号施令。

王廷相反对鬼神、风水等迷信,是依据"无形色则神灭"的唯物主义原则的。他在具体地运用这一原则时,则着重揭露鬼神风水福荫等妄说的违反逻辑。按照鬼神论者的逻辑,"善人"有"善报","恶人"有"恶报";但客观事实并不如此,"世之人物相戕相杀,无处无之,而鬼神之力不能报其冤"。在反对风水福荫的妄说时,他首先指出这类妄说是"邪术惑世以愚民",接着叙述了一套关于丧礼的历史:在古代,人死之后,"委之于壑",有人曾见其父母的尸体为狐狸所食,感到悲痛,于是用"槥椟而掩之"。后世的圣人不忍其亲的尸体和泥土混在一起,用瓦棺、后世又用棺椁埋葬。因此,王廷相断言,在从前的圣人看来,根本就不存在有什么风水福荫之事。他接着说,如果说真的有什么风水福荫之事,那么若子若孙应当会得到同样的好遭遇,但事实也不是如此,有的富,有的贫;有的寿,有的夭;有的贵,有的贱;有的善,有的恶。可见风水福荫只是骗人的鬼话。但是这类鬼话的害处极大,"使人盗葬强瘗,斗争愬讼,死亡罪戾,无处无之"(见《雅述》下篇)。

值得注意的是,王廷相还敢于接触"邪说横行"的社会根源,指出"由于在上之势致之"(《慎言》卷一一)。这里所说的"上"指的就是封建的帝王,例如"汉光武好图谶,故当时纬候之流,顺风趣附"(同上),而"中人"与"小人"又慑于时威,不但不敢反对,还加以渲染夸大,因而"正道湮塞、邪说横行"。从这些言论中不难看出王廷相反对封建正统思想的战斗性格。

王廷相的思想也有时代的局限,他和其他启蒙学者一样,都以"推明"孔子之道为旗帜,来进行思想战线上的斗争;运用古代经典语言的形式,来装潢自己的新义。他在《答何柏斋造化论》十四首中极力辩解他为什么要和所谓异端邪说展开辩论:

> "愚谓学孔子者当推明其道以息邪说,庶天下后世崇正论、行
> 正道,而不至陷于异端可也;何可谓自是一端,不必与辩? 然则造
> 化真实之理,圣人雅正之道,因而蒙蔽晦蚀,是谁之咎?"

他在《与彭宪长论学书》中,批判了董仲舒的神学思想之后,还强调指出应如何批判地对待传统的"儒者之论",他说:

> "故于儒者之论,合于圣人者,即圣人也,则信而守之;戾于圣
> 人者,即异学也,则辩而正之,斯善学道者也。……若曰出于先儒
> 之言皆可以笃信而守之,此又委琐浅陋,无以发挥圣人之蕴者尔,
> 夫何足与议于道哉!"

王廷相在此所说的"异端",即指谶纬、五行灾异等神学和各种唯心主义而言。与之相对立的,他称之为"道"。他所说的"道",虽然不局限

于孔子的思想,但所谓儒者之道,究竟是一种旧的传统,王廷相还不能摆脱这种道学的形式。

第二节　黄绾的哲学思想

黄绾,字宗贤,生于明宪宗成化十三年(公元 1477 年),卒于世宗嘉靖三十年(公元 1551 年),浙江台州府黄岩县人。

黄绾一生的思想经历了两次转变,一次是由相信宋儒到信仰王守仁,再一次是他晚年背叛王学而对"致良知"说展开批判。他早年时,曾拜谢铎为师,谢铎以宋儒黄勉斋教何北山的话教他,即"必有真实心地、克苦工夫而后可。"他自述由此"益励真实心地,益加克苦工夫,乃有所得"(《明道编》卷二)。所谓"克苦工夫"乃是关闭在书室,"终日不食,罚跪自击,无所不至。又以册刻'天理'、'人欲'四字,分两行。发一念由天理,以红笔点之;发一念由人欲,以黑笔点之。至十日一数之,以视红黑多寡为工程。又以绳系手臂,又为木牌,书当戒之言,藏袖中,常检之以自警"(同上)。不难看出,这是道学家们的一套禁欲主义的修持方法。

武宗正德五年(公元 1510 年),黄绾任后军都事,在北京和王守仁相见。从此,他和王守仁及湛若水(甘泉)成为挚友,"三人者自职事之外,稍暇,必会讲,饮食起居日共之,各相砥砺"(黄绾:《阳明先生行状》,见《王文成公全书》卷三七)。这是他由程、朱之学转而信仰王守仁学说的开端。

正统七年(公元 1512 年),黄绾"以疾告归",王守仁在《别宗贤归天台序》中用"去蔽"与"去害"的话教训他,王守仁说:"君子之学,以明其心,其心本无昧也,而欲为之蔽,习为之害,故去蔽与害而明复,匪自外得也。"(《王文成公全书》卷七)黄绾又在这样直觉主义的修养方面下过"克苦工夫"。此后,黄绾和王守仁之间不断有书信往来,从他们的书函中可以看出黄绾对王守仁的学说是笃信不疑的。

　　嘉靖元年（公元 1522 年），黄绾在余姚会见王守仁，并听他讲授"致良知"说。听后，黄绾很受感动，曾这样推崇王学："简易直截，圣学无疑，先生（王守仁）真吾师也。尚可自处于友乎？乃称门弟子。"（《明儒学案》卷一三）

　　嘉靖六年（公元 1527 年），黄绾被召擢光禄少卿，预修《明伦大典》。这时，王守仁在浙江有信给他，要他在"克己去私"方面下工夫，信上说："克己去私，真能以天地万物为一体，实康济得天下，挽回三代之治，方是不负如此圣明之君，方能报得如此知遇，不枉了因此一大事来出世一遭也"（《王文成公全书》卷六）。其后，黄绾在嘉靖八年的上疏中曾为王守仁申辩，宣称"致良知"说"实本先民之言"，"致知出于孔氏，而良知出于孟轲性善之论"（《王文成公全书》卷三四《王文成公年谱》）。

　　据上述可知黄绾和王守仁在长时期内有着深厚的友谊，而且是一个笃信王学的积极宣传者。

　　到了黄绾的晚年，这个情况就有了转变。嘉靖十二年（公元 1533 年），黄绾任礼部右侍郎，后一年为礼部左侍郎，十四年以母忧回乡。回乡后，一边讲学，一边著述。嘉靖二十六年，他的儿子黄承德将他写的《久庵日录》及学生听讲所记的《习业录》四卷合并，刻成《明道编》十二卷（按：据黄承德说：黄绾《日录》凡八卷，以晚年所写六卷"置诸卷首"，早年所记二卷"置诸卷末"。今本仅六卷，可能系后人所改编）。从这部著作中可以明显地看出他和王守仁学说的决裂。他的学生吴国鼎在跋中纪录了他在学生面前曾口头批判过王守仁与湛甘泉的思想：

　　　　"先生……顾谓四方来学者曰：予尝与阳明、甘泉日相砥砺，同升中行。然二公之学，一主于致良知，一主于体认天理，于予心尤未有莹，乃揭艮止、执中之旨，昭示同志……，外是更无别玄关可入也。"

　　他自己详尽地叙述了他的思想转变和发展：

　　　　"予昔年与海内一二君子讲习，有以致知为至极其良知，格物为格其非心者(按:此处即指王守仁)。又谓格者、正也,正其不正以归于正;致者、至也,至极其良知使无亏缺障蔽。以身、心、意、知、物合为一物,而通为良知条理;格致诚正修合为一物,而通为致良知工夫。又云,克己功夫全在格物上用,克其己私,即格其非心也。又令看《六祖坛经》,会其本来无物,不思善,不思恶,见本来面目,为直超上乘,以为合于良知之至极。又以《悟真篇·后序》为得圣人之旨。以儒与仙、佛之道皆同,但有私己、同物之殊。以孔子《论语》之言皆为下学之事,非直超上悟之旨。予始未之信,即而信之,又久而验之,方知空虚之弊,误人非细。信乎差之毫厘,谬以千里,可不慎哉!"(《明道编》卷一)

这是黄绾对王守仁"致良知"说的叛逆书。这篇批判王学的话和他过去对王学笃信的情况,恰成一尖锐的对比。过去他说王学是圣学,而这时他说王学是禅学了。

王守仁的《大学问》是其主观唯心主义哲学思想的纲要,黄绾在批判王学时,便从解释《大学》的"三纲领八条目"入手,处处和王守仁的解释形成对立。《大学》的"三纲领八条目"把儒家所谓修身、齐家和治国、平天下的一整套伦理以至思想,概括为一种简单的公式,这一公式是思想家们最易利用、最能任意加以解说的框架,它被封建统治阶级视为神圣不可侵犯的教条,又被正宗的哲学家们用来作为发挥自己思想的护符,从而使他们自己的哲学思想也带上一层神圣性,而为统治阶级服务。特别是从宋代以来,经过程、朱的改《大学》,这教条更显得神秘了。

《大学》的"三纲领"即"大学之道,在明明德,在亲民,在止于至善"。和朱学不同,王守仁以"大人者以天地万物为一体"来释"明明德";以"达其天地万物一体之用"来释"亲民";又以"良知"(或"天命之性")"乃明德亲民之极则"来释"至善"。

黄绾指出,王守仁及其弟子的"去欲"、"复其天地万物一体之本然"的理论和"天性人情之真"是不相容的。按照黄绾讲来,"天性人情之真"不能和"情有亲疏、爱有差等"相矛盾,这里他虽然用的是儒家的古老语言,而且还是囿于品级亲疏关系的偏见,但其底蕴却在于宣布"情"与"欲"是不能"去"的,这就和王守仁的"去欲"、"去七情"的言论相反了,这里是带有人文主义色彩。黄绾这样说:

> "今之君子(按:即指王守仁及其弟子)每言'仁者以天地万物为一体'……,审如其言,则圣人所谓亲亲而仁民,仁民而爱物,情有亲疏,爱有差等者,皆非矣。……吾尝观第五伦,己子病,一夕一起,心犹不安;兄子病,一夕十起,而心安。论者以其非天性人情之真,盖兄子固当爱,然视己子则有差等。其十起一起者,乃其私心,由好名急功利而来。其安与不安者,乃其本心,此乃天性人情之真。大人之学皆由其真者,因其差等,处之各不失其道,此所谓仁,此所谓大人之道也。失此不由,则皆非矣,而末流之弊何莫不至哉?"(《明道编》卷一)

黄绾依据封建制社会的经验的事实,特别是等级亲疏关系的法权观念,来论证私情的存在,进而从理论上得出私情为人性中的真性的结论,当然是一种阶级偏见,然而黄绾又指出,人之有喜、怒、哀、乐之"情"是自然的,因此论证人不能"去情",只应使"情"的发挥"得其正"("正"的标准,下面再论),这些思想却是具有反正宗的斗争的意义的。他这样说:

> "学者当于四者(即喜、怒、哀、乐)萌动之初即致其思,则忿懥恐惧好乐忧患皆得其正,则心无不在,视无不见,听无不闻,食无不知其味矣。于此皆得其正,则亲爱、贱恶、畏敬、哀矜、敖惰五者皆无偏辟;五者皆无偏辟而得其正,则好知其恶,恶知其美,而身修矣;身修而无偏辟,则家由之而齐,国由之而治,天下由之而平矣。"(《明道编》卷一)

这样解释的三纲领虽然没有多大新义,但和王守仁所说的"如今于凡忿懥等件,只是个物来顺应,不要着一分意思,便心体廓然大公,得其本体之正"(《王文成公全书》卷三《传习录》下)相比较,黄绾的思想已经企图解脱禅学化了的王学,已经企图背弃那种"本体"之学了。黄绾指出,所谓"廓然而大公,物来而顺应"(按:这是程颢在《定性书》中所说的话,被王守仁所承袭)是"宋儒之传",与"尧、舜之传"不同。首先,前者认为人心应"收敛"、"不容一物"、"不起意"的话,是和人类的生产活动、社会活动不相容的;而后者认为视听言动、喜怒哀乐、声色臭味,是人类活动的客观存在,不能离开这些和人类生活直接关联着的思维而找寻"本体"。其次,前者实质上是虚妄而无"人道"的理论,后者则是"无虚妄而人道不远、人德易立"的理论(《明道编》卷一)。

与此相联系,黄绾一反过去正宗学者的"正其谊不谋其利"的命题,认为"利"和"义"二者应该并重,不能仅重"义"而轻"利"。他在阐明这一点时,仍然是从"天性人情之真"出发的,例如他说:

> "饥寒于人最难忍,至若父母妻子尤人所难忍者,一日二日已不可堪,况于久乎? 由此言之,则利不可轻矣,然有义存焉。今未暇他论,姑以其至近者言之,如父母之于子,子之于父母,夫之于妻,妻之于夫,可谓一体无间矣。然于取与之际,义稍不明,则父母必不乐其子,子亦不乐其父母矣;夫必不乐其妻,妻亦不乐其夫矣。由此言之,则义岂可轻乎? 二者皆不可轻,如之何其可也? 君子于此处之,必当有道矣,此皆学问之不可不讲者。"(《明道编》卷二)

关于学问之事,黄绾指出,有两个不同的方向,一个他称之为"圣人之学",既要探讨"义"和"利"如何统一,也要研究人之"情"如何得其"正";另一个则是"禅定之学","凡言学问,谓良知足矣",其他一概不讲,由此所导引出的恶果是"良知既足,而学与思皆可废矣"。因此,他断言王学"实失圣人之旨,必将为害,不可不辩"(《明道编》卷一)。

黄绾在和王学辩诘的过程中,首先强调了学问和笃行二者关系的重要,在认识论方面走上唯物主义的道路。他发挥孔子所说的"默而识之,学而不厌,诲人不倦",认为这应该作为学者的座右铭。他说:

> "此夫子自检其学,惟此三者为难,故发此言。凡人之学,有之必欲发露,故以能默为难;既默则易忘,故以能识为难;处常而能

不厌,历久而能不倦,皆人之难也。夫子自检而知其难,故曰'何有于我哉?'皆望道未见之心也。"(《明道编》卷二)

"德"、"仁"与"艺"是他所规定的学问的主要项目,这里他仍沿用了"志于道、据于德、依于仁、游于艺"的古训。对孔子的这一古训,他是这样解释的:

"行之于身,无不中节,谓之道;成之于身,温良恭俭让,谓之德;全其仁义礼智信于心,谓之仁;切于民生日用,衣食居处必不可无,谓之艺。故道曰志,德曰据,仁曰依,艺曰游,此乃圣学之所有事者也。"(《明道编》卷一)

他特别把技艺之学,如农业方面的技术知识,看作是民生日用必不可少之事,认为学者不可不学。他以"深耕易耨"之法为例来加以说明:

"象山言:'吾家治田,每用长大镢头,两次锄至二尺许深,一尺半许外,方容秧一头。久旱时,田肉深,独得不旱。以他禾穗数之,每穗谷多不过八九十粒,少者三五十粒而已,以此种禾穗数之,每穗少者尚百二十粒,多者至二百余粒,每一亩所收,比他处一亩不啻数倍,盖深耕易耨之法如此。'此与《汉书》赵过论代田之法亦合,乃孔门论游艺之道如此,学者不可不知。……吾因家用不给,思之乃觉其理,因推而试之于树艺畜牧,颇有验。"(《明道编》卷二)

黄绾认为"学"与"思"应相互结合。在谈到"思"的问题时,他尖锐地批判陆象山、杨慈湖(杨简)及王守仁的"不思"、"不起意"、"廓然而大公、物来而顺应"的唯心主义观点,他这样说:

"凡人(按:这里所指即陆、杨、王)遇忧患,不思处忧患,而思无忧患;遇横逆,不思处横逆,而思无横逆;遇劳事,不思处劳事,而思无劳事;遇繁扰,不思处繁扰,而思无繁扰;遇贫乏,不思处贫乏,而思无贫乏;遇疾病,不思处疾病,而思无疾病;遇辛苦,不思处辛苦,而思无辛苦;遇难言,不思处难言,而思无难言;遇难行,不思处难行,而思无难行;遇恶人,不思处恶人,而思无恶人;遇奸欺,不思

处奸欺,而思无奸欺;遇机巧,不思处机巧,而思无机巧,所以义理不精、光阴蹉跎而学问终无成也。"(《明道编》卷二)

在黄绾看来,"忧患"、"劳事"、"疾病"等是客观存在着的,"不思"它们,它们依然存在。因此,对于"圣人之学"来讲,并不在于"不思",而在于"思","思"出客观规律及解决问题的正当办法。他即从认识论方面去解释"致知格物"之"致",他说:

> "《大学》之要,在'致知在格物'一句。其云致知,乃格物工夫;其云格物,乃致知功效。在者,志在也;志在于有功效也。致者,思也;'心之官则思,思则得之,不思则不得也'。格者,法也,有典有则之谓也。"(《明道编》卷二)

这里,黄绾沿用了"心之官则思,思则得之"的孟子的古说,加以自己的解释,强调了认识的思维作用,人类不能离开"思"来冥求"本体";强调了把握客观实在的规律,人类不能从格去私欲来逃避现实;特别强调了笃行在认识过程中的地位,没有效验的思维只是空想。他所说的"功效"即"成就"、"有成"。他发挥说:"圣人之学,不为则已,为之必要其成;学而不成,不如无学,故曰:'五谷不熟,不如荑稗'"(《明道编》卷二)。显然,这样把"成就"与"有成"作为认识论的基础,和王守仁的所谓"去害"的直觉主义是相反对的。

"致知"即认识的工夫,那么怎样认识事物,亦即"致知之方"是什么呢? 黄绾认为,古训所谓博学、审问、慎思、明辨、笃行,这五者就是"致知之方"。他强调这五者不可缺一,而尤其应重视"笃行"的作用。他以"圣人"为例说明"身履深历"、"困知勉行"的重要:

> "舜发于畎亩者,乃其耕于历山,怨慕父母之时之事也。傅说举于版筑者,乃为胥靡筑于傅险之事也;岩,险也。胶鬲举于鱼盐者,乃贫窭为捕鱼煎盐之事也。管夷吾举于士者,乃子纠见杀囚于士师之事也。孙叔敖举于海者,叔敖楚人,楚国无海,是其流窜海滨之事也。百里奚举于市者,乃以五羖羊皮鬻于楚之事也。此皆天有意于此数人而使之如此,以成就之也。……生于忧患者,因忧

患而知思、知慎、知节、知畏、知谨、知保、知修,所以能生也;死于安乐者,因安乐而不知思、不知慎、不知节、不知畏、不知谨、不知保、不知修而至于死也。此皆人世所必有、人生所不免,若非身履深历不能知也。"(《明道编》卷二)

黄绾认为,"困知勉行"的标准就是"知止"。他用《易经》"《艮》之义"与"艮其止,止其所也"来解释"止"字,即"时止则止,时行则行"。所谓"时止则止"即"当无事之时而不思","时行则行"即"遇有事之时而思",其目的在于"动静不失其时","当思当不思,皆得其时"(《明道编》卷一)。他从多方面来阐明"艮止之旨"和王学的"无思"是有着原则的区别的,首先他指出,《易系辞传》虽亦说"无思无为,寂然不动,感而遂通天下之故",但并非言"无",而是发明文王象辞"象其背,不获其身;行其庭,不见其人,无咎"之旨的;其次他又指出,孔子所说的"从心所欲,不逾矩",并非"无思",而是有了长时期的"学"与"思"的"积累"以后,对于事物的认识"较众人为省力耳"(《明道编》卷三)。黄绾又进而批判了周敦颐所说的"无极":

"象山以濂溪言无极,谓出于老氏,又谓出于禅宗,其说皆有据。'无名天地之始',此老氏之言也。'有物先天地,无形本寂寥',此禅宗之诗也。圣人之言则不然,在《易》则曰'易有太极',在《洪范》则曰'皇建其有极',在《诗》则曰'天生蒸民,有物有则',皆言'有'而未尝言'无';言'无'则堕于空虚,其视圣人艮止之旨大不侔矣。"(《明道编》卷一)

黄绾所说的"有"即是"有思"、"有为"的思维和存在的关系。他认为作为"圣人之学"的"经世之学"与"禅学"的"无思无为",是完全处于对立的地位的,他说:

"儒则经世之学也。'感'必有思,'通'必有为;'故'者,事因、旧迹也(按:指"感而遂通天下之故")。未有通天下之事因,合天下之旧迹,可无思而无为者。但考自古圣人,凡涉天下之'故',曾有何事是无思而成、无为而已者?若禅,感而无感,故无思,通而

无通故无为；若儒而犹云'无思无为'，此乃王衍之徒，清虚所以亡晋，达摩以来，禅宗之所以乱学也。"（《明道编》卷三）

因此，"有思"、"有为"与"无思"、"无为"，在他看来，正是区别"圣人之学"与"禅学"的标准。如果"思"得其时（依据他的解释，即合于"据于德、依于仁、游于艺"的原则），那么，"思"就是合理的（他又称之为"正"）。

黄绾敢于否认宋儒的"心传"的道统论，而宣布"经世之学"的另一种道统，从伏羲、尧舜开其端，传至颜渊、曾子、子思，至"孟子而绝"，这是"正脉"。他力辩宋儒所继承的，并非以伏羲开其端的"经世之学"，而是"禅学"，禅学即"异端"。他这样指出：

"宋儒之学，其入门皆由于禅。濂溪、明道、横渠、象山则由于上乘；伊川、晦庵则由于下乘。虽曰圣学至宋倡，然语焉而不详、择焉而不精者多矣。故至今日，禅说益盛，实理益失。虽痛言之，而犹不悟，其来久矣。"（《明道编》卷一）

他自述这样的言论在当时或许要受到"僭妄"的讥评，但这关系于"尧、舜、禹、汤、文、武、周公、孔、孟道脉所在"，因此还要发表出来，"以启后世有志者之精求"（《明道编》卷二）。同时，他仿效孟子，自述他之反对禅学是由于"不得已"：

"予言宋儒及今日朋友禅学之弊，实非得已，盖因年来禅学之盛，将为天下国家之害，尝痛辩之，皆援先儒为据，皆以朋友为难言，故于其根本所在不得不深明之，世有君子，必知予之不得已也。"（《明道编》卷一）

黄绾对于禅学化了的王学的批判以及他借孔子之言对认识论的贡献，是他思想中的积极部分。这些唯物主义的观点和早期启蒙思想家的思想有相通之处。

但他的哲学思想有很大的局限。首先，他的世界观仍然是唯心主义的。例如他说："鬼神者，阴阳二气之主宰"（同上），因而他所说的"气"并非世界的物质根源。同时，他又渲染鬼神的威力，例如他说：

"鬼神之为德,无幽不明,无微不察,人心才动,鬼神即知,人则可欺,鬼神则不可欺"(《明道编》卷二)。他甚至还说,人们在祭祀之时,其"思慕诚敬之心"可以"感其(即死者)既散之精神而聚之",因此祭祀不能不诚(见《明道编》卷六),这就是道学的传统的唯心主义命题。

黄绾和王廷相的哲学思想有相似之点,也有不同之点。王廷相赞扬过黄绾,由于材料的限制,我们虽不能详尽地了解王廷相究竟同意黄绾的哪些哲学命题,但却可以推断出,王廷相所赞扬的并不是黄绾的唯心主义世界观,而是他的认识论以及对王学的批判。

黄绾在其著作中有时也曲解了物质本身的客观规律性以及反映客观存在的可知性,例如他说:"物则之当然,皆在于己,……皆在内而不在外也"(《明道编》卷一)。显然,他还未能完全摆脱掉道学的影响,因而在从认识论引向唯物主义这一方面也不能进一步地贯彻下去。

第三节 吕坤的元气守"恒"学说及其进步思想

吕坤字叔简,号新吾,河南宁陵人,生于明世宗嘉靖十五年(公元1536年),卒于神宗万历四十六年(公元1618年)。他的先祖黑厮是参加元末起义的种菜农民,因向明军报警立功,朱元璋令复其家,但手诏上误写其姓为李,所以吕坤一作李姓。

神宗时,吕坤任至刑部侍郎。这时,他已察觉到社会内部所蕴藏的危机。在致孙矿的信件中,他曾形容当时"民心如实炮,捻一点而烈焰震天;国势如溃瓜,手一动而流液满地矣"(《去伪斋集》卷五《答孙月峰》)。万历二十五年,吕坤上疏陈天下安危,着重抨击明朝政府所设大工采木等费催科苛重,已使人民"冻骨无兼衣,饥肠不再食,垣舍弗蔽,苫蒿未完,流移日众,弃地猥多,留者输去者之粮,生者承死者之役"(《明史》卷二二六《本传》),势必起义反抗,"悉为寇仇"。疏入不报,又遭张位等诬劾,吕坤于是称疾去职。

吕坤的著作主要是在致仕后的二十年中完成的,现存有《去伪斋

集》、《呻吟语》、《阴符经注》、《四礼疑》、《四礼翼》、《实政录》、《小儿
语》、《无如》、《闺范》、《交泰韵》等多种。其中《小儿语》、《闺范》和
《呻吟语》的一部分，是用通俗的语言宣扬封建道德，在封建时代曾得
到比较广泛的流传，但这是吕坤本人所受阶级和时代的限制的表现，是
他的思想中的糟粕。吕坤的思想有其光辉的进步的一面，它久被湮没，
值得加以挖掘，并应予以公正的评价。

（一）吕坤对道学的批判

首先应该指出吕坤在学术上的战斗性和独创性。汪永瑞《吕沙随
先生祠记》说：

> "吕先生之学以自得为宗，不切切训诂，而于古六艺之旨博综
> 贯串，驰骋上下，皆有以穷其旨趣而通其大意，至于天地鬼神阴阳
> 之变，山川风土之宜、兵谋权术、浮图《老子》之所记载，靡不决择
> 而取衷焉，盖合内外之道也。"（《去伪斋集·附录》）

由此可知，吕坤不但不株守道学门户，而且博综百家，加以贯通融会。
这种学风，显然已经超出了道学的狭隘天地。不仅如此，吕坤更率直宣
布他不属于道学，他在《呻吟语》中写道：

> "人问：君是道学否？曰：我不是道学。是仙学否？曰：我不
> 是仙学。是释学否？曰：我不是释学。是老、庄、申、韩学否？曰：
> 我不是老、庄、申、韩学。毕竟是谁家门户？曰：我只是我。"（卷一
> 《谈道》）

在《阴符经注》中，吕坤也表示了同样的态度，他宣称：

> "自有《阴符》以来，注者不啻百家，要之不出三见，曰儒曰道
> 曰禅，倚于一则三见皆边也。……余注此经，无所倚著，不儒不道
> 不禅，亦儒亦道亦禅。"（《注阴符经题辞》）

在吕坤看来，三教都不过是各有所倚的"边见"（按："边见"即偏见。道
教北宗的刘处玄在《至真语录》中解释说："边者不通其理也，见于有而
不通其无也，见其无而不通其有也，谓之边见。不著于边见，则通其理

也。"),而他自己则以"一中"名学,凭着他所尊视的理性,超越于三教之上。他曾强调说:"此心果有不可昧之真知、不可强之定见,虽断舌可也,决不可从人然诺。"(《呻吟语》卷一《存心》)在当时道学的迷雾充塞学界的情况下,吕坤这样敢于坚持真知灼见的精神,是具有突决樊篱的作用和进步意义的。

对于方巾阔袖的道学先生,吕坤痛斥之为"伪"和"腐"。"伪"是指他们的言行不一,"腐"是指他们的空谈无用。吕坤自称为"去伪斋",即意味着砭除这种伪腐的风气。

和南宋永嘉永康学派相似,吕坤认为只有确能建立事功的才是真学问。他认为"冥目端坐,见性明心"是"释氏之寂",而"只说'无声无臭'"则是"俗儒之幻"(《去伪斋集》卷七《日用说》),对国对民,二者均无任何裨益。他更进一步指出,不仅当世的道学家只会清谈,就是古来的名儒硕学,也经不住实际的考验:

> "儒者惟有建业立功是难事。自古儒者成名,多是讲学著述人,未尝尽试所言;恐试后,纵不邪气,其实成个事功,不狼狈以败者,定不多人。"(《呻吟语》卷四《品藻》)

因此,他把"开口便讲学派,便说本体"的道学玄谈,斥为"痴人说梦"(《呻吟语》卷一《谈道》)。

吕坤深深厌恶学人堕入空谈天道性命的漩涡,《呻吟语》中载有下列一段有趣的问答:

> "一门人向予数回穷问'无极''太极'及'理''气'同异、性命精粗、性善是否。予曰:此等语,予亦能剿先儒之成说及一己之谬见,以相发明,然非汝今日之急务。假若了悟性命、洞达天人,也只于性理书上添了'某氏曰'一段言语,讲学衙门中多了一宗卷案。后世穷理之人信彼驳此,服此辟彼,百世后汗牛充栋,都是这桩说话,不知于国家之存亡、万姓之生死、身心之邪正见(现)得济否?"(《呻吟语》卷一《谈道》)

把道学描绘为"讲学衙门"中无用的卷案,真是穷形极相的讽刺。

　　吕坤特别指出，宋儒的道学是极端烦琐的，"议论如茧丝牛毛，绳墨如躐橇缘榷"（《去伪斋集》卷四《答大宗伯孙月峰》），因而他警戒学者说：

　　　　"汉儒杂道，宋儒隘道。宋儒自有宋儒局面。学者若入道，且休著宋儒横其胸中。"（《呻吟语》卷四《品藻》）

吕坤也指出，道学的主要来源是禅学，他说：

　　　　"晋唐而后，借吾道以酝酿瞿昙；至于今日，又尊西方圣人而卑孔孟。即明道、阳明，皆自禅悟入，艳南（慧）能而鄙北（神）秀。"（《去伪斋集》卷四《答礼部康庄衢》）

因此，吕坤虽然也谈"道脉"，但这完全不同于宋明道学的宗传，如他自己所说："求道学真传，且高阁百氏诸儒，先看孔、孟以前胸次。"（《呻吟语》卷一《存心》）所谓孔孟以前的"道学真传"，显然不过是他为自己的学术所虚设的一种凭借而已。

　　按照吕坤的说法，不仅有"异端之异端"，而且有"吾儒之异端"，后者害人之烈不下于前者：

　　　　"人皆知异端之害道，而不知儒者之言亦害道也。见理不明，似是而非，或骋浮词以乱真，或执偏见以夺正，或狃目前而昧万世之常经，或狥小道而溃天下之大防，而其闻望又足以行其学术，为天下后世人心害，良亦不细。是故有异端之异端，有吾儒之异端。"（《呻吟语》卷一《谈道》）

此处所批判的"吾儒之异端"无疑即指道学，而所谓"其闻望又足以行其学术"者，则主要是影射那已成为道学偶像的朱熹，这一点还有必要进一步加以说明。

　　吕坤是朱熹的批判者，他除在理论上与朱熹对立（见下）以外，还曾专著两部书来批判朱熹。第一部书是对《家礼》的批判，刊本题为《四礼疑》，但据墓志铭及汪永瑞所撰祠记，原名实为《家礼疑》。在此书序中，吕坤说：

　　　　"是礼也者，枝叶忠信，而后世之礼则忠信之贼也。……礼之检人情者,吾不敢不尊之,以为世道卫;礼之亡忠信者,吾不敢不辨之,以为世道防。……不揣愚昧,尝就朱元晦《家礼》所辑录者,作《四(家)礼疑》。"(《去伪斋集》卷三)

这段话中包括了一个明显的三段论式:

（一）后世之礼是忠信之贼。

（二）对礼之亡忠信者,吕坤不得不辨。

（三）吕坤所辨为朱熹《家礼》。

把这一论式倒转过来,毫无疑问,朱熹的《家礼》正是忠信之贼。正因为这一批判过于露骨,所以现存的为吕坤之子知畏、知思所校刊的《四礼疑》,不但换了书名,而且剜改了序文,隐去了朱熹的名字,又加入"伏读《大明会典》及《孝慈录》,见大圣人之制作度越千古,至分别品官庶人,彰明较著,臣子钦承,又何容喙?"云云一大段颂谀文字,以表白不敢触犯封建等级制度。我们怀疑现存本的内容一定也遭到了粗暴的删改。然而到了清道光朝议以吕坤从祀孔庙时,《四礼疑》仍被指责为"疏于考典,轻于议古"。

第二部书题为《纲目是正》,即对《资治通鉴纲目》的批判。这部书的命运更为乖舛,吕坤自述他的著作和封建统治思想的矛盾,有这样的话:

"〔《纲目》〕自文公以一序冠篇,遂使后人奉若蓍蔡,噤不敢出一语。余小子沉酣此书及《宋元纲目》,四十余年矣,每参验于《春秋》,无论《凡例》取义,未尽合圣经,即《纲目》所书,未必尽合《凡例》。……厘之共七百七十六则,脱稿矣,不敢以传。何者? 自有《纲目》以来,《纲目》如《春秋》重矣,世儒不研文义之实,而震于不敢非议之名,又附于信而好古之君子。坤也独倡此语,即有万喙以张吾军,有一人者出,加以诋讪先贤、变乱成法之罪,则万喙短气,况以孤陋之独识,有倡无和,而置百年朽骨于不正,一人之吻,何所苦而堕此口业,受千百人弹射乎? ……余既焚余稿,而记其大都如此,若以俟千古契心之人,知契心者足重其言否也? 而况能为

吾重邪？呜呼！"(《纲目是正·序》)

由此便可看出，吕坤所切齿的那种富有闻望而为天下后世人心之害的儒者，正是朱熹这样的人物。由于朱熹之流的学术与封建统治阶级的利益密切结合，就形成不可侵犯的垄断势力。在自撰墓志铭中，吕坤写道：

> "今已矣，欲有所言，竟成结舌；欲有所为，竟成赍志。卷独知之契于一腔，付独见之言于一炬。"

吕坤死后，其后人补墓志铭说，吕坤的著作除已刊行者外，"余悉焚之"。应该指出，吕坤在理论斗争上是勇敢的，但他的弱点是始终只进行个人的搏斗，他既不能像泰州学派那样接近市民群众，也没有如东林党那样参加组织同志的团体。因此，到了老年，如上引自撰墓志铭所反映的，他看不到天明的希望，这种孤立的寂寞就迫使他走向自焚书稿的悲剧。李贽曾题所著书为《焚书》，而吕坤却真的由畏忌而自焚其书，这是他们不同的地方。

对明代的学术，吕坤对王守仁一派反对最烈。吕坤曾因见邹元标浓于禅味，"恐其叛道，作书戒之"，又批评另一个王守仁的门徒说：

> "周伯时刻意讲学，尚是傍人脚跟走，无一付自家天趣，替宋儒添卷案。弟与谈论，每多乖驳，大都谈本体，宗上乘，不能接引后学。近日多是此等流派，不出姚江（王守仁）黄安（耿定向）口吻耳。"(《去伪斋集》卷四《答大宗伯孙月峰》)

同时，他对泰州学派则加以肯定。他曾为杨启昧的文集作序，称赞杨启昧之学为"实学"或"有用之学"，"非伪腐之儒假玄谈以自标其门户者也"；又赞同杨启昧"分人以财，教人以善"的主张（见同上《杨晋庵文集·序》）。按杨启昧之学得于杨起元，杨起元则是罗汝芳的弟子，是泰州学派的嫡传，而吕坤所批判的耿定向（天台）也正为李贽所深恶痛绝，从这里也可以看出吕坤的思想的进步倾向。

（二）吕坤的唯物主义世界观

吕坤既反对道学的神秘主义的教理，也同时建立起自己的哲学体

系。吕坤的哲学的核心是唯物主义的"气"一元论。在这一方面,他提出了下列四个有价值的命题:

（一）"天地万物只是一气聚散,更无别个。"（《呻吟语》卷四《天地》）

（二）"形生于气。气化没有底,天地定然没有;天地没有底,万物定然没有。"（同上）

（三）"气者形之精华,形者气之渣滓,故形中有气,无气则形不生;气中无形,有形则气不载;故有无形之气,无无气之形。"（《呻吟语》卷一《谈道》）

（四）"气无终尽之时,形无不毁之理。"（《呻吟语》卷一《性命》）

吕坤说"天地万物都是一气聚散",表明了世界的根源是物质一元的实体。他在诗中说:

"造物无尽藏,物料只如此,一气更聚散,万有为终始。"（《去伪斋集》卷十《造物》）

虽然天地万物具有无限差异的形态,但构成万物的"物料"则只是一气。吕坤认为一切具体的物体都是气的"凝附"即聚的状态,他称之为"形",所以说"形生于气"。处于散的状态的"气"虽然不是"形",但凡是形都出于"气",故吕坤又说:"形须臾不可无气,气无形则万古依然在宇宙间也。"（《呻吟语》卷四《天地》）

因此,"气"相当于物质存在这一范畴,是万古永存的。"形"只是气的一种形态,它是可以毁灭的,而且是必然毁灭的,但"形"的毁灭并不意味着"气"的毁灭,而只是"气"向另一种形态的过渡,这样,吕坤也洞察到了物质不灭的原理。他说:

"乾坤是毁底,故开辟后必有混沌;所以主宰乾坤是不毁底,故混沌还成开辟。主宰者何? 元气是已。元气亘万亿岁年,终不磨灭,是形化、气化之祖也。"（《呻吟语》卷四《天地》）

天地（乾坤）也是形,所以它也必然走向毁灭,但由于气的永存,在旧的天地毁灭之后,还会变化出新的天地。产生这种变化的原因,并不是有什么鬼神上帝，而是气即物质本身所具有的本性，所以说"元气"是"主宰者"。

气是无休止地运动发展的，吕坤说：

> "气化无一息之停，不属进，就属退；动植之物，其气机亦无一息之停，不属生，就属死。再无不进不退而止之理。"（《呻吟语》卷四《天地》）

"气"的运动发展，吕坤称之为"一气流行"。他特别指出"气"的流行毫不停止的规律，即不断运动的规律，因此他提出一个光辉的命题，即物质常存是绝对的，或如他说的是守"恒"的。他说：

> "自有天地之前，以至无天地之后，一气流行，瞬息不续而乾坤毁矣。草木自萌蘖之后，以至摧萎之前，一气流行，瞬息不续而荣枯决矣。飞潜蠢动之物，自胚胎之后，以至死亡之前，一气流行，瞬息不续而生机绝矣。是天地万物所赖以常存者'恒'（绝对守恒）故耳。"（《去伪斋集》卷六《明恒》）

在这里，吕坤已指出，物质运动发展的规律乃是物质本身所自然具有的，气的守恒流行的规律和天地万物的守恒的规律是统一的。

既然构成宇宙的物质是不灭的、守恒的，吕坤便反对一切为造物主开启大门的神秘主义命题，而坚决主张混沌一气是世界的根源，他说：

> "真气无归，真形无藏，万古不可磨灭，灭了更无开辟之时。所谓混沌者，真气与真形不分也，形气混而生天地，形气分而生万物。"（《呻吟语》卷四《天地》）

吕坤所谓"混沌"是"真气与真形不分"的物质实体，所以它仍是有，而不是无。从这一点出发，他驳斥了周敦颐和朱熹的"无极而太极"之说。吕坤认为：元气是造化之根，元气"在理为太极"（《去伪斋集》卷十《逝者吟》），所谓"太极"、所谓"一"，均指元气，而其上不存在着"无极"或其他类似的东西，他说：

> "儒道始于'一'，故曰：'易有太极，是生两仪'，故诸家驳无极之说。若二氏之学，则一上还有三层，曰无，曰无无，曰无无亦

无。"(《去伪斋集》卷四《与总河刘晋川论道脉图》)

吕坤反对把道和器分割开来,也反对把理和气分割开来。他说:

> "形上形下之说乃仲尼强名,舍器则道为杳冥,舍道则器皆糟粕。道无形,以万有为形。"(同上)

朱熹认为在具体的事物之外或之上,独立地存在着一个玄妙的世界,即所谓"道"或"理"的实体。吕坤反对说:

> "道器非两物,理气非两科。成象成形者器,所以然者道;生物成物者气,所以然者理。道与理,视之无迹,扪之无物,必分道器、理气为两项,殊为未精。"(《呻吟语》卷一《谈道》)

他同时指出:

> "宇宙内主张万物底只是一块气,气即是理,理者气之自然者也。"(同上)

上引文中以"一块气"的提法来说明物质范畴,是杰出的洞察。这里已经否定了独立的作为万物本原的"道"或"理",而指出"道"或"理"只是物质内部的所以然或规律,也即气所固有的性质,而不是如朱熹所说的驾驭物质的骑手。吕坤这样的唯物主义的理论给予正宗的朱熹理学以有力的打击。

吕坤所说的"天",大部分是指自然存在的实体,例如他说:

> "天,积气所成,自吾身之上皆天也。日月星辰,去地八万四千里,囿于积气中,无纤隔微障,彻地光明者,天气清甚,无分毫渣滓耳,故曰太清。"(《呻吟语》卷四《天地》)

此处的天即独立于人之外的天空,气即是空气。在另一些地方,吕坤把天和规律性连在一起,以"天"称那些人力所不能改变的或还不能控制的因素,例如他说:

(一)"以理言之,则当然者谓之天"。

(二)"以命言之,则自然者谓之天"。

(三)"以数言之,则偶然者谓之天"。(同上)

这里涉及的问题是当然、必然和偶然的规定。把"命"拿必然(或自然)

来解释,把"数"拿偶然来解释,也和道学家们所讲的命运以及气运之说是对立的。总之,"天"并没有意志性或目的性的含义。

吕坤反对有神论和目的论,他强调物理规律的真实性,提出"造化听命于自然"的命题,他曾论道:

> "以恒常定气数,以知识定窈冥,皆造化之所笑者也,造化也定不得。造化尚听命于自然,而况为造化所造化者乎?"(《呻吟语》卷六《物理》)

因此,一切世俗迷信的祭祀祈禳不过是庸人自扰,因为事物的发展是"自然"的,如吕坤所说:

> "天地全不主张,任阴阳;阴阳全不摆布,任自然。世之人趋避祈禳,徒自苦耳。其夺自然者,惟至诚。"(《呻吟语》卷四《天地》)

吕坤主张人的力量能夺自然,已经透露出人能掌握造化而占有自然的戡天的命题,但可惜关于这一点吕坤没有作进一步的论述。

同时,应该指出,吕坤不是自然科学家,他虽然曾对自然现象作过一些观察,例如他因见日全蚀时出现星光,而推论星是发光体(见《呻吟语》卷四《天地》),但吕坤并没有充分掌握明代已相当发展的自然科学知识,以之充实自己的哲学体系,在这一点上他较之王廷相就逊色了。这也决定了吕坤在辩证法思想方面没有多大进展。例如吕坤也曾说明一气分立为阴阳"两物"(《去伪斋集》卷十《答根阴根阳》),并以阴阳的对立来解释自然现象的变化:

> "风惟知其吹拂而已,雨惟知其淋漓而已,霜雪惟知其严凝而已,水惟知其流行而已,火惟知其燔灼而已,不足则屏息而各藏其用,有余则猖狂而各恣其性,卒然而感,则强者胜,若两军交战,相下而后已。……谁为之? 曰阴阳为之;阴阳谁为之? 曰自然为之。"(《呻吟语》卷四《天地》)

从理论的高度来看,这显然没有超过《正蒙》的水平。

在五行之中,吕坤特别强调了火的地位,他说:

> "气用形,形尽而气不尽;火用薪,薪尽而火不尽。……五行惟火为气,其四者则形也。"(《呻吟语》卷一《谈道》)

> "声无形色,寄之于器;火无体质,寄之于薪;色无著落,寄之草木,故五行惟火无体而用不穷。"(《呻吟语》卷一《性命》,又重见卷六《物理》)

火是气,其他四行是形,这就是说火是更为根本的。吕坤并没有把这一论点发展为类似方以智的火的一元论,但这一论点可以视为方以智哲学的前行形态(方以智在著作中曾征引吕坤)。

根据上述唯物主义的与无神论的观点,吕坤不但对世俗的虚妄迷信作了批判,而且提出了必然性与偶然性的问题,他说:

> "阴阳征应,自汉儒穿凿附会,以为某灾祥应某政事,最迂。大抵和气致祥、戾气致妖,与作善降祥、作恶降殃,道理原是如此,如圣人只说人事,只尽道理,应不应、在我不在我都不管。若求一征应,如鼓答桴,尧、舜其犹病矣。大段气数,有一定的,有偶然的,天地不能违,天地亦顺之而已。……大抵阴阳之气一偏必极,势极必反。阴阳乖戾而分,故孤阳亢而不下阴,则旱无其极;阳极必生阴,故久而雨。阴阳和合而留,故淫;阴升而不舍阳,则雨无其极;阴极必生阳,故久而晴。……天道物理人情自然如此,是一定的。星殒、地震、山崩、雨血、火见、河清,此是偶然底吉凶先见,故非常理。乃若至德回天,灾祥立应,桑谷枯,彗星退,冤狱释而骤雨(按:指孝妇冤故事,见《汉书·于定国传》),忠心白而反风(按:指《书·金縢》),亦间有之,但曰必然事,吾不能确确然信也。"(《呻吟语》卷四《天地》)

吕坤这段话主要包括了三个观点:第一,是不信灾祥,重视人道;第二,是把灾异归结于自然的原因;第三,特别值得注意的是把人们能够把握的"一定的"或必然的规律和人们所不能知道的某些偶然的现象区别开来,而反对以"偶然"来代替"必然"。这从命题形式和内容上来讲,已经发展了《左传》、《国语》所载春秋时代的唯物主义思想（参看本书第一卷第五章第三节）。正因为这样，吕坤对如术数、命相、阳宅、葬法等都有否定的评论。关于葬礼，他主张族葬，建立《宁陵吕氏儒葬图碑》，号为"井田葬法"，他告诫子孙说：

> "余既作井田葬法，以贻来世，恐来世不能守也，乃谢阴阳家流，无入吾兆；又为俚语，以疬子孙，曰：呜呼！天生蒸民，各有分定。造化之权在人，天将安用？我闻为恶降殃，作善获福，奈何舍我本身，求之枯骨？"（《去伪斋集》卷八《茔训》）

而据墓志铭，他死时"遗命：衣衾仅周身，不重袭；枕附以经史，不敛含。一毫金珠，不以入棺；一寸缣帛，不以送葬。……风水阴阳、僧道家言，一切勿用。"在这一方面，吕坤和明清之际的陈确（乾初）又是非常相似的。

从上面所论述的来看，我们尚论中国中世纪唯物主义的传统，不能不以吕坤为其中的一个链环。

（三）吕坤在认识论上的动摇及其"二天"说

如上所述，吕坤的世界观是唯物主义的，但在认识论和人性论方面，他的思想就表现了一定的局限性。他提出了一些进步的命题，但在若干方面又不能彻底脱离道学传统的束缚。

在认识论上，吕坤认为天地万物都是可知的，他说：

> "天地不可知也，而吾知天地之所生；观其所生，而天地之性情形态俱见之矣。"（《呻吟语》卷四《天地》）

这里指出人们通过对具体事物的认识，可以达到对宇宙的总的认识，而不是像道学家所说的，有一种圣人，先验地洞知一切宇宙的秘密。吕坤依据人类认识的出发点是基于客观世界的物理，批评了道学的"生知"说：

> "夫理可心悟而事难心悟，理可一贯而事难一贯。宋儒有言孔子生而知之者，言亦由学而至，所以勉进后人也。弟窃笑之。夫

气质清明则义理昭著,道与身一则由仁义行,所谓性焉安焉,圣人诚若是矣;乃若生不见泰山而能图泰山景象,生不见坟典而能诵坟典故实,圣人能之乎? 夫古今事变名物、宇宙人情物理、童而习之,白首不能尽,……若欲周知,岂得不学?"(《去伪斋集》卷四《别尔瞻书》)

吕坤心目中的圣人,只是在才质道德上有些优越,而不是超越凡人的神人。因此,他认为孔子也必学,必须一方面"涉历世务",一方面"理会前言"(继承前人的成果),否则便不能成为圣人。在这里,吕坤实际上是把客观事物作为认识的出发点,从而杜绝了各种"悬解"、"顿悟"的神秘道路。

吕坤曾说:"余讲学只主六字,曰:天地万物一体。"(《呻吟语》卷二《问学》)他解释说,"天地万物一体"即孔门之"仁"。吕坤所谓"天地万物一体"包含了这样的意义,即学者应以天下为己任。他在致顾宪成的信中说:

"古之圣贤会天地万物为一身,不曾谢却天地万物,摘出此身,作自家,另行修治。而今学者起念便觉天地万物不亲不故,与我无干;不痛不痒,与我罔觉。及其聚会讲求,不过理会古人多年卷宗,拈起磨勘,深文细索,无了无休。此人即置之庙堂,只可作一迂腐之儒,坐镇雅俗,了得自家耳。吾辈此身原是天下之身,要认得天下国家、昆虫草木都是吾身,饥寒疾病都是痛煞煞痌瘝乃身,除此饥寒疾病都是紧切切解使去己。……而今学问正要扩一体之义,大无我之公,将天地万物收之肚中,将四肢百体公诸天下,消尽自私自利之心,浓敦公己公人之念,这是真实有用之学。"(《去伪斋集》卷五《答顾泾阳》)

从这一方面来说,吕坤的"一体之义"是有进步性的。这种"大无我之公"的主张和泰州学派王艮的学说很相吻合,同时吕坤对讲学的主张和东林党人也是一致的,所以他在同一信件中称颂"东林会约是今日第一紧要事"。吕坤可说是东林的一个支持者。

不过吕坤有时过分夸大了修饬己心的作用,以致在认识论上走入迷途,例如:

"举世都是'我心',去了这'我心',通是四通八达,六合内无一些界限。"(《呻吟语》卷一《存心》)

"君子洗得此心净,则两闲不见一尘;充得此心尽,则两闲不见一碍。"(同上)

特别是在讨论"格物"的四封信中,吕坤释"格"为知止,释"物"为至善,提出"物有四格":

"有一事之格,有全体之格,有倏忽之格,有渐积之格。千载首阳千载节,那知孤竹与西周,一事之格也。山河大地浑无物,今古乾坤总一腔,全体之格也。所天不解寻常重,蓦地干戈那顾身,倏忽之格也。坚冰曾作琉璃塔,不道春深一片无,积渐之格也。"(《去伪斋集》卷四《论格物第四书》)

甚至说:"格物以后,举此心以加诸彼,措之天下裕如,所谓'风恬浪静浑无事,万里江河自在行'是也"(《去伪斋集》卷四《论格物第四书》),这就明显地动摇到唯心主义方面去了。

在人性论方面,吕坤没有彻底推翻朱熹的学说,而是在朱熹学说的形式下作了若干修正和改造。他曾批评孟子说:"辟三品之说而道性善,是矣,他日曰忍性,又以耳目口鼻四肢之欲为性,何以服诸家也?"(《去伪斋集》卷七《襄垣策问》)可见他是不同意"性三品"说的。

吕坤认为专言性善也是错误的,他说:"宋儒有功于孟子,只是补出个气质之性来,省多少口吻"(《呻吟语》卷一《性命》),善与恶均是人的本性:

"义理之性有善无恶,气质之性有善有恶,气质亦天命于人而与生俱生者,不谓之性可乎?"(《呻吟语》卷一《性命》)

朱熹认为"天地之性"是绝对的"理"的实现,而"气质"则有清浊纯驳之分,吕坤批评这一说法为"支离",他说:

"其实天地只有一个气,理在气之中,赋于万物,方以'性'

言。……设使没有气质，只是一个德性，人人都是生知圣人，千古圣贤千言万语、教化刑名都是多了底，何所苦而如此乎？"(《呻吟语》卷一《性命》)

因此，他强调说："不合于天下万世公共之人心，非道也"(《去伪斋集》卷六《明庸》)，"道心、人心本同一贯，离人心何以见道？无人心何以为道？"(《去伪斋集》卷六《虞书十六字解》)在这一点上，他仍然是坚守在唯物主义的方面的。

在吕坤的哲学体系中，气与理不能分离，所以他认为就人而言，义理之性与气质之性不能分离。然而真理只要错走很小的一步，便成了错误，吕坤没有理由地把"天"本身也分为两种：

"天自有两种天，有理道之天，有气数之天，故赋之于人，有义理之性，有气质之性。二天皆出于太极。"(《呻吟语》卷一《谈道》)

这样就向错误方面滑下去了。他甚至模仿所谓"虞廷十六字"说："气天惟危，道天惟微，惟燮惟赞，圣人是持。"

吕坤这种"二天"的理论，由于不知不觉之间赋予天以善恶的道德性质，又设立了至善的"道天"或"理道之天"，这就和他的气的一元论世界观形成矛盾。但吕坤在《说天》一文中，以宏肆的文笔描写所谓"气天"说：

"讹言谶说，排阖从横，颠倒是非，混淆黑白，朝无国是，野无公言，以乱天下，此巧伪之天。

"春秋、战国，逮于秦、项，三百余年，国无净土，岁无宁时，原野厌人骨血，麦菽化为荆榛，此杀戮之天。

"武曌当阳，秽德弥宇，易庙屠宗，污宫乱朝，郊则天格，庙则神享，此淫浊之天。

"疠疫时行，妖孽为祟，旱以七岁，水以九年，或门无噍类，或里无人烟，此虐厉之天。

"君子小人，祸则同祸，福则同福，玉石不分，薰莸杂处，此混沌之天。

"小人得志,安福尊荣;君子潜身,危亡困辱,此倒置之天。

"当是时也,气运当权,化劫为政,仁覆闵下之旻天,日明日旦之昊天,好生恶杀、福善祸淫之帝天,剖心呕血,抢地哀号,若无闻也,若无见也,所谓'气天惟危,道天惟微'时也。"(《去伪斋集》卷六)

这里吕坤对天的诅咒,更甚于变《雅》的《板》、《荡》,他的两种"天"的对立,反映出当时社会的矛盾正在成为一般的危机。吕坤无情地剥下了天的庄严的紫袍,从这一角度来看,"二天"说仍可视为吕坤进步思想的构成部分,然而它毕竟在理论上是基于伦理观点的一种颠倒意识,而且陷于了神秘主义。

吕坤逝世前,病中作《反挽歌》七章自饯,其中说:

"生小弄文墨,不识耒与耜,谓此耒耜人,赖我文墨士;国家富贵之,托以保赤子。……尽地几物力,弥宇繁生齿,均之犹不足,专也孰堪此?……不生富贵人,贫贱安得死?禄食已自丰,列鼎施金紫,况复恣陵夺,虓虎而封豕。我亦轩冕徒,久浚民膏脂。……"

对农民的同情,是与他的唯物主义世界观有密切联系的。吕坤的政治经济著作很多,但有散佚,还有待我们搜集和进一步探究。

第二十二章

泰州学派的思想及其阶级性与人民性

第一节　泰州学派的创始者王艮的生平及其著作

王艮字汝止,泰州安丰场人,学者称他为心斋先生。他是泰州学派的创始人,他所创的这一学派是一个假的王阳明学派。安丰是一个盐场。盐场的居民,另编灶籍,在封建主义法权上是与一般民户不同的。灶籍盐户的社会等级是很低的。《明会典》载:"正德十五年,令各府州县囚徒,情罪深重者,不论远近,俱发本省盐场缺人锅下,依照年分煎盐,抵办逃亡灶丁课额。"(周庆云《盐法通志》卷四二引《明会典》)灶丁缺人,乃用囚徒抵补,可见灶丁的社会身份类似于徒隶。《明会典》又载:嘉靖"十三年,题准今后有司,但有灶户告理归民,务要查册审实,呈请抚按详允,不许擅自更张"(同上卷四二引《明会典》)。可见灶户若要改归一般民户,须经政府特殊批准,也反映了他们的社会地位的低贱。赵大洲撰《王心斋墓铭》,谓"安丰俗负盐,无宿学者"。徐玉銮撰《王心斋传》,谓"安丰场俗煮海为生,不事儒",可见这种处在贱民地位的盐民没有文化教养。王艮世代煮盐，父亲是灶丁（《明史》卷二八三《王艮传》，"父灶丁"），王艮本身就是一个"亭子"。按《唐书·食货志》："乾元元年（公元 758 年），第五琦初变盐法。……游民业盐者，为亭户"。亭户即盐户，亦称灶户。亭子即灶丁。泰州守张骥《王心斋奠文》曰："先生（心斋）初固亭子也。"（见袁承业辑《王心斋先生遗集》卷四）凌海楼为其乡先生所作的祠堂记，称王艮"生长灶间，年三十才可识字"，当系实录。《年谱》称王艮 7 岁"受书乡塾"，"十一岁，贫不能学，辞塾师就理家政。"有人问邹元标："泰州崛起田间，不事《诗》、《书》，一布衣何得闻斯道卓尔？"邹元标说："惟不事《诗》、《书》一布衣，此所以得闻斯道也。"（赵大洲《王心斋铭墓》，徐玉銮《王心斋传》，凌海楼《王心斋祠堂记》，及邹元标语，俱见袁承业辑《王心斋先生遗集》卷四。《年谱》见《王心斋先生遗集》卷三）可见王艮幼年识字不多，长大也不事《诗》、《书》。作为一个学派的开创大师，在学术史上，这种缺乏文化教养的情况，实为罕见。当时学者，常用伊、傅比拟王艮，如陈让《简心斋诗》云："海滨有高人，人品伊、傅匹。"所谓"人品伊、傅匹"，是以王艮和伊尹耕于有莘、傅说筑于傅岩相比拟，即以农民和泥水匠相比，直指其出身灶丁。周汝登《圣学宗传咏古》，称王艮"生来博地一凡夫"，说的都是同一事实（陈让《简心斋诗》、周汝登《圣学宗传咏古》，见《王心斋先生遗集》卷四）。王艮 26 岁时，冬十一月，其父"以户役早起赴官家，方急，取冷水盥面。"王艮见之，"遂请以身代役"。可见王艮父子，因为是灶丁贱民之故，就必须服官府的劳役（《王心斋先生遗集》卷三《年谱》）。

王艮不事《诗》、《书》，19 岁，与"里人商贩东鲁"（见《王心斋先生遗集》卷四耿定向《王心斋传》）。所谓里人，当即同是安丰场人。盐场灶民，没有别的商贩，有之，就是贩私盐，所谓"安丰俗负盐"。《年谱》记其 19 岁、23 岁、25 岁，都客山东，也就是都在干贩私盐的事。王艮以贩私盐起家，《年谱》于 21 岁下云："经理财用，人莫能及，自是家道日裕。"23 岁去山东，又学了医术。《年谱》云："客山东，先生有疾，从医

家受倒仓法。既愈，乃究心医道。"刘一中等的《王心斋奠文》里叙述王
艮在海滨讲学，说道："华、扁金针，开聋抉瞽。……因病授药，成德达
材。"（《王心斋先生遗集》卷四）以华佗、扁鹊，金针授药，比拟讲学之发
聋振聩，开悟人心，当为双关之语，可见王艮讲学，同时亦以医术治病。
他有金针术，受倒仓法，又因病授药，则其为人，实又同于方伎杂流，这
一点必须揭出。后来颜山农讲学，榜曰"急救心火"，得泰州学派的正
传。何心隐被指控为"妖人"、为"妖犯"。何与传纯阳法之阮中和有来
往。阮中和治清江境内之火疾多人，是亦得泰州学派的正传。统治阶
级目泰州学派为"黄巾五斗"，阴以张角之大贤良师为人治病相比，爰
书所云，决非偶然。

王艮之学，不事《诗》、《书》，唯贵心悟，唯重实践，认为百姓日用就
是道。耿定向撰《王心斋传》说："同里人商贩东鲁，间经孔林，先生入
谒夫子庙，低徊久之。慨然奋曰：'此亦人耳，胡万世师之称圣耶？'归
取《论语》、《孝经》诵习。至《颜渊问仁章》，询之塾师，知颜子为孔门
高第弟子。曰：'此孔门作圣功，非徒令人口耳也'。为笏书'四勿'语，
昕夕手持而躬践之。……久之，行纯心明，以经证悟，以悟释经（行即
悟处，悟即行处）。慨世学迷蔽于章句，思国学为天下首善地，往以所
学谕司成。司成使学徒问所治经，先生答曰：'治总经也'。司成进与
语，奇之，曰：'此非吾所能与也，须遇越王（守仁）先生始能成之'。"
（括弧内"行即悟处，悟即行处"八字，据赵大洲撰《王心斋墓铭》
补入。）

以经证悟，以悟释经，为的是反对传统的章句，不主一经，而治所谓
"总经"。这"总经"实际上是没有的，只是无经，也就是"圣经"以外的
异端的左道邪经。这是泰州学派不重视章句诵习的一个特色，正标志
着泰州学派接近下层人民背弃正统的文化教养的异端本色。泰州学派
的陶匠韩乐吾，尝会诸名公卿论学，"或称引经书相辩论，则大恚曰：
'舍却当下不理会，乃搬弄此陈言，此岂学究讲肆耶？'"（见耿定向撰
《王心斋传》，《明儒学案》引此，略变其文字）韩乐吾的反对搬弄陈言，

反对学究讲肆,同样也反映了背弃正统的文化教养的下层人民的异端要求。所谓从心悟入手是唯心主义的提法,而其背离教条和注重实际行动的学旨,即他们提出的"百姓日用即道"的学旨,则是理解泰州学派的关键之一。

王艮悟道的故事,饶有神秘色彩,《年谱》载王艮27岁"默坐体道,有所未悟,则闭关静思,夜以继日,寒暑无间,期于有得"。29岁,"一夜,梦天坠压,万姓惊号,奋身以手支天而起,见日月星辰,陨乱次第,整顿如初,民相欢呼拜谢。觉则汗淋沾席,起坐,顿觉万物一体,视宇宙内一人一物,不得其所,恻然思有以救之,与物无间。而前者浑然不二于日用者,今则自得而自喻也。因题其壁曰,正德六年间,居仁三月半。"(《王心斋先生遗集》卷四徐樾《王心斋别传》)"自此行住语默,皆在觉中。……此先生悟入之始也。"(耿定向:《王心斋传》)这是一种宗教性的悟道神话,完全是以教主身份自居。但透过这种神秘外衣,揭示其实质,所谓天坠,星辰陨乱,正指的象征;在万姓惊号声中,王艮居然能只手支天,甚至整顿了天地、日月星辰;经过他的整顿,此天地、此日月星辰,已非旧物可知,好像新的天地、日月星辰,从此诞生。所谓"整顿如初"的"初",已经不同于先前之"初"。

王艮的"左道惑众",不仅仅是上述的悟道神话,他有时还采用了一套法服和仪仗,一套斗室闭关、鸣琴雅歌的仪式,一套传法的口号标语,一套说法指授的机锋。这一切似儒、似道、似禅,亦儒、亦道、亦禅,构成泰州学派异端的特殊法门。

《年谱》载王艮30岁,"筑斗室于居后。暇则闭户坐息其间,读书考古,鸣琴雅歌。"

《年谱》载王艮37岁,"制冠服。一日喟然叹曰:'孟轲有言,言尧之言,行尧之行,而不服尧服可乎?'于是按《礼经》制五常冠、深衣、绅经、笏板。行则规圆矩方,坐则焚香默识"。例如,五常冠,糊纸为之,……见戴天之义。在笏板上写着"非礼勿视,非礼勿听,非礼勿言,非礼勿动"四句,出则持此,常目在之,须臾无忽之心也。

又《年谱》载王艮 37 岁,书其门曰:"此道贯伏羲、神农、黄帝、尧、舜、禹、汤、文、武、周公、孔子,不以老幼贵贱贤愚,有志愿学者,传之。众大人笑之。"所以徐樾所作的《王心斋别传》,谓由于王艮"毅然以先觉为己任,而不忍斯人之无知也"。

《年谱》载王艮 40 岁,欲周流天下,制一蒲轮。标其上曰:"天下一个,万物一体。入山林求会隐逸,过市井启发愚蒙。遵圣道,天地弗违;致良知,鬼神莫测。欲同天下人为善,无此招摇做不通。知我者其惟此行乎!罪我者其惟此行乎!"蒲轮,又名轻车,又名招摇车。

> "每讲学,开明人心,侃侃辩惑起迷,务令人自得而后已。家庭邻里之间,皆爱慕其至诚而乐与之亲,言行无不信悦。"(徐樾:《王心斋别传》)

> "开门授徒,远迩皆至。先生骨刚气和,性灵澄彻,音欬盼顾,使人意消。即学者意识稍疏漏,不敢正以视。往往见人眉睫,即知其心,别及他事,以破本疑,机应响捷,精蕴毕露。"(耿定向:《王心斋传》)

> "念昔己亥之冬,闻念庵之在会,暨东城之往从,时有双桥戾止,巽峰攸同。余乃率皋庠多士,亦跄跄乎萃止安丰。先生力疾,据榻雍雍,随叩随应,有若洪钟。远稽尧、舜、周、孔,下及《大学》、《中庸》,明精一执中之旨,示中和位育之功。口若悬河以东注,貌若乔岳之孤松。载命贤郎,歌浩浩之章,歌韵其锵锵。先生互答,声振林塘。群公多士,剪烛共听,罗坐榻旁,恍乎若莫春童冠之旧咏,嗒乎若程夫子弄吟濂溪之乡。"(《王心斋先生遗集》卷四黎尧勋《王心斋奠文》)

这种讲学风采,机应响捷,宛然禅家机锋。其启悟别人,有时靠悬河之口,然而更多的则在说来颇为神秘的"使人意消"的"音欬盼顾",有所谓"先生于眉睫之间省觉人最多";另一方面又有所谓"见人眉睫,即知其心"。

王艮戴着纸糊的帽子,穿着怪异的深衣,手执笏板,行则规圆矩方,坐则焚香默识,或雅歌鸣琴。居家则门书传道标语,出门则乘招摇车,会山林隐逸;启市井愚蒙,对群众随机指点,所向信服。这样一套,造成一种宗教气氛,把自己装扮成一个地地道道的教主。李春芳撰《崇儒祠记》谓王艮"修躯古貌,两掌心肉珠微起,左一右二,有握乾把坤之象。天之生德,夫岂偶然!"(《王心斋先生遗集》卷四)这些话正是从教主的异相着眼。玉芝山人和韩章的挽诗,明白地指出了王艮的宗教本色,诗中说:"碧霞池畔听鸣韶,善写遗音公独豪。沧海不妨麟凤远,青山殊觉斗星高。乾坤定处谁钧轴,世业轻来只羽毛。下拜再瞻遗象肃,清风犹自满山袍。"韩章的诗里提到"学阐先天秘,行端后觉迷",不加讳饰地指出了王艮的宗教式的先天秘术(《王心斋先生遗集》卷四)。

凡此种种,都足以断定王艮所开创的泰州学派,确实是一种带有浓厚的"左道惑众"色彩的教派,这种教派乃是与正宗圣学不相同的异教旁门。

王艮悟道以后,开始讲说经书,进行传道。《年谱》于三十二岁下云:"先生讲说经书,多发明自得,不泥传注。或执传注辩难者,即为解释明白。"所谓"讲说经书,多发明自得,不泥传注",实质就是跳出传统的正宗经学圈子,用自己发明的新意作异端说教。这种说教,受到正宗经学的反对,就有人执传注跟王艮辩难。王艮所传的道,正如他自己在家门口所写的榜语所示,是"贯伏羲、神农、黄帝、尧、舜、禹、汤、文、武、周公、孔子"的道。传道的对象,也无间于"老幼贤愚贵贱",只要是有志"愿学者",即"传之"。此道的异端性质,从道统上说,从尧、舜上溯"伏羲、神农、黄帝",即三代以上,而非以下,一反韩愈的道统说;从传道对象说,既然不以贵贱分,那么其中就更多贱者,这是不言可喻的。"有教无类",是中国教育史的人民性的传统。他在传道过程中,逐渐团结了一部分群众,其中最基本的群众是盐场的人民。

"先生益自信,乃制古深衣服,冠五常冠,绦经,播笏,所至与人讲论道学。……乡人始而骇,渐而信,久而浸与俱化焉。"(《王心斋先生遗集》卷四徐玉銮《府志先生传》)

> "族长某知先生有志天下,每以难事试之,立为辨析。及各场
> 官民遇难处事,皆就质于先生。先生为之经画,不爽毫发。"(《年
> 谱》三十二岁)

所谓家庭邻里,乐与之亲,言行无不信悦,所谓乡人始而骇,渐而
信,久而俱化,所谓各场官民遇难处事,皆就质于先生,都说明他利用了
古道统传教,而团结了一部分群众,而基本群众,则为邻里、乡人、盐场
盐民。骇、信、化的过程,就是团结群众的过程。

在这一时期,王艮均诸妇财物,抗议明武宗的嬖幸佛太监、神总兵
的鹰犬需索,反映了农民的一定程度的平均思想和农民对封建统治者
以游乐作践人民的超经济需索的反抗。

> "诸弟并毕婚,诸妇妆奁有厚薄者,门内哗然。先生一日奉亲
> 坐堂上,焚香座前,召诸昆弟诫曰,家人离,起于财物不均,令各出
> 所有置庭中,错综归之,家众贴然。"(《年谱》三十四岁)

> "江西宸濠乱时,武宗南巡,驻跸维扬,所过骚动。遣嬖幸佛
> 太监、神总兵沿海视猎场。至富安场,校尉及先生门,索鹰犬急。
> 先生……策马偕校尉执贽往见神、佛。……佛曰:'鹰犬安在?'先
> 生曰:'里中失猎久矣,何问鹰犬!'佛曰:'今朝廷取鹰犬,能禁弗
> 与耶?'先生曰:'鹰犬禽兽也,天地间至贱者。而至尊至贵,孰与
> 吾人?君子不以养人者害人。今以其至贱而贻害于至尊至贵者,
> 岂人情乎?'"(《年谱》三十七岁)

王艮的这些讲学传道活动,都是在38岁以前,即与王阳明相见以
前进行的。王艮的思想,这时候并没有受王阳明的影响。因此,其自发
的反抗封建统治的异端思想,即不泥传注的讲经思想,显而易见是和下
层人民群众同呼吸的。这种思想之所以容易为邻里、乡人、盐民所接
受,为这种下层人民所信服,其关键也就在这里。

王艮38岁,始执贽王阳明之门。关于为什么要执贽王阳明之门,
有如下一些传说:

> "越中王先生(阳明)自龙场谪归,与学者盛论孔门求仁,知行

合一,泥者方仇争之。至十四年,王先生巡抚江西,又极论良知自性,本体内足,大江之南,学者翕然信从。而先生(王艮)顾奉亲鹑居,皆未及闻焉。有黄塾师者,江西人也,闻先生论诧曰:'此绝类王巡抚公之谈学问也。'先生喜曰:'有是哉!虽然,王公论良知,某谈格物。如其同也,是天以王公与天下后世也,如其异也,是天以某与王公也。'其自信如此。即日往造江西。盖越两月而先生再诣豫章城,卒称王公先觉者,退就弟子。间出格物论,王先生曰:'待君他日自明之'。"(赵大洲:《王心斋墓铭》)

"告翁以启行期。翁曰:'江湖险长,将安之'?固请,继以泣,告曰:'学术之误天下,岂细故哉。儿为学十年,求友不可得,无与言者。今幸遇其人,可无一会乎?翁许之'。夜即趋舟,惧翁意尚难焉,卧舟中。"(徐樾:《王心斋别传》)

"是时,王阳明先生守仁镇豫章,以道学为海内宗。先生从塾师黄文刚闻其语,诧曰:'海内士大夫亦有明圣人之道如某者乎?吾不可以不往证'。乃辞二亲往谒。"(徐玉銮:《府志先生传》)

可见与王阳明相见之前,王艮"为学十年,求友不可得,无与言者"。其讲学传道,在统治阶级上层即在士大夫中是孤立的,是没有打开局面的,所以听到黄文刚谈王阳明的学说,即说:"海内士大夫亦有明圣人之道如某者乎?吾不可不往证",颇有空谷足音之感。同时,王艮感到自己的学术跟王阳明之间,毕竟也有所不同,"王公论良知,某谈格物"。在同异之间,王艮希望以同的方面,通过王阳明来教育天下后世,"如其同也,是天以王公与天下后世",也希望以自己之异,影响王阳明,修正王阳明,"如其异也,是天以某与王公也"。因此,不论同与异,王艮见王阳明的目的,是要得到王阳明的支持,通过王阳明这样一个有一定政治地位的人物,传播自己的学说,纠正那些"误天下"的学术,故执赘王门之后,也就乘机搬出了自己的《格物论》。对王艮敢于执持自己的见解,企图通过王阳明或修正王阳明,借以传自己的道,徐樾称之为"自信"。这种自信,是对异端思想的自信,贯穿王艮一生。

王艮穿了深衣,戴了纸糊的五常冠,拿了笏板,去见巡抚王阳明。这种怪异行为,轰动了南昌城,"观者环绕市道"(《年谱》)。王阳明对王艮的古衣冠,感到惊诧,"艮曰:'此服,尧之服也'。"(《全集》卷五引《扬州府志·王艮传》)王艮与王阳明相见,进行了辩难,在"君子思不出其位"问题上,两人有了分歧。

> "遂言及天下事。夫子(阳明)曰:'君子思不出其位'。师(王艮)曰:'某草莽匹夫,而尧、舜其君民之心,未能一日而忘。'夫子曰:'舜耕历山,忻然乐而忘天下。'师曰:'当时有尧在上'。夫子曰:'足见所学'。出,夫子谓弟子曰:'吾擒取宸濠,一无所动,今深为斯人动'。"(徐樾《王心斋别传》)

王艮欲以草莽匹夫,致君民于尧、舜(三代以上),不能忘情于天下,意思是要被统治者干涉天下国家大事,这就违背了君子"思不出其位"的教条。王阳明不同意王艮的看法,认为舜为匹夫,耕于历山,乐而忘天下,被统治者不能干涉国家大事,只能忘天下,这显然遵守着"君子思不出其位"的正宗思想。但是王艮认为,有尧在上,草莽匹夫才可以乐而忘天下,否则还"未能一日而忘"天下,还不得不搞"致君民于尧、舜"的事业。这种要不要、许不许草莽匹夫过问天下国家大事的分歧,从根本上区分了王艮与王阳明。

王艮在王阳明门下,从分歧以至不满,他终于进行了一次北行传道的活动。这次活动,遭到王门同学的非难,遭到王阳明的严厉责备。

> "久之,从王先生(阳明)居越,叹曰:'风之未远也,是某之罪也。'辞还家,驾一小蒲车,二仆自随,北行。所至化导人,耸人听视,无虑千百,皆饱义感动。未至都下,先一夕,有老叟梦黄龙无首,行雨,至崇文门变为人立。晨起往候,而先生适应之。先生风格既高古,所为卓荦如此,同志相顾愕,共匿其车,劝止之。先生留一月,竟谐众心而返。然先生意终远矣。"(赵大洲:《王心斋墓铭》)

> "先生益自任,乃辞阳明先生去,制招摇车,将遍游天下。遂

至京师,都人士聚观如堵。顾以先生言,多出独解,与传注异。且冠服车轮悉古制,咸目摄之。会阳明先生亦以书促还会稽,乃复游吴、越间,依阳明讲业。自是亦敛圭角,就夷坦。因百姓日用,以发明良知之旨,而究极于身修而天下平。其言简易径捷,不为枝叶。学者有所疑难,见先生亦不问而解。"(徐玉銮:《府志先生传》)

"癸未之春,会试举场,兄忽北来,驾车彷徨。随处讲学,男女奔忙。至于都下,见者仓皇。事迹显著,惊动庙廊。同志曰吁,此岂可长。再三劝谕,下车解装。共寓京邸,浩歌如常。我辈登科,兄乐未央。"(黄直:《祭王艮文》)

"会南野诸公在都下,劝先生归。阳明公亦移书守庵公,遣人速先生。先生还会稽,见阳明公。公以先生意气太高,行事大奇,欲稍抑之,乃及门三日不得见。一日,阳明公送客出,先生长跪曰:'某知过矣。'阳明公不顾,先生随入至庭事,复厉声曰:'仲尼不为已甚'。于是阳明公揖先生起。时同志在侧,亦莫不叹先生勇于改过。"(《全集》卷一《年谱》。《年谱》系此事于嘉靖元年壬午,黄直祭文,则书癸未,相差一年。)

王艮北行讲学,是周游天下计划的一部分。由于"风之未远",企图通过周游天下,团结山林隐逸、市井愚蒙,同天下人为善。因此,泰州学派的狂士特点都使用上了:深衣、五常冠、笏板,再加新创的招摇车(蒲轮)。讲学的内容,是"与传注异"的"独解"。既然是"独解",则亦与所谓阳明师说不相同。另外,黄龙行雨,老叟迎候崇文门的神秘宣传,也使出来了。事实很清楚,王艮的这次讲学是成功的,北行所至,耸动视听,千百群众,男女奔忙,"皆饱义感动",在都下,不但"都人士聚观如堵",而且惊动了最高统治者。在这种易于招祸的形势下,阳明门下的同学如欧阳德等就劝阻王艮,藏匿了王艮的招摇车,解下了王艮的深衣和五常冠,把他留在京邸一个月。最后通过王阳明的书信,又通过王阳明移书王艮的父亲守庵,才把王艮叫回去。王艮回到会稽,王阳明三日不见,裁抑他的过高的意志,太奇的行事。《年谱》说王艮因而知过改过，徐玉銮说他从此"敛圭角，就夷坦"。在统治阶级的震惊和王门师友的劝阻压迫下，王艮从此"敛圭角，就夷坦"，应该是事实，那就是不再搞那过于暴露自己的奇离的一套，而转向深沉和隐蔽。正如赵大洲所撰《王心斋墓铭》所说，虽然"竟谐众心而返，而先生之意深远矣"，则王艮仍然坚持自己的原来意见可知，《年谱》所说"知过""改过"，当为曲笔，与事实恐不尽符。衡以王艮以后的讲学活动，继续传其学于下层社会的朱恕、韩乐吾等，并未放弃其原来主张可知（《年谱》载，嘉靖六年，王艮四十五岁，"朱恕来学"。上距北行讲学六年）。

从武宗十五年（公元1520年）王艮从王阳明游，至嘉靖七年（公元1528年）王阳明死，这八年间，王艮绝大部分时间，都在阳明门下。在这期间，王艮的交游活动，与上层社会接触甚多，在阳明书院，帮助王阳明讲学，"指百姓日用，以发明良知之学。大意谓百姓日用条理处，即是圣人条理处"（《年谱》嘉靖三年）。嘉靖四年，在广德会讲复初书院，大会同志，又开讲于孝丰。嘉靖五年，会讲泰州安定书院，主教事。嘉靖六年，至金陵，聚讲新泉书院。尔后，王艮在安丰场故里讲学，朱恕来学。嘉靖七年，在会稽，集同门讲于阳明书院，讲"百姓日用是道"。"指僮仆往来，视听持行，泛应动作处，不假安排，俱是顺帝之则"。是年冬，王阳明死。嘉靖八年冬，往会稽，会葬阳明，"大会同志，聚讲于书院，订盟以归。"

王阳明死后，王艮主要在故乡安丰场讲学，"四方从游日众，相与发挥百姓日用之学，甚悉"。统治阶级多次召请，他都拒绝不赴。嘉靖十六年，门弟子林东城等出钱扩充讲舍，构东淘精舍。（《全集》卷一《祠堂始末事状》："嘉靖丁酉，巡盐按院觉山洪公按场，谓先师门人四集，而无会所，欲为构书院。固辞之。先师旧有园一所，堂三间，门人林东城出银十两倡，门下诸友，量出有差，将事恢益。觉山洪公闻之，发助无碍官银九十两，增益讲堂三间，东西挟房各五间。……题曰东淘精舍"。）嘉靖十九年，王艮卒，年58岁。从嘉靖六年至十九年，王艮在安丰讲学，凡13年之久。

王艮传道讲学,不假文字,生平不喜著述。这跟他的灶丁出身、背弃正宗的文化教养有关。遗留的少数著作,文字都比较通俗。

"先生独不喜著述,或酬应之作,皆令门人、儿子把笔,口授占之,能道其意所欲言而止。晚作《格物要旨》《勉仁方》诸篇,或百世不可易也。"(赵大洲:《王心斋墓铭》)

"先生不喜文词。所谓《乐学歌》《大成歌》与《勉仁方》,具载《语录》。虽先生所心得不尽是,要亦发之一人,可垂之千古者。"(凌海楼:《祠堂记》。)

"先生自少不事文义,鲜所著述。乃其深造自得,所谓六经皆注脚矣。"(耿定向:《王艮传文》)

由于王艮不喜著述,今日所传他的语录文字,出于其子王衣、王襞和门人董燧的收集编订。传闻失真,去取任意,在编订遗集的当时,已以不见全书为恨,如董燧在致王衣、王襞的信中所说:

"师尊立本之学,通天下,传万世。……虽不假文字,而道自在。但今见而知者有限,闻而知者多又不得其真也。以故海内有志之士,咸以不见全书为恨。"(《全集》卷一《谋梓遗集尺牍》)

"先生《语录》,前与竹山略有定本,但未为完备,须补其所未及,乃成全书。"(同上)

"先生教录,向已入梓矣。近蒙疎山公重加校正,其中未免有去留。"(同上)

王衣、王襞等编刻的遗集,就是最初刻的江浦本。后来,几经翻刻,"记忆稍讹,传写或谬,读者疑焉"。王襞、董燧、聂静,最后又刻《语录》《年谱》于永丰,将《语录》"三复仇校,正讹去谬",他们自许为"完书"。

"先生不主言诠,或因问答,或寓简书,言句篇牍,收之于流播,得之于十一者也。然词约而旨远,入圣之指南矣。先生既殁,斯《录》乃传。初刻于江浦,继刻于漳南,记忆稍讹,传写或谬,而读者疑焉。今年夏,先生仲子宗顺(王襞),携先生《年谱》过永丰

而梓焉。又将《语录》三复仇校,正讹去谬,与《年谱》并刻,而是
《录》为完书也。"(聂静重刻先生《语录·序》,见《王心斋先生遗
集》卷首)

今本《心斋先生全集》,系万历年间王艮孙王之垣的重刻本,前有熊尚
文、周汝登、陈履祥序,谅即董燧、聂静本之旧。东台袁承业编《明儒王
心斋先生遗集》,系排印本,在王之垣刻本外,增加一庵、东厓两集。就
《心斋语录》《论文》、尺牍部分来看,二书没有什么不同;《年谱》大体
从同,互有微小的详略。由此可知今日流传的两个本子,其内容仍亦有
当日编集时的记忆之讹与传写之谬。同时,所谓正讹去谬,也还不免当
日的主观判断。因此,总结王艮的思想,就应该根据明代中期以后的历
史条件,阶级斗争的情况,王艮一生经历及其思想性格和泰州学派的阶
级性等,辩证地对待其《语录》、文章和书信内容。我们现在也还来不
及别伪存真,是正得失,但是根据其思想的整个面貌,审慎地使用材料
是完全必要的。

王艮出身于社会地位低贱的灶丁,发为"愚夫愚妇、能知能行"的
"百姓日用之学",这种学说在下层社会广泛传播,其学说思想在一定
程度上代表了被压迫、被剥削阶级的利益是非常明显的。按照传统的
说法,王艮之学出于王阳明。这说法是和实际情况相违背的。在王艮
执贽阳明门下之前,王艮已自己形成独立的思想,在执贽阳明门下之
后,仍然坚持自己的不同于阳明的学说,如论"君子思不出其位"等,这
些情况,在前面我们已经论及。因此,王艮是一个假的阳明学派,过去
也有人认为王艮背离王阳明而"自立门户"。《年谱》嘉靖十六年丁酉,
王艮五十五岁下说:

"时有不谅先生者,谓先生自立门户。先生闻而叹曰,某于先
师,受罔极恩。学术所系,敢不究心以报。"

所谓"学术所系,敢不究心以报",形式上似为"自立门户"辩解,而实质
是"吾爱吾师,吾尤爱真理"的另一种说法,正是承认了"自立门户"的
事实。王艮早已自立门户,创立泰州学派,后又利用了阳明之学的某些

范畴,加以改造、发挥,这是在学术思想史上必须予以重新认识的问题。我们不能同意一般称泰州学派为"王学左派"。因为称"王学左派",则仍然承认泰州学派是王学的一支,然事实上并不如此。这点,黄宗羲也是认识到了的,他在《明儒学案》里,在《姚江学案》之后,列浙中王门、江右王门、南中王门、楚中王门、北方王门、粤、闽王门,俱冠以王门字样,明标系属王门派系。但是接着列《止修学案》、《泰州学案》,却不标明王门,是其以止修、泰州虽与王门有一定的关系,而别立宗旨,才作为独立学派来处理。

"王门惟心斋氏盛传其说,从不学不虑之旨,转而标之曰自然,曰乐学,末流蔓衍,浸为小人之无忌惮。"(《明儒学案》卷首《师说》)

"阳明先生之学,有泰州、龙溪而风行天下,亦因泰州、龙溪而渐失其传。泰州、龙溪时时不满其师说,益启瞿昙之秘而归之师,盖跻阳明而为禅矣。然龙溪之后,力量无过于龙溪者,又得江右为之救正,故不至十分决裂。泰州之后,其人多能赤手以搏龙蛇,传至颜山农、何心隐一派,遂非名教之所能羁络矣。顾端文曰:'心隐辈坐在利欲胶漆盆中,所以能鼓动得人。只缘他一种聪明,亦自有不可到处'。羲以为非其聪明,正其学术所谓祖师禅者,以作用见性。诸公掀翻天地,前不见有古人,后不见有来者。释氏一棒一喝,当机横行,放下柱杖,便如愚人一般。诸公赤身担当,无有放下时节,故其害如是。"(《明儒学案》卷三十二《泰州学案》)

黄宗羲虽然从传统的偏见出发,称泰州学派为"小人之无忌惮",但说他们"掀翻天地","非名教之所能羁络",即指出,泰州学派中人是掀翻天地,破除名教的无忌惮的封建"叛逆",这颇道出了泰州学派的本质。

对王艮论定,当时其门弟子即已有难言之隐。

"吾夫子之学,关于继往开来,游、夏不能置一语。吾夫子之品,间生二千余年,樾何人,能图不朽哉。将为之铭,虑片语不居其要;为之传,恐繁衍不悉其真。由是十年阁笔,风月传神,山斗在

望。"(《王心斋先生遗集》卷三徐樾《门人私谥议》)

"仰愧师门,未能身明此学以大行于天下,以继先师无一民不明不觉之志。且久负铭状之委,未能慰二兄孝子之心。一则愧不能赞吾师之美,一则以吾师之学,关于继往开来,每临文悚惧,未引笔而长叹也。其俟之哉!与海内豪杰,同入圣域,登尼父堂,明先师学,庶其无谬也。二兄谅予衷哉,予亦日孜孜也。"(《全集》卷一《尺牍》徐樾《寄王衣》等书)

王襞称徐樾为王艮"高第弟子,于父(王艮)之学,得之最深"(徐樾撰《王艮别传》后王襞按语,见《王心斋先生遗集》卷四,按:此别传,当即《王艮行状》稿)。故以王艮的《墓铭》和《行状》委托他写。但是徐樾为什么惟恐"片语不居其要","繁衍不悉其真"? 为什么要"临文悚惧,未引笔而长叹?"为什么阁笔十年,要等到"与海内豪杰,同入圣域"之后,才能"庶其无谬"呢? 徐樾为什么这样徘徊瞻顾,欲言又止呢? 一句话说穿,就是王艮的异端思想,如传其真,则为统治阶级所不容,如不传其真,则歪曲了真理。故当日不得不欲言又止,不得不"俟之哉"。

于此,我们又可以明白,为什么徐樾写的《王艮别传》,只是一个"未终篇"的残稿。这个残稿,可能真是一个残稿,即徐樾终于不敢写完,也可能原是一个完稿,而王襞在发表时怕事,节去了后一半,伪称"未终篇"的残稿。观耿定向作的《王艮传》,前半大体根据徐樾撰《王艮别传》及赵大洲撰《王心斋墓铭》,而后半叙朱恕、韩乐吾颇详悉,为《王心斋墓铭》所无,亦为徐樾残稿所无,或即根据王襞所讳言的徐樾本文的。由此徐樾所作《王艮别传》,当时是一个完稿,这一可能性是比较大的。

徐樾在《门人私谥议》里说:"谥法之在讲院,不在太常",故与董燧、聂静三人私谥王艮,而明白地排斥由封建统治阶级用谥法来论定王艮。这是不难理解的。因为只有在泰州学派的讲院里,才有对王艮的身后公论。

第二节　王艮的进步思想及其人民性

理解泰州学派创始者王艮的思想,必须从其接近下层社会的史实出发。这不仅由于王艮本身出身于灶丁,而尤其重要的是由于泰州学派的传播,主要的对象是被压迫的劳动人民群众。这种"掀翻天地"的学派,为劳动人民所信奉、所欢迎。劳动人民热烈参加泰州学派的讲学活动。

王艮 30 岁以前,识字不多,而其悟道,即其思想体系的成熟,却在30 岁以前。可见其思想,并非来自统治阶级的圣经贤传,而是有灶丁及与灶丁地位相似的农民"叛逆"思想为其深厚的源泉的。所以他自称他的学说是"五经总义",而非具体出于哪一经。从正宗思想看来,"五经总义"是非常可怪的"叛道"异端,跟"圣经贤传"是对立的。

"慨世学迷蔽于章句,思国学为天下首善地,往以所学谕司成。司成使学徒问所治经,先生答曰,治'总经'也。司成进与语,奇之。"(耿定向:《王心斋传》)

"之金陵,太学前诸士环观,人各问难。师曰:'多□□□五经备在,敬告以五经总义可乎?'听者悦服。大司成汪闲斋闻师言,延入质问。相见,器其貌古而冠服不时,乃问师曰:'古言无所乖戾,其意如何?'师曰:'不问无所偏倚,而问无所乖戾! 有无所偏倚,方做得无所乖戾。'出。闲斋心敬而惮服焉。"(徐樾:《王艮别传》。徐樾、耿定向所叙,当系同一事件,徐樾所叙,当即为耿定向所本,而徐较耿详。)

"五经总义"与"章句世学"的对立,"总经"与"五经"的对立,"无所偏倚"与"无所乖戾"的对立,这些就是王艮的异端思想与国学司成的正宗思想的对立。王艮以其来自人民的思想,否定封建统治阶级的圣经贤传思想,这在其《语录》里更有大胆的表述。《语录》的文字过于简括,但是意思还是明白的:"经所以载道,传所以释经。经既明,传不复用矣。道既明,经何足用哉。经传之间,印证吾心而已矣。"这里虽然形式上袭用了陆、王心学的"六经皆吾注脚"的师法,但是其实质乃在鼓吹"经既明,传不复用矣;道既明,经何足用哉"的摒弃圣经贤传,独创"百姓日用"之道的思想。这是一篇以百姓日用之道对抗圣经贤传的公开的、勇敢的宣言,它揭示了王艮思想的"叛逆"性质。

因此,理解王艮的思想,理解其所袭用的王阳明学说的某些教条和范畴,必须透过其言语、文字的表达形式,来考察其思想实质。尽管王艮传述了张载的话,传述了程颢的话,传述了王阳明的话,而其实质则是利用古旧的语言来表达出人民性的思想。例如:同样说的是"民胞物与"、"万物一体",但是出诸张载、程颢之口与出诸王艮之口,其思想本质是不同的。统治阶级的"民胞物与"、"万物一体",是唯统治阶级独尊的一切民物,为统治阶级利益服务的民物。王艮的"民胞物与"、"万物一体"是民物与我一切平等的民物。同样的语言既表达了不同的思想本质,就不复成为共同的语言,也就很明白了。从这里也可以明白,历史遗产没有什么"抽象的继承法"。

论述王艮的思想,我们就根据上述的这些认识出发。

王艮认为"天地万物为一体",个人与万物是"同体"。这种"万物一体"的说法,袭用了宋、明道学家的语言形式。但是王艮在这种语言形式中灌注了新的、具有着人民性的内容。王艮说:

"周茂叔窗前草不除,仁也。明道有觉,亦曰,自此不好猎矣。此意不失,乃得满腔子是恻隐之心。故其言曰,学者须先识仁,仁者浑然与物同体。"(《王心斋先生遗集》卷一《语录》)

"隐居以求其志,求万物一体之志也。"(同上)

"夫仁者以天地万物为一体,一物不获其所,即己之不获其所也,务使获所而后已。是故人人君子,比屋可封,天地位而万物育,此予之志也。"(《王心斋先生遗集》卷一《勉仁方》)

"混沌一元无内外,大明万世有终初。"(《王心斋先生遗集》卷二《次先师阳明先生除夕韵》)

"天地万物一体","万物一体","仁者浑然与物同体","混沌一元",这就是承认万物只有一个本原,这是一种一元论思想。天地万物,只是一体,则人也就是万物之一。天地、万物、人,都是自然。这个自然,王艮称之为"天"。

> "父母生我,形气俱全。形属乎地,气本乎天,中涵太极,号人之天。此人之'天',即天之'天'。此天不昧,万理森然,动则俱动,静则同焉。天人感应,因体同然。天人一理,无大小焉。"(《王心斋先生遗集》卷二《孝箴》)

人之天,即天之天。由于天人同体,所以天人感应,天人一理。王艮论述人性,和这一思想有密切联系。

王艮认为人性之"体"就是天性之"体",而天性之"体"又是自然的同义语。他说:"天性之体,本是活泼。鸢飞鱼跃,便是此体。"(《王心斋先生遗集》卷一《语录》)鸢飞戾天,鱼跃于渊,是动物的天性,也即动物的本能,人的饥思食,渴思饮,男女之爱,也是活泼泼的"天性之体"。"天体之性",本诸自然,人人皆同。这种"天体之性"又叫做"中"。王艮说:"惟皇上帝,降'中'于民,本无不同。鸢飞鱼跃,此'中'也。譬之江、淮、河、汉,此水也,万紫千红,此春也。"江、淮、河、汉里的水都是水,万紫千红都是春。某甲、某乙、某丙、某丁,都是人,都有此"中",都有此"天体之性"。这里包含有平等思想,这种平等思想与"万物一体"的一元论是相联系的。

人性既是天体之性,因此不假安排,不涉外物,只是顺着天性去作就是。顺着心之本体(案即天体之性),就有无边快乐。

> "良知之体,与鸢鱼同一活泼泼地。当思则思,思通则已。……要之自然天则,不着人力安排。"

> "无为其所不为,无欲其所不欲,只是致良知便了。故曰,如此而已矣。"

> "天理者,天然自有之理也。才欲安排如何,便是人欲。(人欲,按:即指人为。)"

"凡涉人为,皆是作伪。故伪字从人从为。"

"人性上,不可添一物。"

"不亦说(悦)乎? 说(悦)是心之本体。"(均见《王心斋先生遗集》卷一《语录》)

王艮肯定了饮食男女之性,认为这是人的天性的自然权利,不容统治阶级的人力安排、人为干涉,不容统治阶级强迫人民"为其所不为"、"欲其所不欲"。顾宪成论何心隐辈(按:即指泰州学派)"坐在利欲胶漆盆中,所以能鼓动得人"(《明儒学案》卷三二《泰州学案》引),正是一针见血之言。宣扬劳动人民的本然"利欲",鼓动劳动人民为争取这种本然"利欲"的满足而斗争,当然就要"掀翻天地",把封建统治阶级从宝座上推倒下来。王艮的良知说,是对王阳明的良知说的根本修正,袭用其语言形式而改变了他的内容。《年谱》记载了一段笑话,反映了王艮修正良知说的真实情况:

"南野公(欧阳德,王阳明学生)尝讲'致良知'。先生(王艮)戏之曰,某近讲'良知致'。南野延先生连榻数宵,以日用见在,指点良知。"(《王心斋遗集》卷三《年谱》)

王艮把王阳明的"致良知"颠倒过来,变成"良知致",而良知的内容就是百姓"日用现在"(按:即人民今日的一切日常事务,如吃饭、穿衣等等),这说明王阳明的良知说,到王艮手里,就从封建的教条暗地里变成了人民的欲望。

王艮进一步认为"体用一原",有是体即有是用。"万物一体"和"体用一原"构成王艮的一元论思想。

"或言老佛得吾儒之体。先生曰,体用一原。有吾儒之体,便有吾儒之用。老佛之用,则自是老佛之体也。"(《王心斋遗集》卷一《语录》)

"体用不一,只是工夫生。"(同上)

按照"体用一原"的逻辑,王艮从人的"天性之体",发展了人的"百姓日用"这一光辉命题。所谓"百姓日用",就是劳动人民的生产劳动、吃饭穿衣等日常生活。既是"体用一原",则与劳动人民的"天体之性"结合着的就必然有劳动人民的"百姓日用"。

"百姓日用之学"是王艮思想的进步的命题。从《年谱》的叙述可以看出,王艮40岁以后讲学的中心问题就是把"百姓日用之学"和"至近而神"联系在一起,使"神"从神权之"神"的宝座上拉下来,寄生在现实世界里:

"四十二岁……多指百姓日用,以发明良知之学。大意谓百姓日用条理处,即是圣人条理处。"

"四十六岁……集同门讲于书院。先生言百姓日用是道。初闻多不信。先生指僮仆之往来,视听持行,泛应动作处,不假安排,俱是顺帝之则,至无而有,至近而神。……一时学者有省。"

"四十九岁。是年,四方从游日众,相与发挥百姓日用之学,甚悉。"

"五十一岁……以日用见在,指点良知。"

"五十七岁……先生曰,此学是愚夫愚妇能知能行者。圣人之道,不过欲人皆知皆行,即是位天地,育万物把柄。不知此,纵说得真,却不过一节之善。"(《王心斋遗集》卷三《年谱》)

在《语录》(《王心斋遗集》卷一)里也有多处谈到"百姓日用之学"。例如:

"圣人之道,无异于百姓日用。凡有异者,皆是异端。"

"愚夫愚妇,与知能行,便是道,与鸢飞鱼跃同一活泼泼地,则知性矣。"

"或问'中'。先生曰:此童仆之往来者,'中'也。曰:然则百姓之日用即'中'乎?曰:孔子云,百姓日用而不知。使非'中',安得谓之道?特无先觉者觉之,故不知耳。"

"圣人经世,只是家常事。"

从《年谱》和《语录》的这些材料里,我们可以清楚地看到王艮的"百姓日用之学",具有首尾一贯的人民性。首先,王艮指的人民,就是"愚夫愚妇"，就是"僮仆"一类的人，也就是被压迫、没有文化教养的广大劳动人民。王艮对下层劳动人民有深厚感情，他有一首诗，专门歌颂"下"，说一切都从下层来，说在下层才有最广大的世界。海是下，而万派就都从海下来；地是下，而天也包在地下。(《王心斋先生遗集》卷二《天下江山一览诗》，第二首咏"下"：世人不肯居斯"下"，谁知"下"里乾坤大，万派俱从海"下"来，天大还包在地"下"。)其次，王艮指的日用，就是僮仆一类人物的往来、视听、持行、泛应动作，就是劳动人民的"家常事"，也就是劳动人民的生产活动和生活活动。第三，王艮认为只有劳动人民的生产活动和生活活动才是真理，才是真实的学问，只有"百姓日用是道"，"百姓日用之学"，才是圣人的学问。如果不是"愚夫愚妇能知能行"的"日用之学"，则"纵说的真，却不过是一节之善，算不得圣人之道"，只能算是"异端"。第四，王艮认为"百姓日用之学"是最平常的，没有什么高深、奥妙、奇特，因此，一切"愚夫愚妇"，都"能知能行"。而且因为是"百姓日用之学"，所以正是劳动人民所天天实践的。在这种"家常事"的实践里就有圣人说的条理(按：即真理)在。

王艮用百姓的"下"代替统治阶级的"上"，用"地"代替"天"，又把劳动人民的家常事作为"圣人之道"，而把正宗的圣人之道斥为异端，这里就有对封建主义破坏的进步意义。王艮的"百姓日用之学"受到人民的拥护，有人称之为"如日月复明而星辰复灿，称之为日用中之布帛粟菽"(《王心斋先生遗集》卷四王元翰：《王艮传》)。王艮的这种思想自然要遭到传统思想的反对，《年谱》记载当时的"同门"，"初闻多不信"，邹东廓和王龙溪说众人"訾其挥霍"(《王心斋先生遗集》卷四邹东廓、王龙溪撰奠文)。

王艮依据"万物一体"的世界观，要求出现"万物一体之政"。所谓"万物一体之政"，按他的设计，就是"君为尧、舜之君"，"民为尧、舜之民"，使万物都能得其"所"，使每一个人都成为善良君子，使每一家都很富足安乐，"比屋可封"。如果说还有"封"的意义，那么这里不再是特权、法权的封建了，而是人间平等式的"比屋可封"。他说：

"以万物一体之仁而竭心思焉，斯有万物一体之政。是故……必使是君为尧、舜之君，使是民为尧、舜之民。"（《王心斋先生遗集》卷二《答朱思斋明府》）

"夫仁者以天地万物为一体，一物不获其'所'，即己之不获其'所'也，务使获'所'而后已。是故人人君子，比屋可封，天地位而万物育，此则予之志也。"（《王心斋先生遗集》卷一《勉仁方书壁示诸生》）

王艮对于政治，分作三种不同类型：羲皇景象、三代景象、五伯景象。这是袭用了王阳明的说法。这三种不同类型的政治，究竟是什么具体景象呢？《年谱》有一个故事作了象征性的说明：

"五十四岁。……先生如金陵，偕（董）燧数十辈会龙溪（王畿）邸舍，因论羲皇、三代、五伯事，同游未有以对。复游灵谷寺，与同游列坐寺门，歌咏。先生曰：'此羲皇景象也'。已而龙溪至，同游序列候迎。先生曰：'此三代景象也'。已而隶卒较骑价，争扰寺门外。先生曰：'此五伯景象乎。羲皇、三代、五伯，亦随吾心之所感应而已，岂必观诸往古'？"

《礼运篇》所叙述，大道之行的大同之世与三代之英的小康之世，正就是王艮所说的羲皇与三代。在大同之世，大家生活和谐，有如列坐歌咏，自然而快乐。在小康之世，已经有了私有财产，有了阶级划分，有了"礼义之纪"，大家就有尊卑次序，讲求礼节。在五伯之世，充满了战争与攘夺，正如为了计较骑价的多少，人们就争扰起来。王艮对五伯之世的深刻不满，指的就是封建制社会的压迫和剥削。王艮所空想而希冀实现的就是列坐咏歌的平等自由的世界。这种平等自由的世界，君是尧、舜之君，民是尧、舜之民，君臣之间，"只是相与讲学"（《王心斋先生遗集》卷一《语录》："唐、虞君臣，只是相与讲学"）。人人都是君子，家家都很富足，无一物不获其"所"。对此，王艮称之为"羲皇景象"。王艮所描画的这幅理想的蓝图，决不是想复古，而是要在掀翻了当前的天地之后，另创一个新天地。这即是对于理想社会制度的"空想性的描写"。

但是，王艮所看到的明代中期以后的社会情况，完全是一团糟。他在《王道论》里说："今天下田制不定，而游民众多，制用无节而风俗奢靡。所谓一人耕之，十人从而食之，一人蚕之，百人从而衣之，欲民无饥寒，不可得也。饥寒切身，而欲民之不为非，不可得也。"(《王心斋先生遗集》卷二)那时的人民，正如一碗鳝鱼，"复压缠绕，奄奄然若死之状。"(《王心斋先生遗集》卷二《鳅鳝赋》)在这种情况下，他的善良的心愿想望着羲皇景象，但是并没有羲皇景象的现实条件。王艮借传说中的文王自喻，说道：

> "文王望道而未之见。道，如'鲁一变至于道'之'道'。视民如伤，故望天下于道也。见，如'岂若于吾身亲见'之'见'。当纣之乱，故卒未之见也。"(《王心斋先生遗集》卷一《语录》)

这是用解释经典的方式作信仰将来的思想表白。文王视民如伤，望道而未之见，所见的是"纣之乱"，是纣一样的君主。

王艮又企图从土地所有制，解决封建制社会的矛盾。他在安丰盐场，提出了"均分草荡"的建议，这应该看作是他的试验性的方案。

> "裂土封疆，王者之作也。均分草荡，裂土之事也。其事体虽有大小之殊，而于经界受业则一也。是故均分草荡，必先定经界。经界有定，则坐落分明，上有册，下有给票，上有图，下守业，后虽日久，再无紊乱矣。盖经界不定，则坐落不明，上下皆无凭据。随分随乱，以致争讼。是致民之讼，由于作事谋始不详，可不慎欤。

> "一、定经界。本场东西长五十余里，南北阔狭不同。本场五十总，每总丈量一里，每里以方五百四十亩为区，内除粮田官地等项，共计若干顷亩。本场一千五百余丁，每丁分该若干顷亩。各随原产，草荡、灰场、住基、灶基、粮田、坟墓等地，不拘十段、二十段，有散坐落某里某区内，给与印信纸票，书照明白。着落本总本区头立定界墩明白，实受其业。后遇逃亡事故，随票承业，虽千万年之久，再无紊乱矣。"(《王心斋先生遗集》卷二《均分草荡议》)

这篇《均分草荡议》,应该是一个残稿,估计全稿当有若干项目,而这里只说了一个项目"定经界"。从《年谱》的记载,可以看到这个《均分草荡议》是执行了的。

> "五十六岁。……时安丰场灶产不均,贫者多失业,奏请摊平,几十年不决。会运佐王公、州守陈公共理其事,乃造先生谋,先生竭心经画。三(疑当作二)公喜得策,一均之而事定,民至今乐业。"

由于文献缺略,我们对均分草荡不能作过多推断,但是有些基本认识是可以肯定的:均分草荡的起因是"灶产不均,贫者多失业"。贫者提出了"摊平"的要求。王艮的均分方案,就是一种"摊平"的方案,就所有安丰场草荡,画定经界之后,按灶丁人数,"每人分该若干顷亩"。他企图满足失业的贫者的要求,认为这种"摊平"的均分办法,符合王者"裂土之事"的精神。草荡主要生长煮盐用的蒿草,但是年岁久了,其中部分可以开垦为耕地,然后由政府起科纳粮,改称"粮田"。王艮的方案里提到的粮田,就是这一类田。草荡里常有未及起科纳粮但是已经垦熟的耕地。不论灶丁掌握的灶产是草荡,是粮田,或尚未起科的耕地,总之,在灶产不均、贫者失业的情况下,封建政府按丁课盐,则贫富之间封建剥削关系的发生是自然的。因此,均分草荡虽然在官府计划下进行,但这是为了满足贫者摊分灶产的要求而设计的,也就具有反对封建独占的平均主义小私有的性质。

王艮认为均分田地的办法,也应该在全国范围内进行,但是由于"望道而未之见",由于当时还是为"纣之乱世",因而他迂回起来,和其他启蒙者相似,最后诉之于教育人民,有了条件才逐步进行。《王道论》说:

> "三代贡助彻之法,后世均田限田之议,口分世业之制,必俟人心和洽,方可斟酌行之。师其意而不泥其迹,行之有渐,则变通得宜,民皆安之,而不见其扰矣。所谓人心和洽,又在教之有方。"

王艮认为残暴的君主应该推翻,"可伐","可易位",但是一姓的"天下不可取"。既要有"救世之仁",又要有"君臣之义"。这种"两得之"的空想,虽然主要的还是承袭了民为贵、君为轻的民主思想,但是也反映了王艮思想的历史局限性。无论如何,他敢于讨论"革命",是可贵的。

"问:《易》称'汤、武革命,顺乎天而应乎人。'《论语》称'伯夷、叔齐,饿于首阳之下,民到于今称之。'是皆孔子言也,何事异而称同邪?先生曰:汤、武有救世之仁,夷、齐有君臣之义,既皆善,故并美也。……纣可伐,天下不可取,彼时尚有微子在,迎而立之,退居于丰,确守臣职。则救世之仁,君臣之义,两得之矣。"(《王心斋先生遗集》卷一《语录》)

"贵戚之卿,君有大过则谏,反复之而不听,则易位。……故孟子曰,'民为贵,社稷次之,君为轻'也。"(同上)

在封建制社会桀、纣之君的统治下,王艮坚决拒绝在统治阶级的行列里做官。徐樾说,"吾夫子不仕。"(《王心斋先生遗集》卷三《门人私谥议》)耿定向说,王艮对五个儿子,"皆令志学,不事举子业"(《王心斋先生遗集》卷四《王艮传》)。徐樾听了王艮讲学后,"随即欲解官善道",王艮就认为他笃于信道,是"有志之士",坚决准备授他以"大成之学"(《王心斋先生遗集》卷二《又与徐子直》)。王艮以"不仕"、"解官"为笃于信道,为有志,作为可以传道的条件,这种态度鲜明地表现出泰州学派跟封建统治阶级的对立。

为了贯彻"救世之仁",王艮坚持周游天下,作讲学、传道的活动,"入山林求会隐逸,过市井启发愚蒙"。王艮的文章和《语录》里,对此讲得很多。

"观其(孔子)汲汲皇皇,周流天下,其仁可知矣。文王小心翼翼,视民如伤,望道而未之见,其仁可知矣。尧、舜兢兢业业,允执厥中,以四海困穷为己责,其仁可知矣。观夫尧、舜、文王、孔子之学,其同可知矣。其位分虽有上下之殊,然其为天地立心,为生民立命,则一也。颜渊曰:'舜何人也,予何人也,有为者亦若是。'吾侪其勉之乎!吾侪其勉之乎!"(《王心斋先生遗集》卷一《勉仁

方》）

"孔子曰：'吾无行而不与二三子者，是丘也。'只是学不厌，教不倦，便是致中和，位天地，育万物，便做了尧、舜事业。此至简至易之道，视天下为家常事，随时随地无歇手地。故孔子为独盛也。先师尝有精金之喻，予以为孔子是灵丹，可以点瓦石成金，无尽藏者。"（《王心斋先生遗集》卷一《语录》）

"大丈夫存不忍人之心，而以天地万物依于己，故出则必为帝者师，处则必为天下万世师。出不为帝者师，失其本矣；处不为天下万世师，遗其末矣。进不失本，退不遗末，止至善之道也。"（同上）

"飞龙在天，上治也，圣人治于上也；见龙在田，天下文明，圣人治于下也。惟此二爻，皆谓之大人。故在下必治，在上必治。"（同上）

"孔子知本，故仕、止、久、速，各当其时。其称山梁雌雉之时哉，正以色举而翔集耳。"（同上）

"山梁雌雉，时哉时哉，叹其举止之得时也。三嗅而作，是举得其时也。翔而后集，是止得其时也。"（《王心斋先生遗集》卷一《语录》）

"有人以伊、傅称先生者。先生曰：'伊、傅之事我不能（按：指当时历史条件下，不可能致君如商汤与殷高宗），伊、傅之学我不由'。门人问曰：'何谓也？'曰：'伊、傅得君，可谓奇遇；设其不遇，则终身独善而已。孔子则不然也。'"（同上）

"孔子谓'二三子以我为隐乎'。此'隐'字对'见'字说。孔子在当时，虽不仕，而无行不与二三子，是修身讲学，以'见'于世，未尝一日'隐'也。'隐'则如丈人、沮、溺之徒，绝人避世，而与鸟兽同群者，是已。乾初九，不易乎世，故曰：龙德而'隐'。九二，善世不伐，故曰：'见'龙在田。观桀溺曰：'滔滔者，天下皆是也，而谁以易之'，非'隐'而何？孔子曰：'天下有道，丘不与易也'。非

'见'而何?"(《王心斋先生遗集》卷一《语录》)

"近悟得阴者阳之根,屈者伸之源。孟子曰:不得志则修身见于世,此便是见龙之屈、利物之源也。"(《王心斋先生遗集》卷二《与薛中离》)

"门人问先生云:'出则为帝者师,然则天下无为人臣者矣。'曰:'不然。学也者,所以学为师也,学为长也,学为君也。帝者尊信吾道,而吾道传于帝,是为帝者师也。吾道传于公卿大夫,是为公卿大夫师也。不待其尊信而炫玉以求售,则为人役。是在我者不能自为之主宰矣,其道何由而得行哉。道既不行,虽出徒出也。若为禄仕,则乘田委吏,牛羊茁壮,会计当,尽其职而已矣。道在其中而非所以行道也。……故吾人必须讲明此学,实有诸己,大本达道,洞然无疑,有此把柄在手,随时随处无人而非行道矣。有王者作必来取法,是为王者师也。使天下明此学,则天下治矣。是故出不为帝者师,是漫然苟出,则反累其身,则失其本矣。处不为天下万世师,是独善其身,而不讲明此学,则遗末矣。皆小成也。故本末一贯,合内外之道也'。"(《王心斋先生遗集》卷一《语录》)

"董子某问:'先生尝曰,出则必为帝者师,处则必为天下万世师,疑先生好为人师,何如?'……先生曰:'《礼》不云乎,学也者学为人师也。学不足为人师,皆苟道也。故必须修身为本,然后师道立而善人多矣。如身在一家必修身立本以为一家之法,是为一家之师矣。身在一国必修身立本以为一国之法,是为一国之师矣。身在天下必修身立本以为天下之法,是为天下之师矣。故出必为帝者师,言必尊信我修身立本之学,足以起人君之敬信,来王者之取法,夫然后道可传亦可行矣。……斯出不遗本矣。处必为天下万世师,言必与吾人讲明修身立本之学,使为法于天下,可传于后世。夫然后立必俱立,达必俱达,庶几乎修身见世,而非独善其身者也。斯处也不遗末矣。孔、孟之学正如此,故其出也,以道徇身,而不以身殉道;其处也学不厌而教不倦。本末一贯,夫是谓明德、

亲民、止至善矣'。"(《王心斋先生遗集》卷一《语录·答问补遗》)
从这些材料可以看到王艮以师道自处,即是以教主自处。按照具体的
政治条件,或"出"或"处"。"出"则为帝者师,为王者所敬信,为王者
所取法。这就是飞龙在天,上治。"处"则无行不与二三子,周游天下,
不断地讲学,为天下万世师,使"无一民不明不觉"(《全集》卷一门人徐
樾《寄王衣等》)。这就是见龙在田,下治。什么情况下"出",什么情况
下"处"呢? 他以为主要看当时的政治条件,尧、舜在上,可以"出";桀、
纣在上,只能"处"。但是"处"不同于"隐","处"还是"见",是见龙在
田,天下文明。长沮、桀溺,离绝人世,与鸟兽同群,那才叫作"隐"。王
阳明有诗云:"羡杀山中麋鹿伴,千金难买芰荷衣",这是"隐",这是长
沮、桀溺的行径。王艮说,这诗应该改成这样:"羡杀山中浴沂伴,千金
难买暮春衣"(《王心斋先生遗集》卷一《语录》),这就是"见",就是"无
行不与二三子"。从这里也可以看到王阳明和王艮在政治态度上的根
本分歧。黄宗羲说,王艮的这种思想,终是"蒲轮辙环意见。阳明之所
欲裁抑者,熟处难忘也。于遁世不见知而不悔之学,终隔一尘。"(《明
儒学案》卷三二《泰州学案》)这就是"赤身担当,无有放下时节"。

王艮的《鳅鳝赋》,形象地说明了"在田人龙"与人民的生死关系。

"道人闲行于市,偶见肆前育鳝一砠,复压缠绕,奄奄然若死
之状。忽见一鳅,从中而出,或上或下,或左或右,或前或后,周流
不息,变动不居,若神龙然。其鳝因鳅,得以转身通气,而有生意。
是转鳝之身,通鳝之气,存鳝之生者,皆鳅之功也。虽然,亦鳅之乐
也。非专为悯此鳝而然,亦非为望此鳝之报而然,自率其性而已
耳。于是道人有感,喟然叹曰:'吾与同类并育于天地之间,得非
若鳅鳝之同育于此砠乎。吾闻大丈夫以天地万物为一体,为天地
立心,为生民立命,几不在兹乎?'遂思整车束装,慨然有周流四方
之志。少顷,忽见风云雷雨交作,其鳅乘势跃入天河,投入大海,悠
然而逝;纵横自在,快乐无边。回视樊笼之鳝,思将有以救之。奋
身化龙,复作雷雨,倾满鳝砠。于是缠绕复压者,皆欣欣然而有生

意。俟其苏醒精神,同归于长江大海矣。道人欣然就车而行。或
谓道人曰:'将入樊笼乎?'曰:'否。吾岂瓠瓜也哉,焉能系而不
食?''将高飞远举乎?'曰:'否。我非斯人之徒而谁与?''然则如
之何?'曰:'虽不离于物,亦不囿于物也。'因诗以示之。诗曰:一
旦春来不自由,遍行天下壮皇州。有朝物化天人和,麟凤归来尧、
舜秋。"(《王心斋先生遗集》卷二)

在封建樊笼碙里,人民像鳝一样的复压缠绕,奄奄若死。王艮以"救世
之仁"的教主自命,比作"周流不息,变动不居"的神龙似的鳅,人民得
以转身、通气和生存。王艮从鳅的地位变成了在天飞龙,而人民也一起
冲出樊笼,归入了纵横自在的大海。这时候,"麟凤归来尧、舜秋",出
现了一个新的太平局面。这是王艮本身从"在田人龙"到"在天飞龙"
的善良的空想。

王艮认为在当时的历史条件下,"见龙在田"是正常的,而"飞龙在
天"的可能性不大,所以说:"圣人虽时乘六龙以御天,然必当以见龙为
家舍。"(《王心斋先生遗集》卷一《语录》)这种有关"出"和"处"的学
说,所谓"出则必为帝者师,处则必为天下万世师",是王艮学说的重要
部分。王艮说:"学术宗源,全在出处大节。"(同上)因为这里讲的
"出"和"处",不是和正宗说的"出"和"处"相同,而是牵连到对政治的
看法问题,牵连到本末一贯的问题,牵连到如何行道与行什么道的问
题。《语录》记载王艮与徐樾的一段问答,揭示了"出""处"大节所以
为学术宗源的微旨:

"子谓徐子直曰:何谓至善? 曰:至善即性善。曰:性即道乎?
曰:然。曰:道与身何尊? 身与道何异? 曰:一也。曰:今子之身能
尊乎否与? 子直避席请问焉,曰:何哉,夫子之所谓尊身也? 子曰:
身与道原是一体,至尊者此道,至尊者此身。尊身不尊道,不谓之
尊身。尊道不尊身,不谓之尊道。须道尊身尊,才是至善。故曰:
天下有道,以道徇身;天下无道,以身徇道。必不以道徇乎人。使
有王者作,必来取法,致敬尽礼,学焉而后臣之,然后言听计从,不

劳而王。如或不可,则去。仕、止、久、速,精义入神,见机而作,不
俟终日。避世避地,避言避色,如神龙变化,莫之能测。《易》曰:
'匪我求童蒙,童蒙求我'。又曰:'求而往,明也。'动静不失其时,
其道光明。见险而能知止矣。……若以道从人,妾妇之道也,己不
能尊信,又岂能使彼尊信哉? 及君有过,却从而谏,或不听,便至于
辱且危。故孔子曰:'清斯濯缨,浊斯濯足',自取之也。子直拜而
谢曰:樾甚惭于夫子之教。"(《王心斋先生遗集》卷一《语录·答问
补遗》)

"出""处"大节,联系到尊身尊道问题。未可"出"而"出",以道徇人
(或曰以道从人),则此道便成为"妾妇之道"。尊身即所以尊道,尊道
即所以尊身,所谓"身与道原是一体"。这在今天看来是一种迂阔的理
论,在封建制社会末期则是一种反映了社会的悲剧矛盾的难题,即是
说,既有变革的因素而其因素又不成熟,这就使得一位有大志改造社会
的人物,不能不在矛盾中寻求什么"出""处"一致的辩解。这种辩解,
《明儒学案》许之为"圣人复起,不易斯言。"

"先生(王艮)曰:'圣人以道济天下,是至尊者道也,人能容
道,是至尊者身也。道尊则身尊,身尊则道尊。故学也者,所以学
为师也,学为长也,学为君也。以天地万物依于身,不以身依于天
地万物。舍此,皆妾妇之道。'圣人复起,不易斯言。"(《明儒学案》
卷三二《泰州学案》)

与"出""处"问题密切联系着的,是王艮的安身说与格物论。安
身、格物,构成王艮的"淮南格物"之说,这是一般认为与王阳明之学不
同的地方。王艮在《复初说》、《明哲保身论》、《勉仁方》诸论文中,提
出了他的"淮南格物"之说。这些论文,特别是《明哲保身论》,是在什
么政治环境下写作的呢?《年谱》于此,有明确的说明:

"四十四岁。……冬十月,作《明哲保身论》。……时同志在
宦途,或以谏死,或谴逐远方。先生以为身且不保,何能为天地万
物主? 因瑶湖北上,作此赠之。"

泰州学派与统治者的消极不合作,自行讲学传道,希望积聚力量,终于能有一旦春来的时候。从这一意义来看,王艮的《明哲保身论》,具有反抗政治压迫的积极意义。黄宗羲以为王艮的安身说,不免开了"临难苟免"之隙(《明儒学案》卷三二《泰州学案》)。但是,衡以泰州学派中人如何心隐、李贽等的临难不屈,慷慨牺牲,则所谓"临难苟免",实际并不存在。

所谓"淮南格物",其具体内容如下:

"治天下有本,身之谓也。"(《王心斋先生遗集》卷一《复初说》)

"知保身者,则必爱身如宝。能爱身,则不敢不爱人。能爱人,则人必爱我。人爱我,则我身保矣。能爱人,则不敢恶人。不恶人,则人不恶我。人不恶我,则我身保矣。……此仁也,万物一体之道也。以之齐家,则能爱一家矣。能爱一家,则一家者必爱我矣。一家者爱我,则吾身保矣。吾身保,然后能保一家矣。以之治国,则能爱一国矣。能爱一国,则一国者必爱吾也。一国者爱我,则吾身保矣。吾身保,然后能保一国矣。以之平天下,则能爱天下矣。能爱天下,则天下凡有血气者,莫不尊亲。莫不尊亲,则吾身保矣。吾身保,然后能保天下矣。此仁也,所谓至诚不息也。……知保身而不知爱人,必至于适己自便,利己害人,人将报我,则吾身不能保矣。吾身不能保,又何以保天下国家哉。此自私之辈,不知本末一贯者也。……故君子之学,以己度人。己之所欲,则知人之所欲;己之所恶,则知人之所恶。……必至于内不失己,外不失人,成己成物而后已。此恕也,所谓致曲也,忠恕之道也。"(《王心斋先生遗集》卷一《明哲保身论》)

"夫仁者以天地万物为一体,一物不获其所,即己之不获其所也,务使获所而后已。是故人人君子,比屋可封,天地位而万物育,此予之志也。……欲正物而不先正己者,非大人之学也。故诚者,非自成己而已也,所以成物也。成己,仁也;成物,智也;性之德也,

合外内之道也。"(《王心斋先生遗集》卷一《勉仁方·书壁示诸生》)

"君子之欲仕,仁也。可以仕则仕,义也。居仁由义,大人之义毕矣。"(《王心斋先生遗集》卷一《语录》)

"知安身而不知行道,知行道而不知安身,俱失一偏。故居仁由义,大人之事备矣。"(同上)

"止至善者,安身也。安身者,立天下之大本也。本治而末治,正己而物正也,大人之学也。是故身也者,天地万物之本也;天地万物,末也。知身之为本,是以明明德而亲民也。身未安,本不立也。本乱而末治者,否矣。……故《易》曰:'身安而天下国家可保也'。如此而学,如此而为大人也。不知安身,则明明德亲民却不曾立得天下国家的本,是故不能主宰天地,斡旋造化。"(《王心斋先生遗集》卷一《语录·答问补遗》)

"身与天下国家,一物也,惟一物而有本末之谓。格,絜度也。絜度于本末之间,而知本乱而末治者,否矣。此格物也。"(同上)

"诸生问'格'字之义。子曰:'格'如格式之格,即后'絜矩'之谓。吾身是个矩,天下国家是个方。'絜矩',则知方之不正,由矩之不正也。……矩正则方正矣,方正则成格矣,故曰'格物'。吾身,对上下前后左右,是'物'。絜矩,是'格'也。'其本乱而末治者否矣'一句,便见'絜矩''格'字之义。"(同上)

绅绎王艮的"淮南格物"说,主要论点是三个:第一,格物说是王艮的"天地万物一体"之说在政治论和人生论方面的发挥。既然"天地万物一体",既然"惟皇上帝,降'中'于民,本无不同",则人己平等可知。从人己平等出发,故爱身就要爱人,就要反对"适己自便","利己害人"。爱身和爱人是统一起来的。按他说,爱身为本,爱人为末,本末一贯,就是本末统一。失本遗末,都是错误的。遗末,也就是没有立本。第二,王艮一方面认为"天地万物一体",另一方面又认为"天地万物依于己",故个人对天地万物负有"不容己"的责任。"一夫不获其所,即己之不获其所,务使获所而后已。"因此,对己,就首先要提出严格的要求。"吾身是个矩,天下国家是个方。……方之不正,由矩之不正。"吾身之矩,首先要能正,正己才能正物。这样,才能做到"内不失己,外不失人,成己成物",这,也就是"本末一贯",也就是"合内外"。故安身说,不仅要求身在物质条件上的安,也要求身在"成己成物"上的安;不仅要做到人在物质条件上的安,也要做到人在"成己成物"上的安,所谓"无一民不明不觉"。这就是格物。第三,安身,首先是物质条件上的安。所谓物质条件上的安,即吃饱穿暖,生活下去。《语录》说:"即事是学,即事是道,人有困于贫而冻馁其身者,则亦失其本而非学也。夫子曰,'吾岂瓠瓜也哉,焉能系而不食'?"就是这个意思。贫困,吃不饱,穿不暖,就是失本,就是没有做到安身。自己和天下人都吃饱穿暖,就做到了大家都安身的先决条件。

王艮的《乐学歌》,最为学者所传诵。这是他的人心自然论和认识论的学说。

"人心本是乐,自将私欲缚。私欲一萌时,良知还自觉。一觉便消除,人心依旧乐。乐是乐此学,学是学此乐。不乐不是学,不学不是乐。乐便然后学,学便然后乐。乐是学,学是乐。呜呼,天下之乐,何如此学,天下之学,何如此乐。"

王艮认为人心本体就是自然,自然就是快乐。王艮的仲子王襞说:"鸟啼花落,山峙川流,饥食渴饮,夏葛冬裘,至道无余蕴矣。"这是对"人心本是乐"的确当解释。鸟之啼,花之落,山岳之耸峙,川水之流泻,是自然界的景象,自然而然,不假人力。夏天穿葛,冬天穿裘,饥来则食,渴至则饮,是人的生理要求,自然而然,不假做作。这就是"至道"。至道就是心之本体。把心之本体作为生理的自然要求来考察,这就摆脱阳明良知说的神秘气氛。王艮的人心自然论与其世界观密切联系,天地万物一体,人的"中"(按:指心之本体),彼此并无不同,中就是乐,就是至道。

乐既然是生理的自然要求,则乐与欲也是统一的。人同此乐,也即人同此欲。王艮说："君子之学，以己度人。己之所欲，则知人之所欲，己之所恶，则知人之所恶。……必至于内不失己，外不失人，成己成物而后已。"(《明哲保身论》)可知王艮承认人欲是合理的自然的要求，并不采取禁欲主义。他要求着满足每个人的欲，成己又要成物，使人己皆得，平等而又平均。王艮反对"私欲"。所谓"私欲"，意味着只顾自己，不管别人的自私自利的欲。私是公的对立面，私欲不是建筑在平等平均基础上的欲，这种欲，显然指剥削阶级的专横与垄断。王艮反对"私欲"，意味着反对剥削阶级的专横与垄断。

王艮所说的学就是发展人的心之本体的自然之乐，就是发展人的生理的自然要求。百姓日用就是学。夏与之葛，冬与之裘，饥与之食，渴与之饮，就是学。所以说："乐是学，学是乐。"又说："社稷人民，固莫非学"，"唐、虞君臣，只是相与讲学。"(《王心斋先生遗集》卷一《语录》)

由于学的目的是满足和发展人的生理的自然要求，所以学的方法，也是简易直接，自自然然。王艮说："天下之学，惟有圣人之学好学，不费些子气力，有无边快乐。若费些子气力，便不是圣人之学，便不乐。"(同上)王艮的学生王汝贞持学太严，王艮开导他说："学不是累人的。"因指旁斫木匠示之曰："彼却不曾用功，然亦何尝废事？"(《年谱》五十岁)学即是百姓日用，因此，也便不须烦琐的经传诵习。所以说："学者初得头脑，不可便讨闻见(按:指书本知识)支撑。正须养微致盛。则天德王道在此矣。六经四书，所以印证者也。若功夫得力，然后看书，所谓'温故而知新'也。不然，放下书本，便无功夫做。"(《王心斋先生遗集》卷一《语录》)又说："经所以载道，传所以释经。经既明，传不复用矣。道既明，经何足用哉。经传之间，印证吾心而已矣。"(同上)王艮教人放下书本，不依靠经传，不须讨闻见(书本知识)的支撑，就是说，百姓日用是生活，跟书本知识关系不大，学主要应该从百姓日用中求。

王艮重视讲学活动，他说："经世之业，莫先于讲学以兴起人才者。"(同上)在师友关系上，王艮阐发得很多：

"圣人济屯,曰利建侯,只是树立朋友之义。"(同上)

"故朋之来也,予日乐之;其未来也,予日望之。此予之心也。今朋友自远方而来者,岂徒然哉,必有以也。观其离父母、别妻子、离家业,不远千里而来者,其志则大矣。其必然有望于予者也,予敢不尽其心以孤其所望乎。是在我者,必有所责任矣。朋之来也,而必欲其成就,是予之本心也。而欲其速成则不达焉,必也使之明此良知之学,简易快乐,优游厌饫,日就月将,自改自化而已。"(《勉仁方》)

"《通书》曰:'曷为天下善?曰师。师者,立乎中,善乎同类者也。故师道立则善人多,善人多则朝廷正而天下治矣。'非天下之至善者,孰能与于此哉。……有志之士,何代无之,若非明师良友,鼓舞于前,诱掖奖劝,抑其过,引其不及,以至于中,其不至于半途而废,行不著,习不察,流于异端枝叶者,鲜矣。"(《王心斋先生遗集》卷一《安定书院讲学别言》)

王艮关于师友的互相帮助,互相启发,师道的尊重和师的责任的重大,这等学说,后来为泰州学派的何心隐、罗近溪等所充分发展。但是由于百姓日用是学,因而师也并不特别了不起,就是"涂之人"皆可以作为明师。

"有别先生者,以远师教为言。先生曰:'涂之人皆明师也,得深省。'"(《王心斋先生遗集》卷一《语录》)

第三节 泰州学派的传统

王艮的学说,从万物一体的原则出发,承认人我平等,承认百姓日用是道。为了实现人人平等快乐的政治理想,王艮主张"出"必为帝者师,"处"必为天下万世师。为了反对统治阶级的残暴和迫害,王艮以见龙为家舍,积极从事山林和市井间的传道活动。他的乐学说,主张满足和发展每一个人的生理自然要求,反对统治阶级的私欲。王艮的这种学说,自称为"大成之学"。他给徐樾的信里说:"我心久欲授吾子直大成之学。"(《王心斋先生遗集》卷二《又与徐子直》)王艮晚年作的《大成歌》,就概括了他的学说的基本论点,并表达了他的远大的期望。

> "十年之前君病时,扶危相见为相知。十年之后我亦病,君期枉顾亦如之。始终感应如一日,与人为善谁同之。尧、舜之为乃如此,乌莫询及复奚疑。我将大成学印证,随言随悟随时跻。只此心中便是圣,说此此人便是师。至易至简至快乐,至尊至贵至清奇。随大随小随我学,随时随处随人师。掌握乾坤大主宰,包罗天地真良知。自古英雄谁能比,开辟以来惟仲尼。仲尼之后微孟子,孟子之后又谁知?广居正路致知学,随语斯人随知觉。自此以往又如何,吾侪同乐同高歌。随得斯人继斯道,太平万世还多多。……自此以往又如何,清风明月同高歌。同得斯人说斯道,大明万世还多多。"(《王心斋先生遗集》卷二《大成学歌寄罗念庵》)

泰州学派的传授对象,有封建制社会的上层分子,也有封建制社会的下层被压迫人民,而以被压迫人民为主要对象。王艮的招摇车上标榜"入山林求会隐逸,至市井启发愚蒙",所谓"隐逸"与"愚蒙",主要就是指社会地位并不显赫的、缺乏文化教养的下层劳动人民。证以时人和门人的许多记述,这一点是完全可以肯定的。

> "先生引接人,无间隶仆,皆令有省。虽显贵至悍戾不悦者,闻先生言,皆对众悔谢不及。"(《王心斋先生遗集》卷四赵贞吉:《王艮墓铭》)

> "(予)偕太守袁君林、大尹朱君轼、审理宗君部,造先生庐请益。月余,见乡中人若农若贾,暮必群来论学,时闻逊坐者。先生曰:'坐、坐!勿过逊废时!'呜呼,非实有诸己,乌能诲人如此吃紧耶?"(《王心斋先生遗集》卷四李春芳:《崇儒祠记》)

> "先生诱进后学,非独缨绥诗书士,炙而速肖,钦风兴起;下逮菉竖陶工,一闻馨欬,若澡雪其胸臆,而牖发其天机。"(《王心斋先生遗集》卷四耿定向:《王艮传》)

"当时熏其德而善良者,陶人不止乐吾、韩贞,樵人不止乐斋、朱恕。一时士大夫航海而造先生之庐者,任其往来,启迪不倦,何异乎孔先师设教杏坛,群弟子四方毕至也哉。"(《王心斋先生遗集》卷四彭梅:《王艮奠文》)

上述王艮的传道对象,有隶仆,有农,有贾,有茇竖陶工;也有士大夫,缨绥诗书士。所谓"若农若贾,暮必群来论学",所谓"陶人不止乐吾、韩贞,樵夫不止乐斋、朱恕",可见下层劳动人民的人数是比较多的。

王艮和他的门人,把泰州学派的思想积极向下层劳动人民传播。有关朱恕和韩贞的事迹是比较突出的。这在耿定向写的《王艮传》里叙述得很详细。

"里有樵者朱姓名恕,日樵采易麦糈,择精者供母,而裹其粝粃为糗以樵。一日过先生门,负墙窃听,有味于中。自是每往必诣门侧听,饥则取所裹糗,向都养所乞余饮和食。食已,樵如初。疲则弛所负担跌坐以息,逾时仰天浩歌,声若金石,适然自得也。……后学使胡植氏数招见之,匿不见。学使故假往役谊,下檄督之急,乃勉用齐民礼服,短衣徒跣以往。学使令人扶之入而加服焉,乃得一见云。"

"朱恕字光信,泰州草堰场人,樵薪养母。一日过心斋讲堂,歌曰:'离山十里,薪在家里。离山一里,薪在山里。'心斋闻之,谓门弟子曰:'小子听之!道病不求耳,求则不难,不求无易。'樵听心斋语,浸浸有味,于是每樵必造阶下听之,饥则向都养乞浆解裹饭以食。听毕,则浩歌负薪而去。"(《明儒学案》卷三二《泰州学案》)

"陶者韩乐吾氏,名贞,居蓬屋三间,陶甓为生。常假贷于人,为甓。甓坯为雨坏,负不能偿,并其蓬居失之,居破窑中。闻樵者朱氏风,从之学。朱殁,卒业于先生仲子。渐习识字,粗涉文史。尝自咏曰:'三间茅屋归新主,一片烟霞是故人',箪瓢屡空,衣若悬鹑,晏如也。年逾三纪尚鳏。仲子倡义,属门徒醵钱助之婚。妇初归日,笥余一二裙布,尽分给所亲。与之约曰:'吾志希梁鸿,吾不鸿若非而夫,而不孟光若,亦非吾妻也,买蒲,日为程,令织盐囊,易粝以给朝夕。……后聆先生学,有得,毅然以倡道化俗为任,无间工贾佣隶,咸从之游,随机因质诱诲之。愿化而善良者以千数。每秋获毕,群弟子班荆趺坐,论学数日。兴尽则挐舟,偕之赓歌互咏,如别村聚,所与讲如前。逾数日,又移舟如所欲往。盖遍所知交居村乃还。翱翔清江,扁舟泛泛上下,歌声洋洋,与棹音欸乃相应和。……尝与诸名公卿会论学,闻有谭及别务者,辄大恚曰:'光阴有几,乃为此闲泛语。或称引经书相辩论,则又大恚曰,舍却当下不理会,乃搬弄此陈言。岂此学究讲肆耶?'诸名公咸为悚息。"(《王心斋先生遗集》卷四耿定向:《王艮传》)

泰州学派在"短衣徒跣"的劳动人民中广泛传播。他们利用农闲的时间,聚徒讲学,"一村既毕,又之一村"(《明儒学案》卷三二《泰州学案》)。他们所讲的都是百姓当下日用之学,反对讲"闲泛语",反对搬弄经书陈言。在这样的情况下,他们团结了很多农民和工贾佣隶。泰州学派又向长江中游的劳动人民中发展。后来又扩展到四方。田夫夏廷美是繁昌人,不很识字的颜山农是江西永新人。颜山农"容貌多朴,辞气无文,与人手札,初读多不可句"(《罗近溪文集》卷五《柬当道诸老》)。颜山农讲学,"无贤不肖皆赴之"。泰州学派的"著者"何心隐,奔走四方讲学,南至福建,北至京师,东至长江下游,西至重庆。何心隐在京师的时候,"辟谷门会馆,招来四方之士,方技杂流,无不从之"(《明儒学案》卷三二《泰州学案》)。"何心隐令门人吕光,走四方,阴求天下奇士。吕光挟健儿数辈,放浪湖海,穷九塞,历郡邑,所至凡缁衣黄冠与夫商贾驵侩,佣夫厮养,以至椎埋掘冢之流,备一节之用,擅一得之长者,皆籍记而周旋之。以故心隐所识奇士,尽于海宇。"(陈士业:《答张谪宿书》,周亮工:《因树屋书影》)

泰州学派的学者具有坚强不屈的战斗性格,他们对统治阶级进行斗争,毫不屈服。颜山农、何心隐都被统治阶级囚禁和毒打,何心隐最后被统治阶级杀害。有关文献记载了他们可贵的战士风貌。

"颜山农……读经书不能句读,亦不多识字,而好意见为奇衺
之谈。……捕之官,笞臀五十,不哀祈,亦不转侧。坐罪至戍,困图
圄且死。"

"何心隐……见抚臣王之垣,坐不肯跪。……择健卒痛笞之
百余,干笑而已。已狱,门人涕泣而进酒食,亦一笑而已。……遂
死。"(王世贞:《弇州史料》后集卷三五《嘉隆江湖大侠》)

统治阶级杀害了何心隐之后,歪曲和捏造事实,把何心隐在各省的
活动"恶迹",刊成总册公布,企图蒙蔽天下人的耳目;又害怕泰州学派
起义,采取阴险的分化手法,"出示以安余党,俾改图自新"(王之垣:
《历仕录》)。但是这些卑劣的办法,并没有吓倒劳动人民。另一方面,
泰州学派在士大夫中的传播,固然使泰州学派逐渐变质,但是如徐樾、
罗汝芳等,也还能张大师说,坚持泰州学派的某些平易近人的作风,使
讲学的影响扩大开来。罗汝芳说:"余自始入仕途,今计年岁,将及五
十。窃观五十年来,议律例者日密一日,制刑具者日严一日,任稽察施
拷讯者则日猛一日。每当堂阶之下,牢狱之间,观其血肉之淋漓,未尝
不鼻酸额蹙,为之叹曰,此非尽人之子与? 非曩昔依依父母之怀,恋恋
于兄妹之旁者乎? 夫岂其皆善于初而皆不善于今哉? 及睹其当疾痛而
声必呼父母,觅相依而势必先乎兄弟,则又信其善于初者而未必皆不善
于今也。"(《明儒学案》卷三四《泰州学案》三引《罗近溪语录》)这是很
明显的为劳动人民张目,严厉地谴责了统治阶级的残暴和压迫。因此,
相传罗汝芳守宁国的时候,"集诸生会文讲学。令讼者跏趺公庭,敛目
观心,用库藏作馈遗,归者如市"(同上)。罗汝芳否定了统治阶级一向
恃为压迫工具的刑具、法庭、牢狱,把公堂作为讲学的试验室,把统治阶
级剥削得来的库藏财物作为对罪犯的馈遗,这也是一种"叛逆"行为。
罗汝芳的《柬合省同志》,典型地标示了泰州学派讲学集会的组织活动
情况,是很宝贵的一个文献,兹引录如下:

"江区,赖诸先达讲学立会,在诸郡邑兴起已非一日矣。所少

者,通省合并一会。不肖昨吊周巡抚公于省中,获接宗师岩泉徐公,惓惓此意。其时在会诸缙绅共议会于南昌塔寺。归途以告吉安诸缙绅,咸谓省中事体未便,惟永丰地僻路均,且聂泉崖兄力任供应。(按:即聂静,王艮门人,曾与董燧等仇校《心斋年谱》,锓梓行世。)兹幸议定,敬报贵邑诸道宗,更相告约。凡缙绅士夫及高尚隐逸,俱以来年二月中旬为始,悉赴永丰,共成合省大会。诚吾明宗社之福,而吾道大明之庆也。伏冀如期早临,不胜恳祷。"(《近溪子文集》卷五《柬合省同志》)

把郡邑诸会联合为通省一会,会议避开省会南昌,而选择地点偏僻的永丰。被邀参加会议的有缙绅士夫,也有高尚隐逸。会议有专门负责供应的人,有中间人联络各郡邑的道宗。他们企图组成全省联合的学会,以大明其道。这是很明显的有组织、有计划、有目的地组织活动。我们认为,泰州学派的这种组织活动,是很频繁的,罗汝芳的《柬合省同志》是遗留给我们的一个例子。

泰州学派除了广泛传播之外,另一方面也有似禅宗的传授衣钵,把自己的学术自许为二千年的绝学,必须得天下古今有志之士才肯传,必须当面口传心授,而不假笔舌谆谆。王艮之传徐樾,考虑了徐樾的具体可传条件,例如徐樾闻道以后,便有解官的念头,王艮认为他信道笃,是天下古今有志之士,就表示坚决地授他以大成之学。这种情况,是与一般的教授门人不相同的,含有一定的宗教意味,王艮与徐子直书,反映了这种情况:

"屡年得书,心欲吾慈悯教诲,于此可见子直不自满足,非特谦辞已也。殊不知吾心久欲授子直大成之学,更切切也。但此学将绝二千年,不得吾子直面会,口传心授,未可以笔舌谆谆也。幸得旧冬一会,子直闻我至尊者道,至尊者身,然后与道合一,随时即欲解官善道。于此可见吾子直果能信道之笃,乃天下古今有志之士,非凡近所能及也。又闻别后沿途欣欣,自叹自庆。但出处进退,未及细细讲论,吾心犹以为忧也。我今得此沉疴之疾,我命虽在天,造命却由我。子直闻此,当有不容已者。余俟面讲不备。"
(《王心斋先生遗集》卷二《又与徐子直》)

按《年谱》,嘉靖七年(公元1528年),徐樾来学,嘉靖十年(公元1531年),徐樾复来学。而上引书《年谱》系嘉靖十八年(公元1539年),即王艮卒前一年。《年谱》于嘉靖十八年下说:"徐子直书至问疾,先生作书答之,书列前卷。"《全集》此条下即引此书。徐樾开始问学,在嘉靖七年,两度来游,俱未得闻大成之学。直到嘉靖十八年,王艮几经考察,才写信告诉他,久欲授之大成之学。上距开始问学,有11年之久。可见这个大成之学,不轻易传授,不是所有门人,俱得与闻。大概这次写信以后,王艮即以所谓大成之学授徐樾,所以后来徐樾被门人认为"知夫子之深,孰如吾子"(《王心斋先生遗集》卷三徐樾《门人私谥议》)。次年元旦,王艮梦生一婴儿,如玉,抱谓内人曰,彼五子乃尔所生,是儿乃我所生。先生觉,私念:梦必有为矣(《年谱》)。所谓"是儿乃我所生",明不同于其妻所生之五子,盖即指传道之得人,而非衍宗之得人,从而神其说以信人。

其后,颜山农"从徐波石学","得泰州心斋之传"(《明儒学案》卷三四《泰州学案三》)。颜山农传罗近溪,罗近溪传杨复所。何心隐从学颜山农,"与闻心斋立本之旨"。弟子对老师,尊敬异常。颜山农以事系狱,罗近溪尽鬻田产脱之,侍养狱中六年,不赴廷试。归田后,身已老,山农至,不离左右,一茗一果,必亲进之。诸孙以为劳。曰:"吾师非汝辈所能事也。"杨复所事罗近溪,出入必以其像供养,有事必告而后行。诚如顾宪成所说:"罗近溪以颜山农为圣人,杨复所以罗近溪为圣人。"(《明儒学案》卷三四《泰州学案三》)

从以上情况来论断,泰州学派的师弟传授关系,有一般的关系,也有比较特殊的关系。大成之学的传授,只能在比较特殊的关系中进行。被传者,在同门中的地位就较一般门人有所不同,即所谓"得泰州之传",而被传者对老师也就奉之为圣人。这是泰州学派作为一个教派的突出教规。

第二十三章

泰州学派继承者何心隐的乌托邦社会思想

第一节 何心隐战斗的生平

黄宗羲《明儒学案》卷三二《泰州学案》说：

> "泰州（王艮）之后，其人多能以赤手搏龙蛇，传至颜山农
> （钧）、何心隐一派，遂复非名教之所能羁络矣。"

对这一派人物，《泰州学案》又说：

> "诸公掀翻天地，前不见有古人，后不见有来者。释氏一棒一
> 喝，当机横行，放下拄杖，便如愚人一般；诸公赤身担当，无有放下
> 时节。"

所谓"非名教之所能羁络"，就是反映了他们要求冲决封建礼教的网
罗；而"一棒一喝，当机横行"，说明他们反封建统治制度的坚决和机
智；"赤身担当、无有放下时节"，更说明这派人物为实现其理想不惜以
身殉之的精神。

李贽在《为黄安二上人大孝》文中，对此有更生动的叙述：

> "盖心斋(王艮)真英雄,故其徒亦英雄也。波石(徐樾)之后
> 为赵大洲(赵贞吉),大洲之后为邓豁渠;山农(颜钧)之后为罗近
> 溪(罗汝芳),为何心隐;心隐之后为钱怀苏,为程后台(学颜),一
> 代高似一代。所谓大海不宿死尸,龙门不点破额,岂不信乎!心隐
> 以布衣出头倡道,而遭横死,近溪虽得免于难,然亦幸耳,卒以一官
> 不见容于张太岳(居正)。盖英雄之士不可免于世而可以进
> 于道。"

李贽极推崇何心隐,称之为圣人(见顾宪成《小心斋札记》)。李较
何小十岁,但终何一生,二人未晤见过,直至万历七年(公元 1579 年)
何心隐在武昌被封建统治阶级杀害后,李才著《何心隐论》为之辩冤,
同时揭露出封建统治的丑恶面目与"假道学"的虚伪,并反映了广大人
民群众对封建压迫的正义的抗议。

何心隐原名梁汝元,江西吉州永丰人,生于明正德十二年(公元
1517 年),卒于明万历七年(公元 1579 年)。他的生平事迹散见于当时
及以后的诸家记载中。在封建统治代言者的笔记中,他被诬蔑为"妖
人"、"逆犯"、"盗犯"、"奸犯"……等等;而在他的同情者的记录中,则
可以看出他是一个有气魄、有胆量、有理想的反封建的战士。他在万历
七年于祁门被捕后押解至湖北的沿途"上书",更可以作为他一生的详
细自传读。李贽对这二十余封"上书"的评论说:

> "何心老英雄莫比。观其羁绊缧绁之人所上当道书,千言万
> 语,滚滚立就,略无一毫乞怜之态,如诉如戏,若等闲日子。今读其
> 文,想见其为人。其文章高妙,略无一字袭前人,亦未见从前有此
> 文字,但见其一泻千里,委曲详尽。观者不知感动,吾不知之矣!"
> (《续焚书》卷一《与焦漪园太史书》)

何心隐的沿途"上书"以及其他文字为门人杨坦、周复共同辑入
《怀师录》中,这书的大体内容保存在今日留存的何心隐的《爨桐集》
内。《爨桐集》所收材料较《梁夫山遗集》为多。何心隐的其他著作,据
《永丰县志》载尚有《重庆会稿》;据邹元标《梁夫山传》载尚有《四书究

正注解》、《聚和堂日新记》等，目前均未发现。

嘉靖二十五年（公元 1546 年）何心隐 30 岁，在江西省试第一名，其后随颜山农学"心斋立本之旨"，竟放弃了科举的道路。30 岁至 42 岁的 12 年中在家乡江西永丰。这期间曾经仗义为人民讲话，讽刺了封建统治阶级的代言人，并试行了他的一套空想。《泰州学案》说：

"时吉州三四大老，方以学显，心隐恃其知见，辄狎侮之。"

"谓《大学》先齐家，乃构萃（聚）和堂以合族，身理一族之政。冠、婚、丧、祭、赋役，一切通其有无。行之有成。"

在何心隐 37 岁（嘉靖三十二年正月）时所著的《聚和率教谕族俚语》、《聚和率养谕族俚语》以及《聚和老老文》三篇中具体说明了他的空想。他的抱负不仅限于"合族"，而是先以一个宗族为试验点，继续加以推广，因为他说"齐家"之后，势必至于"治国、平天下"。

关于教育思想方面，何心隐实际上提出了进行社会教育的主张，全族子弟的教育不分散在各个私塾或家庭里，而是集中由宗族设置的一个机构来进行。儿童的教育已不是私人的事务，而是这个小社会的公共职能。

在家乡的最后几年，42 岁时何心隐曾游南都识程学颜，后永丰县令强迫人民缴纳额外的封建赋役即所谓"皇木银两"，何心隐"移书诮之"，"令怒，移书当道，下狱中"。那时程学颜适在总督胡宗宪幕中，设法"檄江西巡抚出之"。

何心隐 44 岁时，（嘉靖三十九年）程学颜北迁，于是随程入京。在京师又认识学颜弟学博（二蒲）和罗汝芳及耿定向（楚侗、天台）、耿定力（叔台）兄弟等人，日与讲学，住在耿定向邸舍中。

这一年又经耿氏兄弟之介绍，与张居正会面于显灵宫。关于这一次会面的记载甚多，皆大同小异，《泰州学案》记载称：

"一日遇江陵（张居正）于僧舍，江陵时为司业，心隐率尔曰：'公居太学，知大学道乎？'江陵如勿闻也者，目摄之曰：'尔时时欲飞，欲飞不起也。'江陵去，心隐嗒然若丧曰：'夫人也，异日必当国，异日必杀我。'"

两人的对话以及心隐的预言可能是附会之谈，然而张居正当时是国子监司业，其后转成封建统治阶级当权者，何心隐是反封建的一介布衣，两人的格格不可相入是很明显的。何心隐与张居正之间的斗争集中地反映了要求讲学自由、反对封建迫害的启蒙思想与禁止讲学、对讲学者横加迫害的专制主义之间的斗争。《泰州学案》又载："心隐在京师，辟谷门会馆，招来四方之士，方技杂流，无不从之"。这一斗争发展到万历七年，张居正以宰相之尊，采取横暴手段，诏毁天下书院，而何心隐在这年春也写万言长文《原学原讲》，针对张居正的反对讲学，说明"必学必讲"，"必不得不学不讲"的理由，并且准备"上书阙下"以相辩。在黑暗的封建社会中，何心隐终于遭到那些谄媚当权宰相张居正的趋炎附势者的迫害，而怀抱着崇高的理想牺牲了。

何心隐与张居正会于京师后，第二年（嘉靖四十年）又曾与蓝道行共同以计除去贪墨奸佞的宰相严嵩。《泰州学案》说：

> "有蓝道行者，以乩术幸上，心隐授以秘计。侦知嵩有揭帖，乩神降语，今日当有一奸臣言事。上方迟之，而嵩揭至，上由此疑嵩。御史邹应龙因论嵩败之。"

因此何心隐又遭到严党的仇视，于是改去梁汝元的原名，易名何心隐，踉跄南下，随从他的弟子福建兴化人钱同文（怀苏）。沈瓒《近事丛残》说：

> "嘉兴（按：为兴化之误）钱公同文为莱州守，甚尊礼之（指心隐），执弟子礼，供奉衙斋中，惟意所欲，恐不得当也。先君奉训公故为钱公弟子，亦随钱公师事之。其徒党至江城，争先招礼之，以为敬。"

可见钱与何的师弟感情是很笃厚的。何心隐的弟子是很多的，且多是下层社会中人。周亮工《书影》载陈士业《答张谪宿书》中说：

> "心隐之门人有吕光午者，浙之大侠也，其人与文之奇，不减心隐。……所至凡缁衣黄冠，与夫商贾驵侩，佣夫厮养，以至椎剽

掘冢之流,备一节之用,擅一得之长者,皆籍记而周旋之。以故心隐所识奇士,尽于海宇。"

何心隐自设计除去严嵩以后,《泰州学案》称其"踪迹不常:所游半天下"。在嘉靖四十一年至四十三年首尾三年之间主要是在福建,而在钱同文的家乡兴化、莆田一带讲学时间最久,从游之人最多。最后于嘉靖四十四年(公元1565年)离闽。

离闽后,遇耿定向于江西彭泽(时耿官南直隶学政),一宿即别。又入安徽宁国会罗汝芳,罗官宁国知府。这一年罗以丁父忧去官,于是再往南京耿定向处。最后耿再送其往湖北孝感程学博家。这一年东西南北奔波,依罗汝芳、依耿定向、最后依程学博,全是为了躲避严嵩党的报复。这年三月,严嵩之子严世蕃被处死,情势较缓和。

依程学博两年后,到隆庆元年(公元1567年),何心隐已51岁,这时程任重庆知府,于是随程入川。在重庆时正逢白莲教起义,清代官方文书记载称"学博守重庆时,平白莲贼蔡百贯,汝元力也"(《孝感县志·流寓传》),其事不详。

程学博任重庆知府五年,到第三年(隆庆三年,公元1569年)因钱同文之死,何心隐便离开重庆往福建哭之。既而又往杭州会讲学者,曾与平日相与讲学的友人夏道南(见吾)相见,由杭州遂再流寓孝感。到隆庆六年春天,由孝感赴道州会旧友周良相(合川),与周同归孝感,又往黄安会耿定向、定力兄弟,相与讲学将近一年。

到了神宗万历四年(公元1576年)何心隐已60岁,根据何心隐的自述,这一年仍讲学于孝感。七月间,程学博之亲弟突乘舟来送心隐出湖广境,并派其表兄焦茗送心隐避地泰州,原因是湖广高典史带兵以大盗犯缉心隐。程学博除设法护送心隐出境外,随即又致书"辩于湖广两院各道"。

万历五年(公元1577年)七月,何心隐归永丰葬父母,准备事毕后"自辩于朝"。到十月中焦茗之父又领德安府票(孝感县属德安府)来缉其子并缉何心隐,于是心隐再避走祁门,住弟子胡时和家,万历七年三月为南安朱把总所逮捕。被捕后,辗转经浮梁、鄱阳、余干、进贤、南安等地,押解至武昌。九月初二日,被湖广巡抚王之垣承张居正的意旨所杀害。

虽然封建统治者对何心隐如此残酷,但他的朋友门人却对他表示极大的关切与同情。除程学博为他向当道声辩外,在祁门被逮后,弟子胡时同一路随同他至武昌,他死后收他的骸骨,并根据他的遗言与程学颜合葬一墓。甚至在他死前,他的弟子王之垣(与楚抚同名,系王艮之孙)要舍身为之替代。罗汝芳也极力要为之援救。李贽的《何心隐论》更有力地说明了当时人民对何心隐冤狱的不平,文中说:

> "今观其时武昌上下人几数万,无一人识公者,无不知公之为冤也。方其揭榜通衢,列公罪状,聚而观者咸指其诬,至有嘘呼叱咤不欲观焉者,则当日之人心可知矣。……而咸谓杀公以媚张相(张居正)者之为非人也。则斯道之在人心真如日月星辰,不可以盖复矣。虽公之死无名可名,而人心如是,则斯道之为也,孰能遏之。"

这说明人民的抗议和斗争是不可遏制的。"嘘呼叱咤"的数万人都是同情心隐的。这段记录可与其后复社领袖张溥所写《五人墓碑记》相互对照。张溥记姑苏人民反对宦官魏忠贤逮捕东林党人周顺昌与李贽所记武昌人民反对巡抚王之垣杀害何心隐的事件,在封建统治者称为"民变"或"人变"。这种"民变"或"人变"实际上是当时资本主义萌芽时期社会反封建斗争的具体表现。而如何心隐这样接近下层人民而不屈不挠的"英雄之士",在当时专制淫威下,也就"不可免于世(封建统治下的黑暗社会)"了。

最后,从何心隐的生平,我们认为以下三点值得注意:

第一,他仇视封建社会制度,从青年时与闻王艮"立本"之学后,便放弃了封建科举的道路。其后反对官吏额外征税,反对强拆民房,入京后与统治阶级当权人物严嵩进行斗争,可见他是坚决反对封建专制制度的战士。

第二，嘉靖三十九年以前他在家推行他的理想聚和合族，此后往来四方，所交游以及从学者甚众，且有不少下层社会人物，我们可从中看出他与下层社会有着秘切的关系。其一是根据他遗书自述中称他一生中曾三度会见术士阮中和，阮系传"纯阳道法"的人，起初何认为从阮中和处无所得，最后一次见面于万历四年（公元 1576 年），自称"似有所悟"。另一事据李贽《焚书耿楚倥（定理）先生传》称耿楚倥"得黑漆无入无门之旨于心隐，乃始充然自足，深信而不复疑也，唯世人莫可告语者，故遂终身不谈。"所谓"纯阳道法"以及"黑漆无入无门之旨"其性质之秘密使耿定理认为"世人莫可告语"等等情况，都暗示何心隐与民间反封建秘密组织的可能联系。

第三，他"家世饶财者也，公独弃置不事，而直欲与一世圣贤共，生于天地之间"（李贽:《何心隐论》）。他在社会上是以朋友为性命的，因此他的朋友门生对他也表示很大的热忱。兹附编何心隐年表如下：

年　　号	何心隐年岁	事　　迹
正德十二年	1 岁	
嘉靖二十五年（丙午）	33 岁	初遇阮中和。
嘉靖三十二年（癸丑）	37 岁	正月，聚和合族，著《聚和率教》、《率养》等文。
嘉靖三十三年	38 岁	泰州凌儒为永丰知县。（至嘉靖三十八年去职，陈赟继任。）
嘉靖三十五年	40 岁	再遇阮中和。
嘉靖三十七年	42 岁	游南都，识程学颜（后台）。学颜后二年庚申北迁，随之入都，又识学颜弟学博（二蒲），罗近溪，耿天台，耿叔台等。
嘉靖三十九年（庚申）	44 岁	与江陵会京师显灵宫，时在京师寓耿天台邸舍。
嘉靖四十年	45 岁	因乩术去严嵩，南旋，易名何心隐;钱同文（怀苏）弃官从之。

续表

年　　号	何心隐年岁	事　　迹
嘉靖四十一年(壬戌) 嘉靖四十二年(癸亥) 嘉靖四十三年(甲子)	46 岁 47 岁 48 岁	自壬戌至甲子,二、三年间遨游八闽者为多,讲学之久,从游之众,又以兴化、莆田为最。
嘉靖四十四年	49 岁	离闽后遇耿天台于彭泽,一宿即别。入宁国,会罗近溪(宁国知府),是年罗去官(士民悲号不忍释)。于是往南京耿天台处。耿再送其往湖北孝感程学博家。
隆庆元年	51 岁	程学博任重庆知府,随之入川。
隆庆三年(己巳)	53 岁	冬闻钱怀苏没,往哭之,既又往杭州讲学。
隆庆六年	56 岁	春由孝感赴道州,会旧友周良相(合川),复与之还孝感。又往黄安会耿天台兄弟,耿处之天窝,相与讲学几一载。
万历四年	60 岁	又遇阮中和。是年讲学孝感,避缉,与焦茗往泰州。次年丁丑又归永丰筑坟,甫三月,复走祁门。
万历六年	62 岁	避祸祁门,住胡时和家,直至次年三月。
万历七年	63 岁	三月初,为朱心学把总所逮捕。九月,在武昌牺牲。

第二节　何心隐的反封建的"叛逆"思想

在封建统治阶级看来,何心隐是"叛逆",是"妖逆",是"奸逆",是"大盗"。何心隐被捕的时候,就被诬指为"盗犯"、"逆犯"、"妖犯"、"奸犯"。《上赣州蒙军门书》说:

"三月间,见祁门所缉汝元票,有以'盗犯'缉汝元也,有以'逆犯'缉汝元也,有以'妖犯'缉汝元也。"(《爨桐集》卷四)

《上湖广王抚院书》说:

"或历历知心隐果'盗犯'而以'盗犯'杀心隐,或历历知心隐果'逆犯'、果'妖犯'、果'奸犯',而有大于'盗犯'之不容不杀,必

杀之以惩天下。"(《爨桐集》卷四）

我们可以说,何心隐的思想性格是反抗封建主义的"妖逆"思想,是类似"黄巾五斗"的"左道妖邪"。王世贞《弇州史料后集》卷三十五,记嘉、隆江湖大侠说:

> "嘉、隆之际,讲学者盛行于海内。而至其弊也,借讲学而为豪侠之具,复借豪侠而为贪横之私。其术本不足动人,而失志不逞之徒,相与鼓吹羽翼,聚散闪倏,几令人有黄巾五斗之忧。盖自东越(王守仁)之变为泰州(王艮),犹未至大坏,而泰州之变为颜山农,则鱼馁肉烂,不可复支。颜山农者,其别号也,楚人,读经书不能句读,亦不多识字,而好意见为奇衺之谈,间得一二语合,亦自洒然可听。所至必先使其徒预往,张大炫耀其术。至者无识浅中之人亦有趋而附者。"

> "何心隐者,其材高于山农,而幻胜之。少尝师事山农。……纵游江湖,有吕光者,力敌百夫,相与为死友。……久之,益纵游江湖间,放浪大言,以非久可以得志于世。而所至聚徒,若乡贡、大学诸生,以至恶少年,无所不心服。吕光又多游蛮中,以兵法教其酋长。稍稍闻江陵属江西、湖广抚按密捕之,后得之于岭北。"

王世贞的说法正是当日的官方见解。《明儒学案》卷三十二《泰州学案》一,论颜山农、何心隐一派,指出明季学者,对颜山农、何心隐的看法,大抵根据王世贞的说法,而王世贞则根据当日的官文书。《明儒学案》说:

> "今之言诸公者,大概本弇州之《国朝丛记》。弇州盖因当时爱书节略之,岂可为信?"

黄宗羲认为爱书不可信,自是从传统出发的忠厚之辞,其实官文书中所叙述的何心隐的逆状及其所判定的罪案,正好说明泰州学派确是封建统治阶级的对立面,确是进行了反对封建统治阶级的斗争,所以,封建统治阶级必然禁绝其学说,杀戮其学者而后已。事情不正是这样的么?因此,我们认为不是爱书不可信,而是可信,问题在如何辩证地分析和对待爱书的文义。

何心隐的"妖逆"思想，是泰州学派创始者王艮思想的继承和发展，也是王艮思想更具体的阐发。

王艮的"学阐先天秘"，在王艮的遗著里我们没有发现具体的说明。何心隐的《原学原讲》里似乎透露了泰州学派的这种"先天"之学的秘传消息。何心隐把学的传统，溯自伏羲之画八卦，尧、舜之心传，然后禹之《洪范》，汤之《诰》、《誓》，伊尹之《训》、《戒》，高宗、傅说之讲说，文王、周公之演《易》，箕子、武王之问对，最后大成于孔子。其间，很突出的就是把道统说与《河图》、《洛书》的怪异之谈结合起来。这样，就形成了一个庞杂、神秘的道统说。这，应该就是王艮未见王阳明之前所形成的那个道统，"此道贯伏羲、神农、黄帝、尧、舜、禹、汤、文、武、周公、孔子"的道统。这个道统，和韩愈的道统不同，韩愈只上溯及尧、舜，而泰州学派上溯及伏羲，道的内容泰州学派更突出的参杂了先天象数之学的神秘论。必须指出：神秘论是有毒素的，但是也利用来起了动员群众、组织群众参加农民起义的作用。泰州学派的先天秘传，应该说，由王艮首先得之于下层劳动人民之中，以与儒家的道统附会起来，何心隐则继之作了具体的、完整的表述。应该指出：这个道统是泰州学派独特地揭橥出来的与众不同的一个道统。何心隐在《原学原讲》里，不厌其详地阐发了这个道统。他首先从《洪范》五事"貌言视听思"，提出讲学的根据，从而说明禹之《洪范》九畴，也即是讲学，箕子之陈《洪范》，武王之访箕子，也即是讲学。然后说："叙原于画，(九)畴原于卦，(《洪》)《范》原于《易》，"因此说画卦的伏羲也讲学。再说到"尧以执中，舜以精一"，互相讲说，传之于禹。商汤"缵禹旧服"，有(《汤》)《誓》、有(《汤》)《诰》，伊尹乐尧、舜之道有(伊)《训》、有《戒》，殷高宗学于甘盘，傅说相与讲说，也即是讲学。又说到文王"学有缉熙"，周公"学古入官"，文王又"衍其卦于《易》"，周公又"爻其画于《易》"，承袭了伏羲的传统。孔子与颜子、曾子二三子讲学，更是集了古昔的大成，以讲学为家。这里何心隐主要提出《易》和《书》两部书,作为讲学的根据。他说:"原学原讲,其原不原于《易》,不原于《范》,其原又奚原耶?"(按:《洪范》出于《书》)何心隐又把《河图》、《洛书》跟《易》、《书》、《洪范》联系起来。他说:"即《图》即《书》,即出于河、即出于洛者,即《易》于羲而括《书》以《易》也,即《范》于禹而括《图》以《范》也。……若《图》若《书》,神物也。若羲若禹,圣人也。……《易》、《范》则《图》、《书》也,而原《易》原《范》,其原不原于《图》不原于《书》其原又奚原耶?"这就把《易经》比《洛书》,把《洪范》比《河图》,并认为《河图》、《洛书》乃《易经》、《洪范》的本原(按:何心隐此说出于蔡元定,蔡氏谓伏羲但据《河图》以作《易》,不必豫见《洛书》,而已逆与之合。《图》者伏羲之所由以画卦,《书》则大禹之所以衍畴也)。何心隐把这个学统归之于孔子之集大成,认为孔子"以统以传之万世"。他说:"孔子又易乎《易》之所未尽易,范乎《范》之所未尽范,以学聚颜、聚曾、聚二三子,而以讲诲颜、诲曾、诲二三子,相统相传其学其讲,以仁学而以仁讲,以仁统而以仁传,以统以传于一世而统而传之万世者,虽执中精一其学其统,虽都俞吁咈其讲其传,虽缵服乐道其学其统,虽誓诰训戒其讲其传,于尧之唐,舜之虞,禹之夏,汤、尹之商,高宗、传说之殷,文、武、周之周,相统相传乎羲于世,而唐、虞、而夏、商,而殷、周其世者,亦惟赖孔子显显以学以讲名家,而统而传之万世也。且万世而万乎其世于不世之世,以学以讲以传以统者,亦莫非赖孔子其统其传,以易乎《易》之所未尽易,以范乎《范》之所未尽范,于学于讲而名家者也。然则《原学原讲》之原乎其原,不亦原于孔子以统以传之万世不世之世,相统相传于其学其讲其名家,其原又奚原耶?"(《爨桐集》卷一)

　　跟这种学统密切联系着的,何心隐的世界观也蒙上了一些神秘的色彩。何心隐认为人类是"天地心",而仁义是"人心",而"心"就是"太极"。太极是万物的本原。他把人心或仁跟太极等同起来。按照这种说法,则人心或仁就是万物的本原。他说:

　　"夫人则天地心也,而仁则人心也。心则太极也。太极之所

生者,两仪也。而乾乎其乾、坤乎其坤者,非乾坤其仪而两耶?两
仪之所生者,四象也。而乾乎其乾、坤乎其坤者,非乾坤其象而四
耶?四象之所生者,八卦也。而乾乎其乾,坤乎其坤者,非乾坤其
卦而八耶?是故卦而八者,莫非象之四而四也;象而四者,莫非仪
之两而两也。仪而两者,莫非极之太而太也。太者大也,大莫大于
仁,而太乎其极也。"(《爨桐集》卷一)

这种说法的来源是先天象数之学。邵雍于"先天卦位图"、"八卦次序
之图"、"八卦方位之图"、"六十四卦次序之图"下,加以说明,"先天,
心学法也,图皆从中起,万化万事生于心也。"这种神秘论出于道教的
秘传。

但是究竟先有心才有万物呢?还是先有万物才有心呢?也就是究
竟先有天地才有人呢?还是先有人才有天地呢?对于这个问题,何心
隐陷于自相矛盾之中。他说:

"原《图》原《书》,原河原洛,其原又奚原耶?不原于天地其原
耶?乃又原天地,其原又奚原耶?不原于乾坤其原耶?乃又原乾
坤,其原又奚原耶?不又原于乾乎其乾、坤乎其坤,而仁其原耶?
然仁则人也,有乾坤而乃有人也,而乃有仁也。而乾坤奚原,于仁
其原耶?惟乾惟坤,而不有天地,则不有乾坤矣;惟天惟地而不有
人,则不有天地矣;惟人而不有仁,则不有人矣。"(同上)

仁,人心,是万物的本源,就是所谓"惟天惟地而不有人,则不有天
地矣"。就是所谓乾坤"仁其原"。但是另一方面,"有乾坤而乃有人",
"而乃有仁",则天地又是人的本原。

何心隐的神秘主义及其宗教色彩的理论是冬眠的中世纪黑夜里的
糟粕,但是在曦光隐约闪出的时候,我们也可以看到何心隐思想里的进
步的因素。

何心隐论述《洪范》五事:貌、言、视、听、思,把行为、视觉、听觉与
思维的关系统一起来看。他认为,貌和言(按:即行为和言论)就是学
的本原。貌,就是事,就是学。有貌,就有事,就有学。言,就是事,就是

讲。有言,就有事,就有讲。《原学原讲》说:

> "自有貌,必有事,必有学也。学其原于貌也。……自有言,
> 必有事,必有讲也。讲其原于言也。"(《爨桐集》卷一)

所谓貌,指:"凡颜色之有事于视、听、思,而乘之以形乎其形于貌者不
一其事,而亦莫非事事于貌也。"所谓言,指:"凡词气之有事于视、听、
思,而御之以声乎其声于其言者不一其事,而亦莫非事事于言也"。就
是说,凡一切以一定内容跟视觉、听觉、思维关联着的颜色、词气,用形
貌、声音表达出来的,都叫做貌,叫做言。而貌和言,就是事,就是学和
讲。何心隐进一步论述貌(行为)和视(视觉)的统一,言(声音)和听
(听觉)的统一,"有貌即有视","有言即有听"。貌之与视,言之与听,
没有先后,同时并在。他说:

> "视之于貌于言,必亦不有先后而有视也,必有貌即有视也,
> 必有言即有视也。……听之于貌于言,亦必不有先后而有听也,必
> 有貌即有听也,必有言即有听也。"(同上)

何心隐进一步论述思维跟貌言的关系,思维跟视听的关系。他也
把它们统一起来考察,认为有貌有言就有思,有视有听就有思。思维跟
貌言视听之间,没有先后,同时并在。他说:

> "思也者,……必亦不有先后于貌于言者也,亦必亦不有先后
> 于视于听者也。必有貌,必有言,即有思也。必有视,必有听,即有
> 思也。"(同上)

这种考察是值得注意的。把思维跟行为、言词、视觉、听觉,完全统
一起来,认为思维活动离不开行为、言词、视觉、听觉,有貌有言就有思,
有视有听就有思,不分先后,同时并在。

何心隐肯定声音、臭味、安逸等物质上的享受是人类的"欲"。欲
出于人性本然的要求,应该适当地满足这种要求。适当地满足人类物
质享受的要求,何心隐称之为"育欲"。"育欲"的概念,是跟"无欲"或
"绝欲"对立的。由于承认"欲"是人性本然的要求,何心隐援引《孟
子》的公刘和太王故事,主张"与百姓同欲"。所谓"与百姓同欲",在泰

州学派看来,就是承认普通劳动人民同样的有满足物质享受要求的权利,反对统治者在物质享受上的垄断,并且反对统治阶级代言人虚伪地宣扬"无欲"或"绝欲",对人民进行欺骗。何心隐说:

> "性而味,性而色,性而声,性而安逸,性也。"(《爨桐集》卷二《寡欲》)

> "欲货色,欲也;欲聚和,欲也。"(《爨桐集》卷三《聚和老老文》)

> "声色、臭味、安逸之乘于耳、目、鼻、口、四肢,……尽乎其性于命之至焉者也。"(《原学原讲》)

这明确地肯定人的物质欲望,出于天性,人欲就是天性。这种思想是错误的,而在当时具有进步意义。这个命题跟道学家武断人欲都是罪恶的说法完全相反。

何心隐肯定了人欲的合乎天性,进一步提出"寡欲"或"育欲"的主张。他说:

> "寡欲,以尽性也。尽天之性以天乎人之性而味,乃嗜乎天下之味以味。而色,而声,而安佚,乃又偏于欲之多者之旷于恋色恋声,而苟安苟佚已乎? ……凡欲所欲,而若有所节,节而和也,自不戾乎欲于欲之多也,非寡欲乎?"(《寡欲》)

> "昔公刘虽欲货,然欲与百姓同欲,以笃前烈,以育欲也。太王虽欲色,亦欲与百姓同欲,以基王绩,以育欲也。育欲在是,又奚欲哉!"(《聚和老老文》)

何心隐的"寡欲"、"育欲"主张,就是要"尽天之性",就是发展自然本有的人欲,就是按照人的自然本有之性"而味","而色","而声","而安佚"。但是发展自然本有的人欲,必须"有所节","有所节"才能"节而和"。"尽天之性",就是承认每人都有发展自己人欲的自然权利;"有所节"就是在节制自己人欲的条件下,尊重别人发展人欲的自然权利。"尽天之性"和"有所节",二者联系起来,就是"寡欲"的完整意义。个人"欲货"、"欲色",又能够"与百姓同欲",这就是"育欲"。因此,"育欲"也有似于"寡欲",而其意义则更为积极。何心隐的"育欲"思想,反映了劳动人民保卫自己生活权利的意志,也反映了争取平等的要求。这种思想,在封建制社会晚期出现,具有反对封建掠夺的战斗意义。顾宪成批判"心隐辈坐在利欲胶漆盆中,所以能鼓动得人",正所以表明何心隐的"育欲"主张代表劳动人民的利益,起了鼓动劳动人民为自己利益而进行斗争的巨大作用。

第三节　何心隐的政治思想和人道主义的社会空想

何心隐的政治思想,是立基于道德观点或人道主义观点之上的。他肯定人的地位和做人的标准。他认为"人不易而人","人则仁义,仁义则人。不人不仁,不人不义;不仁不人,不义不人:人亦禽兽"。所谓仁义,就是"亲其所可亲","凡有血气莫不亲","尊其所可尊","凡有血气莫不尊"。这就企图为无间彼我和人己一体,树立道德的基础。从上述论点出发,在社会组织方面,他要求破除一般的身家,而建立一种超乎身家之上的师友关系,建立一种"会",这种"会"代替了一般的身家,把士农工商的身家,以显以藏于"会"。这种"会",统于君师,极于朋友。甚至他空想着"农工之超而为商贾,商贾之超而为士","士之超而为圣贤"。最后在何心隐的设计图里,对幼小者和年轻人进行集体教养,"总聚祠、总宿祠、总送馔"。长大以后,"冠昏衣食,酌取于祠"。七十岁以上的老人,可以得到休息与奉养。这样,企图做到"老安"与"少怀"。在一个大家族里,各家庭之间应该相恤、相翕、相睦。各家庭对国家的"田粮丁粮之征",应该"尽分以输纳,尽分以承应"。大家族有总管粮的责任。田产、形躯,"由于亲之所遗",而实"本于君之所赐"。这个"统于上"的君是何心隐的社会设计图里理想的"太极",而非一般理解的封建君主。

下面对何心隐的政治思想,作具体的阐发和评述。

何心隐首先认为:作为人,一方面是个自然的人,一方面又是个社会的人。作为一个自然的人,俣俣其形,呀呀其声,有似于禽兽。作为一个社会的人,"人则仁义,仁义则人","远于禽兽"。他说:

"人生适初,即有俣俣其形尔。……人生适初,即有呀呀其声尔。"(《爨桐集》卷一《原学原讲》)

"貌,必有恭,必有肃,自不类于有形之类。……不然,貌则类于形类而已矣,奚有恭、奚有肃于貌,以圣其貌而貌耶?……言,必有从,必有义,自不类于有声之类。……不然,言则类于声类而已矣,奚有从、奚有义于言,以圣其言而言耶?"(同上)

"无父之'无',非不孝者可以当其'无'也,亦非不孝至于弑父者可以当其'无'也。无君之'无',非不忠者可以当其'无'也,亦非不忠至于弑君者可以当其'无'也。必禽兽之煦煦于相饮相啄,相饰羽毛,而宛若有亲亲父子之仁以见乎其情。于禽,如鸟之反哺;于兽,如羊之跪乳顷:则所哺者、所乳者莫知其为父,而其于哺反者、于乳跪者,莫知其为子,莫知其为孝,莫知其为不孝。若父若子,以喙以角,以爪以牙,以搏而已,又莫知孰为父之必弑于子,又莫知孰为子之必弑乎父。自相忘于无子无父,而后可以当无父之'无'也。……(下述禽兽之无君,例相似)必墨必杨,必禽必兽,乃煦煦若亲亲,而爱相兼爱,卒若禽禽兽兽,莫不有爱有亲,而似仁以父父,乃无父也。乃子子若尊尊,而我独为我,卒若禽禽兽兽,莫不有我有尊,而似义以君君,乃无君也。此无极者流之无君父者也。"(《爨桐集》卷三《辩无父无君非弑父弑君》)

"仁义之人,人不易而人也。人则仁义,仁义则人。不人不仁,不人不义;不仁不人,不义不人:人亦禽兽也。仁义之人,人不易而人也。必以仁为广居,而又必广其居以象仁。自旦至昼,必好仁,必为仁,必恶不仁,必不牿亡于旦昼所为之不仁。必以义为正路,而又必正其路以象义。自旦至昼,必好义,必为义,必恶不义,必不牿亡于旦昼所为之不义。人之情则然也,人之才则然也,人之

良心则然也,人之远于禽兽则然也。斯仁人也,斯义人也。"(《爨桐集》卷二《原人》)

作为一个自然的人,俅俅其形,呀呀其声,类于形类,类于声类。禽兽的相啄相饮,反哺跪乳,似人之亲亲而卒非人之亲亲,似人之尊尊而卒非人之尊尊。于此,何心隐认为,人,如果从俅俅其形、呀呀其声来考察,则与形类、声类(按:即禽兽)无所不同。但是,另一面,人之貌,人之言,并非简单的形和声,有肃有恭,有从有义,则与禽兽有严格的界限。人与禽兽的区别,即人之不仅为一个自然的人,生活在自然界中,而且又是一个社会的人,生活在人类社会中,因为人类有一定的社会关系,如父子、君臣之类。故孝子忠臣,固为有父有君,即弑父弑君,亦为有父有君,只有禽兽无所知于父子君臣之间者,才算无父无君。所以处在一定的社会关系中,是人所以区别于禽兽的标准之一。其次,人有一定的先天合理行为,如仁义,因此,有仁有义才是人,不仁不义不是人,不是人就是禽兽。所谓仁义,就是以仁为广居,广其居以象仁;以义为正路,正其路以象义。广居正路,具有兼济天下人的意义。何心隐受到时代的局限,只能沿袭古代语言如广居、正路之类,而不可能看到人和兽的区别在于劳动。只有劳动才使猿最终地转变成为人,只有劳动才"创造了人本身",只有劳动才严格地区分了人和兽的界限。同时何心隐也没有能够从阶级关系来考察人的社会生活。但是何心隐思想里肯定人的地位,明确人的标准,除了这些思想不符合科学的结论而外,其反封建压迫的战斗意义则在企图分析构成人的客观条件,公然宣称如果违反人类行为的先天合理性原则,干下不仁不义的事,如不能广其居以复天下之人,正其路以达天下之人,则统治阶级徒然只是俅俅其形、呀呀其声的禽兽,并不算得是人。

何心隐进而论述仁义的内容。他说:

"仁无有不亲也,惟亲亲之为大。非徒父子之亲亲已也,亦惟亲其所可亲,以至凡有血气之莫不亲,则亲又莫大于斯。亲斯足以广其居以复天下之居,斯足以象仁也。义无有不尊也,惟尊贤之为大。非徒君臣之尊贤已也，亦惟尊其所可尊，以至凡有血气之莫不尊，则尊又莫大于斯。尊斯足以正其路以达天下之路，斯足以象义也。亲与贤莫非物也。亲亲而尊贤，以致凡有血气之莫不亲、莫不尊，莫非体物也，格物也，成其象以象其象也，有其无以显其藏也。仁义岂虚名哉，广居正路岂虚拟哉！"(《爨桐集》卷二《仁义》)

何心隐的《仁义篇》与其《原人篇》是姊妹篇。《原人篇》提出人的条件，《仁义篇》进而论述仁义的内容。何心隐把儒家传统的道德教条仁与义摆在劳动人民的广大范围内考察，并且作了广义的具体的解释。仁，不局限于父子之亲亲，而是亲其所可亲，以至凡有血气莫不亲。也只有亲其所可亲，凡有血气莫不亲，才是最大的亲。所以广其居以复天下之居，才足以"象仁"。义，不局限于君臣之尊贤，而是尊其所可尊，以至凡有血气莫不尊。也只有尊其所可尊，凡有血气莫不尊，才是最大的尊。所以正其路以达天下之路，才足以"象义"。凡有血气莫不亲、凡有血气莫不尊，就是打破人己的界限，达到无间彼我、人己一体。何心隐指出，仁义不能作为虚名(即不能作为空洞的教条)，而应该有实际内容，这个实际内容就是"广居"和"正路"。因此，"广居"和"正路"不是虚拟，而是应该具体做到的物质生活要求，就是让所有的人生活得好，让所有的人处在他自己所讲的合理的关系之中。

从上述论点出发，何心隐主张在社会组织方面，要破除一般的身家，而建立一种超乎身家之上的师友关系，建立一种"会"。这种"会"代替了一般的身家。把士农工商的身家以显以藏于"会"。这种"会"统于君师，极于朋友。何心隐于此，首先论述了朋友之道：

"天地交曰泰，交尽于友也。友秉交也道，而学尽于友之交也。昆弟非不交也，交而比也，未可以拟天地之交也。能不骄而泰乎？夫妇也，父子也，君臣也，非不交也，或交而匹，或交而昵，或交而陵而援，八口之天地也，百姓之天地也。非不交也。小乎其交者也，能不骄而泰乎？"(《论友》)

何心隐认为朋友是社会关系中最重要的一环，所谓"交尽于友"。

其他各种社会关系,如昆弟、夫妇、父子、君臣,或交而比,或交而昵,或交而陵而援,都是不正常的,都只是"八口之天地"、"百姓之天地",没有能跳出一般的狭小的樊篱。只有朋友之交,才是交之尽,才是社会关系的极致。跟朋友关系联系着的是师弟关系。何心隐说:

> "师非道也,道非师不帱。师非学也,学非师不约。不帱不约则不交。不交亦天地也,不往不来之天地也,革也。……师也,至善也。非道而尽道,道之至也;非学而尽学,学之至也。可以相交而友,不落于友也;可以相友而师,不落于师也:此天地之所以为大也,惟大为泰也。师其至乎!"(《爨桐集》卷二《师说》)

何心隐认为朋友是交之尽,又认为师是"道之至"、"学之至"。从社会关系的横的联系看,交尽于友;从社会关系的纵的统摄看,师是"道之至"、"学之至"。朋友的关系与师弟的关系是超越一切之上的关系。李卓吾在《何心隐论》里说:"人伦有五,公舍其四,而独置身于师友贤圣之间。"这是泰州学派的学者对何心隐这一思想的正确揭示。

把朋友的关系与师弟的关系,用一种组织形式联系起来,就建立了一种"会"。这种"会"代替了一般的身家,而企图幻想一种违反封建伦常的社会关系。何心隐在《语会篇》里说:

> "夫'会',则取象于家,以藏乎其身。而相与以主会者,则取象于身,以显乎其家者也。不然,身其身者,视'会'无补于身也;家其家者,视'会'无补于家也。何也?视'会'无所显无所藏也,若乃天下国之身之家之可以显可以藏乎其身其家者也。会岂小补于身于家已乎?不然,身其身者,身于士农工商其身已也。家其家者,家于士农工商其家已也,小补于身于家已也。可象天下国之身之家之所显所藏者乎?必身以主'会'而家以'会',乃君子其身其家也,乃君子以显以藏乎士农工商其身其家于'会'也,乃仲尼其君子而身而家于国于天下以显以藏以'会'也。'会',将成象而成形矣。又岂惟取象于身于家以显以藏而小补以'会'已乎?"(《爨桐集》卷二)

据此,可知何心隐所要建立的是一种"成象成形"的"会"。"会"这种
组织,取象乎家,会的成员藏身于"会"。有主"会"的人,这种主"会"
的人,可能是轮流的,故曰"相与以主会"。同时,家也似隶属于"会",
或跟"会"发生一定的联系,故曰"必身以主会而家以会"。身入了
"会",或家跟"会"发生了一定的联系,则不复身其身,家其家,乃成为
"君子其身其家",乃成为君子的"士农工商其身其家"。"会"外的人,
则仍然是"士农工商其身","士农工商其家"。入了"会"以后,其身家
则成为"天下国之身之家",在性质上起了变化。何心隐对"会"的叙述
虽然还不够明确,但是从中可以窥知:这种"会"是一种超乎一般士农
工商身家之上的组织,范围很广泛,同时,也当有一定的组织领导机构,
如"主会"之类。跟何心隐的《论友》、《师说》联系起来,则"会"的成员
相互之间,应是一种友的关系,而从"尽道"、"尽学"的关系来看,则友
之上,当为师。因此,这种"会",好像还该是一种讲学的组织,但是,也
不单单是讲学的组织,而是有了发展。它牵涉身家的问题,牵涉改变身
家性质的问题。它也不囿于一个书院或一个地区的范围,而要广及
"天下、国"的范围。在《邓自斋说》里,何心隐对新的身家予以叙述道:
"仲尼不溷身家于莫不有之身家,而身家于生民以来未有之身之家。
老者相与以安,朋友相与以信,少者相与以怀,相与事事于《中庸》其
身,于《大学》其家者也。"(《爨桐集》卷三)他把这种新的身家说成是
"生民以来未有之身家",与人人"莫不有之身家"显然有别。

　　这里,就涉及一个问题,就是这样的一种"会",跟政治组织的关系
如何?从现存的何心隐的著作来看,我们应该说,他的这种"会",从政
治性的组织上讲,是一种社会运动的集团。当"见龙在田"的时候,是
师友;当"飞龙在天"的时候,就是君臣。道还是这样的一种道,但传道
的人或为"在田"的仲尼,或为"在天"的尧、舜,则依照具体的历史条件
而定。《与艾冷溪书》说:

　　　　"《中庸》,象棋子也;《大学》,象棋盘也。对着是棋,于上惟君
　　臣,尧、舜以之。对着是棋,于下惟友朋,仲尼以之。故达道始属于

君臣,以其上也;终属于朋友,以其下也。下交于上,而父子、昆弟、夫妇之道,自统于上下而达之矣。夫父子、昆弟、夫妇固天下之达道也,而难统乎天下。惟君臣而后可以聚天下之豪杰,以仁出政,仁自复天下矣。天下非统于君臣而何? 故唐虞以道统统于尧舜。惟友朋可以聚天下之英才,以仁设教,而天下自归仁矣。天下非统于友朋而何? 故《春秋》以道统统于仲尼。……君臣友朋,相为表里者也。昔仲尼祖述尧、舜,洞见君臣之道惟尧、舜为尽善矣,而又局局于君臣以统天下,能不几于武之未尽善耶? 此友朋之道,天启仲尼,以止至善者也。古谓仲尼贤于尧、舜,谓非贤于此乎? 且君臣之道,不有友朋设教于下,不明。友朋之道,不有君臣出政于上,不行。行以行道于当时,明以明道于万世,非表里而何?"(《爨桐集》卷三)

据此,何心隐认为君臣、友朋都可以道"统乎天下"。君臣在上,以仁出政,友朋在下,以仁设教。前者的目的,以仁复天下,后者的目的,使天下归仁;前者可以聚天下之豪杰,后者可以聚天下之英才,同样的都是统天下。尧、舜之时,尧、舜在上,正如王艮所说:"唐、虞君臣只是相与讲学";春秋之时,上无道揆,君臣不能统于上,就只能由仲尼以友朋统于下,聚天下之英才,使天下归仁。何心隐又进一步认为,君臣友朋,相为表里。君臣之道,没有友朋设教于下,不明。友朋之道,没有君臣出政于上,不行。行,以行道于当时;明,以明道于万世。这思想的实质,就是说,友朋之道,友朋的结合,不论是唐虞之世或春秋之世都是必不可废的。

"天下统于君臣",怎么个统法呢? 在《论中篇》里,何心隐原则性地提出了统天下在于人群的平等关系或合理的组织。他说:

"君者,均也。君者,群也。臣民莫非君之群也。必君而后可以群而均也。"

"君其心于父子,可以群父子,而父子可均也。不然,则父不父,子不子,不群不均矣。至于可以群夫妇而夫妇均,可以群昆弟而昆弟均,可以群朋友而朋友均者,莫非君其心于道也,'中'也。"

统天下的原则有两个,一个是"均",一个是"群",而这两个原则在自然法则上就是所谓"中"。上文所论"凡有血气莫不亲","凡有血气莫不尊",这种无间彼我、人己一体的关系,当即为"均"与"群"的一种注释。《论中篇》里解释"道心"与"人心"的区别,也透露了与此相似的思想。

> "人于人则不贯,不贯则比而无所主,既不能主乎人,又不能主于人人也,人亦禽兽也;人其心也,非道心也。心以贯心,而主于一人,以主乎亿兆无算之人;道其心也,非人心也。……道乎其心者,其用心也大而难,若存若亡,似有似无,心甚微也。人乎其心者,其用心也小而易,用于此自触乎彼,用于彼自触乎此,彼此相触而利害相攻,心甚危也。"

心以贯心,用心于大,就是道心。反之,心不相贯,彼此相触,利害相攻,就是人心。道心与人心的对立,意即公心与私心的对立。所谓心以贯心,用心于大,也可以作为均与群的理论诠释,也还是无间彼我、人己一体的意思。

何心隐的均与群,应该是君臣与朋友共贯。《明儒学案》记方湛一说:"后台、心隐大会矿山,车骑雍容。湛一以两僮舁一篮舆往。甫揖,心隐把臂谓曰:'假我百金。'湛一唯唯,即千金唯命。"李贽《何心隐论》说:何心隐效法孔子,"以天下为家,而不有其家;以群贤为命,而不以田宅为命。"又说:何心隐"聚人以货财则贪者竞起"。何心隐《辞唐可大馈》里说:"分人以财,不过谓之惠。惟为天下得人,乃可谓之仁。盖以人则财之本,而有人自有财。得人则财不必分,而财自得于人之得矣。奚啻惠之而已哉?"(《爨桐集》卷三)据此,何心隐在朋友间,当有通财聚财的事实。借方湛一百金,"聚人以货财","得人"而"自有财",从这种种情况看,何心隐的结会,即聚人又聚财,从聚人而更聚财。"以天下为家,而不有其家;以群贤为命,而不以田宅为命",以这样的一个会聚了这种财,将如何使用,是一个值得研究的问题。从《辞唐可大馈》里,可以大概窥知聚财的用途。

> "将见老者以得人而安,朋友以得人而信,少者以得人而怀,莫非以朋得朋,以友得友为得人。则共乎数十年所得之朋,所得之友,虽老,而怀少之本自有所由起;以致后乎十数年所得之朋,所得之友,或少,而安老之本有所由继。相继相起于朋友之得以得人。若可大可得而为我朋,为我友,共学以安老怀少,则自有禄于学之共,而天下自归仁,而饱于仁,不必分财以惠人矣。何其仁耶?"

（《爂桐集》卷三）

得人而聚财以后,将使老安、少怀、朋友信。有了朋友以后,可以"共学以安老怀少",可以"有禄于学之共"。按照何心隐的"聚和"办法,安老就是养老,就是由下一代保证老人晚年的温饱和休息,怀少就是对年幼一代的集体教养。这是一种社会事业。所谓"有禄于学之共",似可以从"会"得到生活上的给养,禄,就是指生活上的给养。这,可能就是"朋友信"的一个内容。从此可知,何心隐从集会而得人得财以后,其"会"本身的活动费用,某些会众的生活给养,可能举办的安老怀少的社会事业,都将从这些财中间来支付。因此,我们可以说,何心隐的均与群原则,在下也就贯彻在朋友的结合即集会之中。均与群,实有财产上通用的意义,有举办共同的社会事业的意义,有通过安老、怀少、朋友信,以统天下的意义。而"会"的首脑,应该即对应于天下之君,故曰君者均也、群也。但是在没有能够取得政权的时候,作为"会"的主要负责人,那时就是师,必然要采取在下活动的方式。这种在下活动的方式,何心隐称之为"潜"。潜,就是潜龙的潜。何心隐认为孔子就是潜龙。何心隐说:"孔子之象潜龙,则曰阳在下也。夫阳,火也。火易炎上而难下也,不下则非潜,不阳则非龙。龙而潜,阳在下之象也。象以此者,象用功也。阳必用功,而后能在下也。"何心隐认为:"潜龙勿用,阳气潜藏",并不是不活动,相反的更需要活动,更需要用功。他说:"潜易易乎?潜行于行之可下可藏,所以藏乎行之用于弗用也,勿用已乎?勿用,藏用于人者也;勿用,藏用于己者也。……用功以潜乎其潜者也。"(《爨桐集》卷二《论潜》)他认为伊尹、周公,功成而退,不是潜龙;伯夷、叔齐,隐于首阳,也不是潜龙。只有孔子用功而潜,才是潜龙,只有孔子才是"集大成","集群圣之成","集群龙之成"。

何心隐以"会"统天下,天下士农工商之家,都"以显以藏于会"。其意义,不仅限于把家与"会"联系起来,使家成为会的组成的一部分,尤在通过"会",在"会"的同一联系下,各种不同的家,若士、若农、若工、若商,也就只有职业分工的差别。这种情况,就是《邓自斋说》里所提出的"不涸身家于莫不有之身家,而身家于生民以来未有之身家"。何心隐对这种空想,曾在《答作主篇》里予以更具体的描述。他首先叙述当时的情况说:"商贾大于农工,士大于商贾,圣贤大于士"(《爨桐集》卷三)。士(封建地主和官僚)的地位比商贾高,商贾的地位比农工高,这种叙述是符合封建社会晚期的阶级情况的。因为资本主义生产关系萌芽的发展,商贾作为一种新的社会力量,已经凌驾在农工的社会地位之上,开始发展起来。何心隐接着叙述他的空想道:"农工……见商贾而凭之,是将超农工而为商贾也。……商贾……见士而凭之,是将超商贾而为士也。……士……见圣贤而凭之,是将超士而为圣贤也。……农工之超而为商贾,商贾之超而为士,人超之矣,人为之矣"(同上)。这样,农工、商贾、士都在圣贤这一根线上等同起来。

为了建立这种"统天下"的"会",扩大"会"的组织,何心隐进行了积极活动,用他自己的话来说,就是"潜龙""用功"的活动。在嘉靖三十九年(公元1560年)以后的十九年里,何心隐漫游大半个中国。足迹所至,北至京师,南及八闽;东至东海,西至重庆。到处"以朋得朋,以友得友",鸠合同志,聚徒讲学。何心隐把他所结识的人,都用簿册登记起来,跟他们有所来往,"皆籍记而周旋之"。王之垣《历仕录》说:何心隐"著伍脱逃各省,及孝感县,倏往倏来,假以聚徒讲学为名,扰害地方,中间不法情罪甚多"。沈德符《野获编》卷十八,《妖人遁逸条》说,"梁汝元以讲学为名,鸠聚徒众,讥切时政"。何心隐企图通过这种活动,"聚英材以育之,将使英才布满于下,以待上用"(《又与艾冷溪书》)。陈士业《答张谪宿书》,更具体地描述了何心隐这方面的活动情况。书中所言,或许出于传闻,但估计离事实当亦不甚相远。该书说:"弟又闻心隐之门人有吕光午者,浙之大侠也。其人与文之奇,不减心隐。心隐尝以金数千畀光午,使走四方,阴求天下奇士。光午携蒯缑,衣短后之衣,挟健儿数辈,放浪湖海,穷九塞,历郡邑。所至凡缁衣黄冠,与夫商贾驵侩,佣夫厮养,以至椎剽掘冢之流,备一节之用,擅一得之长者,皆籍记而周旋之。以故心隐所识奇士,尽于海宇"。这种情况,证以何心隐的积极动员艾冷溪与唐可大入会,在先又曾企图动员凌海楼脱出樊笼,不与朝政,出身以主大道等活动,是可以相信的。关于唐可大情况,前文已有叙述,今录何心隐《又上永丰大尹凌海楼书》、《又与艾冷溪书》以为证:

"《樵语》一轴,虽达鄙情,然实欲父母谋出樊笼,而为大道之宗主也。若在樊笼恋恋,纵得以展高材,不过一效忠、立功、耿介之官而已,于大道何补? 直须出身以主大道,如孔、孟复生于世,则大道有正宗,善人有归宿,身虽不与朝政,自无有不正矣。大道之明,莫明于孔子。……无非欲父母出身以主朋友之大道,而继孔子之贤于尧、舜者也。尧、舜,立政之尽善者也。孔子,设教之至善,而身不与政者也,不与政而贤于立政。然则出身以继孔子,以主大道之宗,其于朝政,岂小补哉?"(《爨桐集》卷三《又上永丰大尹凌海楼书》)

"某静夜为公细搜,天下无一空处可补,以报朝廷。惟仲尼之道,海内寥寥莫闻,诚为一大空耳。此空一补,岂小补哉! 补之何如? 亦不过聚英才以育之,将使英才布满于下,以待上用。即周子所谓善人多而朝廷正,天下治矣。补报亦岂小哉! ……日见人之华屋,便以己屋之不华为空;日闻人之多田,便以己田之不多为空。日亦急急思所以补之也,又何暇于补天下之大空耶? 纵有大精神、大力量,惟在华屋、多田以泄之耳,大安见其大哉。"(《爨桐集》卷三《又与艾冷溪书》)

何心隐不仅把他的空想进行了实验,还在十多年长的时间里,进行积极的讲学活动。在封建统治阶级的残酷压迫下,他改名易姓,到处奔波,进行了不知疲倦的组织工作和宣传工作。最后在张居正的禁止讲学的封建虐政下,被诬以"妖逆"的罪名,终于献出了生命。在被捕前写的《原讲原学》万言长文,是他维护讲学自由,声言必讲、必学,对封建统治阶级进行斗争的严正的抗议书。

第二十四章

李贽战斗的性格及其革命性的思想

第一节　李贽生平的战斗历程及其著述

李贽号卓吾,又号笃吾,泉州晋江人。生于明世宗嘉靖六年,卒于神宗万历三十年(公元 1527—1602 年)。

泉州林李二姓同祖。李贽初姓林,"入泮学册系林载贽,旋改姓李,避胜朝讳,去'载'字"。李贽先世从事航海活动。二世祖李弩,为泉州巨商,航吴泛越。洪武年间,"奉命发舶西洋,娶色目人,遂习其俗。"四世祖恭惠,"谙译语,荐为通事官,引日本诸国入贡京城。""景泰、天顺间,奉简书使外国,不辱朝臣(疑为"廷"字之误)嘉命。"后嗣袭职,"非一世也"。李贽父祖皆回教徒,李贽本人,观其临老遗言,谆谆嘱咐葬式,似亦信奉过回教,但信仰不一,出入佛老。(见《林李宗谱》,厦门大学抄本)李贽妻黄氏,平生"必不轻履僧堂",疑亦信奉回教。

李贽自己说:"自幼倔强难化,不信道,不信仙、释,故见道人则恶,见僧则恶,见道学先生则尤恶。"(《王阳明先生道学钞》附《王阳明先生年谱后语》)这种性格,或亦与其家世传统有关,也与其壮年以后的经历不相违异。

关于李贽青少年时候的治学情况,有如下记述:"余自幼治《易》,复改治《礼》,以《礼经》少决科之利也。至年十四,又改治《尚书》,竟以《尚书》窃禄。然好《易》,岁取《易》读之。"(《李氏文集》卷一一《易因小序》)

嘉靖三十一年(公元 1552 年),李贽 26 岁,中福建乡试举人。中举后,因"困乏,不再上公车"(《林李宗谱·卓吾公传》)。30 岁,任河南共城(辉县)教谕。共城为邵雍居住之地,有安乐窝在苏门山百泉之上,于是日遨游百泉之上。但是"在百泉五载,落落竟不闻道"(《焚书》卷三《卓吾论略》)。

李贽 34 岁,升任南京国子监博士,到官后数月,父殁,丁忧回福建,守制三年。36 岁,到北京候选。

> "三年服阕,尽室入京。……居京邸十阅月不得缺,囊垂尽,乃假馆授徒。馆复十余月乃得缺。称国子先生如旧官。"(同上)

在国子监,李贽跟祭酒、司业等人格格不入。未几,祖父病殁。李贽把家眷安顿在共城居住,买田耕作自食,自己只身回福建,料理葬事。三年后,李贽 40 岁,再到共城。

> "吾时过家毕葬,幸了三世业缘,无宦意矣。回首天涯,不胜万里妻孥之想。乃复抵共城。"(同上)

家眷在共城的三年生活,十分艰苦,岁荒乏食,两个幼女因而相继病死。李贽追述这一段情况时说:

> "岁果大荒。居士所置田仅收数斛稗。长女随艰难日久,食稗如食粟。二女、三女遂不能下咽,因病,相继夭死。老媪有告者曰:'人尽饥,官欲发粟,闻其来者为邓石阳推官,与居士〔有〕旧,可一请。'宜人曰:'妇人无外事,不可。且彼若有旧,又何待请耶?'邓君果拨己俸二星,并驰书与僚长各二两者二至。宜人以半籴粟,半买花,纺为布。三年衣食无缺,邓君之力也。"(《焚书》卷

三《卓吾论略》)

李贽初抵共城家里,"入门,见室家,欢甚。问二女,又知归未数月俱不育矣。此时黄宜人泪相随在目睫间,见居士色变,乃作礼,问葬事及其母安乐。居士曰:'是夕也,吾与室人秉烛相对,真如梦寐矣!乃知妇人势逼情真,吾故矫情镇之,到此方觉屐齿之折也'。"(同上)

在共城全家合聚以后,一同到北京。在北京李贽补官礼部司务。有人对他说司务之官比国子博士更穷,如何能忍耐。然而他为了"访学"、"闻道",安之若素:

"人或谓居士曰:'司务之穷,穷于国子,虽子能堪忍,独不闻焉往而不得贫贱语乎?'盖讥其不知止也。居士曰:'吾所谓穷非世穷也,穷莫穷于不闻道,乐莫乐于安汝止。吾十年余奔走南北,只为家事,全忘却温陵百泉安乐之想矣。吾闻京师人士所都,盖将访而学焉'。"(同上)

在北京任礼部司务的一段时间,李贽开始接触到王守仁的学说,"五载春官,潜心道妙"。袁中道称他此时"久之有所获,超于语言文字之表"(《李温陵传》)。这时李贽追念他父亲,"恨不得起白斋公于九原,故其思白斋公也益甚,又自号思斋居士。"又有人对他说:"子性太窄,常自见过,亦时见他人过,苟闻道,当自宏阔",于是又自称为宏父居士。(《焚书》卷三《卓吾论略》)

隆庆四年(公元 1570 年),调任南京刑部员外郎,至万历五年(公元 1577 年)止,共七年。在南都任职的七年中,相识的有耿定向、耿定理、焦竑等。后来耿定向的假道学面貌露出时,李贽与之互相辩难。在此后一二十年中,李贽和耿定向二人的辩学书实际上反映了反抗封建礼教和维护封建礼教之间的斗争。至于李贽与耿定向的弟弟定理以及定向的学生焦竑,则一直为莫逆的朋友。

在南都时,李贽又见过王守仁的弟子王畿以及泰州学派的罗汝芳。李贽对王、罗二人都很崇敬。这一时期的关键是李贽师事泰州学派的学者王襞。王襞是王艮的儿子,幼闻庭训,王艮在淮南讲学,王襞长时期在左右,对"乐学"之说,发挥尤多。

万历五年(公元 1577 年)李贽任云南姚安知府。在公余之暇,仍从事于讲学。他居官的准绳是"一切持简易,任自然,务以德化",而且"自治清苦,为政举大体"。袁中道的《李温陵传》记他此时,"法令清简,不言而治。每至伽蓝,判了公事,坐堂皇上,或置名僧其间。簿书有隙,即与参论虚玄,人皆怪之"(《珂雪斋文集》卷八,以下即注《李温陵传》),这颇似罗汝芳的作风。当时云南边境少数民族很多,上官严刻,他说:"边方杂夷、法难尽执,日过一日,与军与夷共享太平足矣"(《焚书》卷四《豫约·感慨平生》)。可见他为政以不扰民为念,这与当时害民虐民的官吏是相对立的。

在姚安居官三年以后,他厌恶簿书的生活,袁中道记他"久之,厌圭组,遂入鸡足山,阅《龙藏》,不出。御史刘维奇其节,疏令致仕以归"(《李温陵传》)。

李贽的二十多年的宦游生活,使他深感受人管束之苦。《焚书》卷四《豫约·感慨平生》说:"余唯以不受管束之故,受此磨难,一生坎坷,将大地为墨,难尽写也。为县博士,即与县令、提学触。为太学博士,即与祭酒、司业触。……司礼曹务,即与高尚书、殷尚书、王侍郎、万侍郎尽触也。……最苦者为员外郎,不得尚书谢、大理卿董并注意。……又最苦而遇尚书赵。赵于道学有名。孰知道学益有名,而我之触益又甚也。最后为郡守,即与巡抚王触,与守道骆触。……此余平生之大略也。"这是多年居官生活的总结,反映了处处与上司抵触的情况。这种抵触,实质上是李贽的反封建思想与封建主义的抵触。

他解官以后,并不回乡,携妻女往湖北黄安依耿定理。自称:"我老矣,得一二胜友,终日晤言,以遣余日,即为至快,何必故乡也?"(《李温陵传》)

在李贽云南辞官的前一年(万历七年,公元 1579 年),何心隐被楚抚王之垣缉捕杀害于武昌。李贽对这件事极为愤怒,曾著文两篇为何辩冤,并表示对何的景仰。后来他给焦竑的信中,提起何心隐说:

　　"何心老英雄莫比。观其羁绊缧绁之人，所上当道书，千言万
语，滚滚立就，略无一毫乞怜之态，如诉如戏，若等闲日子。今读其
文，想见其为人。其文章高妙，略无一字袭前人，亦未见从前有此
文字，但见其一泻千里，委曲详尽。观者不知感动，吾不知之矣。
奉去二稿，亦略见追慕之切。"(《续焚书》卷一《与焦漪园太史
书》)

信中所称论何心隐者二篇，今《焚书》卷三中有《何心隐论》一篇；另一
篇，未见。《焚书》卷六有《赠何心隐高第弟子胡时中》五绝一首：

　　"三日三渡江，胡生何忙忙? 师弟恩情重，不忍见武昌。"

这诗当作于李贽云南解官后初到黄安时，可见他对何心隐及其弟子的
同情。李贽一生未有机会与何相识，他在《与焦漪园太史书》中曾引以
为憾：

　　"弟向在南都，未尝见兄道有此人也，岂兄不是之耶，抑未详
之耶? 若此人尚不是，天下古今更无可是之人矣，则其所是者又可
知也。"(《焚书》卷一)

　　李贽从55岁(万历九年，公元1581年)到58岁(万历十二年，公
元1584年)三年中都携家居住黄安，似在耿定向家，教授耿家的子弟。
其间万历十一年王畿卒，李贽曾著《王龙溪先生告文》，对王畿表示敬
仰，如称王畿为"圣代儒宗，人天法眼"，又说"先生今既没矣，余小子将
何仰乎?"

　　在黄安时，李贽与耿定理是相契的，与其兄定向是相背的。耿定向
在李贽看来是乡愿、是假道学的代表人物。万历十二年耿定理死去以
后，李贽自然与耿定向不能相容，再在黄安耿家住下去了。耿定理死
时，李贽有五言长诗三首《哭耿子庸》(定理字)。十月，李贽从黄安移
居麻城，因无馆住宿而返。第二年(万历十三年)三月才定居于麻城龙
潭湖上的芝佛院。龙潭距城30里，一般人不易走到。他从此安静地读
书著作，与一二相知者讲学。麻城人刘侗记载说：

　　"子庸死，遂至麻城龙潭，筑芝佛院以居。……至必以舟，而

河流沙浅,外舟莫至,以是远隔缁素,日独与僧深有、周司空思敬语。然对之竟日,读书已,复危坐,不甚交语也。"(《帝京景物略·李卓吾墓条》)

移居麻城的时候,李贽将妻女送回福建,自己孑身居芝佛院,"既无家累,又断俗缘,参求乘理,极其超悟,剔肤见骨,迥绝理路。出为议论,皆为刀剑上事,狮子迸乳,香象绝流,发咏孤高,少有酬其机者。"(《李温陵传》)

李贽对封建制社会的虚伪欺骗,一向表示愤怒,并且坚决地反对。他的讲学处处都击中了封建主义的意识形态假道学的要害,他发出的言论"皆为刀剑上事"。他斥责封建统治阶级的虚伪说:

"盖其人既假,则无所不假矣。由是而以假言与假人言则假人喜,以假事与假人道则假人喜,以假文与假人谈则假人喜。"(《焚书》卷三《童心说》)

他的所谓虚假对立面的真实(童心),即他说的日常经验的生活,他后来从理论上予以发挥。这和禅学的脱俗存真的口头禅形式的语言相似,而实则意义相反。他的反假道学的"异端"精神,只有他的少数友人是了解的。如李贽初到麻城,焦竑自南京有《寄宏甫二首》:

"归田仍作客,散步自安禅;去我无千里,相违忽二年。梦醒江阁雨,心折楚云天;寥落知音后,愁看《伐木篇》。"

"风雨秋偏急,怀人鬓欲丝;飘零违俗久,岁月著书迟。独往真何事,重过会可期;白门遗址在,相为相茅茨。"(《澹园集》卷三九)

诗中所谓"相违忽二年"是因万历九年冬焦竑曾来黄安见过李贽,痛饮十日而别。所谓"心折楚云天"、"怀人鬓欲丝"都表示了焦竑对李贽的景仰怀念。而诗中的"独往"、"违俗"等字句不同于一般滥调,而是真实地写出了李贽的异端性格,"独往"、"违俗",就是在黑暗中坚持真理而与腐败的封建制度相对立的抽象词汇。

焦竑之所以认为李贽是知音,是由于二人的见解有类似之处。纪昀说：

> "（焦竑）友李贽，于贽之习气沾染尤深。二人相率而为狂禅，贽至于诋孔子，而竑亦至崇杨、墨，与孟子为难，虽天地之大，无所不有，然不应妄诞至此也。"（《四库全书总目提要》卷一二五《焦弱侯问答》，并参看《焦氏笔乘·支谈篇》）

可见焦竑在正统派的眼中也是一个"异端"。

李贽在龙潭的生活，可以从下引《石潭即事诗》中看出：

> "十卷《楞严》万古心，春风是处有知音，即看湖上花开日，人自纵横水自深。
>
> "若为追欢悦世人，空劳皮骨损精神，年来寂寞从人谩，只有疏狂一老身。"

他不愿劳损精神以取悦于假道学和封建统治者，而疏狂寂寞地生活着。

袁中道记述李贽在龙潭芝佛院的读书著作情况说：

> "与僧无念、周友山、丘坦之、杨定见聚，闭门下键，日以读书为事。性爱扫地，数人缚帚不给。衿裾浣洗，极其鲜洁。拭面拂身，有同水淫。不喜俗客，客不获辞而至，但一交手，即令其远坐，嫌其臭秽。其忻赏者，镇日言笑。意所不契，寂无一言。滑稽排调，冲口而发，既能解颐，亦可刺骨。所读书皆抄写为善本，东国之秘语，西方之灵文，《离骚》、马、班之篇，陶、谢、柳、杜之诗，下至稗官小说之奇，宋、元名人之曲，雪籙丹笔，逐字雠校，肌擘理分，时出新意。其为文不阡不陌，摅其胸中之独见，精光凛凛，不可迫视。诗不多作，大有神境。"（《李温陵传》）

李贽自述这一段生活时说：

> "日夕唯僧，安饱唯僧，不觉遂二十年，全忘其地之为楚、身之为孤、人之为老、须尽白而发尽秃也。余虽天性喜寂静，爱书史，不乐与俗人接，然非僧辈服事唯谨，饮食以时，若子孙之于父祖，然亦未能遽尔忘情一至于斯矣！"（《续焚书》卷二《释子须知序》）

李贽的大部分著作是在这个时间完成的。这期间他曾把头发剃

掉,袁中道记载此事:

> "一日,恶头痒,倦于梳栉,遂去其发,独存鬓须。"(《李温陵传》)

李贽自己说明剃发的原因是:

> "我所以落发者,则因家中时时望我归去,又时时不远千里来迫我,以俗事强我,故我剃发以示不归,俗事亦绝然不肯与理也。又此间无见识人多以异端目我,故我遂为异端,以成彼竖子之名。兼此数者,陡然去发,非其心也。"(《续焚书》卷一《与曾继泉书》)

关于剃发问题,据《林李宗谱》所载,又有另一因缘。

> "或曰:祖伯之遁迹缁黄也,以获遇异人,遗识龙湖,故潮阳托释老自遣。其然乎? 余又安能知之? 又安敢妄为论之?"(《林李宗谱》)

李贽不是避世的隐者,相反,他有倔强的性格,坚持真理,反对封建名教,他之所以去发,是敢于与封建制社会决裂,敢于冒封建制社会之大不韪,因此自居"异端","以成彼竖子之名"。

李贽经年在外不返故乡,是因为怕回乡后,受地方官管束。他居麻城龙潭,一方面与友人讲学,另一方面,又对封建制社会进行批判。所以他的《焚书》一经出版,就遭到封建统治者百端非毁,列为禁书,而"少年高旷豪举之士,多乐慕之"(沈瓒《近事丛残》)。从正面、反面的反应看,可以看出他的斗争激起了不小的波浪。

李贽在龙潭芝佛院也供奉孔子。从落发"异端"者在佛堂尊孔的表面事实来看,已足显示出对于"信仰"的一种讽刺,这里的含义,与其说是对宗教的默认,不如说是对宗教的嘲弄! 他所以挂孔子像,据他说,与一般人不同,而又与他们相似,所谓"吾从众"。他说:

> "人皆以孔子为'大圣',吾亦以为大圣;皆以老佛为'异端',吾亦以为异端。人人非真知大圣与异端也,以所闻于父师之教者熟也;父师非真知大圣与异端也,以所闻于儒先之教者熟也;儒先亦非真知大圣与异端也,以孔子有是言也。其曰'圣则吾不能',

是居谦也;其曰'攻乎异端',是必为老与佛也。儒先亿度而言之,父师沿袭而诵之,小子曚聋而听之。万口一词,不可破也,千年一律,不自知也。不曰'徒诵其言',而曰'已知其人';不曰'强不知以为知',而曰'知之为知之',至今日虽有目无所用矣。余何人也,敢谓有目? 亦从众耳。既从众而圣之,亦从众而事之,是故'吾从众',事孔子于芝佛之院。"(《续焚书》卷四《题孔子象于芝佛院》)

他借尊孔的仪式,实质上反把封建制社会中信仰主义者的虚伪形象,如实地描绘出来。从这里我们可以看出李贽透过了文学的讽刺笔调,利用了相同形式之下的反语,正揭露了他和封建制社会礼俗的矛盾。在同一的形式下,对待"大圣"与"异端"有两种态度和两种看法,人们指斥他为"异端"是一个含义;他自己承受了异端的头衔又是一个含义。前者是反动的,后者是反抗的。人们都信仰孔子,是一个含义;他也尊崇孔子,又是一个含义。前者是信仰的态度,后者是批判的态度。这里已涉及李贽思想的性格,下面还要详细分析。

李贽从 58 岁起到 76 岁卒年为止,18 年中大半时间都在麻城。这期间,他不断地与封建恶势力作斗争。在麻城讲学,"儒释从之者几千、万人"(沈瓒:《近事丛残》),"一境如狂"(顾炎武:《日知录》卷一八)。而这些后来都成为封建统治者对他加以陷害的罪名。

李贽在麻城 64 岁时(万历二十一年,公元 1593 年)认识了在当时文学上反对复古主义的公安三袁兄弟袁宗道、袁宏道、袁中道。次年,袁宏道(字中郎)又来麻城访李贽,两人并同至武昌。《公安县志·袁宏道传》载:

"时闻龙湖李老,冥会教外之旨,走西陵质之。李老大相契合,赐以诗。……留三月余,殷殷不舍,送之武昌而别。"

袁宏道之兄袁宗道,对李贽也表示倾仰,自认为是能够了解李贽的一人。他在答李信中说:

"不佞读他人文字觉懑懑,读翁片言只语,辄精神百倍,岂因

宿世耳根惯熟乎？云中信使不断,幸以近日偶笔频寄,不佞如白家老婢,能读亦能解也。"(《白苏斋类集》卷一五)

万历二十三年(公元 1595 年)袁宗道致李贽一函,更为推崇:

"翁明年正七十,学道诸友,共举一帛为贺。盖翁年岁愈久,造诣转玄,此可贺者一。多在世一日,多为世作一日津梁,此可贺〔者〕二。"(《白苏斋类集》卷一六《李宏甫》)

袁中道是宏道之弟,他写的《李温陵传》详尽地叙述了李贽的一生。

李贽反封建的思想,无疑对三袁兄弟的文学思想有很大影响。

李贽《焚书》刊成于万历十八年,其中搜集了历年来的书答、杂述、读史短文及诗等,共六卷,对封建礼教和假道学作了有力的抨击。例如卷五《唐贵梅传》中说:

"卓吾子曰:先王教化,只可行于穷乡下邑,而不可行于冠裳济济之名区,只可行于三家村里不识字之女儿,而不可行于素读书而居民上者之君子。"

以下李贽举例说明所谓冠裳济济的君子都是些贪贿无耻之徒。这里又在"先王教化"的一个形式之下,揭露出社会的两种人物和两种关系的矛盾。

《焚书》中尤其使假道学的代表者黄安的绅士耿定向感到难堪的是,其中所刊入的与耿论学的信件多封。这些信件揭露了耿定向的伪善面目。

耿定向原是何心隐的友人,又与张居正相善。何被执时,耿不为之援手,而依违其间,卒致心隐被害。这件事充分显露出耿定向的乡愿面貌。李贽在《何心隐论》中尖锐地加以谴责:

"然公岂诚不畏死者？时无张子房,谁为活项伯？时无鲁朱家,谁为脱季布？吾又因是而益信谈道者之假也。由今而观,彼其含怒称冤者,皆其未尝识面之夫。其坐视公之死反从而下石者,则尽其聚徒讲学之人。然则匹夫无假,故不能掩其本心,谈道无真,

故必欲划其出类,又可知矣。夫惟世无真谈道者,故公死而斯文遂丧,公之死顾不重耶?"(《焚书》卷三)

这里李贽认为何心隐是"真谈道者",是坚持真理的,是不虚伪的,因此得到人民(匹夫)的同情,以此与耿定向的假道学作了对比,从而也说出这样大胆的命题,"匹夫无假"和"谈道无真"。

耿定向愧愤之余,作《求儆书》进行反噬,并指使他的学生蔡毅中著《焚书辨》,进行反驳,又进一步唆使地方上人诬蔑李贽为左道惑众,坏法乱治,加以恫吓和驱逐。其后李贽不能在麻城安居,即肇因于此。

《焚书》是一面照妖镜,它折射出封建主义的社会矛盾,崇赞"匹夫无假"而拆散了封建主义的特权式的道德律令。作为文学家的袁宏道体会出这书的精神,他说:

"幸床头有《焚书》一部,愁可以破颜,病可以健脾,昏可以醒眼,甚得力。"(《袁中郎全集》卷二十一)

万历二十四年,李贽70岁,是年耿定向死。刘东星这时约他往山西沁水。刘后来在《明灯道古录》中追忆当时情况,并叙述与李贽相识的经过:

"予西鄙之人也,……入楚期年,……闻有李卓吾先生者,弃官与家,隐于龙湖。龙湖在麻城东,去会城(按:指武昌)稍远,予虽欲与之会而不得。又闻有讥之者,予亦且信且疑之,然私心终以去官为难,去家尤难,必自有道存焉,欲会之心未始置也。会公安袁生(按:指袁宏道),今吴令者,与之偕游黄鹄矶,而栖托于二十里外之洪山寺,予就而往见焉,然后知其果有道者。虽弃发,盖有为也。……嗣后或迎养别院,或偃息官邸,朝夕谈吐,始恨相识之晚云。……

比者读《礼》山中……特遣儿相,就龙湖问业。先生欣然,不远千余里,与儿偕来(按:指偕往沁水)。从此山中,历秋至春,夜夜相对,犹子用健,复夜夜入室,质问《学庸》大义。盖先生不喜纷杂,唯终日闭户读书,每见其不释手抄写,虽新学小生,不能当其勤

苦也。"(《李氏丛书》子集《明灯道古录》)

其中所称"虽弃发,盖有为也",说出了李贽的态度是积极的,又说"不释手抄写,虽新学小生,不能当其勤苦",暗示出他的斗争精神始终不懈,因为他抄写的史籍,即后来所说的"与千万人作敌对"的著作《藏书》。

次年春初,李贽尚在沁水刘家,曾作刘晋川六十寿序。随后应晋抚梅国桢之约到大同。梅国桢是麻城人,也是与李贽甚相契合的友人之一。李贽著《观音问》中所称澹然师便是梅的女儿。袁中道《梅大中丞传》记载他:"尝曰,人生自适耳,依凭轨迹,外张名教,酷非所屑",又称"女澹然以媚为尼,公不之禁。澹然戒律甚严,于道有入,父子书牍往来,颇有问难。"

这年九月,李贽从大同经居庸关到北京,住西山极乐寺。这时新安汪本钶来从。汪自万历二十二年即来龙湖问学,至李贽死为止,先后相从九年。李最后在狱中给汪有"嗟子胡然泣涕涟,相依九载不胜奇"的诗句。

万历四十六年(公元1618年),李贽死后的十六年,汪本钶编辑了李贽晚年的书信诗文而成《续焚书》,汪本钶在书的序言中对李贽的思想作了以下的评论:

"钶从先生游九年,所朝夕左右未尝须臾离也。称事先生之久者无如钶,宜知先生之真者亦无如钶。顾钶何足以知先生哉?则先生之自知也,先生自与天下万世人共知之也。先生一生无书不读,无有怀而不吐。其无不读也,若饥渴之于饮食,不至于饫足不已;其无不吐也,若茹物噎不下,不尽至于呕出亦不已。以故一点撺自足天下万世之是非,而一欬唾实关天下万世之名教,不但如嬉笑怒骂尽成文章已也。盖言语真切至到,文辞惊天动地,能令聋者聪,瞆者明,梦者觉,醒者醒,病者起,死者活,躁者静,聒者结,肠冰者热,心炎者冷,柴栅其中者自拔,倔强不降者亦无不意颓而心折焉。"

李贽对于封建主义的是非和名教的批判,就是这样有力地启发当时人们的自觉。因为封建主义的是非与名教观念在李贽认为绝对不是固定的,后人不应该践前人之迹而自束缚。

万历二十六年(公元 1598 年)李贽 72 岁,春天仍在北京,不久与同在北京的焦竑共往南京,在南京曾与利玛窦相见。

万历二十七年(公元 1599 年)李贽 73 岁,《藏书》六十八卷刻成于南京。《藏书》体裁略仿纪传体,记载战国至元亡时著者认为重要的历史人物约八百人。本书与《焚书》一样,反映了李贽的主要思想。李贽曾在《与焦弱侯书》里,约略透露了著作《藏书》时的情况:

> "山中寂寞无侣,时时取史册批阅,得与其人会觌,亦自快乐。非谓有志于博学宏词科也。尝谓载籍所称,不但赫然可纪述于后者是大圣人,纵遗臭万年,绝无足录,其精神巧思,亦能令人心羡。况真正圣贤,不免被人细摘。或以浮名传颂,而其实索然。自古至今,多少冤屈,谁与辨雪? 故读史时真如与百千万人作对敌,一经对垒,自然献俘授首,殊有绝致,未易告语。"(《续焚书》卷一《与焦弱侯书》)

他读史的过程,就是这样一种批判的过程,"一经对垒",敌人就"献俘授首";另一面,历史中真正圣贤的"多少冤屈",也可以为之"辨雪"。这样和封建主义学者千万人作对敌的著作,显然贯串了战斗的性格。另一书《答焦漪园》,与上书联系起来看,就更明白了:

> "承谕《李氏藏书》,谨抄录一通,专人呈览。年来有书三种,惟此一种系千百年是非,人更八百,简帙亦繁,计不止二千叶矣。……其中人数既多,不尽妥当,则《晋书》、《唐书》、《宋史》之罪,非予责也。窃以魏、晋诸人,标致殊甚,一经秽笔,反不标致,真英雄子画作罢软汉矣,真风流名世者画作俗士,真啖名不济事客画作褒衣大冠,以堂堂巍巍自负,岂不真可笑? ……今不敢谓此书诸传皆已妥当,但以其是非堪为前人出气而已。断断然不宜使俗士见之。……中间差讹甚多,须细细一番乃可。若论著则不可改,此

> 吾精神心术所系,法家传爱之书,未易言也。"(《焚书》卷一《答焦
> 漪园》)

李贽评量历史人物,一反传统的教条,而根据"予李卓吾一人之是非"。单就通过历史人物在《藏书》里所排列的位置,即可以看出了他寓一定的褒贬之意。他说:"《李氏藏书》中,范仲淹改在行儒(按:行业儒臣)、刘穆之改在经国臣(按:当指经世名臣)内亦可。此书弟又批点两次矣,但待兄正之乃佳。"(《续焚书》卷一《与焦弱侯书》)。

李贽对《藏书》的评价,自许甚高。他说:

> "《藏书》收整已讫。……一任付梓矣。纵不梓,千万世亦自
> 有梓之者。盖我此书,乃万世治平之书,经筵当以进读,科场当以
> 选士,非漫然也。"(《续焚书》卷一《与耿子健》)

但这书的命运不是如他所期待的那样可以进入经筵科场的,相反,由于他对历史的批判实际上乃是对现实的批判,所以《藏书》就被封建统治阶级视为一部危险的书,几经毁版焚禁。

万历二十七年冬天,刘东星任河漕总督,约李贽去山东济宁。后又回麻城,在麻城再次受到封建统治阶级的迫害。然而李贽在迫害面前是不会屈服的。在传闻地方官要逮治他时,他在《与耿克念书》中说:

> "窃谓史道,欲以法治我则可,欲以此吓我他去则不可。……
> 我若告饶,即不成李卓老矣……故我可杀不可去,我头可断而我身
> 不可辱,是为的论,非难明者。"(《续焚书》卷一)

当他听说要拆毁他湖上的芝佛院时,他说:

> "芝佛院是柳塘(周思久)分付无念盖的。……即人间之家佛
> 堂也。非寺非庵,不待请旨敕建而后敢创也。若供佛之所,亦必请
> 旨,不系请旨,则必拆毁,则必先起柳塘于九原而罪之。又今乡宦
> 财主人家所盖重帘、画阁、斗拱诸僭拟宸居者尽当拆毁矣。何以全
> 不问也?"(《续焚书》卷一《答周友山书》)

然而封建统治者最后终于拆毁了他的芝佛院以及准备死后埋骨之塔。这时马经纶从北通州来接他同入黄蘖山(按:在河南商城县)中,共同

谈《易》。马经纶原任御史,因直言被谪为庶民,与李贽的关系是在师友之间,曾经作书致当道为李贽申辩。

万历二十九年(公元 1601 年),李贽 75 岁,二月中与马经纶同到北通州。即使避地通州,封建统治阶级也不肯放过他,沈德符记载:

"……通州马诚所经纶侍御,留(李贽)寓于家,忽蜚语传京师云,卓吾著书诋毁四明相公,四明恨甚,纵迹无所得。"(《野获编》卷二七)

四明相公为当时大学士沈一贯,而这时另一假道学礼科给事中张问达趁此机会上疏参劾李贽。疏中极尽诬蔑之能事,说:

"李贽壮岁为官,晚年削发,近又刻《藏书》、《焚书》、《卓吾大德》等书,流行海内,惑乱人心。以吕不韦、李园为智谋,以李斯为才力,以卓文君为善择佳偶,以司马光论桑弘羊欺武帝为可笑,以秦始皇为千古一帝,以孔子之是非为不足据。狂诞悖戾,未易枚举,大都刺谬不经,不可不毁者也!尤可恨者,寄居麻城,肆行不简,与无良辈游于庵院,挟妓女,白昼同浴。勾引士人妻女,入庵讲法,至有携衾枕而宿庵观者,一境如狂。又作《观音问》一书,所谓观音者,皆士人妻女也。后生小子,喜其猖狂发肆,相率煽惑,至于明劫人财,强搂人妇,同于禽兽而不之恤。迩来缙绅士大夫,亦有诵咒念佛,奉僧膜拜,手持数珠,以为戒律,室悬妙像,以为皈依,不知尊孔子家法,而溺意于禅教法门者,往往出矣。近闻贽且移通州,通州离都下仅四十里,倘一入都门,招致蛊惑,又为麻城之续。望敕礼部檄行通州地方官,将李贽解发原籍治罪,仍檄行两畿各省,将贽刊行诸书,并搜简其未刊者,尽行烧毁,无令贻祸乱于后,世道幸甚。"(《明神宗万历实录》卷三六九)

明政府随即下令:

"李贽敢倡乱道,惑世诬民,便令厂卫五城严拿治罪。其书籍已刊未刊者,令所在官司,尽行烧毁,不许存留。如有徒党曲庇私藏,该科及各有司访参奏来,并治罪。"(《明实录》卷三六九)

万历三十年(公元 1602 年),李贽 76 岁。春二月,遗言身后白布盖尸,土坑埋葬,似从回教葬仪。统治阶级逮捕李贽,下镇抚司狱。"明日,大金吾置讯。侍者掖而入,卧于阶上。金吾曰:'若何以妄著书?'公曰:'罪人著书甚多,具在,于圣教有益无损!'大金吾笑其倔强,狱竟无所置词,大略止回籍耳。"(《李温陵传》)三月十五日,李贽于狱中取剃刀自刭,次日死。这位反封建的老战士,经过毕生的战斗,终于被统治阶级以"敢倡乱道,惑世诬民"的八字罪案迫害而死。

李贽的著述,数量十分巨大,达几十种之多,但是基本著作只有主要的几种。由于李贽著述中反封建思想很突出、很鲜明,统治阶级几次加以禁毁。神宗万历三十年(公元 1602 年)的禁毁是第一次:"其书籍已刊未刊者,令所在官司尽搜烧毁,不许存留。如有徒党曲庇私藏,……并治罪。"熹宗天启五年(公元 1625 年)的禁毁是第二次:"李贽诸书,怪诞不经,命巡视衙门焚毁,不许坊间发卖,仍通行禁止。"清朝乾隆时,李贽的著作仍列入禁书目录。但是,禁毁自禁毁,流行自流行。顾亭林《日知录》记载:"虽奉严旨,而其书行于人间自若也","士大夫多喜其书,往往收藏,至今未灭。"

在李贽著作焚禁而又不断流行的情况下,开了书贾造赝书射利的门路。李贽学生汪本钶谓卓吾"一死而书益传,名益重","浸至今日,坊间一切戏剧淫谑刻本批点,动曰卓吾先生。耳食辈翕然艳之"(《续焚书续刻李氏书序》)。因此,今存名为李氏遗著的许多著作中,当有一部分伪书。但是,汪本钶又说:"先生之书未刻者种种,不胜擢数。"可见李贽著作除《藏书》、《焚书》、《说书》、《初潭集》、《易因》等生前已刻者外,未刻者尚多。汪氏之序,作于万历四十八年戊午,上距李贽之死十八年,则李贽著作,身后陆续刊刻,也是有可能的,不一定一概都是伪书。

李氏著作,如何辨伪,是一个专门的问题,从思想学术的内容来看,应着眼其最基本的著作;其他信者传信,疑者存疑;不甚重要者,暂存而勿论。今作李贽著作表,可考见其有问题的,并附注之。

李贽著作表

第一部分

《李氏藏书》六十八卷(万历二十七年原刻本。另有翻刻本，一种字体略瘦，一种其中李氏评语，量有改动，或改卓吾为旦吾，或改为王生，或改为逸叟，或改为周文从不一，版刻中缝，《藏书》改称《衡鉴》，当系焚毁后所翻刻，避忌故改名。)

《李氏焚书》六卷(明刻本。但今存明贝叶山房张氏刻本，当非原刻。其中有部分作品经过删削，例如卷一《答耿司寇》止于"何其相马于牝牡骊黄之间也"，而二十卷本《李氏文集》卷三同书，则在此句之后，尚有大段文字，约及全书三分之一以上；又如卷二《又与焦弱侯》，《李氏文集》卷三作《又与焦秣陵》，开头比《焚书》多一段文字。又贝叶山房张氏刻本《焚书》卷六有《塞上吟》、《九日坪上》三首，《晚过居庸》等诗，万历二十四年李贽赴山西刘东星约以后之作。《豫约》亦在万历二十四年作，《龙溪先生文录抄序》在万历二十六年作，而《焚书》第一次出版则在万历十八年。故知贝叶山房张氏刻本《焚书》，非万历十八年麻城刻本。)

《初潭集》三十卷(明刻本。中国科学院图书馆藏。)

《易因》二卷(明刻本。)

《王龙溪先生文录钞》九卷(明万历二十七年刻本。)

以上诸书，均李贽生前刻成。

第二部分

《九正易因》二卷(《易因》改正本。旧抄本，有巢可托印。分订八本。中国科学院图书馆藏。)

《李氏文集》二十卷(顾大韶校。明刻本。当即《四库总目提

要》所称之《李温陵集》二十卷。《四库总目提要》谓："是集一卷
至十二卷为《答书》、《杂述》，即《焚书》也；十四卷至十七卷，为读
史，即摘录《藏书》史论也〔按：有未尽然者〕；十八、十九二卷为《道
原录》〔原为古之误〕，即《说书》也〔按：《道古录》非《说书》〕；第
二十卷，则以所为之诗终焉。"如此，则《李温陵集》二十卷即《李氏
文集》二十卷，篇第相同。但《四库总目提要》说法有些错误，盖执
笔者未深考。此书虽后出，但价值较高。其中一至十三卷部分，书
答部分比较完全，价值较贝叶山房张氏本《焚书》为高。）

《李氏续藏书》二十七卷（陈仁锡评正，焦竑曾加修补，明
刻本。）

《李氏续焚书》五卷（汪本珂辑。虹玉斋刻本，附《李温陵外
纪》。）

《李氏丛书》十二本（明刻本。内：《道古录》二卷，《心经提
纲》一卷，《观音问》一卷，《老子解》上下二篇，《庄子解》上下二
篇，《孙子参同》上、中、下三卷，《墨子批选》二卷，《因果录》上、
中、下三卷，《净土决》一卷，《暗然录最》四卷，《三教品》一卷，《永
庆答问》一卷，共十二种。价值较高。其中一部分，在李贽生前以
单行本印行。）

《李氏六书》六卷（李维桢删订。明刻本。内：《历朝藏书》一
卷，《皇明藏书》一卷，《焚书书答》一卷，《焚书杂述》一卷，《丛书
汇》一卷，《说书》一卷。虽属节本，但价值较高。在《说书》未出现
前，此书所选录的，可以参考。）

《卓吾老子三教妙述》（又名《言善篇》）四集。（明万历四十
六年宛陵刘逊之刻本。）

《阳明先生道学钞》八卷，附《阳明先生年谱》二卷（明万历三
十七年刻本。）

以上各书，是在李贽身后刻成的。有些辑集之作，其中的单行
本，则刻于李贽生前。

第一、二两部分为李贽著作的主要部分。

第三部分

《四书评》:《大学》一卷,《中庸》一卷,《论语》十卷,《孟子》七卷(明刻本。《四库总目提要》卷一百十九《子部》二十九、《杂家类》三、列《疑耀》,下云:"相传坊间所刻赘《四书第一评》、《第二评》,皆叶不夜所伪撰。"按:周亮工《因树屋书影》:"叶文通名昼,无锡人,多读书,有才情,留心二氏学,故为诡异之行,迹其生平,多似何心隐。或自称锦翁,或自称叶五叶,或称叶不夜,最后名梁无知,谓梁溪无人知之也。当温陵《焚》、《藏书》盛行时,坊间种种借温陵之名以行者,如《四书第一评》、《第二评》,《水浒传》,《琵琶》、《拜月》诸评,皆出文通手。"按:李贽有论《拜月》、《西厢》、《琵琶》、《玉合》、《昆仑奴》、《红拂》诸评,《水浒传》有序,俱见《焚书》、《续焚书》。是则叶所评书,均与李贽所评书合。其他,且勿论,我们所见《四书评》一书,并无所谓《第一评》、《第二评》等称谓,而精神内容、文字风格与李贽其他著作吻合,《四库总目提要》仅指为"相传"系叶所伪撰,可能即本周亮工之说,并未确证。因此,仍定为李贽的著作。)

《读升庵集》二十卷(明刻本。)

《枕中十书》六卷(明刻本。有:《精骑录》、《笕窗笔记》、《贤奕选》、《文字禅》、《异史》、《博识》、《尊重口》、《养生醍醐》、《理谈》、《骚坛千金诀》等十门。)

《世说新语补》二十卷(明刻本。)

《坡仙集》十六卷(明刻本。)

《评选三异人集》二十四卷(明刻本。评选方正学、于节阁、杨椒山著作。)

其他评《水浒》、《西厢》、《幽闺》、《浣纱》等小说戏曲。

以上真伪参半,须加考定。

其余《评残唐五代演义》等,当系伪书,《疑耀》,非李贽作。其他未见之作,如《说书》等,当进一步访求。

第二节 李贽思想的承传关系、社会根源及其战斗性格

在明末社会矛盾激烈化的时代,泰州学派的后起之秀李贽继承了泰州学派王艮、何心隐的思想传统,并进一步予以发展,从而建立了反道学的思想体系。李贽思想上的承传关系,是比较复杂的。我们不能片面地停留在表面的一种师承关系,还应既要从李贽批判的承继诸子百家的古代传统,寻找他的学术形成的历史渊源,又要从当时历史的条件寻找其"深藏在物质经济事实中"的根源(《社会主义由空想发展为科学》,《马克思恩格斯文选》〔两卷集〕,第二卷,页117)。

寻找李贽思想的承传关系,主要从李贽自己的著作入手。在《阳明先生年谱后语》里,李贽说:

> "余自幼倔强难化,不信道,不信仙释。故见道人则恶,见僧则恶,见道学先生则尤恶。……不幸年甫四十,为友人李逢阳、徐用检所诱,告我龙溪先生语,示我阳明王先生书,乃知得道真人不死,实与真佛真仙同,虽倔强,不得不信之矣。"(《王阳明先生道学钞》)

这是在思想学术上他跟王守仁和王畿的关系。但是贬孔子于诸子百家地位而自居于"异端"的李贽和王守仁学说有根本的区别。应该特别指出,李贽的老师乃是王艮的儿子王襞(东崖),李贽是泰州学派的继承者,而非真的王守仁、王畿的派下。《续藏书》卷二一《储瓘传》末(又见《续焚书》卷三《储瓘》条)说明了这一点:

> "心斋之子东崖公,贽之师。东崖之学,实出自庭训。"

另一泰州学派的学者罗近溪,是李贽的先辈,跟李贽有过往还。李贽十分佩服罗近溪的学风,对之作了衷心的赞扬。在《罗近溪先生告文》

里,李贽以敬佩的心情叙述罗近溪的从政、讲学活动,特别是他的平等思想:

> "公廷讼简,委蛇乐多。口舌代铁,论心无兢,胥徒令史,浑如其家。即仕而学,不以仕废;即学称仕,何必仕优? 在朝如此,居方可知。自公既然,家食何如? 堂前击鼓,堂下唱歌,少长相随,班荆共坐。……若夫大江之南,长河之北,招提梵刹,巨浸名区,携手同游,在在成聚。百粤、东瓯,罗施、鬼国,南越、闽越,滇越、腾越,穷发鸟语,人迹罕至,而先生墨汁淋漓,周遍乡县矣。至若牧童樵竖,钓老渔翁,市井少年,公门将健,行商坐贾,织妇耕夫,窃屦名儒,衣冠大盗,此但心至则受,不问所由也。况夫布衣韦带,水宿岩栖,白面书生,青衿子弟,黄冠白羽,缁衣大士,缙绅先生,象笏朱履者哉。是以车辙所至,奔走逢迎,先生抵掌其间,坐而谈笑,人望丰采,士乐简易,解带披襟,八风时至。有柳士师之宽和,而不见其不恭;有大雄氏之慈悲,而不闻其无当。同流合污,狂简斐然;良贾深藏,难识易见。居柔处下,非乡愿也;泛爱容众,真平等也。力而至,巧而中,是以难及;大而化,圣而神,夫谁则知。盖先生以是自度,亦以是度人。七十余年之间,东西南北无虚地,雪夜花朝无虚日,贤愚老幼、贫病贵富无虚人。"(《焚书》卷三)

这种具体叙述,不是客观的情况描绘,而是对泰州学派学风的衷心赞扬,这和对王守仁的表扬,如仅说他是一个高贵的佛仙(按:李贽不信佛仙,更恶佛仙),来作比较,显然就完全不同了。李贽对泰州学派的另一学者何心隐,更誉之为"鲁国之儒一人,天下之儒一人,万世之儒一人",比之于孔子(《焚书》卷三《何心隐论》)。据《林李宗谱》,李贽学术"宗姚江一派,与何心隐辈稍□于正"(厦门大学抄稿《卓吾公传》),可见其学术与何心隐是比较接近的。李贽对泰州学派的称颂,非常突出。在《为黄安二上人三首·大孝》文里,李贽歌颂泰州学派的许多学者,誉之为"英雄"(按:这字眼在李贽著作中是和仙佛、道学相对立的名称):

"古人称学道全要英灵汉子。……当时阳明先生门徒遍天下，独有心斋为最英灵。心斋本一灶丁也；目不识一丁，闻人读书，便自悟性。……此其气骨为何如者？心斋之后为徐波石，为颜山农。山农以布衣讲学，雄视一世，而遭诬陷。波石以布政使，请兵督战，而死广南。云龙风虎，各从其类然哉！盖心斋真英雄，故其徒亦英雄也。波石之后为赵大洲，大洲之后为邓豁渠。山农之后为罗近溪，为何心隐。心隐之后为钱怀苏，为程后台，一代高似一代。所谓大海不宿死尸，龙门不点破额，岂不信乎？"（《焚书》卷二）

李贽的思想，虽然未受释、老的束缚，但也受了释、老的一些影响。阳明学派和泰州学派，一般都有这个特点。李贽的著作里，有《三教归儒说》，有《五宗说》，有《重刻五灯会元序》，有《道教钞小引》（俱见《续焚书》卷二），这些毫无掩饰地反映出他的思想里的释、老因素。然而泰州学派由王艮到李贽，又和王守仁有实质上的区别，我们可以作这样的总结：王守仁吸取了释、老的宗教内容，进行简易的神学说教，妄图消除一切矛盾；泰州学派特别是李贽，以"异端"者自居，嘲笑了神学的圣光，揭露了社会的矛盾。因此，我们说泰州学派是假阳明学派。王守仁是道学家，而李贽却是反道学家。

我们还应该进一步寻找李贽思想"深藏在物质经济事实中"的根源。明朝中期以后，中国的封建制社会，特别是长江和东南沿海区域，已经萌生了资本主义的新芽。这种萌芽状态的资本主义因素，还没有发展到足以摇撼封建经济基础的程度，但是新的社会矛盾，当然会使李贽受到影响。在对外贸易上，商业资本也和封建统治者发生矛盾。李贽的家乡泉州是对外贸易的海港，李贽先世就有好几代从事海上活动，为富商，为通事官。李贽对航海商人曾表示过同情，说："商贾……挟数万之赀，经风涛之险，受辱于关吏，忍垢于市易，辛勤万状"（《焚书》卷二《又与焦弱侯》），不是偶然的。他常把一切事物，放在商业交易关系中去考察，他说："天下尽市道之交也"，孔子与七十子的关系，也是市道之交的关系,"七十子所欲之物,唯孔子有之,他人无有也;孔子所可欲之物,唯七十子欲之,他人不欲也",接着他又说:"以身为市者,自当有为市之货,固不得以圣人而为市井病。身为圣人者,自当有圣人之货,亦不得以圣人而兼市井"(《续焚书》卷二《论交难》)。这些,明显地反映出一种市民的思想。

李贽的思想,跟封建制社会的道学教条是势不两立的。这种冲突,据李贽自述,不是偶然的,而是经常的、普遍的。李贽的意见是一种代表,而读书食禄之家的意见又是一种代表。读书食禄之家,对李贽的思想,或者视之为狂,或者认为有这种思想的,其人可杀。李贽说:"大概读书食禄之家,意见皆同。以余所见质之,不以为狂,则以为可杀也。"(《焚书》卷五《蜻蛉谣》)其次,李贽感到人的一生都要受特权的管束,而他却不能受这样的管束,因而他就跟一切特权者发生矛盾而不相容。他说:小时不必说,"既长而入学,即属师父与提学宗师管矣。入官,即为官管矣。弃官回家,即属本府本县公祖父母管矣,……其为管束,至入木埋下土,未已也。管束得更苦矣。我是以宁飘流四外不归家也"。他又说:"余唯以不受管束之故,受此磨难,一生坎坷,将大地为墨,难尽写也。"(《焚书》卷四《豫约感慨生平》)李贽所说的读书食禄之家,实际上就是封建官僚地主阶级,李贽所碰到的提学宗师以至尚书、巡抚之流,也都是封建官僚地主阶级。这些人,"意见皆同",这种意见,实质上就是统治阶级的阶级偏见。而李贽的思想跟这种阶级偏见之所以发生抵触,是因为在任何方面都存在着两种态度和两种看法的矛盾。与读书食禄之家相反,李贽对市井小夫、力田者、愚夫愚妇引为同类,认为他们的话是"有德之言",是应当予以察听的"迩言"。李贽同这些人的意见是一致的。这就可以看出,他和封建特权者存在着"抵触",而和人民有联系。

这就是李贽反封建思想的深刻的社会根源。

僵死的与新生的斗争,不仅反映在李贽思想与道学教条间的斗争当中,也反映在李贽本身思想的矛盾斗争当中。李贽一生不受管束,到处与人抵触或对立,反映了反封建思想与道学教条间的生死斗争,这是一方面。另一方面,李贽自己的行为与思想,也是一个矛盾结合的统一体,其中以反封建的战斗思想为"矛盾起主导作用的方面。"李贽在《自赞》文里,自我揭露了这种矛盾情况。他说:

> "其性褊急,其色矜高;其词鄙俗,其心狂痴;其行率易,其交寡而面见亲热。其与人也,好求其过而不悦其所长;其恶人也,既绝其人,又终身欲害其人。志在温饱,而自谓伯夷、叔齐;质本齐人,而自谓饱道饫德。分明一介不与,而以有莘借口;分明毫毛不拔,而谓杨朱贼仁。动与物迕,口与心违。其人如此,乡人皆恶之矣。昔子贡问夫子曰:'乡人皆恶之,何如?'子曰:'未可也'。若居士其可乎哉?"(《焚书》卷三《自赞》)

李贽的思想虽然在这样的矛盾之中,但他依然在基本的倾向方面,顺着健康的途径发展,他分明把矛盾的主要方面放在褊急、狂痴、志在温饱、想做乞食墦间之祭的齐人(按:指《孟子》故事,见本书第一卷,页346)等方面。表面为伊尹的行径所影响,实质却是一介不以与人;口头上也批评杨朱的贼仁,实质是一毛不拔的为我精神。这是主张私利的明白宣告,矛盾的主要方面,仍然是反对封建主义的形式不平等的横夺,而维护个人的权利。但是思想里的矜高、鄙俗等封建沉渣,仍然时时浮泛起来,在自己的理论体系中相互矛盾。

袁中道的《李温陵传》,也叙述了李贽思想中的矛盾,但在叙述中除表示出有些不明白其中的道理(不可知)外,更把矛盾的主要方面颠倒了。

> "大都公之为人也,真有不可知者。本绝意仕进人也,而专谈用世之略,谓天下事决非好名小儒之所能为。本狷洁自厉、操若冰霜人也,而深恶枯清自矜、刻薄琐细者,谓其害必在子孙。本屏绝声色,视情欲如粪土人也,而爱怜光景,于花月儿女之情状,亦极其赏玩,若借以文其寂寞。本多怪少可、与物不和人也,而于士之有一长一能者,倾注爱慕,自以为不如。本息机忘世、槁木死灰人也,

而于古之忠臣义士,侠几剑客,存亡雅谊,生死交情,读其遗事,为之咋指斫案,投袂而起,泣泪横流,痛哭滂沱,而不自禁。若夫骨坚金石,气薄云天,言有触而必吐,意无往而不伸。排拓胜己,跌宕王公,孔文举调魏武若稚子,嵇叔夜视钟会如奴隶。鸟巢可复,不改其凤味,鸾翮可铩,不驯其龙性,斯所由焚芝锄蕙,衔刀若卢者也。"(《珂雪斋文集》卷八)

袁中道虽然没有能够正确指出李贽思想里的主要矛盾方面,但是也适当地分析了李贽反封建而终于为封建社会所杀害的一些原因。

李贽思想中的矛盾,既反映了当时社会的新旧斗争,又反映了新旧矛盾中新的为旧的束缚的痛苦。在《杂说》一文里,李贽分析了戏曲《拜月》、《西厢》的文学价值,借以抒陈自己思想矛盾的情况。在封建主义的束缚下,新生的事物不容易生长,李贽感到"胸中有如许无状可怪之事","喉间有如许欲吐而不敢吐之物","口头又时时有许多欲语而莫可所以告语之处"。这种矛盾使人窒息,但是酝酿得长久了,终于爆发起来,不能遏阻,于是借他人杯酒,浇自己的垒魂,诉说心中的不平,发狂大叫,痛哭流涕起来,这时候,就是外界的迫害再严重,也顾不得了。据他说,因为这样,就写下了"天下之至文",这种文章,小中可以见大;反之,世间大事,如唐、虞揖让,汤、武征诛,有人倒比之杯酒局棋,大中倒见得小了。李贽说:

"世之真能文者,比其初,皆非有意于为文也。其胸中有如许无状可怪之事,其喉间有如许欲吐而不敢吐之物,其口头又时时有许多欲语而莫可所以告语之处,蓄极积久,势不能遏。一旦见景生情,触目兴叹,夺他人之杯酒,浇自己之垒魂,诉心中之不平,感数奇于千载。既已喷玉唾珠,昭回云汉,为章于天矣,遂亦自负,发狂大叫,流涕恸哭,不能自止。宁使见者闻者切齿咬牙,欲杀欲割,而终不忍藏于名山,投之水火。予览斯记(按:指《西厢》),想见其为人,当其时必有大不得意于君臣朋友之间者,故借夫妇离合因缘以发其端。于是焉喜佳人之难得,羡张生之奇遇,比云雨之翻复,叹今人之如土。其尤可笑者,小小风流一事耳,至比之张旭、张颠、羲之、献之而又过之。尧夫云:'唐、虞揖让三杯酒,汤、武征诛一局棋'。夫征诛揖让何等也,而以一杯一局觑之,至渺小矣。呜呼,今古豪杰,大抵皆然。小中见大,大中见小,举一毛端,建宝王刹;坐微尘里,转大法轮,此自至理,非干戏论。"(《焚书》卷三《杂说》)

这里,可以清楚地看到,李贽是感到有矛盾存在的,所谓"胸中之不平",就是主观和客观矛盾造成的。但是他不可能把矛盾提高到解答问题的高级理论上来,予以认识,他只能把它归结为"大不得意于君臣朋友之间,故借夫妇离合因缘以发其端"。这是他的思想的时代局限性的反映。在黑暗的长夜里已经发现黑暗世界的不可救药,但只能揭露其中的矛盾,而看不见黎明的到来,得不出解决问题的正面答案。然而,李贽是在历史进程的正途上迈进,而和王守仁在历史进程中倒行是完全相反的。

处身在社会矛盾的激烈斗争之中,李贽站在反封建主义的文化的战斗前线,摆开了"堂堂之阵,正正之旗",以与封建势力英勇地搏斗,以与千万人对垒,而取得了不断的胜利。道学家就恶毒地称他为"妖怪之物",称他为"人妖",把他跟何心隐、方湛一相比拟。当麻城的道学家者流借口正风化,发动驱逐李贽,要把他递解回籍的时候,他写信给周友山说:

"我性本'柔顺',学贵'忍辱'(按:此处柔顺、忍辱,是反语,实际是说刚强、坚强不屈),故欲杀则走就刀,欲打则走就拳,欲骂则走而就嘴。只知进就,不知退去,孰待其递解以去也?盖此'忍辱''柔顺'法门,是我七八岁时用,至于今七十岁有年矣,惯用之矣。不然,岂其七十之老,身上无半文钱钞,身边无半个亲随,而敢遨游旅寓万里之外哉!盖自量心上无邪,身上无非,形上无垢,影上无尘。古称不愧不怍,我实当之。是以堂堂之阵,正正之旗,日与世交战而不败者,正兵在我故也;正兵法度森严,无隙可乘,谁敢

邀堂堂而击正正,以取灭亡之祸与?"(《续焚书》卷一《与周友山书》)

当耿定向等诬蔑他是"人妖"的时候,他写信给焦弱侯说:

"如何心隐本是一个英雄汉子,慧业文人,然所言者,皆世俗之所惊,所行者皆愚懵之所怕。一言一行即为人惊怕,则其谓之妖,奚曰不宜? 若方湛一虽聪明灵利,人物俊俏,能武能文,自足动人,而无实盗名,欲遂以其虚声鼓贤者使从己,则亦人之妖也,何可怪也? 至如弟,则任性自是,遗弃事物,好静恶嚣,尤真妖怪之物,只宜居山,不当入城近市者。到城市,必致触物忤人矣。既忤人,又安得不谓之妖人乎?"(《续焚书》卷一《寄焦弱侯书》)

这些信,充满了坚韧不屈的乐观主义的战斗精神,藐视敌人,嘲讽敌人,毫不动摇自己的信念,从而证明了李贽长期的反封建斗争的英勇战绩,也说明了李贽成为封建社会"人妖"之由来,成为"神学异端"之由来。为什么他不是别的"异端",而是"神学异端"呢?

恩格斯指出:中世纪社会,"政治和法律都掌握在僧侣手中,也和其他一切科学一样,成了神学的分枝,一切按照神学中通行的原则来处理。教会教条同时就是政治信条,圣经词句在各法庭中都有法律的效力。甚至在法学家已经形成一种阶层的时候,法学还久久处于神学控制之下。神学在知识活动的整个领域中的这种无上权威,是教会在当时封建制度里万流归宗的地位之必然结果"。"由此可见,一般针对封建制度发出的一切攻击必然首先就是对教会的攻击,而一切革命的社会政治理论大体上必然同时就是神学异端。为要触犯当时的社会制度,就必须从制度身上剥去那一层神圣外衣。"(《德国农民战争》,《马克思恩格斯全集》第七卷,页400—401)

恩格斯的这一分析,指的是欧洲的中世纪社会末期,但具有普遍的意义。中国自汉武帝罢黜百家、独尊儒术以后,儒家思想取得了中世纪封建统治阶级支配思想的地位。宋、明道学家,进一步把儒家思想条理化,使之更适合于钳制人民思想、巩固封建统治的目的。元朝以后程、朱学派的四书五经注释成为统治阶级通过科举制度选拔官吏的必读经典。道学家取得了如同欧洲僧侣一样的特权地位。封建社会的政教风俗,按照道学的原则来处理。巍峨耸立的节孝牌坊,金碧辉煌的义门旌表,到处标帜着道学原则对人类精神生活以及世俗生活的独断统治。但是,在道学统治的神圣光轮下面,却洒满了那些所谓忠臣义士、孝子顺孙、贞女节妇的斑斑血泪。道学是"知识活动的整个领域中的无上权威",是跟整个封建统治阶级对它的利用密切联系着的。道学成为维护和承认封建统治的精神力量。如果说王守仁的简易的道学有它的特点,那只在于他企图从危机中解救社会的矛盾。然而明朝末叶的李贽的反道学思想就完全相反了。他对程、朱道学家进行的攻击,形式上虽然和王守仁有些相似,但王守仁是从右的方面对道学不满,而泰州学派如李贽却是从左的方面对道学不满,这就必然成为"异端之尤"。在攻击封建的社会关系之前,李贽首先英勇地剥夺其"神圣外衣"——道学。他的思想无可怀疑地具有鲜明的反封建的革命性格。

沈瓒《近事丛残》载:"李卓吾好为惊世骇俗之论,务反宋儒道学之说。其学以解脱直截为宗,少年高旷豪举之士多乐慕之,后学如狂。不但儒教防溃,而释氏绳检亦多所屑弃。"李贽的反道学思想,获得广大青年的拥护,"后学如狂"。这种思想猛烈地冲击了道学原则的堤防,使它有发生溃决的危险,这就是所谓"儒教防溃"。我们必须从这一意义和作用上来衡量李贽思想的战斗的革命性格。李贽所以成为"异端之尤"或"神学异端",其理由也就在这里。从这一点也可以明白,为什么到了五四运动时期,李贽的思想还被当作武器来运用,发挥了打击旧礼教的一定作用。

第三节　李贽的人道主义的平等观和个性说

上面我们研究过的李贽的不平凡的生平、战斗性格及其思想和实践的社会根源,是论述他的全部思想面貌的第一步,为我们在下面探讨他的思想特点和理论根源提供了顺利的条件。

思想家各有自己的研究问题的路数和著作的风格。要掌握李贽的理论实质,自然必须占有他的全部著作,但更重要的在于审查、分析他的这些著作,并进而依据历史唯物主义的观点,领会其中的精神。

李贽的杰出的哲学思想,不是表现在那些表面上酷似形而上学的著作里,如他讲解佛学的若干文章,反而是藏在他提倡的社会思想的著作里。我们看到他的社会平等说、个性自由说、个性解放说和他的文学评论,很容易理解他的进步性,我们看到他的历史人物评价的著作,也很容易理解他的破除迷信的独到见解。但不透过这些思想来领会他的哲学思想,就容易遗落了重点或中心。这里,首先应该指出,他的世界观和认识论的积极因素,就隐藏在这些论断中,这即他所讲的"自然之理"、"人伦物理"、"天道"、自然"物情之势"以及"是非标准"论等等。

他的理论体系的积极方面是批判历史现实和社会现实的战斗精神。消极方面是受禅学的影响。这在后面我们将加以论列。但是李贽对于王守仁学派的人人皆具良知、满街都是圣人的说教,却使之颠倒了。人人皆可做圣人的命题原是古代的传统,在王守仁那里,这命题在于缝补社会矛盾,使神学在俗世具有同一或统一的功用;而在李贽反封建的思想里这命题却扩大了社会的矛盾,用"恶德即善德"的推理方法,攻击着僧侣主义的说教。

李贽的思想,在道德论的范围内,充满了平等、自由和尊重个性的精神。他认为人类天然平等,认为人的个性各个不同,认为人人都有自私的欲望,认为趋利避害人人皆同,认为吃饭穿衣就是人伦物理,认为享乐和正确理解个人利益是合理的。李贽认为这些就是整个道德的基础。李贽思想里的这些基本论点,具有反对封建等级、反对封建特权的战斗意义。

李贽首先阐述了关于人类平等的观点,这种思想,是王艮、何心隐思想的进一步发掘。李贽认为"天下无一人不生知",在生知这一点上,每一个人都是相同的。生知这个范畴,原本于《中庸》。《中庸》说:

"或生而知之,或学而知之,或困而知之,及其知之一也。或安而行之,或利而行之,或勉强而行之,及其成功一也。"《中庸》的这种论点,有利于道学家用之为封建等级制辩护。朱熹就曾根据《中庸》的这种论点,说明人的"气禀有不同"。李贽的生知说,指出"天下无一人不生知",与《中庸》的论点显然不同。类似这样的平等观,在李贽的著作里是不少的。他说:

> "天下无一人不生知,无一物不生知,亦无一刻不生知者。……虽牛马驴驼等,当其深愁痛苦之时,无不可告以生知、语以佛乘也。……且既自谓不能成佛矣,亦可自谓此生不能成人乎?吾不知何以自立于天地之间也?既无以自立,则无以自安。无以自安,则在家无以安家,在乡无以安乡,在朝廷无以安朝廷。吾又不知何以度日、何以面于人也?吾恐纵谦让,决不肯自谓我不成人也审矣。既成人矣,又何佛不成,而更待他日乎?天下宁有人外之佛、佛外之人乎?"(《焚书》卷一《答周西岩书》)

这是说人人生知,人人是佛,人即佛,佛即人。这是说从道德来看,天下的人都是平等的。

> "人之德性,本是至尊无对,所谓'独'也,所谓'中'也,所谓'大本'也,所谓'至德'也。……德性本至广也,本至大也,所谓'天下莫能载'是也;而又至精焉,至微焉。……中则无东西南北之可拟,无方所定位之可住,是故不得已焉,强而名之曰中。……德性之来,莫知其始,是吾心之故物也,是由今而推之于始者,然也。更由今而引之以至于后,则日新而无敝,今日新也,明日新也,后日又新也。同是此心之故物,而新新不已,所谓日月虽旧而千古常新者是矣。……故圣人之意若曰:尔勿以尊德性之人为异人也,彼其所为亦不过众人之所能为而已。人但率性而为,勿以过高视圣人之为可也。尧、舜与途人一,圣人与凡人一。"(《李氏文集卷》一八《明灯道古录》卷上)

这里在满篇至德要道的陈旧的神秘的语言之中,主要指出人人在天性自然方面同具此德性;尊德性也就是为众人之所能为;率性而为,就是圣人之为,没有什么过高、了不起之处;因此,尧、舜与途人一,圣人与凡人一。把至尊无上的德性的宝座,垫在常人的足下,因而就填平了尧、舜与途人之间、圣人与凡人之间的鸿沟。这就可以看出,李贽所卫护的人们德性的平等是和封建等级的不平等相对立的,具有对封建等级制批判的意义。

> "人人各具有是大圆镜智,所谓我之明德是也。是明德也,上与天同,下与地同,中与千圣万贤同,彼无加而我无损者也"(《续焚书》卷一《与马历山书》)。

这大圆镜智,就是明德,就是德性,就是生知。大圆镜智、明德、德性、生知这些范畴,在意义和内容上,是完全相同的。这里,李贽不但公开地把佛教的范畴与儒家经典的范畴在同一意义、相等地位上应用了,而且把这些神圣的道德律描写得十分平等而无品级的差别。李贽又说:

> "世人但知百姓与夫妇(按:指愚夫愚妇)之不肖不能,而岂知圣人之亦不能也哉? ……自我言之,圣人所能者,夫妇之不肖可以与能,勿下视(按:即看低)世间之夫妇为也。……夫妇所不能者,则虽圣人亦必不能,勿高视一切圣人为也。"(《李氏文集》卷一九《明灯道古录》卷下)

圣人之所能,愚夫愚妇亦能;愚夫愚妇之不能者,圣人亦必不能。对愚夫愚妇,不能下视,对圣人不能高视。这是从能为上看,圣人与愚夫愚妇是平等的。如果对圣人与愚夫愚妇,在看法上有所轩轾,下视愚夫愚妇,高视圣人,就不合平等的精神。所以后面李贽接着又说:"彼天下之均,爵禄之辞,白刃之蹈,皆极其力之所可能,鸢鱼类耳,夫妇等耳,曷足怪哉,是又安足道邪? 庄生谓'尘垢秕糠,陶铸尧、舜',岂荒唐语耶? 正与先正'尧、舜事业,一点浮云过目'相合。"(同上。按:天下之均,爵禄之辞,白刃之蹈,见《中庸》,原文是,"子曰:天下国家可均也,爵禄可辞也,白刃可蹈也"。)一方面,愚夫愚妇,极其力之所能,也能蹈白刃而不返。另一方面,"尧、舜事业",也并没有什么了不起,正如"一点浮云

过目",所谓"唐、虞揖让三杯酒,汤、武征诛一局棋"者是。愚夫愚妇的
能为如吃饭穿衣,与圣人的能为如揖让征诛,在道德价值上衡量,也是
无分高下的。大中见小,小中见大。这外表上似乎带着相对主义的色
彩,而实质则是平等观念,对封建主义的治人与治于人的等级观念的批
判。这种圣人之所能为与愚夫愚妇之所能为相等的观点,是从人人生
知的基本观点引申出来的。由于德性上的平等才引出能为上的平等。
他说:

> "言而曰'近',则一时之民心,即千万世之人心,而古今同一
> 心也。中而曰民,则一民之中,即千万民之中,而天下同一中也。
> 大舜无中,而以百姓之中为中;大舜无善,而以百姓之迩言为善。
> 则大舜无智,而唯合天下通古今以成其智。"(《李氏文集》卷一九
> 《明灯道古录》卷下)

从时间上说,古今同此人心;从范围上说,天下人人同此一中。千古人
心,也即天下人人之中。圣人之中、圣人之善、圣人之智,就是以天下古
今百姓之中为中、百姓之善为善、百姓之智为智。而天下之人心,就是
匹夫匹妇之人心。从个人的人心,从个人的中,可以窥见天下古今的人
心、天下古今人人的中。这是对个人、对一个普通人、对愚夫愚妇的空
前尊重。这里所说的中、人心,就是上文所说的生知、德性、明德、大圆
镜智,意义内容,并无不同。这里,外表上似承袭陆象山的说教,但是陆
象山指的是古今四海高不可攀的圣人标准,而李贽则以愚夫愚妇作为
圣人。宋、明道学,是要凡人上同于圣人,而泰州学派则主张凡人就是
圣人,前者是统治阶级的标准,后者是愚夫愚妇的标准。

李贽还从统治者和被统治者同等出发,来抽出"致一之理"。他在
《老子解》中说:

> "侯王不知致一之道与庶人同等,故不免以贵自高。高者必
> 蹶下其基也,贵者必蹶贱其本也,何也?致一之理,庶人非下,侯王
> 非高,在庶人可言贵,在侯王可言贱,特未之知耳。……人见其有
> 贵有贱,有高有下,而不知其致之一也,曷尝有所谓高下贵贱者哉?

彼贵而不能贱,贱而不能贵,据吾所见,而不能致之一也,则亦璆璆落落,如玉如石而已矣"(《李氏丛书》丑《老子解》下篇)。

李贽从"天下无一人不生知"出发,指出道学家所谓道,也都是人人具有的。

"道之在人,犹水之在地也。人之求道,犹之掘地而求水也。然则,人无不载道,水无不在地也,审矣。"(《藏书》卷三二《德业儒臣前论》)

"道本不远于人。而远人以为道者,是故不可以语道。(按:《中庸》原文,"子曰,道不远人,人之为道而远人,不可以为道。")可知人即道也,道即人也。人外无道,而道外亦无人。"(《李氏文集》卷一九《明灯道古录》卷下)

"道不离人,人不离道。"(同上)

李贽的"人无不载道"的命题,包含有两层意思:第一是"道不离人,人不离道",道与人不可分离。第二是"人即道,道即人","人外无道,道外无人",人本身就是道。这样,就把道从天上拉回到人间,道不再是道学家所独占的神秘东西。

那末,李贽所说的道,实质究竟是什么? 李贽这样引申说:

"穿衣吃饭,即是人伦物理。除却穿衣吃饭,无伦物矣。世间种种,皆衣与饭类耳。故举衣与饭,而世间种种自然在其中。非衣食之外,更有所谓种种绝与百姓不相同者也。"(《焚书》卷一《答邓石阳书》)

泰州学派主张当下日用是道。所谓当下日用,就是穿衣吃饭那样的自然,穿衣吃饭,包举了世间所有的人伦物理。顾宪成记载泰州学派的"自然"观点说:

"李卓吾讲心学于白门,全以当下自然指点后学,说人都是见见成成的圣人,才学,便多了。闻有忠节孝义之人,却云都是做出来的,本体(按:指心)原无此忠节孝义。学人喜其便利,趋之若狂,不知误了多少人。"(《顾端文公遗书》卷一四《当下绎》)

> "史际明曰,今世讲学主教者,率以当下指点学人,此最亲切语。及叩其所以,却说,饥来吃饭困来眠,都是自自然然的,全不费功夫。以此为当下,翻是陷入的深坑。"(《顾端文公遗书》卷一四《当下绎》)

泰州学派的当下自然,就是饥来吃饭、困来眠,就是李贽说的穿衣吃饭,也就是人生最基本的自然要求。满足人生最基本的自然要求,就是当下日用的道。这样,道是最平常的、毫无神秘之处的日常生活。这样就把道从天上拉回到人间,道不再是道学家所独占的神秘的东西。这种对道的规定,是异端的理论。正如唯名论发展的最初阶段,都尔的贝伦伽里所得出的结论,认为在教会的圣餐仪式中人们所吃的是面包,喝的是酒,而不是像教会所说的是"主的身体和血"。都尔的贝伦伽里认为,即使基督的身体大如巨塔,也早就被吃得一干二净了。贝伦伽里把圣餐从"主的身体和血"的欺骗,还原为面包和酒,犹如李贽把道学家所宣扬的高不可攀的神秘的道,从天上拉回人间,还原为百姓的穿衣吃饭,还原为饥来吃饭、困来眠一样。这里,李贽已经把封建主义道德律下的恶德变成善德了。

因此,李贽公然宣扬世间一切治生、产业等事,就是百姓日常生活中的自然而然的"趋利避害"的思想,而这却是上人君子所不愿意听的最鄙野俚俗的"迩言",和他们的神秘的"道"相矛盾。李贽说:

> "如好货,如好色,如勤学,如进取,如多积金宝,如多买田宅为子孙谋,博求风水为儿孙福荫,凡世间一切治生、产业等事,皆其所共好而共习、共知而共言者,是真'迩言'也。……我之所好察者,百姓日用之'迩言'也。"(《焚书》卷一《答邓明府》)

> "吾且以'迩言'证之。凡今之人,自生至老,自一家以至万家,自一国以至天下,凡'迩言'中事,孰待教而后行乎?趋利避害,人人同心,是谓天成,是谓众巧,'迩言'之所以为妙也,大舜之所以好察而为古今之大智也。"(《李氏文集》卷三《答邓明府书》)

> "唯是街谈巷议,俚言野语,至鄙至俗,极浅极近,上人所不

道,君子所不乐闻者,而舜独好察之。以故民隐无不闻,情伪无不烛,民之所好,民之所恶,皆晓然洞彻,是民之中,所谓善也。夫善言即在乎迩言之中,则迩言安可以不察乎?……夫唯以迩言为善,则凡非迩者,必不善。何者? 以其非民之中,非民情之所欲,故以为不善,故以为恶耳。"(《李氏文集》卷一九《明灯道古录》卷下)

好色,好货,多积金宝,多买田宅,这一切治生、产业等事,正是百姓日用之"迩言",正是极鄙俗、极浅近的街谈巷议,是普通人之所欲的物质利益。这种"迩言",是大舜之所好察的。所谓察,"则不止于问",所谓好察,"则不止于好问",意思是说,普通人的物质利益,是应该给予最精心的考察、研究和注意的。李贽显然把这种物质利益,把趋利避害,作为整个道德的基础。合乎这种物质利益的是善,违反这种物质利益的是不善,是恶。所以他又说:

"市井小夫,身履是事,口便说是事。作生意者,但说生意;力田作者,但说力田,凿凿有味,真有德之言,令人听之忘厌倦矣。"
(《焚书》卷一《答耿司寇》)

这里,李贽把市井小夫的谈做生意,谈力田作,都作为"有德之言",虽然说这话的时候是对比着道学家的言行不相顾而说的,但是其意义却是与"迩言为善"的意义一致的。

李贽主张穿衣吃饭是当下日用的自然,是道,认为物质享受是人之所欲,就是圣人也不例外。并不如道学家所说的,物质享受等人欲是物,是邪恶,必须禁欲或寡欲。李贽说:

"圣人虽曰,'视富贵如浮云',然得之亦若固有;虽曰,'不以其道得之,则不处',然亦曰,'富与贵是人之所欲'。今观其相鲁也,仅仅三月,能几何时,而素衣麑裘、黄衣狐裘、缁衣羔裘等,至富贵享也。御寒之裘,不一而足;裼裘之饰,不一而袭。凡载在《乡党》者,此类多矣。谓圣人不欲富贵,未之有也。"(《李氏文集》卷一八《明灯道古录》卷上)

《论语·乡党》叙述孔子的生活,说孔子"食不厌精,脍不厌细。食饐而餲,鱼馁而肉败,不食。色恶不食,臭恶不食,失饪不食,不时不食,……惟酒无量,不及乱。……"李贽在这里加以评论道:"惟酒无量,不及乱。大圣人!大圣人!其余都与大众一般。"(《四书评论语》卷五)对道学家所奉为偶像的至圣先师的日常生活,用调侃的笔调加以评论,这里具有"剥夺其神圣的外衣"的意义。李贽认为,"圣人亦人耳,既不能高飞远举,弃人间世,则自不能不衣不食,绝粒衣草而自逃荒野也。故虽圣人不能无势利之心。"李贽举了许多事例,如伯夷、太公就养西伯,韩信寄食漂母,陈平门多长者之车,说这些都是为了势利,从而得出结论说:"从此观之,财之与势,固英雄之所必资,而大圣人之所必用也,何可言无也? 吾故曰,虽大圣人不能无势利之心。则知势利之心,亦吾人秉赋之'自然'矣。"(《李氏文集》卷一八《明灯道古录》卷上)

从势利之心出之"吾人秉赋之自然",虽大圣人亦不能无势利之心这一命题,李贽更进一步地提出"人必有私"、"私者人之心"的命题。显然,李贽的这种思想,与封建道德观念处在对立的地位。道学家虚伪地宣扬禁欲主义,在朱熹则为居敬,在王守仁则为格物,李贽则指出圣人亦有势利之心,人必有私,道不在于禁欲,而在满足人们的需要和追求物质的快乐。一切德行,都和个人的物质利益相联系。李贽说:

"夫私者,人之心也。人必有私,而后其心乃见;若无私,则无心矣。如服田者私有秋之获,而后治田必力;居家者私积仓之获,而后治家必力;为学有私进取之获,而后举业之治也必力。故官人而不私以禄,则虽召之必不来矣;苟无高爵,则虽劝之必不至矣。虽有孔子之圣,苟无司寇之任、相事之摄,必不能一日安其身于鲁也决矣。此自然之理,必至之符,非可以架空而臆说也。然则为无私之说者,皆画饼之谈,观场之见,但令隔壁好听,不管脚跟虚实,无益于事,只乱聪耳,不足采也。"(《藏书》卷二四《德业儒臣后论》)

"寒能折胶,而不能折朝市之人;热能伏金,而不能伏竞奔之子。何也？富贵利达所以厚吾天生之五官，其势然也。是故圣人顺之，顺之则安之矣。（以下为讽刺语）是故贪财者与之以禄，趋势者与之以爵，强有力者与之以权。"（《焚书》卷一《答耿中丞》）李贽认为私者人之心，耕田者把收获物作为私有，才肯出力治田，指出这是"自然之理"。又认为"富贵利达所以厚吾天生之五官"，是必然之势。圣人顺应这种自然之理与必然之势，就能够得到好的社会秩序与和平生活，这种秩序与和平，李贽称之为"安"。李贽尖锐地批判董仲舒和张栻的道德说教。董仲舒认为，"正其义不谋其利，明其道不计其功"，张栻认为"圣学无所为而为之"。李贽反对他们说，正义就是为了谋利，不谋利就说不上正其义。明道就是毕功，不计功就无时可以明道。李贽尖锐地提出反问：如果圣学无所为，那又何必搞什么圣学呢？李贽把谋利和计功作为正义明道的目的，把物质福利作为道德的目标，这就反对董仲舒和张栻的骗人的封建道德说教，打击了禁欲主义的谬论。

与"天下无一人不生知"的平等观联系着的，是李贽的"物情不齐"的自然而然的个性论。在人的生理要求、物质欲望等方面，每一个人都是相同的，应该尊重这种要求、欲望，这就是"尊德性"，但是在材力和好尚方面，每一个人都有不同的个性，应该发展这种个性，这就是"任物情"。"尊德性"与"任物情"二者结合起来。李贽认为，"物之不齐，物之情也"。圣人只能任自然的不齐，不能"齐人之所不齐以归于齐"，而反乎自然。一方面是性命各正，不可得同；另一方面是万物统体，不可得异。在首出庶物这一点上，人人都是共同的。李贽说：

"能尊德性，则圣人之能事毕矣。于是焉，或欲经世，或欲出世；或欲隐，或欲见；或刚或柔，或可或不可，固皆吾人不齐之物情，圣人且任之矣。"（《李氏文集》卷一八《明灯道古录》卷上）

"夫天下至大也，万民至众也，物之不齐，又物之情也。"（同上）

"一物各具一乾元，是性命之各正也，不可得而同也。万物统体一乾元,是太和之保合也,不可得而异也。……然则人人各正一乾之元也,各具有是首出庶物之资也。"(《九正易因》卷上《乾为天》)

　　"夫道者路也,不止一途;性者心所生也,亦非止一种已也。"(《焚书》卷三《论政篇》)

最值得注意的是,李贽一反道学家的适应于品级结构的道德境界的虚构,根据自然现象的分类法,把各种不同的人物分为八类,用各种具体的品物来比拟他们,名之曰"八物"。八物各有特点,各有用处。《焚书》卷四《八物》所说的八物就是:

　　(一)鸟兽草木。指一种人,他们的一羽毛、一草木,皆堪人世之用。

　　(二)楼台殿阁。指一种人,他们未易动摇,有足贵者。

　　(三)芝草瑞兰。指一种人,他们譬之玩物,无取于温饱。

　　(四)杉松栝柏。指一种人,他们经历岁时,可任栋梁。

　　(五)布帛菽粟。指一种人,他们最平常、也最有用,可以使人易饱易暖,同饱同暖。

　　(六)千里八百。指一种人,他们能任重致远,犹之日行千里八百的牛马。

　　(七)江淮河海。指一种人,他们能生人,能杀人,能贫人,能富人,利害相半。

　　(八)日月星辰。指一种人,他们能照见大地,物物赋成。

对待各种不同的个性,李贽提出"因材"、"并育"的教育主张,使不同的个性都能得到发展,反对强制和束缚。他说:

　　"就其力之所能为,与心之所欲为,势之所必为者以听之,则千万其人者,各得其千万人之心,千万其心者,各遂其千万人之欲。是谓物各付物,天地之所以因材而笃也,所谓万物并育而不相害也。今之不免相害者,皆始于使之不得并育耳。若肯听其并育,则大成大、小成小,天下之更有一物不得所者哉!是之谓'至齐',是之谓'以礼'。夫天下之民,各遂其生,各获其所愿,有不格心归化者,未之有也。世儒既不知礼为人心之所同然,本是一个千变万化活泼泼之理,而执之以为一定不可易之物,故又不知齐为何等,而故欲强而齐之。是以虽有德之主,亦不免于政刑之用也。"(《李氏文集》卷一八《明灯道古录》卷上)

李贽的这种"因材"、"并育"的主张,是对个性自由的呼唤,企图冲破封建社会礼教、政刑的束缚。他认为政治就在于因人而治,就在于以人治人,就在于人人自治。他说:

"君子以人治人,更不敢以己治人者,以人本自治。人能自治,不待禁而止之也。若欲有以止之而不能听其自治,是伐之也。……安能治之,安足为道也邪?

"既说以人治人,则条教禁约,皆不必用。

"不见,而章者在;不动,而敬者在;不言,而信者在;不赏,而劝者在;不怒,而威者在;不显,而仪刑者在;不声不色,而化民者自在。是谓笃恭而天下平。非玄也,亦非禅也,是吾夫子之言也。"

(《李氏文集》卷一九《明灯道古录》卷下)

李贽用"本诸身"的"君子之治"与"因乎人"的"至人之治",具体说明两种不同的政治情况。他反对本诸身的君子之治,即封建束缚,而主张因乎人的至人之治,即自由解放。他说:

"君子之治,本诸身者也;至人之治,因乎人者也。本诸身者,取必于己(按:即封建统治者自己);因乎人者,恒顺于民。其治效固已异矣。夫人之与己,不相若也。有诸己矣,而望人之同有;无诸己矣,而望人之同无,此其心非不恕也,然此乃一身之有无也,而非通于天下之有无也,而欲为一切有无之法以整齐之,惑也。于是有条教之繁,有刑法之施,而民日以多事矣。其智而贤者,相率而归吾之教,而愚不肖则远矣。于是有旌别淑慝之令,而君子小人从此分矣。岂非别白太甚,而导之使争乎? 至人则不然,因其政不易其俗,顺其性不拂其能。闻见熟矣,不欲求知新于耳目,恐其未窹

而惊也。动止安矣,不欲重之以桎梏,恐其絷而颠且仆也。"(《焚书》卷三《论政篇》)

李贽反对封建社会的"礼",认为这种"礼"是外加的、人为的,实际上是非礼。而真正的礼,应该由自然的"中"而出,"无蹊径可寻,无涂辙可由,无藩卫可守,无界量可限,无局钥可启",一句话,就是泯弃一切规范,撤尽一切藩篱,完全自由自在。他说:

> "人所同者谓礼,我所独者谓己。学者多执一己定见,而不能大同于俗,是以入于非礼也。……盖由中而出者谓之礼,从外而入者谓之非礼;从天而降者谓之礼,从人得者谓之非礼;由不学不虑、不思不勉、不识不知而至者谓之礼,由耳目闻见、心思测度、前言往行、仿佛比拟而至者谓之非礼。语言道断,心行路绝,无蹊径可寻,无涂辙可由,无藩卫可守,无界量可限,无局钥可启,则于四勿也,当不言而喻矣。"(《焚书》卷三《四勿说》。按:四勿为"非礼勿视,非礼勿听,非礼勿言,非礼勿动"。)

方以智解释"克己复礼"之"克",为"尽也,能也,为其克而能生也"。这种一反道学家的克制私欲说,而崇赞个性解放之新说,和李贽相似,因此方以智说:"心不直,即不自由,不自由即非礼,自由之几在乎自克,李卓吾说亦近似,然太现成。"(方以智《一贯问答》抄本)

为了自由、自治、解放,李贽唾弃封建社会的一切"教条禁约"和"礼"。这是他对封建的政教礼俗的彻底破坏。在寺观判了公事,落发而留鬘须,出家而饮酒食肉,嘲弄圣贤先哲,赞扬寡妇卓文君的私奔,都是他的反封建思想的具体实践。

尊重生知上的平等,又尊重个性上的差异,自然发展的结果,在阶级社会里,势将导致不同的前途,产生新的不平等。李贽于此,显然同情自由竞争中的强者。他说:

> "天与以致富之才,又借以致富之势,畀以强忍之力,赋以趋时之识,如陶朱、猗顿辈,程郑、卓王孙辈,亦天与之以富厚之资也。是亦天也,非人也。若非天之所与,则一邑之内,谁是不欲求富贵

者,而独此一两人也邪?"(《李氏文集》卷一八《明灯道古录》卷上)

"夫栽培倾复,天必因材,而况于人乎。强弱众寡,其材定矣。强者弱之归,不归必并之;众者寡之附,不附即吞之。此天道也。虽圣人其能违天乎哉。今子乃以强凌众暴,为法所禁,而欲治之,是逆天道之常,反因材之笃,所谓拂人之性,灾必及其身者,尚可以治人邪?"(《李氏文集》卷一九《明灯道古录》卷下)

"勤俭致富,不敢安命。今观勤俭之家自见。"(《李氏丛书》末,《墨子批选》卷二《批非命》上语)

有富厚之资的强者,是天之所与,既是天之所与,那就应该顺天道之常,让他们发展成为富者。这种思想的实质,归根到底乃在于推崇个人自由,反对封建的生产关系的束缚,这是带有庸俗进化观点的思想,但在当时却具有进步的意义。在工场手工业初步产生的时候,机户出资,机工出力,一家机户拥有几十张织机的情况下,李贽的"强者弱之归,众者寡之附"的因材思想,是为有产者剥削劳动者辩护的。他显然为陶朱、猗顿、程郑、卓王孙等富者之流张目。

李贽的平等观和个性说,维护私有,宣称人人在德性上的平等。他所护卫的这种平等原则是和封建等级的不平等相对立的。他宣传追求个人物质幸福的道德意义,宣传个性的自由发展合乎天道。这种个性发展、个性自由的原则又是和初步萌生的资本主义关系相适应的。但是,必须指出,当资产阶级成为统治阶级,资本主义社会的矛盾加深了的时候,像李贽那样的功利主义的道德学说就失掉了它的进步性,而成为替资本主义制度辩护的反动理论了。

综观以上所论的李贽思想,特别是他在道德论上以人的物质生活作为整个道德的基础、以穿衣吃饭为"人伦物理"、强调满足人的最基本的自然要求、以功利作为正义明道的目标等等,我们可以看出,李贽主观上试图对人、对社会作唯物主义的理解,试图把道德观、伦理学安放在唯物主义的基础之上,并以此反抗中世纪的神学。然而,限于时代的历史条件,要达到这样的理解是不可能的。首先,他不是从自然观上去坚持唯物主义的原则,而是从社会观、道德观去寻求反抗中世纪神学的理论基础,他的入手处就已决定他达不到唯物主义的高度。其次,在马克思主义以前,老唯物主义者即使在自然观上坚持唯物主义原则,而当他试图把这种唯物主义原则应用于历史、社会领域时,他也达不到历史唯物主义,而不自觉地在这些领域中背叛自己,转向唯心主义。列宁曾指出:费尔巴哈和车尔尼雪夫斯基所用的术语——哲学中的"人本主义原则"是狭隘的,"无论是人本主义原则,无论是自然主义,都只是关于唯物主义的不确切的肤浅的表述"(《哲学笔记》,页57)。由于历史条件和时代的局限,李贽虽然重视作为人类的人,无分凡圣,他还没有完全达到哲学中的人本主义原则或人类学原则;他虽然把人性看作自然的东西,也还不是试图以自然规律来解释历史、社会。另一方面,尽管李贽的社会思想和道德伦理学说并没有、也不可能越出唯心主义的藩篱,但其中所包含着的反封建的战斗精神,想摆脱中世纪神学的倾向,从历史主义来看,是有价值的。

第四节　李贽的反圣教、反道学的战斗思想

为了打击儒教和道学家的特权地位,为了剥夺封建社会的"神圣的外衣",李贽写作了大量批判性的文章。在他的杰作《藏书》里,在他的解经之作《四书评》里,也都贯穿着这种批判的精神。李贽解经之作《四书评》,一反传统的态度,不称做经学家们的注、疏、解、诂、训、释之类,而大胆地称为"评",这分明是一种"异端"的提法,显示了要站在平等地位对经典加以分析批判的意义。他是通过自己的裁量来评量圣贤的经传,而不是五体投地地对经传一味崇奉。这是对封建主义文化的公开的叛逆态度。在李贽批判锋芒所触及的地方,凡是儒教经典、至圣大贤、名儒硕学、以至当时的道学家们,大都显得黯然无光,而非旧史所尊崇的那样神气。我们应知道李贽是活动在十六世纪后半期,

不是活动在"五四"运动时代,因此他的这种批判的著作,就更值得重视。

李贽的批判锋芒,首先是针对儒教经典和儒学圣贤的。这是挖老根,显老底,擒贼先擒王的手法。李贽对"六经"、《论语》、《孟子》等经典,抱着轻蔑的态度,说这些书不过是当时弟子的随笔记录,有头无尾,得后遗前,大半非圣人之言。就算有圣人之言,也只是一时的因病所发的药石,不是"万世之至论",这样,就否定了"六经"、《语》、《孟》的经典地位,推倒了经典教义统治的特权。李贽尖锐地评价"六经"、《论语》、《孟子》。指出"六经"、《语》、《孟》,是"道学之口实,假人之渊薮",其实,并不能视之为"经",一样许后人怀疑其谬误,这样便把所谓圣经贤传一脚踩在地下,任其批驳。李贽说:

"夫六经《语》、《孟》,非其史官过为褒崇之词,则其臣子极为赞美之语。又不然,则其迂阔门徒,懵懂弟子,记忆师说,有头无尾,得后遗前,随其所见,笔之于书。后学不察,便以为出自圣人之口也,决定目之为'经'矣。孰知其大半非圣人之言乎?纵出自圣人,要亦有为而发,不过因病发药,随时处方,以救此一等懵懂弟子、迂阔门徒云耳。药医假病,方难定执,是岂可遽以为万世之至论乎?然则六经《语》、《孟》,乃道学之口实,假人之渊薮也,断断乎其不可以语于'童心'之言明矣。"(《焚书》卷三《童心说》)

李贽在《四书评序》里,揭示此书的批判作风说:"夫读书,解可也,即甚解,亦无不可也,□(但)不可求耳。盖道理有正言之不解,反言之而解者;有详言之不解,略言之而解者。世之'龙头讲章'(按:指钦定经典注疏)之所以可恨者,正为讲之详、讲之尽耳。此《四书评》一帙,有正言,亦有反言,有详言,亦有略言,总不求甚解之语,则近之。若读者或以为未解也,则有世之所谓'龙头讲章'在,勿谓李卓老解之不详,讲之不尽,令渊明老子笑人也。"兹举他评《论语》、《孟子》的若干例子,并加按语,以见其批判的一斑:

经　文	评　语
[《论语》卷一]曾子曰:慎终追远,民德归厚矣。	归字妙。可见厚是故乡。今之刻薄"小人",俱是流落他乡之人,可怜可痛![按:此为反言,因他自己晚年流落他乡,不归故乡,借以嘲讽曾子之言无谓。]
子曰:吾十有五而志于学,三十而立,四十而不惑,五十而知天命,六十而耳顺,七十而从心所欲,不逾矩。	孔子年谱,后人心诀。[按:此为略言,意思是说,这不过如后世作年谱一样,并无深意,乃后人奉以为传心之诀,很无谓。]
孟懿子问孝。子曰:"无违。"樊迟御,子告之曰:"孟孙问孝于我,我对曰,无违。"樊迟曰:"何谓也?"子曰:"生事之以礼;死,葬之以礼,祭之以礼。"	樊迟一段,偶然之事,今人都看作有心,便非圣人举动。[按:意思是说《论语》中的一些普通问答传述语,并无深意,而今人都奉为经典,与孔子当时精神并不符合。]
[《论语》卷三]子曰:中庸之为德也,其至矣乎,民鲜久矣。	大道甚夷,而民好径。[按:以老解孔,泯灭圣学和异端的区别。]
[《论语》卷五]子曰:吾未见好德如好色者也。	原不望人不好色,只望人好德如好色耳。[按:此为"正言若反"之正言,意思是说:孔子也好色。]
[《论语》卷六]子曰:回也,其庶乎?屡空。赐不受命,而货殖焉,亿则屡中。	亿则屡中,正货殖的本钱。[按:此为正言,是反对道学家的贱视商人的注解。]
[《论语》卷七]原壤夷俟。子曰:幼而不孙弟,长而无述焉,老而不死,是为贼!以杖叩其胫。	一头骂,一头打,孔夫子直恁慈悲。[按:"慈悲"为反言,把孔子的神态还原,使他从圣人的宝座上走下来,还原为人间的地上的生活。]
[《论语》卷九]子曰:色厉而内荏,譬诸小人,其犹穿窬之盗也欤?	照妖镜。○色厉内荏,便是小人,何必又譬诸小人?[按:校改孔子用语不当。]

经　　文	评　　语
子曰:乡愿,德之贼也。	撞着老捕快,又偷不成。〔按:指做贼也不容易。〕
子曰:道听而涂说,德之弃也。	可怜贼也不会做。〔按:指盲从者比乡愿还不如。〕
《微子》第十八全篇。	总批:读此一篇,如读稗官小说,野史国乘,令人不寐,其亦经中之史乎?〔按:以经典比之稗官小说,故意不尊崇其地位。〕
〔《论语》卷十〕子夏曰:百工居肆以成其事,君子学以致其道。	今之百工,居肆以成其事者比比;今之君子,学以致其道者,几人哉?〔按:借此以抬高工商业者,而讽刺道学家。〕
子曰:不知命,无以为君子也;不知礼,无以立也;不知言,无以知人也。	文法极平顺。〔按:只以文法平顺称许孔子,言其中的论点不一定正确。〕
〔《孟子》卷二〕孟子与公孙丑讨论以齐王犹反手问题,分析当时的政治形势。	国势民情,如视之掌,故敢卑言管晏。岂如今之大头巾、假道学,漫然大言而已?〔按:借以讽刺道学没有真实本领。〕
〔《孟子》卷六〕告子与孟子论性,末节:孟季子问公都子曰:"何以为义内也?"曰:"行吾敬,故谓之内也。""乡人长于伯兄一岁,则谁敬?"曰:"敬兄。""酌则谁先?"曰:"先酌乡人。""所敬在此,所长在彼,果在外非由内也。"公都子不能答,以告孟子。孟子曰:"'敬叔父乎,敬弟乎?'彼将曰,'敬叔父。'曰,'弟为尸,则谁敬?'彼将曰,'敬弟。'子曰,'恶在其敬叔父也?'"	细看问者答者,孟门何多高足也? 大笑。〔按:从问答的情况、问答的内容,讽刺亚圣孟子门下,也尽多草包,没有什么了不起。〕

经　　文	评　　语
彼将曰,'在位故也。'子亦曰,'在位故也。庸敬在兄,斯须之敬在乡人'。"季子闻之曰:"敬叔父则敬,敬弟则敬,果在外,非由内也。"公都子曰:"冬日则饮汤,夏日则饮水,然则饮食亦在外也。"	
[《孟子》卷六]淳于髡与孟子辩论,孟子为卿于齐,名实未加于上下,而去之,是否仁者的问题。	竟是相骂一场。[按:把亚圣孟子与人辩论,比之为相骂一场。]
[《孟子》卷七]孟子曰:"有为者,辟若掘井。掘井九仞,而不及泉,犹为弃井也。"	此篇文章,不过二十字,便有波涛万丈。孟子之文,真以气胜者也。[按:仅许以气胜而已。]
孟子曰:"有人曰,'我善为陈,我善为战。'大罪也。国君好仁,天下无敌焉。南面而征北狄怨,东面而征西夷怨。曰,'奚为后我?'武王之伐殷也,革车三百辆,虎贲三千人。王曰:'无畏!宁尔也。非敌百姓也。'若崩厥角,稽首。征之为言,正也。各欲正己也,焉用战?"	如此说来,善陈善战的,却不大是扯淡?[按:批评孟子的认识太狭隘。]

附注:评孟子,多以文章家许之,比以心传看孟子,低了一大截。

从上表可以看出,李贽评论孔孟的经典,常用以讽刺的笔调,剥去其神圣的外衣,使之归于平常,甚至归于可笑和愚蠢。李贽抓住了神圣不可侵犯的圣贤的某些小辫子，或抓住文字上的某些把柄，诙谐地进行嘲弄。例如，《论语》卷八，"孔子曰：君子有三戒，少之时，血气未定，戒之在色；及其壮也，血气方刚，戒之在斗；及其老也，血气既衰，戒之在得"，李贽批道："酒色财气，孔子之训，止戒其三，固知'无量'之圣不知酒之当戒也"，这是用庸俗的人世格言来对比严肃的经典教义，诙谐地嘲弄孔子是一个洪量的酒徒，以与《乡党篇》叙述孔子"惟酒无量不及乱"相照应。这种"皮里阳秋"式的评论，作用在于使圣贤经传还原为平常的著作，打击其在知识、道德、政教等一切领域里作为最高指导原则的特权地位，否定其为"万世之至论"。其态度不仅是离经叛道，而且是亵渎神圣。

李贽更明白地批驳了孟子的学说而表彰墨子的理论。孟子论墨子兼爱，病其无父；论墨子的节葬，病其薄亲。李贽指出，孟子"不深考其所自而轻于立言，"孟子"好入人罪"。李贽说：

"兼爱者，相爱之谓也。使人相爱，何说害仁？若谓使人相爱者，乃是害仁，则必使人相贼者，乃不害仁乎？我爱人父，然后人皆爱我之父，何说无父？若谓使人皆爱我父者，乃是无父，则必使人贼我父者，乃是有父乎？是何异禽兽夷狄人也？岂其有私憾而故托公言以售其说邪？然孟氏非若人矣。赵文肃所谓不深考其所自而轻于立言是也"（《李氏丛书》午《墨子批选》卷一《兼爱上》批语）。

"明言节葬，非薄其亲而弃之沟壑以与狐狸食也。何诬人强入人罪为？儒者好入人罪，自孟氏已然矣。"（《李氏丛书》未《墨子批选》卷二《节葬下》眉批语）

李贽指斥道学家对孔子的盲目崇拜为矮子观场，嘲笑其类似于一犬吠影、众犬吠声。按照李贽的看法，孔子未尝教人学孔子，孔子也决不以身为教于天下。诸子不必问仁于孔子，孔子也无学术以授门人。这就是说，孔子并不是什么"万世师表"、"至圣先师"。李贽敢于说，孔子是一个人，没有什么可怪，如果千古以前没有孔子，人们就不活了么？

李贽这样写道：

> "夫天生一人，自有一人之用，不待取给于孔子而后足也。若必待取给于孔子，则千古以前无孔子，终不得为人乎？……且孔子未尝教人之学孔子也。使孔子而教人以学孔子，何以颜渊问仁，而曰'为仁由己'而不由人也欤哉？何以曰，'古之学者为己'，又曰，'君子求诸己'也欤哉。惟其由己，故诸子自不必问仁于孔子；惟其为己，故孔子自无学术以授门人。……夫孔子未尝教人之学孔子，而学孔子者务舍己而必以孔子为学，虽公亦必以为真可笑矣。夫惟孔子未尝以孔子教人学，故其得志也，必不以身为教于天下。"（《焚书》卷一《答耿中丞》）

李贽把孔子和老子平列起来，譬之一稻一黍，俱足饱人，二人并无轩轾。他说：

> "南人食稻而甘，北人食黍而甘，此一南一北者，未始相羡也，然使两者易地而食焉，则又未始相弃也。道之于孔、老，犹黍之于南北也。足乎此者，虽无羡于彼，而顾可弃之哉！至饱者各足，而真饥者无择也。"（焦竑：《老子翼》卷三选引）

为了利用孔子的学说，中世纪的统治者按照自己阶级的意图来歪曲它，使它为封建压迫和封建剥削提供理论根据。历史上的孔子和后世儒家的孔子不是完全一致的。宋、明道学家更进一步地抽去孔子思想里的生动活泼的内容，而使其中某些学说成为僵死的、永世不变的教条，从而欺骗人们。正如列宁所指出的："僧侣主义扼杀了亚里士多德学说中活生生的东西，而使其中僵死的东西万古不朽。"（《哲学笔记》，页333）李贽认为，实际上孔子究竟有哪些可尊敬的地方，大家是不知道的，只是一味地盲目崇拜。李贽揭露并嘲讽这种蛮横而又愚蠢的态度说：

> "余自幼读圣教，不知圣教；尊孔子，不知孔子何自可尊，所谓矮子观场，随人说妍，和声而已。是余五十以前，真一犬也。因前犬吠形，亦随而吠之。若问以吠声之故，正好哑然自笑也已。"

（《续焚书》卷二《圣教小引》）

　　"人皆以孔子为大圣，吾亦以为大圣；皆以老佛为异端，吾亦
以为异端。人人非真知大圣与异端也，以所闻于父师之教者熟也。
父师非真知大圣与异端也，以所闻于儒先之教者熟也。儒先亦非
真知大圣与异端也，以孔子有是言也。……儒先臆度而言之，父师
沿袭而诵之，小子蒙聋而听之，万口一辞，不可破也，千年一律，不
自知也。不曰'徒诵其言'，而曰'已知其人'；不曰'强不知以为
知'，而曰'知之为知之'。至今日，虽有目而无所用矣。"（《续焚
书》卷四《题孔子像于芝佛院》）

在盲目和愚昧的气氛里，封建制社会统治的思想便以孔子之是非为真
理的标准，凭以衡量一切。李贽坚决反对这种独断的态度，提倡是非是
无定质、无定论的，是相对的。他发抒了以下一篇名论：

　　"人之是非，初无定质；人之是非人也，亦无定论。无定质，则
此是彼非，并育而不相害。无定论，则是此非彼，亦并行而不相悖
矣。然则今日之是非，谓予李卓吾一人之是非可也，谓为千万世大
贤大人之公是非亦可也，谓予颠倒千万世之是非，而复非是予之所
非是焉，亦可也。则予之是非，信乎其可矣。前三代，吾无论矣。
后三代，汉、唐、宋是也，中间千百余年，而独无是非者，岂其人无是
非哉？咸以孔子之是非为是非，故未尝有是非耳。然则予之是非
人也，又安能已。夫是非之争也，如岁时然，昼夜更迭，不相一也。
昨日是而今日非矣，今日非而后日又是矣。虽使孔夫子复生于今，
又不知作如何是非也，而可遽以定本行罚赏哉！"（《藏书·世纪列
传总目前论》）

李贽的这一段话，有重要意义。他在《藏书》里对八百多个历史人物，
作了不以孔子之是非为是非的评量之后，写出这篇《总目前论》，提出
了真理的相对性这一理论。是非无定质，是非人无定论；是非之争，昼
夜不一，昨日是而今日非，今日非而后日又是。这些命题的本义并不在
一种否定真理标准的相对主义的倾向。如果我们透过这些命题，跟提

出这些命题的历史条件联系起来,看它的实质,则它实具有否定道学家的以孔子之是非为是非标准的进步意义。它分明说:道学家所奉以欺骗人的封建教条,不应该永世不变。同时,事实也很清楚,李贽并没有表示摒弃是非,而是提出了要依自己的时代精神,来代替孔子的时代精神,这就是说,要用自己时代的新条件下的是非标准来代替久已僵死了的旧的是非标准——孔夫子的"定本"。虽然他仍认为这种是非的更迭,犹之岁时昼夜的更迭,是一种循环或反复,然而这是他的时代局限。

李贽否定孔夫子的"定本",反对以孔夫子的"定本"作为法律裁判或赏罚的准绳,这一思想,他曾不止一次地反复加以说明。李贽根据这样理论,也指斥了程、朱、陆、王所表彰的孟子:

> "孟氏之学……犹未免执定说以骋己见,而欲以死语活人也。夫人本至活也,故其善为至善,而其德为明德也。至善者,无善无不善之谓也。惟无善无不善乃为至善。惟无可无不可始为当可耳。若执一定之说,持刊定死本,而却印行以通天下后世,是执一也。执一便是害道。……不执一说,便可通行,不定死法,便足活世。"(《藏书》卷三二《孟轲传》)

这里,除去他受王畿影响的一些话以外,李贽反对"执一",认为"执一便是害道",仍然是在反对以孔夫子的"刊定死本,印行以通天下后世",这里的"一",即"定于一尊"之一。他说:

> "夫曰善人,则不践迹矣。……夫人之所以终不成者,谓其效颦学步,徒慕前人之迹为也。不思前人往矣,所过之迹,亦与其人俱往矣,尚如何而践之?……夫孔子非迹乎?然而孔子何迹也?今之所谓师弟子,皆相循而欲践彼迹者也,可不大哀乎?"(《藏书》卷三二《孟轲传》附《乐克论》)

> "儒臣虽名为学,而实不知学,往往学步失故,践迹而不能造其域,卒为名臣所嗤笑。"(《藏书·世纪列传总目后论》)

> "彼其区区欲以周公之礼乐治当时之天下,以井田、封建、肉刑为后世之必当复,一步一趋,舍孔子无足法者。然则使(王)通

而在,犹不能致治平也,况其徒乎?"(《藏书》卷三二《王通传》)

　　"承谕《李氏藏书》,谨抄录一通,专人呈览。年来有书三种,惟此一种系千百年是非。……今不敢谓此书诸传皆已妥当,但以其是非堪为前人出气而已。"(《焚书》卷一《答焦漪园》)

道学家据以评量一切的教条,李贽称之为"迹"。道学家要人们亦步亦趋,践前人之迹。但孔夫子本身就是迹,前人往矣,情况不同了,故迹又如何践法? 道学家想如王通那样,用周公的礼乐治今日的天下,必然行不通。李贽就这样来反对道学家的封建教条,批判封建教条的不合理。

　　李贽尖锐抨击由韩愈首创而为宋、明道学家所肿胀并坚持的道统说。韩愈认为道有一个统,尧以是传之舜,舜以是传之禹……一直传到孔子、孟子,孟子死后,道就失传了,宋、明道学家就把濂、洛、关、闽看作孟氏之传,认为它们即是道统,以此抬高正宗思想的统治地位。李贽根据人无不载道,道无不在人的观点,批判了道统说的捏造。李贽说:"道之在人,犹水之在地。"如果说从秦朝到宋朝,中间一千数百年,"人尽不得道,则人道灭矣,何以能长世也?"如果说直到宋儒才得道统之传,则"何宋室愈以不竞,奄奄如垂绝之人,而反不如彼之失传者哉?"他认为抬出道统说,无非显示道学家的"好自尊大标帜",而实质上则是一种捏造和对古人的诬蔑。因此,在李贽《藏书》的《儒臣传》里,显示了他的"道无绝续,人具双眼"的别裁(《藏书》卷三二《德业儒臣前论》)。他肯定了荀卿的地位应该排在孟子之前。他说:荀与孟同时,但是荀卿"更通达而不迁。不晓当时何以独抑荀而扬孟也"。应该把孟、荀改排为荀、孟(《藏书》卷三二《荀卿传》)。李贽又有意识地贬低程颐和朱熹的地位,把他们列入"行业儒臣"与"文学儒臣"二类,摈不予以"德业儒臣"的地位,根本贬低其所谓"道学",从而不承认有所谓"道统"。

　　李贽特别调弄道学的首脑人物程颐和朱熹。这是很明显的,因为程颐和朱熹的经说,当时是钦定的标准经说,为天下的士子所通习。打击程颐和朱熹,对打击统治阶级的权威,有重大的反抗意义。《藏书》

的《程颐传》记载程颐渡江，舟几乎覆没，舟中人皆号哭，"颐独正襟安坐如常"。事后有人问他为什么独无怖色，程颐说："心存诚敬耳"，李贽于此批云："胡说甚！"南宋国势危亡的时候，朱熹别的事不说，只说内侍如何如何。李贽对此尖锐地批评说："彼其时，为人臣子者触目激哀，哀号痛恨，不在甘升一孺子明矣。吾意先生当必有奇谋秘策，能使宋室再造，免于屈辱，呼吸俄倾，危而安，弱而强。幼学壮行，正其时矣。乃曾不闻嘉谋嘉猷，入告尔后，而直以内侍为言，是为当务之急与？或者圣人正心诚意之学，直为内侍一身而设，顾不在夫夷狄、中国之强弱也，则又何贵于正心诚意为也！"(《藏书》卷三五《赵汝愚传》)这里，把程朱言行不相顾的虚伪面目，暴露得很彻底。在《四书评》里，李贽指出朱熹根据程子之意，补《大学》的释格物致知之义一段文字，是不必要的，批云："不必补！"(《四书评·大学》)这种地方，不能仅从王学反朱学的狭隘门户的意义上来理解，而是应当从反对钦定经说的历史意义上来理解。

李贽否定儒家的独尊地位，替早已被罢黜的诸子百家翻案。他认为六家原是平等，原是各自成家。儒不必尊，申、韩也不比儒卑。他说："申、韩何如人也？彼等原与儒家分而为六。既分为六，则各自成家；各自成家，则各各有一定之学术，各各有必至之事功，举而措之，如印印泥，走作一点不得也。"李贽贬低儒家的地位，说司马谈的《论六家要旨》，对儒家"以博而寡要、劳而少功八字盖之，可谓至当不易之定论"。他认为墨子、商鞅、申子、韩子、张仪、苏秦等等，"皆有一定之学术，非苟苟者，各周于用，总足办事"，只有儒家，"瞻前虑后，左顾右盼，自己既无一定之学术，他日又安有必成之事功邪？"(《焚书》卷五《孔明为后主写申韩管子六韬》)

在《墨子批选序》里，这种思想反映得更加明确。他毫不贬低诸子的地位，并且特别推重墨子。他说：

"《吴子》一书，吴起之言也，当时用之魏则魏强，用之楚而楚伯矣。……商君相秦才十年耳，卒至富强，而令秦成帝业，虽能杀

其身,而终不能不用其法。申子辅弱小之韩,以当暴秦之冲,终其
身国治兵强,秦至不敢加兵者一十五年。则三子之言之用何如也,
而况不为三子者乎? 而况不为刑名法术之家者乎? ……虽至于
苏、张、范、蔡之徒,其人虽反复变诈而难信,其言利害则晓然分晰
而可审,但非无用之言,即为有德之言,即为圣人之言,不可以苏、
张目之,明矣,而况申、商、吴起数子乎? 而况不为申、商、吴起者
乎? 墨子是已!"(《李氏丛书》午《墨子批选序》)

他骂儒者为鄙儒、俗儒、迂儒。他说:"鄙儒无识,俗儒无实,迂儒未死
而臭。"最高的是名儒,但"名儒死节殉名"也有头巾气(《续焚书》卷一
与《焦漪园太史》)。他说,儒者治不了天下国家,文武分途以后,儒者
都不懂武事,从此,"千万世之儒,皆为妇人"(《藏书·世纪列传总目后
论》)。

李贽对道学家进行尖锐的揭露和嘲笑。他揭露道学家的虚伪、无
耻和许多丑恶的行为。李贽指出,道学家自命清高,实际志在高官厚
禄。有的道学家能写几句诗,就自称为山人;有的不会写诗,会讲讲
"良知",就自称为圣人,他们"名为山人,而心同商贾;口谈道德,而志
在穿窬"。"今山人者,名之为商贾,则其实不持一文;称之为山人,则
非公卿之门不履。"(《焚书》卷二《又与焦弱侯书》)

李贽说:道学家表面上讲道学,实际是为了富贵,在道貌岸然的头
巾掩盖下,行为却跟猪和狗一样。他们无才无学,就靠讲道学来取得富
贵。讲道学是取富贵的本钱:

"阳为道学,阴为富贵,被服儒雅,行若狗彘然也。夫世之不
讲道学而致荣华富贵者不少也,何必讲道学而后为富贵之资也?
此无他,不待讲道学而自富贵者,其人盖有学有才,有为有守,虽欲
不与之富贵不可得也。夫唯无才无学,若不以圣人讲道学之名要
之,则终身贫且贱焉,耻矣! 此所以必讲道学以为取富贵之资
也。"(《续焚书》卷二《三教归儒说》)

李贽揭露道学家的各种卑鄙的伎俩。他们为了利己的目的而有所请托

的时候,就称引"万物一体"之说,以取得别人的帮助;为了避免嫌怨,就称引"明哲保身"之说,使自己置身事外。李贽说:只要"不许嘱托,不许远嫌,又不许称引古语,则道学之术穷矣!"(《续焚书》卷三《孔融有自然之性》)

李贽描绘道学家的丑恶形象,同时指出他们失去了所谓"自然之性",毫无真实本领。李贽说:

"嗟乎!平居无事,只解打恭作揖,终日匡坐,同于泥塑,以为杂念不起,便是真实大圣大贤人矣。其稍学奸诈者,又挨入良知讲席,以阴博高官。一旦有警,则面面相觑,绝无人色,甚至互相推委,以为能明哲。盖因国家专用此等辈,故临时无人可用。"(《焚书》卷四《因记往事》)

李贽特别憎恶假道学如耿定向之流的言行不相顾。他在《答耿司寇书》里,痛快淋漓地揭露这位道学家的伪善:

"试观公之行事,殊无甚异于人者,人尽如此,我亦如此,公亦如此。自朝至暮,自有知识以至今日,均之耕田而求食,买地而求种,架屋而求安,读书而求科第,居官而求尊显,博采风水以求福荫子孙。种种日用,皆为自己身家计虑,无一厘为人谋者。及乎开口谈学,便说:'尔为自己,我为他人;尔为自私,我欲利他。''我怜东家之饥矣,又思西家之寒难可忍也。''某等肯上门教人矣,是孔、孟之志也;某等不肯会人,是自私自利之徒也。''某行虽不谨,而肯与人为善;某等行虽端谨,而以好佛法害人。'以此而观,所讲者未必公之所行,所行者又公之所不讲。其与'言顾行、行顾言'何异乎!"(《焚书》卷一《答耿司寇》)

李贽的言论直截了当地扯下道学家的假面具,沉重地打击了封建统治者所御用的道学家的权威。这就震动了整个的道学家们,使他们心惊胆战,终于对李贽疯狂地进行迫害、造谣、诽谤、恐吓,无所不用其极。他们诬蔑他妨碍风化,左道惑众,要把他驱逐出境,递解回籍。当李贽游武昌的时候,他们无耻地利用一些徒子徒孙轰他,赶他。钱谦益记录这种情况说：

> "其掊击道学，抉摘情伪，与耿天台往复书，累累万言。胥天
> 下之为伪学者，莫不胆张心动，恶其害己。于是咸以为妖为幻，噪
> 而逐之。"（《列朝诗集》闰集卷三）

一面是坚持真理，英勇战斗，另一面是矫性伪情，残暴无赖，形成了鲜明
的对照。

这里，须对李贽的评价历史人物的《藏书》另外作些评述。在《藏
书》里，李贽不用孔子之是非为是非标准评价历史人物，对历史人物用
特殊的排列方法而寓褒贬之意，这些原则，上文已有所论列。李贽在具
体处理历史人物和历史事件的时候，有若干特点可以注意。

李贽一方面贬责道学家，另一方面又对道学家所看不起的"聚敛
之臣"，给了正面的历史地位。《藏书》里辟了"富国名臣"一栏，赞扬了
桑弘羊等"聚敛之臣"。李贽的富国思想是孟子"王何必曰利"思想的
反对命题。《藏书·富国名臣总论》里阐述这一思想说："卓吾曰：史迁
传《货殖》则羞贫贱，书《平准》则厌功利。利固有国者之所讳欤？然则
太公之《九府》、管子之《轻重》，非欤？夫有国之用与士庶之用，孰大？
有国之贫与士庶之贫，孰急？"李贽也好像丘濬《大学衍义补》的做法，
评《大学》传之十章释治国平天下，也阐述这一思想，说：

> "真正学问，真正经济，内圣外王，具备此书。岂若后世儒者，
> 高谈性命，清论玄微，把天下百姓痛痒置之不问，反以说及理财为
> 浊耶？尝论不言理财者，决不能平治天下。何也？民以食为天，从
> 古圣帝明王，无不留心于此者。"（《四书评·大学》）

李贽反对文武分途，认为轻视武臣是没有根据的，认为儒臣无知，
指挥武臣是不合理的，《藏书·世纪列传总目后论》说："自儒者以文学
名为儒，故用武者，遂以不文名为武，而文武从此分矣。故传武臣。夫
圣王之王也，居为后先疏附，出为奔走御侮，曷有二也？唯夫子自以尝
学俎豆，不闻军旅辞卫灵，遂为邯郸之妇所证据，千万世之儒，皆为妇人
矣。可不悲乎！"这一思想，李贽在《孙子参同》里有更具体的阐述：

"惜乎儒者不以(《孙武子兵法》)取士,以故弃置不读,遂判为两途,别为武经,右文而左武。至于今日,则左而又左,盖左之甚矣。如是而望其折冲于樽俎之间,不出户庭,不下堂阶,而制变万里之外,可得邪? 个个皆能抱不哭孩儿,一闻少警,其毒尚不如蜂虿,而惊顾骇愕,束手无措。即有正言,亦不知是何说;即有真将军,亦不知是何物。'此句不合《论语》','此句不合《孝经》','此说未之前闻','此人行事不好','此人有处可议'。呜呼! 虽使孙武子复生于今,不如一记诵七篇举子耳。二场、三场,初不省是何言语,咸自为鹿鸣、琼林嘉客,据坐瑶堂,而欲奔走孙武子于堂下矣。岂不羞欤?"(《李氏丛书》卯《孙子参同上》)

"知兵之将,民之司命,国家安危之主。何谓也? 夫民以命为重,而司命者在将;国家以安危为重,而主安危者亦在将。将其可以易言乎? 所谓民命者,非止三军之命也。十万之军兴,则七十万家之民,不得事农亩,而七十万家之命,皆其所司矣。又不但此七十万民之家已也,国贫于转输,财竭于贵卖,赋急于丘役,私家公家,并受其敝。其屈力殚货,又可知矣。不得已而后战,奈之何无良将也。"(同上)

李贽通过各种方式,评量历史人物和历史事件,以表示自己的独立见解。例如他把秦始皇称为"千古一帝",因为秦始皇开创了统一的局面。他一反道学家"饿死事小,失节事大"的野蛮教条,称许寡妇卓文君的"私奔"不是"失身",而是"获身",是合于人类"自然之性"的行为。他把农民起义的领袖陈胜和窦建德都列入了《世纪列传》,和历代帝王并列,称许陈胜是"匹夫首倡"。他借光武帝的话赞扬赤眉军的不离散人家的故妻妇。在《张鲁传》里采《三国志》的《注》作为传的本文,记载了五斗米道在汉中近三十年的统治情况,说那时候"民夷便乐"。又三番四次地写了黄巢声讨统治阶级罪恶的檄文。李贽否认历史上的正闰关系。他一反历史学家的惯例,把南北朝的上限上溯到西晋灭亡之后,给北部中国各族建立的国家以一定的历史地位。他又称蒙古人建立的元朝为"华夷一统"，称拓跋魏的孝文帝为"圣主"，对少数民族的历史人物如刘渊、石勒等都表露了同情。这都在一定程度上反对传统的夷夏对立的观点。但是另一方面，李贽对于反抗民族侵略、保卫国家的历史人物如宗泽、岳飞、虞允文、陈亮等，都给了正面的肯定的评价。

李贽在《藏书》里所表露的这些思想观点，具有着反对传统的阶级偏见，而重新审查被这些偏见所掩盖的历史的勇敢精神。

第五节　李贽思想中的唯心主义的"彼岸"

上面我们已经详细地论证了李贽思想的进步的实质，指出：他敢于得出人的私心是"自然之理"的命题，敢于提出"天必因材"和"强者弱之归、众者寡之附"是天道的命题；他从人性论到认识论以至真理论，有一系列进步的论点；他勇敢地向俗世宣战，拆散了封建统治阶级的神学宝座，战斗一生，最后被封建势力所诬陷而死。同时，我们也要指出，他在揭露矛盾、批判现实时，也暴露出他自己的理论体系的矛盾，而当他离开了他所大倡的人伦日用的自然的俗界时，他始终受着那个时代的统治阶级思想的影响，在黑暗的深夜里幻想着玄妙的"彼岸"，以求所谓心理上的超脱或解救，这就堕入了禅学的唯心主义。

李贽说，他自己一方面本质上是一个俗人，因而大倡"自然之理"即是道的理论，另一方面却离开了所谓"自然之理"而幻想"饱道饫德"。一方面大倡"天道"即是"物情"的理论，另一方面却又离开这样"物情"而高谈仁义。"动与物忤，口与心违"是他的矛盾心理的自白。

李贽的这种矛盾，在他的《老子解·序》中也有同样的自白。他说："予性刚使气，患在坚强，而不能自克也。喜谈韩非之书，又不敢再以道德之流生祸也（按：指"道德之祸，其后为申、韩"之说）。"（《李氏丛书》丑《老子解》）他把他自己作《老子解》跟韩非作《解老》做了一个对比，深感到"韩非《解老》，……而卒见杀于秦"，是一个问题。李贽以为老子主张柔弱,而韩非主张坚强,而他自己的性格又似韩非的坚强,这是一种"动与物忤"的生祸的大患。因此,他复从柔弱的"饱道饫德"的自克方面动摇过去,而"深有味于'道德'而为之解"(同上)。这样形成了矛盾。一方面他有鉴于道德之流生祸,另一方面也厌恶那种"仁义之后,其祸为篡弒"(同上)。他在理论方面,也困于这样的矛盾之中。因此,居此岸就"动与物忤",望彼岸则"口与心违"了。李贽虽然没有像康德明白地把此岸的"经验的东西"和彼岸的"自在之物"那样割裂开来,虽然没有像康德那样走入了怀疑论,但在理论体系而言,却也分途并进,当他遗失了他所赞美的"自然之理"或物欲之势的俗世而追寻世界根源的时候,得出了"自在菩萨智慧观照到无所得之彼岸"(《焚书》卷三《心经提纲》),而这彼岸的"天道"正是和他说的俗世的"天道"并行起来。在一定的场合,智慧被规定为自然天赋的生活要求;而在另外一定的场合,智慧又被规定为直悟神秘的"自在之物"的大圆镜智,李贽积极地对于"自然之理"的俗世作出一种规定,而消极地对于超自然的"彼岸"作出另一种规定,而后者好像又是和俗世矛盾的"自在之物",是绝对的。

在李贽的著作中,我们可以遇到很多神秘主义的论点,例如上面所讲的李贽的平等观和个性说,都是所谓"动与物忤"的理论,然而又被他披上先验论的外衣,认为德性、明德、生知、材力等等,都是先天自明的。他认为客观世界是心中的物相,心是一切物相的本原:

"吾之色身,洎外而山河,遍而大地,并所见之太虚空等,皆是吾妙明真心中一点物相耳。

"诸相总是吾真心中一点物,即浮沤总是大海中一点泡也。

"真心既已包却色身、洎一切山河、虚空、大地诸有为相矣。"
(《焚书》卷四《解经文》)

这种说法,与禅学的主观唯心主义便相一致了。李贽还更进一步描写出这样的一种虚寂的心境:

"心性本来空也。本来空,又安得有心更有性乎?又安得有心更有性可说乎？故二祖直至会得本来空，乃得心如墙壁去耳。既如墙壁，则种种说心说性诸缘，不求息而自息矣。诸缘既自息，则外缘自不入，内心自不喘，此真空实际之境界也，大涅槃之极乐也，大寂灭之藏海也。"(《焚书》卷四《观音问》，《答明因》条)

李贽又不惜把一切经验的东西，即他所强调的"自然之理"都认为是虚假的，而绝对者只能向"彼岸"证之：

"诸法空相，无空可名，何况更有生灭、垢净、增减名相？是故色本不生，空本不灭；说色非垢，说空非净；在色不增，在空不减。……是故五蕴皆空，无色、受、想、行、识也；六根皆空，无眼、耳、鼻、舌、身、意也；六尘皆空，无色、声、香、味、触、法也；十八界皆空，无眼界乃至无意识界也；以至生老病死，明与无明，四谛智证等，皆无所得：此自在菩萨智慧观照到无所得之彼岸也。"(《焚书》卷三《心经提纲》)

没有客观世界(物)，没有客观世界的映象(物相)，没有思维活动(无意识界)，只有圣境的"真空"是"涅槃"、是"寂灭"。这样的智慧才能观照"彼岸"。李贽的这种唯心主义的论点，是禅宗思想的直接抄本，他企图超脱封建制社会的一切羁绊，然而逃禅的结果是什么呢？结果不过是在口头上"饱道饫德"罢了。人们依然在黑暗的深夜，他也依然在黑暗的深夜。当他没有在深夜的此岸观照出黎明的"彼岸"的时候，他就被黑夜里的魔鬼抓去吞噬了。我们从李贽身上可以看出，时代真实的悲剧的矛盾，体现出了时代矛盾的真实的悲剧。

第二十五章

东林党争的历史意义及其社会思想

第一节　东林党人文化斗争的形式

从 16 世纪中叶起,在明代的嘉靖、隆庆年间,展开了以讲学与反讲学为形式的文化斗争。这个文化革新运动,带有异端式的反对传统经院思想的历史意义,最初是由假王阳明学派王艮和何心隐等所提倡。这一运动曾经遭到以张居正为代表的封建统治阶级的压迫和残害,企图用迫害来防止当时"风行天下"(黄宗羲语)的泰州学派的活动。万历朝以后,以魏忠贤为首的阉党执行着封建专制主义的压制政策,取缔东林党要求自由讲学与自由结社的活动。这样的斗争反映出在明末资本主义萌芽时期不同阶级集团的不同态度。泰州学派的人物所采取的斗争方式和所运用的思想武器是比较激进的,他们所遭受的迫害也是残酷的。随即兴起的东林学派,带有中等阶级反对派的性质,他们所采取的斗争方式比较温和一些,特别是他们的理论武器则更显得陈旧一些。

　　明代初年的书院很多,讲学依照传统的规格,为统治者所赞许,据《续文献通考》第五十卷所载,洪武元年(公元 1368 年)设立洙泗、尼山二书院,宪宗成化二年(公元 1466 年)在江西贵溪县重建象山书院,孝宗弘治元年(公元 1488 年)建常熟县学道书院,武宗正德元年(公元 1506 年)修德化县濂溪书院,"其时各省皆有书院,弗禁也"。

　　"弗禁"的局面到了世宗嘉靖十六年(公元 1537 年)就有了改变。为什么从前和这时的情况有了不同呢? 很明显的,这是在讲学的旧形式之下发生了新的变化。御史游居敬上疏列举了南京吏部尚书湛若水的"罪状"是:"倡其邪学,广收无赖,私创书院",建议"乞戒谕以正人心"(《续文献通考》卷五〇)。明世宗首先下诏"毁其书院",接着在第二年(嘉靖十七年),吏部尚书许讚又上疏请毁各地书院,世宗接受了这个反动意见,从此创立书院便是非法的了。

　　然而问题并不是如统治阶级所主观设想的那样容易解决。

　　沈德符《野获编》卷二四说:"虽世宗力禁,而终不能止",事实上还不断地有书院建立起来,如嘉靖十六年(公元 1537 年)沈谧建书院于文湖,嘉靖十九年(公元 1540 年)周桐、应典等建书院于寿岩,嘉靖二十一年(公元 1542 年)范引年建书院于青田,嘉靖四十二年(公元 1563 年)罗汝芳建志学书院于宣城。这些新建的书院大部是在江、浙一带。

　　在书院问题上所展开的尖锐斗争,发生在万历初年。根据《明儒学案·泰州学案·参政罗近溪先生汝芳》(公元 1515—1588 年)一条所载,"万历五年(公元 1577 年)(罗汝芳)进表,讲学于广慧寺,朝士多从之者,江陵(张居正)恶焉"。值得注意的是,罗汝芳的讲座已经不是一个单纯讲论学术的场所,而带有某些政治色彩了,如《明史·罗汝芳传》中所说,"汝芳为太湖知县,召诸生论学,公事多决于讲座",可以参证。

　　罗汝芳的提倡讲学结社,对于后来东林党人有很大的影响。东林党人赵南星(公元 1550—1627 年)自述道,他本来以为"学在力行耳,何必讲也",及至读了罗汝芳的著作以后,在赞扬之余,同时提到"余向言学不必讲,则圣贤之罪也。……讲学者,与师友切磋者也。道在天下,古今相传,彼此相授,不遇其人,虽读书穷年,不知其解。世之号为读书者,语之以尔即圣贤,皆不敢任,故其自待轻,自待轻则何所不为?居为地蠹,仕为国蠹,从此生矣。"(《罗近溪先生语录钞序》)在这里赵南星表达出,讲学不但须有赖于会合同志,而且可以使人们不至于流为所谓"地蠹"和"国蠹"一样的败类。

万历初年,封建统治者对于自由讲学更进一步采取了高压政策,万历七年(公元 1579 年),张居正借口"常州知府施观民科敛民财,私创书院",通过神宗下诏"毁天下书院",将各省私建书院"俱改为公廨衙门",书院的粮田"查归里甲",并且不许士人"聚集游食,扰害地方"(《明神宗实录》卷八三,万历七年正月)。

封建统治者对于书院采取这样残暴的手段,显示了专制主义的禁止进步思想的意图。按照封建的正宗眼光看来,学术是宗教的奴婢,而奴婢不应该有独立自主的权利,这从张居正的《请申旧章饬学政以振人才疏》中就可以看得清楚,他说:"圣贤以经术垂训,国家以经术作人,若能体认经书,便是讲明学问;何必又别标门户,聚党空谈?"所谓"别标门户"和"聚党空谈"的诅咒语,反面就是讲学自由与结社自由的意义,这些在进步人士看来是文化革新的武器,在封建统治者的眼中,却是具有危害封建国家的叛逆行为。

张居正不仅单从法律上取缔文化自由的活动,而且进一步提出了积极的反动方案。第一,为了禁止讲学与结社,他援引明太祖"卧碑"的规定,凡士子只准读"四书五经"、《性理大全》、《资治通鉴纲目》、《大学衍义》、《历代名臣奏议》、《文章正宗》及当代诰律典制等书,如果在试卷中越出了这个范围,"其有剽窃异端邪说,炫奇立异者,文虽工,弗录",这就说明当时更有必要把经院式的教义重新抬出来,以便于养成所谓"地蠹"或"国蠹"般的士子,而不至出现"异端"人物,动摇封建的精神统治。第二,他为了预防士民运动,又禁止生员议论国事,凡是"纠众扛帮聚至十人以上,骂詈官长,肆行无礼,为首者照例问遣,其余不分人数多少,尽行黜退为民"。

我们知道,这些方案并不是权相张居正的"天才"的发明,而是表示统治阶级在历史现实面前的软弱,问题是张居正所举的事例在当时已经成了严重的斗争的一个侧面,所谓"异端邪说,炫奇立异者",所谓"纠众扛帮……骂詈官长者"已经不断地出现,早在嘉靖、隆庆之际,统治者们就为这类事件而感到惶惶不安了。他们说"迩来习竞浇漓,人多薄恶,以童生而殴辱郡守,以生员而攻讦有司。非毁官长,连珠遍布于街衢;报复仇嫌,歌谣遂锓于梓木。"(《明实录》隆庆朝卷二四)通过这类现象,我们可以看到:社会经济的变化与阶级关系的分化在缓慢地酝酿着,由于资本主义的萌芽,初生的市民阶层及其代表人物开始通过便于唤起人们注意的某些问题,与束缚社会发展的封建主义社会结构逐渐展开斗争。封建统治者则把这样暴动式的抗争归咎于"习竞浇漓,人多薄恶",其文化高压政策正是防卫抗争的一种反动的措施。

泰州学派的何心隐、李贽死后,从万历到天启年间,争取自由讲学与自由结社的运动有了某些变化,这运动是由具有代表中等阶级的反对派性质的东林党人所领导的。

东林党的首脑人物顾宪成于万历八年(公元1580年)会试中式,组织了三元会,"日评骘时事"(《顾端文公年谱》上)。显然,东林党的活动是比泰州学派人物的活动更温和些,但这也不单纯是一个学术团体,而是带有政治色彩的。在封建统治势力还十分顽强,科举制度还紧紧地束缚着士人头脑的时代,东林党人利用了数百年来就存在着的书院形式,作为进行政治活动的基地,作为联络组织"同志"的场所,在明代末年的历史中,是具有改革经院、推翻偶像的进步作用的。

万历十四年(公元1586年)顾宪成在他故乡无锡的泮宫讲学,"绅士听者云集",这些上层社会的开明分子逐渐形成一股与"庙堂"相颉颃的政治势力。《顾端文公年谱》中记载有这样一条富于政治意味的对话:

万历十四年九月,顾宪成补吏部验封司主事,"入都谒王太仓(当时的大学士王锡爵）。王曰：'君家居且久,亦知长安近来有一异事乎?'公曰：'愿闻之。'王曰：'庙堂所是,外人必以为非;庙堂所非,外人必以为是。'公曰：'又有一异事。'王曰：'何也?'公曰：'外人所是,庙堂必以为非;外人所非,庙堂必以为是。'相与笑而起。"

这里所说的"外人",当然是隐指以顾宪成为首的反封建专制主义的一些在野势力。

顾宪成以讲学为号召,所要团结的友人,其阶层成分和泰州学派所团结的有些区别,他们之间的政治活动的注意点也不相同。顾宪成更重视绅士们的力量,特别注意在政治上要形成一种左右朝廷的政治势力。万历二十六年（公元 1598 年）,他"与南浙诸同人讲学于惠泉之上"。在讲学时就透露过这个意思,他说"君子友天下之善士,况于一乡? 我吴尽多君子,若能联属为一,相牵相引,接天地之善脉于无穷,岂非大胜事哉? 此'会'之所由举也。"从这里可以看出,在传统的经院形式之下以及在古老的语言形式运用之中,其新的内容是掩盖不了的。这即是说,自由讲学应以"善士"或"君子"为骨干的"会",虽然和秦州学派的"会"在成分上不同,但所谓"胜事"便是改良当时政权的代替字眼。

万历三十二年（公元 1604 年）顾宪成、高攀龙等东林党人在无锡建立东林书院。顾宪成作《东林会约》,其中提到"饬四要、破二惑、崇九益、屏九损",其中直接与讲学有关的是"破二惑"。这二惑是:"一曰:锡故未有讲学之会也,一旦创而有之,将无高者为笑、卑者为骇,是亦不可以已乎? ……一曰:学顾躬行何如耳,将焉用讲? 试看张留侯（良）、郭汾阳（子仪）、韩（琦）、富（弼）诸公,曷尝讲学? 而德业闻望,照耀百世;至如迩时某某等无一日不讲,无一处不讲,无一人不与之讲矣,乃所居见薄,所至见疑,往往负不韪之名于天下,何也?"

这"二惑"的思想内容和"破二惑"的思想内容,包含着社会思想的斗争意义。"二惑"代表了封建顽固派们对于自由讲学的一种守旧的意识;顾宪成的"破二惑",无疑是对封建顽固派们的一种抗议。守旧派当时对东林党人既笑又骇，既薄又疑，以致他们在统治阶级的正宗人物看来是负大不韪之名的叛逆者。因此，顾宪成提出了一篇类似争取自由讲学的宣言书。

对于第一"惑"，他是这样回答的：

> "虽然，龟山先生（杨时）不尝讲于斯乎？二泉先生（邵宝）不尝讲于斯乎？今特仍其故而修之耳。且所为笑者，谓迂阔而不切耳；所为骇者，谓高远而难从耳。窃谓伦必惇，言必信，行必敬，忿必惩，欲必窒，善必迁，过必改，谊必正，道必明，不欲必勿施，不行必反求。学者学此者也，讲者讲此者也，凡皆日用常行，须臾所不可离之事，曷云迂阔？又皆夫妇之所共知共能也，曷云高远？此其不当惑者也。"

这里的语气非常温和，而且纲目仍不出道学家的形式，但同时也说出了讲学与人伦日用常行是不可分离的，是一切人们生活中的一个必要的组成部分，讲学自由是不能从特权的观点来怀疑的。

对于第二"惑"，他是这样回答的：

> "虽然，假令张留侯、郭汾阳、韩、富诸公而知学，不遂为稷、契、皋、夔乎？所称某某等病，不在讲也，病在所讲非所行，所行非所讲耳。夫士之于学，犹农之耕也，农不以耕为讳，而士乃以讲学为讳。农不以宋人之搞苗，而移诟于耕，而士乃以某某等之毁行，移诟于讲学，其亦舛矣！其亦舛矣！此其不必惑者也。不当惑而惑，昧也；不必惑而惑，懦也。协而破之，是在吾党。"

这就把讲学看成是士人的一种合法的权利。拥护教育、自治和自由本来是启蒙者的特点，东林党人也具有这样的精神。至于理论战线上的分野也是比较明显的，一方面是愚昧和怯懦，一方面是开明和改良。

史载东林讲学"往往讽议朝政，裁量人物，朝士慕其风，多遥相应和，由是东林名大著，而忌者亦多"（《明史》卷二三一《顾宪成传》）。到万历三十二年（公元 1604 年），也即重建东林书院的一年，东林党批判朝政以期进行改良的政治活动更加显著了。

东林党人在讲学过程中,以顾宪成为例,在他的《小心斋札记》中批判到封建的官僚和一般道学家,他说"官辇毂,念头不在君父上;官封疆,念头不在百姓上;至于山间林下,三三两两,相与讲求性命,切磨德业,念头不在世道上,即有他美,君子不齿也。"

这里,"念头"的心理因素出发点,是东林社会思想的阶级局限,因而所谓"君父"、"百姓"以及"世道"的念头也是有其狭隘性的。例如以"世道"的范围来讲,其注意点主要集中于朝政的改良。当时一些东林党人如赵南星、魏允贞、沈鲤等人在朝作官,顾宪成等和他们之间经常有书函往来,讨论政事。顾宪成深表同情于淮抚李三才反矿使的斗争,除著文支持外,于万历三十二年(公元 1604 年)由无锡到淮安亲访李三才,交换政治见解(《顾端文公年谱》)。万历三十三年他从邸报中看到刘伯先疏论阁臣科臣挠乱计典,他立即给友人写信,说"此是为天地赞化育事,而出吾邑,又出于吾党,不觉喜而欲狂"。

顾宪成不是放逸于山林的隐者,也不是关门闭户的士人,他还看出了一种"群"的作用,这种概念乃是早期市民的社会意识。他认为知识分子的合群是重要的,没有"群"也就没有力量。他在他所写的《丽泽衍》中有这样的表述:

> "自古未有关门闭户独自做成的圣贤,自古圣贤未有绝类离群,孤立无与之学问。吾群一乡之善士讲习,即一乡之善皆收而为吾之善,而精神充满乎一乡矣;群一国之善士讲习,即一国之善皆收而为吾之善,而精神充满乎一国矣;群天下之善士讲习,即天下之善皆收而为吾之善,而精神充满乎天下矣。"

这里所强调的"精神"作用的背后,显然是对于结社活动的赞美歌,甚至主观上还要求一种集会自由的理论根据。

东林党的集会与"讽议朝政"遭到了封建专制主义的镇压,在万历三十八年(公元 1610 年)反动派沈一贯的浙党以及昆党、宣党对李三才发动了总攻击,他们以为"攻淮则东林必救,可布一网打尽之局"。

沈一贯的同乡邵辅忠在攻击李三才的奏疏中说："凡海内名流，皇上斥逐山林者，李三才以请托招之。"顾宪成、高攀龙等东林党人大胆地为李三才辩护。这一年"八月会东林"，据《顾端文公年谱》所载，"有谓时局纷纷，此会不宜复举者。公曰'吾辈持濂、洛、关、闽之清议，不持顾、厨、俊、及之清议也。大会只照旧为妥。世事无常，吾道有常，岂得以彼妇之口遽易吾常，作小家相哉？'"

这里为什么把"濂、洛、关、闽之清议"与"顾、厨、俊、及之清议"加以区别呢？八顾、八厨、八俊、八及都是东汉末年"党锢"事件的著名人物。顾宪成为了避免受迫害，不得不作一种曲笔，好像东林的集会是一如道学家党争的陈规，是为了保卫皇权的，而不是如汉之清议来和皇权对立的。这样的解释是并没有效果的。虽然不顾沈一贯等人的反对而坚持按照会约于八月间召开东林大会，但舆论却以东林是"为清议所归"的了（后来评论东林党的如顾炎武、黄宗羲也多以东林和汉之清议相比，虽然历史意义并不相同）。

顾宪成等人这时并未因政治压力而放弃东林讲学的组织，他在《以俟录》的"序言"中说："生平有二癖，一是好善癖，一是忧世癖，二者合并而发，勃不自禁。至是非者，天下之是非，自当听之天下，无庸效市贾争言耳。"这里所提出的"天下之是非"，后来黄宗羲在《明夷待访录》中从近代式的法律观点予以发展。显然，这样"天下之是非"的观念比汉代的清议更具有新的历史内容了。

天启初年，东林党人赵南星任吏部尚书，邹元标为大理寺卿。他们利用时机，培植政治势力，扩大书院范围。邹元标和副都御史冯从吾在北京建立首善书院，这和无锡的东林书院相似，不是一个单纯学术团体，改良政治的讨论在这里面是经常的，因此"益为小人所恶"（《东林列传》卷一三《冯从吾传》）。

天启五年（公元1625年）阉党魏忠贤采取了残酷的镇压政策，他借熊廷弼事件，诬东林党的左光斗、杨涟、周起元、周顺昌、缪昌期等人有贪赃之罪，大肆搜捕东林党人，许多著名的东林党人冤死狱中；把东林、首善书院等"尽行拆毁,变价入官"。然而残酷的镇压却引起了"士民"的反抗运动,如统治者称为"怀倾危陷害之谋"(《明史·熹宗本纪》)的杨涟被捕,"都城士民数万,拥道攀号,争欲碎官旅而夺公"(《明季北略》卷二);如周顺昌被逮,"士民夹道"抗议,"郡中士民,送者数万","百姓执香伏地,呼号之声,如奔雷泻川"(同上)。在后来张溥(复社的领导人物)所写的《五人墓碑记》中记载颜佩韦等五人代表广大市民反对逮捕周顺昌的事件,便是一个极生动的记述。此外魏大中、李应升就逮,都有所谓"士民"的暴动。黄尊素被逮,锦衣卫"凌轹市民,一人偏袒呼曰:'是何得纵。'一招而来者云集,遂沉其舟,焚其衣冠,所得辎重,悉投之河"(同上)。市民暴动的地点,正在苏常一带。这些史书所记的"士民"或市民,比中等阶级的反对派集团东林党的政治改良运动的纲领就更走得远了,东林党人的争自由或讲学运动,没有越出君臣之义以及合法的斗争范围,而士民或市民的暴动却成为群众性的反抗了。从这里,我们也可以了解,中等阶级反对派是近代自由派改良主义的前辈的道理。

到了崇祯初年,东林党人虽然又一度入阁,但为时不长,到袁崇焕被捕治罪以后,东林党人又被迫退出了内阁。这时复社已继承了东林的余绪开始了活动。

东林党死难诸人的主要著作,已经清人顾沅辑入所编丛书《乾坤正气集》。

第二节 东林党人的社会思想

东林党人的政治斗争代表了中等阶级反对派的利益,其中有不少人出身于长江三角洲一带的工商业者的家庭。

高攀龙的祖辈高材谓其子德徵说,"儿乃饶为家,可宽我矣。"德徵"自是一意治生。……公所谓治生,第取交质什一,然必躬亲,必诚信,远近乐就之,家以是起"(《高子遗书》卷四)。顾宪成的父亲是个商人,丁元荐《西山日记》卷下《笃行篇》说："顾南野学,泾阳先生(顾宪成)封公也,家赤贫,竭力商贾,……有天幸,贾辄倍。"

缪昌期在《先父惕庵府君行状》中说："吾父之治生,不耐牙筹齷齪",可见其父是在"牙筹"中讨生活的。

东林党人也有贫寒的庶族出身的,他们一般对市民和工商业者以及其他人民是同情的。如姚希孟论周顺昌说:

> "顺昌贫彻骨,以吏部郎归敝庐,数椽而已。然小民冤抑未伸,并水旱征徭之事,必力请于当事……士民深德之。"(《周忠介公烬余集》卷四)

李应升居官时也是"素心不染,宽政近民"的(《落落斋文集》卷九),他与他的伯父书中也说到贫况,如"家贫官亦贫,殆亦命矣"(同上)。

东林党人中也有出身于富有的地主,且仕居于高位的,但他们在政治态度上却是属于地主阶级的反对派。

要了解东林党人的社会思想本质,首先必须简略地说明一下当时社会的矛盾。

首先,封建统治者运用征税的超经济剥削方式,不但垄断了金银货币,追求着封建的奢侈生活,而且在嘉靖年间,对正在新兴的手工业品以及农业,大肆摧残。《明史纪事本末》卷六五载:"行货有税矣,而算及舟车;居货有税矣,而算及庐舍;米、麦、菽、粟饔飧也而税;鸡、豚肉食也而税;耕牛、骡驴畜产也而税。"

万历二十五年(公元1579年),封建专制主义的统治集团为了进一步对商业和手工业进行榨取,各省都设有所谓税使,这些税使都是由宦官充任,《明会要》卷五七"商税"条载:"都邑关津中税使棊布,水陆行数十里,即树旗建厂,所至纳奸民为爪牙,肆行攘夺。又立土商名目,穷乡僻坞,米盐鸡豚,皆令输税。"此外还派了矿监到各地征收矿税。矿监税使的暴行,不可胜记,东林党人李三才曾作过这样的描述:

> "自矿税繁兴,万民失业,……征榷之使,急于星火;搜括之

令,密如牛毛。今日某矿得银若干,明日又加银若干;今日某官阻挠拿解,明日某官怠玩矿税罢职,上下相争,唯利是图"(《明史纪事本末》卷六五)。

接着他举出一些税使为例,如陈增在徐州,鲁保在扬州,邢隆在沿江,"千里之区,中使四布,加以无赖亡命,附翼虎狼"(同上)。

矿监税使的残暴罪行说明了封建主义的"税"的含义,它不是近代的财产税,而是对居民财产,包括商业、手工业的经济外的掠夺,对居民施行特权的垄断——"安定的垄断"。

因为封建主义的"品级结构"是要对居民的"各色人户"或"各色人等"征取各种色役或贡纳的,因此等级微贱的市民反矿监税使的斗争在万历年间,此起彼伏地爆发起来。著名的如武昌、荆州反陈奉的斗争,景德镇反潘相的斗争,天津临清市反马堂的斗争,广东反李凤的斗争,陕西反梁永的斗争,锦州反高淮的斗争等等。

其次,在江浙一带富饶地区,从明开国时起,即"籍诸豪族及富民田,以为官田,按私租簿为税额"。田租比其他地区为重,最重的至"七斗以上"。后来虽有裁减之议,"亩科七斗五升至四斗四升者减十之二;四斗三升至三斗六升者概征三斗五升"(《明会要》卷五四《食货二·田赋》),嘉靖、万历年间,江南地区地赋又时有增加,"嘉靖三十年,京、边岁用至五百九十五万,户部尚书孙应奎乃议于南畿、浙江等州县增赋百二十万。加派于是始"。万历四十六年,户部以辽饷缺乏,又到浙江、南、北直隶等省征派额银,每亩加三厘五毫,共派额银二百万三十一两有奇(见《明会要》卷五四《食货二·加派》)。到了万历四十七年,又增加天下田赋,"于旧加外,复加三厘五毫,增二百万有奇","四十八年三月,复加天下田赋。亩再加二厘,连前二次加派,共增九厘"(同上)。

从嘉靖到万历,水旱天灾连绵不断。嘉靖元年,南畿、浙江、江西、湖广、四川一带发生旱灾;嘉靖二年在直隶、江北一带有水灾;嘉靖十八年"河南大饥";嘉靖三十二年在直隶、河南、山东、徐、邳、淮、扬等处,

水灾非常严重,人民流离载道。万历十七年,"南畿、浙江大旱,太湖水
涸";万历三十七年"各省皆报灾伤重大"(《明会要》卷五四《食货二·
荒政》)。

从上面所述看来,漫无止境的封建役征、矿监税使的残酷剥削是和
连年的自然灾害相互联系着的,这不仅严重地阻碍着资本主义因素的
发展,而且使得人民无法生存。高攀龙《高子遗书》卷二《送陈二尹·
序》中描写一般官吏和人民的矛盾,说:

> "至去其官也,不以墨即以老疾,即去,其橐中装已可耀示妻
> 儿,了无所悔憾。而民之视其去也,如豺狼蛇蝎之驱出其里,亟须
> 臾以为快!"

在这种情况下,市民运动与农民暴动便相互交错地爆发起来了。

东林党人代表了中等阶级反对派,在他们反对宦官及其爪牙以及
主张改良政治和减免赋税以苏民力的斗争中,表露出了他们进步的社
会思想,尤其是暴露出对现实的批判思想。例如高攀龙在《顾季时行
状》中说:

> "(顾季时)一日喟然发叹,泾阳先生曰:'弟何叹也?'曰:'吾
> 叹夫今人之讲学者。'先生曰:'何也?'曰:'恁是天崩地陷,他也不
> 管,只管讲学快活过日。'先生曰:'然所讲何事?'曰:'在缙绅只明
> 哲保身一句,在布衣只传食诸侯一句。'先生为俛其首。"(《高子遗
> 书》卷五)

这里指出,世界是正处在"天崩地陷"的时代,那末,矛盾是一种危机的
形式了。至于东林党人对于这种社会危机挽救的方案,好像只在于唤
醒个人的觉悟,只在于自我个性的解放。高攀龙在《讲义·自序》
中说:

> "讲学者,明乎圣人之言,皆言吾之所以为吾也。夫吾之所以
> 为吾,果何如哉? 知之一日而有余,行之终身而不足者。知者不知
> 乎此,行者不行乎此,人各以其所知所行者言焉,其于圣人之言多
> 觌面失之矣。此学之所以不可不讲也。"(《高子遗书》卷一)

　　东林党人讲个性解放仍然是以讲圣人之言而自居的。他们把社会矛盾又还原为人格上的"君子"与"小人"的矛盾。一面是天才,一面是俗人。作威作福、欺压或不同情人民的是"小人"或俗人一类;而自我觉醒并同情人民的是"君子"或天才一类。因此"君子"和"小人"之区分的背后,实质上不过是反映了代表资本主义萌芽时期的中等阶级反对派和代表封建专制主义的统治集团的矛盾。

　　税监是替封建专制主义以及封建品级结构服务的直接代理人。东林党人反税监的斗争,实质上就是反对封建的"特权或例外权",同时也反映出手工业与商业在一定程度上能有自由发展的要求。

　　东林党人的著作中,有不少地方尖锐地揭露税监的罪恶活动,并对之表示痛切谴责;与此同时,深表关切城市工商业者的前途,同情下层"士民"的反税监的行动。例如赵世卿在《关税亏减疏》中说:

　　　　"在河西务关,则称税使征敛,以至商少,如先年布店计一百六十余家,今止存三十余家矣。在临清关,则称往年转商三十八人,皆为沿途税使盘验抽罚,资本尽折,独存两人矣。又称临清向来缎店三十二座,今闭门二十一家;布店七十三座,今闭门四十五家;杂货店六十五座,今闭门四十一家;辽左布商,绝无一至矣。在淮安关,则称南河一带剥来货物,多为仪真、徐州税监差人挟捉,各商畏缩不来矣。"(《皇朝经世文编》卷四一一)

顾宪成在《柬浒墅榷关税使者》一函中又举出了一件生动的事例:

　　　　"当岁癸卯、甲辰间,税棍俞愚、金阳等所在恣行,民不堪命。敝里有牙行赵焕者,慨然发愤,具呈前抚院曹嗣老公祖,尽暴其奸。俞愚一班,痛恨入骨,适遇焕于江阴之长泾,缧绁之而去,杀而沉其尸于河,则是赵焕为地方而受祸也。……希贤(赵焕之子)金氏奔往视之,陡遇金阳、吴渊等于王庄,即前之共谋杀焕者。在此既积恨不平,在彼复恃强不下,两相争斗,惊动地方,于是渊、阳仍祖顾堂故事,构出陈明捏呈漏税,为先发制人之计。……至于漏税一事,亦尚有当请裁者,始赵焕未死,敝里人至城市货而归,至中途兴塘等处，各税棍必指为漏税，诈而取之，往往只剩得一空手。……窃计敝里之去城则四十里也，去浒墅则百里也，贸迁在四十里之近，输税在百里之远，无乃非人情乎？而况转水河头，恰当城郭之间，业有栅为之限乎？又况所市者类皆小民日用饮食之需，不必展转行贩谋子母也。长此不已，只出里门便应有税矣，民何所措手足乎？……亦将复修癸卯、甲辰故事乎？由是推之，凡为漏税之说者，公平私平？抑亦假公行私乎？窃恐官受其名，彼享其实，民受其害，彼叼其利。"（《顾端文公集》卷四）

这可说是一项暴露社会现实的比较典型的史料，从其中可以看出：（一）顾宪成通过赵焕事件描绘了江南地区人民在税棍的暴行下所遭受的苦难，暴露了税监与居民的矛盾，这一矛盾更显示出税监的勒索搜刮，给手工业者、商人以及居民带来了重大的危害。（二）顾宪成在这里主要是代表工商业者讲话的。

　　发生于万历三十一年（癸卯）至三十二年（甲辰）间的赵焕事件不过是税监打击工商业者、勒索民财等等罪行中的一项而已。在此前一年，万历二十九年（公元1601年），苏州发生了手工业者（机房织手）反税监孙隆的运动，"苏州民葛贤等缚税官等六、七人，投之于河，且焚宦家之蓄税棍者，太守朱燮元抚定之"（《明神宗实录》卷三六〇）。在这次抗税的群众运动中，手工业劳动者"不掠一物，预告乡里，防止延烧，殴死窃取之人，抛弃罢免之财"，表现了首领葛贤的无畏精神，他"挺身诣府自首，愿即当刑，不以累众"（见沈瓒：《近事丛残》）。

　　东林党人反税监的斗争和支持淮抚李三才的行动是结合在一起的。李三才是东林党中广通声气的代表人物，"结交满天下"，肯为人民说话，为淮南一带的士民所深切同情。李三才曾对皇帝一再疏陈矿税之害，其中竟至批判到皇帝："陛下爱珠玉，民亦慕温饱。陛下爱子孙，民亦恋妻孥。奈何崇聚财贿，而使小民无朝夕之安？"（《东林列传》卷一六）

　　万历二十四年，为了营建两宫，皇帝决定开矿搜敛钱财，同时又派出矿使到各地察矿,税使乘势大肆活动,对于富家巨室则诬以盗矿,良田善宅则指为"下有矿脉",以至于"卒役围捕,辱及妇女"(《明会要》卷五七《食货五·坑冶》)。同时,在淮、扬一带对矿使"可以化诲者化诲之,不可以化诲者法裁之;可以便宜径行者径行之,不可以径行者为之据实上请"(《顾端文公集》卷三《上叶相国台山先生书》)。于是李三才遭到恶势力的排挤打击。

东林党人大胆地为李三才声辩,历数矿使的罪状。顾宪成举出李三才发淮之日的情况,申述道:"漕抚发淮之日,诸父老群聚队拥,相与顶舆,号哭不得行,既抵舟,复号哭而随之,相与夺缆不得行,亦以钱买邪? 不然,彼何利于贪抚而恋恋若是邪? 将长安(指京师)有公论,地方无公论邪? 抑缙绅之风闻是实录,细民之口碑是虚饰邪?"(《自反录》)这里把社会矛盾又还原为"长安"与"地方"的或"缙绅"与"细民"的对立;同时,在字里行间对于"地方"与"细民"深表同情。

到天启年间,东林党人反税使的言论更加激烈。因为有一些东林党人的活动和言论与市民阶层有利害相关的联系,所以在天启六年阉党魏忠贤大肆搜捕东林党人之际,市民便以群众运动的方式来抗议,其中有代表性的事件就是苏州市民数万人为抗议阉党捕东林党人而械击校尉,常州市民数万人为抗议阉党捕东林党人李应升而冲入宪署杀阉党校尉。

周顺昌曾以激烈言论反对税监,他说:"……忽据马夫谢贵急报,本地方铺行匠作诸人等,因在税监告讨久欠价银,反被闭门杀伤,见在急变等情。……人情汹汹,悲愤交集,询其衅端,云系税监狼心虎口,肆毒无已,时威逼取各行若米若金及诸物,价总计百千,久不肯给。痛思小民,本微力薄,朝夕贩卖以糊口,举家老幼,嗷嗷以待,乃累月旷岁,索之茫然,情不能堪,势不及俟,不得各自踵门告哀乞怜,反触其怒,闭户逞凶,挟劲弩,操利刃,忍心惨杀,逃出者重伤可据,锢内者难保全身。此众索还欠价,皆为网中之鱼,众姓求生,奚忍不相偿也?"(《周忠介公烬余集》卷一《申详税监变异缘由附后》)

　　万历四十一年,周顺昌任福州推官时,直接和税监高寀发生过冲突。高寀"之流毒于闽最甚,其爪牙之噬人者,为巡栏百户马仕麒"。周顺昌曾逮捕过马仕麒,而遭到统治阶级的嫉恨。这时高寀在闽县抢夺人民的金珠米木,市民们到监门"哀鸣求直","监诱入阇门,尽縶之,百端鱼肉;赴援者蚁聚于外,发箭挥刀,被发流血者皆是也。"不仅如此,税监还"登峻阁,火箭雨集,烈焰耀天,悲声动地",结果"民庐化作飞灰已三十余家"。这时,周顺昌为了站在市民方面主持正义,自述道:

> "阅日,两道欲令县为税监修门葺墙,余终不承命,二守出揭相迫,余独坐静思,两道尊与陈公责我以有此县篆耳,不如封之。……自后守三缄之戒,不复谈天下事矣! 时乡绅与当事议欲与税监调停,余以调停二字,殊非美名,从中挠之,慎馀未能,好尽多过,则余之谓矣。彼税监奇恶山积,具载两院疏中。……"(《周忠介公烬余集》卷一《福州高珰纪事》)

周顺昌的不屈,得到东林党人周起元的支持,周起元在《劾税监高寀疏》中列举了高寀的各种罪状,要求加以惩治。

　　周顺昌、周起元又在天启六年为了江南的织造匠役而反对织造太监李实。

　　当时明熹宗派织造太监李实到江南督造袍服三万余副,监棍一面勒令江南匠役集中在杭州进行织造,同时四处勒索袍服之银。这种打击手工业商业的高压政策遭到了匠役的反抗,他们"闭门逃避,不行机织"。周起元表同情于匠役,他在《请节滥派以杜浮估疏》中要求减低袍服之数,他说:

> "嗟乎,今东南之财乃襟肘毕露之时,今东南之民乃皮骨仅存之日,惟正之供输,尚思节省;不经之额数,岂宜漫征? 此数如题自工部,则工部宜力请改正;此数如出自中裁,望皇上亟为转圜。……伏乞勒下该部将原数特减三分之二,仍将神宗所存留未尽者检出应用。"(《周忠愍奏疏》卷二)

周起元又在《请宥非罪被诬府佐疏》中说：

"袍服之银，臣欲其照常取于条编四司料银之内，而实必欲溢取于条编四司料银之外。……臣为皇上保守江南一方，所虑者在呼吸安危之变，而实所见者，仅在阿堵多寡之间。臣为皇上经理财用，所图者在酌盈济虚之计，而实所急者，常在吮膏吸髓之谋。"

周起元的这类言论，得到周顺昌的支持，并受到苏、杭一带手工业工人的拥护。在天启六年他被阉党诬陷，当阉党派毛一鹭加以逮捕时，苏州市民数万人挺身而出，为之呼冤，杀死来逮捕的缇骑，用刑械击打校尉，后来复社领袖张溥在《五人墓碑记》中对此事作了详尽的叙述。

东林党人曾反对定额税，主张惠商，主张力行减税，如李应升在《上巡道朱寰同书之二》中说：

"竹木宪票，计根论税，职细思商人论根之法，乘积加除，须精心熟于算法者方可无讹。税事烦冗，恐滋多寡之弊。窃与袁知府酌议，不若以长阔深积计，论丈收银，较为简便。职以此法为饶河诸商亲算数番，较其岁额，视饶河尚轻，视湖关不啻二十取一也。台台所颁丈式，以量船则极宽，以量簰税为小，职曲体商人之意，十丈止科其八，一簰之税，不逾五两，小者二两耳。如是而台台惠商之泽无穷矣。"（《落落斋遗集》卷八）

他们的这种"曲体商人之意"和"惠商"的政策思想，是有其社会根源的，然而他们的道理却是从忠君爱国的观点出发的，所谓江浙一带工商业的发展是国家的命脉。如周宗建说：

"东南一带，则尤国家根本之本也。"（《周忠毅公奏议》卷一）

周起元说：

"今戎马生郊，江南安则边事可支、京都可守，江南不安，则虽谋臣猛士，其不能枵腹而为皇上修战守之事也。"（《周忠愍公奏疏》卷一）

万历、天启间，江南一带经常发生水灾，除水灾之外，更有"一地两税"之事。东林党人左光斗曾加以揭露说：

"不论有无遗地,不论已起科未起科,硬将玉田等处一概摊派银一万六千余两。"(《左忠毅公集》卷二《奸珰蔑旨妄动疏》)

东林党人也曾表达了三吴人民在水灾的侵袭以及税棍压榨下的痛苦,而主张赋税的改折、缓征,想出种种方法以缓和平民的痛苦,如李应升说:

"三吴财赋,甲于东南,累年加派,民不堪命。近复不幸罹此洪水,情迫势危,种种见于缙绅父老之疏揭。……惟是救荒之策,不出蠲赈两端,区区劝助于民间,终是医疮而剜肉。当此三空四尽,庚癸频呼,请帑既力竭于吁天,留税又势穷于仰屋,即求如嘉靖七年及万历十一年一切蠲免之例,恐难几幸于襟捉肘见之时,求所以救此嗷嗷、平其汹汹,下可以宽民,而上亦无损国储者,惟有三十六年漕粮改折、停征五分之例,为两便之术耳。"(《落落斋遗集》卷十《天启四年水灾请改折揭》)

又说:

"自四月以至六月,大雨倾注,穷昼历夜不休,……平土化而为沼,室庐倾圮,丘陇漂流,风帆挂于檐端,炊釜悬于树杪,麦未收而已腐,秧欲插而平沉,较之万历三十六年水势更高二尺,淫潦复入三秋。……查嘉靖七年,世庙轸念重灾,一切税粮,尽数蠲免,万历十七年,神庙于蠲免外,特遣科臣赍帑银三十万赈济。三十六年,漕粮等项正米,每石改折五钱,缓征其半,又另发税银五万两及留织造等银备赈,成例具在。……故亟下改折之令,示缓征之期,以安人心,而平米价,尤万万不可缓也。"(《落落斋遗集》卷十《又代在籍乡绅公揭》)

启蒙者经常是以代表各阶级的利益而自居的人,东林党人也有这样类似的情况,他们的口号是"恤穷民,体富民"。"富民"即指非品级性的庶族地主和工商业者。东林党人的思想,主张在"恤穷民"的政策之下,更特别应体念"富民"。徐如珂说:

"救荒之策,主于恤穷民,而易于累富民。今被灾非常,如煮粥、如买米,势不得不责之大户,要以量力而派,审便而行。必不使富者因贫者而倾家,斯为两便。"(《徐念阳公集》卷七《候吴县万父母》)

东林党人不但有富贫两便以及贫不累富的思想,而且还有官民两益的思想。中等阶级反对派之所以是近代自由主义改良派的前身,从东林党人的依违两可的主张,也可以看出来的。如徐如珂说:"当闾阎萧条之日而执常额以取盈,民固有所不堪;值公家告匮之秋而置国课于不问,官亦有所不便"。因此,又转到富贫两便的政策上来,他提出停征"宜分两等"的调和方案,他说:"如官大户,十停其二;细民十停其四,停者半年取偿,而不停者出示征之,民必有闻风输纳者矣。至于民者无米矣,何以有本色? 然而旗军兑粮矣,安得无本色? 亦宜分为两等,官大户,十折其三,而细民尽从改折,民必有闻风而交兑者矣。"(《徐念阳公集》卷七《复徐代巡公祖》)他也知道,这种主张是会被"大户"说成是"宽细民而苛大户"的,但他说不应该如此看问题,因为"细民"会"铤而走险"的,因此,他力主"细民""勉力定租",并劝说"大户"对于"细民""稍加宽恤"。作为中等阶级反对派代表的东林党人在和封建统治势力的斗争中带有调和主义的色彩,对于农民起义始终采取反对的态度,中等阶级反对派之被称为"现代自由主义者的先辈",是有历史证据在的。

万历年间又曾在江南一带多次发生过士民反贪官污吏的斗争,这一斗争带有反封建身份等级制的市民运动的性质。东林党人反贪官污吏的言论是与这些运动互相呼应的。如徐如珂说:

"近村有老姬者,家储担石,日食一升,如是而止。或诳之曰:'混沌将至,盍谨备之?'姬闻大恐,日每倍食,惟恐不尽。卒之,食浮其量,竟以饱死。君子曰,'甚哉! 混沌之说误人,而姬之愚而自速其死也。'某邑令下车三日,即肆撄金。人问之,曰:'天下将乱,胡能少待?'未几以墨得罪,此亦畏混沌而一日倍食之说也。"(《徐念阳公集》卷四《倍食说》)

这里将贪官污吏喻为因畏混沌将至而倍食的老妪，确是相当深刻的讽刺。贪官污吏的"天下将乱"的预感，却也道破了在资本主义萌芽时期封建官僚们对于历史前景的恐惧。

有些东林党人在"缕诉民隐"的合法形式里发表了反贪官污吏的言论，如李应升说：

> "今日安天下之大机括，莫如恤内地之民生，民生之憔悴极矣。言兴利而利未必可兴，不如且与之除害。徭役繁重，奸胥欺隐，一害也；长吏贪残，酷罚重耗，二害也；通家窝访，株连诬陷，三害也；马户河夫，破家荡产，四害也；盗贼充斥，邪教勾连，五害也；抛荒虚粮，赔丁图欠，六害也；里甲修理，粮长铺办，七害也；俗吏妨农，非时勾比，八害也；白役下乡，乘船骑马，九害也；势力投占，私债侵夺，十害也。"（《落落斋遗集》卷一《缕诉民隐仰动天心乞实行宽恤以固邦本疏》）

这是一份对于腐朽欲坠的封建王朝的政治的控诉书，他"目击民困，忧心民困"，企图以此"仰动天心，实行宽恤"，这就想得过于天真了！

在封建制社会，利用特权的大土地占有者，不但可以在"土地诡诈买卖"之下，实行其"安定的垄断"权，而且可以在转嫁的办法之下，规免课赋。这对于"富民"是不利的。高攀龙说"锡之田，自国朝以来，辗转于贫富之交，进退于奸胥之手。至嘉靖间，盖有田者不尽出赋，而赋税者不必有田。富民之子孙已无置锥之地，而催科之吏犹环门守之"（《高子遗书》卷六《建故邑侯王公祠堂引》）。

主权者的皇帝也在侵占民田，其事例是很多的。万历四十年神宗赐福王田二百万亩，熹宗时，"桂、惠、端三王及遂平、宁国两公主，庄田动以万计，而魏忠贤一门横赐尤甚。盖中叶以后，庄田侵夺民业，与国相终云"（《明史·食货志》）。这里所说的"庄田"，就都是"皇田"。

在封建专制主义的压迫之下，无特权的庶族地主或富民既想走进土地的流通过程，而又不敢走进这样的过程，可举下例为证：嘉靖时杨继盛在狱中与子应箕、应尾书说："田地四顷有余，够你两个了。不可贪心见好田土就买,盖地多则门必高,粮差必多,恐致负累,受县官之气也。"

东林党人的社会思想有进步的一面,也有其阶级局限的一面。例如其代表人物之一李应升在《抚时直发狂愚触事略商补救以备圣明采择疏》中说:"盖天下有三患:一曰夷狄,吭背之患,二曰盗贼,肘腋之患,三曰小人,心腹之患"(《落落斋遗集》卷一)。他把社会矛盾和民族矛盾同农民对统治者的矛盾混为一谈。他们站在中等阶级反对派立场,反对封建主义是以若明若暗的所谓"小人,心腹之患"来作为斗争的目标,而对于正在爆发的明末农民大起义,却以所谓"盗贼,肘腋之患"明白地提示出来。至于正在辽河一带虎视眈眈的清人(所谓"夷狄,吭背之患"),表示出了隐忧。他们在 1644 年清兵进关以后,曾经实行平素标榜的气节,有不少反抗与死节殉难的人物,而在南明的小朝廷中,东林与其继起者复社对于阉党一派人物如阮大铖等,还仍然继承着所谓"君子"与"小人"的"党争"形式,就更没有现实的意义了。

总观东林党人活动的时期,是在明末启蒙者泰州学派以及清初启蒙者顾、黄、王诸人之间。泰州学派、东林、顾、黄、王诸人共同之处是他们都有反抗专制制度的要求,代表了中国资本主义萌芽时期的进步思潮。然而他们在程度上有很大的不同。以东林党人与泰州学派比较,东林学派不及泰州学派的抗争精神。何心隐、李贽诸人在反对封建礼教传统上,有杰出的表现,李贽不以孔子之是非为是非,而东林诸人却断断于正统的是非之辩,例如顾宪成说:

> "宪闻之,天下之最不可混者,莫如君子小人之辨,最不可欺者,莫如真是真非之心。而其最不可长者,莫如人各以其是为是,以其非为非。"(《顾端文公集》卷三《上叶相国台山先生书》)

而其所谓是非,仍不外乎以孔子之是非为是非的标准,高攀龙称顾宪成"心所冥契,则五经、四书、濂、洛、关、闽,务于微析穷探,真知力践"(《高子遗书》卷五《南京光禄寺少卿泾阳顾先生行状》),高攀龙本人在《程朱阙里志序》中也说:"是六经者,天之法律也,顺之则生,逆之则

死,天下所以治而无乱,乱而即治者,以六经在也。"(《高子遗书》卷一)
在《家训》中,高攀龙又说:"穷理虽多,要在读书亲贤。《小学》、《近思
录》、四书、五经,周、程、张、朱语录,《性理纲目》,所当读之书也。知人
之要,在其中矣。"(《高子遗书》卷四)可见他们的是非标准依然囿于传
统的成见,不出于封建统治者的三纲五常等一套。所以顾宪成批评李
贽说:

> "李卓吾大抵是人之非,非人之是,又以成败为是非而已,学
> 术到此,真成涂炭。"(《顾端文公集》卷五)

东林党人的阶级局限性阻碍了他们的斗争的开展,周顺昌、李应升
等被魏忠贤矫诏逮捕时,束手就缚,还写什么"臣罪应难赦,君恩本自
宽"(李应升诗)的诗句,替他们打抱不平的倒是市井之间的平民。高
攀龙被逮捕时,事先得信自杀,但也写下"君恩未报,愿结来生"的遗
表,杨涟遭受如此残酷的刑罚,在死前的遗书还不忘提出"可以见二祖
十宗于地下"之类的文字,可见"君臣之分"的概念深刻地契入他们思
想之中。与何心隐、李贽二人遭受封建统治者杀害时所表现的嫉视专
制主义的坚决态度相对比,也足以看出东林党是严格遵守"伦常"观念
的正统意识的。

东林党人没有提出对于土地问题的进步理论,而以改良主义的态
度,主张富民巨商开垦;不像当时及以后的一些启蒙思想家有着对未来
社会的理想。他们在哲学思想方面就更落后了,没有像当时以及稍后
的思想家们的丰富多彩的观点和方法,更不具有唯物主义的世界观。
他们的眼光缩到封建王朝统治者内部的矛盾中,他们纠缠在皇帝家族
的私事上,在"梃击"、"红丸"、"移宫"三案中,却斤斤计较封建的伦常
与名分。

历来封建的与资产阶级的学者们论到东林党人时,都崇赞他们的
个人修养与"正直",而称之为"乾坤正气"。我们不应当过高估计东林
党所具有的封建的伦常观念与封建的气节,而对于东林党人的活动及
其社会政治思想应就其当时的进步意义,予以历史主义的评价。

第二十六章

方以智战斗的社会思想和
唯物主义哲学体系

第一节　方以智著作所表现出的历史意义

方以智字密之,号曼公、浮山愚者。他的儿子方中通说:"先曾祖廷尉野同公命老父之名曰:'蓍圆而神,卦方以智,藏密同患,变易不易。'故老父别称宓山氏;浮山有此藏轩,故称浮山愚者。"(《物理小识·总论》注)他在明亡后,改名为吴石公。别号甚多,隐于岭南,称愚道人,出家后,名大智,号无可,又称弘智、五老、药地、浮庭、墨历(或木立,以音讹呼,故名)、愚者大师、极丸老人等。他是商业发达区域的桐城人,生于明万历三十九年(公元 1611 年),卒于清康熙十年(公元1671 年)。

方以智的曾祖方学渐(公元 1540—1616 年)、祖父方大镇(公元1558—1628 年)、父方孔炤(公元 1591—1655 年)都是当时有学问的名士兼官吏,也是直接间接参加东林党的人物。方以智在少年时代就和陈贞慧、吴应箕、侯方域等参加了政治活动，"接武东林，主盟复社"（卢见曾《感旧集话》），愤慨国势，"日与诸子画灰聚米，筹当世大计，或酒酣耳热，慷慨呜咽，拔剑砍地，以三（？）尺许国，誓他日不相背负"（徐芳《愚者大师传》，见《明文海》卷四二一）。方以智的学问修养和政治活动自然要受家世和朋辈的影响，他的先生王宣（号虚舟子，著有《物理所》）对他的影响也很大，但决定他的思想的还是他所处的时代。我们可以说他是东林—复社人物在理论上的总结者。

崇祯时方以智任翰林检讨。弘光时为马士英、阮大铖所中伤，几不免，遂逃到南海，以卖药为生。永历时，任方以智为詹事府左中允，后又被太监王坤诬劾免职。清兵入广东后，下令搜索方以智，他不得已在梧州出家，表示决不服事清朝。此后又奉曹洞宗的觉浪道盛（即天界丈人）为师，避不见人。道盛是清初统治者所注意的和尚，顺治五年曾因旧诗中有"太祖高皇帝"字样，被诬下狱。他的门下明遗民很多，除方氏外，还有倪嘉庆（啸峰大然）等人（参看《五灯全书》）。

方以智最为王夫之所敬，《船山遗书·姜斋六十自定稿》有两首诗为对方以智而作。一首是因方以智给刘安礼书垂顾念之情，而表白难以相从之意："洪炉滴水试烹煎，穷措生涯有火传，哀雁频分弦上怨，冻蜂长惜纸中天，知恩不浅难忘此，别调相看更辗然，旧识五湖霜月好，寒梅春在野塘边。"（前二句烹煎、火传指方的哲学，见后）第二首是吊方以智诗二章："长夜悠悠二十年，流萤死焰烛高天，春浮梦里迷归鹤，败叶云中哭杜鹃。一线不留夕照影，孤虹应绕点苍烟，何人抱器归张楚，余有《南华》内七篇。三年怀袖尺书深，文水东流隔楚浔，半岭斜阳双雪鬓，五湖烟水一霜林。《远游》留作他生赋，土室聊安后死心，恰恐相逢难下口，灵旗不杳寄空音。"（《南华》指方著《药地炮庄》，《远游》指方著《九将》等赋）

方以智的学问很渊博，他对于文学、经学、医学和书画、音乐等艺术都有造诣，特别对于科学和哲学作过系统的研究。王夫之说他"姿抱畅达，早以文豪誉望动天下"（《方以智传》）；"密翁与其公子为'质测'

之学,诚学思兼致之实功,盖格物者即物以穷理,惟'质测'为得之。若邵康节(雍)、蔡西山(元定)则立一理以穷物,非格物也。"(《搔首问》)全祖望说他"尤以博学称",朱彝尊说他"纷纶五经,融会百氏"(《静志居诗话》)。而《四库全书总目提要》仅以方著"开国朝(清)顾、阎、朱考据之风"称许,却不合史实。

方以智的著作很多,除《通雅》和《物理小识》为人所熟知外,据我们所搜集,现存尚有下列各种:

文集、诗集:

《浮山前集》十卷

《浮山后集》四卷(抄本)

《博依集》十卷

《流离草》(抄本《方密之诗钞》摘录)

《流寓草》九卷

《药集》(抄本)

《膝寓信笔》(见《桐城方氏七代遗书》)

《象环寱记》(抄本)

《合山栾庐占》(抄本)

哲学著作:

《药地炮庄》(刊本,成都美学林排印本不全)

《东西均》(抄本)

《易余》(抄本)

《性故》(又名《会宜编》,抄本)

《一贯问答》(抄本)

语录、禅诗:

《冬灰录》(抄本)

《愚者智禅师语录》(《嘉兴藏》本)

《禅乐府》

音韵学著作:

《四韵定本》(抄本)

《正叶》(抄本)

《五老约》(抄本)

医学著作:

《内经经络》(抄本)

《医学会通》(抄本)

杂著:

《庐墓考》(抄本)

《印章考》(见《篆学琐著》)

此外,在他参加编辑的《青原志略》(抄本)中还有一些散佚的材料。但他的佚失的书也不少,如据方昌翰上引《遗书》编案说:"《易余》见于《经义考》,他如《学易纲宗》、《易筹》、《诸子燔痏》、《四书约提》、《阳符中衍》、《旁观铎》、《太平铎》等百余种,今皆佚去";又如《桐城耆旧传·方密之传》说他"凡天人礼乐律数声音文字书画药卜,下逮琴剑,无不析其旨趣,著书数十万言。……所著《易余》、《切韵源流》、《通雅》、《物理小识》、《炮庄》、《诸子燔痏》、《几表》、《浮山前后集》";再据《安徽通志》一七〇卷载,还有《周易图象》、《烹雪录》等书;据他自己的《浮山前集》,还有《史汉释诂》、《五言古诗》、《医学》等书,这里面不少种是已经佚失了。这里不是以列举他的著作多寡来评断他的学术价值,而是要指出,在现存的他的著作以外,如《诸子燔痏》、《学易纲宗》等书一定是有价值的著作。因此,我们在下面首先看看他的著述的志趣。

方以智前期的学术作品以《通雅》一书为代表(《物理小识》原编于《通雅》书尾),后期的作品以《炮庄》为代表。据他的《诗集》,有"取稽古堂各种杂录合编之曰《通雅》"一题,下注辛巳,即公元 1641 年。这年他是 21 岁,他的父亲就在这时被他营救出狱。《通雅》"序"作于辛巳夏日,卷首之一、二、三诸条综合性的重要论述,也都注作于辛巳,凡例则作于癸未,即 1643 年。这样看来,他在 30 岁前后,《通雅》编辑已成。他在诗句中说,这书是用三冬之力写成的,而晚年又作了增改,所以钱澄序说"要其三十年心血尽在此一书矣"。姚文燮刻《通雅》序说"自先生未通籍即有《通雅》一书,书成三十余年矣",这话相当合于事实,但应指出,书首的重要部分是在通籍以后辛巳年写的。方以智有《书通雅缀集后》(《浮山前集》),记他搜集资料的困难,这文作于他36岁,约在1646—1647年。

《通雅》(包括《物理小识》)是一部什么性质的书呢?过去不少学者把它看做一种类书或字书,这是不公允的。是的,从表面上来看,它和一般的类书好像没有区别,例如序《通雅》的钱澄就这样说:此书"犹之郑樵之为《通志》,马端临之为《通考》,以言乎无所不该也"。其实方以智自己不但在《通雅》凡例的第一句话便否定了这种看法,他说:"此书本非类书",而且他时常批判类书,并把他的书和类书严格地区别开来。例如他在他的题编《通雅》诗中,表示不苟同于古人的编书,而主张自出创见。他责斥前人编书多陷于"鱼鲁空荟蕞,真赝各讹传",他的自序说前人编书"一袭一臆,两皆不免,沿加辩驳,愈成纰缪;学者纷拏,何所适从?"他在《浮山前集》卷之五《曼寓草》中此《藏轩音义杂说引》一文中,指出文字是"载道法、纪事物、合外内、格古今"的器,"士子协于分艺,即薪藏火,安其井灶,要不能离乎此。时移改体,沿变传讹,株守臆造,两皆纷舛"。(按:上引文标重点的四句话,曾被鲁迅所注意,套用来批判人们评论人物的错误方法。)他更指出:"类事之书,始于《皇览》。……《魏志·刘劭传》:黄初中受诏集群书,以类相从,号《皇览》。……宋李昉等《太平御览》、杨亿等《册府元龟》,各千卷。然《御览》之类,见一字相同则连引之,而本类之应有者反不载;于杂书多引,而见正史与注疏中者往往遗漏。"(《通雅》卷之三《释诂》)他又说:"尚论古今,贵有古今之识,考究家或失则拘,多不能持论,论尽其变;然不考究,何以审其时势,以要其生平?"(《浮山前集》卷五《史断》)

《通雅》也和一般的字书不同。他说:"学惟古训,博乃能约,当其博,即有约者通之,博学不能观古今之通,又不能疑,焉贵书籙乎?……

小学原流,忽为细故。上下古今数千年,文字屡变,音亦屡变。学者相沿,不考所称,音义传讹而已。上古眇矣,汉承秦焚,儒以臆决,至郑、许辈起,似为犁狀,后世因以为典故。闻道者自立门庭,糟粕文字,不复及此;其能曼词者,又以其一得管见,洸洋自恣,逃之虚空,何便于此? 考究根极之士,乃错错然元本,不已苦乎! 撅实之病,固自不一,属书赡给,但取渔猎,训诂专己,多半傅会;其以博自诩者,造异志怪学。"(《通雅·自序》)他因为人们对于《通雅》的音义诸说,只识其小的方面,所以力辨他的书和前人有区别,说:"古人说理事之音义,转假譬喻为多,不可执后人之详例以论也,况有厄寓附会者乎? ……上古荒唐,随人傅会。……训词喜于深厚,加以上古方言,后世属文,袭取生割。……汉儒解经,类多臆说,宋儒惟守宰理(按:指伦理政教),至于考索物理时制,不达其实,半依前人。"(《通雅》卷首之一《音义杂论》)

那么《通雅》的著作志趣是什么呢? 详考他的论断,下面两点是值得注意的:

(一)方以智的著作充满了科学即他所说的"质测"的研究,和这"质测"之学相联结的是他的唯物主义思想。《通雅》和《物理小识》包括了天文、算学、地理、动植学、矿物学、医学、文字学、文学、艺术以及他所谓的许多"志艺"之学。他的书,自夸不但汇集古今知识的大成,而且取资于西方的学术。请看他的自豪语:

"古今以智相积,而我生其后。考古所以决今,然不可泥古也。……智常见数千年不决者,辄通考而求证之。……生今之世,承诸圣之表章,经群英之辩难,我得以坐集千古之智,折中其间,岂不幸乎!"(《通雅》卷首之一《考古通说》)

"农书、医学、算测、工器乃是实务,各存专家,九流各食其力;……总为物理,当作格致全书。……道德、经济、文章、小学、方伎,约之为天道人事,精之止是性理、物理,而穷至于命。即器是道,乃一大物理也。践形者,神理泯于事物。……大成贵集,述纱于删,千古之智,惟善读书者享之!"(《通雅》卷首之二《藏书删书

类略》）

"因地而变者,因时而变者,有之,其常有而名变者,则古今殊称,无传学者会通之耳! 天裂孛陨,息壤水斗,气形光声,无逃质理。智每因邵、蔡为嚆矢(按:此后一句为王夫之所否定),征《河洛》之通符,借远西为郯子(按:郯属于东夷,己姓,《春秋左传》记鲁昭公十七年郯子朝鲁,曾讲论自然知识,孔子就学,并告人说:"吾闻之,天子失官,学在四夷,犹信。"),申禹周之矩积。……常统常变,灼然不惑,……通神明之德,类万物之情,……或质测或通几,不相坏也。"(《物理小识·总论》)

"今日文教明备,而穷理见性之家,反不能详一物者,言及古者备物致用、物物而宜之之理,则又笑以为迂阔无益,是可笑耳! 卑者自便,高者自尊,或舍物以言理,或托空以愚物,学术日裂,物习日变。……安得圣人复起,非体天地之撰、类万物之情,乌能知其故哉?"(《物理小识·总论》)

由上面的话看来,方以智是以当时的圣人、集大成者、通人自居,是以大科学家和大哲学家而自豪。他对于世界的认识的唯物主义态度,显然和中世纪宋、明的正宗道学家的态度是相反的。正如他批判道学儒者说:"世所为儒者,多有二病,穷理而不博学,闻道而不为善! ……拘守苦难(指名教)以尊礼法,与好作诡异以超礼法者,皆好名之徒,桎梏其至性为之者也。"(《稽古堂文集·旷达论》)这种批判的精神,反映了封建制解体过程中社会发展的新旧的矛盾,表现出启蒙学者对封建礼教信仰者的斗争。

他对于新世界曙光的探索意识,也显然和中世纪科举文士束缚于小天井的偶像意识是相反的。他自己常说他的态度,"操笔是非,举止异趣;容迹骂世,指斥臧否;条奏急状,不知忌讳;已然诺,分泾渭"(参看《浮山前集》卷七《寄李舒章书》)。那些科举之士只是"终年役一编,居它儗儗无所知,……不过为利禄资,安用是博学深造也?"而他则"推本经史,讲求古今之成务,则群怪之"(同上;又《稽古堂文集》二集下《士习论》）。据他说，问题就在于"好古者（按：指通人）计千秋，逢时者计一日"（同上书《七解》）。他又总论他和这样士习的区别说："愚者若得世资，当建草堂，养天下之贤才，删古今之书而统类之，经解、性理、物理、文章、经济、小学、方技、律历、医药之故，各用其所长，各精其极致，编其要而详其事，百卷可举。""尝疑象数专门，须明律历，考察天地人身之故，乃可旁征而会通之。今天下群役于帖括（制义），……何暇及此？适有所疑，皆无从问，必当自作宓羲大挠，岂不难哉！"（《膝寓信笔》）这就充分表现了他把现实矛盾转化为超人和俗士的对立。

因此，方以智的《通雅》一书，是企图汇集和总结当时所有的一切知识，如他说："函雅故，通古今，此鼓箧之必有事也（按：这句话出于《孟子》，但在《孟子》那里是作正心的道德律来看的）。不安其艺，不能乐业，不通古今，何以协艺相传。……理其理，事其事，时其时，开而辩名当物。……今以经史为概，遍览所及，辄为要删，古今聚讼，为征考而决之，期于通达，……名曰《通雅》。……备物致用，采获省力。"（《通雅·自序》）而在全书之中贯穿着唯物主义哲学和自然科学的融合联系：

"老父（指方以智）……每有所闻，分条别记，如《山海经》、《白泽图》、张华李石《博物志》、葛洪《抱朴子》、《本草》，采撷所言，或无征，或试之不验，此贵质测，征其确然者耳。……《通雅》残稿，自京师携归，《物理小识》原附其后，……小子分而编之。生死鬼神，会于惟心，何用思议，则本约矣。象纬、历律，药物同异，验其实际，则甚难也。适以远西为郯子，足以证明大禹、周公之法，而更精求其故，积变以考之。士生今日，收千世之慧，而折中会决，又乌可不自幸乎！"（方中通：《物理小识·编录缘起》）

"盈天地间皆物也。人受其中以生，生寓于身，身寓于世，所见所用，无非事也。事一物也。圣人制器利用以安其生，因表理以治其心。器固物也，心一物也。深而言性命，性命一物也，通观天地，天地一物也。推而至于不可知，转以可知者摄之。以费知隐，重玄一实，是物物神神之深几也。寂感之蕴，深究其所自来，是曰

'通几';物有其故,实考究之,大而元会,小而草木蠹蠕,类其性情,征其好恶,推其常变,是曰'质测'。'质测'即藏'通几'者也。有竟扫'质测'而冒举'通几',以显其宥密之'神'者,其流遗物。谁是合外内、贯一多而神明者乎? 万历年间,远西学入,详于'质测'而拙于言'通几'。然智士推之,彼之'质测'犹未备也。儒者守宰理而已。圣人通神明,类万物,藏之于《易》,呼吸图策,端几至精,历律医占,皆可引触,学者几能研极之乎?"(《物理小识·自序》)

这明显地是从自然史出发的唯物主义一元论。这里说的"通几"二字,相当于现在的术语"哲学",而排斥了那种否认物质存在的神学。"通几"二字出于《易传》,即"惟深也,故能'通'天下之志;惟'几'也,故能成天下之务;惟神也,故不疾而速,不行而至。"方以智把古代思想材料利用来,改变了其中的内容,表达了他自己的新认识,所谓"寓通几于质测",即是寓哲学于科学,如果没有新时代的客观条件,就不能有这样"收千世之慧"而"折中会决"的新世界观。同时,他并不是简单地吸收古代的思想资料,而是有所吸取,也有所舍弃,《易传》后一句"惟神也,故不疾而速,不行而至"的唯心主义和有神论的命题,就被他批判了。他一方面说"质测即藏通几",即是说科学即藏哲学,但另一方面更说"通几护质测之穷",即是说哲学指导科学,但反对从事物之先、离物质以空求神学,例如:

"通几护质测之穷。……即多即是,皆统类于此矣。……大凡推之于先,多属洸洋;任之于后,则动颐而迷。……此中之秩序条理,本自现成,特因几务而显耳。格物之则即天之则,即心之则,岂患执有则胶、执无则荒哉? 若空穷其心,则倏忽如幻!"(《愚者智禅师语录·示中履》)

方以智的学术不但受了前人的影响,如王宣的《物理所》,而且以批判的态度看待西方知识。上面已经提到他对于远西"质测"之学综合批判的话,如果我们通查他的全书,我们几乎可以看出他在各种科学中都想会通所谓"泰西"。这即他说的"智尝因悉昙泰西,两会通之"(《通雅》卷首之一《音韵通别不紊说》)。这也是很自然的,正如列宁在《我们究竟拒绝什么遗产?》中指出的,近代启蒙人物总是欢迎比较走在前面的欧洲文明。当时中国的启蒙学者还没有提出"欧化",但如方以智和李之藻等已经主张会通泰西学术而补缀三代的阙典遗文。

方以智积极活动的年代正是利玛窦等传入西学的活跃阶段,当时重要的译述,如《天学初函》等书,他都研究过。他说:"西儒利玛窦泛重溟入中国,读中国之书,最服孔子,其国有六种学,事天主,通历算,多奇器,智巧过人。著书曰《天学初函》,余读之,多所不解,幼随家君长溪见熊公(明遇,号坛石),则草谈此事;顷南中有今梁毕公(即毕方济),诣之,问历算奇器,不肯详言,问事天,则喜,盖以《七克》(庞迪我著)为理学者也。"(《膝寓信笔》)

上面方以智说的"六种学"不知是依据《名理探》的分类法,还是依据《西学凡》的分类法。从前者说,六种学包括"超形性学"、"形性之学"、"审形学"、"克己"、"齐家"、"治世"诸学;从后者说,六种学包括"文"、"理"、"医"、"法"、"教"、"道"诸学,其中所谓"理"指斐禄所费亚,即Philosophia的音译,也即今日所说哲学,而方氏叫做"通几"。这里应该注意的是,方以智十分怀疑西学,他列举各科并批判神学之后,主张三分法如下:"有专言德行者,专言经济者,专言文章者,专言技艺者,专言权势者,专言兵符者,专言法纪者,专训诂者,专记事者,专寓喻者,统而言之,无非道也,无非性命也。而有专言性命之道者,离事离法以明心,……因有专言生死鬼神者,因有废世事以专言仙定者,因有专言养生者。……考测天地之家,象数、律历、声音、医药之说,皆质之通者也,皆物理也;专言治教,则宰理也;专言通几,则所以为物之至理也。皆以通而通其质者也。"(《通雅》卷首之三《文章薪火》,按:三种分类法指自然科学、社会科学和哲学。)

方中通纪他父亲讨论西方科学的情况,曾说:

"先生(汤若望)崇祯时已入中国,所刊历法故名《崇祯历书》,

与家君(方以智)交最善,家君亦精天学,出世后绝口不谈。"(《陪诗》卷二《与汤道未先生论历法诗》注,按:《陪诗》在别处也说到方以智早精天文,入山后弃置不讲此道。)

方以智的书中提到泰西之学的地方,不下数十处。他讲文字音韵学的时候,一再说要会通西学,例如:"今日得《西儒耳目资》,是金尼阁所著,字父十五,母五十有甚,……可以证明吾之等切。"(《膝寓信笔》,并参看《通雅》卷首之一)此所谓互明,在《通雅》卷首之一,具体指出古音的通转可以借西方文字说明,如"西方字母,'阿'或兼'遏'"。在卷之一,更大胆地提出语文一致说:"字之纷也,即缘通与借耳。若事属一字,字各一义,如远西因事乃合音,因音而成字,不重不共,不尤愈乎!"他更说:"泰西字,十字皆一画,简便。"(同上卷之一,按:指阿拉伯数码)又如在《通雅》卷之十一《天文》中,提到利西太(即利玛窦)历说,指出"今之法密于古","西图前所未有",在《地舆》中比较了中西地图,在《考古通说》中承认"至泰西入,始为合图,补开辟所未有"(按:在别处对此合图也有批评),在《曼寓草》(上)中痛恨"前年远臣进《坤舆格致》一书,而刘总宪斥之"。其他如讲风引述泰西的风力说(《物理小识》卷二);讲水引艾儒略的水力说(同上);讲交通引用利玛窦的船舶制造说(同上卷八);讲"地游、地动"虽未引西说,但他常批判利玛窦的地圆说之不够服人;讲地圆之说,曾和西儒的说法论难(《曼寓草》下);讲中西假设五行、四行的不同,发挥了宇宙形成的创见(同上卷一);他更和利玛窦辩论日大于地的看法(同上)。

总之,他不仅为学习科学而一再提到"借泰西为郯子",而且经过批判之后,进而研究哲学,例如他说:"尝借泰西为问郯,豁然表法,反复卦策,知周公、商高之方圆积矩全本于《易》,因悟天地间无非参两也。"(《曼寓草》下)这也就是他以孔子自居的乐观主义态度,所谓"合天下万世之分,以势其理","坐集千古之智,折中其间"(皆见《曼寓草》中),并以古今学问为"薪火",而由他来烹炮炉炼,如他的诗句所说的:"且劈古今薪,冷灶自烧煮!"启蒙学者大都有世界范围的认识,大都有综合前人的抱负,方以智正是这样,他说"古人有让后人者","学以收其所积之智也,日新其故,其故愈新,是在自得,非可袭掩"(《通雅》卷首之一、三)。方中通也综合了他父亲的志趣说:"聚古今之议论,以生我之议论;取天下之聪明,以生我之聪明,此之谓择善。"(《陪古集》)因此,在启蒙学者中,或多或少地可以看到"民族的片面性和褊狭性日益失去立足的地位"(《共产党宣言》页 27)。

(二)我们应指出,方以智的科学知识还是具有 17 世纪的色彩,而和 18 世纪的法国唯物主义者是有差别的。方以智的社会实践和世界观的悲剧矛盾、他对于改造文化方面的方法论的普遍应用和对于政治上的开明专制的无力呻吟,正反映了当时社会的矛盾,活的萌芽的东西在生长,而死的束缚的东西更在作祟,后者沉重地压迫着前者。历史在发展,而其发展又处于缓慢而迂回的进程中,这就决定了方以智的思想还没有条件借以走上法国"百科全书"派的典型道路。

方以智一再表示他是屈原、贾谊型的人物,甚至自状他是不能有事于功业的"废人"或"恬退人",但他却自豪他能从一切文化方面"通古今,识时务",汇聚古今天下的智慧,而"观天下之变","宇观人间宙观世"!一切都可能安排在至善至美的境地或乐园,然而他在这样恶浊的俗世却无能为力,始而远游,继而逍遥,终而伪装逃佛。

这里应附带指出,方以智虽因躲避清廷的搜索而走了逃禅一路,但他的思想方向并没有因此改变。我们看他为僧后的著作以及语录,除在例行仪式上虚应故事外,毫无坐禅佞佛的迹象。下举康熙四年方氏在生辰时与其子中通的对话可以说明此点:

> "师诞日,侍子中通请上堂。中通问:'桧树即荆条,死路走成生路;祖关穿圣域,钟声敲出铎声。《河图》五十五点恰应地户天门,如何是参天立地处?'师云:'挥空一斧,几人知恩?'进云:'半生先天,半生后天,未免打成两橛。'师云:'直下火炉,是奉是背?'进云:'尼山、鹫岭已同时,谁能不辜负去?'师云:'绝壁奔雷,莫耳聋么?'进云:'冬炼三时传旧火,天留一磬击新声。'师云:'室内不

知,儿孙努力!'礼拜退。乃云:'……我这里堂内堂外,个个都似
木鸡,事事还他鱼贯。未经桶底,却自忘机现前。松风石洞,摆脱
厉色淫声;碓觜茶铛,陶尽凡情圣解。莫道美食,不中饱人'。"
(《愚者智禅师语录》卷一)

这节对话采用了禅机的形式,其意义却很明白。所说"桧树"、"圣域"、
"铎声"、"尼山"均指儒学,"祖关"、"钟声"、"鹫岭"均指佛教。方中通
问语的意思是说:方以智在儒学形式中开辟了新途径,现在又以和尚身
份讲说象数哲学,这样半生为儒,半生为佛,前后似有矛盾;禅师的身份
是否阻碍人们对他的学说的理解?并希望方以智重新振作,有所作为。
方以智答语则说:自己开辟新境界的功绩有"几人知恩"?又说明自己
的思想始终一贯,并未自违本旨,而这种学说好像"绝壁奔雷",有耳共
闻,不会引出误会;最后则把未来的事业寄托于后人的努力。我们由上
述对话和方氏末尾的示众语,可知他明知所谓"打破桶底,成佛作祖"
的禅宗佛教完全虚妄,不过是借此"摆脱厉色淫声"而已。方以智在改
造社会的实践方面虽然无力,装作和尚来"忘机现前",但他仍志在以
"钟声敲出铎声",没有丧失雄大的学术抱负。

上面我们曾引证过《通雅·自序》开宗明义的话,"函雅故,通古
今",这是方以智的基本方法论。按他的话是说,正好像我们清楚各种
不同的手工业一样,所谓"不安其艺,不能乐业",如果"不通古今,何以
协艺相传"呢?照他的意思讲,只要"函雅故,通古今",那么"古今聚
讼"的事物规律,都可以"为征考而决之"!什么叫做"函雅故,通古今"
呢?他说:

"雅故,雅言训故也。《尔雅》者,藏远于迩而以深厚训之也。
孟坚叙传曰:函雅故,通古今。张晏曰:包含雅训之故也。管子曰:
圣人博闻多见,蓄道以待物,知其故,乃不惑。"(《通雅》卷三《释
诂》)

方以智一反理学家以虚玄一路讲贯通的方法,他以为真确的方法
的第一义是从事实出发。这里"故"指的是"故实",因此他说"固实即

故实"(《通雅》卷三《释诂》),更说"《野同录》曰(指方大镇说):用虚于实,即事显理。此治心之薪火也;感而遂通天下之故,子舆曰:苟求其故,此故之原"(同上)。他以为真确的方法的第二义是通其故,这里"故"指的是事物的实然或事物的原因。他说:"副墨洛诵,推至疑始。始作此者,自有其故,不可不知,不可不疑也。……以音通古,义之原也"(《通雅》卷一《疑始》)。这也就是《通雅·钱序》中引述方氏的话:"吾与方伎游,即欲通其艺也,遇物欲知其名也,物理无可疑者吾疑之,而必欲深求其故也。"因而方法论的第三义是从事物的所以然而求得的所谓"义",也即《通雅·凡例》说的"辨当名物,征引以证其义",或他说的"贵明其理,或以考事,或以辨名当物"(《通雅》卷首之一《考古通说》)。什么是"通"呢?这就是方法论的第四义,也即是他的哲学的基本思想或"通几"之通,按他的说法"通几"就是"深究其所自来",同时也寓于"质测"之中,"物有其故,实考究之,类其性情,征其好恶,推其常变,是曰质测;质测即藏通几者也"(见上引)。他主张只要根据他的方法,既不"舍物以言理",又不"托空以愚物",那么一切自然社会的事物之所以然都是可以认识到的。关于他的哲学思想将在下文详论,这里仅把他引王宣的话列举如下:

> "天有日月岁时,地有山川草木,人有五官八骸,其至虚者即至实者也。天地一物也,心一物也,惟心能通天地万物,知其原即尽其性矣……本末源流,知则善于统御,舍物则理亦无所得矣,又何格哉!"(《物理小识·总论》)

方以智应用他的方法论反驳庄子的不可知论,有两个有趣的例子,从这里很可以看出他的"通天下之故"在认识论上的重要意义。

> "愚曰:无知之知乎? 择识之知乎? ……天人本无分合,执二执一皆非。大宗师应病予药,神在知症,知症神于知故。《孟子》曰:(则)故而已矣。《易》言幽明之故。'故'是何物? 至诚默识,而神明通之,则言有言无,言分言合,言共本,言自根,皆'安时处顺,哀乐不能入'之悬解也。……知则不为一切琦辩奥理所惑,而

我可以'转'(用《庄子》语汇)之;不知则一端暗合,而他端又纱縠
矣!"(《炮庄·大宗师篇》评语,他甚至敢批判庄子的"大宗师"是
"糠粃"。)

　　"愚者曰:何处非沃焦归墟乎!《中衍》曰:人皆谓源一而流
分,会(曾?)知源分而流合乎? 水出于山,山各一谷,渐合而沟浍,
渐合而江河,归于海,则大合矣,岂非流合而源分乎? 然则源一之
说奈何? 曰:源为流之源,流则源之源也。地形如胡桃肉,凸者为
山,凹者为海,海各归地心,地心转出于山顶,犹人身之血也。自非
格物者,以费表隐,何能决信?"(《炮庄·秋水篇》评"北海"寓言)

从上面两段话来看,方以智从质测和通几,即从科学和哲学,应用"通
其故"的方法论,指出庄子不知其故的理论必然走向神秘的唯心主义。
方以智的"炮"制《庄子》,比王夫之的《庄子通》更高明一筹。

　　方以智运用"通其故"的方法,特别在文字语言的研究方面,有"知
其原"的发现。占《通雅》重要部分的卷之首和卷之一、二、三,都是从
这方面讲的,他一再警告人们说,这书是不能从音义之小节处看待的,
而是"坐集千古之智"的通几和质测兼有的"一大物理"书。实际上从
《通雅·自序》和首篇讲知识是"古今相续而成"的进化的观点,一直到
末尾讲形神问题和运气问题,都在说明"智藏于物之道",而例子最多
的是他所熟习而在当时容易掌握的一门语言音韵科学。通过他的方法
论,他不但从文字语言方面寻求出"即器即道"、"心亦一物"和"质测"
藏"通几"等唯物主义的观点,寻求出"乡谈随世变而改","声音之道与
天地转"(《方言说》)的进步的历史观点,寻求出"人所贵者心,而不离
五官"(《六书声音转假说》)的认识开始于感觉的观点,寻求出"学也
者,觉悟交通,诵习躬效而兼之"的实践观点,而且他自认在文字语言
科学方面,"数千年不决者,辄通考而求证之"(《考古通说》)。

　　他把文字语言比作薪,把道理比作火,所谓"文章薪火","即薪藏
火","文藏性天,圣人所以大畜古今之神,而安万世之灶"。这就和道
学家们把六经形式捧成符咒似的僧侣主义观点相反了。他指出:"声

音文字之小学,盖道寓于器,以前用尽神(指知识)者也。"(《曼寓草》中《字汇辩·序》)古人的文字并不是神秘的东西,文字不过是人们就万事万物而表达名义的东西,"晶光莫文于天,条理莫文于地,配义而昌之以名。人受中生而传呼其中,因表其象。……人心之所吹呴流注,即神不可测者也"(同上书,《采石文昌三台阁碑记》)。因此,与其说天地万物是神而不可测的,毋宁说人类的创造是神不可测的,此所谓"神"是人类的知识能力,它的无限创造发展,就能理解万事万物,掌握了神明,所以他说:"天之为天也,神不可知,而神于可知之人。"

　　拿文字为例,他以为,文字既然是"智藏于物之道"的广阔的工具,人们不但不能把它神化,反而要正视它的起源,这就是《通雅》卷之一开头说的:"方言者,自然之气也。以音通古,义之原也。"不要以为古文是难懂的,其实它在当时就是像方言似的通俗的白话,而文章和语言原来是一致的。然而为什么古书字义难识呢? 他说这是由于"义随世变而改,声音因天地而转",因为声音方言的古今变化,于是古书就难通了。早在春秋时代孔子就觉得三代的制度不容易懂得,然而方以智却以为如果按"通其故"的方法研究,后人就能超过前人,孔子不懂得的东西,后人却可以懂得。方以智在这一点非常自负,他说:"古今方言亦变矣(按:他分其历史为五个阶段)。……愚历考古今音义,可知乡谈随世变而改矣。不考世变之言,岂能通古今之诂,而是正名物乎?"(《通雅》卷首之一)"愚者遍考经籍,证出历代之方言,始知其所以讹、所以通耳。音定填字,伦论不淆,岂人力哉! ……此物理微至之门,别有精论。"(《通雅》卷首之二)

　　这里我们省略他书中所举的证据,只引他的书首凡例,就可以了解他文字学方面的创见了:

　　　　"各方各代,随时变更。……天地岁时推移,而人随之,声音亦随之,方言可不察乎? 古人名物,本系方言,训诂相传,遂为典实。智考古今之声,大概五变。"

从这样的理论出发本来可以得出语文一致的改革方案,但他着重了"观古今之变",在改革当世之务方面恬退下去。尽管如此,他仍是近代以前第一个提出文字改革的人物。他已经流露出了这样的意见,他说:"字之纷也,即缘通与借耳。若事属一字,字各一音,如远西因事乃合音而成字,不重不共,不尤愈乎?"(见上引)

方以智把文字书籍当做随着时代变迁而为人所不断扩充的武库,"吾尝曰:诗书礼乐,扩充之炭斗,优游之桑薪也"。在他看来,文字这一工具和手工业者使用劳动工具进行创造性的生产是一样的,所以他说:"士以读书明理为业,犹农工之刀耡也。志道游艺,外内一致,张弛鼓舞,全以此养之而化之。文章即性道,岂曼语哉?进德必居其业,立诚用在修词,大畜日新,道寓于器。"(《通雅》卷首之二)方以智这样对于文字的看法,可以说是近代白话文运动的启蒙先觉。同时,从他根据这样的新观点所批判的对象看来,也是近代人向着"文以载道"的国粹论攻击的先觉,他说:

"闻道者自立门庭,糟魄文字,不复及此。其能曼词者,又以其一得管见,洸洋自恣,逃之虚空。……训故专己,多半傅会,其以博自诩者,造异志怪学!"(《通雅·自序》)

"汉儒解经,类多臆说;宋儒惟守宰理,至于考索物理时制,不达其实,半依前人。"(《通雅》卷首之一)

这样,文字就不是如生产工具似的,借以创造发明,而是妨碍历史发展的束缚物了。因此,他说:"执古废今则非,若执古之讹误者更不必矣。断之曰:古通有伦,谬误宜正,雅音宜习,正韵为经。学者讲求声韵之故,旁参列证,以补前贤之未尽,使万世奉同文之化,是所望也!……智尝因悉昙、泰西,两会通之!"(《通雅》卷首之一)

第二节　方以智社会实践的悲剧性及其社会思想的人民性

上面我们论述了方以智研讨古今之变的气概,指出了他对于时代条件给予他可能解决万古疑难问题的幸运的赞美。我们从他的认识世界的乐观主义，即他所谓的坐集千古之智而让后人新发明的最"幸"的时代，是不是可以逻辑地得出他对社会改革的乐观主义社会观呢？否！否！他在社会活动中，始而屈原其志，继而道人其行，终而假佛逃世。这种理论和现实之间悲剧性的矛盾怎样解释呢？我们的答案很简单，问题就在于他所处的时代的矛盾的辩证法。既有新世界出现的可能，又有新世界难以出现的现实，这样的历史决定了方以智的生平，因而在他的生平表现出文化战斗者兼社会咒骂者那样一身而两任的悲剧性格，刻上了17世纪启蒙者内心矛盾的时代烙印。这不是单单从明代被清代所代替的民族矛盾中所表现的爱国主义可以完全说明的，其更深刻的原因，最终是社会的经济关系。如方以智所说："吾处此世，而不能自强，又不能逃"（早期作品《泊轩记》，《稽古堂二集》上）。为什么方以智以17世纪中国的唯物主义一元论者自居，而又有这样的处境呢？矛盾在他是不自觉的，请先看下面他仇恨现状、呼唤光明而又期待不至的心情表白吧！

　　"欸斯世之难处兮，又奚之而可适？夜耿耿兮鸡不鸣，睇东方兮何时明？独储与不寐兮，长太息兮人生！"（《浮山前集·稽古堂二集》上《瞻阴雨赋》，按：此赋作于他的青年时代，约在崇祯初年。这一类的作品，多为他的前辈所不满，责他"无的放矢"，甚至他的至友吴次甫也说他"好不祥之言"。）

诗句的意义，显然表现了黎明前的黑暗时代！方以智和"斯世"不相容而折入悲剧，可以作这样的理解：从其客观上暴露出社会矛盾的意义来讲，他的人格是伟大的；而从其主观上反映出的市民等级的意识来看，他的性格又是软弱的。

　　首先，我们且从他的政治观点来研究吧。是的，他是同情没落的皇权的，然而他对腐朽的统治者的正义期待或政治表白，却客观上暴露出了社会的危机。早期启蒙思想者的特征是对一切阶级一视同仁，用他的话来讲，叫做"上下之情相通"。他所期待着的开明专制既没有可能,他所怀疑着的农民战争又成为现实,客观世界不但如他说的"上下间隔不通","天下所以不治"(参看上引书《拟上求读书见人疏》),而且爆发了农民战争和市民运动。这样的世界,从启蒙者的"公平"的角度去看,好像都是反常的,都不适合于他理想的所谓通过文化学术的改造以变革社会的意图,即他说的"天下之故,理尔,势尔,情尔。……不过通上下之情,就天下用天下",开明专制之道只有"自人主好贤好学始"(《曼寓草》上《帝学》),一切社会政治的改图,仅仅在于上下要读书(《拟上求读书见人疏》),以为有知识的帝王和有学问的贤相贤臣贤士就是政治开明的前提。

启蒙者的一般倾向,善于探求万世的乐土或黄金的世界,而不可能懂得现实社会改造的方向。然而随着时代的发展,他们也可能提出一种乌托邦而客观上仅是民主的要求,也可能提出一种改造方案而客观上仅是公法的要求,黄宗羲属于前者,而方以智属于后者。他有一篇《相道》(《曼寓草》上),和《帝学》的君道排在一起,也具有《明夷待访录》的《原君》、《原臣》的意图。他规定"相道"的条件是:(一)有权,(二)有学,(三)惟公,(四)惟明,这样就有些和黄宗羲的宰相论接近了。方以智论到虚实的哲学范畴时,曾暗示出君为"虚"、相为"实"的看法,具有和唐甄《潜书·抑尊篇》的相同思想,例如方氏说:"善用者用其容者也。……不得宰相,至尊何用? 不知徽龠,则顽天顽海顽虚空耳,塞上塞下亦胶盃也。"(《药地炮庄·逍遥游篇》评语)这不是骂专制"顽"君的话吗?

方以智的政治观点都从心理学、伦理学出发,这部分思想大都表现在他的早期著作《稽古堂集》中。例如他攻击宦官专政,指出他们危害极大:"莫谓唐庚任异同,伤心钩党在朝中,款边平腹谈分北,加饷增兵叹大东!"(《哀楚》)指出"用耳目以为察察,而彼(宦官)乃得从中窃其权",在他看来这是由于缺乏"治莫大于正名,法莫大于定分"的原则(见《拟上求读书见人疏亲臣议》)。他攻击贪污枉法,指出满朝都是些"贪婪竟进"之徒,在他看来,这是由于"是非不一,赏罚不公,名实不当",因而"居官为奸","寡廉鲜耻",一切以"私意为是非",而"公法"就不存在了(见《拟求贤良诏》);他攻击八股取士,指出当世庸俗无知者大都可以崇高尊显,取得富贵,而博学有志之士则被人蔑视,并视之为怪物,在他看来,这是不能"励学官,征通家"以求人才的结果(见《士习论》),他更看出了社会阶级的矛盾,指出当时"民愁流庸,……闾里匈匈,岁一嗛,蜂起耳"(《拟求贤良诏》),甚至描写道:"天几日而不黄兮,人何日而不匡惧?""祈羊其将至兮,山且崩而簃其颠,民夫人各有所迷兮,恶可强而合之也?"(《曼寓草》上《顾瞻噫》)。在他看来,这是由于不信于下,则无君权;反之,"因民情而利其用,则君权斯行矣"(《曼寓草》上《钱钞议》)。然而,他最后不能不说:"我生何不辰,天地遂崩裂!"他的这样天真的论点,并不是难以理解的,这是一般启蒙学者具有的从观点上不能进入历史学的特点。

撇开他的心理和伦理方面的观点,我们从他暴露出的社会矛盾来分析,他批判政治得失,也是力求忠实于他的方法论的。例如他的《帝学篇》研究帝王专制的心理,从科学的意义来看,它是不正确的、肤浅的,而从历史的意义来看,它却是有价值的。他分析专制帝王有六种心理:一、好胜人,就必然甘于听佞辞;二、耻闻过,就必然忌讳于直谏;三、骋辩给,就必然剿说诡误而压服人言;四、眩聪明,就必然臆度而虞人以诈术;五、厉严威,就必然难于降情以接物;六、恣强愎,就必然不能引咎以受规。如果我们把这些话转化成经济、政治的意义,那就可以了解封建主义超经济强制的特权是和平等的法权对立的。他的分析心理的文章,如对于"大珰"(宦官),对于权贵,对于士习,都有有价值的论断,这里不再举例了。(这些文章如《帝学》等篇是属于进步思想的一类,并不是反清的作品,但《浮山集》被清统治者一并宣布为禁书,后来编的《方氏七代遗书》所收的《稽古堂文集》便也把它们删去,其中《曼寓草》则全部落选。)

这样从心理、伦理方面推论下去,那就不能不使他把社会内部的新旧矛盾转化成为超人和俗人的心理对立,这也是启蒙学者所容易走入的逻辑歧途。他把社会真实的矛盾还原做人物之间矛盾的悲剧,一种是"世之所为尊宠者,诡世取容,粥粥以自通,……苟得所当,即为人庸伎以求簪袅何惜焉"(《稽古堂集二集·为扬雄与桓谭书》);另一种人物是"所拳拳者体天地之撰,明圣人之中道,此必不容自已者也"(同上)。前一种人满塞于世途,而后一种人则"路幽拂以长鞠兮,独堙郁乎山之北,山中人兮鸣玉琴,璐错石兰兮珮参参"(《瞻阴雨赋》,按:"山中人"为龚自珍所袭用,其意思就更明显了)。

方以智不仅作这样的个性还原术,而且更把代表超人个性的人物,集中于他自己一身。如果说笛卡尔的"我思故我在"的唯心主义成分是怀疑旧世界的弱者的表现,则方以智的"何妨伤天地之心,听举世妒之,天地妒之"(《岭外稿·屈子论》)的自我否定,也是和旧世界势不两立的弱者的表现。这就无怪乎从政治至学术,他都感到孤立了,"不知者以为诽谤朝政矣,知之者又以为物禁已甚,无故而善悲怨,非君子之所喜"(《稽古堂二集》下《送李舒章·序》),"穷理者嫌其异于宋儒,而非之者有矣"(《稽古堂二集》下《又寄尔公书》)。因此,他的究明天下古今的乐观主义,到了最后就不能不变成它的对立物,即悲剧的人生前途,他甚至模仿屈原的《天问》,追问道:"天道其终无信兮,吾不知古之人何以为生!?"(《曼寓草》上《激楚》)一个唯物主义者居然请求"昊天降罚",希望把旧世界改变得清平起来,"苟昊天降罚而世清平兮,君子又何患乎郁郁以终?"(《稽古堂文集·九将·阴女赫》)然而,这是希望不到的,也即社会是不可救药的,因此,他一方面敢于说世界"无主",另一方面又自悖于自己的理想,感到智者也束手无策!他说:"百神伏而无主兮,虽巫咸其安卜之?"(《稽古堂文集·矢神听》)

为了说明方以智生平的悲剧矛盾,我们必须进一步作些分析。这里我们所依据的他的诗赋一类无所顾虑的创作,比依据他的因忌讳多端而束手束足的一类政治论文,更能看出他反映了时代的复杂图景。首先看他的早年作品《九将》赋(《稽古堂文集》、《浮山前集》和《桐城方氏七代遗书》都选载)的思想吧。

1.《终永怀》——暴露黑暗世界的生杀予夺:

　　"抚嘉时之长遭兮,哀民生之何能穀!

　　"憨众人之或或兮,莫不夸毗而冯生;捆然贪惏而罔知其究兮,攫羺深爪以相争!

　　"怵居徒之徇赇兮,岂惟仆仆而致也? 觇令名之鲜终兮,列士繇来而是也!"

2.《念谁昔》——描写启蒙者和这世界不相容的悲剧:

　　"云驾鸾皇以启先驱兮,众固鞕然拍张而哂之;策鸳台追逐而旋泞兮,众又纷挐辚藉以窘之。

　　"将欲效突梯滑稽以诡适逢遭兮,中顾澒涊而不忍;宁于邑辒轲以侘傺兮,焉得不多瘄而觊阋!"

3.《忝自鞠》——太息超人在这样世界进退两难的矛盾:

　　"世溷浊而哗众取宠兮,夫安知媺我之尚博蹇。进余不足以拖荣于岩廊兮,退余反见诋诃于闬里!"

4.《阴女赫》——憧憬新世界的到来:

　　"当乘权而淫威兮,彼鬼蜮其将安极! 纵反侧其可极兮,念修嫭者长此困穷! 苟昊天降罚而世清平兮,君子又何患乎都都以终?"

5.《劳作所》——希望新世界而期待难至:

　　"岁云暮兮日已施,路修远兮不得归。

　　"劳劳兮曷其有已,歌者苦兮多悲声。"

6.《告台颠》——暴露封建专制的残暴和暗无天日:

　　"昧冥冥以倒行兮,即霹历吐火而盍惧!

　　"彼以蔑葀而职噂沓兮,朝颁颈而莫陷以连坐,苟得逞私愤以献宠兮,满谰诬天乎亦何不可!

　　"胡我生之多故兮,不自先而不自后? 岑岑涕泗以伊嘤兮,吾焉知此何时也?"

7.《矢神听》——通过个人的观点,揭露社会的不平等:

"悼有昊之吊灵兮,何参差以畀不均?

"贤者偓寒而无禄兮,谗夫蝮鸷而有庆,渊愚而终以殀兮,跖横而寿弥昌!

"意天轨之贪乱兮,余恶乎痛斯世而哭之;百神伏而无主兮,虽巫咸其安卜之!?"

8.《强消摇》——期待推翻旧社会的改革者,但隐约难见:

"历横术之广广兮,遥望山中之无人,山无人兮木叶下,羌暄暄兮风以雨。

"常羊消摇兮,不知是非;白日已盱兮,恶可以为?"

9.《抽乱曲》——最后断定旧世界必然没落崩溃:

"徘徊剧骖兮自失,太行为崫兮将安之? 杭单亟而干既断兮,陈揭奋而廪已灾,山将颓而木安植兮,空无云而殷其雷!"

《九将》(用《诗》句"忧心京京""亦孔之将"的"将"字)的悲歌,不是屈原的翻抄,而是 17 世纪中国社会的哲人利用古代语言形式和思想材料进行了启蒙式的改造。我们从他的《七解》(《稽古堂文集》,作于崇祯十年,即 1637 年)这样自传式的文中更能看出他的思想背后的时代图景。所谓"七解",是他假设了七种历史途径而该走哪一条路的问答。

他化名为一位抱蜀子。这位少年人物,满腹经纶,气盖一世,一方面意欲"遇时以沛天下",另一方面又有志于"合古今俯仰,著为一书",然而他的历史却是悲剧的,"家世好善而善不可为,家世好学而不学者嫉之"。和他从世界观上了解的时代所给予他的幸运相反,这里的时代又对他十分不幸了,"时不遇矣!"那么他该向哪一条路走去呢?

第一条路是一般庸俗文人所走的,借助于八股制义以取得富贵利禄的宦途,他说这条路是他从来所反对并厌恶的,他以"好古者计千秋,逢时者计一日"的理由,否定了这条世俗肮脏之路。

第二条路是"讲计研之术",货殖以致富。他的确动过这种心愿。他在另一篇《货殖论》(同上)中说:"论货殖者,悲斯世之不可以不货殖也。"他区别货殖有两种,一是"豪恣作奸",好像超经济剥削的旧货殖;一是"善施予,磊落急义",好像等价交换而又博爱似的新货殖。前一种人物,在官僚场中,王侯公卿,大有人在,他们一旦做官一两年,就可以获利巨万,"田宅遍国,竟极上腴",然而基于权势而得的财富,却可以因为失掉权势而受大祸,因为在这个世界"权之所集,人争附之,豪而无忌,人争畏之",财产关系是从属于身份特权的。抱蜀子居然看到自由竞争不能在以特权支配的封建的生产关系之中存在:"权者,势之本也,势者,利之归也,当今之世,廉洁自谨,见侮于世;有权势者暴而益昌!"所以,虽然按照他的"货殖,则天下大治"的道理,似乎可以"勉商贾之术,释豆羹之辱",但是生产和货殖决不能抵挡住封建的"权势",他发生了矛盾,"悲夫! 俗以相凌,贪风日涨,仆虽喜施与,又不能结交权势,安能免于今之人乎!"于是,怀疑生产致富的途径,似乎隐居起来还好些。这一点反映出复社人物软弱的市民意识。

第三条路是结交天下之士以乘会兴作,做一番大事业。他的确从事过这样任侠的试验,在《稽古堂文集》中有一篇《结客赋》,在《曼寓草》中还有一篇《任论》,都表白出他有意于结党的市民运动,这一点代表了东林以至复社人物的思想发展的高峰。他在《结客赋》说:

"古之结客者,意欲以有为也。……同己者党之,异己者排之,此即所谓引义已然诺乎!

"尝惟古人之风,引义慷慨,借交报仇,……养客以乘会立功,可不谓杰欤?"

他在《任论》一篇,更引经据典地表达出公开结党的大胆言论:

"子长(司马迁)序《游侠》,中篇而叹曰:缓急,人之所时有也。其语未卒,特痛其情耳。已诺必诚,不爱其躯,赴士之厄困,既已存亡死生矣,而不伐其德,此其于正义,何不轨之有? 孟坚(班固)责之,故意掩前人以自郑重,不惟不知此情,又何尝明此义乎! ……六行之教,任居一焉。侠者,任之靡也。先王之政教息,上失其道,无以属民,故游侠之徒以任得民。慕其风声,延颈愿交者,接毂填门。其人因得借势作奸，……擅主威而干国纪,盖'任侠'之教衰,而后'游侠'之势行。……所谓不轨于仁义,谓以武犯禁,梗功令、夺亡命之类也。必其上之诛罚不当于三代之直,于是里巷之义发愤犯难而任之。若所任非其义,是岂得为侠哉?任而义也,见义不为,孔子耻之。……士君子高则谈道德,次亦立名称,一有不平之事,干涉禁令,则惟恐枝梢之及己,闻声股栗,见影而伏,平素陈(重)、雷(义)、廉(范)、庆(鸿)者,患难仓卒,则闭门摇手,但不出首,即其德矣!……不过畏祸偷身而已。知其身,则不知其义,波靡至此,举世皆肉而无复骨矣。诩诩自任道德名称者且然,而况从不以一事自任者乎?"

由此看来,他虽然区别开"任侠"和"游侠",婉转地规避说游侠的"犯上作乱"是合于正义的行为,但他也指出其原因在统治者而不在人民,任侠的结党以及反抗行为,在他看来,是新时代的新道德,和旧时代的畏祸偷生的道学家的道德律是对立的。这的确是启蒙者的进步理论,是东林至复社的市民思想的总结。他虽然不赞成农民起义的宗教号召,也不同意农民暴动的方式,但他却看出人民结社的力量以及知识分子的无能:"游侠博贩可惧,其智略足以驾役也,文墨龌龊无能为矣!"(《曼寓草》中《防乱》)他的志愿曾倾向于这条道路,例如他说:

"有游侠公子者,为人雄骏。……尝慕四君之风,门下食客近三千人,担囊命檋,南招乎吴、楚、闽、越,驾辕约结,北暨乎燕、赵、齐、秦。而公子亦好游天下,跋阅九域,浮宅五湖,方内奇行瑰异之士,以迄鼓刀贩缯之徒,莫不折节致税,枉道而顾其庐。"(《稽古堂文集·结客赋》)

然而他在《七解》、《结客赋》和《送李舒章·序》中都表示出他有心理上的矛盾,一则说,"结交豪杰,……虽欲散家,如无家可散何?"再则说,结交和社会的势利好尚相矛盾,他动摇了,懦弱了,最后说,"徒以为散黄金,多结客,庶可以有为于天下;何乃知振穷周急,颇有国士风,虽陷于刑辟,则亦结客之雄者也,岂可语于世之相轧相攻耶?"既然现实世界不容他做"陷于刑辟"的革命行为,怎么办呢? 于是他谢绝结客,旁观起来,"阅天下之变!"从肯定结客起而否定了结客,悲观地"歌曰":

> "秋风发兮草木衰,人生结客兮少年时。黄金尽兮故人去,世无知己兮将安归?"

《结客赋》和《货殖论》都有双重人格的裂痕,《结客赋》的东郭先生和游侠公子,《货殖论》的澹泊先生和货殖子就是对立人格的写照。游侠公子、货殖子是市民、资产者的化身,各欲挟近代的经纶而有为于天下或大治天下,然而东郭先生、澹泊先生是怀疑主义的人物,是封建主义所统治的黑暗世界的恬退者,一个规劝了游侠不能以刀椎和虎豹相斗,一个规劝了商贾不能以货殖和权势相争,因此,只有放弃斗争,裹足不前,在隐逸的空想之中,退下阵来! 方以智的双重人格,如果用鲁迅《过客》中的过客来比喻,老人和童子的话都对他起了作用,作为精神上的过客,听了童子的话而勇往直前,而且走得特别勇敢,创造性地开辟了世界的康庄大道;然而作为生活着的过客,听了老人的话而迷惑地站住了,而且插上老、庄旷达的"遣放"之花,和老人拥抱起来,心弦上弹起了共鸣之曲!

第四条路是向皇帝上书,采取现实的开明专制式的改良,但他完全否定了这条路的可能。在他的《诗集》中有这样悲愤的话:

> "几年挟策哭长安,争奈公卿笑不看;坐视虎狼驰殿陛,依然鹓鹭列衣冠。投名已恨淙盘水,上表何颜见秦坛? 倘作阴风城下鬼,定将此辈肉供餐!"

第五条路是长生不死去学神仙,但他更完全对这种想法加以否定,指出这种想法是迷信,他的《诗集》中有这样的话:"我欲依神仙,神仙不可托。"第六条路是入山而隐或和山中之民一道反叛,他也对之完全否定,理由是既不能躬耕,又不愿有做"贼"的名义,他哭陈卧子诗的序说:"天下之风已渐变,而天下之乱已极,……生此何不幸乎!"那么剩下的道路是什么呢? 这就是《七解》中最后的一解了,这最后一解的末章,据他说是"为故人责之,哀而勉之"(《送李舒章·序》),不得已而走的穷途末路,这条路是不为一般世人所喜,但也不能因世人所笑而不为,即所谓"温古昔,考当世"、"覃精经史"(《七解》)而已。《送李舒章·序》更明白地说到"作《七解》以自况",最后的解答也是:

> "欲备天地万物古今之'数',明经论史,核世变之'故',求名山而藏之,然后与故人饮酒,不已迟乎?"

从这里方以智离开社会实践的方向,又回归到他的世界认识中去了。他既然在现世感到"苦人之薄命"(《岭外稿》中《又答卫公》),"时也势也,英杰生此时之命也"(《岭外稿》上《历昭纪·略序》),那么,在理论上就折入命定论,他说:"生寄也,死归也","听其自然,俟之之道也,至人不伤其天也,时至则死耳。"(同上《俟命论》)这些话虽然主要是表白他的爱国主义的贞洁心,但他在南明上过十次疏,都以隐退为职志,其"旁观者"或"恬退人"的表现是一贯的,后来在《浮山前集·猺岗废稿》中还说:"权婢乱政,臣无畏忌其锋,不能抗疏劾争;丑□(虏)凭陵,臣仅纯苦伏匿,自保短发,不能起义婴城,与萧旷等骂贼而死。"(《夫夷山再辞疏》)他的世界观和老、庄哲学不同,但他的超俗的所谓"高风",常流露出和老、庄思想的命运观相似的论点(特别在《岭外稿》所收集的文章中)。恩格斯形容近代启蒙者时指出:他们一些人用口笔,一些人用剑,也有一些人兼用二者(《自然辩证法》,页5)。方以智虽只会用笔,不会用剑,但他以为用剑斫不动的世界,却可以用笔来伐动!

第三节　方以智的唯物主义和自然科学

我们研究方以智的哲学思想并研究他的社会思想,好像走进完全矛盾的世界,从他的"顾影残生,无复人理,命也苦矣"(《岭外稿》上)的悲剧世界,折入于"坐集千古之智,折中其间",而使"数千年不决者,辄通考而求证之"(《通雅》卷首之一)的伟大的幸福世界。就前者而言,他在黑暗的、风雨凄凄的、漫长苦恼的深夜之中,潜伏于即将沉沦的破舟之上,他所看到的一切东西都是灰色的、没落的;就后者而言,他驾驭着智慧的骏马,驰骋于古往今来"开辟所未有"(见前引)的广阔大路之上,继承着天下古今的知识,而勇敢地解决前人所不能解决的种种难题。从前者说,他虽然前后并不十分一致,青年时代崇赞贾谊、屈原的性格,中年时代仰慕老、庄的高风,老年时代皈依禅门,但悲剧性是一贯的;从后者说,他没有因为境遇的变迁而修改他的哲学观点,《通雅》、《物理小识》等早期著作和《药地炮庄》、《愚者智禅师语录》等晚期著作,虽然在形式上有些不同,但它们的基本精神却是一致的。总之,在前者与后者之间是存在着矛盾的,然而这矛盾是相反相成的,正因为前者才有后者,也正因为后者才有前者。

　　他的哲学思想,不但始终利用了《易经》这一古代的思想材料,并增添了时代所允许增添的新内容,而且也利用了禅学形式加以自由地解释。实际上《易》学和禅学在他的手中仅是一种托古的形式,因为他的学宗标着"以不自欺为种","以学问为茶饭",而由自己"折中其间"。所谓"不自欺"指的是这样一种精神,即"设身处地,自忘其心之成见而体之,乃能灼然天下之几"(《浮山前集·曼寓草》中《史统·序》),是反对偏见的代用语。所谓"以学问为茶饭"指的又是这样一种精神,即"思其义之所指,勿以辞病义,诸子百家,可合观焉"(《稽古堂集二集》下《四书大全辨·序》)。所谓"折中其间",指的是汇聚古今知识于一炉,不但不为中国古今人物的学术所桎梏,如他在书中一系列地批判诸子百家以至宋、明理学,而且也不为西来的外国学术所限制,如他批判泰西之学"详于质测而拙于言通几"或"通几未举",吸取其某些技艺而否定其神学世界观。从下面的两段语录就可以看出这一消息:

　　　　"宇观人间宙观世,山谷狼藉三藏秘;是谁点燧照一际,不攀断贯索凡例!"(《愚者智禅师语录》卷一《示廖生公居士》。第一句话"人间世"三字是借用《庄子》的篇名,而命题却颠倒了《庄子》的本义,批判了不可知论;第二句话是指书籍并不能为人们解决问题;第三四句话是说创造性地研究时空。)

　　"青原垂一足,住山唯铈斧,且劈古今薪,冷灶自烧煮!"(同上《示山足斧》。末两句话指汇集古今知识而自己独立思考)

这就是方以智诗所说的"天地一时小,惟余谷口宽"(《诗集·逍遥洞》)的意思,他在现世只有入山一途,而从世界观来讲,则上下天地的秘密都不算什么难事。所以方中通说他父亲虽然逃佛,而哲学研究是从未中辍的,所谓"逃世还传救世方"(《陪诗·迎亲集》),不过在山中不能研究科学了。方以智的诗句有"(祖)冲之传历意,谁与问青天?"(《示中通》)方中通《陪诗》有和诗,也提到方以智"身外都除尽,山中不问天",这里的"天"指天文或自然。晚年他的代表作是《药地炮庄》,作于庚子(1660年)前后,《陪诗·省亲集》诗句提到"趋庭无别语,开示总《南华》!"注说:"时老父著《药地炮庄》",并说省亲时间在庚子。这部书一向不为人所注意,在此应先略作介绍。

　　据方以智说,《药地炮庄》一书是承他的师父觉浪道盛的遗志而写作的。他说:"痛念丈人借《庄》托孤,乃与竹关约期炮集,既化死水枯椿,尤悼恶空莽荡。"(《语录》卷二)这部书不但汇集了古人的注解,而且也引用了当代名家和其师道盛的评语,最后他用愚者、炮药者、药地、极丸老人等笔名,讲出自己的看法。如果说通雅等书着重在"寓通几于质测",则《药地炮庄》着重在"以通几护质测"。《药地炮庄》的取义,正如上面引述的《语录》,"且劈古今薪,冷灶自烧煮",是用《庄子》做典型的"薪"材,烧煮一番,以显示"通几"必须批判了具有代表性的古人的谬误,才能总结出正确的结论。这似和已佚失的他的《诸子燔痏》是一类的著作。他更解释道:"捆同漆园(庄子)之柴,一总送在炮药灶中。"(《药地炮庄·胠箧篇》)他怎样炮制呢? 他以为"《老》《庄》……息火之药也,圣人则燧薪釜灶,享其功,防其祸而已矣"(《药地炮庄·外物篇》),这里虽然用"火"作比喻,但已经揭露出宇宙是由"火"这一物质实体生成的,老子、庄子只看到"火"的祸害,主观地想消灭物质运动的本原(息火),而不知道"人身病生于火,然此身者亦此火也"(同上)。这样看来,《庄子》既然是否定物质实体的唯心主义哲学,那就必须批判了它的错误,即必须把《庄子》的薪材重新烧化,而反过来作唯物主义的解释。他说:

> "不为物惑,即为我惑;不为人惑,亦为天惑。……恰遇漆园药材,又有诸公炮制,正可旁通一线,各各就路还家。愚者更有一言,果到不疑时耶?"(《药地炮庄·大宗师篇》评)

我们先看他是怎样"炮"《庄子》的宇宙空无论:

> "或问药地曰:大有人怕'无'字,何以'炮'之? 曰:塞乎天地,谓之无天无地也可乎? 惟天下至诚为能化,谓惟天下至诚为能空也可乎? 以无而空其有,以有而空其无,以不落而双空,以法位而空其不落;有知'一用二、二即一'之妙叶本'冥'者乎? 笑破漆园老叟,不得走索捕风,化作金山鸟王,只是一番怒笑!"(《逍遥游篇》评。按:本冥的"冥"字,在这里和《庄子》书的含义不同,方氏释冥为贯,"贯即冥矣",注:"冥字于义为黑色之水,无汇也。"义指无限)

我们再看他怎样"炮"制老子、庄子不知物理和怎样研究物理的话:

> "老曰知雄守雌,庄曰众雌无雄,奚卵焉? 惠施存雄而无术,知炮制否? ……或问:狮子为甚以球受制? 曰:理因物化。郁刃淬海为甚卷而愈刚? 曰:水火不知功。猛虎为甚怕雨伞? 曰:疑杀人。"(《应帝王篇》评语)

方以智对庄子唯心主义的世界观,直指为盗窃真理的大盗贼,他说:

> "君之言曰:'窃钩者诛,窃国者侯,侯之门仁义存。'吾亦曰:窃仁义者道德之贼,窃天地者混洞之贼,窃混洞非古今之大贼乎! 窃仁义与窃混洞,其窃一也。"(《药地炮庄》总论下,《惠子与庄子书》,按:系方以智所拟作)

因此,《药地炮庄》就是《庄子》批判的形象词,它通过对《庄子》唯心主义的批判,正面发挥了理因物化的唯物主义思想。

在方氏《语录》中有一段《示侍子中履》的话,叙述他为什么要写《药地炮庄》这样的哲学书,他说:

> "……以通几护质测之穷,何所碍乎!……秩序条理,本自现成,特因'几''务'而显耳。格物之则,即天之则,即心之则。岂患执'有'则胶、执'无'则荒哉?若空穷其心,则倏忽如幻!故吾以庄子谈虚无,而乃曰'极物而止',以有形象无形者而定矣。……《炮庄》是'遣放'之书,……无所不具,可细心看之!"

这段话很明白,是从现象和本质的统一,批判庄子唯心主义遮有而表无的虚无哲学。唯有一句"《炮庄》是遣放之书",似乎难解。作者疑此句"是"字下脱"反对"意义的字眼,因为方氏极力反对"遣放",如果说《庄子》是遣放之书可通,说《药地炮庄》是遣放之书则不可通。据《膝寓信笔》方以智引他父亲的话说:"文以析理叙事纪物,此外则溢言偏词,曼衍遣放耳。"他自己也说:"切忌伪饰高旷之语,且以遣放焉耳。"在《旷达论》一文中他又指出达人遣放,专以任诞,好作诡异,以超礼法。据此看来,他似不能以"遣放"自居。如果参证《药地炮庄》一书书眉的"闲翁曼衍"字样,至多可作这样的解释:"《炮庄》是〔似遣放而非〕遣放之书。"总之,他把《庄子》看做像毒草似的著作,用质测如磁针之类的道理,炮制了《庄子》中的神秘主义"怪"论,进而栽种香花,即树立健康的理论,请看《药地炮庄》的导论:

> "炮药者曰:苍苍满地,尝毒者希。咀片破尘,水火自熟。只如息阴大树,是葛藤椿,开手生风,怒号作怪。少不得梦此怪'环',提此怪'刀',接此怪'舆',变此怪'貌',藏此怪'舟',逃此怪'壶'。相缘弄眼出神,怪犹不了。……登峰不见,一片迷云,南北幸赖磁针,屋脊常骑日月。鳞羽面前寄信,水旱不忧粃糠,饭龙饮鼠,总塞咽喉。说甚钟鼓文章,泼此瓠樽墨汁。望而止渴,笑后还悲!且道藐姑射山(《庄子》所说仙人居处)在甚么处?……今日三脚铛中,如何下个注脚,免得讹传耶?《庄》不可《庄》,且暮遇

者勿怪。"(《逍遥游》篇评语,文中名词多沿用《庄子》术语。)
懂得了《药地炮庄》、《诸子燔痏》(按:诸子批判在他的书中还可钩稽出
轮廓来,如指出《管子·内业篇》似《老子》,实发前人所未发之旨)的著
作意义,我们也可以了解这样的研究方法正是启蒙学者的特点,前人是
没有这种对诸子百家批判和总结的风格的。

方以智不论从"质测"(科学)藏"通几"(哲学)方面,抑或从"通
几"护"质测"方面,就其历史的意义上说,是对于"天"或自然的革命理
论。中世纪神学的"天"虽然是神圣的、不可侵犯的,但启蒙学者对
"天"的抗议总比对人的反抗要自然顺当些,同时也更适合于近代思维
发展的规律,所以说宗教批判是一切批判的前提。首先,我们要研究他
对"天"的革命学说是相当于什么阶段。

方以智书中的自然科学知识有两方面,一是他把中国古代人的科
学知识做了一次综合的记录,用他的话:"因虚舟师《物理所》,随闻
随决,随时录之,以俟后日之会通"(《物理小识·序》),借助于这些广
博的知识,他说一切自然现象,"天裂孛阴,息壤水斗,气形光声,无逃
质理"(《物理小识·总论》),都是可以会通的;一是他学习了当时西来
的科学知识,所谓"借远西为郯子"。他虽然认为中国古代人的科学知
识失传,不得不借远西以复兴古代文明,但他已经感到时代的大变化并
不单纯,他引邓无谷的话说:"区宇之内,土壤少殊,物生随异,而况分
华夷,限山海,其恢诡俶怪之变,胡可胜纪? 古所无者,何知今非创产?
今狃见者,乌知后之不变灭乎?"(同上)恩格斯指出:"开始时那样革命
的自然科学,突然站在这样彻头彻尾保守的自然界面前;自然界中今天
的一切是和太初的一样,并且直到世界末日或永远无穷一切都将和太
初的一样。"(《自然辩证法》,页 8)方以智的思想也相当于这样的阶
段,如上面我们所引用他答复神学家的话,天地生成只看今天的样子就
够了。他引邓潜谷的话,随即表示了这样的意见:"因地而变者,因时
而变者,有之其常,有而名变者,则古今殊称。……常统常变,灼然不
惑,治教之纲,明伦协艺,各安生理,随分自尽。"特别是他的"象数"观

念,更把数的偶合看成自然界早已安排好的绝对关系,以为日月星辰的天体构造,以至人身的生理构造,都是由自然而然的、始终如一的定数支配的,"天地之象至定,不定者,气蒙之也;天地之数至定,不定者,事乱之也。达者始终古今,深观时变,仰察蒙气,俯识乱事,而权衡其理,则天官备矣"(《物理小识》卷一《天类》)。宇宙在形式上的缺点是有"蒙"有"乱"的,因而好像"不定"或有限,但是如果总观"始终古今",其象数是定而不变的。

方以智已经具有"地游"、"地动"的科学知识,有太阳系构成的初步知识,有地圆说的知识,有"火无体而因物见光以为体"的初步光学知识,有几何学的知识,有天文测算的知识,有"炭者火闭气而死者也"的矿物学知识,有从"血气自灵"而认为某些动物也具有灵性的知识,有"人之智慧系脑之清浊"的生理学知识,有药物学的知识。这些如恩格斯标名的"历史的东西",构成方以智的哲学所"藏"、所"富"的基础。毫无疑问,这就意味着他的哲学可能走向唯物主义的康庄大道。然而,他的革命的科学知识又有其时代的局限性,好多当时的发明是他不能知道的。他的科学知识记录式的著作,不是如有些人说的,是他的知识贫乏的表现,相反的,这正是他的时代的特征。这个时代的科学,如恩格斯说的,是处于"主要还只从事于搜集和初步整理大量材料"(《自然辩证法》,页 7)的阶段。

近代启蒙者的第一次发现地球,是革命的。但早期的学者,依然停留在"保守的自然观"之中,因而他们不能不回到古代人的天才的洞察,以期打开宇宙秘密的缺口。方以智在他的哲学指导科学的天才的理论指导下,不完全地猜到了能量不灭的原理。例如他说:

　　"生有所乎萌,成有所乎归,诚无所逃于终始,相反乎无端也。"(《物理小识·总论》)

如果以上的话为"通几",下面的话就是"质测":

　　"天'恒动',人生亦'恒动',皆火之为也。……天与火同,火传不知其尽"(《物理小识》卷一《天类》)。最后一句是用《庄子·

养生主》"指穷于为薪,火传也,不知其尽也"句,而加以唯物主义的解释)。

　　"凡运动皆火之为也,'神'之属也;……凡滋生皆水之为也,'精'之属也。"(同上)

　　"有生必有死,有明必有幽。"(同上《总论》)

这样把中世纪神学家的精神打碎,而建立起自然界的运动滋生的"革命的精神",其命题是大胆的。他的变化、生死、萌归无尽循环的"恒动"学说,是天才的创见,不是前人语言的同语反复。他说知识是古今相续的,历史是让后人高明于前人的,因此,他汇集古今哲人而"炮制古今"的精神,尽管在道理上含有极大的形式性,但运动和辩证法已经进入方以智的"质测"之中了。他反对"际先际后"的两橛说(《药地炮庄·知北游篇》评),只承认运动是最高的范畴,例如:

　　"李之彦曰:日月运行,天地且不得'闲',而'闲'岂人所易得哉? 药地曰:引得水归灶上,依然柴在山中!"(《至乐篇》评)

他把五行之气的"火"规定为世界的第一原理,而火这样的气又是运动的同义词,因此"火"的功用,即"神统精气",而自然的精神又是生于物质,"气生精神"(《药地炮庄·达生篇》评)。在他看来,天地之前的使天地生成的什么神秘东西是没有的,而人们只能知道天地是运动的。

　　从天地运动的观点出发,方氏得出了关于物质规律的理论:

　　"集云:天地孰名之? 知所以名天地者,则知所以生天地者;知所以生天地者,则未有天地,犹今而已。……明物之自然,而物之则即天之则也。"(《药地炮庄·知北游篇》评)

他从某些物质生长变化的运动,比喻天地的生存发展,他说:

　　"深论之,苗末而根亦末也。未之种乃〔似〕大本也,犹言天地未分前也。〔然〕种入土生芽,而种已烂,不可得矣! 于是上发禾苗,下生禾根,而全禾即全种,全末即本也。"(同上)

从生成、发展的量变的运动学说,他不但批判、总结了古人本末、先后、有无、道器的旧说,而且批判了利玛窦等的上帝创世说,所谓"泰西……通几未举",是言之有物的。在生物进化论以及万有引力、细胞说还没有输入的时候,方以智的这样的定理是最进步的。但他的运动学说也表现出两点特征,即表现出强调机械的运动和强调运动的平衡,他叫做"天象原理"。方以智以为宇宙一切变化都没有偶然,天地的象数是"至定"的,其所以"不定"是由于人们不能在"气蒙"或"事乱"的关系中,权衡其理(原文见上引),天地好像机械似的"本自如也",一切变化都"是数为之也"(《物理小识》卷一),尧、舜时代和桀、纣时代"斯固事数相根,而气操其关龠者也"(《物理小识》卷一)。甚至他说:

> "不独地气,天气亦然。如中国处于赤道北二十度起至四十度止,日俱在南,既不受其亢燥,距日亦不甚远,又复资其温暖,禀气中和,所以车书礼乐,圣贤豪杰,为四裔朝宗。若过南,逼日太暑,只应生海外诸蛮人;过北,远日太寒,只应生塞外沙漠人;若西方人所处……与中国同纬度者,其人亦无不喜读书,知历理;不同纬度……诸国,怂骜好杀,此又一端也。"(《物理小识》卷一)

> "尝考地球之说,如豆在脬,吹气则豆正在中,其理然矣。……三轮五线,证知中国当胸,西乾当左乳。……黄道之下,人灵物盛,而中国在腰轮之南,天地人相应,其几自应。地势符天,全地应之。"(《曼寓草》下《星土说》)

不要以为这种气候决定人性的说法是幼稚可笑的理论,这是缺乏实验科学的历史条件的限制,如他举出的西方和中国同纬度的人类性质,就是从他的经验世界的泰西文明而论证出来的。更进一步地来讲,这正是在一定时代进步的旧唯物主义者世界观的特点,请看一下法国唯物主义者拉美特利的话和方以智的话是多么相似哩:

> "如果天气一冷,一件极小的事也可以使他变得非常暴躁。某一个民族的精神笨重而愚钝,另一个民族的精神却活泼、轻快而敏锐。这种不同,如果不是由于他所用的食物,由于他的父系祖先的精子,以及由于浮游在空中的无数元素所构成的浑沌大气而来,

又是从那里来的呢？精神和身体一样,也是有它的瘟疫病和流行症的。"(《人是机器》,页 24—25。并参看爱尔维修《精神论》第四讲区别意大利人和北方人的性格的部分。)

再看一下霍尔巴赫的相似的理论:

> "一个移植于印度斯坦的欧洲人,对于观念,对于体格,会渐渐地变成完全不同的人。"(《自然体系》上册,页 189)

这种机械运动的认识,恩格斯指出过,是自然科学发展的时代限制"大大妨碍了对各种过程的清楚的理解","抹杀了其他运动形态的特殊性"(《自然辩证法》,页 207)。

方以智的运动学说又是同平衡理论相联系着的。他用阴阳之气说明运动和平衡,例如"阴阳之气,各止其所则静(平衡),偏则风,俱则雷,交则电,乱则雾,和则雨"(《物理小识·总论》注),而其中的运动变化,又是"独性各别,而公性则一。阴阳和平,中道为贵"(同上)。从他的著作中的很多地方可以看出,他的运动变化理论中含有一种"时中"或折中的因素,因而不是把统一看做相对的,而是把它看做绝对的,例如:"愚曰:权无我,物有则。可立与权,何远之有? 正中者立也,时中者权也。"(《药地炮庄·秋水篇》评)甚至他常用"时中"之理、奇偶或参两之说,说明"中节"或"折中"是"格物研几之精微"(《物理小识·总论》),并说"天地间无非参两也",于是形成了他的整齐班列的数度论或均衡论,"一切数度,因地立体,而天用之,以天数统地数"(《参两说》),他甚至于论诗乐也用自然的数度附会,"伦理天然,不限古今"(前引《诗集论》),论礼法也用自然的象数附会(如《四礼说》)。在他的用语中,"气"指物质的实体,"几"指运动的平衡,他说:

> "为物不二之至理,隐不可见。'质'皆'气'也,征其端'几',不离象数。彼扫器言道,离费穷隐者,偏权也。日月星辰,天悬象数如此;官肢经络,天之表人身也如此;图书卦策,圣人之冒准约几如此。……历数律度,是所首重,儒者多半弗问,故秩序变化之原,不能灼然。……核实难,逃虚易,洸洋之流,实不能知其故。……

于是乎,两间之真象数,举皆茫然矣。"(《物理小识》卷一《天类》)

"一有天地,无非象数也,大无外,细无间,以此为征,不者,洸洋矣。观玩环中,原其始终,古今一呼吸也。"(《曼寓草》中《周易时论·后跋》)

这里,平衡不是相对的、暂时的,而成了绝对的、稳当的。对于这点,恩格斯有一段名言:

"平衡是和运动分不开的。在天体的运动中存在着平衡中的运动和运动中的平衡(相对的)。……在太阳上绝没有个别物质的任何平衡,而只有整个质量的平衡。……在地球上运动分化为运动和平衡的交替:个别运动趋向于平衡,而整个运动又再破坏个别的平衡。……在活的有机体中,……这种运动在正常的生活时期是以整个有机体的经常的平衡为其结果,然而又经常地处在运动之中;我们在这里看到运动和平衡的活的统一。一切平衡都只是相对的和暂时的。"(《自然辩证法》,页205—206)

我们可以这样说,在方以智革命的自然体系的运动说中,存在着保守的自然体系的形而上学。这就同时表现了他的哲学的光辉和局限性。

第四节 方以智的无神论和唯物主义一元论

下面,我们再来研究方以智怎样打落了上帝的神圣的光轮。

在他的时代,中国不但有土生土长的神学,而且也输入了泰西的洋神学。对这些神学说教的攻击,方以智是勇敢的。他说:"士子协于分艺,即薪藏火,安其井灶,要不能离乎此(指文字)。时移改体,沿变传伪;株守臆造,两皆纷舛!"(《曼寓草》中《此藏轩音义杂说引》)这不仅是对于文字研究而进行的批判,而且也是泛论一般的道理。这即是说,不论时髦的古经解释,抑或守旧的古经笺注,离开唯物主义而传伪、而臆造,都是胡说。当时来华的基督教徒对于《诗》、《书》"钦若""昭事"的经说,附会出一套上帝的新说,更有传统的儒家出来保卫国粹,反对这种基督教徒的中西合璧的上帝说。前者可以说是"时移改体",后者可以说是"株守臆说"。在当时的学术界,这样的辩论是相当普遍的,《天主实义》一书中的问答即反映争论的实况,甚至从思想上的"辟邪"和"反辟邪"的对立,还引起了政治斗争,如南京教案。这种论争,在下节讨论,这里从略。方以智既反对洋说,又反对旧说,他在书中屡次指出大禹、周公、孔子圣人的真学问在于"质测即藏通几",而不是如后儒所空谈的玄虚神学,例如他说:"头上安头,凿空言高,而惩咽废食,浚恒自快,荀子所谓错人而思天,失万物之情。"(《曼寓草》中《名教说后》)他更表示不满意西来的传教士乐于谈天主而倦于谈科学,因而"拙于言通几"。他批判中国的古今哲人,有很多中肯的论断,说"儒者……株守常格,至于俯仰远近,历律医占,会通神明(指道理),多半茫然"(《语录》),说庄子"不过以无吓有,以不可知吓一切知见"(《药地炮庄·秋水篇》评),说"公孙龙离坚白(按:方氏第一个提出这样的命题,以区别于合同异),……不通大小互换"(同上),说汉儒"考究家或失则拘,多不能持论,论尽其变"(《曼寓草》中《史断》),说"晋人……诡随造驖,愈遁愈奇"(同上《清谈论》),说宋儒只守"宰理","宋、明理学"的空谈,"国失之弱"(同上《史统·序》),说朱子比庄子更会迷惑人,庄子不过是声闻禅,朱子却是祖师禅(《药地炮庄·天地篇》评),说"心学滑稽易,口耳学圣贤难"(《药地炮庄·人间世篇》评)。然而他对于惠施提出的自然体系方面的问题却说:

"惠施……正欲穷大理耳。观黄缭问天地所以不坠不陷、风雨雷霆之故,此似商高之《周髀》与泰西之质测,核物究理,毫不可凿空者也。"(《药地炮庄·天下篇》评)

他对于子贡的货殖,更说:

"子贡亿则屡中,是真'畸人'也。"(《药地炮庄·大宗师篇》评)

《庄子》中"畸于人而侔于天"的说法,为神秘主义的特种上帝说敞开大门,当时基督教士就用"畸人"合于天自况。方以智把货殖市民规定成

"真畸人"是有思想斗争的意义的,因此,他在这里同时批道:有了"真畸人"的产业家,"穷人皆饱矣"。从这里就可以看出在他的近代思想方法之下的天人关系,是打上了什么样的时代烙印。庄子说:"物不胜天,久矣;吾又何恶焉!"而方氏反对说:"物即是天,吾又何恶焉!"(同上)他批判庄子说的颜子"坐忘"的虚无主义式的"说玄说妙",指出"颜子入道而贫,子贡入道而富。一个吞杏仁,一个摘杏花"(同上)。这样看来,懂得"天"的人不是宗教家,而是科学家和产业家了!

方以智也反对西来的宗教思想。在这一点上,他的话比较含蓄,但我们仔细推敲他在许多地方的论断,就可以发现所谓西人"拙于言通几"的实质,多半是指基督教神学。例如《曼寓草》中的《两端之中》一文讲逻辑名理,显然受当时《名理探》的影响和《辩学三笔》的刺激,又不赞成借辩诘巧说而证明上帝造化之说。他分析了各持一说的诡辩,最后指出判断要"措事于义之所可,亡于义之所不可",接着批判说:

> "或曰:……设曲巧,幸造化,可以得矣,然而未知也,其未可以必之理均,而弃义从邪,先多一失矣。由是观之,将取'畸士'之巧说乎? 将由圣人之中道乎? 攫以'畸士'之巧变而不动者,真不惑也。"(按:"畸士"即影射利玛窦辈)

当时利玛窦、傅汎际一派传来的西方学术,如《寰有诠》、《名理探》等著作,都介绍了亚里士多德的学说,在迎合时代的实际方面讲"形下",讲"审形",讲"器",而从教义的宣传方面讲"形上",讲"灵学",讲"道",前者依然被看成后者的奴婢。在方以智的书中,处处反对这样的诡辩,如说"即器即道","道寓于器","上道下器,分而合者也","一在二中","一多相即","合虚实神形而表气中之理","理之可征,神在其中","物理在一切中,……即性命生死鬼神只一大物理也","心亦物也","两间皆实际,无际先际后",总括起来还是一句话:"不可以质测废通几,不可以通几废质测"。正因为他树立了唯物主义一元论,同时也就树立了无神论的世界观,他也就不能不反对神学,而且更不能不反对基督教神学。基督教教士们把《诗》、《书》中的"钦若""昭事"引用来大讲"上帝"是中外古今合辙的,方以智指出,"钦若"、"昭事"所说的上帝是假的,不过利用它来警惕自己罢了,问题只在于"格天之则,即格物之则"。他说:

> "质文之运,三代循环,兴废有定数,皆自人事酿成,……此定理也。占候祈禳原为小数。而警予责己,仰思咎谢,俯答明谴,尧、舜、汤、文以来,自有'钦若''昭事'、毋敢戏渝之道法在焉。……而当前物则,天度同符,格之践之,引触酬酢,信其不二,享其不惑,此则有所以为物、所以为心、所以为天者,岂徒委之气质而已乎?"

(《物理小识》卷一)

那么"上帝"是从哪里来的呢?他说这不过是人们自己所假设的一种称呼罢了:"物所以物,即天所以天。心也、性也、命也,圣人贵表其理;其曰'上帝',就人所尊而称之!"(《通雅》卷一一)这就是说,上帝的尊称并没有什么神圣的地方,如果人们愿意剥去其光轮,那就可以改用别的名称去表现,称"物"、称"天"、称"上帝"是随时代而有变化的观念。

为什么有"神"或"上帝"这样的名称呢?方以智指出这是从古代世界传下来的,古人造字的时代本来是和宗教信仰分不开的,但后世却妄加附会,立起神不灭义来:"古天曰神;地曰示,篆从元象旗,岂从'二小'乎?谓古'天'为汀因切,与'神'同韵,地与示同韵,则可;而以此立义则王安石矣!"(《通雅》卷一一)

为什么人类要信仰神鬼呢?方以智从心理的分析出发,指出这是由于人类自己欺骗自己,神鬼观念是一种心理作用的反射。《庄子·达生篇》有一段桓公见鬼的话,庄子在寓言中提到"有鬼乎?曰有",并举出了一群鬼来。方以智在《药地炮庄》中批判了这群鬼都是莫须有的,结论说:"愚曰:人情闻怪即骇,骇则肝气发而气上舒,或以恐伏之,或以喜引之,此治神之医方也。有则俱有,达者造名,以鬼从类耳。奇在有名,而鬼即因之。惟圣人能知其故而不惑!"

法国唯物主义者霍尔巴赫在他的书中反复提到,宗教是人类愚昧的结果。方以智也从人类知识的有限性,指出神鬼的观念乃是由于人类对自然规律之不理解,因而神鬼是和人类知识的贫困相联系着的。霍尔巴赫指出:"当神学无力对待这种或那种说法时,他们就乞灵于万能的上帝,作为最后的手段,乞灵于神的最高意志,乞灵于奇迹。"(《霍尔巴赫致叶甫根尼书信集》,俄文版,第 11 信)这正适合于宗教是贫困的反映这一原理,同样方以智说:

> "可知之灵以不可知而灵,尤人之所不知者也。有以信致专者,即有以疑致畏者,即有以不信致勇者,此其机一,何神乎? 积想不已,能生胜气,人心无形,其力最大,是也。故曰:有体物之鬼神,即有成能之鬼神,即有作怪之鬼神。权在自己,正己毕矣,彼如我何? 圣人知之,故能转物。"(《物理小识》卷一二)

他把这种宗教信仰叫做"心神自灵说",实际上指的是心神自惑、自迷说,因为不惑、不迷,就不需要神鬼了。神鬼既然只是"达者造名"的东西,那么精神魂魄之类是怎样造成的呢? 他从自然现象来回答这个问题。在上面我们已经指出他的"凡运动皆火之为也,神之属也;凡滋生皆水之为也,精之属也",因此精神就是物质(气)的运动和生长的同义词。从表面上来看,这里好像有作为唯物主义的假面具的泛神论色彩,但实质上这里的精神是作为物质的规律性看待的。他说:"两间惟太阳为火,而月五星皆属水;人身骨肉血脉皆水,惟阳火运之则暖,暖气去则死矣。……进而言之,精气,皆水也,神,火也。又进而言之,神不离精气,惟剔而知之,斯贯而理之,精无人,神无我,致中和者享之矣。"(《物理小识》卷三)这种"精神"不但是"气"的规律,而且可以被人所认识,他说:"因气化而形化,圣人重在理化,理与心来,知则能用。……精神皆气也。……圣人合内外、形神、虚实,而明其中之理,故善用其神化,不则且为精神性命阴阳所惑。"(《通雅》卷一八)这样看来,"精神"在这里指的是"气"或物质的本质,也即在人类认识中的"理"。因为惟有在物质中才能发现精神,所以他又说:"虚舟子曰:'蜕形见气,蜕气知神,蜕神归空,蜕空明理,蜕理还物',则践形者神也。

〔司马〕谈引道家曰：'形神离则死'，而老曰：'死而不亡者寿'，大乘呵鬼窟神我。正须穷尽此心，乃能不惑。"（《通雅》卷一八）

我们应该指出，把这种"神"的空话去了，剩下的就是物质运动的规律。然而他总是套用着神明或"帝则"之类的古语，说他自己要说的话，例如："物呈帝则，知而无知，出入以度，不落动静。权衡付之万世，心天本不可欺。……深几神明，惟心体物，颐不可恶，观其会通。易简知险阻，险阻皆易简，森罗节序，本不动丝毫者也。"（《药地炮庄·骈拇篇》评）这"帝则"就是出入以度、森罗节序的规律，也就是他说的"格物之则，即天之则"。显然，上帝的紫袍被他剥去了。

他有时也把"神"的外壳否定掉，指出真正要知道神，反而在于人："天之为天也，神不可知；而神于可知之人"（见前引）。"孔子屡称鬼神，而黄帝曰，道无鬼神。盖体道者，鬼神无如之何！"（《通雅》卷首之二）因为"天地一物也，心一物也，惟心能通天地万物"（见前引）。人类所以能知天之道，就在于人类的人身构造是一个小天地，"质而稽之，有生之后，资脑髓以藏受也"（参看《物理小识》卷三《人身营魄变化》），据他说，"真宰"二字反而属于人自己。但这不是说人类是靠灵魂来生活的，"有生必有死，……有明必有幽"，生死是自然现象，"犹草枝木实，种之复萌"（参看《物理小识·总论》），精神不灭以及长生之说，他认为都是唯心主义影响所致。"生寄也，死归也"，完全是自然之道（《俟命论》上）。他说从质测来看，"形神离则死"的无神论命题，是正确的。生来死去，"本无限量"（《神仙说》），至于他提到古人的神鬼说在于使"民之信理，不如其信利害"（同上），却显然是一种非历史主义的曲说了。

方以智在《易余》（按：这部书序于公元 1651 年，其中虽然象数的气味甚重，不少论点和其早年著作相同，但此书文辞奥衍，引用不易）的《生死故》篇对有神论者逃生死之说，用自然之义予以批判，他说："天以生死迷人乎？以生死养人乎？即以生死炼人乎！圣人因以万世之所迷者，养万世之生死，即以万世之生死自炼其天，以养万世之天。

有知此者乎？无生死矣。"这是无神论的命题。因此,他正面地主张:
"有知民之义即鬼神之义者乎？有知生还其生、死还其死之义即生即
不生、死即不死之义乎？世也者,天地所以炼生死之也。"这里把生死
看做物质守恒的运动,命题是光辉的。

方以智的自然史哲学,有时还不能脱离古代人的传统的洞察,好像
赫拉克利特,把物质生成放在"火"中,然而已经脱离了古代人的局限,
开始力求说明"运动的起源"了。

从他的自然体系说来讲,他的世界观是以"火"为中心的唯物主义
一元论。中国古代有五行说,17世纪又从西方传来西洋古代的四行
说,有人问他将何以决其是非呢？他说,数字都不过是假说,"谓之"罢
了,人们"谓之二即是一,谓之不二不一,谓之三两,……谓之四五,谓
之五六,无不可者",实际上天地间不论"虚气"或"实形",都是一大物
理世界,"直是一气而二行交济耳。……气凝为形,蕴发为光,窍激为
声,皆气也。……若欲会通正当,合二求一,而后知一在二中"(参看
《物理小识》卷一)。他指出,"神"这种不可知的东西,最好不去讲它,
应该只从一气方面讲起,努力研究"所以为气而宰其中"的道理。那
么,什么是所以为气的"精神"呢？他说:"上律天时,凡运动皆火之为
也,神之属也;下袭水土,凡滋生皆水之为也,精之属也。"(同上)这样
看来,物质生成,没有什么上帝在那里"使之然",而其所以为物质的
"神之属"(即假定说是神一类的概念),原来就是物质的"火"。我们
为了理解方以智的火的一元世界观,现在把贯穿于他的书中的这一基
本原理中的重要命题,举例于下:

"五行各有其性,惟火有二,曰君火、……相火。……火内阴
外阳而主动者也,以其名配五行谓之君……;因其动而可见,故谓
之相。天恒动,人生亦恒动,皆火之为也。……天非此火不能生
物,人非此火不能自生。……天与火同,火传不知其尽。故五行尊
火曰'君',畜觉发机曰'相'。……火无体而因物为体,人心亦
然。……明乎满空皆火,君相道合者,生死性命之故,又孰得而欺

之!"(《物理小识》卷一)

"气者天也。……不识其性,又安所讲君臣炮制乎?……两间皆药也,皆物也,皆理也。阴阳气味生克制化,物无不具,而或以地异,或以时变,惟人亦然。"(《物理小识·总论》)

"野同曰:'满空皆火。'物物之生机皆火也。火具生物化物照物之用,而有焚害之祸,……必赖灰斗养之,置灶与缸以用之。伦物协艺之灶,夫非即用即藏者乎? 剔言天命者,神不可知之冒总也;剔言性者,心不自知之平泯也,其实流行一切中。圣人表此心之条理,用中于民,物物不过乎物,斯中节而两忘矣。"(《药地炮庄·养生主篇》评,按:批判庄子"指穷于为薪,火传也,不知其尽也"句,指为"昧于秩序"的不可知论。)

"愚谓庄子掇拾(按:指昆仑神、冯夷神、肩吾泰山神、禺强北海神等),畅其意耳,其名与事,半真半假;其旨则所谓'神鬼神帝,生天生地',惟心所造;其理则'自古以固存'者矣。"(《药地炮庄·大宗师篇》评)

"张横渠曰:……谓虚生气,则入老、庄'有生于无'自然之论,不识有无混一之常,……此质论也。火弥两间,体物乃见;惟心亦然,体物而节度见焉。道器不可须臾离也。"(《药地炮庄·大宗师篇》评)

"试看天道变化,一寒一暑;炮制火候,一武一文。缓急无非中琴之节,张弛无非养弓之用。且道不落寒暑天,不问文武火,穿却缓急张弛底在甚么处?"(《语录》卷二)

"满空皆火,惟此燧镜面前,上下左右光交处,一点即燃。……丈人有五行尊火之论,金木水土四行皆有形质,独火无体,而因物乃见,吾宗谓之传灯。……药地则曰:土灶、茶铛、油盏、香炉为火焰,现三世诸佛,三世诸佛吐舌笑。……今日特题铸燧堂,为诸仁者发机!"(同上)

"弥空皆火,而薪以续燧。主中之主,果何在乎? 以世为樊而

逃空,空一樊也;以薪非而火而欲除之,火亦尽矣。"(《药地炮庄·养生主总炮》)

"《野同录》曰:用虚于实,即事显理,此治心之薪火也。感而遂通天下之故;子舆曰:苟求其故,此故之原。"(《通雅》卷之三)

"《潜草》曰:火丽薪而用其光,安于灶而享其熟物之功,心物交格而享其通。……以斯文藏性天,圣人所以大畜古今之神,而安万世之灶乎!"(同上)

"有谓形为薪、神为火者;有谓事为薪、理为火者;有谓火离薪则灭者;有谓离薪则光灭,而无体之火不灭者;有谓火满空中,而用光必在得薪者。但请善刀(按:借用《庄子》"庖丁之刀"句)析烧而续之,若不知析烧,自不知缘经(按:指《庄子》"缘督〔训中〕以为经"句),又何能续哉?"(《药地炮庄·养生主篇》评)

"《老》、《庄》……息火之药也。圣人则燧薪釜灶,享其功,防其祸而已矣。"(《药地炮庄·则阳篇》评)

"且劈古今薪,冷灶自烧煮。"(《语录》卷一)

从上面的许多具有创见性的命题中,可以看出:

一、世界生成的最初根源,不是唯心主义所造的神鬼、神帝一类的上帝,也不是特种神似的意识(心)或理念(理),更不是息火的虚无或神,而是两间皆物,"一切物,皆气所为也,空皆气所实也,物有则空亦有"(《物理小识》卷一)。气(物质)之所以然,用"一"来讲叫做生成万物之"火",用"二"来讲,叫做矛盾构成分子的"君、相"或"虚、实",一在二中,二统于一。"火"的君相道"合","火"的用虚于实,就是大物理世界的"故之原"或叫做第一原理。这里最重要的创见在于:他披着五行尊火的传统的外衣,超出了物理学家的"最初一击"的神秘说,而洞察或臆测到对立物统一的自然运动。这种"凡运动皆火之为",不是说火在自然之先,而是说火体物而显,也即"物之自然,物之则,天之则也";不是说有生天地的和被生天地的两橛,而是说"知所以生天地者,则未有天地犹今而已"(见前引)。这比当时王夫之的"絪缊生化论"还高一筹。这一点正如恩格斯所指出的,是科学家的实验不能不落后于哲学家的预见的历史特点。

二、按照气是天、满天皆火的命题来看,物质的实体是世界第一性的东西,他以为否定物质就等于"息火"似地否定世界,谁要想从物质遁去,那就是如庄子,其理论是"毒药",其言论是"梦话"。方以智指出:"曾知吾身之遁于地水风火乎? 曾知苍天之遁于瓦砾矢溺乎? 曾知太极之遁于马毛龟甲乎? 此物之所不得遁而皆存也。"(《大宗师篇》评)按照"运动皆火之为"的命题来看,火在天中是规律性的东西,如果说这种规律性隐而难见,也不妨以"神"的名称来表示它,然而"神"却不是上帝,而是隐而不见的规律,这种"神之属"是可以"以费(指显)知隐,丝毫不爽其则也;理之可征者也,而神在其中矣"(《物理小识》卷一)。这就是他的"寓通几于质测"的最高原则。掌握了规律或秩序或条理,即抓住了"神",也就不为神所惑了。但是规律从来常被人视为不可知的东西,当做形而上的一截,或当做形而上的"道",离器存在于际先,而"唯心所造"地把它说成上帝;以所剩下的可知的东西,当做派生的一截,或当做不值重视的"器",而居然"离器言道"地把物质世界否定了。他反对说:"神而明之,知而无知,然岂两截耶? 知即无知,故不为一切所惑,乃享其神(指世界本质)。"(《物理小识》卷一)他正确地指出庄子以虚无恫吓存在,以不可知恫吓可知,主张从不知(知而无知)到可知(知即无知)的过程,也即他说的知识是古今之积的发展。《药地炮庄·齐物论篇》评道:"集云:不知之知非不知也,……特不知所由来耳",《大宗师篇》评道:"知症神于知故",就是最好的注脚。因此,规律或法则只在世界的物质运动之中,不是如有神论者、唯心主义者所说,在世界之外可以寻求超世界的"神"或"道",请看他的名论:

"愚曰:或以祖父、儿孙比道之于法,……此非喻可喻也。祖父生子生孙,遂为分体,而道则生之而与之同时者也。"(《药地炮庄·大宗师篇》评,按:论"真宰是谁"。)

"一切法皆偶也(注:匹也)。丧偶者执一奇耶? 奇与偶对,亦偶也。丧之,当立何处耶?莫是一往自迷头耶?莫堕混沌无记空耶?丧二求一,头上安头;执二迷一,斩头求活。"(《药地炮庄·齐物论篇》评,按:指《庄子》"丧其偶"句。)

　　"若一多相离,体用两橛,则离一贯之多识,多固是病;离多识之一贯,一亦是病。……两间无非'相待'者(按:指对立),'绝待'(按:指统一)亦在'相待'中。"(《一贯问答》)

道、神、真宰这一类离法则而悬空假设的唯心主义一元论,是头上加头的反自然的怪物;以祖父生子孙来比喻道生法则,是不伦不类的胡说,好像"字经三写,乌焉成马"(同上),把"马"这一实体性的字写成了似是而非的虚而不实的"乌"字或"焉"字!反之,把可知和不可知分成两截,"执二迷一",于是乎成了"斩头求活"的二元论。要知道一切运动中的事物本身是偶匹二者对立的统一物,"火"就是君火和相火的统一,同时是用虚于实的物质自己的运动。如果说"火"这种隐秘难测的东西是"神",那么其他四行可感知的东西便是"身",前者不过是抽象的(虚),后者不过是具体的(实),而"身与神为耦"(同上),也是对立的统一。方以智对于宇宙客观规律着重强调了对立物的统一,如他说:"大一分为天地,奇生偶而两中参,盖一不住一而二即一者也。"(《东西均·三征篇》)"吾尝言天地间之至理,凡相因者皆极相反。"(《东西均·反因篇》)

　　三、物质的实体和规律既然是"物之自然",那么人类的认识和实践,也要如实地"炮制"自然,所谓"惟人亦然","惟心亦然"。方以智在这一点又前无古人地洞察到形式的真理。从认识论讲,他指出天地所以然之"故"既然是物质运动的秘密,那么人类知识最大的特征是"神于知故"。知其原、识其性就在于"心物交格而享其通",以心体物,即事显理。物火和心火一致,即所谓"治心之薪火"。从实践上讲,他指出天地间既然是一大炉灶,不断地锻造出新的东西,传火不尽,那么人类最大的本领是在历史的实践中安置"爨薪釜灶",把古今万物当作薪,前人续后人地自己烧煮,而炮制出"即用即藏"的文明来,为人类所享受。一切理想如三世诸佛,不过是人类炮制出的妙境罢了。在他看来,所谓"君相炮制之道",君为虚,相为实,虚为不可见,相为可见,"可见不可见,待与无待,皆反对也,皆贯通也,一不可言,言则是二,一在二中,用二即一"(《药地炮庄·内篇》评),然而统一之中的反对二极,物质实体更比物质规律要实在些,所以说"不得宰相,至尊何用? 不知徽鬻,则顽天顽海顽虚空耳,塞上塞下,亦胶杯也。"(《药地炮庄·逍遥游篇》评)

方以智对自然根源及其生成发展问题,用琉璃作了一个唯物主义的比喻,他说:"未有天地,先有琉璃。人一琉璃也,物物一琉璃也。可方可圆,可稜可破,可末可长,……一不可量,量则言二,曰有、曰无两端是也。虚实也,动静也,阴阳也,形气也,道器也,昼夜也,幽明也,生死也,尽天地古今皆二也。两间无不交,则无不二而一者,相反相因,因二以济,而实无二无一也。"(《东西均·三征篇》)这一段话的意义,即说明他的"公因即在反因中"(同上《所以篇》)的定理,即宇宙的客观存在是和矛盾发展的运动分不开的(按:《易余》中也说"太极为琉璃宝鈓")。

明白了方以智唯物主义的"火"一元论的总旨,我们再分别研究他所坚持的唯物主义范畴以及他反对唯心主义的战斗精神。

第一,在存在与思维的关系问题方面,他对唯心主义的斗争:

上面所举他的气即天、物即天、天地一大物理、两间皆实、心亦一物等命题,已经意味出物质存在是第一性的。因此,他到处对以心、以神为第一性的各种唯心主义学派,如儒、佛、道和基督教,展开了无情的斗争,从而捍卫着唯物主义的阵地。这正是市民反对派从光明理想和封建黑暗不相容的悲剧生活,折射到世界观的革命意识。请看他在思维与存在的问题上对佛、儒、道唯心主义的笔力劲健的批判:

"天无七曜五行,天复何用? 船无帆樯篙橹,舵手何为? 既建丛林,自安职事,纪纲条理,法位现成。譬如一人,五官百骸各称其职,而元气自运,神明斯享。必执以心为内,以法为外,身首异处,岂得复为全人!? 翻笑达磨分皮分骨分肉分髓,犹是批剥火候,特地一场支离耳! 所叮咛者,形骸既分,即有血气之我;有血气之我,即有衣食之我;有衣食之我,即有是非之我。"(《语录》卷二)

"此中之秩序条理,随在毕具,随物可征。……儒者人事处分,株守常格,至于俯仰远近,历律医占,会通神明,多半茫然。……格物之则,即天之则,即心之则,继之以法,因物用物,是真无我。"(《语录》卷三)

"或问十三得(按:指《庄子》说的各神得之),得仙耶? 愚曰:《汉志》,《老》、《庄》在道家,神仙在方技家。……或问因果。曰:饭为因,饱为果;耕为因,获为果。切近可见者如此,则幽远难见者亦然。一不离二也。……与言公理则厌,言福享则喜,直告之则不信,神奇之则惊!"(《药地炮庄·大宗师篇》评)

"自然之理、自然之候,因表自然之法者也。法久自然弊,不以法必弊而不明法,亦自然也。扫法为高之弊(按:指《庄子》否定规律)更百倍于法久之弊,此亦圣人知其自然者也。"(《药地炮庄·胠箧篇》评)

从上面看来,方以智是断言人是自然的产物,人的身体构造产生人的智力,这智力是可以认识世界及其规律性的,掌握了规律就等于说神明为自己所享有了。他有一段对庄子的河海寓言提出的批判,集中地表现出唯心主义神秘化的"河"、"海"观念在方以智的手中成了有利于人民生活并为人们所能掌握的物质自然:"或问药地,如何处分(即批判《庄子》)? 曰:河水灌田,海水煮盐,吸到昆仑顶,处处流甘泉!"(同上《秋水篇》评)他在思维与存在的关系问题上,也批判了理学家的客观唯心主义,例子很多,集中地表现在这句话里:"舍物则理亦无所得矣,又何格哉?"(见上引)他更批判了道学家所谓的道统心传,集中地表现在这句话里:"诗书礼乐,扩充之炭斗,优游之桑薪也。"(《通雅》卷首之二)

第二,在运动、时间、空间和常变等规律问题上,他和唯心主义的斗争:

　　方以智肯定物质和运动的真实性,上面已经详述。他的矛盾产生运动的自然观,在《药地炮庄》中更有具体的说明,例如说:"药地愚者曰:天以生死炼乎! 人以生死自炼乎! 往来、动静、好恶、得失,凡相敌者皆生死也。"(《药地炮庄·大宗师·总炮》)这里,方以智通过生死的概念来论证了矛盾产生变化的规律。又如:"揭暄曰:……曲巷密室,虚自生风,衣动蹀行,皆与相鼓。……物击物,物逆气,气触气,气感气,皆噫之类也,……皆气也,皆入窍出窍之几也。愚曰:此质测也,通几寓焉。心亦窍于物而风力乘之(按:指运动)。"(《药地炮庄·齐物论篇》评)这是批判庄子尊空虚抑运动之说。物质时时在运动,心也时时在运动。如果如庄子所说,心能虚寂坐忘才合于自然,那么这就是以空虚为心,否定运动。方氏质问道:"执血肉为心者陋矣;执空虚为心者庸讵是耶? 何以击空不痛,击身则痛;刺身不死,刺心则死耶? ……争知不被佛祖遮,何况庄子赚?"(《药地炮庄·齐物论篇》评)他曾举出自然运动的速度,是可以被现在的人所质测而知的,同时运动的"通几"就寓其中了:"《写天新语》曰:'速'莫如火药之弹,算七日而周地,是太阳四刻即弹之周岁也。鼻一呼吸,日行四千余里,宗动天行十六万余里。愚者曰:更有一'速'于天日者,本自如此,乃今知之。此庄子可怜处(指风速之喻)!"(《药地炮庄·秋水篇》评)他在论运动范畴时又曾形象地用"张弛"来说明:"吾既叹代错之几,明公因反因之故,而益叹一张一弛之鼓舞者天也。弓之为弓也,非欲张之乎? 然必弛之养其力,乃能张之尽其用,急时张多乎弛,已必弛多乎张,明矣。"(《东西均·张弛篇》)

　　空间和时间是物质运动的形式。如果照他所说,庄子在运动范畴是"以死吓生",在物质存在范畴是"以无吓有",在空间和时间范畴上则是"以大吓小","以上吓下",以至以"大年吓小年"。他质问:"塞乎天地,谓之无天地也可乎? 惟天下至诚为能化,谓惟天下至诚能空也可乎?"(《药地炮庄·逍遥游篇》评)他指出《庄子》第一篇的主旨在于"徒侈其大",从大而无限的"虚"否定物质的空间形式的"实",从玄而不定的"逍遥"否定时间形式的相续性。因此,他说,"知芥舟乎? 留有余以为用,善用者用其容者也"(同上),"舍日无岁,大知依然不离小知,大年依然不离小年"(同上)。大小、上下、先后之类就表示客观存在的多样的空间和时间形式,然而庄子都根据相对主义的观点把它们否定了。所谓相对主义,如庄子说的"方生方死,方死方生,方可方不可,方不可方可",必须和辩证法所指的相对性区别开来,正如列宁指出的:"相对主义,作为认识论的基础,不仅是承认我们知识的相对性,并且是否定任何为我们的相对认识逐渐接近的、客观的、不依赖于人类而存在的尺度或模型"(《唯物主义与经验批判主义》,页 129)。作为尺度或模型的空间、时间既然被否定,那就要超出物质世界,寻找"无何有之乡"或藐姑射山(仙人住的地方)。方以智质问道:"逍遥乎寝卧其下,抟扶摇而上,是二时耶? 始终耶? 既曰逍遥游,如何添一句云:仿佛〔乎无为〕其侧? 无中边耶? 乐得旁观耶?"(同上)他一再说明"有大必有小","有生必有死",而反对真际实际或际先际后的区别,因此从自然现象形容了物质空间的实在,而痛斥庄子认为物质在空间为多余或多方之说:

> "五行为五经星,又添两个日月。惟日直行黄道,月星皆跳轮打圈。怪哉,大地突然吊在虚空,千山万水,生物无量。你道'骈枝''赘疣',有过于此乎? 庄兄撒急,嫌他多方,首须问罪!"(《药地炮庄·骈拇篇》评)

他认为时间是物质运动"古今相续而成"的反复之道,它是实在的:"愚曰:终日乾乾(不息),反复道也,曾格致否?〔庄子〕'疑始'无始,过反复关,乃能不惑。"(《药地炮庄·大宗师篇》评)时间的未来和过去,既然是反复的物质形式,则过去的形式是实在,现在的形式是实在,将来的形式也是实在,古往今来是"前至不异后至,此'至'之名所以立;前去不异后去,此'去'之名所以立。〔若说〕今天下无'去'矣,而'去'者非假哉? 既为假矣,而'至'者岂实哉?"(《药地炮庄·知北游篇》评)

方氏把庄子的"人间世"作唯物主义的时空解释,叫做"宇观人间宙观世"，宇指空间，宙指时间。他的为刘某取法名为法周、字华始的一首诗，即表示出他对时空的观点："纵横卍字本周天，立地揆方统大圆；无首履施何内外？此中包决在龙渊。"（《语录》卷一）按：卍字是方氏讲天＝自然的象数式的字样，前两句说空间的可知性，后两句说时间的可知性（"无首"即指没有最初的神）。

　　方以智书中有不少精审的论断，涉及常变规律，批判了庄子的物质方成方毁、方生方死的无常的片面理论。在《通雅·总论》中他指出万物的"独性各别"，即从特殊性方面讲变化，而其"公性则一"，即就一般性方面讲经常。他更有"公性在独性中"的光辉的命题，他说："物各一理，而共一理也，谓之'天理'。气分阴阳则二，其性分五行则五，其性人物灵蠢各殊，是曰'公性'，而'公性'则一也，公性在独性中。"（《此藏轩会宜编》）他折中了前人的理论，指出物理世界"其常也，即其变也"的常变二者统一的规律。一方面物质的变化是没有极限的，"变极自反"，如果忽视变化发展，"则周公之《仪礼》有不可以治世，神农之《本草》有依之足杀人"，因为"古所无者，何知今非创产？今狎见者，乌知后之不变灭乎？"这已经涉及进化论的观点，对中世纪"天不变、道亦不变"的支配意识是具有火药性的。另一方面，所谓变化又不是庄子说的没有尺度和模型可循的，但是第一，"有之其常"，物质的变化后面有变化的物质，"无不同者"是物质一般，"无一同者"是因时、因地的"古今殊称"；第二，变化都是有规律的，因而是实在的，问题在于说明"星辰何以明？雷风何以作？动〔物〕何以飞走？植〔物〕何以荣枯"？一切存在不论"天裂字陨，息壤水斗，象形光声，无逃质理"，而质理之中即寓理论的"通几"，所谓"或质测或通几，不相坏也"。

　　然而这种规律性和物质运动是自然的"物之则"，另外没有一个超物质的"天之则"，因为"物之则即天之则"。郭象注《庄子·齐物论》说："道无封，故万物得恣其封域。"方以智直截了当指出这就是把道放在常的一边，把万物放在变的一边，弄成"两橛"了！象象注说到"圣人不论六合之外，恐引万物以学其所不能也"，方以智对这种从道引申到不可知论的唯心主义质问道:"然则庄子标〔道〕未始〔有封〕之三等,是引万物以学其所不能乎? ……六合之外亦是一种分域耶? 且问道既无待(按:指绝对),以何者为外耶?"因此,万物变化既然有成有毁,则物质在六合之内的成毁就是实在的,而非虚假的,他说:"裂缯翦锦以为服装,非成而何? 断木伐石以为屋舍,非毁而何?"(同上)他认为《齐物论》是"破相逃玄",以"通几废质测",于是乎成了"梦话"(同上)!

规律有一般也有特殊,有共相也有别相,照方以智说来,它们是"大小互换"的。公孙龙离特殊和别相而坚持一般和共相,庄子又"以大吓小,以无吓有",把它们还原于相对主义的无常虚境。方以智正确地提出了深刻的批判:"公孙龙离坚白、翻名实以困人,不通大小互换耳;《庄子》取其大小互换以为玄,而又欲压之以为名,公孙龙破口矣!"(《药地炮庄·秋水篇》评)

庄子批判惠施极物不反,然而方以智却对惠施自然科学的研究极口称道,指出他的历物十事虽然陷于诡辩,但他是"欲穷大理"的,历物十事中含有"言物理变化,本无定形定名"方面的道理,而他的"自我言之,无所不可"的命题就不正确了。关于"丁子有尾"一条,方以智考证了"丁"字的本义,指出丁子是一种虾蟆或蛙之类,"初生正如丁有尾,及长则有足无尾",这是从动物生成过程中探原的质测,所谓"指后而见初也"(参看《通雅》卷之一)。这说明生有所萌、成有所归的自然变化;然而从"辩士贪奇,必贪颠倒"来讲,又可以把事物变化中的相对稳定性否定,得出另一种相对之义,得出一切"无定形、无定名"的结论,这里正是指出不能利用科学材料证明"自我言之,无所不可"的诡辩,也即"惠施……历物也,大其小,小其大,长其短,短其长,虚其实,实其虚而已"(《通雅》卷首之三)。

第五节　方以智的唯物主义认识论

方以智在《药地炮庄》的《齐物论·总炮》一篇中,提出"公是"决于"公因"的命题,批判庄子"不明公因,而定公是"。他认为庄子的《齐物论》在认识论方面首先否定了"公因",这"公因"就指客观世界和主观世界都是存在的。他说:

> "圣人作而万物睹,燥湿风云,统类自齐,谓以无我齐物乎?无物齐我乎?格物转物乎?皆物论也。因物知则,论伦历然,两行一参,无所逃于代明错行,谓以不齐齐之,可乎?何谓公因?……道一物也,物一道也。'以物观物',安有我于其间哉?"

方以智认为"心一物也",不过心这一有会通天下事理作用的特殊物质,是不能离开对象而自显功能的,因此说"心无体,而因事见理以征几也"(《物理小识》卷一)。人类的知识藏于物质(藏知于物)才具有认识的作用。他以为主观唯心主义"扫物尊心",客观唯心主义"离气执理",从认识论上来讲都是错误的("皆病也"),他说:"理以心知,知与理来,因物则而后交格以显,岂能离气之质耶?"(同上)

按照他的"一切物皆气所为也"的命题,气是哲学意义上的物质。"气中之理"在他的术语的总旨中指的是"象数",分而言之叫做"物则"、"物之则"、"天之则"或"帝则"。理是客观的规律,"非人之所能为也。天示其度,地产其状,物献其则",这种不由人的意志而转移的规律不是理学家的气上的天理,而是"气为真象,事为真数",其"隐不可见,质皆气也"。人类的认识,他叫做"合人于天",即如实地使主观和客观接近于一致,也叫做"人之学天",他说:

> "愚尝以'无对待'(按:指一致)之公因,在'对待'(按:指对立)之反因中。本无顿渐,犹本无迷悟也,而即有迷悟,即有顿渐,顿渐即相反相因,此一消息也。天与人交,人与天交,天生人是顺,人学天是逆,交则为爻,爻即是学。故孔子只说学字,而不以悟道挂招牌。"(《一贯问答》)

他强调认识就是学天地,学天地的人和唯心主义者之所以不同,在于这样的道理:

> "究竟一际相应之实相,茶则茶,饭则饭,山则山,水则水,各

事其事,物其物,如手其手,足其足,而心其心,未尝有意曰吾持时
贯心于手,行时贯心于足也,此天地之一贯也。……正信之子,只
学天地,更为直捷。是故设教之言必回护,而学天地者可以不回
护;设教之言必求玄妙,恐落流俗,而学天地者不必玄妙;设教之言
惟恐矛盾,而学天地者不妨矛盾。不必回护、不必玄妙、不妨矛盾,
一是多中之一,多是一中之多,一外无多,多外无一,此乃真一贯者
也。……若为一贯所碍,是为'死一',非活一贯也。"(《一贯问
答》)

方以智把对客观世界的认识叫做"征其端几",即知其所以然之
故,使"真理灿然于吾前"。因此,他认为世界是可知的,理是可征的,
知与无知,不是两截(《物理小识》卷一)。他在《药地炮庄》中反对《庄
子》和郭象注的不可知论,极其中肯,例如:

"不知之知,非不知也,注不满,酌不竭,众妙之所出,特不知
所由来耳。"(《齐物论》评)

"郭象曰:'……知与不知,暗会俱全。'信得及否?……如曰:
心不是心,物不是物,天不是天,……则二十篇(按:指《庄子》)尾
之三知,两端叩竭之无知,皆受用不着矣。"(《大宗师篇》评)

"神在知症;知症,神于知故。……知则不为一切琦辩奥理所
惑,而我可以转之;不知则一端暗合,而他端入纱縠矣。"(同上)

"药案曰:不知其故,何可养乎? 不以知乱其所不知者,不以
不知乱其所当知者,此真能主炉锤者也。……而以两忘诐遁者,俨
然大宗师耶?"(同上)

"易曰藏用,此(《庄子》)曰应而不藏(指'至人用心若镜,不
将不迎')。……非悟火藏空,阳燧如何应? ……质测曰,太虚阳
光,久视反隐,而宇下牖中,人乃常用。……光之为用,互映曲附,
变化岂有穷乎? ……笑曰:磨镜可也,鄙亦去不了,厌亦无所逃!"
(《应帝王篇》评)

"愚曰:人无不以境转,人无不以类合。……化人而不随物现

身,其转物也穷矣!"(《则阳篇》评)

就是这样,方以智在和唯心主义认识论的斗争之中,捍卫着唯物主义的认识论。

方以智又把认识过程比喻作锻炼中的火,在认识运动中随物而"转物"或占有规律,同时即增进主观认识的能力,即所谓"磨镜"似的以烹煮古今中外的经验。这就如他说的:"士之明理,犹农工之刀耜",人类古今相积地劳动着,同时也古今相积地认识着,劳动可以推陈出新,知识也可以由费知隐。他的随物现身而又转物的认识观点是前人所没有提过的光辉的命题。他的弟子兴斧在其师《语录》的跋文中有"吾师……烹炮古今,归于鼎薪"的归纳语,在序文中以镜珠来比喻认识,更集中地说明了他的认识论和唯心主义相区别的特点:

> "以镜为有像,珠为有色,非知镜与珠者也;以像呈而镜不受,色至而珠不随,亦非知镜与珠者也;谓镜受像为尘,珠随色为颣,必离像以求镜,屏色以求珠,尤非知镜与珠者也。"

那么作为反映客观世界的镜珠(比喻认识)不是死物,而是活物,认识本身就是炮制万物同时炮制自己的运动过程,如果以镜作比,镜要磨,以珠作比,珠要炼,在磨炼之中因物而格物,即用即藏。主观和客观的对立意义,已如上面所讲的天人之交是对立之义,这里又显示出它们的相转意义。他给王若先居士的诗的序,指出唯物主义和唯心主义在认识论上的区别:

> "万物皆备于我?万我皆备于物!'转'山河大地归自己则易;'转'自己归山河大地则难。"(《愚者智禅师语录》)

从上面的理论来看,方以智认为转自己(主观)归山河大地(客观)是要如薪火烹煮原料似的,在炮制万物中,随着客观世界的发展变化而不断锻炼自己的认识的火候,提高和增进主观的认识能力。正是根据这样的唯物主义的认识论观点,方以智反对了道学家的一贯说,他说:

> "其执格去物欲(按:指"格物"的旧解)之说者,未彻此耳(按:指"转物")!心一物也,天地一物也,天下国家一物也,'格

物'直统治平、参、赞,而诵诗读书,穷理博学,俱在其中。但云(按:指朱熹说)今日格一物,明日格一物,以为入门,则胶柱矣!知即是行,诚明合一,非穷理博物而一旦贯通之说(按:指朱注),亦非自得本、莫愁末之说(按:指陆、王说)。"(《一贯问答》)

理学家把"道统"作为真理的自我外现,力求所谓"核中之仁",离器而尊道,方以智反过来说性道就在文章中,文章亦即薪火,万世烧炼不绝,"道统且置",不必论究了。他批判客观唯心主义的认识论说:"核仁入土,而上芽生枝,下芽生根,其仁不可得矣。一树之根株花叶,皆全仁也。……与万世共熏性与天道,岂忧其断乎?既知全树全仁矣,不必避树而求仁也明甚,既知全树全仁矣,培根也,护干也,除蠹也,收实也,条理灌输,日用不离也明甚。以冬炼夏,乃贯四时,则无寒无暑之在寒暑中也明甚"(《通雅》卷首之三)。这样看来,古今上下的思维活动是永远不间断地发展的,因此,他一再引用《礼运》的大同之说(稍改字句),把认识过程规定为古今占有物质的思想发展史,"物恶其弃于地也,不必为己有;力恶其不出于己也,不必为己。此《物理小识》之随人集证也"(《语录》)。认识过程有什么道统断续的历史呢?又有什么树外独存的"仁"或器上独存的天理流行呢?既然树外无仁,人们能在离物质全体运动而认识出一个支配运动的东西么?既然全树即全仁,人们能离全树而发现一个另外的"仁"么?这"仁"如果有的话,那就是"特种神"了!

禅学家有什么"心如明镜台"的话,和庄子的"心斋"、"特室"没有两样。对这样主观唯心主义的认识论,方以智责斥道:"如何是'特室'?切忌面壁!如何是'至道'?曰:佐五谷即得!"(《在宥篇》评)他更对于庄子以"文灭质,博溺心"而否定认识作用的话,质问说:"伏羲不当画六十四卦,黄帝不当作甲子干支矣!且问:天地许多日月星辰,七十二候,人身生许多经络骨节穴道,是'文'耶?是'质'耶?如何'博'?如何'约'?""《庄子》书是文灭质否?博溺心否?"(《缮性篇》评)如果放弃对客观世界的认识,则人是"闲人",心是"闲心"!

方以智反对玄学的绝"迹"说,他在《药地炮庄》的《德充符·总炮》说:"绝迹易,无行地难。故现兀者身以化跬步索涂之执,彼不动步而周游天下,将以何者为辙环乎?"

他指出认识或"知言"是"格人我、格内外、格古今之大用也。不能知言,又安能自达其所言乎?"因为世界物质"有所以然者存",故认识或知言在于通"所以为物之至理"(《通雅》卷首之三)。

人类的认识既然是思维过程史,那么认识便是一种合规律的物质存在。他首先肯定人类思维依赖感性认识,他说:

> "人所贵者心,而不离五官。始造文字,皆意也,而不离五者,则当以意为第一。胜先形事者,以就可见(视觉)者起意也。名为五官,用时并用;名为六书,一字并存,如见日月之事,而指为日月之意,即会焉。"(《通雅》卷首之一)

> "音心曰意,而用于形声,其事咸宜,其义乃显。……风轮噫气,寓窍唱于(指物质运动,秩序自存)。……人生下地,微观其窍,中发而收,何人不同?"(同上)

"意"指观念,是感觉的混合形态,但观念不能离开感觉。客观的形事所指出的名义就是自然规律在人们观念中的收发。这是存在决定意识的认识起源论。

人类思维又不能仅从感性认识而认识到事物的端几,而尤"贵明其理",从"推论"(《通雅》卷首之一)以至"通其故"(见前详论)的理性认识是人类去惑决疑的高级手段。方以智好像把它指为悟性的活动,他说:

> "悟字不见六经,昉于西乾乎?《黄帝经》云:'神乎神,耳不闻,目不明,心开而志光,慧然独悟,若风吹云',然不必此也。子思曰:'吾尝深有思而莫之得也,于学则寤焉。'寤即悟也,悟者吾心也。"(同上卷一)

他否定黄、老式的空悟,而把悟性和学习结合在一起,指出了理性认识是一个学习过程,因此他说:"可信学也者,觉悟交通,诵习躬效,而兼言之者也。"(《通雅》卷一)他指出,学训效,效法天地;习则训"双手而日月相循"(同上卷三),即他说的"安于灶而享其熟物之功"(同上)。

关于认识的真妄问题,方以智以为,"凡人心之所可及者,皆理所有也,且有不及者;人先不能自见其心,而语及不及者,妄也"(《东西均·扩信篇》)。他用科学的发达为例,说明认识的真妄:"天象至今日始全。一行山河两戒,千余年尊奉之,岂知说梦哉!……新率测中国申时,欧罗巴方子时,则中国足之所履,必有足履此足之底者,如蚁行屋梁是也。……后人有增加精明于前人者,则后出之理未可诬以为非先王之法言也!"(同上)这是就时间来说明真理的相对性,他又就空间来论证真理的客观性:"愚故以天地信自然之公,以自心信东西之同。同自生异,异归于同,即异即同,是知大同。专者虽不肯同,而全者不可不以同□为任。或虚其实,或实其虚,虚实有无之不二,犹阴阳之本不二也。"(同上)

他的"义随世变而改"的进化观点,也是他的认识论的特点。《通雅》开宗明义即说:"古今以智相积,而我生其后,考古所以决今,然不可泥古也。"他举出不少的例子说明"古人有让于后人者",特别是自西方学术输入中国以来,其质测之精,更补开天辟地以来所未有的知识。他根据历史观点,对庄子的复古论批评道:"上古弱肉强食,未必可系羁而游"(《马蹄篇》评),对庄子的怀疑论批评道:"中土本不知骑,骑法自塞外来,则伯乐久已废矣!试问日者如何废得?"(《秋水篇》评)他认为"天无先后,中有条理",人类的认识也应随着客观世界的变化而发展,因此他的结论是:"以秩序变化、寂历同时为宗,方圆同时,奇恒之府,即多即一,皆统类于此矣。……大凡推之于先,多属洸洋;任之于后,则动颐而迷。两头俱抹过者,剔中乎中,不定中也,正明其时也。"(见前引)他的唯物主义认识论的发展观点是和他的通其故、知其原的方法论相联系着的,因而也就和"空穷其心"的唯心主义不可知论是对立的。

第六节　方以智哲学的局限

　　上面我们对方以智的哲学思想是通过他所谓的"炮制"方法,即通过蒸馏器过滤的方法,总结其积极而精华的主导因素,实际上这样杰出的理论并不是明白如画地联结成一个环链,而是通过他的烹炮古代语言的隐晦形式,特别是《易经》的象数学的形式,而断续地透露出来的。正因为这样,在他改变古代的思想材料的时候,他就大受古代形式的影响,而不能完全使用自己的语言使其内容翻然一新。他所究明的伏羲、黄帝、周公、孔子的圣训,显然是一种托古改制式的东西,甚至他所称颂的《易传》思想和邵雍的象数思想,不但和他的思想不一样,而且毋宁说是相违异的,这已经被王夫之指出,并见上引文。这里,我们要指出的是,他的唯物主义理论虽然寓通几于质测,比王夫之多走了一步,但依然富于形式性,这种形式性是和他的哲学洞察,是和他的科学知识的时代局限分不开的。从这里就派生出他的哲学的形而上学观点,不论他的"五行尊火"论和他的卍字周天说,或他的方圆端几说和奇偶费隐说,都不能自拔于这种局限。例如他说:"寓数约几,惟在奇偶方圆,即冒费隐。对待者一也,绝待者一也,可见不可见。"(《药地炮庄·内篇》评)尤其讲到神妙的地方,他都拿出象数二字做挡箭牌,以一御万。他的"征其端几,不离象数"的具体例子很多,例如他的《参两说》中,在说明"天地间无非参两"之后,下面排列了许多偶合的数字,整齐于所谓《河图》、《洛书》,把偶然性降在必然性里去作形而上学的素描。他甚至把一切事物的规律都还原于象数的比附引申,例如他的一篇《人身呼吸合天地卦气说》就是这样。

　　更需要指出的是如前面已经论究的他的机械论的特色。所谓象数,即他说的"非人之所能为也"的东西,是天地万物的最后"端几",是"为物不二的至理",他在《曼寓草》(下)有一篇《星土说》,其中这样说:"《河图》之如星点者,为诸图形象之祖,《洛书》之如字画者,为六书文字之宗。……文理互显,方圆互用者也。"因此,他剥去了神祖帝宗的目的论,却偷换来了象祖数宗这一机械的支配力。在他的书中处处可以看到上帝神被他剥光,然而又处处可以看到他的神而明之的机械神明说。他把自然的一切数度长短、形象损益,都说成"伦论天然,不限古今,惟神解者,乃可与言"(参看上引《诗乐论》)。他的定数、定理说更暴露了这种缺点,甚至人间的吉凶也是"数为之也",人类的性格也是由其所处的地形所决定的,并直认"此定理也"(见前引)。请看他的一段机械论:

> "阴、阳、意、言〔四字〕,皆一之因也;你、汝、若、人〔四字〕,皆二之端也;生、死、时、事〔四字〕,皆三四之参也。二、舌声,三、四、齿声,一与五、喉声,而唇腭会矣,九、专腭,八、专唇,七、则齿之精,六、则舌之尽,十者宫商之时也,中者宫商之统也。东为舌头,西为齿收,南为舌收,北则专合唇以会宫者也。春,聚声;夏,放声;秋,收声;冬,局声。秩序变化,玅哉叶乎!"(《通雅》卷首之一)

这样看来,概念和自然秩序的"玅叶"(这是他的专门术语),都是整齐而机械式的象数。因为机械论的引申,他的社会观和人生观就会有命定论的特点,例如他说,"时也,势也,英杰生此时之命也","听其自然,俟之之道也",甚至说"读书固有命"(参看《岭外稿》上)。这固然由于他所处的悲剧时代所影响,如他在不能自拔于悲剧时说:"罘罗善类,不留遗巢,……豺虎生翼,嗾人诬弹"(同上),但他的命运、气运的理论却贯串于他的全书,他在公元1647年最后上南明皇帝书,还讲什么明王朝的世运:"论元会世运,我太祖开国起元,历数正未艾也!"(《徭洞废稿》)这就露出机械论的自我讽刺的矛盾来了。他批判庄子说的"知道易,勿言难",指出庄子的矛盾理论"正好自己一捆",而不知这里的命定论也是"正好自己一捆",和他的自然运动的或"烹炮古今"的理论显然矛盾相违了,亦即他批判庄子所说的"其转物也穷矣"!方以智和霍尔巴赫相似,一方面承认没有运动便不能体会自然,而另一方面却用大量的篇幅来恭维宿命论。

　　前面已经指出,方以智的运动变化理论中的"时中"或折中的因素,也正是他的哲学思想的局限。

　　方以智为僧以后,由于脱离了实际斗争,又在一定程度上放弃了自然科学的研究,在其著作中可以看到他受了禅学的浸染,挟带着不少唯心主义的糟粕。方以智的晚年著作大多是最近发现的抄本,颇多讹误,还有待于整理,因而对于方以智思想发展的全貌需要将来作进一步的探究。

第二十七章

明末天主教输入什么"西学"？
具有什么历史意义？

第一节　神学和经院哲学的输入及其历史意义

（一）天主教传入的时代背景和耶稣会的作用

中世纪基督教传入中国，前后有三次。第一次在唐代，第二次在元代，第三次在明末。前两次都没有传来哲学思想，因此，中国正式接触到所谓"西学"，应以明末因基督教传入而夹带的学术为其端倪。这一问题，过去存在过许多不正确的估计，因此，我们就必须仔细考察，按照16世纪末叶的世界发展的历史以及中国社会发展的历史，研究这一开端是否为适应历史发展的崭新的开端。

这次基督教的传入，从16世纪末开始，直到18世纪末止，为一段落。前后约延续了两个世纪。当时来华传教的活动，几乎完全由耶稣会会士所包办。他们中有著作可考的约七十余人，早一些的如利玛窦、龙华民、艾儒略，稍后的如汤若望、南怀仁，下迄乾隆时的戴进贤、蒋友仁等人，他们都是耶稣会会士。就国别而论，明末清初，来华的多为葡萄牙人，或附属于葡萄牙的其他各国（尤其是意大利）的耶稣会会士，这是由于地理大发现以后，葡萄牙垄断了印度洋航线的缘故。17 世纪末葡萄牙的地位受到打击，法国路易十四开始派遣耶稣会会士来华，于是就代替了原来葡萄牙人的地位，所以乾隆时的传教士多为法国人。

他们的活动是传教。自利玛窦来华后的三十年内，先后开教的地点有肇庆、韶州、南昌、南京、北京、上海、杭州等地，他们在中国主要的活动方式是向朝廷进贡上书以及与士大夫论道，传教士的许多著作往往就是进呈的书籍或者论道的记录。

就中国的历史情况而论，明末的政治条件是比较有利于基督教的传入的。明朝皇帝需要火炮和历法，具有爱国主义的上层士大夫们也热烈地希望富国强兵，他们很自然地对传教士带来的科学与技术感到浓厚的兴趣，这一点是和清初的情形有些不同的。明末曾有不少士大夫与传教士有来往，如叶向高、徐光启、李之藻、王澂、韩霖、杨廷筠、瞿式耜、沈德符、虞淳熙。

当时启蒙学者如李贽、方以智等，也和传教士有往还，他们的动机是出于探求新事物的热诚。中国资本主义的萌芽使中国知识分子对于科学和新思想的追求成为历史的必然课题，因而他们渴望从外来的文化得到启发，他们的态度是客观的，和当时因基督教的传入而进行反抗的卫道者不同。

但是必须追问，在当时基督教传教士们的活动中，究竟传来了什么"西学"？它对中国的思想界起了什么影响？为了解答这些问题，我们应该先从历史的背景来考查一下耶稣会的反动性与狭隘性。

如所周知，地理大发现对于南欧国家资本主义关系的发展并未产生有利的影响。接踵而来的宗教改革，给了封建制度以极大的打击，在封建势力顽强的南欧国家（主要是西班牙、葡萄牙和意大利），反动的封建教会势力便发动了一场宗教"反改革运动"，或称为天主教的反动。天主教反动的中心组织就是公元 1540 年正式成立的耶稣会。耶稣会不仅仇视一切新的思潮,如科学、思想自由、个性解放、人文主义、民族主义与教会的民族化,而且通过极其严格的封建等级制的组织原则,进行各式各样只求目的"可以不择手段"(参看《马克思恩格斯全集》卷一,页70)的反动活动。他们的教义与组织原则不容许有任何的修改,会士心须发誓绝对服从他们的最高首领——教皇与会长(即耶稣会主帅,被称为"黑教皇"的)。耶稣会在国际活动中也非常活跃,如公元1562年特伦特宗教大会,由于耶稣会的坚持,通过了一项坚决不与新教徒妥协的决议。他们海外的足迹遍及远东(中国、印度、日本)、非洲与南美洲(对巴拉圭土著居民的压榨是早期殖民主义的一个典型例子)。这些在宗教改革以后重新训练的、"有学问"的耶稣会教士们,不但在国际活动中成为殖民帝国的先遣队和代理人,而且是中世纪神权与教权最后的支柱,在全世界范围内为封建教会执行其"精神宪兵"的任务,反对文艺复兴以来的一切新思潮。

这就规定了耶稣会会士传入中国的并不可能是先进的科学,也就规定了耶稣会的世界观与思想方法对中国的科学与思想不可能起积极的推动作用。耶稣会会士不少是"有学问的管家",但他们的学问,是为了更有效地与新科学、新思潮对抗。耶稣会对会士的选择和训练是比较严格的,不少的会士通晓学艺,他们很善于走统治阶级的路线,在欧洲如此,在中国也如此。宗教改革是自下而上的,宗教反改革则是自上而下的,耶稣会会士的目标永远是争取皇帝,传教士的书大部分是献给皇帝的,历法、舆图、火炮等等也是献给皇帝的。凡此都和中国当时的启蒙思潮不相适应。

利玛窦(Matteo Ricci,公元1552—1610年,意大利人),于公元1581年来华(此据艾儒略《大西利先生行迹》,但徐光启《利子碑记》则说是公元1580年,又据利玛窦万历二十八年上疏,则可能为公元1582年),是耶稣会在中国传教事业的创始人。为了使基督教神学能够被中国人接受,他在形式方面作了一些通融,他同意中国敬天、敬祖的习惯,并以孔子的理论附会基督教教义,但是他的立场绝没有离开正统天主教神学的基地；就是以后的两个世纪里，耶稣会传教士的根本立场也都是相同的，并没有实质上的出入。

天主教的正统哲学在托马斯·阿奎那（公元 1225—1274 年）的《神学大全》里，获得了完备的形式。他以破碎支离的古代知识片断和大量的宗教迷信与臆说，通过极烦琐的论证形式，杂糅成一个僵化的经院哲学体系。直到 19 世纪末叶（公元 1879 年），罗马教皇还明令规定，阿奎那的学说是天主教会唯一的、真实的哲学。这一哲学就是我们所要研究的耶稣会传教士理论体系的根据。利类思（Ludovicus Buglio，公元 1606—1682 年，意大利人，1637 年来华）所译的《超性学要》，即阿奎那《神学大全》三部中的第一部分，于 1654 年、1676 年、1678 年，三次付印；安文思（Gabriel de Magalhaes，死于公元 1677 年，葡萄牙人，1640 年来华）所译的《复活论》，为该书的第三部分，于 1677 年出版。阿奎那也是来华传教士著述中征引最多的一个。同时，来华耶稣会士的著作必须遵照教规，集体审定，"三次看详"，故他们书中所发表的见解代表耶稣会的观点，而不是个人的思想。因此，我们应该把来华传教的耶稣会会士的著作，视为是有代表性的整套的思想理论体系，是一定的时代的教会官方的经院哲学的表现；它的中世纪的封建性格，与当时欧洲的先进科学与思想是背道而驰的。

我们也绝不可以把十六七世纪耶稣会传入的"西学"看成是旧民主主义革命时期所谓"西学"的任何方式的前驱。后一种西学"基本上都是资产阶级代表们所需要的自然科学和资产阶级的社会政治学说"（《毛泽东选集》第二卷，页 690），而前一种"西学"则属于完全与此相对立的另一种范畴。这两种"西学"之间有着不容混淆的界限。

（二）天主教神学和正统经院哲学的传入

要了解耶稣会在中国的活动与影响，我们应该明确以下两点：

第一，传教士所传来的西学并不是当时欧洲的新学，而是当时的旧学，这即是说，不是文艺复兴以来资产阶级上升时期的思想与文化，而是与此相对立的中世纪封建教会的神学和经院哲学。这就是艾儒略 (Julius Aleni，公元 1582—1649 年，意大利人，1613 年来华) 在《西学凡》一书中所说的西学。

第二，传教士的目的在于论证神学，他们的著述主要是有关神学与宗教的东西，科学仅仅是一种附带的手段。传教士们自己也强调他们讲学的最终目的是要"因性以达夫超性"，这也就是"哲学是神学的婢女"的另一种说法。

理知与信仰的关系问题，曾经是中世纪经院哲学中两条路线斗争的焦点之一。在这个问题上耶稣会坚持神学的观点，以维护信仰（宗教）对理知（科学）有无上的控制权。他们把人类的知识虚构为三类，其顺序为科学、形上学和神学。他们说，科学是所谓"性学"，"性学"不能认识宇宙人生的"本体"，而要认识宇宙人生的"本体"，就必须上升到"超性学"，所谓"超性学"即形上学与神学：

> "超学之分有二：一为超有形之性者，是因性之'陡禄日亚'（神学），即'默达费西加'（形上学），其论在于循人明悟所及，以测超形之性；一为超性者，西文专称'陡禄日亚'，是超性之'陡禄日亚'，其论乃人之性所不能及者，出于天主亲示之训，用超性之实义引人得永福也。"［傅汎际（Francisco Furtado，公元 1587—1653 年，葡萄牙人，1621 年来华）、李之藻译《名理探》卷一，南怀仁（Ferdinandus Verbiest，公元 1623—1688 年，比利时人，1659 年来华）《穷理学》曾引此］

这是封建法律的品级结构在意识形态上的反映，这样的三种境界或三品，把天、地、自然分割起来，形成僧侣主义的教阶式的理论基础。这种理论在当时正被欧洲革命的科学攻击得体无完肤。然而中国后来的资产阶级学者却仍然据此衣钵把世界人物虚构成为四个境界：天地境界、道德境界、功利境界和自然境界。

照教士们说，天主及其所创造的世界是神圣不可思议的，人类要想悟道，不能依靠知识与理性，而只能依靠启示与信仰；真理的依据只能有两种："一者依经典所说，二者依我信德之光"［毕方济（Francesco Sambiaso，公元 1582—1649 年，意大利人，1613 年来华）《灵言蠡勺》第一编，又第四编］。天主的道理是人类的理智所不能理解的，因此要想认识世界，"劳心焦欲以人力竟天主之大义"，乃是不可能的事。人类的知识能力是极其有限的，而超出知识范围以外的东西，人类就只能依靠上帝的启示（宗教）来极高明而道真理，这即是所谓"永学"。利玛窦就说："夫天堂大事，在性理之上，则人之智力弗克洞明，欲达其情，非据天主经典，不能测之。"（利玛窦《畸人十篇》卷八）他反复强调启示是真理的依据，汤若望（Adam Schall von Bell，公元 1591—1666 年，德国人，1622 年来华）则极力宣传真理一定要根据宗教的神迹（所谓"以圣迹征"）。这种僧侣主义的不可知论本来就是中世纪天主教官定的知识论，其目的在于论证真理是人类理智所不能认识的，认识真理只能凭启示，《圣经》则是判别真理的标准，而《圣经》又必须通过上帝在世界上的代理人，即教会来解释［阳玛诺（Emmanuel Diaz，公元 1574—1659 年，葡萄牙人，1610 年来华）《圣经直解》的说法便是如此］。这里的原则也就是中世纪天主教的"不通过教会便无法得救"的原则。

这种僧侣主义必然要抹杀科学的价值，并企图把一切学问最后都归结为个人灵魂的得救问题，而以上帝为灵魂的归宿。他们把研究灵魂放在第一位，研究灵魂的学问即所谓亚尼玛（Anima）之学：

"亚尼玛之学，于费禄苏非（哲学）中为最益，为最尊，……故奥吾斯丁（即奥古斯丁，公元三五四——四三〇年）曰，费禄苏非，亚利（即亚里士多德）归两大端，其一论亚尼玛，其一论陡斯（上帝）。论亚尼玛者，令人认己；论陡斯者，令人认其源。"（毕方济《灵言蠡勺·序》）

这可以说明，耶稣会所进口的，乃是从早期中世纪的教父们一脉相传的天主教正统神学。

耶稣会所传来的中世纪天主教僧侣主义的经院哲学，其主要的内容包括三方面：（一）传统的形上学：上帝存在，灵魂不灭，意志自由等等;(二)基督教神话:创世纪,乐园放逐,受难与复活,天堂与地狱,最后审判等等;(三)灵修:教义问答,祈祷文,日课,崇修与礼节等等。除某些科学技术著作,耶稣会会士绝大部分的书籍都是讲这些内容的。

当这些东西传来中国的时候,中国也正值资本主义的萌芽阶段。当时中国所需要的,无疑是新学,是欧洲文艺复兴以来资产阶级人文主义的思想与文化,但耶稣会所传来的这套经院哲学刚好是和欧洲新科学新思想相对抗的落后理论,对于当时欧洲的革命的古典科学,则讳莫如深,故意掩盖起来。中国资产阶级的学者们曾大事吹捧过耶稣会在传播文化上的贡献,那实际上是为帝国主义在中国的宗教活动张目。历史主义的研究结果,和这种歪曲历史的估价相反,当时世界学术的新潮流以及中国历史发展的新方向都和耶稣会的过了时而褪了色的时代精神是矛盾的。

有一个造物主的上帝存在,这一观念曾经是作为所谓世界宗教的基督教的根本思想。来华的传教士极力肯定的第一个信条,即上帝(天主、陡斯)存在。利玛窦《天主实义》一书的大量篇幅都是中士和西士有关上帝存在与否的辩论,这里实际上就表露着中国传统的正统哲学与西方宗教哲学的辩论。上帝存在的论据大致是:(一)万物存在必须有一个创造者;(二)万物的变化必须有一个主宰者。《寰有诠》一书中更明确地提到上帝是"最初施动者"(傅汎际、李之藻译《寰有诠》卷一)。这显然是中世纪经院学者所炮制过的希腊哲学中的旧观念,也即是中世纪天主教的旧上帝;还不是那个时代已经出现的在"普遍的理性"、"自因"、"自性"或"自行发生"那些意义上的新上帝。这个作为创造者(最初因)与始动者(最初动)的上帝与被他所创造、所推动的世界万物之不同,据说是在于下述的两个特征:(一)上帝是无始无终的,而被创造的事物则是有始有终的或有始无终的;(二)上帝是全知(无所不知)、全在(无所不在)、全能(无所不能)的,而被创造的事物则没有这三种"全"性(见利玛窦《天主实义》首编及第四编,艾儒略《万物真原小引》和《三山论学记》)。可以看出,耶稣会在正统的封建

经院哲学之外,并没有添入任何新的观念或新的论证。18世纪中叶有一个信徒杨岫重复过这种有神论:

> "必先有无形之形,而后著为有形之形;有不物之物,而后著为有物之物;有内蕴而后有外彰,有根底而后有萌芽;有神世而后著为人世。……夫有大君宰世,然后山川奠定人物得所。

> "至于天地之大,人物之众,若无神运总持之主宰,造化条折,何以不害不悖? 物生纷繁,何以有条有理? 而吾人之生,四本之立,又何自来乎? 是以必知有一无始之大主宰为统御之上帝,总持而主宰之,所以终古如斯,而造化方能不紊。"(杨岫:《知本提纲·序》)

这里所谓"无形之形,不物之物"的造化万物的主宰,完全是神学的说教。

灵魂不灭是天主教传统形上学的第二个命题。它是天堂地狱、得救永生的前提。没有灵魂不灭,则基督教的全部神话就会落空。关于灵魂不灭的证明,是耶稣会传教士长篇累牍、反复论述得最多的一个题目,利玛窦在《天主实义》中,甚至扯出十种理由来作证明(《天主实义》第三编)。按照他们关于"亚尼玛"的说法,魂分为三种,即生魂(植物)、觉魂(动物)与灵魂(人)。生魂主生德(生长),觉魂主觉德(知觉),灵魂主灵德(理解)。每后一种的魂,便高一级,并包括着前面更低级的魂。灵魂与前两种魂之不同,据说在于灵魂有独立的存在,"生魂、觉魂从质而出,皆赖其本体而为有,所依者尽则生觉俱尽,灵魂在人非出于质,非赖其体而有,虽人死而不灭,故为本自在也"(毕方济:《灵言蠡勺》第一篇)。由此又得到灵魂与生魂、觉魂的另一种区别,那就是,生魂觉魂都是有始有终的,而灵魂则是有始无终的,因此,灵魂的特征就是,它在身体之外,它有独立的存在,它有始而无终,这也就是灵魂得以不朽的原因了。

灵魂既然在身体之外,有其独立的存在,则灵魂对身体的关系应该怎样? 耶稣会会士根据正统经院形上学的说法,提出灵魂对身体,乃是观念对物质的关系,而所谓观念是存在于上帝心中的观念,是"意德亚"(Idea)。"天主所已造之物与所未造而能造之物,尽有其意德亚具存于己。"(《灵言蠡勺》第三篇)人的存在也必须先靠有人的"意德亚"的存在,"灵魂,神明之体有始无终者,天主造之于人身为之'体模'为之主宰"[龙华民(Nicolaus Longobardi,公元1559—1654年,意大利人,1597年来华)《灵魂道体说》],构成人的"意德亚"或"体模"(形式)的即人的"亚尼玛"或灵魂。这里所谓"意德亚"或"体模",当然也是经院哲学所窃取并使之僵化了的希腊哲学中的概念。灵魂不灭在理论上的重要意义是:有了上帝存在和灵魂不灭,然后天堂地狱与最后审判才有着落,有了天堂地狱和最后审判,然后教会组织和教权阶级才能掌握人与神之间的钥匙。

与灵魂不灭相联系的另一个命题是意志自由。据说人类有了灵魂,才有意志自由,意志自由是灵魂的结果:

> "凡人自专自主,全由灵力,所以异于禽兽也。夫禽兽一生以存命佚身为务,有触即赴,不复审择;人则不然,能究是非,能辩可否,肯与不肯能决于己,足征自主之力矣。"(汤若望:《主制群征》卷下)

惟其意志有自由,所以赏善罚恶、最后审判等才有意义。死后的赏罚是加之于永远不灭的灵魂的:"灵魂神体,非属阴阳,非属四行,纯而不杂,无相克之因,况天主既命为有始无终者,安得不常存乎?且灵之在身,为恶享世福,为善蒙世祸者,往往而有,是生时既未报,报亦未尽,岂应死后遽灭,纵恶而负善乎?"(汤若望:《主制群征》卷下)

他们从正统经院哲学的观点,对中国传统的性善、性恶问题提出了一种论证。按传教士的说法,性(意志)是体,而德(善恶)是用,性与德的关系即体与用的关系,亦即"潜在"对"实现"的关系。性由上帝所赋,但善恶则完全由人自主;这样的说法是符合于传统形上学意志自由的命题的。反教者曾提出过诘难:天主造人,何以要造恶人?耶稣会方面的答复是:那正是因为意志有自由,因为"天施不能夺人所志"(《寰有诠》卷四）。意志自由和上帝的赏罚是互相依赖的两个方面，如果没有上帝存在，如果没有灵魂不灭与意志自由，就不能有上帝赏罚，那么"亦必无患难无苦辛，无所受刑而其罪反脱，则是引导世人以无惧为恶，引导恶者以无惧增其恶也"（《天主实义》第三篇）。这样一来，就可能出现政治上的反叛与宗教上的异端。我们应该注意的是，这种神学完全是封建经院的旧神学，而不是（如加尔文主义那样的）资本主义原始积累的"新"神学。

　　耶稣会在宣扬这一套封建正统的经院哲学的时候，自然也夹杂了一些希腊思想成分在内。但某些希腊思想之成为中世纪经院哲学的组成部分，正如列宁指出的，乃是"僧侣主义扼杀了亚里士多德学说中活生生的东西，而使其中僵死的东西，万古不朽"（列宁：《哲学笔记》，1956 年版，页 333）。亚里士多德的接近于唯物主义的倾向被他们抛弃了，而他的一些唯心主义的形上学的概念，却被经院学者用来以达到其为封建神学服务的目的。例如"灵魂三品说"，就是袭用亚里士多德的说法来适应神学体系的；事物之被分为"自立"与"依赖"的两个方面（利玛窦：《天主实义》第二篇，又汤若望：《主制群征》卷下）也源出于亚里士多德的"本质"与"偶然"的观念；又所谓四种"所以然"（即"因"）——"有作者，有模者，有质者，有为者"（《天主实义》首篇）——即亚里士多德的四因。但是，他们引用这些观念，不是为了别的，而是为了高唱基督教的赞美诗，为了证明上帝是至美好的，而且好像在理论上最后找到了没有原因的东西；一切被创造的事物之为美好都有其原因，而创造者本身是没有原因的："至美好者原美好也，无其他美好在其先；其为美好也并无所以然。无所以然者，非由他造，非由他化，非由他成"。（《灵言蠡勺》第四篇）这种理论与方法完全没有超出中世纪经院哲学的特征。

　　在这一经院神学体系里还包括：

　　一、以原来的基督教神话（创世纪，乐园放逐，洪水、受难与复活），结合中国情况而编造的另一段中国民族与文化源出基督教的神话：

"初人子孙聚处如德亚(犹太)。……其后生齿日繁,散走遐
逖。……在中国为伏羲氏、天学固其所怀来也。生长子孙,家传户
习,此时此学之在中国必倍昌明于今之世。……下迄三代,君臣告
诫于朝,圣贤垂训于后,往往称天呼帝。……吕秦代周,任法律弃
《诗书》,从前载籍,尽遭烈焰,而天学不复睹其详矣!"(李祖白《天
学传概》)

二、正统基督教有关三位一体的说法。

三、与封建主义所有权以及品级结构相适应的社会政治观点。天
主不仅是道德的起源(利玛窦说:"天主为仁之原"),而且是政治社会
的起源,"神多,必属一至尊主之,不则乱矣。今凡有形之族,皆次第相
属,以杜乱端,岂无形独否乎? 以理度之,必分品级,必分等类,必有最
上至尊至能者,居至先为之统矣"(汤若望:《主制群征》卷下)。除了这
一个站在封建金字塔顶端的天上的父,还有代表封建秩序的两个父:一
个是封建帝王,即"国君",一个是封建家长,即"家君",地上的封建主
就是天上的主的代表,天上的主就是地上封建主的倒影:"邦国有主,
天地独无主乎? 国统于一,天地有二主乎?"(利玛窦:《天主实义》第八
篇)耶稣会教导人民要服从这种封建秩序:"守教规者必遵国法,未有
不遵国法,而能守教规者。"[殷弘绪(Francois Xavier d'Intercolles,公元
1662—1741 年,法国人,1698 年来华)《逆耳忠言》卷四]封建宗教与封
建特权是一致的。天上神权好像就是地上皇权的来源,而实质上这是
一种颠倒的宗教意识。根据这样神俗两界的对流观点,教士们主张,不
安于封建秩序,"不守本分,以下犯上"(同上)就是神所绝对不能容许
的,耶稣会会士所传来的政治学说正是这样彻头彻尾的神权政治论!
高一志(即王丰肃, Alfonso Vagnani,公元 1566—1640 年,意大利人,
1605 年来华)讲政治理论的《西学治平》一书,就宣扬王者代天治民、其
权来自造物主的理论。早在耶稣会来华之前,文艺复兴的巨人们(如马
基雅维利)已经是从自然和人的角度,去考察国家和政治;耶稣会会士来
华之后"天赋人权"的思想也已经崭露头角。在这样的历史时代,耶稣会

会士还在宣扬封建的君权神授的政治学说，那显然是极其反动的思想。

四、耶稣会还用天堂、地狱的审判报应，来巩固并加强封建秩序。在中世纪正统的经院学者的心目中，天堂地狱都是千真万确的（那个世界构图，但丁在《神曲》里曾经详细地描叙过）。耶稣会传教士的天堂、地狱的观念，正是这个中世纪的东西，"来世之利害甚大，非今世之可比也。……人生世间，如俳优在戏场，……今世伪事已终，即后世之真情起矣；而后乃各取其所宜之贵贱也"（《天主实义》第六篇）。有了对来世的幻想，人们才可以安心忍受现世的贫困和痛苦的命运："来世之利至大也、至实也，……重来世之益者，必轻现世之利；轻现世之利，而好犯上、争夺、弑父、弑君，未之闻也。"（同上）这里就暴露了中世纪基督教神话的真正作用。中世纪基督教曾经是西方封建制社会最有力的支柱，耶稣会所传到中国来的正是西方封建社会原封不动的"人民的鸦片烟"。天堂、地狱就是用以麻醉人民，恫吓人民的。耶稣会会士讲这个题目的一些书，像孟儒望（Joan Monteiro，公元1603—1648年，葡萄牙人，1637年来华）的《炤迷四镜》，高一志的《神鬼正纪》，南怀仁的《善恶报略说》，其中所宣扬的完全是封建道德和善恶报应的封建迷信。

五、最后还有与僧侣主义不可分的禁欲主义。禁欲主义把精神与物质割裂并对立起来：

> "夫德行之乐乃灵魂之本乐也，吾以兹与天神侔矣。饮食之娱，乃身之窃愉也，吾以兹与禽兽同矣。吾益增德行之娱于心，益近至天神矣；益减饮食之乐于身，益逾离禽兽矣。"（利玛窦：《畸人十篇》第六篇）

越抑制现实生活的愿望，就越能与上帝接近，天堂的幸福是以牺牲现世的幸福为代价换来的。由此而得出的结论是，人们在现世应该压抑一切生活的愿望——即所谓"私欲"（庞迪我〔Diego de Pantoja，公元1571—1618年，西班牙人，1599年来华〕《七克·自序》），应该"绝色"、"绝财"、"绝意"（高一志：《圣人行实》），对于现行的连形式也不平等的社会秩序（贵贱）只能忍受，不能反抗，一直等到了另一个世界的来临,"而后乃各取其所宜之贵贱"(《天主实义》第六篇)。一个虔诚的教徒的最主要的生活与思想就是"忏悔"与"祈祷"(同上第七篇)。人不应该向外界(社会或自然)作战,而应该向自己内心的魔鬼作战。耶稣会抬出来作为"奉教大德之根"的,乃是中世纪基督教的"信"、"望"和"爱"(殷弘绪:《主经体味》)。利玛窦还特别提出要以基督教的"爱"来代替中国的"仁",人生的目的与意义,就在于以这种"爱"来"慕灵魂终向,善修厥灵,事主敬主"[穆迪我(Jacques Motel,公元1618—1692年,法国人,1657年来华)《成修神务·自序》]。封建基督教的"爱"包括两个组成部分,即(一)"爱天主万有之上"与(二)"爱人如己"[罗雅谷(Jacobus Rho,公元1593—1638年,意大利人,1624年来华)《哀矜行诠》李祖白"序",又王澂:《仁约会引》]。两者好像都是超阶级、超政治的抽象"爱",但其内容则教人对封建秩序谦卑,对封建统治屈服,有的教徒甚至于重复这样古老的教诫:"有人掌尔右颊,则以左颊转而待之;有欲告尔于官夺尔一切,则以二倍与之。"(韩霖:《铎书》第三篇)这样,封建基督教所宣传的谦卑与屈辱,就企图使人们把现实生活看成是永生的一种准备手段,从而放弃生活与斗争的实践。

这就是当时传教士所传播的"天学"的精神实质。

第二节　天主教义和中国传统思想的论争

(一)中国进步人物对待天主教的态度

耶稣会传入的天主教,对当时中国思想界曾经产生了一些刺激,在中国也引起了一些不同的反应。

早期接近或拥护基督教的,以徐光启、李之藻、杨廷筠、王澂、韩霖等为代表人物,他们在政治上大抵属于新派(而最早的反教者沈漼在政治上走的是魏忠贤、方从哲的路线),然而就是这些人也不是一下子就接受基督教的,他们中有不少人是出于爱国的热忱,想通过传教士能找出一条新的富国强兵的道路,同时他们又大都是科学家或技术家,对于传教士们夹带进来的科学技术,有着过高的估计,徐光启一生的活动就是一个典型的例子。

徐光启感于当时国内情况,极力主张向西方学习新的火炮技术,后来他又和利玛窦共译过许多科学书籍,还负责历局,引用西洋传教士监修历法。这样他就接触到了传教士们所带来的"事天爱人之说,格物穷理之论,治国天下之术,下及医药农田水利等"(徐光启:《辨学章疏》)。这些"显自法象名理,微及性命宗根"的"西学",给了他以一种"得所未有"的"心悦意满"(利玛窦:《二十五言》徐光启"跋")。他觉得——虽然是错误的,但却是自然的——那些"格物穷理之学……思之穷年累月,愈见其说之必然不可易。"此外他又认识到:"复旁出一种象数之学,象数之学大者为历法、为律吕,至其有形有质之物,有度有数之学,无不赖以为用,而用之无不尽巧极妙者"(熊三拔:《泰西水法》徐光启"序")。所以他最后达到了基督教可以"补儒易佛"的结论。他希望能从这里面为中国找出一条出路,他说:

> "佛教东来千八百年,世道人心未能改易,则其言似是而非也。……必欲使人尽为善,则(西洋)诸陪臣所传事天之学,真可以补益王化,左右儒术,救正佛法者也。盖彼西洋邻近三十余国,奉行此教千数百年,以至于今,大小相邮,上下相安,路不拾遗,夜不闭关,其久安长治如此。"(徐光启:《辨学章疏》)

他以为西方的天算之学,是那样精确,他们的政治社会也必定会是同样的合理;这当然不是事实,而只是科学家徐光启的想象。西方的政治社会固然不是什么太平盛世,就连耶稣会会士所传来的科学,在很大的程度上也都是些落后的科学。不过,这不是徐光启所能认识到的,徐光启一辈人可以说是中国向西方追求真理的先行者。而当时的条件也还不可能使他们认识到耶稣会那套"西学"的真面目(徐光启笔受毕方济《灵言蠡勺》时,已经63岁,也许有人以此来证明徐光启思想上的晚年定论。我们认为,徐氏晚年思想可能宗教的成分来得更多一些,但仅从这一点并不能说明他一生活动的时代意义)。传教士为了抬高天主教的治化之迹,曾大事吹嘘过西方政治的昌盛,竟说那里是什么"不易一姓,不交一兵"的文明社会。这对于一个爱国主义者与科学真理的追求者是有吸引力的。晚年的徐光启更进一步地憧憬着一种新社会,在要求富强之外更追慕一种新的政治社会,这本来是自然的。因而他对耶稣会的"西学",可能存在着一种幻想,企图从这里找寻一种美好的文明景象。这里也应该指出,他接受天主教决不是对侵略者存有什么幻想,早在公元 1622 年他就已看出所谓"红毛"的侵略性,并指出:"若此夷得志,是……百季之患"(徐光启:《与吴生白方伯书》,载《徐氏庖言》卷四)。徐光启一派人的富国强兵的蓝图里所看到的西方科学和技术以至社会思想,是有局限性的。但无论如何,应该把耶稣会传教士和最初一批与之相接近的中国开明知识分子区别开来;他们之间具有不同的历史背景,各怀着不同的想法,耶稣会会士只是殖民帝国与封建宗教的先遣队,而徐光启一辈人则代表中国启蒙时代的学者们在科学方面的努力,并且是起过进步作用的。

对西方有同样向往的还有李之藻。这个以古代诸子和魏晋玄学的术语而介绍《寰有诠》和《名理探》的译者,感到"彼中先圣后圣所论天地万物之理,探原穷委,步步推明,由有形入无形,由因性达超性,大抵有惑必开,无微不破","盖千古以来所未有者"(李之藻译:《寰有诠·序》)。在他的眼光里,利玛窦能"精及性命,博及象律舆地,旁及勾股算术,有中国累世发明未皙者"(利玛窦:《畸人十篇》,李之藻"序")。驱使李之藻去追求西学的,首先也不是宗教的信仰,而是对科学的热情。李之藻自己明白地表示过他对科学的愿望:"秘义巧术,乃得之乎数万里外来宾之使。……夫经纬淹通,代固不乏樵玄,若吾儒在世善世所期无负霄壤,则实学更有自在;藻不敏,愿从君子砥焉。"(李之藻:《浑盖通宪图说·序》)这些评语是溢美的,我们从这里可以看出,徐光启、李之藻与其说是深慕具体的西方,毋宁说具有着对科学探求的开明态度。徐光启、李之藻、王澂这些人的活动,正反映着中国启蒙时代的历史要求，他们对科学的热情以及对文化革新的态度，和当时中外的守旧派是没有共同之处的。正因为如此，所以入清以后，当启蒙思想运动在清王朝文化政策统治之下遭受打击的时候，向西方追求真理的潮流也就随之表现出一定程度的萎退。资产阶级学者们，夸大耶稣会会士的作用，把事情说成是仿佛只有靠了传教士，中国才有了近代的科学。事实是天主教和耶稣会在客观意义方面对中国的影响，主要只是带来了世界的观念；这一点和中国自己内部条件的变化有关联，因为启蒙思想已经打破了封建主义的民族狭隘性，并已具有世界的认识，这即王夫之说的"天下"的概念。所谓"西方"的知识对中国的启蒙思想来说，是代数学的性质，而其内容是一种更广阔的世界认识。然而这并不是基督教本身的事业。

当时中国先进的科学家和思想家们对于金尼阁（Nicolas Trigault，公元 1577—1628 年，法国人，1610 年来华）从海外携来七千部图书这件事（李之藻：《天学初函·题辞》，又译《寰有诠·序》，《职方外纪·序》，杨廷筠：《代疑篇》及艾儒略：《西学凡·序》，王澂：《远西奇器图说》，黄贞：《请颜壮其先生辟天主教书》，李祖白：《天学传概》，都曾提到过这件事），都怀有极大的期望。杨廷筠甚至发愿要"假我十年集同志数十人共译成之"（艾儒略：《西学凡》，杨廷筠"序"）。书已经运到香山嶴，但后来终于因种种变故而佚散了。"西学"的吸引力主要是在科学方面，这些"坟典丘索之外别有秘笈"（高一志：《斐录答问》，毕拱辰"序"），使得毕拱辰叹为："远西名士，……著有象律舆图诸论，探原穷流，实千古来未发之昌，俾我华宗学人终日戴天，今始知所以高；终日履地，今终知所以厚。昔人云，数术穷天地，制作侔造化，惟西士当无愧色耳。"［邓玉函（Johannes Terrenz，公元 1576—1630 年，德国人，1621年来华）《泰西人身概说》，毕拱辰"序"］这里所赞美的当然是科学而不是天主教，其实这一点当时也有人意识到了，孔贞时就说过："《五经》之外，冠冕之表，各自有人，不必华宗夏古，亦不必八索九丘，……予于西泰（利玛窦）书，初习之奇，乃知天地间预有此理；西士发之，东士睹之，非西士之能奇，而吾东士之未尝究心也。"（阳玛诺：《天问略》，孔贞时"小序"）

艾儒略又记载过有一个叫做张养默的人，从利玛窦学天文，他以利玛窦的天文学比较过佛教的天体学说以后，就断定天主教高于佛教，因为天主教对天文"测验可据，毫发不爽"（艾儒略：《大西利先生行迹》）。从这个故事里也可以看出，最初之所以接近传教士的是在于自然科学方面。当时有不少科学家和传教士接触，完全是为了科学，他们始终不曾接受基督教，例如方以智父子以及清初的一些科学家。此外也有一些与传教士有接触、有往还的人，既无科学兴趣，也不信教，但他们觉得传教士颇有"儒风"，颇通"儒理"，如叶向高就是其中的一个。他曾和传教士们唱和，并且和艾儒略辩论过天主教与儒教的道理，艾儒略把这次辩论记录下来，便写成了《三山论学记》，这里叶向高所表现的不失为一个开明人士的态度。

（二）天主教与二氏的论战

另一方面，天主教的教义，在中国也引起了各种不同程度的反对。耶稣会传教士在与反对者进行理论斗争时，采取了如下的策略：（一）在对儒、道、佛三教的关系上是联合儒家以反对佛、道，这即所谓的"合儒"；（二）在对儒家的态度上是附会先儒以反对后儒，这即所谓的"补儒"；（三）在对先儒的态度上，则是以天主教经学来修改儒家的理论，这即所谓的"益儒"、"超儒"。

最早的天主教与反天主教的大辩论，爆发在双方代表人物集中地的杭州和福州。传教士从利玛窦开始，就明确地规定了联合儒家，反对佛、道的斗争路线："二氏之谓曰无、曰空，于天主理大相剌谬，其不可崇尚明矣。夫儒之谓曰有、曰诚，虽未闻其择，固庶几乎！"（《天主实义》第二篇）其所以要采取这样的路线，一则由于儒家传统根深蒂固，要正面作对，是不现实的；二则由于儒家传统中并没有一套严格的宗教教条与宗教信仰，用天主教的上帝来附会古代的"天"或"帝"，是比较容易的一种办法。但是二氏,特别是佛教,有另一套比较完备的宗教体系,那就和天主教无法相容了。用传教士们自己的说法,便是"所是所非,皆取凭于离合,尧、舜、周、孔,皆以修身事上帝为教,则是之;佛教抗诬上帝,而欲加诸其上,则非之"〔《辩学遗牍·利(玛窦)先生复虞(淳熙)诠部书》〕。为了附会儒家,攻击佛教,传教士还编造过不少神话,曲解历史。利玛窦就编造过这样的故事:"考中国之史,当汉明帝时,尝闻其事(基督教),遣使西往求经,使者半途误值身毒之国,取其佛经,流传中国。迄今贵邦为所诳诱,不得闻其正道,大为学术之祸,岂不惨哉!"(《天主实义》第八篇)这好像说,以前中国往西天取来的是伪经,现在耶稣会传教士所传来的才是真经。有时候耶稣会甚至于公然采取以辟佛、道为己任的姿态出现:

> "搢绅亦好习其说(佛道)者,徒以生死之际,孔子未尝明言,……虽欲骤折之,而无辞焉。岂知教从天来,二氏不奉天,即非正教,妄自主教,即为亵天,此易折耳。若夫(天主教)治世既不离君臣父子之经,而修性又详通生死幽明之理,得非至大至公至正之道乎!"(孟儒望:《炤迷四镜》,张能信"序")

这种维护封建秩序的说法,倒是说出了耶稣会传教士所以要捧儒的秘密。

当时有名的袾宏(云栖)和尚,曾写过辨天四说(《天说》三则《天说余》一则,载《竹窗三笔》篇末)攻击天主教,天主教方面遂有托名利玛窦所作的《辩学遗牍》来反驳(按:《辩学遗牍》非利玛窦所作,当时与他们相辩论的佛教徒就已经指出过,见张广湉《证妄说》,载《圣朝破邪集》卷七,又释密云《辨天三说》,也提到过这件事;但可以把它视为利玛窦门派弟子的作品,并可以认为是代表利玛窦的见解)。袾宏的主要论点是:(一)天即理,所以不能成为世界的主宰;(二)灵魂是轮回的,而不是不灭的;(三)孔孟的学说已经是美满的,所以不再需要天主教的学说。这三点也是以后双方辩论的中心问题,而第三个问题更表明佛教也采取了同样的手法,捧儒以反天主教。此后天主教与佛教的论战中,双方的说法都仿佛俨然以儒教的卫道者自居。对袾宏所提出的三个问题,《辩学遗牍》答复说:(一)天主是神,不是理,所以他是一个创造者和主宰者;(二)灵魂是不灭的,但不是轮回的,而且即使是承认灵魂轮回,理论上也首先必须承认灵魂不灭;(三)天主教的目的正是要发扬孔、孟之学,因为自从秦火和佛、道出现之后,孔、孟圣学已经"残缺"了。此后长时期的辩论,大体是按照这种方式和性质继续下去的。

耶稣会会士之攻击佛、道,尤其是佛教,其论证是沿着如下几个方面进行的:(一)从科学(天文学和地理学)方面论证佛教宇宙学说的荒谬;(二)从历史方面论证佛教传入中国后,"世道人心未见其胜于唐、虞三代"(《辩学遗牍·利先生复虞诠部书》),并且论证佛教不合于尧、舜、周、孔;(三)从思想渊源方面论证,佛教的轮回观念出于"闭他卧刺"(即毕达哥拉斯,鼎盛期约当公元前 532—529 年),而寂灭的观念则出于老氏,其错误在于"不知认主而以人(佛)为神"(《天主实义》冯应京"序",李之藻"序";又利玛窦《畸人十篇》第八篇);(四)从形而上学方面论证世界的存在必须有"因",而佛教所说的"空"、"无",不能产生万物的"实"和"有"(《天主实义》第二篇)。耶稣会传教士始终是坚持"有"(上帝)以反对佛教的"无"的,这是他们理论上的分歧点之一;(五)从生活实践方面论证老氏既著书立说,"辨天下名理",而又提倡"勿为勿意勿言",是自相矛盾(《天主实义》第六篇);(六)从基督教神话方面论证天堂地狱是实有的,是从"辂齐拂儿"(Lucifer,魔鬼)而开始的,天堂、地狱是灵魂的归宿。西方中世纪基督教始终认为天堂、地狱是真实的,所以天堂、地狱的说法传入之后,曾引起非常尖锐的争辩。

总的来说,耶稣会传教士并没有提出什么科学理论来,无论是在世界观方面还是在世界图象方面,传教士所传来的理论和思想,并没有资本主义时代的思想成分。纪昀对他们之间的争论做过如下的结论:

"利玛窦力排释氏,故学佛者起而相争,利玛窦又反唇相诘,各持一悠谬荒唐之说，以较胜负于不可究诘之地，不知佛教可辟，非天主教所可辟，天主教可辟，又非佛教所可辟，均所谓同浴而讥裸裎耳。"(《四库全书总目提要》)

(三)天主教的合儒工作

从利玛窦开始，耶稣会会士就在进行"合儒"、"补儒"、"益儒"、"超儒"的工作。因为儒家经典是中国所普遍理解的语言，所以他们极力从中国古籍里寻找根据，附会中国古代的"天"即基督教的天主。他们剥夺中国古代"天"概念中的任何自然性的意义，而赋给它以完全基督教的人格神的意义。他们反复征引中国古代关于"上帝"的语句，企图证明中国古代并"不以苍天为上帝"，证明"吾国天主即经言上帝"，"历观古书而知上帝与天主特异以名也"(《天主实义》第二篇)。证明了这一点以后，于是中国的上帝就被赋予了天主教的上帝的全部德性：它是唯一的、至高无上的创造者与主宰者，它是无始无终的，它是全知、全能、全在的，它是善恶的审判者与赏罚者，因而中国传统的"天"，就被改造成为经院哲学的"陡斯"，而中国的"天"和"地"就被改造成为天堂和地狱，中国的"天"既然就是基督教的创世主，这就说明"天学"不是西方所特有的，中国从尧、舜、禹、汤、文、武、周、孔以来"圣圣相传"的"尊天、畏天、事天、敬天之学"(《天主教合儒》引言，载《天儒同异考》)和西方的天主教是一一符合的。这就是天主教"合儒"以至"超儒"的理论工作的内容。

传教士还从中国的经典里寻找出灵魂不灭的根据，例如：

"《西伯戡黎》，祖伊谏纣曰，……非先王不相我后人，惟王淫戏自绝。祖伊在盘庚之后，而谓殷先王既崩，而能相其子孙，则以死者之灵魂为永在不灭矣"(《天主实义》第四篇)。

他们更寻找到了天堂、地狱的根据，例如：

"《诗》曰，文王在上，于昭于天，文王陟降，在帝左右。……夫在上，在天，在帝左右，非天堂之谓其何欤？"(同上第七篇)

他们又寻找到孔子的"仁"可以等同于基督教的"爱",例如"仲尼说仁,惟曰爱人。……仁也者,乃爱天主与夫爱人","行斯二者,百行全备矣"(《天主实义》第七篇)。

通过这种经院哲学的附会方法,居然证明了天主教与儒教没有不同,于是"谓之西海之大儒,即中华之大儒可也"(魏裔介《道未汤(若望)先生七秩寿·序》,载《主制群征》附)。耶稣会会士来中国之后,并不自称为"释"或"僧",而是儒冠儒服,自称为"儒"的;和他们相往还的士大夫也称道他们能"深得儒旨"或"深契儒风"。天主教合儒的做法也投合了中国信徒们的胃口,他们认为"西儒之学与吾儒同"(高一志:《童幼教育》,韩霖"序"),认为"(天学)学本事天,与吾儒知天,畏天,在帝左右之旨无二"(金尼阁:《西儒耳目资》,王澄"序"),连不信教的人,也有人认为:"(天学)往往与儒教互相发明,……其说为近儒,而劝世较为亲切,不似释氏动以恍惚支离之语,愚骇庸俗也。"(谢肇淛:《五杂俎》卷四地部二《天主国》条)

传教士在"合儒"工作上也遇到了困难。中国最早的古籍中关于"天"和"帝"的记载一般是有神论的,稍后的性与天道的理论也是比较容易得出各种解释的,因而便于天主教用它们的概念去进行偷换,但是唐、宋以来儒家另以一套比较完备的、僵化的公式注解了经典,其中吸取了禅宗和道家的理论,形成一种和西方中古哲学形式相异的形而上学,即所谓道学,这样,天主教"合儒"的工作进行起来,就要困难得多了。传教士在这里所采取的办法是,划分开"先儒"和"后儒"而分别对待,先儒是他们所同意的,但是后儒则是他们所要反对的。为此,他们便创造了和道学家的"道统"相异的另一种洋道统的损益理论:

"中华之教,历观《诗》、《书》孔、孟之言,皆以性命出于天为本,以事上帝为主……但汉以后,异端蜂起,而真解乱矣。由是可见,道统之传,后世有损,……惟彼拘于世俗之儒不察正理,专于虚句,而曲论古学之真意,且其所本、所立、所务、所归者,虽与佛、老不同,而其失则一。"(卫方济〔Francois Noël,公元 1651—1729 年,

比利时人，1687 年来华]《人罪至重》)

先儒才是"真儒"，而后儒则是"伪儒"，或者称为"拘儒"或"俗儒"，他们对于这样的后儒和对待佛、道，是持同样的反对态度的。"佛氏以托生为佛，升天为归；道家以长生成仙飞升为归；俗儒以生前身安，死后神散为归；佛失之空，道失之妄，儒失之俗。"(同上) 所谓先儒、后儒，其间有着这样的界限："何谓先儒？ 信经不信传，论经不论小字者也；何谓后儒？ 信经亦信传，论经亦论小字者也。"(孙璋〔Alexander de la Charme，公元 1695—1767 年，法国人，1728 年来华〕《性理真诠》)

耶稣会传教士的工作，首先批判后儒而返原于先儒，再通过解释先儒来确立"儒即天，天即儒"的两位一体，从而最后以天主教的经院神学代替儒教，以达到其"超儒"的目的。在这上面，他们也仿效道学家的"抽象继承法"，弄出一套历史谬论，据说："儒者本天，故知天，事天，畏天，皆中华先圣之学也，《诗》、《书》所称，炳如日星，可考镜已；自秦以来，天之尊始分，汉以后，天之尊始屈。"(杨廷筠：《西学凡·序》) 自此而后就形成了一种"真儒既衰，伪儒继起"(孙璋：《性理真诠》) 的局面，因而自秦汉以来"千六百年天学几晦，而无有能明不然者"(《西学凡·序》)，一直要等到"利氏(玛窦)自海外来"，于是这种不传之旨，才又"洞会道原，实修实证"(同上)。秦、汉以来的一千六百年，被说成是中国史上的黑暗时代，这样也就可以说明耶稣会会士传来天主教的意义之伟大了！ 一切历史都是神意体现的历史，而一部中国学术文化史也就是一部天学兴衰的历史。然而这种洋道统的宣传，却正逢上中国启蒙学者们攻打中国"道统"的时代，不但如此，中国这时已经出现了"二千年帝王皆盗贼"的命题，企图作神学的王者师的教士们，是显得多么不光彩！ 这里应该指出，当时的中国已经发展到了这样的一个历史时期，要研究自然科学就必须反对旧的经院传统，要揭露封建统治就必须反对神学；像徐光启、李之藻等人，虽然和李贽、方以智不同，但基本上是反对旧传统的，他们多少是属于启蒙行列里的上层人物。但是传教士们则不然，其所以反对后儒的传统，则是从另一个方面出发的,是要以一种更严格的、更落后的教义来代替"后儒"的传统,是企图把人们的思想意识更拉向后退。从这个意义上来说,徐光启、李之藻等人有其反封建的一面,而传教士则是站在封建主义的立场上来宣扬天主教"合儒"的。

(四)天主教与后儒的关系

如上所述,传教士指责后儒,其针锋主要是指向宋、明道学。

所谓先儒的"天"和"上帝",和造物主的上帝附会在一起了,但是宋儒的道学,却不大容易与一个造物主的观念相联系。正统天主教在西方是极力攻击自然神教的,他们把自然神教看成是一种无神论,自然神教既然不承认人格神的上帝的存在,也就不承认灵魂不灭、天堂、地狱等等,这就等于否定教会的作用和教权阶级的地位。所以传教士在中国反对后儒的理论,是用欧洲对自然神论斗争的经验来向中国灌输旧上帝。

耶稣会会士是把后儒和佛、道等量齐观的。据说,从秦代之后"古籍云亡,真传几灭,洎乎秦、汉、晋、唐以来,伪儒迭兴,议论各书,先后继起"(《性理真诠》),所以他们反复告诫人们"勿参以后儒之意见,勿溺于二氏之邪说"(韩霖《铎书》)。他们对后儒的攻击主要仍然环绕着如下正统神学的几个中心问题。

第一,教士们强调上帝不是"太极"。上帝必须是"至尊无对"的"天地真主"(《性理真诠》),是有人格的创造主,因此,他们不能允许对世界的本体作任何带有自然意义的解释。上帝既不能是"太极",也不能是"天"、"地",从利玛窦开始,耶稣会会士就正面攻击宋儒的说法。利玛窦反驳朱熹说:

> "夫至尊无两,惟一焉耳。曰天、曰地、是二之也。……朱注曰,'不言后土者、省文也。'窃意仲尼明一之不可为二,何独省文乎?《周颂》曰'上帝是皇',……夫帝者非天之谓,则不以苍天为上帝可知。"(《天主实义》第二篇)

他们强调上帝不等于天,而后儒则用形而上学化了的反映皇权的太极或宗统式的天地去代替上帝。据说,先儒是认识到上帝存在的,然而"迨真儒既衰,伪儒继起,方立后土之说,以乾为父、坤为母、郊以祭天,社以祭地,竟将肇造乾坤之真宰,生养吾人之大父,昧然不知矣。更有甚者,不惟立五帝以主五方,更创太极、太虚、太乙、太和、理气,阴阳之说,惑世诬民,是将天主真主全然抹杀"(孙璋:《性理真诠》)。根本的分歧之点在于后儒的太极、无极或其他类似的观念,都含有反映皇权和宗主的色彩,和由于一个创世主的人格神不相适合,因而也和天主教"创世记"的观念相矛盾。

第二,教士们强调上帝不是"理"或"心"。反教者曾经有过天主教的上帝即"理而已矣"的说法,这同样是耶稣会会士所不能接受的:

"(天)主教尊天,儒教亦尊天,(天)主教穷理,儒教亦穷理。……后之儒者,乃以隔膜之见,妄为注释,如所谓天即理也,含糊不明。"(魏裔介:《道未汤(若望)先生七秩寿·序》)

杨光先攻击上帝存在,曾经有过这样的一段话:

"天主虽神,实二气中之一气,以二气中之一气而谓能造生万有之二气,于理通乎？……而所谓(天主)无始者,无其始也;有无始,则必有生无始者之无无始,有生无始者之无无始,则必又有生无无始者之无无无始,溯而上之,曷有穷极？而无始亦不得名天主矣。"(杨光先:《辟邪论》上,载《不得已》卷上)

天主教对此的答复,就是把世界分为自然世界与超自然世界的两橛:自然世界(被创造者),是有始有终的,而超自然世界(创造者),则是无始无终的;不能把自然世界的逻辑,应用到启示的真理上面来。

欧洲文艺复兴以来的新世界观,大都倾向于把神融解于自然,而耶稣会强调上帝之超自然,正是代表了封建传统对于新思想、新科学的一种反动。超自然的上帝是人智所不能认识的,而那作为自然世界原则的理,则是人智可以认识的;文艺复兴以来的新思想、新科学,在某种意义上,都是想去尝试被中世纪教会所宣布为"禁果"的东西,而耶稣会的使命正是要维护这个"禁果"的神圣不可侵犯。在欧洲经历了这样理论斗争的传教士们,很自然就会在中国翻版它。不过,他们所遇见的道学家并不是欧洲文艺复兴的科学家,而是中国中世纪的哲学流派。

耶稣会会士指责后儒的错误在于以"理"代替了"上帝":

> "朱注曰,'天即理也。……天命者,天所赋之正理也。……'盖不识有一上帝,至权能、至纯神,造成天地万物而掌治之。形天特其所造中之一物,非上帝也。又不悟古人此'天'字是借称,遂误认天有理与气之两项,有时专以形言,有时专以理言。又谓苍苍之天,即此道理之天。分合都错也。"(严谟:《诗书辨错解》)

在经院哲学里,理是"形性"的,而神是"超性"的,不能用形性的理,代替超性的神,理不能代替神成为"创世记"的根据:

> "理卑于人,理为物,而非物为理也。故仲尼曰,'人能弘道,非道弘人也'。……理含万物之灵,化生万物,此乃天主也,何独谓之理,谓之太极哉?"(《天主实义》第二篇)

按经院哲学的说法,世界万物都必须有"因",理既然也是被创造的,所以理就不能成为世界的根本"造因",理就不能成为万物的创造者。利玛窦假设过一段中士和西士的对话:

> "中士曰:无其理则无其物,是故我周子相信理为物之原也。西士曰:无子则无父,谁言子为父之原乎?……有物则有物之理,无此物之实即无此理之实,若以虚理为物之原,是无异乎佛老之说。……试问于子,阴阳五行之理,一动一静之际,辄能生阴阳五行;则今有车理,岂不动而生一乘车乎?"(《天主实义》第二篇)

这就是说,"理"不可能创造世界。

世界的创造者既不能是"理",同时也就不能是"心"。"即心即理"和"即物即理",都是耶稣会所不能容纳的,因为过分地推崇"心"的作用,就有降低上帝及其代理人(教会)地位的危险,所以他们指责心学是"不解原天之心"(韩瑞梧:《西圣七编·序》,载《绝徼·同文纪》)。天主教正统神学决不许可把"理"或"心"视为是世界的起源与归宿，"理"和"心"不能完成基督教的神学目的论，只有天主才能既是起源又是归宿，才能构成一套彻头彻尾的神学目的论。太极、理、心，以及其他的类似概念，都不能代替创造者的上帝：

> "若太极只解之所谓理，则不能为天地万物之原矣。盖理亦依赖之类，自不能立，曷立他物哉？中国文人学士讲论理者，只谓有二端，或在人心或在事物，事物之理合乎人心之理，方谓真实焉，人心能穷彼在物之理，而尽其知，则谓之格物焉。据此两端，则理固依赖，奚得为物原乎？二者皆在物后，而后岂先者之原？"（利玛窦：《天主实义》第二篇）

这里把理论证为第二性的，是要说明那能满足既是起源又是归宿这个条件的必须是创世主。

第三，既然否定了太极与理，所以耶稣会会士也就否认道学家的宇宙论以及理气、阴阳、四时、五行等等概念。他们提出：

> "夫俗儒言理，言道，言天，莫不以此为万物之根本矣。但究其所谓理，所谓道，所谓天，皆归于虚文而已。盖自理而言，或谓之天，或谓之性，自道而言，或谓之太极，或谓之无极，或谓之气化。然天也，性也，心也，太极也，无极也，气化也，从何而有？理出于心，心出于性，性出于天，天则从何而出？……若夫无极与太极之义，要不外理气两端，周子以无极太极与太虚为一，张子以太虚与理与天为一，然则天也，理也，气也，皆不能自有，则必先有他有，则必先有其所以然，既先有其所以然，则不能为万物太初之根本，明矣。如此，则俗儒所称万物之大本，虽曰实理，终归于虚理虚文而已矣。"（卫方济：《人罪至重》）

一切因，推到最后必须有一个没有原因的原因，一切运动推到最后，必须有一个不运动的推动者，在耶稣会会士看来，中国的后儒所持的神学还不配反映"特权，例外权之类存在"的封建主义世界观，而惟有欧洲中世纪经院哲学才能尽这一职责。耶稣会会士就用这种神学特权来否定道学家的圣人特权。世界既然是一个有目的而创造的金字塔，那就不能容忍世界上有任何事物可以成为目的论体系中的空白点。好像道学家还不配作说教者，封建等级制的社会秩序必须更明白如画地反射成为一个等级制的思想体系。自然界(与社会)的每一事物，其所以存在都在于为更高一级的目的而服务，一切的价值最后都向着唯一无二的上帝。上帝先于万有，上帝存于万有，上帝又后于万有，上帝是一切的起源，是一切的支持，是一切的归宿。耶稣会的这种理论完全是正统天主教的神学理论，万有都被赋予神学的价值与意义。而中国的道学，在他们看来，民族特点过强，就不配做世界性的宗教。

耶稣会会士们的正统宗教观点是和新教的宗教观点相对立的。在正统神学的眼光里，把上帝从天上的宝座上拉下来溶解于地上的万有之中，这样就使上帝丧失了他头上神圣的光环。宗教改革以后，欧洲各种"异端"的出现如雨后春笋，它们总的倾向都是要抹杀特权的上帝(从而也就抹掉上帝在地上的代表的罗马教会)的地位，它们普遍要求思想与信仰的自由，要求个人有按照自己的方式崇拜上帝之权。耶稣会是在宗教改革的冲击之下天主教反动的产物，它是在保卫"圣教"并反对"异端"的斗争中兴盛起来的，它们绝不放过任何与正统宗教理论相左的观点作斗争的机会。当时在中国，新起的"异端"学者如李贽、方以智等人，也曾各树一帜，反对中国的正统道学。这个时代是暴风雨袭来的新时代。然而耶稣会会士们却是从极右的方面把道学家也看做一种"异端"。下面的故事就提供了一个典型的例子。

> "汝南李公素以道学称，崇奉释氏，多有从之者。一日与诸生论道。……时诸公复辩论心性善恶不一，利子玛窦集合众论，具言人性为至善之主所赋，宁复有不善乎？且贬'万物一体'之说；人咸深赏其言。"(艾儒略：《大西利先生行迹》)

所谓"贬万物一体"之说，即否认太极生万物的世界观，否认以抽象的太极这个动力来代替所谓"妙有"的上帝这个创造者：

> "太极之说，总不外理气二字，未尝言其有灵明知觉也。既无灵明知觉，则何以主宰万化？愚谓气于天地，犹木瓦于宫室；理也

者殆又室之规模乎？二者阙一不得，然不有工师，谁为之前堂后寝？……物物各具一太极，则太极岂非物之元质与物同体者乎？既与物同体，则囿于物不得为天地主矣。"（艾儒略：《三山论学记》）

耶稣会会士们好像误把欧洲文艺复兴以来的泛神论，和中国传统的"万物一体"之说，看成一样，因而把中国的正统思想误解成为封建的异端。从这一点也可以看出耶稣会的活动的性质，是多么具有封建主义的性格。

形而上学的唯心主义，把属于超性的创造主和属于形性的事物规律弄在一起，本来是中外都有的思想派别，但在耶稣会看来，这还不够是十足的神学：

"天命之谓性。朱注曰：'命犹令也，性即理也。天以阴阳五行化生万物，气以形成，而理亦赋焉，犹命令也。于是人物之生，各得其所赋之理，以为主建顺五德之常，所谓性也。'辨曰：后儒总不识有一上帝，不识经书以'天'字借称'上帝'，只认有一理气而已。……独不思上古圣贤所言'天'，不是阴阳五行，人性之四德亦不属阴阳五行。……盖彼所谓理者，终不能超乎形之外，故上而天命亦概以阴阳元亨利贞之四气。……天与人之别者，止争在天在人之时，人之与禽兽草木别者，止争偏全之分，将天人物合笼作一体，共是一件事物，自喜以为穷极天人之原，融会古今之论，而不知其大错！"（严谟：《诗书辨错解》）

万物一体即所谓天人合一，古说的义解，并没有什么了不起的新道理，但罗马教会是反对任何种类的天人合一的；天与人的交通，必须是而且只能是通过教会的"愚蠢的媒介"。耶稣会会士们也仿效中国的一套传心之学，编造历史："盖秦火之后，汉时方术之士盛行，乘诏求道书，而诸伪悉显"，而道学所根据的就是伪书："太极生两仪，乃康节、希夷之流托言附会"，"凡诸非义，皆后世方术士借名窃附，以张伪学者"（严谟：《周易指疑》）。耶稣会宣称，他们与后儒的根本不同，就在于他们以其天学恢复了古代先儒的真面目：

> "古者称'天'之正义，久失原本，所以后儒诠训，各自为说。
> 或云天即理即气，或以为太极无极，甚有云即吾心之天；其言弥多，
> 其理弥晦。夫古者之称天，称天之主宰，……盖指灵明之大君，以
> 其宰判天地万物，黜陟幽明，品位崇隆，无与配偶，是为无上最尊之
> 帝也。"（严谟：《存朴编》）

这就说明，不论在概念上还是在推论中带着对科学有一点让步的唯心
主义，都失去了天真的古义，也即不合于一个有至高无上主宰的正统
神学。

耶稣会会士之以西方正统的经院哲学来攻击中国正统的经院哲
学，这件事并不单纯意味着批判道学的形而上学，而且意味着积极防止
科学的传播。他们这些欧洲的败将们，如果想收复失地于亚洲，就不能
不防患于未然，首先应在神学上不要沾染一点儿自然神的气味。因为
当时欧洲的情况是很不妙的。正统神学原来把世界万有的品质不同，
归之于上帝的创造、上帝的主宰（这种世界观是和封建等级制相适应
的），而自然神论则把品质不同的万有，看成是由同样的物质材料所构
成的，并受同样的自然规律所支配的，从而引向机械的唯物主义。这
样，就从神学的"质"的世界观的束缚之下解放出来，向着"量"的世界
观迈进了一步。这是哲学史的一个进步，是科学发展所带来的一个进
步。中国当时的思想发展史，是力图从道学的形而上学中解放的，事实
上当时已经形成了一种思潮。但天主教神学的目的论则是衰朽阶极对
于资本主义上升时期的科学发展进行反抗的武器，从这种意义来说，耶
稣会所传来的理论是和科学相对立的。近代科学的兴起，在世界观和
思想方法论上，主张自然界有着普遍的、必然的法则的存在。如果不承
认世界万有的品类不同都是由于同样的物质构成的，如果接受经院哲
学的见解认为万有品类的不同是由神意所规定的，则科学便显然无法
追求一种普遍的、必然的法则来解释世界了。耶稣会任何反对靠近自
然科学的说法，背后都隐藏着一个森严的封建等级制。世界上一切事

物的不同,归根结底,按耶稣会的说法来说,都是上帝安排好了的品类的等差或级别,一切品类各有其特定的地位,而不可改变。品质的不同的世界是一个永远不能转化的世界,所以万有不齐的世界里就不能有普遍的自然规律可寻,而只有诉之于神的主宰权,即"例外权"了。这种僧侣主义,是与近代科学相违背的,因为近代科学首先要把世界的一切差别归结为数量的差别,归结为运动(参看笛卡尔《哲学原理》第二部原理二十三)。

明白了这一点,我们就知道耶稣会之所以努力以正统天主教经院神学来合儒、补儒、益儒与超儒,其作用是企图以一种更反动的经院哲学,来代替中国原有的经院哲学。道学家们的世界观是唯心主义的,但他们描述的世界图像,不同于原始的宗教,他们的一些哲学范畴,也被进步思想家利用来作了唯物主义的解释或改造。因此我们说,两种反道学,即耶稣会会士们的反对道学与启蒙学者的反对道学,两者的根本倾向是迥然不同的。

(五)所谓天主教超儒

利玛窦在中国资产阶级历史学中曾有极高的声誉,原因之一,在于他曾尽量以中国装束打扮自己。但这不能改变一项事实,即:在他们捧儒以反佛,又捧先儒以反后儒之后,天主教的神学与所谓的"先儒"之教也依然是不同的。于是在合儒与补儒之后,就必须继之以益儒和超儒了。所谓超儒即把儒家认为是代表低级阶段的真理,而把天主教则说成是更高一级的真理。从各方面攻击天主教的人几乎异口同声地强调孔孟的学说已经是完备的、美满的,不再需要天主教的任何新说法来加以补充或修饰了。但天主教方面则强调孔子的学说虽然是正确的,但却是不够的,一定要由天主教来补益。据说,天主教与儒教是相同的,不相冲突的,天主教包括了儒家的道理,但儒家的道理只涉及有形世界的道理(率性),而超乎有形世界之外、之上的,还有更高一级的超性学,那却是儒家所没有的了。天主教就要用这种"更高级的"道理来

补充、阐明并且提高儒教。这就是中国除原有的儒教而外,还必须接受天主教的理由。据说,天主教:

> "其道有显焉而易通,有玄焉而难测。易通者率性,难测者超性。率性者以迁善去恶为本,……与吾儒之学相为表里;然道贵实践,故有超性以勉其行,超性之学其言微、其义广矣"(温古子:《六书实义》,知新翁"跋")。

天学与儒学的这一理论上的区别与界限,是耶稣会会士始终所坚持着的。他们对此,不仅不讳言,而且还加以强调,以抬高"天学"的地位。他们指责儒者说:

> "沾沾守其师说,而谓六合内外,尽可不论不议,此岂通论乎?要以风气各殊,本原自一;途径虽异,指归则同。一者何也?曰天也。谨其一则可于一参不一,亦可以不一证一。先圣后圣不必同而道同,即东西海、南北海之圣人亦不必同,而无不同矣。天学一教入中国,于吾儒互有同异,然认主归宗,与吾儒知天、事天,若合符节,至于读理析教,究极精微,则真有前圣所未知而若可知,前圣所未能而若可能者矣。"(艾儒略:《西方答问》,朱嘉德"序")

天主教的天学有着超乎儒者之上的真理:"天壤间是有真理,儒教已备,而犹有未尽晰者,非得天主教以益之不可。"(张星曜:《天儒同异考·弁言》)甚而推论说,作一个真正的儒者就必然要信仰天主,就必然要接受"天学";不信仰天主,不接受"天学"的,就不是一个真正的儒者:

> "今试取孔子之书读之,其所昭人凛凛昭事者何物?尊奉天主正践孔子之言,守孔子之训也。乃猥云儒学已足不待天学,非特天主之罪人,亦孔子之罪人也,……尽伦之事,沾事之略,大较相同,而死生鬼神之故,实有吾儒未及明言者。其实孔子罕言命,非不言也。……学问之道,必晓然明见万有之原始,日后之究竟,乃可绝歧路而一尊,此在儒书多为未显融,独天学详之。"(朱宗元:《答客问》)

这样，"天学"显然是要对儒学进行一种经院哲学式的反动的改造。

传教士说佛、道是错误的，孔、孟是不完备的：

> "若夫二氏争鸣，既主于空寂，复背乎宗根，毁心灭性，人道斯亡，何足道哉！至孔、孟遗经，推原于造物，致乎存养，学思兼臻，危微并惕，庶几成德之途钦！然乃率性而已，虽持循有据，幽尚略而未详。"（林安多:《崇修精蕴》）

用什么来补充孔、孟呢？用的就是天主教正统神学或超性学。显然可见，所谓益儒、超儒，实际上就是以天主教神学来诠释并补修儒家的观念。详细考证每一种说法的异同，是不必要的。我们不妨把注意力集中在耶稣会会士曾提出过的比较重要的新解释的旧问题上：

一、耶稣会把儒教的"天"修改为天主教的上帝。这是传教士理论工作的核心问题，是每个传教士都曾反复讨论过的问题。汤若望有一段话可以作为耶稣会有代表性的结论：

> "或问中学亦尊天，与主教何异？曰中学所尊之天，非苍苍者，亦属无形；第其所谓无形卒不越于天。盖天之苍苍其形，而天之运用不测，即其神也。运用不测之神，虽无形而不离于形，与天一体。是无心无主张者，非吾所称尊主也。吾所称尊主虽曰不可见、不可闻，而非即以不可见、不可闻为贵。盖与天地万物，其体绝异，至纯至灵，不由太极，不属阴阳，而太极阴阳，并受其造，且一切受造，无不听其宰制者。神功浩大，人不能测，遂曰无心，岂真无心无主张者哉？"（《主制群征》卷下）

这是以上帝代"天"的主要论证。

二、以"形式"和"质材"的观念来解释"理"和"气"。传教士提出的理论是：

> "天地间物类纷纷，要不外理气性三者。何以言之？理也气也性也三者包万物之内外，贯万物之始终。……（气）固非空际摩荡之气，亦非口中呼吸之气，乃万物浑然各具之本质，所以受象成形之材料也，其材料即是其气也。……材料者，砖瓦木植也，而砖

瓦木植即材料之气也。以是知造万物之材料,其名数虽多,然其总括之名惟称之曰气耳,所谓阴阳是也。理也者、即具于万物形体之中,所以定其向而不能违其则者也,如房屋之理非他,即修筑宅固安排工巧,恰合其用,便人居处耳。明乎此,则各物类之本性从可识矣。气与理二者兼备一物之中,谓之性,性也者即各物类之本体,具本能而为此为彼,效其用而不乱者也。"(《性理真诠》)

这是最早的以亚里士多德哲学中的"形式"和"质料",来解释"理"和"气"的。然而现代也还有人摭拾着中古经院哲学的这种牙慧,号之曰"最哲学的哲学"。不过经院哲学并不承认理在事先:

"二气之运旋者非乎抑理也? 曰:二气不出变化之材料,成物之形质。理即物之准则,依于物而不能物物。《诗》曰:'有物有则',则即理也;必先有物,而后有理,理非能先物者。"(《三山论学记》)

如果一定要说理在物之先,那么"余(艾儒略)以物先之理,归于天主灵明,为造物主体;盖造物主未有万有,其无穷灵明,必先包函万物之理"(同上)。

三、以希腊哲学中的"潜能"与"实现"来解说性与德。这种说法也是由利玛窦开其端的。我们已经说过,耶稣会曾提出性与德(善恶)的关系,即体与用的关系,或潜能与实现的关系。利玛窦说:

"人之性情虽本善,不可因而谓世人之悉善人也,惟有德之人乃为善人。德加于善,其用也,在本善性体之上焉。……性之善为良善,德之善为习善,夫良善者,天主原化性命之德,而我无功焉;我所谓功,只在自习积德之善也。"(《天主实义》第七篇)

不过这些夹在神学里的希腊观念,在当时并未起过多大的影响。而翻译这些术语的人,倒是唤起了对于中国古代诸子思想的注意,我们从《寰有诠》译文的语汇就可以清楚地看出来。

四、把中国古老的政治社会道德的观点和天主教的中古政治社会道德的观点糅合在一起。

　　"吾儒之'克己复礼'，即'天学'之七克十诫也。吾儒之'内自讼'、'内省不疚'，即'天学'之□□□□□（原文缺）也。吾儒之'日新其德'、'改过迁善'，即'天学'之□□□□□（原文缺）也。吾儒之'修身立命'，'富贵在天'，即'天学'之天堂地狱，死后审判、四末恒怀也。吾儒之'尽心知性'、'格物穷理'，即'天学'之神功默想，朝夕不辍，与弥撒式守斋，鞭策补赎，日日修持、时时明道，总研极于性命归根之要也。……天、儒一致，表里同符，诚哉！'道之大原出于天'，天生儒，儒承天，则其教固一而二，二而一者也，合内外之道也。"（陈熏：《开天宝钥》）

如果我们记得这段话的思想原是在16世纪编造，而在18世纪所复述的，又如果我们能记得：

　　"差不多和哥白尼的伟大发现（真正的太阳系）同时，也发现了国家的引力定律：国家的重心是在它本身中找到的。……马基雅弗利、康帕内拉和其后的霍布士、斯宾诺莎、胡果·格劳修斯……都已经用人的眼光来观察国家了，他们是从理性和经验中而不是从神学中引伸出国家的自然规律。"（《马克思恩格斯全集》卷一，页128）

如果两相对比，那么我们就可以看出，这两者之间有着怎样不可调和的对立性。因此，历史主义的分析就会洗刷掉过去资产阶级学者在这方面的渲染。

（六）反对天主教的各种理论

　　对天主教的攻击来自各个方面，有的来自传统的道学，有的来自佛教徒，有的来自封建的卫道士；有的从理论方面加以攻击，有的从信仰方面加以攻击，有的从政治方面加以攻击。

　　利玛窦的《天主实义》出版后，引起了大量的非难和辩论。从传统道学而攻击天主教理论的，可以以钟始声为代表，他的《天学初征》和《天学再征》，就是为着与利玛窦、艾儒略论战而写成的。利玛窦曾引证《诗经》、《易传》、《中庸》等书，论证上帝的存在，钟始声针锋相对地提出如下的反驳：

> "吾儒所谓天者有三焉：一者望而苍苍之天，所谓昭昭之多及其无穷者是也；二者统御世间主善罚恶之天，即《诗》、《易》、《中庸》所称上帝是也，彼（天主教）惟知此而已，此言天帝，但治世而非生世；……三者本有灵明之性，无始无终，不生不灭，名之为天，此乃天地万物本原，名之为命。

> "苟能于一事一物之中克见太极易理之全者，在天则为上帝，在鬼神则为灵明，在人则为圣人。……倘天地未分之先，先有一最灵最圣者为天主，则便可有治而无乱，有善而无恶，又何俟后之神灵圣哲为之裁成辅相？而人亦更无与天地合德、先天而天弗违者矣。"（《天学再征》）

钟始声认为天主教的上帝仅仅是"天"的一个组成部分或一个方面，而"天"的本体仍然是"太极"。钟始声否认创世主唯一无二的地位，否认天主教所加给上帝的一切德性。他认为如果世界需要被创造，那么创造主本身也就需要被创造（上面已经提到耶稣会对这一点是怎样答复的），他又认为如果上帝是全能的，就不需要有什么自然秩序和社会秩序了，而且上帝"全在"与"创造"这两个观念是名词上的自相矛盾，而且按照"创世记"的说法也不能解释恶的起源。他对于灵魂不灭，魂有三品，天堂、地狱和赎罪等等，也都一一加以反驳。钟始声的方法仍是以形而上学的形式逻辑作概念分析来揭露天主教经院哲学推理的错误的。他没有认识到天主教经院哲学在一定范围之内也有一套形式逻辑（但限于以宗教信仰为前提），因而辩论就形成了烦琐的概念游戏。

正统的天主教哲学是不允许人们自由地讲世界观的，因为它已经有一套现成的官定世界观，这个世界观任何教士是不能怀疑的。天主教所谓的哲学，只是在这个固定的世界观体系之中，反复进行着概念的游戏和比喻式的推演。文艺复兴以后的哲学，首先就正是针对着正统经院哲学的世界观，而提出自己的新的世界观来的。钟始声所依据的

世界观,当然与天主教的经院哲学不同,但却依然是中世纪的旧世界
观,从而就只能是依赖形式概念的分析去反驳宗教的信条。文艺复兴
以来的哲学之反对经院哲学,主要的是从世界观的观点方面和从思想
方法方面去反对的,而不是从形式逻辑方面去反对的。但是钟始声却
想以一种经院哲学对抗另一种经院哲学,例如他在论上帝与太极的问
题时就说:

> "其(天教)言曰,'物物各有一太极,则太极与物同体,囿于物
> 而不得为天地主'。征曰,太极妙理,无分剂、无方隅,故物物各得
> 其全,全体在物而不囿于物也。……汝谓独一天主,不与物同体,
> 则必高居物表,有分剂、有方隅矣,何谓无所不在?"(《天学再征》)

要拆散经院哲学,不能依靠另一种经院哲学,也不能单靠形式逻辑,而
必须依靠科学。

凡是从儒门的立场上来反对天主教理论的,都具有若干大体相似
的论点。他们否认世界是上帝创造的,但一般是以所谓太极来对抗
上帝:

> "客曰:(利)玛窦以天地万物,皆天主所造。……答曰,阴阳
> 絪缊,万物化生,问孰主宰而隆施是? 虽神圣,不得而名也,故强名
> 曰太极。"(陈侯元:《西学辩四》,载《圣朝破邪集》卷五)

这里讲的也就是强调以不可知的神秘力来对抗"创世记"。他们又强
调以仁义来反对天主教的灵魂道体说:

> "中国之儒门无异学,惟有仁义而已,故死生皆不失其正";
> "子罕言命与仁,……盖命即理也,此理极精微。仁乃道也,此道
> 最广大,惟君子致广大而尽精微。……圣人齐死生也,超死生也,
> 所谓毋意(毋)必(毋)固(毋)我者也。"

与此相对照,则天主教"所谓灵魂者,生时如拘缧绁中,既死则如出暗
狱,教人苦生乐死。"他们质问在这种"生死皆欲"的教义之下,"活泼泼
之趣何在? 坦荡荡之宗奚存?"(黄贞《尊儒亟镜》,载《圣朝破邪集》卷
三)正统的天主教经院哲学和中国正宗的宋、明儒学在世界观上是各

有一套传统的。当时耶稣会会士和道学家的争论,与其说是争辩真理,不如说是争取道统。历史已发展到这样一个阶段,要反经院哲学就非和科学携起手来不可,然而这却是正宗儒门所不能具备的条件。

佛教之反天主教,其争论点主要以关于宗教崇拜方面的居多。例如对于耶稣诞生和升天的神话,关于三位一体的说法等等;这些争论的大部分,实际上是以一种宗教迷信反对另一种宗教迷信。

至于理论方面的争执,则主要在世界的最后根源问题。佛教徒认为天主教坚持有一个"出乎自性明诚之外"的超然的创造主乃是错误的,其所以错误在于他们是"以目前情识,执难先天发育之理",把天和人分裂开来,并对立起来。这种划分先天与后天,乃是"妄执",乃是"虚幻"。在佛教徒看来,"先天发育之理,统于乾元不息,乾元之自强不息,即吾心之本觉常明,吾心之本觉常明,于先天后天,无二、无分、无别、无断也。"(释寂基:《昭奸》,载《辟邪集》卷下)划分开先天和后天,就不能承认万物一体,而先天、后天打成一片,就很容易得出万物一体的结论来。

于是万物一体的问题,就成为天、释两宗另一个争论的焦点。佛教徒认为天主教之主张"天主不与万物一体",是由于"舍乎心,离乎性,向天地万物之外,执有天主"。因此佛教徒强调:

> "万物固无始也,亦无终也。……即此无始无终,是天地之大本也。悉其名则曰本心、曰本性、曰至理、曰大义、曰一气。"(天主教不明了这一宇宙的根本,所以)"用识心妄想分别万物,……既迷一体之旨,亦背一心之道,故舍乎心离乎性,妄执有一天主。"(释费隐:《原道辟邪说》)

正统天主教的世界固然是一个万物本性截然不同的等级结构,但佛教徒批评这种世界观说:"体有性体之体,有形体之体;形则妄而异,性则真而同"(释如纯:《天学初辟》,载《辟邪集》卷上),也还是真俗的分类法。天主教认为万物的形异就是万物的性异,在佛教徒看来,那只是"不悟万物一体,故揣摩有天主以生万物,遂以天主之性不同人性。……此不能尽自性以尽人物之性,故不知人物同灵,原为一体"(释寂基:《昭奸》)。因而天主教就"错认本源,故辄曰人物不同性,人与天主尤遍别,是天主一性、人一性、物一性,而一贯之道,碎裂无余"(释如纯:《天学初辟》)。佛教徒虽然一方面强调唯心主义的万物一体说,提出"佛者觉也,……其觉也非一己之觉也,与万灵同亲是觉"(释密云:《辨天三说》,载《圣朝破邪集》卷七)的说法来;然而另一方面,为了避免陷入平等论的困难,又不能不提出业报轮回的说法,企图以此来解说"万有不齐"(同上)的现象。这样,他们就陷入了以一种世界颠倒意识来反对另一种世界颠倒意识的矛盾中。

天主教的教条与神话曾遭受到各派的攻击。有的如黄贞、钟始声、许大受等人,代表着传统的儒学,质问天主教的神话,如:天主救世为什么就一定非得自己受难不可？天主既然创造了世界,为什么又要创造出罪恶与魔鬼？他们尤其不能同意以信仰天主与否作为善恶的标准,作为最后审判与灵魂得救的标准。

而代表着启蒙思潮的当时中国的先进思想家们,和前一派人物便不同了,早一些的如李卓吾、方以智,晚一些的如王夫之、黄宗羲,他们则是依据着无神论或近代的思想方法,而对耶稣会所传的宗教信仰深致怀疑的。

从天主教传到中国以来,每次的争论和斗争都带有鲜明的政治动机。大部分反教者最仇视于天主教的就在于天主教"用夷变夏"(黄贞:《尊儒亟镜·序》)。虽然这一点传教士认为是不能成立的,他们说在上帝的眼里无所谓中外或华夷的区分;但维护封建正统的反教者们,认为天主教在中国的道统和正统之外,居然"别有所谓天之之说,别有所谓事之之法"(同上),其目的显然是"变乱治统,觊图神器"(林启陆:《诛夷论略》),如果任这种"邪教""夺人国土,乱人学脉","流惑天下,蔓延后世"(黄贞:《破邪集·自序》),就势必酿成篡夺"中国君师两大权"(黄贞:《尊儒亟镜·序》)。沈㴶发动最早的一次教案,即万历四十四年(公元 1616 年)的南京教案,所持的理由便是如此。他奏称:

> "惟皇上为复载昭临之主,是以国号曰大明,何彼夷亦曰大西?且既称归化,岂可为两大之辞以相抗乎?……本朝稽古定制,每诏诰之下,皆曰奉天;而彼夷诡称天主,若将驾轶其上者然,使愚民眩惑,何以适从!"(沈淮:《参远夷疏》,载《南宫署牍》)

天(最高例外权的象征化),只能有一个代表者,那就是皇帝,皇帝握有统治权而代表天,此外天不能再有别的代表。另外提出天和帝来,那就是要篡夺统治权:

> "盖天即帝,帝即天,故尊天即尊帝也,何云上天未可为尊,并讳上帝之号,而改为天主之号乎?……是其标大题僭大号,……凌驾于三王周孔之上,从来大变,未有甚于此者。"(邹维琏:《辟邪管见录》,载《圣朝破邪集》卷六)

道统就是正统的理论根据,争正统就必须争道统:"《天主实义》一书已议孔圣太极之说为非,子思率性之言未妥,孟氏不孝有三之语为迂,朱子郊社之语不通,程子形体主宰性情之解为妄。"(黄贞:《不忍不言》,曾时"序")他们也不无根据地指出天主教"阳斥二氏",而"阴排儒教"(《诛夷论略》),或者说是"伪尊儒而实乱其道脉"(《天学初征》)。他们更指出传教士"不奉召而至潜入我国中,欲以彼国之邪教,移我华夏之民风,是敢以夷变夏"(张广湉:《辟邪摘要略议》,载《圣朝破邪集》卷五),这就是说要篡夺道统;"彼云国中君主有二,一称治世皇帝,一称教化皇帝,是一天而二日,一国而二主"(同上),这就是说要篡夺法统。在整个中世纪,罗马教会从来就是封建制社会最有力的支柱,他们本身就是大封建主,他们代表着以教皇为首的封建统治体系的利益。这一套搬到海外之后,就会和当地原来的封建统治权发生矛盾,这也是不可避免的。而且在西方历史上,教权与王权之间,长期以来的矛盾是人所熟知的事实,因此中世纪末期统一民族国家形成的同时,就必然伴随着教会的民族化。中国早已经就是一个统一的国家,当然在皇权之外无法接受一个外来的教权。

教皇格勒孟十一(Clement XI,公元 1700—1721 年)的禁条(禁止中国信徒祭祖、敬孔)就是把中国的正统法统视之为异端的,同时中国皇帝也是把天主教视为异端的。争天上的王国,其实质就是争地上的王国;争天、争正朔、争教仪和教礼,也就是争封建统治秩序的法律虚构在哪一方。杨光先提出"不得已"的争论其实倒确是有其不得已的。天无二日、人无二君的说法,从维护中国旧有的封建统治秩序的立场而言,本来是很自然的。

耶稣会的活动既不是和平的性质,也不是单纯传教的性质。耶稣会不仅是封建统治的精神宪兵,而且更是殖民帝国的先遣队。耶稣会的反改革是以地球为舞台而展开活动的,就在耶稣会来远东的同时,他们也积极插足于新发现不久的南美洲,在那里他们也是以科学和社会事业为幌子,到处传教,进行其所谓"精神征服",终于耶稣会成为南美洲最大的势力。他们不仅变成为大奴隶主、大地主,而且直接掌握或干预各国的政治,最突出的事例是耶稣会取得了拉布拉他(La Plata)的独占权,竟在巴拉圭建立了一个由宗教团体直接统治的神权政体国家,这个国家的宗教政权一直存在到 18 世纪(18 世纪伏尔泰在他的《赣弟德》(Candida)里还对它作过尖辛的讽刺)。耶稣会东来活动的性质和目的,与他们之在南美洲是不会有什么两样的。不同的是东方的印度和中国,都是人口众多而文化发达的国家,要想和对美洲一样,凭数十百个亡命徒就可以灭人国家,辟地千里,以一小撮传教士就建立起一个宗教王国的事情,是不可能出现的罢了。耶稣会本来是阶级斗争极其尖锐的历史阶段之下的产物。中国资产阶级学者为耶稣会张目与吹嘘的时候,恰好把这件最基本的历史事实遗忘掉了。我们以为当时中国的卫道者们的理论是可笑的,而他们凭着一种狭隘的民族观念或本能,倒是嗅出了耶稣会的侵略气味的,他们和后来的买办资产阶级不同,他们直斥耶稣会是"觊觎中原神器"(《天学再征》)。崇祯十一年(公元1638 年)福州的一批士大夫发表过一个《攘夷报国公揭》,说到天主教:

　　"布满天下,煽惑交结,……似不普中国而变夷狄不已也。且吞我属国……复据我香山澳、台湾、鸡笼、淡水,以破闽、粤之门户,

一旦外患内应,将何以御?"(李维恒等:《攘夷报国公揭》,载《圣朝破邪集》卷六)

同时也应指出,当时中国的卫道者之所以反天主教,乃是有鉴于宗教为农民所利用的历史教训。他们害怕天主教"惑世诬民"(《天学初征》)的结果,会引出"十倍白莲"的"烈祸"(李灿:《劈邪说》,载《圣朝破邪集》卷五)来,最早沈潅发动南京教案也有这样的忧虑。崇祯三年礼部给事中卢兆龙上疏也提出这一点说:"天主教其说幽渺,最易惑世诬民,今在长安大肆讲演,京师之人信奉邪教十家而九,浸淫滋蔓,则白莲教之乱可鉴也。"(《崇祯长编》卷三十五)不久之后,果然在浙江永康就爆发过一次打着天主教旗号的农民起义(参看《缙云县志》卷五)。在清初最有名的杨光先案中,杨光先反教的主要立论也是如此。杨光先"请诛天主邪教"的用意,也是为了防范"耶稣之聚众,谋为不轨"(杨光先:《辟邪论》上,载《不得已》卷上)在中国的重演,为了防范人民假宗教起义;他之痛恨耶稣是因为耶稣是一个"谋反之渠魁"(同上)。他看出了"如德亚(犹太)国主与耶稣誓不两立矣;非国主杀耶稣,则耶稣必弑国主"(杨光先:《临汤若望进呈图像说》,载《不得已》卷上)。因此,他才达到"宁可使中夏无好历法,不可使中夏有西洋人"(杨光先:《日食天象验》,载《不得已》卷下)的结论。但是,把耶稣会所宣扬的正统天主教和农民起义所利用的号召手段,混同起来,是一种错觉。因为耶稣会决不会是"异端",它是维护封建秩序中正统教权的,从利玛窦到戴进贤(Igna tius Kögler,公元 1680—1746 年,德国人,1716 年来华)等人,也都极力辩解天主教并非廉价的"邪教"。从而,以防范黄巾和白莲教的眼光来防范耶稣会,是卫道之士的偏见。反之,耶稣会会士们企图参与中国的政变,倒是有史实根据的,远如对明、清两朝的策划,稍后如参与清王朝宫廷夺嫡的阴谋而以失败告终(耶稣会士在康熙时参与过允禩、允禟、允䄢一派的活动,所以允禛(雍正)即位后,便对他们采取严厉的手段),都是例子。

第三节 天主教输入中国的自然哲学和思想方法

(一)天主教思想体系传入中国的历史评价

十六七世纪的西学有两种:一种是中世纪的西学,即代表封建教会的正统经院哲学;另一种是近代的西学,即代表资本主义上升时期的新科学与新思想。我们须区别开当时的这样两种文化或两种思潮。

耶稣会是在这两种思潮尖锐斗争的时期到中国来的,它就是以保卫封建的"圣教",扑灭代表新兴资产阶级利益及其观点的各派新教徒为职志的。当时欧洲的世界是不平静的,在反封建的斗争中,曾掀起了一场波澜壮阔的文化革命:人文主义、科学、教会民族化、个性解放与思想自由,构成新潮流的主要内容。而经院哲学、罗马教的大一统,蒙昧主义与禁欲主义,则依然是反抗新思想的基本武器,耶稣会就是旧传统最忠实的捍卫者。他们传来的是彻头彻尾的封建经院哲学。但无论本国的还是外来的封建的经院哲学对中国资本主义萌芽期的思想都起了压制的作用,因而也就阻碍了中国历史的发展。

东方和西方的接触,并不是对双方的历史没有关系的。甚至西方的经学与道统在一定条件之下在中国也可以成为离经叛道的借口,正如中国经学与道统到西方在一定条件之下也可以成为离经叛道的借口一样。中国早期接触与接近传教士的知识分子,多少都是带有离经叛道的气息的,但这种借口并不具备真实性,而历史发展主要地要取决于内部以至外部的真实条件。从这个角度来说,中国对西方也是有影响的,中国思想传到欧洲,也曾经刺激了西方启蒙运动的发展,伏尔泰那样热烈地推崇中国理性主义的天道观就是最显著的一个例子,而反宗教最热烈的伏尔泰正是牛顿体系的热烈宣传者;《经济表》的著者魁奈热烈地推崇中国文明,也是一个例子,而他是亚当·斯密的前驱。耶稣会本来是以维护圣教为己任的,但是他们来中国传教的结果,反而因东西方的接触,带回某些思想促成西方进步人士反宗教的借口。这种和教士的主观愿望相反的历史发展，倒是一幕"理性的狡计"了。

希腊哲学，特别是亚里士多德哲学，曾经是经院哲学的重要组成部分。在输入天主教正统经院哲学的同时，当然也就夹杂了一些亚里士多德的思想，中国最早接触到西方哲学，应该上溯到这一时期。但这一事实倒是往往被人忽略了的。亚里士多德哲学有三部分曾正式被介绍过来。

（一）亚里士多德的逻辑学。傅汎际与李之藻合译的《名理探》就是当时葡萄牙高因盘利（Coimbra）耶稣会大学的哲学课本；当时，只译出关于亚里士多德的逻辑学部分，后来南怀仁的《穷理学》也曾详细地讲述过亚里士多德的命题及其三段论法，即所谓的"细录世斯模"（Syllogism）。

（二）亚里士多德的四因论——质者，作者，为者，模者（质料因，形式因，动力因，目的因）。这种学说，曾为神学的目的论所渲染，成为近代科学出发点的绊脚石。

（三）亚里士多德关于本质（自立）与偶然（依赖）的学说以及前面所提到的关于"形式"与"质料"的学说。经院哲学在引用亚里士多德学说的时候，总是割裂开他的哲学中的逻辑的形式和现实的内容，使亚里士多德哲学中"活生生的朴素的（新颖的）东西，……被经院哲学，被否认运动的结论等等所代替"（列宁：《哲学笔记》，页333）。亚里士多德的哲学一直被经院哲学阉割了一千多年，文艺复兴以来的新思想所要复兴的，当然不是经院式的亚里士多德，而是古代希腊鲜明的人文主义精神和唯物主义倾向，而这恰好是耶稣会所极力抹杀的，因而也就是他们所不能传给中国的。

经院哲学与近代科学思想不相容，也是科学家们所深刻意识到的。伽利略的《托勒密和哥白尼两大世界体系的对话录》一书处处是以亚里士多德和逍遥学派为其对象的，但其实质是针对着以亚里士多德为名号的中世纪经院哲学而发的。伽利略批评亚里士多德的方法是削足适履。他又批评经院学者们是：

"自己甘愿作奴隶，把教条当成是不可动摇的，……我这样说，当然不是指一个人不该听信亚里士多德；的确我是赞成阅读并钻研他的著作的，我只是谴责那些使自己成为亚里士多德的奴隶的人竟然肯定亚里士多德所说的一切。……的确，如果你想继续用这种研究方法的话，那么就请你放弃哲学家的称号，而称你自己是个历史家，或者记忆专家吧；因为从来不进行哲学思考的人，而要僭称哲学家这个荣誉的名号，那是很不恰当的。"（《托勒密和哥白尼两大世界体系的对话录》英译本，1953 年，加州大学版，页 112—113）

柯德斯（Cotes，公元 1682—1716 年）在他为牛顿《自然哲学之数学原理》一书第二版所写的有名的序言中，也曾说道：

"有些人（经院哲学家）把各种特殊的奥秘性质，分派给各种不同的事物；依照这种说法，则每种物体的现象都被设想为是以某种我们所不知道的方式在进行着的。经院学派从亚里士多德和逍遥学派那里所得来的全部学说，都是建立在这一原则之上的。他们肯定各种物体的各种作用，都是由这些物体的特殊性质而产生的，但是这些物体从哪里得来这些性质，他们就无法告诉我们了；因此他们并没有告诉我们任何东西，他们所做的事完全是把名字加在事物上面，而不是研究事物的本身。我们可以说，他们创造了一种讲话的哲学方式，但是他们并没有告诉我们真正的哲学。"（牛顿：《自然哲学之数学原理》第二版"序言"，1934 年剑桥大学版，页 20）

这里所表示的正是近代科学对经院哲学的世界观的批判。

传教士当然也多少带来了一些思想和科学。但是我们应该指出，不仅思想——如其有与宗教信仰有别，而多少可称之为思想的东西——基本上是希腊的，而且科学——我们下面将要谈到——也还是希腊的；因此，无论对于思想还是对于科学，天主教或耶稣会是没有贡献可言的。曾经吸引了一部分中国先进的知识分子的，恰好是这些希腊的文化,而不是中世纪的经院哲学。所以,他们之接近于传教士,并不是难于索解的事。在西方,文艺复兴以来的新文化也是从复希腊之古而开始的,这是摧毁经院传统的第一步。因此中国先进知识分子和外国传教士之间就存在着矛盾。前者是追求用新科学和新思想武装自己,从而也就有利于摧毁旧的束缚,这是思想解放的必要条件;而后者则是企图用死的经院传统,来扼杀新科学和新思想。假手于旧传统而作斗争的启蒙思想者和假手于技艺而贩卖旧传统的传教士,是有本质的区别的。

无论来中国的传教士曾怎样迷惑了一部分中国的知识分子,但那是为着实现他们"丑恶的目的"而服务的。

耶稣会会士把自然科学传入中国的历史真相,一直是被资产阶级的学者所大大地夸张了的,并且是严重地被歪曲了的。事实是这样:耶稣会的本质就规定了他们不可能传来真正的科学,因为那"唯一地达到了科学的、系统的和全面的发展——近代自然科学"(恩格斯:《自然辩证法》,1957年版,页4),它在历史上的出现,其本身便是革命的。

恩格斯指出:"自然科学当时(文艺复兴时——引者注)也在普遍的革命中发展着,并且它本身便是彻底革命的,它还得争取自己存在的权利"(同上书,页6)。近代自然科学革谁的命呢?革经院哲学的命。自然科学向谁争取自己生存的权利呢?向教会。这个时代的自然科学和宗教改革是反"教会的精神独裁"(同上书,页5)斗争中的两个主要战场。恩格斯极其深刻地论述了这场伟大革命的特征:

"这是一个人类前所未有的最伟大的进步的革命,是一个需要而且产生了巨人——在思想能力上、热情上和性格上、在多才多艺上和学识广博上的巨人的时代。……他们的特征是他们几乎全都在时代运动中和实际斗争中生活着和活动着,站在这一方面或那一方面进行斗争,一些人用笔和舌,一些人用剑,而许多人则两者并用。"(恩格斯:《自然辩证法》,页5)

耶稣会正是这些革命的巨人所反对的敌人,因为耶稣会在这场空前伟大的革命中充当了反改革与反革命的主力。在对思想自由的迫害工作上,耶稣会站在最前列,耶稣会是主持异端裁判所的火炬与牢狱的主凶,据估计,仅仅宗教改革以后的两个世纪之内,全欧洲以"巫术"(那曾经是科学和自由思想的代名词)的罪名而被处死刑的,总数达75万人以上。当然不能想象那干着这种勾当的耶稣会能把进步的、革命的科学与自由思想传到中国来。

谈到自然科学,恩格斯也曾指出:"基督教的中世纪则一无所遗。"(同上书,页6)一切都得从头开始。文艺复兴从复古开始,不是偶然的,因为经过漫长的黑夜之后,古代的希腊"在惊讶的西方面前展示了一个新世界"(同上书,页4)。自然科学的进步虽然有着多方面的原因与背景,但归根结底是由于新的历史动力所造成的思想解放的结果。耶稣会既然是思想解放的最顽强的敌人,所以他们就不可能带来作为思想解放与思想革命产物的近代自然科学,甚至也不可能比较客观地多少介绍一些古希腊。恩格斯所提到的这一革命中的伟大巨人代表,如达·芬奇、杜勒、马基雅维利、路德(同上书,页4),耶稣会会士一个也没有介绍过来。相反,耶稣会正是为反对这些巨人们的工作而努力着。近代自然科学引向了机械的唯物论,希腊的古典思想则引到了人文主义与思想自由,这两者都是违背神学精神的。下面我们就要论证:(一)耶稣会所宣扬的自然哲学及其世界图像是当时反动的思想;(二)耶稣会所传来的科学,是当时落后的科学,其目的在于为神学服务;(三)耶稣会所提供的思想方法,不是有助于、而是不利于科学发展的思想方法。

(二)中世纪经院哲学的世界构图

中世纪的经院哲学有一套官定的世界图像,这一世界图像基本上脱胎于托勒密(Claudius Ptolemaeus,公元2世纪)的地球中心说,但这个学说被用来和基督教神学糅成一体,被改造成为为基督教的创世记得救与永生服务的理论。阿奎那所依据的就是这一世界图像,诗人但丁在他的《神曲》中所描绘的也是这一世界图像。它的内容大致是这样:地球居宇宙的中心,静止不动,日月及五个行星各据一层天,共七层天,环绕地球作圆形运动;七重天以外,则为不动的恒星天、宗动天与无上天,为神灵所居,神灵是宇宙运动的推动者和支持者。天堂和地狱是实有的,而且就存在于这个世界构图之内(诗人但丁曾对此作过详尽的描写)。上帝创造了世界,又按照他自己的形象创造了人。人类全部的历史,包括人类的堕落、受苦、末日以及最后的审判,就是一一出于上帝,而又最终复归于上帝的"神曲"。否认这一世界图像也就是否认上帝及其与人的关系,也就是否认教会的地位,否认封建秩序。

近代自然科学正是否定这种中世纪的世界图像而开始其挑战的:

> "自然科学用来宣布其独立……的革命行为,便是哥白尼那本不朽著作(《天体运行论》)的出版,他用它……来向教会在自然事物方面的权威挑战。从此便开始了自然科学之从神学中的解放。"(恩格斯:《自然辩证法》,页6)

但正由于天主教反对由哥白尼揭幕的自然科学革命,所以自然科学便长时期被耶稣会会士从中阻挠,而不能传入中国。

自利玛窦以来耶稣会所输入的,乃是这一套反科学的经院世界图像。利玛窦所提出的就是地球中心的说法,他说天有九重:

> "第一重月天,第二重水星天,第三重金星天,第四重日轮天,第五重火星天,第六重木星天,第七重土星天,第八重列宿天,第九重宗动天";"此九重相包如葱头,皮皆坚硬,而日月星辰定在其体,如木节在板,第天体明而无色则能透光,如琉璃水晶之类,无所碍也"(利玛窦:《乾坤体义》卷三)。

每更高一层的天,带动下面的一层天运转:

> "第九重无星水晶天,带动下八层,……第十重无星宗动天,带动下九层,……第十一层永静不动。"(阮元:《畴人传》卷四四《利玛窦》)

利玛窦还曾根据这种"天之形圆,而以九层断焉"(《天主实义》第二编)的说法,来证明苍天或者天地并不就等于天地之间的主宰,天地间是另有主宰的。为了维护上帝的地位,既把地球说成是宇宙的中心,又把宇宙的运动说成是不断的神力作用。下面我们可以看到这两种错误都是与近代科学的根本出发点全然相反的。杨廷筠在谈到世界图像时也说:"最轻清者为天,天体多重回出地外;最重浊者为地心,恰恰正在天中。"(艾儒略:《职方外纪》,杨廷筠"序")这可以说明中国从西方传教士那里所接收过来的,正是这种迷人眼界的中世纪的世界图像。

差不多与此同时,傅汎际、李之藻合译了葡萄牙高因盘利耶稣会大学课本《寰有诠》,其中对于这种经院世界图像作了完备的叙述:

"凡诸具形,有一形体但能有一本动,遂定天有十重,乃以此第十重天谓之宗动天。此第十重之本动,即今一日一周以成昼夜者,自东而西带下诸轮而动;而其第九重天之动,则又从西而东,以带列宿以下诸天之动,列宿天者第八重天,其动一进一退,即前所谓进退之动也。星家与性家皆执十重之说。"(《寰有诠》卷四)

值得注意的是,此书译成,已在哥白尼之后 85 年。所谓"有一形体但能有一本动",那就是说运动需要外力;有多少不同的形体,就需要有多少种不同的外力。尤其值得注意的是,其中提出天为什么会动,以及何以动必以圆的理由:

"诸天之运,各一灵者使之。诸天悉由一灵而运所凭有二:人有一灵魂,具诸不同之德,施诸不同之用,由生德以化食饮、滋养血肉;由觉德以行形司之用,令百体随分发动;由灵德推论义理,通诸学问也。天神德能既超人性,则一灵足以遍运诸天,必不滞于一动而已。正论谓各重天各一灵者运之,此亚利(亚里士多德)之论,可证有二:一,每一天神之性,其贵有限,其大亦有限;则一灵之体焉能既令宗动天从东而西,又令月以上天从西而东乎? 二,按经义云,宇内各物各国各人,天主各遣一神守护,则天之大也其效用于上者奚止一神? 而谓各重天之动必以一神操之乎?"(《寰有诠》卷四)

此外关于天体的运动:

"据天体恒一不变,可知其体必圆,动必周也。盖凡物所具有者有三,有也、德也、为也(按指实体、属性、形态)。有有而无德,徒有焉耳;有德而无为,徒德焉耳。故凡属有者,为其本所能为而有;又德以显有,为以显德,缘其德必称其有,而其为必称其德也。天体贞一,不属受变,则其德无阙,其为无息,无息之动,惟周动者能之,则天动必为周动矣。"(《寰有诠》卷三)

这里所表述的完全是典型的经院哲学的推论方式,也是一切耶稣会会士所采用的思辨方法。例如:完美的形式必定是圆的,天体必定是完美的,所以天体及其运动的形式必然是圆的。经院哲学的推论,预先假定了例外的前提,预先假定了圣书的真理和启示的真理。从中世纪以来唯物主义者就是朝着相反的方向——朝着取消一切不必要的假定的方向——前进的,有名的"奥卡姆的剃刀"是一个光辉的例子。近代自然科学的出发点是朴素的事实,它不承认任何预先假定的概念。近代自然哲学的机械唯物主义与经院哲学的神圣目的论,两者的立场观点与方法实际上就反映为"托勒密和哥白尼两大世界体系"的对立。相信耶稣会可能把自然哲学的进步学说带到中国来,那就无异于是相信圣诞老人真的会送礼物来。

《寰有诠》里又讨论了许多典型的中世纪经院学者所关心的争论问题,如地球既是圆的,那么有没有对蹠人;人是一个小宇宙,小宇宙像不像大宇宙(《寰有诠》卷六,这个观念经院哲学当然也是得之于希腊的。"宇宙"在希腊文中原指"秩序",以与"太虚"相对,与人相对的全世界是一个"大宇宙",与全世界相对的人则是一个"小宇宙",中世纪的神秘主义论说过大宇宙包括三部分:地下、天上与超天上,与之相应的小宇宙也包括三部分:身、心与灵,这相当于耶稣会会士所说的灵魂三品)等等。特别值得注意的是,它所提到地球所以不动的理由和宗动天之外所以必需还要有一重天的理由,这二者的理由都是根据同样的中世纪经院哲学的先验观念——即运动的维持需要有不断的力。这里,我们所要指明的是:《寰有诠》以及全部耶稣会的经院哲学的根本趋向和出发点是完全与近代自然科学相反的，他们所关心的、所要加以论列的，不是哲学，而是神学。《寰有诠》开宗明义就申明："形天肇有，……皆依吾人性力所得推明者；若究本原确义，更有超性之学，载在《圣经》。"（《寰有诠》卷一）世界的形成过程，《寰有诠》是用圣书《创世记》的说法来解说的。当时科学上的革命，傅汎际当然不会不知道，但他们的目的就是要用旧的东西来对抗新的思想。

《寰有诠》所表示的见解代表着耶稣会的总的观点，亦即中世纪正统经院哲学的观点。下迄 18 世纪耶稣会所输入的始终是这种观点。汤若望是传教士中地位最高、声誉最隆而且是被认为对科学最有贡献的人，可是，他所要反复论证的并不是客观存在的自然，而是超存在的目的：

> "寰宇唯一，……所向唯一，故名公向，即此公向，足征主制。——万有不齐，总抉注于公向之一。"（《主制群征》卷上）

他要说明的是：

> "夫无主者（无神论者）必谓万物生于自然，不知自然之说，殊非究竟之旨。……设无所以使之自然者，亦安得自然而生乎？"（《主制群征》卷下）

因此，格物并不是他的目的，要从自然的背后找出主宰，这才是他的（和他们的）目的。这种神学的目的论使他们永远局限在经院哲学的先验观念里，他说"天体上复未尝不上，天象浑圆未尝不圆，何失所之有？既非失所而动，动非自向明矣。……且并动不自知，块然冥然而已，非外有使之动者，安能动乎？又安庸动乎？"（同上卷上）这就是说：运动的维持必须有力，否则"安能动乎"？又必须有目的，否则"安庸动乎"？亚里士多德的物理学（那大部分即经院物理学的根据）是直观的，是与近代实验科学的方向相反的；而经过经院哲学用宗教的神秘性所注释了的亚里士多德，那就更和恩格斯所称的"近代自然科学"相反了。还应指出，在传教士所传来的大量货色中，也多少夹杂了某些希腊天才的直觉，前于苏格拉底的哲人纳沙（阿那克萨戈拉，约公元前

500—前 428 年）和恩白（恩培多克勒,鼎盛期约公元前 444—前 441
年）以及四元素的学说（土、水、火、气）是被提到了的,也多少有些片断
经验和数据（特别是在天文学方面）,但是他们却长期阻碍着中国去接
触真正的"近代自然科学"。

中世纪的自然哲学是神学的婢女。艾儒略就明白地说过,他要使
人通过赞美自然的神奇,而皈依宗教:

> "夫惟造物主之神化无量,是故五方万国之奇诡不穷。倘一
> 转念思厥所由,返本还原,径固不远,区区之愚,良有见于此耳。"
> （艾儒略:《坤舆图说·序》）

神学当然并不能有助于培养近代科学的思想方法在中国的早日形成,
所以直到 18 世纪中叶（已经是哥白尼之后二百年,牛顿之后也将近一
个世纪了）,中国的信徒还在重复着什么"天以九重圜凝于外,……地
以圆球奠定于中"（《知本提纲》卷一）的宇宙学说。这些难道能说对中
国科学的发展起了积极的影响吗? 耶稣会这种反科学的经院哲学精
神,阮元是怀疑过的,他说:

> "中西推步之学,……大抵由浅而深,由疏渐密,而谓多禄某
> （多勒米）其法之详备已如是,毋乃汤若望辈夸大其词,以眩吾中
> 国,而徐（光启）李（之藻）诸公受其欺,而不知悟也?"（《畴人传》
> 卷四三《多禄某》）

事实上他们既有意抹杀近代科学,则所介绍的就不能不仅止是中世纪
神学的一些附庸知识。

（三）从经院哲学与近代科学的对立来看耶稣会的"西学"

古代、中世纪和近代三个不同的历史时代各自有其不同的科学。

只有近代自然科学"可以说得上是唯一的科学"（恩格斯:《自然辩
证法》,页 158）,因为只有它"唯一地达到了科学的系统的和全面的发
展"（同上书,页 4）。在近代自然科学出现之前,西方历史上曾经有过
两种科学,即古代希腊的科学和中世纪阿拉伯的科学。但古代希腊人

的科学是凭他们的天才的直觉和猜测，与近代自然科学从观察和实验的基础上进行严密的归纳不同；中世纪阿拉伯人的科学是片断的经验，与近代自然科学大规模的有意识进行的系统化的工作也不同，而且阿拉伯人的发现是"大部分由于无结果而消失了的"（同上书，页4）。至于中世纪天主教的经院哲学，他们并没有做过科学贡献。耶稣会会士所传到中国来的根本不是随资本主义上升而出现的近代自然科学，而恰恰是近代自然科学的对立物。传教士炫耀他们的科学，其实那基本上是古希腊的贡献，耶稣会的科学思想基本上并没有超出古希腊的范围和水平。古希腊的科学与思想，是作为一种宗教的分泌物，被容纳在中世纪经院哲学的体系之中的，因而在宣传宗教时，当然也不得不随伴着经过阉割与僵化了的希腊思想。例如《寰有诠》中就提到过，"各物最初不受分之诸分，是其物有之元"（《寰有诠》卷六）的原子论，提到过"火土等之纯有，是万物之所由成者，是为万物之元"（同上）的元素说。原子论和四元素说本来是一定时代的进步的科学思想，原子论是阿那克萨戈拉的，元素说是恩培多克勒的，两者都是古希腊人的思想。又如南怀仁解释虹吸现象说："现在无空虚之所也，其物性不容空虚，以吸水之筒等器明见之。盖本筒内之气，凡已吸往上，则在下之水必随之而上，以补前气之空缺也。夫物性不容空虚之故者，盖六合之内，万品之物，必须彼此相连相接相辅助以行其事，以护存其本体也。"（南怀仁：《穷理学·形性之理推》）这里如果将其用神学目的论的解释暂不置论，则其所依据的仍然是古代的信念："自然畏惧真空"。如前所述，这是一种夹带品，而主要输入的却另有所在，例如他们讲到地震时就说："地之震受制于造物主，犹旱涝、兵革、火灾、疾病，虽系人事之招，然皆属造物主全能大权统一宰制，非世所得窥测悬断；第痛加修省，虔诚祷祝，弘慈降佑，则转祸为福，消灾弥患之道也。"（龙华民：《地震解》）他们还讲占星："穆（尼阁 Nicolas Smogolenski，公元1611—1656年，波兰人，1646年来华）氏但据七政高卑升降迟疾，定人命之凶吉。"（穆尼阁：《天步真原》，钱熙祚"跋"）这些才是耶稣会会士们所要输入的货色。

耶稣会会士夹带科学片断之便于进行宗教活动,犹之乎他们利用零零碎碎的"西洋景"供宫廷玩赏之便于政治活动。"一块威尼斯出产的三棱玻璃镜,一幅在罗马绘成的极精致的圣母玛利亚像,还有许多小巧的珍物"(裴化行:《天主教十六世纪在华传教志》,中译本,页244),雅琴,报时钟,万国图志,西琴,风筐,自鸣钟,千里镜,火镜,小自鸣钟以及宗教画;此外如徐日升(Thomas Pereira,公元1645—1708年,葡萄牙人,1672年来华)等也传授过西洋乐理,金尼阁曾以拉丁文字母来表示中国的语音。然而所有这一切,我们很难说对于"近代自然科学"在中国的出现是有帮助的。

为了说明传教士所传来的绝不是近代的自然科学,为了说明他们曾极力阻挠与破坏近代科学输入中国,我们有必要先回顾一下近代科学史上最重要的一些事实。这正是近代科学的第一个时期。这个科学史上的第一期,始自哥白尼的《天体运行论》,而完成于牛顿的《自然哲学之数学原理》。哥白尼的《天体运行论》,揭开了"自然科学用来宣布其独立并且好像是步路德焚烧教谕后尘的革命行为"(恩格斯:《自然辩证法》,页6),从此之后,下迄牛顿完成他伟大的《自然哲学之数学原理》的一个半世纪中,近代科学史上的重要大事我们可列表如下,用以和传教士所传的西学作一个对比:

公元1543年	哥白尼《天体运行论》出版。	汤若望《历法西传》后此一个世纪,但所根据的仍然是托勒密体系,并坚持"天动以圆"。下迄18世纪后半叶蒋友仁(Michel Benoist,1715—1774年,法国人,1744年来华)始提及哥白尼学说,但以其仍非定论。
公元1581年	伽利略发现单摆运动定律。	未传。

公元 1589 年	伽利略发现落体定律。	《寰有诠》之译后此 40 年，但书中坚持经院哲学的观念；物体愈重则降落愈快。 一个世纪以后南怀仁《穷理学》中才提到了落体加速度的现象，但未作出论证与说明。
公元 1600 年	吉尔柏特发表磁学论文。	未传。 （是年布鲁诺以信奉哥白尼宇宙论的罪名在罗马被异端裁判所焚死。）
公元 1603 年	培根《学问进步论》出版。	未传。
公元 1609 年	伽利略发明望远镜。	1626 年汤若望有《远镜说》。
公元 1610 年	伽利略发现木星卫星。	《寰有诠》中提及此事，但仍坚信天体不坏之说。 后此三十余年，汤若望《历法西传》亦提及此事，但仍称西方天学，"要不越多禄某范围"。
公元 1613 年	伽利略研究太阳黑点。	传教士已知此事，但不相信太阳可以有黑点。
公元 1614 年	那皮尔《对数方法论》出版。	后此约四十年，薛凤祚曾从穆尼阁学习对数法，但简略不完备。 1722 年戴进贤《策算》始提对数表及其用法。 （1616 年罗马教皇颁布《禁书目录》，包括哥白尼书在内）。
公元 1618 年	笛卡尔《代数学论文》出版。 开普勒《哥白尼天文学提要》出版。	未传。
公元 1619 年	开普勒《彗星论》与《世界的和谐》出版。	1742 年《历象考成后编》提及"日月五星之本天，旧说以为平圆，今以为椭圆。"

公元 1620 年	培根《新工具论》出版。	培根于本书中(《新工具论》卷一节六六)曾攻击四元素说。
		耶稣会传教士论及物质世界的构成仍然根据四元素说。
公元 1622 年	培根《大西洋洲》出版。	未传。
公元 1623 年	康帕内拉《太阳城》出版。	未传。
公元 1625 年	培根《论文集》出版。	未传。
公元 1628 年	笛卡尔《心智指导法则》出版。	未传。
公元 1631 年	伽桑地《哲学书信》和《论文集》出版。	未传。
公元 1632 年	伽利略《哥白尼和托勒密两大世界体系的对话录》出版。	未传。
		是时罗雅谷、汤若望撰《新法算书》仍沿托勒密第谷法。
		罗雅谷《五律历指》反对地球运动说,谓"古今诸士又以为(太阳中心说)实非正解,盖地诸天之心,心如枢轴定是不动。"
公元 1636 年	伽利略《关于新科学的对话》出版。	未传。
	笛卡尔《光学论文》出版。	(此前三年伽利略以宣传哥白尼学说罪名,受异端裁判所审判。)
公元 1637 年	笛卡尔《方法论》和《几何学》出版。	未传。
公元 1640 年	霍布斯《政治法与自然法原论》出版。	未传。
	巴思迦《圆锥曲线论》出版。	未传。
公元 1641 年	笛卡尔《沉思集》出版。	未传。

公元 1643 年	托里拆里发现大气压力。	《穷理学》仍以"自然畏惧真空"的先验观念,解释压力现象。
公元 1644 年	笛卡尔《哲学原理》出版。	未传。
公元 1647 年	伽桑地《伊壁鸠鲁的生平与学说》出版。	未传。
公元 1649 年	伽桑地《伊壁鸠鲁哲学》出版。	未传。
公元 1651 年	霍布斯《利维坦》出版。	未传。
公元 1654 年	巴思迦《数学三角形论》出版。	未传。
公元 1655 年	惠更斯改良望远镜,发现土星卫星。	后此约一个世纪,蒋友仁才提及此事。
公元 1660 年	波义耳发现气体定律。	未传。
公元 1661 年	波义耳《怀疑的化学家》出版。	但传教士始终坚持四元素说。
公元 1662 年	斯宾诺莎《致知篇》出版。	未传。
公元 1665 年	牛顿发明微分法。	未传。
公元 1666 年	牛顿发明积分法。	未传。
	牛顿发现色现象。	后此约二十年《穷理学》提出过光有五色的说法。
	莱布尼茨《组合方程论》出版。	未传。
公元 1669 年	惠更斯发现弹性体冲撞的定律。	未传。
公元 1671 年	莱布尼茨《物理学的新假设》出版。	未传。
公元 1672 年	葛里克发现静电火花。	未传。

	牛顿《光与色的新理论》出版。	未传。
公元 1673 年	波义耳提出燃素说。	未传。
	惠更斯发表动力学论文。	未传。
	牛顿提出万有引力定律。	未传。
公元 1674 年	虎克《科学论文集》出版。	未传。
公元 1675 年	斯宾诺莎《伦理学》出版。	未传。
	牛顿提出光之微粒说。	未传。
公元 1676 年	虎克提出弹性体定律。	未传。
	罗美尔测定光速。	未传。
公元 1678 年	惠更斯提出光之波动说。	未传。
公元 1679 年	哈雷《南天星表》发表。	未传。
公元 1683 年	刘文虎克发现微生物。	未传。
公元 1684 年	牛顿《运动论》发表。	未传。
公元 1686 年	牛顿写《自然哲学之数学原理》。	未传。
公元 1687 年	牛顿《自然哲学之数学原理》出版。	未传。（1742 年《历象考成后编》曾采牛顿计算地球与日月距离的方法,但对其根本观念与体系则未提及。）

在这一时期中生活着的和活动着的有:哥白尼、布鲁诺、培根、伽利

略、康帕内拉、开普勒、哈维、霍布斯、伽桑地、笛卡尔、费尔玛、葛里克、托里拆里、巴思迦、波义耳、惠更斯、斯宾诺莎、洛克、虎克、牛顿、罗美尔、莱布尼茨、雅·贝努义、哈雷这些科学史上最响亮的名字。这一时期是哥白尼以其伟大的著作向教会权威挑战宣告近代自然科学的独立而开始的,它也正是以维护圣教、消灭异端(新教与新科学)为职志的耶稣会,经教皇批准而正式成立的时候。这一时期的结束,即牛顿完成其古典力学体系原理的时候,也正是葡萄牙(意大利)耶稣会最后一批传教士陆安德(Giovanni Andrea Lobelli,1610—1683 年,意大利人,1659 年来华)、南怀仁、徐日升等人在中国活动,而法国耶稣会刚刚插足中国的时候。事实上法国耶稣会来华已经进入天主教在华早期活动的尾声了。我们不妨以南怀仁作为一个早期收场的人物。将科学史上的事迹与同一时期传教士在中国传播"科学"的事迹作一对比,时间恰好是吻合的。自 16 世纪末至 17 世纪末(明末清初)这一百多年间,正是培根、伽利略、开普勒、笛卡尔、惠更斯和牛顿活动的时期,也正是利玛窦、熊三拔、傅汎际、邓玉函、汤若望、穆尼阁、南怀仁等人在中国活动的时期,只消看一下这一时期的伟大科学成就,传教士究竟传来了其中多少东西,我们就不难做出结论,传教士传来的乃是中世纪封建主义的经院哲学,而不是近代的自然科学以及进步的自然哲学。

下面所列举的书代表这一时期耶稣会会士在科学方面的最重要的著作:

世界观与世界图像的著作:《寰有诠》,《空际格致》,《穷理学》。

思想方法的著作:《天主实义》,《名理探》,《超性学要》。

天文:《历法新书》,《历法西传》,《历象考成后编》。

数学:《几何原本》,《天步真原》,《比例对数表》。

物理:《远镜说》,《泰西水法》,《远西奇器图说》。

地理:《万国舆图》,《职方外纪》,《皇舆全览图》。

如果把这些和同时期科学史上的大事作一个对比,我们就不难看出:(一)关于近代自然科学的最重要的成果,从哥白尼的学说到牛顿的原理,他们是不传的;(二)关于近代自然科学最基本的观念,如牛顿的微粒说与惠更斯的波动说——这是近代自然科学中的两种基本的世界图像——他们是不传的;(三)关于近代自然科学的基本思想方法,如培根、笛卡尔、伽利略诸人的方法论,他们是不传的。因此,他们所讲的科学与那一时期的科学主流,几乎没有任何的关系与联系,他们所讲的基本上并没有"近代自然科学"范围以内的东西,他们所讲的基本上是隶属于经院哲学范围之内的科学。也可以附带地提到另一件事实:这一时期耶稣会传教士,有中文著译可考的,约有三百七十种左右,其中有关科学的占一百二十种左右,而且这些科学著作大部分是传教士因为职守关系而奉旨撰述的。在约一百二十种左右的科学书籍中,利玛窦、汤若望、罗雅谷和南怀仁四个人的著作就达七十五部之多,而这四个人都是直接参与或负责修历工作的。这可以表明传教士的科学兴趣在哪里,至于当时欧洲文学艺术与思想方面大踏步前进的盛况,更是传教士不曾提到的。

反封建、反教会革命的开始"在宗教领域内是路德焚毁教谕,而在自然科学领域内便是哥白尼的伟大的著作"(恩格斯:《自然辩证法》,页 158—159)。这一时期的自然科学的发展,其本身便是"彻头彻尾地革命的"(同上)。谁都知道哥白尼的学说以及宣扬哥白尼学说的著作是被罗马教会正式列为禁书的(一直到 1822 年)。哥白尼的信徒,伟大的思想家布鲁诺于 1600 年被罗马教会活活烧死在罗马广场上,接着就是对于伽利略的迫害。伽利略被迫公开表示悔罪,放弃了哥白尼的学说。当笛卡尔听到了这个消息,就悄悄中止了他正在写作着的《世界论》。当时耶稣会会士们不但在欧洲遇到了焚毁教谕的大敌,而且在中国也遇到正在要焚毁礼教的"异端",李贽的《焚书》即表现出焚毁教谕的历史意义;当然,谁焚谁的问题,还正在通过生死的斗争加以解决。教会杀害了成千上万的科学家和思想家,"神圣的异端裁判所"仅仅在西班牙一地就烧死过一万人以上,而被处刑的竟达二十万人之多。耶稣会是宗教反改革的产儿,是正统教会在反异端斗争中的最反动的宗教特务组织。耶稣会在欧洲用"火堆和监狱"（同上），对近代科学进行那样血腥的迫害，而一到中国居然能换了面孔，竟会把科学传来，这种说法是不顾最起码的常识的。

"近代自然科学"并不是一个抽象的概念或一个空泛的名词，它有其具体的内容，有其科学的规定性。判断耶稣会是否传来"近代自然科学"（或"资本主义的科学"），我们首先应该明确"近代自然科学"的正确含义究竟是什么，不然，我们将在这个问题上分不清事情的真象与假象。举例说，望远镜当时是传来了的，但如果说传来了望远镜，即意味着传来了近代自然科学，那就不正确了。望远镜是一项近代科学发明，但望远镜的传入，对于近代自然科学在中国的确立与形成来说，并不是本质的东西，并没有决定性的意义。远一些的例子，如早在公元前3世纪希腊人撒摩的亚里士达克即已提出过太阳中心说，尽管亚里士达克的观念是天才的，我们却不能把它归为"近代自然科学"，因为不但时代不同，而且性质也不同。近代科学是从哥白尼出发的，而不是从亚里士达克出发的，亚里士达克的观念并没有，而且也不可能引到"近代自然科学"。我们对待近代自然科学，必须把握住问题的本质方面和主流方面，如果只在表面现象上纠缠，看到传教士输入一些中国过去没有的新事物，便遽尔指为是什么"近代自然科学"的输入，那就不免把假象看成本质，以致要迷失认识问题的方向了。正像亚里士达克的学说不等于近代自然科学一样，传教士所传来的片断科学知识或技术也不能等同于"近代自然科学"。

什么是这一时期的"近代自然科学"的具体内容呢？经典作家对于这个问题作过明确的规定。所谓"近代自然科学"，那就是从哥白尼开始经过一系列"数学，力学和天文学静力学和动力学的领域中……伟大的成就"（恩格斯：《自然辩证法》，页159），而"以牛顿而结束"（同上）的古典力学体系的完成。而这些伟大的成就"特别是归功于伽利略和开普勒，牛顿是从他们二人得出自己的结论来的"（同上）。哥白尼、开普勒、伽利略和牛顿这四个人合作的结果，可以说完成了人类科学史上空前伟大的功业。这个时代是古典力学体系形成的时代。在自然观方面"这个时代的特征是一个特殊的总观点的完成,这个总观点的中心是关于自然界的绝对的不变性的见解。不管自然界本身是怎样产生的,只要它一旦存在,那么在它存在的时候它始终总是这样。行星及其卫星,一旦被神秘的'第一推动力'使其运动起来之后,它们便依照预定的轨道一直运转下去,……恒星则永远静止地固定在自己位置上,凭着'万有引力'而互相保持着这个位置"(恩格斯:《自然辩证法》,页7)。这是古典力学体系所带给人们的机械的自然观。这种机械的自然观,尽管是狭隘的,然而毕竟不是神学的产物。因此,衡量耶稣会会士传来的是不是近代自然科学,就要看他们传来的根本上是否是这个古典体系,或是否是与这个体系密切相结合的那种机械自然观的基本观点。

其次,任何科学"都是一种历史的产物","是一种历史的科学"(同上书,页23)。每种自然科学的理论与体系,都不是凭空产生的,其成立都必然有赖于一定历史阶段的经济关系以及伴随而产生的一定的世界观和思想方法。近代自然科学,在其第一个阶段,亦即古典力学体系的阶段,其成立是有它所依据的新的世界观和思想方法的。中世纪经院哲学的世界观和思想方法,是神学目的论和思辨方法;近代科学上的革命,就必然要求从这样的世界观和思想方法中解放出来。近代自然科学之所以出现,首先便在于抛弃了古老的教条与启示,而返于观察与实验,抛弃了先验的概念,而返于朴素的自然事实;在于抛弃了大量的繁琐的神学三段论,而代之以简明的数量关系,用数学公式来归纳朴素的材料。没有这种理论上与方法上的革命,就不可能有近代科学的革命。因此,衡量耶稣会会士传来的是否是近代自然科学,就要看他们传来的根本上是不是古典体系所赖以成立的世界观和思想方法。

根据这些,我们可以作出以下的结论,无论耶稣会会士可否夹带进来一些科学的片断,但是若脱离了根本性的科学体系,脱离了根本性的世界观和思想方法,而单纯地看他们取一点科学的片断,就不可能研究近代自然科学在中国的发生与发展,这个道理和亚里士达克的太阳中心说出现在两千年以前,而近代科学要迟至十六七世纪才成立是同样的。近代自然科学的第一阶段之所以是古典的体系,因为它在本质上是依赖于实验方法与数学原理。中国如其要真正接触到并且建立起近代自然科学,就必须接受(像伽利略所进行的那样的)实验方法和(像牛顿所总结的那样的)数学原理。但这正是与经院哲学格格不入的。片断的海外奇谈,个别的珍玩异物,就其性质来说,只是属于传教士宣扬封建经院哲学时候,被当作炫奇欺骗的工具,完全谈不到什么近代科学。

第四节　从技术科学看耶稣会所输入的"西学"

(一)传教士所传来的火炮及其他技术

我们再看耶稣会所传来的技艺科学,究竟有哪些内容。两百年间他们所传入的,不外三种:(一)历法;(二)火炮;(三)技艺(奇器、医药与艺术)。三者几乎都是直接为帝王服务的,都不曾与当时科学的主流有什么密切的联系。

西方的火炮最初并不是由传教士传入中国的。"永乐时神机火枪法得之安南;嘉靖时刀法、佛狼机、马嘴炮法得之日本。"[熊三拔(Sabbathinus de Ursis, 1575—1620 年,意大利人,1606 年来华)《泰西水法》,郑以律"序"]这些都是远在传教士来华之前的事。徐光启感到当时局势的危急,曾于 1619 年致书负责边事的熊廷弼、袁崇焕等人,力言"今日之计,独有厚集兵势,……须多储守之器,精讲守之法,中间惟火器最急"(徐光启:《复熊芝兰经略书》,载《徐氏庖言》卷四),"目前所急,似以大台大炮为第一义"(徐光启:《复袁宪使信宇书》,载《徐氏庖言》卷四)。1619 至 1621 年徐光启负责军事时,极力推行精兵政策与火炮政策,他一再上疏,亟称"火器者今之时务也"(徐光启:《略陈台铳事宜并申愚见疏》,载《徐氏庖言》卷三),"急造台铳为城守第一要务"，并提出"此法传自西国，臣等向从陪臣利玛窦等讲求，仅得百分之一二，……（李）之藻称陪臣毕方济、阳玛诺等，尚在内地，且携有图说，今宜速令访取前来"（徐光启：《台铳事宜疏》，载《徐氏庖言》卷三）。这种火炮的内容，据李之藻说，是这样的："香山西商所传大铳，臣（李之藻）向经营有绪。其铳大者，长一丈围三四尺，口径三寸，中容火药数升，杂用碎铁碎铅，别加精铁，大弹亦径三寸重三四斤，火发弹飞二三十里之内，攻无不摧，其余铅铁之力，可及五六十里，其制铳或铜或铁，每铳约重三五千斤，其放铳之人，明理识算。"（李之藻：《请取澳商西铳来京疏》）徐光启和李之藻不仅在科学上是同调，而且在政策上也是同调。徐光启并建议采用"西洋诸国所谓铳城"的一套战术。"铳城战术"，即"建立附城敌台，以台护铳，以铳护城，以城护民"（徐光启：《谨申一得以保万全疏》，载《徐氏庖言》卷三）。

天启元年（公元 1621 年）、二年至崇祯三年（公元 1630 年）的十年中，曾四次铸炮，由当时传教士头子龙华民和汤若望负责。总结学习铸炮的结果，焦勖就写出了他的《火攻挈要》一书。焦勖自己说，他之学习大炮，还是为了"虏寇肆虐，民遭惨祸，因目击艰危，感愤积弱"，所以才"就教于西师"的（《火攻挈要·序》）。这和徐光启、李之藻是出于同样的动机，但他更深一步看出了使用武器的是人，人的因素是决定的条件，他说：

"世之论兵法者咸称火攻，论火攻者咸慕西洋，是固为定论；然而西铳之传入中国不止十余处，其得利者止见于京城之固守，涿鹿之阻截，宁远之力战，与夫崇祯四年某中丞令西洋十三人救援皮岛殄敌万余，是其猛烈无敌著奇捷之效者此也；及辽阳、广陵、济南等处俱有西铳，不能自守，反以资敌，登州西铳甚多，徒付之人，而反之以攻我。昨救松锦之师，西铳不下数十门，亦尽为敌有矣。深可叹者，同一铳法，彼何以历建奇勋，此何以屡见败绩？是岂铳法之不用乎？抑亦用法之不善乎？……徒空有其器，空存其法，而付托不得其人，未有不反以资敌，自取死耳。"（《火攻挈要》卷中《火

攻根本总说》)

这可以说是给西铳和火炮政策作了一篇总结性的论断。此外焦勖在军事思想上还最先介绍了近代的海战新战术。就这一点而言，焦勖不但是一个卓越的军事技术家，而且还是一个军事思想家，但是他所介绍的这种新的军事思想的重要性，却在很长的时间里，没有被人们很好地认识和理解。

传教士的立场和中国先进的知识分子是不同的。他们传来火炮，自然不是出于爱中国，火炮仅仅是他们争取接近当时封建统治者的一种手段，统治者改换了，他们可以一视同仁地为另一个统治者服务。他们曾为明王朝铸造火炮，以对付清人，并镇压农民起义，到了清王朝，他们也就同样为清王朝的统治者铸造火炮。崇祯时汤若望曾经从李建泰"剿贼"，镇压李自成的起义军，随军修火攻利器；入清之后，另一个耶稣会大头子南怀仁"自康熙十三年(公元 1674 年)迄十五年，共制大小炮一百二十位，至二十一年(公元 1682 年)四月吏部题称，……南怀仁先铸炮一百三十二位，又神威炮二百四十位，指样制造精坚"(黄伯禄:《正教奉褒》)。为了酬答他帮助镇压反清势力的功绩，清朝统治者还给他加上了"工部右侍郎"的头衔。

从这里，可以知道耶稣会会士和中国早期先进知识分子的分野，我们不应从表面上看到两者的遇合，就忽略了两者之间的根本界限。

在技艺方面，耶稣会传来了一些零星的奇器、医学与艺术，其中大部分是为宫廷服务的。关于医学，毕拱辰提到"(汤若望)先生出西洋人身图一帧相示，其形模精详，剖劂工绝，实中土得未曾有，……复示亡友邓(玉函)先生《人身说》二卷，乃译于武林李太仆(之藻)家者，……编中胪列虽未全备，而缕析条分，无微不彻，其间如皮肤，骨节诸类，……真可补《人镜难经》之遗"(《泰西人身概说》，毕拱辰"序")。这大概是唯一值得提到的事了。人体解剖在西方长时期以来，早已不是什么稀奇的事物或秘密了，问题在于究竟是把科学推到哪个方向上去？汤若望的人身图，"总论人身气血骨肉筋脉等以及诸内肢，其体异能异样,多如此类,然皆各得其位,各尽其用"(《主制群征》卷上),然而他的目的乃是要证明:"孰造化是? 孰安排是? ……是知造化人身,安排人身如是恰当者,必智能超人万倍不啻者也;从此推知,造化天地万物而安排之,其智慧准此矣。"(同上)我们必须明确一点:科学(如解剖学)并不是耶稣会会士(汤若望之流)的贡献,而对科学的歪曲和阉割,才是耶稣会会士的"贡献"。我们有理由说,耶稣会传教士破坏了中西文化的正常交流,并妨碍了近代科学的输入。

(二)传教士所传入的天文历法

近代科学始自哥白尼的新天文学,而传教士在中国最主要的科学活动又是天文历法。所以我们在这上面最容易比较传教士所传来的究竟是些什么科学。利玛窦一到北京,就上疏自诩深通天文,要求参与历法工作。当时拥护西法的人固然认为传教士的历法是"邃羲和候星寅日之旨,得未曾有"(李之藻:《浑盖通宪图说·序》),就连反教者也认为历法是传教士的本钱,所谓"今西夷所以耸动中国,骄语公卿者,惟是历法"(谢宫花:《历法论》,载《圣朝破邪集》卷六)。可见传教士的历法在人们心目中的地位。当时恰值明王朝迫切需要修改历法。明王朝用的是大统历,"实即元之授时,承用二百七十余年未尝改,宪(宗)成化(公元 1468—1487 年)以后,交食往往不验"(《明史》卷三一),其所以往往不验的原因之一,在于封建王朝的历法,是被认为与政权的秘密有关的,因而明王朝禁止私人学历:"明三百年历法天文漏刻,判为三科,则台官之占候推步业已分途,而回回一科以凌犯为秘术,复与诸科不相通晓;故虽并隶钦天监,而各矜其世业专家,莫肯出以互证。"(梅文鼎:《绩学堂文钞》卷五。但这种保密现象,若比起耶稣会对科学的迫害来还是大有逊色的)在这种情形之下,"旧法"与"西法"之争,就成了必然的事。

"先是大西洋人利玛窦进贡土物,而(庞)迪我、(熊)三拔及龙华民、邓玉函、汤若望等先后至,俱精研天文历法。礼部因奏请精通历法如(邢)云路,(范)守己为时所推,请改授京卿,共理历事。……
徐光启、李之藻亦皆精心历理,可与迪我、三拔等同译西洋法,俾云
路等参订校改。未几云路、之藻皆召至京,云路据其所学,之藻则
以西法为宗。(万历)四十一年(公元1613年)之藻奏上西洋历
法,略言台监推算日月交食时刻亏分之谬,而力荐迪我、三拔、华民
及阳玛诺等,言其所论天文历数有中国昔贤所未及者,不徒论其度
数,可能明其所以然之理,其所制窥天窥日之器种种精绝。

　　"崇祯二年(1629年)五月乙酉朔日食。……大统回回所推顺
天时分时刻,与光启互异。已而光启法验,余皆疏。……于是礼部
奏开局修改,乃以光启督修历法。光启言近世言历诸家,大都宗郭
守敬法,至若岁差环转,岁实参差,天有纬度,地有经度,列宿有本
行,月五星有本轮,日月有真会视会,皆古所未闻惟西历有之。而
舍此数法,则交食凌犯,终无密合之理,宜取其法,参互考订。……
因举李之藻西洋人龙华民、邓玉函,报可。九月癸卯开历局,三年
(公元1630年)玉函卒,又征西洋人汤若望、罗雅谷译书演算。"
(《明史》卷三一)

这一时期中徐光启的贡献有:地图说、经纬度、全天恒星图(星录)、星
等的区分,望远镜的使用。崇祯六年(1633年)徐光启荐李天经自代。
崇祯七年经过徐光启、李天经"先后董其事,成历书一百三十余卷,多
发前人所未发。时布衣魏文魁上书排之。诏立两局推验累年,校测新
法独密,然亦未及颁行"(同上)。这个新历法,在明朝没有来得及正式
推行,崇祯十年(公元1637年)曾准备废大统用新历,但次年仍诏用大
统历,崇祯十六年(公元1643年)才决定以新历颁行天下,但不久明朝
就覆亡了,而这部新历也就始终没有实行,直到清初才正式推行。

　　现在应考查的是所谓"新法",究竟新的是哪些东西。根据上述的
徐光启的工作,"西洋新法"所新的,只是在推步运算方面,至于新的宇
宙结构学说(以及新的方法),则丝毫没有涉及。据李之藻《请译西洋
历法等疏》中说:

　　"其(西洋)言天文历数有我中国昔贤所未谈及者凡十四事：一曰，天包地外，地在天中，其体皆圆，皆以三百六十度算之，地径各有测法，自地窥天，其自地心测算与自地面测算者，皆有不同。二曰，地面南北，其北极出地高低度分不等；其赤道所属，天顶亦因而异，以辨地方风气寒暑之节。三曰，各处地方所见黄道各有高低斜直之异，故其昼夜长短，亦各不同，所得日影有表北影，有表南影，亦有周围圆影。四曰，七政行度不同，各自为一重天，层层包裹，推算周径，各有其法。五曰，列宿在心，另有行度，以二万七千余岁一周，此古今中星所以不同之故，不当指列宿之天为昼夜一周之天。六曰，月五星之天，各有小轮，原俱平行，特为小轮，旋转于大轮之上下，故人从地面测之，总有顺逆迟疾之异。七曰，岁差分秒多寡，古今不同；盖列天之外，别有两重之天，运动不同；其一东西差出入二度二十四分，其一南北差出入，十四分，各有定算，其差极微，从古不觉。八曰，七政诸天之中心，各与地心不同处所；春分至秋分多九日，秋分至春分少九日，此由太阳天心与地心不同处所，人从地面望之觉有盈缩之差，其本行初无盈缩。九曰，太阴小轮不但算得迟疾，又且测得高下远近大小之异，交食多寡，非此不确。十曰，日交食随其出地高低之度，看法不同；而人从所居地面南北望之，又皆不同；兼此二者食分乃审。十一曰，月交食，人从地面望之，东方先见，西方后见；凡地面差三十度，则时差八刻二十分，而以南北相距二百五十里作一度，东西则视所离赤道以为减差。十二曰，日食与合朔不同，日食在午前，则先食后合；在午后则先合后蚀；凡出地入地之时近于地平，其差多至八刻；渐近于午，则其差时渐小。十三曰，日月食所在之宫，每次不同，皆有捷法定理，可以用器转测。十四曰，节气当求太阳真度，如春秋分日乃太阳正当黄赤二道相交之处，不当计日匀分。又据薛仪甫(凤祚)，《天步真原》曰：今泰西之法更精矣。盖有数种中土莫及焉：一曰，经星度差，由于黄赤道二极不同心。……一曰，宫分今古不同，由于黄赤交道西行。……一曰，月将之差，由于节气。……一曰，节气之差，由于均分平年。……一曰，推步不同，中历止于勾股割圆，而西分正弦余弦切线割线等八法。……一曰，测量不同，中历测于二至，西法独重二分。"（方中履：《古今释疑》卷一二）

根据上叙这些中西不同之点来判断所谓"新法"，则新法的内容，完全没有超出旧的经院体系之外，没有超出托勒密的体系之外。他们根据的仍然是地球中心说，假设了各种大轮、小轮（本轮、均轮）加以推算。他们的基本观点仍然是阿奎那依据亚里士多德的说法而为中世纪立下的教条：天体是被有智慧的实体所推动的。无论是在宇宙结构学说方面或者是在科学思想方法方面，他们并没有介绍来任何属于近代科学的根本概念。因而他们并没有传来新科学，当然也没有传来新天文学。修改历法就是他们工作的全部内容。至于新历法之显得较大统历精密，那个奥秘也早被当时中国科学家道破："今大统本于授时，授时本于大明，千二百年于此矣，焉得无差？而西历于万历癸丑（公元1613年）方经改定，崇祯戊辰（公元1628年）尚多测政，其疏密可知也。……故曰，今之法密于古也。"（同上）

　　直至16世纪末叶，无论在欧洲占统治地位的自然观，或者在欧洲占统治地位的思想方法，大体上并没有超出古代希腊所已经达到的水平。但是从那时期起欧洲已经在开始突破传统的神学，掀起了资产阶级的文化革命，结果便出现了近代的自然科学。中国需要科学，但所需要的乃是近代科学与科学方法，而不是古代的。正如恩格斯指出，古希腊与近代科学之间"有这样一个本质的差别：在希腊人那里是天才的直觉，而在我们这里却是严格科学的以实验为基础的研究的结果"（《自然辩证法》，页13）。资产阶级学者侈谈什么耶稣会输入"科学"，那可以说是完全没有触及到问题的本质。如果说传教士所传来的中世纪科学中某些片断是优越于当时中国水平的，那么我们同样也可以在中国找出不少东西是优于同时期的西方的。伽利略于1610年始测太阳黑子，而中国早在西汉初即已测见；哈罗克斯之测金星过日要比王寅旭同样的工作晚 8 年;西方最早发现周期彗星的是哈雷,而在哈雷的发现以前中国对它已有过许多记载;传教士所传来的基本上不过是历法,而中国的授时历要较格雷高里历早三百年。片断的、个别的知识是一回事,而严格的"近代自然科学"是另一回事,前者是传教士所夹带进来的,后者包括严谨的基本概念、完备的理论体系与精密的思想方法,是传教士不可能传来的。我们不应该把两者混为一谈。耶稣会会士的历法推算较明历为精,但那决不代表新科学之与旧科学的不同。当时的中国科学家是多少理解到这一点的,所以方中履就指出:

> "以天道不齐之动,加以岁久必差之法,欲守一定之算,夫安可得? 由此观之,历安得不改? 履按,天行必不可齐,则历法必不可定,惟有随时测验求合于天。……前人未知此理欲求无弊,其可得乎? 举归之法之疏密,则非矣。"(方中履:《古今释疑》卷一三)

这是当时对"西法"的精辟论断。

前面已提到利玛窦的说法仍然是地球中心说,仍然是九重天说,艾儒略的说法也是同样的:"天包大地在中,如圈中之有一点,日月星辰丽天周绕大地,如一轮旋转于中枢,其中下四旁相距俱等"。(艾儒略:《万物真原小引》)熊三拔的说法还是同样的:"日轮周天,……地球在天之中。"(《四库全书总目提要》熊三拔《表度说》)可见他们所输入的天文学完全是旧的理论。但是中国科学界的情形就大不相同了。中国的学者们的确是多少自觉地在追求一种新的科学与一种新的科学方法的,他们对接受新科学的思想准备与耶稣会会士不可同日而论;他们的思想,毋宁说是更近于近代科学的。徐光启就有着一种自觉的努力,要把数学方法引用到科学(首先是物理学)里去,例如他深感"水学久废,即有专门名家,代不一二人,亦绝不闻以勾股从事"(徐光启:《勾股义·序》),于是他才去研究测量和勾股。他认为数学方法是"终不可废"(同上)的科学方法,同时他也认识到实验方法在科学上的重要性。他负责修历时是把"急用仪器十事"摆在了首要地位的(《畴人传》卷三二《徐光启》)。徐光启更讲求"革",讲求"故","革"就是"靡所弗革","故"就是"各有所以然之故",他认为"言法不言革,似法非法也;……言理不言故,似理非理也"(熊三拔:《简平仪说》,徐光启"序")。这种倾向显然是和传教士的精神相反的。当然由于历史条件的限制,他还不可能认识到传教士的科学正是似法非法、似理非理的东西,但是他却深刻地提出了科学必须"其中有理、有义、有法、有数,理不明不能立法,义不辨不能著数;明理辨义,推究颇难,法立数著,遵循甚易。"(《畴人传》卷三二《徐光启》)这种思想倾向是和近代科学相符合的。

传教士方面的态度如何呢? 直到清初一直负责钦天监的汤若望,其所宣扬的全部天文学内容"要不越多禄某范围"(汤若望:《历法西传》),而且竟然硬说"多禄某、哥白尼两家之法惟一,……其理无二"(同上)。他提到哥白尼和伽利略的名字仅仅是为了要反对他们;而古典体系的奠基们的最重要的实验科学方面空前伟大的、革命性的贡献,则完全没有被提到。显然,汤若望是有意在贬低新科学的价值与意义而极力维护经院哲学的统治地位的,至于其他的传教士则连这些伟大科学家的姓名提都不提。然而传教士的欺骗也并不是完全没有引起人们的怀疑,方以智就指出,传教士的"西学"是"详于质测,而拙于通几;然智士推之,彼之质测,犹未备也!"(《物理小识·自序》)

(三)传教士所传入的数学

科学著作中传教士所介绍过来的最重要的一部,当然要算欧几里得(鼎盛期约为公元前三百年左右)的《几何原本》(利玛窦、徐光启译)。徐光启自认为这本书是他科学编著中最重要的一种,叶向高说:"即其(利玛窦)所译《几何原本》一书,即宜钦赐葬地矣"(艾儒略:《大西利先生行迹》),可见当时人对这本书的推崇。后来的人也推崇其为"以是弁冕西术,不为过矣"(《四库全书总目提要》语)。徐光启之所以要研究几何,为的是要把数学原则引用到实验科学上来,他相信数学是科学的准绳,他不但用数学原理进行天文历法的工作,而且也用数学"量算河工及测验地势"(徐光启:《农政全书》卷一四)。这种精神和方法与文艺复兴期意大利的科学家们是极其相似的。李之藻一方面醉心于西方数学的新奇，"特自玄畅，多昔贤未发之旨"（李之藻：《同文算指·序》），一方面又继承了中国传统的数学，两方面"并蓄兼收"（同上），"斟酌去取"（徐光启：《同文算指·序》）。他和利玛窦一起完成了《同文算指》一书。但是应该指出：在这一重要领域之内，传教士基本上也没有超出希腊的水平和范围。像《几何原本》或《圜容较义》这样的几何学，已经存在了一千余年，然而并没有直接引导到近代科学。所以几何学的传入并不表示就能引导中国接受近代科学。此外，罗雅谷的《测量全义》，系摘译自阿基米德（公元前287—前212年）的，自然也还是古代希腊的东西。

属于近代科学之列而被介绍到中国来的唯一东西恐怕要算是对数。清初，对数最初由穆尼阁传给薛凤祚，但薛凤祚所得的东西，无论是对数，还是三角，都很不完备，薛凤祚于穆尼阁的对数只提到"以省乘除，而况开方立方三四方等法，皆比原法工力十省六七"（薛凤祚：《比例对数表·序》，载《天步真原》）。另《天学会通》（穆尼阁授薛凤祚译）一书讲平面三角与球面三角，然作图草率又无几何证法，连梅文鼎都看不懂，当然也未能获得广泛的流传。

清代以来，伟大的数学家几乎全都是潜心西学以求会通中西的。方中通、薛凤祚都曾向穆尼阁学过数学，王锡阐"兼通中西之学"（梅文鼎：《方程论》，潘耒"序"），被钱大昕视为是"国朝算学第一"（《畴人传》卷三八《梅文鼎》）的梅文鼎曾与殷铎德（即殷铎泽 Prosper Intercetta，1625—1696年，意大利人，1659年来华）谈过历法，他和王锡阐两个人是被人认为"能尽得西法之长"的（《畴人传》卷四四《利玛窦》），而他的工作则是要"见中西之会通，而补古今之缺略"（《畴人传》卷三八《梅文鼎》）。陈万策"兼中西之法"（《畴人传》卷四〇《陈万策》），梅谷成不但学过西洋的东西，并且自命是"殚精已入欧逻室"的（江永：《翼梅·自序》）。江永是精于西法的，他的弟子戴震也遵循他的路线。同时的钱大昕也曾经探讨过"中西诸法"（《畴人传》卷四二

《江永》、《戴震》，卷四九《钱大昕》），焦循也是"会通中西"（《畴人传》卷四一《陈厚耀》）的。可见第一流的数学家几乎无一不是精研西学和会通中学的，然而因为耶稣会会士的从中阻挠，近代科学中数学方面的伟大进步与成就，如解析几何、极限与微分积分、级数与或然率，就都没有能传入到中国科学家之手，以致他们所学的大致不出中西古代的范围，而始终认为"象数莫精于几何"（方中通：《数度衍》卷三）。假如中国科学家能够接触到当时先进的数学成果，那么以中国这些大师们"精研西法"的精神那无疑将会大大地有助于近代科学在中国的形成。由此可见传教士在中西文化与科学的交流上是起的什么作用；资产阶级学者经常吹嘘耶稣会会士传入了科学，然而事实证明正是耶稣会会士阻挠了近代科学的传入。

（四）传教士所传入的物理学

问题的关键在物理学，尤其是在力学（重学或机械学），因为近代的古典体系本来就是力学体系。我们已经说过，这一时期科学史的中心任务，就在于这一体系的完成，这个体系就是近代科学的具体内容。从当时方以智的火的一元论及其机械体系的世界观来看，中国科学家正在探索着这样的体系。但是传教士传来的却是一套用以和这样近代科学相对抗的中世纪经院哲学。中国一直仅知道"西洋言数大家多禄某（多勒米）后第谷一人而已"（《畴人传》卷四三《第谷》），因为罗雅谷、汤若望等人所译撰的西法算书都沿习的是第谷的方法。第谷尽管在观察天象方面做了许多精密而出色的工作，但他却不同意哥白尼学说。傅汎际已经知道伽利略观测到了太阳黑点和木星的卫星的事实，但是他仍然要坚持亚里士多德—托勒密的旧说，理由是：

"一则二千载至今性（经院哲学）天（天文学）二学通义，一则物之定理自超目识，盖人距天甚远，目力所试有限，终未必无差也。"（《寰有诠》卷三）

这就是说，科学必须服从神学，实验科学决不能对神学独立。传教士所描绘的物理世界根本上是中世纪的图像,《寰有诠》将上帝等同于"最初因"或"纯形式",认为存在必须依靠一个创造者,运动必须依靠一个推动者[《寰有诠》卷三。书中有关物理学部分很可能是以伽利略为其对象的,而他所根据的理论(同书卷六)则完全是亚里士多德的形而上学]。汤若望的上帝观反射到自然界,就得到了自然不能运动的结论:"谓自然主宰,则形天不动,造化止息。"他们关于"天动以圆"的论证是典型经院式的;他们又根据所谓"勉然之动,不恒久故",来证明地是不动的。物理学真理的最后根据,他们也要归之于"超性"的启示。熊三拔宣称天地之间分为三际,即暖际、热际、冷际(方中履:《古今释疑》卷一二),高一志宣称万物的成分是火、气、水、土四元行(高一志:《空际格致》),甚至迟至南怀仁的时候还仍然大用经院哲学的目的论来解释光色现象(1672年牛顿已提出《光与色的新理论》),宣称色的成因乃是"大凡有形象者,皆由质、模、作、为四者(即亚里士多德的四因)而成诸异色也"(《穷理学形性之理推》卷九)。从这些见解里不难看出,他们距离近代物理学,距离古典体系的基本观念是多么地遥远。

古典体系是一个简捷完整的体系。物理世界的一切概念最后可以分解为三个绝对的、同一的、不可再分的基本因子,即时间、空间与质量。一切物理的概念都是这三个因子构成的,而万有引力便是物质"根本的性质"(恩格斯:《自然辩证法》,页8)。天体世界"一旦被神秘的'第一推动力'使其运动起来之后,它们便依照预定的轨道一直运转下去,或者至少运转到一切事物消灭为止"(同上书,页7)。这样一个简洁而明确的世界图像,乃是从哥白尼至牛顿一个半世纪科学进步的结果。这样一个惯性体系在理论上之得以成立,就要靠正确的"力"的概念的引入,而正确的"力"的概念之得以成立首先要破除中世纪的迷信——认为运动需要不断的外力。经院哲学把运动的原因归之于上帝,这就妨碍了新观念的形成。从达·芬奇以来,科学家们一直在摸索着这个问题。这桩空前的革命伟业,是由伽利略有名的实验完成的。他的实验打破了近两千年的因袭见解,并为古典体系奠定了基础,这就是后来为牛顿第二定律所总结的观念:运动不需要力,需要力的乃是运动量的改变。力就是运动量的变化率。物质世界的运动并不需要有外力的作用。力的作用是普遍存在于一切质量之间的,而力的大小只取决于质量的大小与距离的远近。于是物理世界的一切现象就都可以从这里推引出来,一切现象都可以在这里得到解释。牛顿的公式完成了古来一切宗教的宇宙徽符所未能完成的奇迹,它初次揭示了宇宙的秘密。正如哈雷所指出的,牛顿的工作乃是把"曾使古代的观察者困恼的东西,……现在要通过理智的光芒来加以观察,从而使愚昧无知的阴云,终于被科学一扫而空"(哈雷致牛顿的献诗,《自然哲学之数学原理》,1934年剑桥大学版卷首)。正是由于"惯性"终于代替了上帝的作用和任务,这才使得拉布拉斯能够骄傲地说:"我不需要(上帝)这种假设。"(恩格斯:《自然辩证法》,页164)反之,运动若非靠外力不可的时候,那就非得有"(上帝)这种假设"不可了:自然世界若必须靠一个造物主来维持它的运动的时候——例如像汤若望《主制群征》里所描述的那样,则"惯性"的观念也就无法立足。这就是何以传教士对于作为这一个新的历史时代的唯一科学体系的古典体系及其基本观念,竟然完全未加介绍的原因,从而用数学公式表示自然现象间的数量关系的方法,也就未能输入。

中世纪的经院哲学所根据的是亚里士多德的教条:物体愈重,则降落的速度也愈快。"既然你要承认这一点,你就势必要相信同样质料的两个球,一个一百磅,一个一磅,同时从一百码的高处落下,则小球刚落下一码的时候,大球就已经落到地面上了。"(伽利略:《对话录》英译本,页223)但伽利略证明了事实和经院哲学所设想的完全相反;"因此,物体的重量并不取决于它们的形式与组成"(牛顿:《自然哲学之数学原理》,页413)。一切物体的运动都取决于质量,而不取决于它们的性质,也就是说天上的事物和地上的事物,高贵神圣的事物与庸俗卑下的事物,在自然的铁的规律之前,一律平等。然而这种自然的齐一性,就必然引导着人们反对旧世界的教阶性和等级性。近代自然科学之成为革命的,就因为在它发展的过程包含着思想斗争,衰朽的封建统治阶级顽强地坚持等级或品类的世界观,而新兴的资产阶级则极力要把世界折合成一个统一的、普遍的数量尺度,这种观点显然通过平等权利的法律折射而反映了商品的等价交换关系。但是在伽利略进行有名的实验40年之后,耶稣会会士所介绍给中国的学说仍然是经院哲学的旧教条:"极重之动,疾于次重之动。"(《寰有诠》卷四)因此,"至于重坠之体自然之动,……其体愈大,其重愈疾"(同上)。

经院哲学的教条是:运动必须外力,维持不断的运动,就需要不断的外力。所以传教士所宣扬的是:

> "宗动天周动以外,必宜更有一动者,何以故?宗动天之动乃至均有恒之动,若此动之外非有别动,则每年递生递减循环不已者,何从得有?"(《寰有诠》卷三)

也就是说:维持不断的运动,需要有不断作用着的力。这里是中世纪经学观念与近代科学的根本分歧之点。近代科学的出发点是,运动不需要外力;上面已提到,教会是一直仇视哥白尼的革命的(布鲁诺和伽利略的罪名,都是引用了信仰哥白尼的学说。对于相信传教士传来了近代科学的人,伽利略在罗马异端裁判所法庭上所作的悔过书,是最有力的反证)。因此,在哥白尼很久之后传教士传到中国来的仍然是中世纪封建经学的世界构图,而这一世界构图所赖以成立的理论根据即运动需要外力。下面就是传教士的论证:

> "亚利(亚里士多德)与星性两学,皆谓地在中而不动也。"

> "谓地有动者,其自然而动乎?或勉然而动乎?抑由性外而动乎?夫地非自然不动者也,一纯之体惟属一性之动,地之为性惟有降下之动故;亦非勉然不动者也,勉然之动不恒久故;又非性外而动者也,寰宇之内无有某物性力能作此动者故"(《寰有诠》卷六)。

没有不断作用着的力,就没有不断的运动,这就是地球所以不动的理由。中世纪的那套根本观点是被神学的目的论所支配着的,是被"愚昧无知的阴云"所笼罩着的,物质世界被分为不同的品类(等级),不同的品类(等级)有着不同的性质,不同的性质决定着不同的运动;宇宙的一切都趋向于一个目的,每一种自然现象都必定为着更高一级的目的而服务。反之,自然科学撇开了"目的",认为一切事物,不问品级如何,性质如何,同等地受支配于一个统一的、普遍的和必然的自然规律。近代自然科学的世界,在新兴自然科学的第一个时期,乃是一个惯性的体系,这便是为牛顿所总结的天才定义:

> "vis insita(内力),或称物质内在的力量,乃是一种抵抗力,靠了这种力,每个物体才能够……或者是静止的,或者是沿直线均匀地运动。……这种 vis insita(内力),可以用一个更有意义的名字称之为惯性(vis inertiae)"(牛顿:《自然哲学之数学原理》,页3)。

靠了惯性(而不是上帝或任何类似的东西或能力),每个物体就"或者是静止的,或者是沿直线均匀地运动",这幅世界图像里既没有"因",也没有"目的"。我们不难看出这和经院哲学的精神与实质,是有着怎样重大的不同。中世纪和近代之间的这一分歧,本质上就代表着宗教的唯心主义倾向与机械的唯物主义倾向的对立。中世纪经院哲学把自然看做是神意体现的过程,而近代自然科学就提出机械的唯物主义来与之相对抗。因此恩格斯指出,"这个时代的特征是一个特殊的总观点的完成,这个总观点的中心是关于自然界的绝对的不变性的见解",尽管这种"自然界的绝对的不变性的见解"有其局限性,但它却是对中世纪的自然界中的神性的一种抗议,是文艺复兴或宗教改革对封建教会和封建经学反抗的结果,是上升的资本主义对封建制度抗争的结果。自然科学的革命和耶稣会的成立恰好同时,这决不是偶然的。如果透过广阔的历史背景去观察耶稣会活动的性质,我们就不难加以理解。在近代科学的背后隐藏着一幕具有世界历史意义的变革,天主教是反对这种变革的,他们自然不会在中国做出任何有助于这种变革的事情来。

我们在传教士著作中所能找到真正属于近代科学基本观念的,也

许只有一个例子,那就是后来南怀仁在《穷理学》中曾提到加速度的观念。他说:

> "凡重物陨坠之尺丈,并求其所需时刻之分秒有再加之比例,其比例以不等分之数而明之,如一,三,五,七,九,十一,等。假设有重物于此,自高坠下,若第一秒内下行一丈,则第二秒内行三丈,第三秒内行五丈,第五(应作四)秒内行七丈。后行前行相并,如第一秒之行一丈,第二秒之行三丈,则并之为四丈,又第三秒之行五丈,并于第二秒之行四丈,则共得九丈。"(《穷理学·形性之理推》卷八)

这自然就是伽利略有名的斜面实验的结果。不过南怀仁在这里只提出了数据,而并没有提出公式和它所依据的方法和原理。所有的传教士都几乎是采取这种手法的:当他们偶然提到近代科学的某些成果时,他们就只提个别的结论,而不提达到这种结论的推理过程与实验方法。但是没有推理过程与实验方法,则个别的、片断的结论对近代科学体系的建立,是没有多大帮助的。伽利略在这个有名的实验里,最初是假设落体的速度与其所经历的距离成比例,后来才采用了另外一种假设,即落体的速度与其降落的时间成比例,并经过详细的斜面实验所证明,把实验所得的自然现象的数据归纳成数学的公式。

伽利略所揭橥的原则是:"哲学(科学)的正确目的就是要翻阅自然这本大书"(伽利略给托斯堪尼大公的献辞,载《对话录》,卷首,英译本页7),而且他强调在翻阅"自然这本大书"的时候,实验的权威必须超过经院的权威,因为:"只要相反的东西有一个实验或是结论性的证明就足以推翻这一切(经院哲学)的以及其他的种种论证了。"(同上书,页121)牛顿所揭橥的原则是:"近代人摒弃了(中世纪经院哲学的)实在的形式与秘密的性质,始终力图使自然现象服从数学的定律,我在这部论著(《自然哲学之数学原理》)里,就要尽量地就数学与(自然)哲学的关系方面来发挥数学。"(牛顿:《自然哲学之数学原理》第一版"序言")这就是近代第一期自然科学总的精神与方法,这种精神与方法显然是与耶稣会教士们背道而驰的,他们并不要问自然哲学的数学原理是什么,他们追求的只是怎样通过自然现象而阐明神学上的目的。这就决定了他们必然对近代科学的精神与实质采取极力抹杀的态度。问题的实质乃是思想战线上两条路线的斗争,是科学与宗教的对立。这不但表明着天主教与近代科学之不同,而且也表明着耶稣会会士与中国先进的科学家思想家之不同。耶稣会的自然哲学是和古典的自然体系对立的,因而不粉碎中世纪的那样自然哲学,古典力学体系就难以建立,也就不可能有后来科学的继续进步与发展,这是为牛顿以来的科学实践所证明了的。

正是出于"学不究乎认帝明性,学无所本"(《知本提纲》卷一)的立场,所以耶稣会所传的"西学"始终不是科学,或者说,至少不是近代科学,他们所最自诩的天文学,始终不脱中世纪极其繁复的"本轮、均轮、次轮之算"(《畴人传》卷四六《蒋友仁》),始终不曾而且不肯接受新学说和力学理论作为其基础。最后直到18世纪中叶蒋友仁提到了哥白尼的结论,但整个古典力学体系最本质的东西——牛顿的运动定律和万有引力定律——却始终没有传来。因此,后来在阮元的《畴人传》中竟不曾为哥白尼、开普勒、伽利略立传;而在《牛顿传》中竟也对牛顿的重大贡献一字不提。相反,他们所应有的历史地位却张冠李戴地被利玛窦、汤若望、南怀仁之流所窃据了！18世纪的文化史学家阮元的一些著作,有不少是带有总结性的,他有关科学家传记的这样错误记载,可以作为所谓"西学"输入了什么的证据。

传教士不但不欲使中国科学家接触到先进的科学与思想,而且还更恶劣地摧残科学,传教士为了垄断科学招牌,竟不惜毁灭中国古代的科学传统。梅谷成的《仪象论》就记载过这样的事实:

"明于齐化门南倚城筑观象台,……国(清)初因之,康熙八年(一六六九年)命造新仪,十一年告成安置台上,其旧仪移至他室藏之。五十四年(一七一五年)西洋人纪理安欲炫其能,而弃灭古法,复奏制象限仪,遂将台面所遗元明旧器作废铜充用,仅存明仿

> 元制浑仪简仪天体三仪而已。……乾隆年间监臣受西洋人之愚，屡欲检据堂下余器尽作废铜，……礼部奉旨查检，始知仅存三仪，殆纪理安之烬余也。夫西人欲技术以行其教，故将尽灭古法使后世无所考，彼益得以居奇，其心叵测。"（《畴人传》卷三九《梅文鼎》下）

这些科学的敌人们一方面极力阻挠西方近代科学的输入，一方面又不惜排斥中国原有的科学传统，我们应该正确地剥掉这些人的科学传播者的称号。

古典力学体系是机械的体系，力学与机械本来是一个字。我们现在再看传教士所传入的机械学有多少是有关近代科学的。机械方面的书最重要的是《泰西水法》和《奇器图说》两部。《泰西水法》也像其他科技书籍一样，是由于徐光启要兴修水利才译出的。这部书的主要内容"皆记取水蓄水之法。一卷曰，龙尾车用击江河之水，二卷曰，玉衡车用挈井泉之水，三卷曰，水库记用蓄雨雪之水，四卷曰，水法附录皆寻泉作井之法，……五卷曰，水法或问备言水性，六卷则诸器之图式也"（《四库全书总目提要》）。这部被当时所称道的书（李二曲等都重视）里的龙尾恒升玉衡车的方法，实际并没有超出勾股的范围。《奇器图说》是由邓玉函口授王澂译的，介绍了引重机、吸水机、风碾、自行磨等等。

> "其术能以小力运大，故名曰重，又谓之力艺"（《四库全书总目提要》）。

> "奇器之作专恃诸轮，盖轮为圆体，惟圆故动，……西人以机巧相尚，殚精毕虑于此"（《畴人传》卷四四《邓玉函》）。

其所凭恃的全部原理，也还是杠杆斜面和滑轮的原理，不出静力学的范围，而与近代古典力学体系的动力学观念丝毫无关。这些原理、原则是古代希腊人所早已知道了的，也是中国古人所早已知道了的。我们当然不否认水法和奇器的实用价值，但是这些"奇"和"巧"中的基本概念与方法，并没有突破古代科学的水平。近代自然科学之所得以成立，需

要依靠欧几里德几何与杠杆滑轮之外的某些新观念、新事物；在这些新
观念、新事物之中。

> "我(牛顿)认为最主要的，就是那些有关重力、轻力、弹力、流
> 体抵抗力以及其他相吸或相斥的力的事物，因此我写这部著作
> (《自然哲学之数学原理》)作为(自然)哲学的数学原理，因为(自
> 然)哲学的全部分量似乎就在于这一点：从运动的现象中来考察
> 自然的力，又从这些力来说明其他的现象"(牛顿：《自然哲学之数
> 学原理》第一版"序言")。

近代自然科学之得以成立，归根结底要靠"力"的引入，运动与力乃是
自然界中"最重要最根本的东西，自然本身是被它们所规定的"(伽利
略：《对话录》英译本，页 130)。近代科学的世界图像乃是动力学的世
界图像，所以牛顿又指出："哲学家们既然不知道这些力，所以他们一
直是徒劳无功地在研究自然；但是我希望我这里(《自然哲学之数学原
理》)所提出的原理，将会对于这种(自然)哲学方法或其他更真确的方
法，贡献一道光明。"(同上)然而这些力的观念却是传教士所不能传来
的东西。

除了已如上述的最重要的几方面之外，传教士在中国的科学活动
还有绘制地图与磨玻璃镜。传教士们曾把地球加上经纬线画出来。利
玛窦的世界全图画了两个半球，上面有"国名数百，随其楮幅之空，载
厥国俗土产"(利玛窦：《万国图志·序》)，这幅世界地图曾广泛流传，
仅万历年间即曾翻刻达十二次之多。这可以证明中国知识界是多么渴
望新知识，但是在这幅地图中可以算得上是新东西的，并不是地为球
形，而是第一次正式介绍了世界五大洲的轮廓：

> "万历时利玛窦至京师，为万国全图，言天下有五大洲：第一
> 曰亚细亚洲，中凡百余国，而中国居其一，第二曰，欧逻巴洲，中凡
> 七十余国，而意大利亚居其一，第三曰，利米亚洲，亦百余国，第四
> 曰，亚墨利加洲，地更大，以境地相连，分为南北两洲，最后得墨瓦
> 腊尼加洲。"(《明史·外国传》)

西方有世界五大洲的观念是文艺复兴以后的事,这是地理大发现的结果,而且主要地要归功于地理大发现时期航海家们和地理学家们的努力。当时传教士所做的,冒险的欧洲商人们也可以做出。这些地理学上的众所周知的事实的描述不但不悖于教会的经院哲学,而且还可以借来攻破中国封建王朝所谓华夏的观念,以利于传教的活动和殖民的活动。到了清代,公元 1708—1717 年康熙曾命传教士白进(即白晋 Joachim Bouvet,1650—1730 年,法国人,1687 年来华)等人分赴各地测绘地图,其结果就是世称《康熙内府舆图》的《皇舆全览图》;乾隆时蒋友仁又"进《增补坤舆全图》,……何国宗、钱大昕为之润色"(阮元:《畴人传》卷四六《蒋友仁》),这一次所提及的新知识才以地球为椭圆形。但又是只有结论,而没有推论。这可以反证,蒋友仁对于牛顿并不是不知道的,因为地球的椭圆形是牛顿的推论。而且当蒋友仁进《坤舆全图图说》时,康德已经以其星云说在为自然观开辟另一个新的时代了(参见恩格斯:《自然辩证法》,页 9),但甚至在这时候传教士仍然不肯提到牛顿的力学体系与原理。

(五)经院思想方法与科学思想方法的对立

我们还须论证近代科学所依据的思想方法。输入近代科学与否,其主要的关键不在于是否输入个别的事实与结论,而在于是否输入科学的体系与科学的方法。

近代科学产生的前提之一,是要有一种实验的(不同于古代希腊人天才的直觉)而又系统的(不同于中世纪阿拉伯人片断支离的经验)科学思想方法。经院哲学的思想方法是和这种科学思想方法对立的,经院哲学一方面依靠其"例外权"假设了不少例外的前提,另一方面又依靠其"垄断权",僵化地使用亚里士多德的逻辑。阿奎那就说过人类的知识有两个来源,一为信仰,一为(柏拉图和亚里士多德的)教条。经院哲学预先假设了不可动摇的信仰与教条,这正是笛卡尔所指责的"公律过多"(笛卡尔:《方法论》第二部,多佛版《笛卡尔哲学著作集》,

英译本卷一,页 92),这样就会妨碍人们直接向自然里面去寻求科学真理。同时经院哲学的推论方法,又全靠亚里士多德的逻辑。亚里士多德的逻辑有其正确性与细致性,我们不能非历史主义地贬低亚里士多德的逻辑的重要性,正像我们不能贬低欧几里德几何学的重要性一样,但它们确实不是近代科学的出发点。要有科学的观点和方法,首先必须依靠思想的革命,突破经院哲学的枷锁而返于朴素的自然。古典力学体系的奠基者们研究自然时,实际上是以"奥康姆的剃刀"在对付经院哲学的教条的。伽利略一再强调:

"当自然只要靠少数的事物就能起作用时,它就决不会用很多的事物"(伽利略:《对话录》,英译本,页 117)。

"自然不会不必要地增加事物,……它只使用最容易最简单的手段来产生作用,……自然决不做徒劳无功的事。"(同上书,页397)

牛顿总结这种思想方法也说:

"(自然哲学推理的定则一)除了足以真确地解释自然现象的原因而外,我们决不承认有任何其他的自然原因。在这一点上,哲(科)学家们应该说:自然决不做徒劳无功的事,当只需要少数原因就够用的时候,则更多的原因就是徒劳无功的了,因为自然喜欢简单而不喜欢夸张繁复的原因。"(牛顿:《自然哲学之数学原理》,页 398)

这就是说,要把假设减少到最低的限度,科学的方法不再是根据圣书的繁琐推论,而是根据若干实验标本归纳出来的数学原则,科学不再问自然现象的"因"与"目的",而只就时间、空间与质量三个基本积次而问其间的数量关系。这是一场思想方法的革命,伽利略、牛顿就是它的最成功的代表。这也就不可避免地改变了人对神、对自然的关系,培根在《新工具》中开宗明义就说:"人是自然的统治者与解释者",这正是新时代科学精神之所在,上帝与宗教的权威逐步后退,每退一步则近代自然科学便前进一步。

　　在近代,与自然科学结为同盟的唯物主义哲学的思想方法和把科学作为婢女的天主教经院哲学的思想方法,形成了两条路线的斗争。正当利玛窦、汤若望、南怀仁等人在中国以正统经院哲学的方法论证自然科学的时候,在西方也正是培根、笛卡尔、伽利略、牛顿等人以新的科学方法对经院哲学进行革命的时候。南怀仁的《穷理学》是传教士所传的科学中一部集大成的著作,但是书里面的"物质"概念仍然是亚里士多德的"元质"[即"模"(形式)与"元质"(质材)的"元质"],而并不是古典力学体系的"质量"(与"时间""空间"相并列的"质量"),所探求的也不是自然现象的数量关系,而是自然现象的最终原因与最后目的。传教士们都墨守经院哲学的陈规和目的论的方法。反之,近代自然科学的思想方法则是从撇开"因"与"目的"而入手的。这种方法自身同时就是对于神学的批判,并通过对神学的批判而展开对封建主义的批判。所以传教士尽管可能传来某些传统逻辑,但他们却不可能传来新的科学方法论,传统逻辑可以一视同仁地为宗教也为科学服务,但是新的科学方法论却只能为当时先进的阶级及其理论体系服务。

　　培根深深感到经院哲学之不能增进人类的知识以及亚里士多德的形而上学与三段论与真正的科学毫无关系。培根自己意识到了近代科学的历史意义,他认为人类史上只有过两次科学发达的时期,即古典时代与近代,而中世纪的经院学者在自然哲学方面则不值得一提。但是希腊人的自然哲学的缺点在于"专尚空谈"(培根:《新工具》卷一第七一节),他们不懂得归纳法;而自然哲学的唯一希望则在于真正的归纳法。培根又批评经院学者不懂得自然与历史,而只把自己的聪明才智封闭在亚里士多德的狭隘的洞穴之内。培根对于四种偶像崇拜的攻击,是脍炙人口的,他用他的《新工具》来代替亚里士多德的旧的《工具论》,实际上也就是以归纳与实验的方法代替经院哲学繁琐的冥索的方法。

　　笛卡尔批判中世纪经院学者的方法不可能发现任何的真理,他认为要发现科学真理只能依靠数学的方法,唯有数学方法所获得的知识,才是确切无疑的知识。近代科学是从怀疑中世纪的传统入手的,不破中世纪的经院哲学,就不能立近代的自然哲学。笛卡尔的"思"或"怀疑"就代表近代世界观对于中世纪教条与信仰的批判。笛卡尔《哲学原理》的第一条就是研究真理必须从怀疑一切入手,也就是说,他要用一种新方法论来摧毁经院哲学的教条主义。笛卡尔的漩涡说虽然遭受牛顿的反驳,然而它所反映的毕竟是近代要把全宇宙归结为一种动力学体系的努力,事实上,他已经明确地提到动力学的世界图像了。(笛卡尔:《哲学原理》第二部《原理》二十三——二十四,多佛版英译本卷一,页265—266。又,恩格斯:《自然辩证法》,页236)笛卡尔明确指出了中世纪经院哲学的一切关于"形式"与"性质"的论辩,都是这个世界之内所不存在的东西,科学的目的决不是要争论这些纯属子虚的东西,而是要去发现普遍的、必然的自然律。

文艺复兴的革命发现了自然,发现了人。培根返于自然,笛卡尔返于自我,都是人文主义对于僧侣主义的抗议。笛卡尔甚至认为就是上帝也不能违背自然律,笛卡尔对上帝是采取几何学方法来论证的,正和他论证任何自然事物一样;一切自然(包括上帝)都同等地服从统一的自然的铁的规律,也同等地服从发现这种规律的唯一的科学方法。没有这种思想认识的基础,就不可能有近代自然科学。

与近代科学的思想方法恰好相反,传教士们的基本出发点是一切自然规律都是受着一个神秘不测的意志(上帝)所主宰,所支配的:

"或又曰:'物行本属自然,以故千秋不易,盖所行由己,又何需主为'？曰:'是大不然,物性不变,所行有常,此即造物主张,既始定其然,而又保存其性使之常然,全能妙用,焉可诬也？如以有常不易,而谓物行自然,不由主宰,则必将造化止息,形天不动'。"
(《主制群征》卷下)

近代自然哲学与中世纪经院哲学的这种根本倾向上的分野,在一定程度上也正是向西方学习的中国科学家与西方传教士之间的分野。学习"西方"的中国人物或多或少地都是通过新观念的刺激,而在追求着一种新科学,乃至憧憬着一种新文明,其情形有似于文艺复兴的先进人物们之称道希腊、罗马。文艺复兴的大师们并不是复古主义者,同样中国此期的大师们也不是崇外主义者。传教士们是以经院哲学反对科学,而中国科学家们则是以科学反对中国的经院哲学。如果能通过当时具体的历史背景考查他们和传教士的分歧之点,我们就可以知道,两方面都各为自己的目的而争夺阵地。

徐光启毕生所追求的是摆脱中国贫弱面貌的"富强之术"(徐光启:《复太史焦座师书》,载《徐氏庖言》卷四),他讲求科学、讲求技术的目的,和王澄、焦勖等相同。陈子龙说他"生平所学,博究天人,而皆主于实用"(徐光启:《农政全书》,陈子龙"序")的话是不错的。因此,他对科学的态度也和传教士们有着本质的区别。阮元就曾指出:"(徐光启)殚其心思才力,验其垂象,译之图说,洋洋乎数千万言,反复引申,务使其理其法,足以使人人通晓而后已,以视术士之秘其机械者,不可同日语矣。"(《畴人传》卷三十二《徐光启》)作为一个启蒙学者的徐光启善于继承中国向外来文化批判地学习的优良传统,他并没有盲从"西学",他所负责的修历工作乃是"熔西人之精算,入大统之型模;正朔闰月从中不从西;定气整度,从西不从中"(同上卷四二《江永》)。这正是他"欲求超胜,必先会通"主张的实践。徐光启的一生在天文、历算、军事、农田、水利的多方面的学术活动,显然同传教士大异其旨趣。

李之藻对形而上学的兴趣算是比较浓厚的了,但是他说:"学者之病有四:浅学自奢一也,怠惰废学二也,党所固习三也,恶闻胜己四也。"(《西学凡》,许胥臣"引")他之追求西学也在于探求所以然之理,他说:"西学不徒论其度数而已,又能论其所以然之理,盖缘彼国不以天文历学为禁,……五千年来通国之俊曹聚而讲求之;窥测既核,研究亦审,与吾中国数百年来始得一人,无师无友,自悟自足,此岂可以疏密较者哉?观其所制窥天窥日之器,种种精绝,……宁可与之同日而论同事而较也!"(李之藻:《请译西法历法等书疏》)这段话诚然过分美化并误解了基督教的世界,但是可以看出,李之藻所醉心的正是所以然之理的科学,而科学又是他反对传统"汗漫空疏"之学的最有效的武器。方以智父子渴望着"以至文胜无识之虚文,以实学胜无益之博学"(方中通:《数度衍·序》),这其实也就是徐光启、李之藻等人所谓"恍然悟吾儒格物原非汗漫,致知不必空疏"(《西学凡》,许胥臣"引")的另一种说法。"然而二千年来论推无征,谩云存而不论,论而不议;夫不议则论何以明？不论则存之奚据?"(李之藻:《寰有诠·序》)这可以说明徐光启、李之藻一辈人思想的基本倾向是近代的理性主义,这和传教士的蒙昧主义的神学是没有共同之处的。前者是以科学反对经院哲学的,而后者则是以经院哲学反对科学的。

中国科学家从来是认真学习西方科学的。早期的启蒙大师们几乎都曾虚心地、认真地学习过西学,期望从那里得到一些东西以有助于建立真正的科学。例如1611年伽利略发现银河是无数小星构成的,方以智间接知道了之后,就接受了这一最新的科学成果。梅文鼎不仅接受地圆的学说,并且还根据天象加以科学的证明;他关于历法方面"所著书皆欧逻巴之学"(《畴人传》卷四〇《李光地》),他著《中西经星同异考》时"专以中西两家所传之星数星名,考其多寡异同"(《畴人传》卷三九《梅文鼎》下),并且"以中西有无多寡分注其下,载古歌西歌于后,古歌即步天,西歌则利玛窦所撰《经天该》也"(同上),至于"南极诸星则据汤若望《算书》及南怀仁《仪象志》,"并且"依南公(怀仁)志表稽其大小分为六等"(同上)。然而,传教士是怎样对待新科学的呢？传教士来华的,都隐藏欧洲的新发明,一直到了18世纪的下半叶——在牛顿力学体系已经完成了一个世纪之后,中国科学家除了仅仅知道行星的轨道是椭圆之外,对于古典力学体系最重要的根本概念与原则,几乎一无所知。所以他们始终停留在这样的认识水平上:"本轮均轮次轮之算,盖假设形象,……夫第假设形象以明算理,则谓为椭圆面积可,谓为地球动而太阳静,亦何所不可。"(《畴人传》卷四六《蒋友仁》)

启蒙者们有对西学认识不清楚的地方,也往往夹杂着唯心主义的成分,但那并不是他们主要的、基本的一面。西方的文艺复兴借助于古代语言,来扫除中世纪空疏繁琐的经院哲学,在中国资本主义的萌芽阶段,或多或少也看到类似的过程:"万历以来,士大夫大抵讲心学,刻语录,即尽一生之能事","方以智崛起崇祯中,考据精核。……始一扫悬揣之空谈"(《四库全书总目提要》)。反中世纪经院哲学的运动,是和自然科学联盟的。方以智就是当时的科学家,他的儿子方中通"专事象数物理,……好泰西诸书及律历音韵之学"(方中通:《古今释疑·序》)。关于自然哲学之数学原理,当时中国科学家也多少在暗中摸索并朦胧地感觉到了,例如方中通说:"夫格物者格此物之数也,致知者致此知之理也"[方中通与《梅定九(文鼎)书》,载《数度衍》];王澄更醉心于机械文明,他的工作是从"力艺"(重学、力学)开始的。王锡阐曾提出:"欲求精密,则必以数推之,数非理也,而因理生数,即因数可以悟理。"(《畴人传》卷三四《王锡阐》)他认为尽管可以有不同的历法,但决不可能有不同的两套科学:"夫历理一也,而历数则有中西之异。"(同上)这个"理"即是自然界普遍的、必然的规律。因此,这些人的研究都在某种程度上有一种为自然哲学找出数学原理的倾向。然而在 16 世纪,资本主义的时代在西方已经开始,而在中国却依然是死的抓住活的,中国缺乏的是整个实验科学发展所依存的物质基础。尽管如此,假使当时西来的科学,不是传教士所输入的旧东西,而是新的近代的东西,那么新科学和新思想也将会反过来推动社会物质基础的进步。

明末清初的科学家,从方以智以至王锡阐、梅文鼎,大都从更远的眼光批判过西学,方以智不但反对西方的"天学",而且说西方科学"未备",梅文鼎以中西之学,兼收并取,互相补益,"自言吾为此学,皆历最艰苦之后,而后得简易"(《畴人传》卷三七、卷三八《梅文鼎》),王锡阐特别看出了西学之中的科学与宗教不相调和,他曾指出:"若夫合神之说,乃星命家猥言,明理者所不道;西人自命历宗,何至反为所惑?"(《畴人传》卷三四《王锡阐》)他还看出了传教士的科学理论是大有问题的,他很怀疑西士不能言理,所以做出了这样的结论:"吾谓西历善矣；然以为测候精详可也，以为深知法意未可也。"（同上）这个结论是相当精辟的，传教士的"西法"（"质测"）里面，并没有多少"理"（"通几"），"理"——近代自然科学的理论体系与方法论——始终不曾被传教士传过来。王锡阐又指出："然以西法有验于今、可也，如谓之不易之法，无事求进，不可也。"（王锡阐：《历说一》）关于科学应该向哪个方向"求进"，他也有明确的答案："有理而后有数，有数而后有法；然创法之人必通于数之变，而穷于理之奥。"（《畴人传》卷三五《王锡阐》）从徐光启、方以智以来，"欲因西法求进"的主流，都是追求通过"数"以达到"理"，都是追求能够进到一个"自然哲学之数学原理"的体系。这时候中国已经出现极其优秀的科学家和技术家（如李时珍、宋应星、王澄等人），中国进一步所需要追求的，乃是以数学原理来概括的自然哲学，乃是与传教士的宣传正相反的自然的齐一性的原理。

关于当时欧洲的时代特征，恩格斯是这样论断的：

"在中世纪，随着封建制度的发展，基督教也采取了和它相应的一种具有相应的封建教阶制度的宗教形态。当市民阶级强大起来的时候，新教派的异教……同封建的天主教相对抗而发展起来。……新教派的异教的不可根绝是同日益加强的市民阶级的不可战胜相适应的。……第一次大规模的行动发生在德国，这就是所谓宗教改革。"（恩格斯：《费尔巴哈与德国古典哲学的终结》，1957年版，页46）

"这个时代法国人很正确地称之为文艺复兴，而新教的欧洲则带着片面的偏见，称之为宗教改革。"（恩格斯：《自然辩证法》，页158）

恩格斯又指出："这是世界所经历的最伟大的一次革命。自然科学也就在这一革命中诞生和形成起来，它是彻头彻尾地革命的。"（恩格斯：《自然辩证法》，页158）代表兴起的市民阶级的便是文艺复兴所产生的宗教改革与自然科学，而代表封建秩序、之与此相对抗的便是天主教反动的产物——耶稣会。这个时代乃是一个伟大的"异端"思想的时代：

科学上的哥白尼、伽利略和牛顿的时代,也便是宗教改革上的路德、加尔文、英国清教徒与法国人性学者的时代,哲学上唯物主义者霍布斯和伽桑地的时代。但是中国的巨人们既没有接触科学上的古典体系,也没有接触到新的唯物主义思想以及政治社会观点方面的"自然权利"学说。而耶稣会的任务却是要反对这场革命而保卫天主教会的。耶稣会在中国所做的工作与他们在西方所做的工作毫无二致,他们在中国也是与文艺复兴的人文主义与自然科学为敌的;不同之处只在于他们在西方可以直接使用"火堆和监狱",而在中国则不得不采取更为曲折的欺骗与破坏的手段罢了。

科学不仅仅要靠求实的精神,而且需要有一套新观念和新方法。牛顿所总结的近代科学的思想前提是:

> "同样的自然作用,我们必须尽可能地都归之于同一的原因"
> (牛顿:《自然哲学之数学原理》,页399)。

自然现象无论是地上的也好,天体的也好,都是由于同一的原因。但是经院哲学的传统却阻碍了这样的观念。归根结底这是宗教与科学的对立,是经院哲学与近代思想的对立。牛顿在总结古典力学体系思想方法的基本定则时又说:

> "在实验哲学(科学)中,我们应把从现象中通过普遍的归纳而得到的命题认为是严格(或者极其近于)真确的,而不管有没有任何可能想象得到的相反的假说,直到另有其他的……现象出现为止。归纳的论证决不能被假说所废止,这条定则是我们必须遵守的"(同上)。

这里明确地指出了经院哲学与近代科学的根本分歧。"任何可能想象得到的假说",即经院哲学的繁琐教条,都是科学所不考虑的;科学要问:(一)实验的事实,(二)数学的归纳。

> "因为物体的性质我们只能由实验而知道,所以我们就把凡是普遍地符合于实验的一切都认为是普遍的,……我们当然不能为了我们想象中的梦幻与虚构而放弃实验的证据;并且我们也不

能够规避自然的相似性，自然总是简单的，并且永远是与它自身相
谐调的"（同上书，页 398—399）。

传教士们所依赖的乃是"想象中的梦幻与虚构"，而科学家所要追求的
则是：（一）"实验的证据"和（二）自然本身的简单的谐调（数学原理）。
尽管这个古典体系的方法，其本身还有很大的局限性，但就近代自然科
学发展的第一个时期而言，它是有着巨大的进步意义的。然而传教士
所传来的经院哲学世界观既不能容许统一的普遍而必然的自然律，也
不能接受近代科学的方法。因此，近代科学不能不是在反宗教斗争之
中成长起来的，近代科学的发展史也就不能不是反宗教统治的历史。
然而偏偏有人对传教士不惜大加恭维，竟仿佛要把迫害思想与破坏科
学的天主教传教士说成是科学的恩主的样子。这是十足地违反了历史
的实际的。不少人（无论他们是有意的还是无意的）似乎已经习惯于
讲述明末清初天主教传教士们所传来的科学了，但是若能稍稍从一个
相反的方面去观察这个问题，即首先看传教士们所没有传来的是哪些
科学知识；那么我们会更能看到他们的真相，并能给他们以更正确的历
史评价。

责任编辑:钟金铃

图书在版编目(CIP)数据

中国思想通史(第四卷 下)/侯外庐 主编. —北京:人民出版社,2011.8
  (2021.4 重印)
(人民文库)
ISBN 978 - 7 - 01 - 008956 - 0

Ⅰ.①中⋯ Ⅱ.①侯⋯ Ⅲ.①思想史-中国-古代 Ⅳ.①B2

中国版本图书馆 CIP 数据核字(2010)第 092467 号

中国思想通史

ZHONGGUO SIXIANG TONGSHI

(第四卷 下)

侯外庐 主编

侯外庐 赵纪彬 杜国庠 邱汉生
白寿彝 杨荣国 杨向奎 诸 青   执笔

人民出版社 出版发行
(100706 北京市东城区隆福寺街 99 号)

天津文林印务有限公司印刷 新华书店经销

2011 年 8 月第 1 版 2021 年 4 月北京第 2 次印刷
开本:710 毫米×1000 毫米 1/16 印张:39.5
字数:507 千字 印数:2,001-4,000 册

ISBN 978 - 7 - 01 - 008956 - 0 定价:98.00 元

邮购地址 100706 北京市东城区隆福寺街 99 号
人民东方图书销售中心 电话 (010)65250042 65289539